大学赤本シリーズ

316

中央大学

経済学部－学部別選抜

一般方式・英語外部試験利用方式・共通テスト併用方式

は　し　が　き

おかげさまで，大学入試の「赤本」は，今年で創刊70周年を迎えました。

これまで，入試問題や資料をご提供いただいた大学関係者各位，掲載許可をいただいた著作権者の皆様，各科目の解答や対策の執筆にあたられた先生方，そして，赤本を使用してくださったすべての読者の皆様に，厚く御礼を申し上げます。

以下に，創刊初期の「赤本」のはしがきを引用します。これからも引き続き，受験生の目標の達成や，夢の実現を応援してまいります。

本書を活用して，入試本番では持てる力を存分に発揮されることを心より願っています。

編者しるす

＊　＊　＊

学問の塔にあこがれのまなざしをもって，それぞれの志望する大学の門をたたかんとしている受験生諸君！　人間として生まれてきた私たちは，自己の欲するままに，美しく，強く，そして何よりも人間らしく生きることをねがっている。しかし，一朝一夕にして，この純粋なのぞみが達せられることはない。私たちの行く手には，絶えずさまざまな試練がまちかまえている。この試練を克服していくところに，私たちのねがう真に人間的な世界がはじめて開かれてくるのである。

人生最初の最大の試練として，諸君の眼前に大学入試がある。この大学入試は，精神的にも身体的にも，大きな苦痛を感ぜしめるであろう。あるスポーツに熟達するには，たゆみなき，はげしい練習を積み重ねることが必要であるように，私たちは，計画的・持続的な努力を払うことによって，この試練を克服し，次の一歩を踏みだすことができる。厳しい試練を経たのちに，はじめて満足すべき成果を獲得できるのである。

本書は最近の入学試験の問題に，それぞれ解答を付し，さらに問題をふかく分析することによって，その大学独特の傾向や対策をさぐろうとした。本書を一般の参考書とあわせて使用し，まとはずれのない，効果的な受験勉強をされるよう期待したい。

（昭和35年版「赤本」はしがきより）

挑む人の、いちばんの味方

1954 年に大学入試の過去問題集を刊行してから 70 年。赤本は大学に入りたいと思う受験生を応援しつづけてきました。これからも，苦しいとき落ち込むときにそばで支える存在でいたいと思います。

そして，勉強をすること，自分で道を決めること，努力が実ること，これらの喜びを読者の皆さんが感じることができるよう，伴走をつづけます。

そもそも赤本とは…

受験生のための大学入試の過去問題集！

70年の歴史を誇る赤本は，500点を超える刊行点数で全都道府県の370大学以上を網羅しており，過去問の代名詞として受験生の必須アイテムとなっています。

なぜ受験に過去問が必要なのか？

大学入試は大学によって問題形式や頻出分野が大きく異なるからです。

赤本の掲載内容

傾向と対策

これまでの出題内容から，問題の「**傾向**」を分析し，来年度の入試に向けて具体的な「**対策**」の方法を紹介しています。

問題編・解答編

- 年度ごとに問題とその解答を掲載しています。
- 「**問題編**」ではその年度の試験概要を確認したうえで，実際に出題された過去問に取り組むことができます。
- 「**解答編**」には高校・予備校の先生方による解答が載っています。

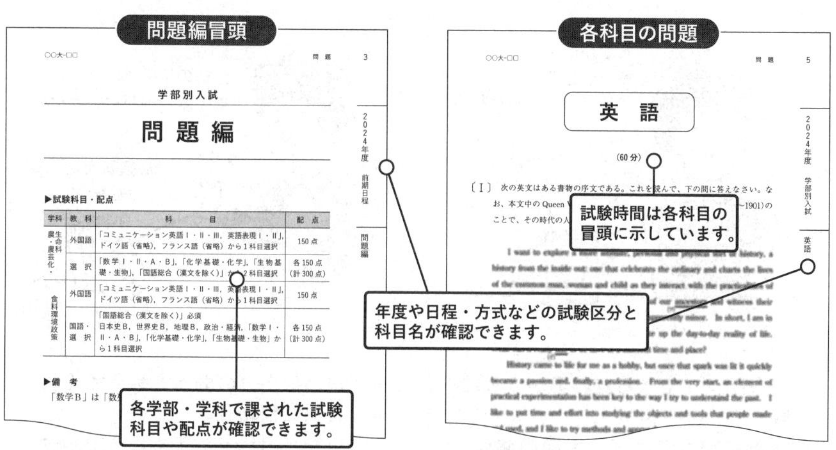

2024年度から
見やすい
デザインに！

他にも，大学の基本情報や，先輩受験生の合格体験記，在学生からのメッセージなどが載っていることがあります。

掲載内容について

著作権上の理由やその他編集上の都合により問題や解答の一部を割愛している場合があります。
なお，指定校推薦入試，社会人入試，編入学試験，帰国生入試などの特別入試，英語以外の外国語科目，商業・工業科目は，原則として掲載しておりません。また試験科目は変更される場合がありますので，あらかじめご了承ください。

受験勉強は

過去問に始まり，

STEP 1 なにはともあれ

まずは解いてみる

過去問は，**できるだけ早いうちに解く**のがオススメ！
実際に解くことで，**出題の傾向，問題のレベル，今の自分の実力**がつかめます。

STEP 2 じっくり具体的に

弱点を分析する

間違いは自分の弱点を教えてくれる**貴重な情報源**。
弱点から自己分析することで，**今の自分に足りない力や苦手な分野**が見えてくるはず！

合格者があかす 赤本の使い方

傾向と対策を熟読
（Fさん／国立大合格）

大学の出題傾向を調べるために，赤本に載っている「傾向と対策」を熟読しました。

繰り返し解く
（Tさん／国立大合格）

1周目は問題のレベル確認，2周目は苦手や頻出分野の確認に，3周目は合格点を目指して，と過去問は繰り返し解くことが大切です。

過去問に終わる。

STEP 3

志望校にあわせて

苦手分野の重点対策

明日からはみんなで頑張るよ！
参考書も！ 問題集も！
よろしくね！
呼んだ？
なにを!?
どこから!?
グッ
グッ

参考書や問題集を活用して，苦手分野の**重点対策**をしていきます。**過去問を指針**に，合格へ向けた具体的な学習計画を立てましょう！

STEP 1▶2▶3

サイクルが大事!

実践を繰り返す

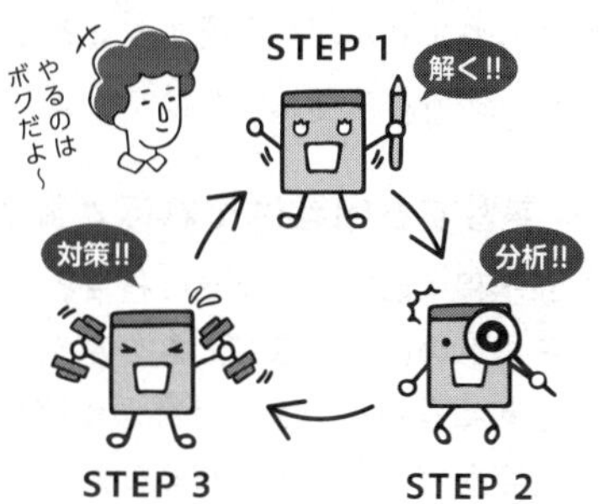

STEP 1～3を繰り返し，実力アップにつなげましょう！
出題形式に慣れることや，**時間配分を考えること**も大切です。

目標点を決める

（Yさん／私立大合格）

赤本によっては合格者最低点が載っているので，それを見て目標点を決めるのもよいです。

時間配分を確認

（Kさん／私立大学合格）

赤本は時間配分や解く順番を決めるために使いました。

添削してもらう

（Sさん／私立大学合格）

記述式の問題は先生に添削してもらうことで自分の弱点に気づけると思います。

新課程入試 Q&A

2022 年度から新しい学習指導要領（新課程）での授業が始まり，2025 年度の入試は，新課程に基づいて行われる最初の入試となります。ここでは，赤本での新課程入試の対策について，よくある疑問にお答えします。

Q1. 赤本は新課程入試の対策に使えますか？

A. もちろん使えます！

OK

旧課程入試の過去問が新課程入試の対策に役に立つのか疑問に思う人もいるかもしれませんが，心配することはありません。旧課程入試の過去問が役立つのには次のような理由があります。

● 学習する内容はそれほど変わらない

新課程は旧課程と比べて科目名を中心とした変更はありますが，学習する内容そのものはそれほど大きく変わっていません。また，多くの大学で，既卒生が不利にならないよう「経過措置」がとられます（Q３参照）。したがって，出題内容が大きく変更されることは少ないとみられます。

● 大学ごとに出題の特徴がある

これまでに課程が変わったときも，各大学の出題の特徴は大きく変わらないことがほとんどでした。入試問題は各大学のアドミッション・ポリシーに沿って出題されており，過去問にはその特徴がよく表れています。過去問を研究してその大学に特有の傾向をつかめば，最適な対策をとることができます。

出題の特徴の例	・英作文問題の出題の有無 ・論述問題の出題（字数制限の有無や長さ） ・計算過程の記述の有無

新課程入試の対策も，赤本で過去問に取り組むところから始めましょう。

Q2. 赤本を使う上での注意点はありますか？

A. 志望大学の入試科目を確認しましょう。

過去問を解く前に，過去の出題科目（問題編冒頭の表）と 2025 年度の募集要項とを比べて，課される内容に変更がないかを確認しましょう。ポイントは以下のとおりです。科目名が変わっていても，実際は旧課程の内容とほとんど同様のものもあります。

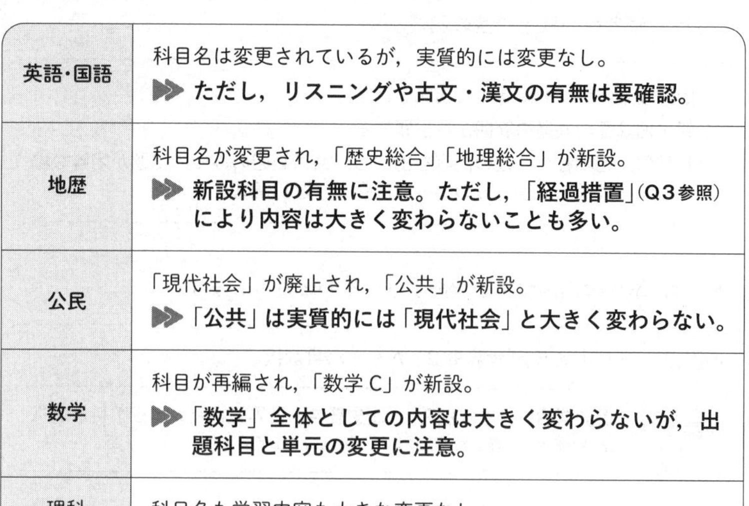

英語・国語	科目名は変更されているが，実質的には変更なし。 **▶▶ ただし，リスニングや古文・漢文の有無は要確認。**
地歴	科目名が変更され，「歴史総合」「地理総合」が新設。 **▶▶ 新設科目の有無に注意。ただし，「経過措置」（Q3参照）により内容は大きく変わらないことも多い。**
公民	「現代社会」が廃止され，「公共」が新設。 **▶▶「公共」は実質的には「現代社会」と大きく変わらない。**
数学	科目が再編され，「数学 C」が新設。 **▶▶「数学」全体としての内容は大きく変わらないが，出題科目と単元の変更に注意。**
理科	科目名も学習内容も大きな変更なし。

数学については，科目名だけでなく，どの単元が含まれているかも確認が必要です。例えば，出題科目が次のように変わったとします。

旧課程	「数学Ⅰ・数学Ⅱ・数学 A・数学 B（数列・ベクトル）」
新課程	「数学Ⅰ・数学Ⅱ・数学 A・**数学 B（数列）・数学 C（ベクトル）**」

この場合，新課程では「数学C」が増えていますが，単元は「ベクトル」のみのため，実質的には旧課程とほぼ同じであり，過去問をそのまま役立てることができます。

Q3. 「経過措置」とは何ですか？

A. 既卒の旧課程履修者への対応です。

多くの大学では，既卒の旧課程履修者が不利にならないように，出題において「経過措置」が実施されます。措置の有無や内容は大学によって異なるので，募集要項や大学のウェブサイトなどで確認しておきましょう。

〇旧課程履修者への経過措置の例

- 旧課程履修者にも配慮した出題を行う。
- 新・旧課程の共通の範囲から出題する。
- 新課程と旧課程の共通の内容を出題し，共通範囲のみでの出題が困難な場合は，旧課程の範囲からの問題を用意し，選択解答とする。

例えば，地歴の出題科目が次のように変わったとします。

旧課程	「日本史 B」「世界史 B」から１科目選択
新課程	「**歴史総合**，日本史探究」「**歴史総合**，世界史探究」から１科目選択※ ※旧課程履修者に不利益が生じることのないように配慮する。

「歴史総合」は新課程で新設された科目で，旧課程履修者には見慣れないものですが，上記のような経過措置がとられた場合，新課程入試でも旧課程と同様の学習内容で受験することができます。

新課程の情報は WEB もチェック！
より詳しい解説が赤本ウェブサイトで見られます。
https://akahon.net/shinkatei/

科目名が変更される教科・科目

	旧課程	新課程
国語	国語総合 国語表現 現代文A 現代文B 古典A 古典B	現代の国語 言語文化 論理国語 文学国語 国語表現 古典探究
地歴	日本史A 日本史B 世界史A 世界史B 地理A 地理B	歴史総合 日本史探究 世界史探究 地理総合 地理探究
公民	現代社会 倫理 政治・経済	公共 倫理 政治・経済
数学	数学Ⅰ 数学Ⅱ 数学Ⅲ 数学A 数学B 数学活用	数学Ⅰ 数学Ⅱ 数学Ⅲ 数学A 数学B 数学C
外国語	コミュニケーション英語基礎 コミュニケーション英語Ⅰ コミュニケーション英語Ⅱ コミュニケーション英語Ⅲ 英語表現Ⅰ 英語表現Ⅱ 英語会話	英語コミュニケーションⅠ 英語コミュニケーションⅡ 英語コミュニケーションⅢ 論理・表現Ⅰ 論理・表現Ⅱ 論理・表現Ⅲ
情報	社会と情報 情報の科学	情報Ⅰ 情報Ⅱ

目　次

2023 年度 問題と解答

●一般方式・英語外部試験利用方式・共通テスト併用方式：経済学部 2 月 14 日実施分
経済学科，経済情報システム学科，公共・環境経済学科

●一般方式・英語外部試験利用方式・共通テスト併用方式：経済学部 2 月 15 日実施分
経済学科，国際経済学科

2022 年度 問題と解答

●一般方式・英語外部試験利用方式・共通テスト併用方式：経済学部 2 月 14 日実施分
経済学科，経済情報システム学科，公共・環境経済学科

最新年度の解答用紙は，赤本オンラインに掲載しています。
https://akahon.net/kkm/chuo/index.html

※掲載内容は，予告なしに変更・中止する場合があります。

基本情報

沿革

1885（明治 18）	英吉利法律学校創設
1889（明治 22）	東京法学院と改称
1903（明治 36）	東京法学院大学と改称
1905（明治 38）	中央大学と改称，経済学科開設
1909（明治 42）	商業学科開設
1920（大正　9）	大学令による中央大学認可
1926（大正 15）	神田錦町から神田駿河台へ移転
1948（昭和 23）	通信教育部開設
1949（昭和 24）	新制大学発足，法・経済・商・工学部開設
1951（昭和 26）	文学部開設
1962（昭和 37）	工学部を理工学部に改組
1978（昭和 53）	多摩キャンパス開校
1993（平成　5）	総合政策学部開設
2000（平成 12）	市ヶ谷キャンパス開校
2004（平成 16）	市ヶ谷キャンパスに法務研究科（ロースクール）開設

2008（平成 20）	後楽園キャンパスに戦略経営研究科（ビジネススクール）開設
2010（平成 22）	市ヶ谷田町キャンパス開校
2019（平成 31）	国際経営学部と国際情報学部開設
2023（令和 5）	茗荷谷キャンパス開校

ブランドマーク

このブランドマークは，箱根駅伝で広く知られた朱色の「C」マークと，伝統ある独自書体の「中央大学」を組み合わせたものとなっています。2007 年度，このブランドマークに，新たに「行動する知性。」というユニバーシティメッセージを付加しました。建学の精神に基づく実学教育を通じて涵養された知性をもとに社会に貢献できる人材，という本学の人材養成像を示しています。

学部・学科の構成

大　学

●**法学部**　茗荷谷キャンパス

法律学科（法曹コース，公共法務コース，企業コース）

国際企業関係法学科

政治学科（公共政策コース，地域創造コース，国際政治コース，メディア政治コース）

●**経済学部**　多摩キャンパス

経済学科（経済総合クラスター，ヒューマンエコノミークラスター）

経済情報システム学科（企業経済クラスター，経済情報クラスター）

国際経済学科（貿易・国際金融クラスター，経済開発クラスター）

公共・環境経済学科（公共クラスター，環境クラスター）

●**商学部**　多摩キャンパス

経営学科

会計学科

国際マーケティング学科

金融学科

※商学部では，各学科に「フレックス・コース」と「フレックス *Plus 1*・コース」という2つのコースが設けられている。なお，フリーメジャー（学科自由選択）・コースの合格者は，入学手続時に商学部のいずれかの学科のフレックス・コースに所属し，2年次進級時に改めて学科・コースを選択（変更）できる。

●**理工学部**　後楽園キャンパス

数学科

物理学科

都市環境学科（環境クリエーターコース，都市プランナーコース）

精密機械工学科

電気電子情報通信工学科

応用化学科

ビジネスデータサイエンス学科

情報工学科

生命科学科

人間総合理工学科

●**文学部**　多摩キャンパス

人文社会学科（国文学専攻，英語文学文化専攻，ドイツ語文学文化専攻，フランス語文学文化専攻〈語学文学文化コース，美術史美術館コース〉，中国言語文化専攻，日本史学専攻，東洋史学専攻，西洋史学専攻，哲学専攻，社会学専攻，社会情報学専攻〈情報コミュニケーションコース，図書館情報学コース〉，教育学専攻，心理学専攻，学びのパスポートプログラム〈社会文化系，スポーツ文化系〉）

●**総合政策学部**　多摩キャンパス

政策科学科

国際政策文化学科

●**国際経営学部**　多摩キャンパス

国際経営学科

●**国際情報学部**　市ヶ谷田町キャンパス

国際情報学科

（備考）クラスター，コース等に分属する年次はそれぞれで異なる。

大学院

法学研究科 / 経済学研究科 / 商学研究科 / 理工学研究科 / 文学研究科 / 総合政策研究科 / 国際情報研究科 / 法科大学院（ロースクール）/ 戦略経営研究科（ビジネススクール）

大学所在地

茗荷谷キャンパス

多摩キャンパス

後楽園キャンパス

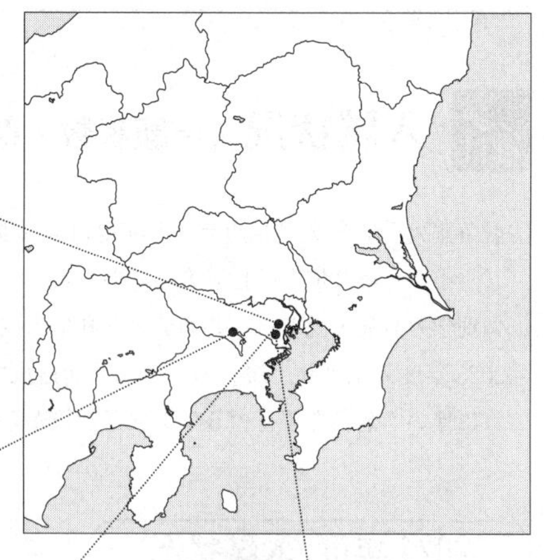

市ヶ谷田町キャンパス

茗荷谷キャンパス	〒 112-8631	東京都文京区大塚 1-4-1
多摩キャンパス	〒 192-0393	東京都八王子市東中野 742-1
後楽園キャンパス	〒 112-8551	東京都文京区春日 1-13-27
市ヶ谷田町キャンパス	〒 162-8478	東京都新宿区市谷田町 1-18

入試データ

入試状況（志願者数・競争率など）

○競争率は受験者数（共通テスト利用選抜〈単独方式〉は志願者数）÷合格者数で算出し，小数点第2位を四捨五入している。
○個別学力試験を課さない共通テスト利用選抜〈単独方式〉は1カ年分のみの掲載。
○2025年度入試より，現行の6学部共通選抜では国際経営学部の募集を停止する。それに伴い，名称を現行の6学部共通選抜から5学部共通選抜に変更する。

2024年度 入試状況

● 6学部共通選抜

区		分	募集人員	志願者数	受験者数	合格者数	競争率
法	4教科型	法律	20	308	293	106	2.5
		国際企業関係法	5	10	10	3	
		政治	5	67	67	42	
	3教科型	法律	36	1,185	1,115	153	5.8
		国際企業関係法	10	147	141	33	
		政治	20	403	391	98	
経済	経済		60	1,031	986	215	4.6
	経済情報システム		5	101	100	11	9.1
	国際経済		10	176	169	25	6.8
	公共・環境経済		5	118	115	16	7.2
商	フリーメジャー		70	1,206	1,146	287	4.0

（表つづく）

区		分	募集人員	志願者数	受験者数	合格者数	競争率
文	人文社会	国文学	7	151	145	41	3.7
		英語文学文化	7	237	226	70	
		ドイツ語文学文化	3	90	85	30	
		フランス語文学文化	3	105	99	38	
		中国言語文化	3	62	62	19	
		日本史学	3	120	114	28	
		東洋史学	4	50	46	16	
		西洋史学	4	129	124	30	
		哲学	3	93	91	22	
		社会学	3	184	172	36	
		社会情報学	3	89	87	27	
		教育学	3	101	95	20	
		心理学	3	168	162	31	
		学びのパスポートプログラム	2	37	35	8	
総合政策	政策科		25	427	404	111	3.0
	国際政策文化		25	323	306	128	
国際経営	4教科型		10	32	31	12	2.6
	3教科型		20	283	269	60	4.5
計			377	7,433	7,086	1,716	—

(備考)

- 法学部，文学部及び総合政策学部の志願者数・受験者数は，第1志望の学科・専攻（プログラム）で算出している。
- 法学部，文学部及び総合政策学部は志望順位制のため，学科・専攻（プログラム）ごとの倍率は算出していない。

●学部別選抜〈一般方式〉

区分				募集人員	志願者数	受験者数	合格者数	競争率
法	4教科型	法律		60	638	595	228	2.6
		国際企業関係法		5	47	43	17	2.5
		政治		20	126	116	60	1.9
	3教科型	法律		269	2,689	2,533	606	4.2
		国際企業関係法		60	527	496	155	3.2
		政治		128	1,152	1,089	326	3.3
経済	I(2/14)	経済		135	2,055	1,893	314	5.0
		経済情報システム		79	606	556	156	
		公共・環境経済		60	777	720	164	
	II(2/15)	経済		90	1,293	1,158	151	4.7
		国際経済		113	1,135	1,033	319	
商	A(2/11)	会計	フレックス	115	1,087	1,035	289	3.4
			フレックス *Plus 1*	40	267	263	66	
		国際マーケティング	フレックス	120	1,159	1,103	356	
			フレックス *Plus 1*	20	151	145	38	
	B(2/13)	経営	フレックス	130	1,632	1,539	296	4.8
			フレックス *Plus 1*	20	347	327	48	
		金融	フレックス	40	743	697	187	
			フレックス *Plus 1*	15	82	75	20	
理工	数			32	817	702	205	3.4
	物理			33	920	785	226	3.5
	都市環境			45	796	680	155	4.4
	精密機械工			80	1,365	1,147	303	3.8
	電気電子情報通信工			65	1,166	969	257	3.8
	応用化			78	1,351	1,111	290	3.8
	ビジネスデータサイエンス			65	758	660	178	3.7
	情報工			66	1,683	1,424	267	5.3
	生命科			43	481	419	167	2.5
	人間総合理工			32	234	195	58	3.4
文	人文社会	国文学		29	459	441	130	3.4
		英語文学文化		77	487	464	210	2.2
		ドイツ語文学文化		22	123	115	50	2.3
		フランス語文学文化		34	264	250	114	2.2
		中国言語文化		23	162	154	66	2.3
		日本史学		43	450	438	165	2.7

(表つづく)

区分			募集人員	志願者数	受験者数	合格者数	競争率
文	人文社会	東洋史学	25	152	146	56	2.6
		西洋史学	25	254	242	76	3.2
		哲学	36	322	307	110	2.8
		社会学	47	443	423	166	2.5
		社会情報学	43	187	182	70	2.6
		教育学	32	301	295	98	3.0
		心理学	41	416	393	112	3.5
		学びのパスポートプログラム	10	66	59	14	4.2
総合政策	政策科		30	955	854	118	6.8
	国際政策文化		30	806	709	113	
国際経営			70	1,171	1,106	324	3.4
国際情報			60	1,052	992	181	5.5
計			2,735	34,154	31,078	8,075	—

(備考)

- 経済学部，商学部及び総合政策学部の志願者数・受験者数は，第１志望の学科（コース）で算出している。
- 経済学部，商学部及び総合政策学部は志望順位制のため，学科ごとの倍率は算出していない。

●学部別選抜〈英語外部試験利用方式〉

区分			募集人員	志願者数	受験者数	合格者数	競争率
経済	I (2/14)	経済	13	432	409	88	4.2
		経済情報システム	8	119	109	11	
		公共・環境経済	7	334	320	100	
	II (2/15)	経済	9	409	369	86	4.5
		国際経済	13	439	401	87	
理工	数		3	2	2	0	—
	物理		2	14	12	7	1.7
	都市環境		2	25	20	11	1.8
	精密機械工		2	16	12	6	2.0
	電気電子情報通信工		2	24	17	10	1.7
	応用化		2	27	20	9	2.2
	ビジネスデータサイエンス		2	16	14	6	2.3
	情報工		2	7	6	2	3.0
	生命科		2	10	8	5	1.6
	人間総合理工		5	9	7	5	1.4
文	人文社会	国文学	若干名	13	13	5	2.6
		英語文学文化		31	30	13	2.3
		ドイツ語文学文化		11	11	8	1.4
		フランス語文学文化		23	21	9	2.3
		中国言語文化		9	9	4	2.3
		日本史学		12	12	5	2.4
		東洋史学		12	12	5	2.4
		西洋史学		21	17	7	2.4
		哲学		21	21	8	2.6
		社会学		35	32	12	2.7
		社会情報学		12	12	4	3.0
		教育学		12	12	3	4.0
		心理学		34	33	6	5.5
		学びのパスポートプログラム		9	8	3	2.7
総合政策	政策科		5	68	56	26	2.3
	国際政策文化		5	128	107	45	
国際経営			20	640	616	228	2.7
国際情報			5	147	136	25	5.4
計			109	3,121	2,884	849	—

（備考）

- 経済学部及び総合政策学部の志願者数・受験者数は，第 1 志望の学科で算出している。
- 経済学部及び総合政策学部は志望順位制のため，学科ごとの倍率は算出していない。

●学部別選抜〈大学入学共通テスト併用方式〉

区分			募集人員	志願者数	受験者数	合格者数	競争率
法	法律		52	630	552	231	2.4
	国際企業関係法		13	80	67	22	3.0
	政治		26	238	213	102	2.1
経済	I（2/14）	経済	9	153	131	16	3.8
		経済情報システム	7	53	43	15	
		公共・環境経済	6	26	22	21	
	II（2/15）	経済	6	69	59	7	4.1
		国際経済	12	21	18	12	
商	フリーメジャー	A	10	163	150	50	3.0
		B	10	123	110	37	3.0
理工	数		13	219	198	55	3.6
	物理		10	248	228	60	3.8
	都市環境		9	252	228	48	4.8
	精密機械工		20	271	252	65	3.9
	電気電子情報通信工		20	310	294	67	4.4
	応用化		25	352	314	110	2.9
	ビジネスデータサイエンス		13	255	231	54	4.3
	情報工		13	314	286	47	6.1
	生命科		10	239	217	90	2.4
	人間総合理工		12	109	101	35	2.9
総合政策	政策科		15	95	74	28	2.2
	国際政策文化		15	126	96	50	
国際経営			10	94	70	23	3.0
国際情報			10	210	196	55	3.6
計			346	4,650	4,150	1,300	―

（備考）
- 経済学部及び総合政策学部の志願者数・受験者数は，第1志望の学科で算出している。
- 商学部フリーメジャー・コースは，学部別選抜A（2/11実施）・学部別選抜B（2/13実施）それぞれ10名の募集。
- 経済学部及び総合政策学部は志望順位制のため，学科ごとの倍率は算出していない。

●大学入学共通テスト利用選抜〈単独方式〉

区			分		募集人員	志願者数	合格者数	競争率
法	前期選考	5教科型	法律		115	1,566	1,103	1.4
			国際企業関係法		19	256	182	1.4
			政治		52	392	262	1.5
		3教科型	法律		24	1,279	411	3.1
			国際企業関係法		6	610	187	3.3
			政治		12	533	203	2.6
	後期選考		法律		6	68	13	5.2
			国際企業関係法		3	29	5	5.8
			政治		6	61	8	7.6
経済	前期選考	4教科型	経済		16	380	118	3.0
			経済情報システム		7	52	19	
			国際経済		11	41	16	
			公共・環境経済		6	27	11	
		3教科型	経済		8	367	37	6.8
			経済情報システム		4	57	15	
			国際経済		5	72	21	
			公共・環境経済		3	38	6	
	後期選考		経済		5	104	5	10.2
			経済情報システム		5	35	5	
			国際経済		5	45	5	
			公共・環境経済		5	20	5	
商	前期選考	4教科型	経営	フレックス	14	298	138	2.0
			会計	フレックス	14	198	111	
			国際マーケティング	フレックス	14	79	57	
			金融	フレックス	8	73	26	
		3教科型	経営	フレックス	12	701	144	4.2
			会計	フレックス	12	309	78	
			国際マーケティング	フレックス	12	278	91	
			金融	フレックス	4	99	20	
	後期選考		経営	フレックス	4	48	4	8.7
			会計	フレックス	4	40	4	
			国際マーケティング	フレックス	4	30	4	
			金融	フレックス	4	21	4	

（表つづく）

区分				募集人員	志願者数	合格者数	競争率
理工	前期選考	物理		5	389	87	4.5
		都市環境		9	347	57	6.1
		精密機械工		8	405	111	3.6
		電気電子情報通信工		10	328	73	4.5
		応用化		10	476	129	3.7
		ビジネスデータサイエンス		13	317	64	5.0
		情報工		7	425	58	7.3
		生命科		5	215	68	3.2
		人間総合理工		8	135	39	3.5
文	人文社会	前期選考	4教科型 専攻フリー	40	692	290	2.4
			3教科型 国文学	11	203	74	2.7
			英語文学文化	11	272	99	2.7
			ドイツ語文学文化	6	73	32	2.3
			フランス語文学文化	5	100	40	2.5
			中国言語文化	6	75	30	2.5
			日本史学	5	137	35	3.9
			東洋史学	6	91	41	2.2
			西洋史学	6	148	47	3.1
			哲学	5	138	50	2.8
			社会学	5	197	63	3.1
			社会情報学	3	69	19	3.6
			教育学	3	120	38	3.2
			心理学	3	132	26	5.1
			学びのパスポートプログラム	2	37	11	3.4
		後期選考	国文学	若干名	18	3	6.0
			英語文学文化		12	1	12.0
			ドイツ語文学文化		19	5	3.8
			フランス語文学文化		9	2	4.5
			中国言語文化		9	0	—
			日本史学		4	0	—
			東洋史学		6	2	3.0
			西洋史学		9	1	9.0
			哲学		7	2	3.5
			社会学		11	3	3.7
			社会情報学		6	0	—
			教育学		10	2	5.0
			心理学		10	2	5.0
			学びのパスポートプログラム		4	0	—

（表つづく）

区分			募集人員	志願者数	合格者数	競争率
総合政策	前期選考	政策科	24	423	118	2.9
		国際政策文化	25	445	180	
	後期選考	政策科	5	56	9	5.2
		国際政策文化	5	38	9	
国際経営	前期選考	4教科型	7	160	69	2.3
		3教科型	17	933	231	4.0
	後期選考	4教科型	3	29	3	9.7
		3教科型	3	68	2	34.0
国際情報	前期選考	4教科型	10	106	42	2.5
		3教科型	10	392	136	2.9
	後期選考		5	124	24	5.2
計			755	16,414	5,716	—

（備考）

- 経済学部，商学部及び総合政策学部の志願者数は，第１志望の学科（コース）で算出している。
- 経済学部，商学部及び総合政策学部は志望順位制のため，学科ごとの倍率は算出していない。

2023年度 入試状況

● 6学部共通選抜

区分			募集人員	志願者数	受験者数	合格者数	競争率
法	4教科型	法律	20	363	340	118	2.5
		国際企業関係法	5	9	9	3	
		政治	5	86	82	53	
	3教科型	法律	36	1,311	1,241	156	5.5
		国際企業関係法	10	122	119	47	
		政治	20	364	348	107	
経済	経済		60	989	945	238	4.0
	経済情報システム		5	111	103	21	4.9
	国際経済		10	250	239	44	5.4
	公共・環境経済		5	117	113	15	7.5
商	フリーメジャー		70	1,268	1,215	302	4.0
文	人文社会	国文学	7	176	164	41	4.2
		英語文学文化	7	185	175	65	
		ドイツ語文学文化	3	90	85	29	
		フランス語文学文化	3	251	245	45	
		中国言語文化	3	100	97	27	
		日本史学	3	123	116	19	
		東洋史学	4	58	49	16	
		西洋史学	4	107	101	27	
		哲学	3	82	74	26	
		社会学	3	251	241	46	
		社会情報学	3	111	107	31	
		教育学	3	101	97	24	
		心理学	3	208	203	26	
		学びのパスポートプログラム	2	53	52	6	
総合政策	政策科		25	372	363	101	3.0
	国際政策文化		25	295	281	116	
国際経営	4教科型		10	44	41	14	2.9
	3教科型		20	314	296	60	4.9
計			377	7,911	7,541	1,823	—

（備考）• 法学部，文学部及び総合政策学部の志願者数・受験者数は，第1志望の学科・専攻（プログラム）で算出している。

• 法学部，文学部及び総合政策学部は志望順位制のため，学科・専攻（プログラム）ごとの倍率は算出していない。

• 新型コロナウイルス感染症等対応のための特別措置を実施し，上表以外に，経済学部2名，文学部2名の合格者を出した。

●学部別選抜〈一般方式〉

区分				募集人員	志願者数	受験者数	合格者数	競争率
法	4教科型	法律		60	647	596	241	2.5
		国際企業関係法		5	42	39	16	2.4
		政治		20	107	98	46	2.1
	3教科型	法律		269	2,786	2,628	608	4.3
		国際企業関係法		60	541	517	139	3.7
		政治		128	920	871	318	2.7
経済	I(2/14)	経済		135	2,386	2,204	263	5.9
		経済情報システム		79	386	350	178	
		公共・環境経済		60	1,196	1,123	180	
	II(2/15)	経済		90	1,336	1,185	148	5.4
		国際経済		113	1,387	1,266	309	
商	A(2/11)	会計	フレックス	115	1,023	972	280	3.4
			フレックス *Plus 1*	40	241	231	64	
		国際マーケティング	フレックス	120	1,214	1,157	360	
			フレックス *Plus 1*	20	160	150	43	
	B(2/13)	経営	フレックス	130	2,137	2,002	377	4.6
			フレックス *Plus 1*	20	360	334	52	
		金融	フレックス	40	672	631	213	
			フレックス *Plus 1*	15	100	95	24	
理工	数			32	769	648	216	3.0
	物理			33	856	728	237	3.1
	都市環境			45	848	677	169	4.0
	精密機械工			80	1,350	1,142	374	3.1
	電気電子情報通信工			65	952	771	260	3.0
	応用化			78	1,389	1,128	297	3.8
	ビジネスデータサイエンス			65	772	659	175	3.8
	情報工			65	1,815	1,541	301	5.1
	生命科			43	527	440	117	3.8
	人間総合理工			32	337	288	54	5.3
文	人文社会	国文学		29	503	485	125	3.9
		英語文学文化		77	588	564	240	2.4
		ドイツ語文学文化		22	183	177	61	2.9
		フランス語文学文化		34	528	510	127	4.0
		中国言語文化		23	238	226	80	2.8
		日本史学		43	519	499	155	3.2

(表つづく)

<table>
<tr><th colspan="3">区　分</th><th>募集人員</th><th>志願者数</th><th>受験者数</th><th>合格者数</th><th>競争率</th></tr>
<tr><td rowspan="8">文</td><td rowspan="8">人文社会</td><td>東洋史学</td><td>25</td><td>158</td><td>147</td><td>53</td><td>2.8</td></tr>
<tr><td>西洋史学</td><td>25</td><td>309</td><td>299</td><td>90</td><td>3.3</td></tr>
<tr><td>哲学</td><td>36</td><td>229</td><td>219</td><td>93</td><td>2.4</td></tr>
<tr><td>社会学</td><td>47</td><td>564</td><td>539</td><td>178</td><td>3.0</td></tr>
<tr><td>社会情報学</td><td>43</td><td>219</td><td>208</td><td>70</td><td>3.0</td></tr>
<tr><td>教育学</td><td>32</td><td>310</td><td>304</td><td>88</td><td>3.5</td></tr>
<tr><td>心理学</td><td>41</td><td>610</td><td>579</td><td>107</td><td>5.4</td></tr>
<tr><td>学びのパスポートプログラム</td><td>10</td><td>76</td><td>71</td><td>11</td><td>6.5</td></tr>
<tr><td rowspan="2">総合政策</td><td colspan="2">政策科</td><td>30</td><td>881</td><td>775</td><td>113</td><td rowspan="2">6.2</td></tr>
<tr><td colspan="2">国際政策文化</td><td>30</td><td>885</td><td>765</td><td>134</td></tr>
<tr><td colspan="3">国際経営</td><td>70</td><td>1,172</td><td>1,102</td><td>319</td><td>3.5</td></tr>
<tr><td colspan="3">国際情報</td><td>60</td><td>985</td><td>918</td><td>183</td><td>5.0</td></tr>
<tr><td colspan="3">計</td><td>2,734</td><td>36,213</td><td>32,858</td><td>8,286</td><td>—</td></tr>
</table>

（備考）
- 経済学部，商学部及び総合政策学部の志願者数・受験者数は，第１志望の学科（コース）で算出している。
- 経済学部，商学部及び総合政策学部は志望順位制のため，学科ごとの倍率は算出していない。
- 新型コロナウイルス感染症等対応のための特別措置を実施し，上表以外に，法学部１名，経済学部１名，総合政策学部１名，国際経営学部１名の合格者を出した。

●学部別選抜〈英語外部試験利用方式〉

区分			募集人員	志願者数	受験者数	合格者数	競争率
経済	Ⅰ(2/14)	経済	13	505	465	42	6.1
		経済情報システム	8	134	127	12	
		公共・環境経済	7	370	352	100	
	Ⅱ(2/15)	経済	9	368	338	70	4.8
		国際経済	13	643	582	123	
理工		数	3	1	1	0	—
		物理	2	2	1	1	1.0
		都市環境	2	11	7	4	1.8
		精密機械工	2	17	12	6	2.0
		電気電子情報通信工	2	15	12	10	1.2
		応用化	2	32	19	7	2.7
		ビジネスデータサイエンス	2	12	12	5	2.4
		情報工	2	5	3	2	1.5
		生命科	2	20	17	4	4.3
		人間総合理工	5	13	9	5	1.8
文	人文社会	国文学	若干名	15	14	3	4.7
		英語文学文化		52	49	16	3.1
		ドイツ語文学文化		18	18	4	4.5
		フランス語文学文化		44	43	13	3.3
		中国言語文化		20	18	7	2.6
		日本史学		22	22	8	2.8
		東洋史学		12	12	5	2.4
		西洋史学		20	19	7	2.7
		哲学		19	18	6	3.0
		社会学		53	49	14	3.5
		社会情報学		17	16	3	5.3
		教育学		19	19	6	3.2
		心理学		39	37	8	4.6
総合政策		政策科	5	50	37	13	2.9
		国際政策文化	5	129	98	34	
国際経営			20	635	615	198	3.1
国際情報			5	141	139	17	8.2
計			109	3,453	3,180	753	—

(備考)• 経済学部及び総合政策学部の志願者数・受験者数は，第1志望の学科で算出している。
• 経済学部及び総合政策学部は志望順位制のため，学科ごとの倍率は算出していない。
• 新型コロナウイルス感染症等対応のための特別措置を実施し，上表以外に，総合政策学部１名の合格者を出した。

- 文学部人文社会学科の学びのパスポートプログラムは，学部別選抜〈英語外部試験利用方式〉での募集は行っていない（2024 年度より募集が実施される）。

●学部別選抜〈大学入学共通テスト併用方式〉

区分			募集人員	志願者数	受験者数	合格者数	競争率
法	法律		52	528	469	206	2.3
	国際企業関係法		13	102	90	30	3.0
	政治		26	147	128	85	1.5
経済	I（2/14）	経済	9	104	82	17	3.0
		経済情報システム	7	30	22	12	
		公共・環境経済	6	20	17	12	
	II（2/15）	経済	6	56	35	7	3.6
		国際経済	12	42	33	12	
商	フリーメジャー	A	10	134	123	35	3.5
		B	10	134	119	40	3.0
理工	数		13	210	194	65	3.0
	物理		10	233	216	78	2.8
	都市環境		9	198	175	62	2.8
	精密機械工		20	242	221	66	3.3
	電気電子情報通信工		20	208	187	58	3.2
	応用化		25	341	324	115	2.8
	ビジネスデータサイエンス		13	310	288	78	3.7
	情報工		13	380	339	58	5.8
	生命科		10	234	217	66	3.3
	人間総合理工		12	141	132	26	5.1
総合政策	政策科		15	98	72	25	2.3
	国際政策文化		15	223	180	84	
国際経営			10	104	86	20	4.3
国際情報			10	198	182	53	3.4
計			346	4,417	3,931	1,310	—

（備考）
- 経済学部及び総合政策学部の志願者数・受験者数は，第１志望の学科で算出している。
- 経済学部及び総合政策学部は志望順位制のため，学科ごとの倍率は算出していない。
- 商学部フリーメジャー・コースは，学部別選抜Ａ（2/11 実施）・学部別選抜Ｂ（2/13 実施）それぞれ 10 名の募集。
- 新型コロナウイルス感染症等対応のための特別措置を実施し，上表以外に，理工学部３名の合格者を出した。

2022年度 入試状況

● 6学部共通選抜

区分			募集人員	志願者数	受験者数	合格者数	競争率
法	4教科型	法律	20	359	334	116	2.5
		国際企業関係法	5	17	17	3	
		政治	5	63	59	44	
	3教科型	法律	36	1,210	1,139	139	5.8
		国際企業関係法	10	140	135	40	
		政治	20	305	288	89	
経済	経済		60	937	887	199	4.5
	経済情報システム		5	101	97	21	4.6
	国際経済		10	132	124	25	5.0
	公共・環境経済		5	109	103	19	5.4
商	フリーメジャー		70	1,179	1,115	282	4.0
文	人文社会	国文学	7	127	123	40	3.1
		英語文学文化	7	170	164	55	
		ドイツ語文学文化	3	79	71	27	
		フランス語文学文化	3	96	93	44	
		中国言語文化	3	75	71	36	
		日本史学	3	142	137	26	
		東洋史学	4	59	57	15	
		西洋史学	4	102	93	35	
		哲学	3	113	105	33	
		社会学	3	114	107	57	
		社会情報学	3	111	108	19	
		教育学	3	83	76	26	
		心理学	3	166	157	37	
		学びのパスポートプログラム	2	78	75	10	
総合政策	政策科		25	311	299	84	3.1
	国際政策文化		25	232	227	85	
国際経営	4教科型		10	29	29	10	2.9
	3教科型		20	277	258	53	4.9
計			377	6,916	6,548	1,669	―

（備考）• 法学部，文学部及び総合政策学部の志願者数・受験者数は，第1志望の学科・専攻（プログラム）で算出している。

• 法学部，文学部及び総合政策学部は志望順位制のため，学科・専攻（プログラム）ごとの倍率は算出していない。

• 新型コロナウイルス感染症等対応のための特別措置を実施し，上表以外に，文学部2名，総合政策学部1名の合格者を出した。

●学部別選抜〈一般方式〉

<table>
<tr><th colspan="4">区分</th><th>募集人員</th><th>志願者数</th><th>受験者数</th><th>合格者数</th><th>競争率</th></tr>
<tr><td rowspan="6">法</td><td rowspan="3">4教科型</td><td colspan="2">法律</td><td>60</td><td>631</td><td>576</td><td>218</td><td>2.6</td></tr>
<tr><td colspan="2">国際企業関係法</td><td>5</td><td>58</td><td>54</td><td>24</td><td>2.3</td></tr>
<tr><td colspan="2">政治</td><td>20</td><td>118</td><td>110</td><td>52</td><td>2.1</td></tr>
<tr><td rowspan="3">3教科型</td><td colspan="2">法律</td><td>269</td><td>2,515</td><td>2,368</td><td>638</td><td>3.7</td></tr>
<tr><td colspan="2">国際企業関係法</td><td>60</td><td>410</td><td>388</td><td>167</td><td>2.3</td></tr>
<tr><td colspan="2">政治</td><td>128</td><td>739</td><td>694</td><td>261</td><td>2.7</td></tr>
<tr><td rowspan="5">経済</td><td rowspan="3">I（2/14）</td><td colspan="2">経済</td><td>149</td><td>2,198</td><td>2,026</td><td>293</td><td rowspan="3">4.5</td></tr>
<tr><td colspan="2">経済情報システム</td><td>86</td><td>565</td><td>512</td><td>110</td></tr>
<tr><td colspan="2">公共・環境経済</td><td>67</td><td>1,074</td><td>996</td><td>378</td></tr>
<tr><td rowspan="2">II（2/15）</td><td colspan="2">経済</td><td>99</td><td>1,375</td><td>1,230</td><td>141</td><td rowspan="2">4.7</td></tr>
<tr><td colspan="2">国際経済</td><td>126</td><td>1,562</td><td>1,446</td><td>424</td></tr>
<tr><td rowspan="8">商</td><td rowspan="4">A（2/11）</td><td rowspan="2">会計</td><td>フレックス</td><td>115</td><td>1,134</td><td>1,078</td><td>297</td><td rowspan="4">3.5</td></tr>
<tr><td>フレックス Plus 1</td><td>40</td><td>296</td><td>280</td><td>69</td></tr>
<tr><td rowspan="2">国際マーケティング</td><td>フレックス</td><td>120</td><td>1,182</td><td>1,126</td><td>357</td></tr>
<tr><td>フレックス Plus 1</td><td>20</td><td>157</td><td>152</td><td>41</td></tr>
<tr><td rowspan="4">B（2/13）</td><td rowspan="2">経営</td><td>フレックス</td><td>130</td><td>1,491</td><td>1,365</td><td>295</td><td rowspan="4">4.1</td></tr>
<tr><td>フレックス Plus 1</td><td>20</td><td>346</td><td>312</td><td>59</td></tr>
<tr><td rowspan="2">金融</td><td>フレックス</td><td>40</td><td>886</td><td>824</td><td>255</td></tr>
<tr><td>フレックス Plus 1</td><td>15</td><td>83</td><td>76</td><td>18</td></tr>
<tr><td rowspan="10">理工</td><td colspan="3">数</td><td>32</td><td>693</td><td>621</td><td>277</td><td>2.2</td></tr>
<tr><td colspan="3">物理</td><td>33</td><td>752</td><td>663</td><td>275</td><td>2.4</td></tr>
<tr><td colspan="3">都市環境</td><td>45</td><td>650</td><td>561</td><td>196</td><td>2.9</td></tr>
<tr><td colspan="3">精密機械工</td><td>80</td><td>1,240</td><td>1,078</td><td>359</td><td>3.0</td></tr>
<tr><td colspan="3">電気電子情報通信工</td><td>65</td><td>1,195</td><td>1,059</td><td>325</td><td>3.3</td></tr>
<tr><td colspan="3">応用化</td><td>78</td><td>1,287</td><td>1,126</td><td>475</td><td>2.4</td></tr>
<tr><td colspan="3">ビジネスデータサイエンス</td><td>65</td><td>917</td><td>812</td><td>202</td><td>4.0</td></tr>
<tr><td colspan="3">情報工</td><td>65</td><td>1,460</td><td>1,292</td><td>330</td><td>3.9</td></tr>
<tr><td colspan="3">生命科</td><td>43</td><td>552</td><td>488</td><td>168</td><td>2.9</td></tr>
<tr><td colspan="3">人間総合理工</td><td>32</td><td>494</td><td>435</td><td>91</td><td>4.8</td></tr>
<tr><td rowspan="6">文</td><td rowspan="6">人文社会</td><td colspan="2">国文学</td><td>29</td><td>472</td><td>450</td><td>161</td><td>2.8</td></tr>
<tr><td colspan="2">英語文学文化</td><td>77</td><td>730</td><td>692</td><td>299</td><td>2.3</td></tr>
<tr><td colspan="2">ドイツ語文学文化</td><td>22</td><td>226</td><td>217</td><td>75</td><td>2.9</td></tr>
<tr><td colspan="2">フランス語文学文化</td><td>34</td><td>310</td><td>293</td><td>139</td><td>2.1</td></tr>
<tr><td colspan="2">中国言語文化</td><td>23</td><td>190</td><td>179</td><td>87</td><td>2.1</td></tr>
<tr><td colspan="2">日本史学</td><td>43</td><td>609</td><td>585</td><td>177</td><td>3.3</td></tr>
</table>

（表つづく）

<table>
<tr><th colspan="3">区　分</th><th>募集人員</th><th>志願者数</th><th>受験者数</th><th>合格者数</th><th>競争率</th></tr>
<tr><td rowspan="8">文</td><td rowspan="8">人文社会</td><td>東洋史学</td><td>25</td><td>213</td><td>207</td><td>95</td><td>2.2</td></tr>
<tr><td>西洋史学</td><td>25</td><td>270</td><td>258</td><td>111</td><td>2.3</td></tr>
<tr><td>哲学</td><td>36</td><td>309</td><td>294</td><td>113</td><td>2.6</td></tr>
<tr><td>社会学</td><td>47</td><td>446</td><td>432</td><td>210</td><td>2.1</td></tr>
<tr><td>社会情報学</td><td>43</td><td>298</td><td>286</td><td>83</td><td>3.4</td></tr>
<tr><td>教育学</td><td>32</td><td>308</td><td>297</td><td>127</td><td>2.3</td></tr>
<tr><td>心理学</td><td>41</td><td>569</td><td>540</td><td>167</td><td>3.2</td></tr>
<tr><td>学びのパスポートプログラム</td><td>10</td><td>104</td><td>95</td><td>22</td><td>4.3</td></tr>
<tr><td rowspan="2">総合政策</td><td colspan="2">政策科</td><td>30</td><td>512</td><td>435</td><td>115</td><td rowspan="2">3.6</td></tr>
<tr><td colspan="2">国際政策文化</td><td>30</td><td>666</td><td>548</td><td>155</td></tr>
<tr><td colspan="3">国際経営</td><td>70</td><td>1,286</td><td>1,221</td><td>217</td><td>5.6</td></tr>
<tr><td colspan="3">国際情報</td><td>60</td><td>1,154</td><td>1,084</td><td>208</td><td>5.2</td></tr>
<tr><td colspan="3">計</td><td>2,784</td><td>34,732</td><td>31,861</td><td>9,356</td><td>—</td></tr>
</table>

（備考）
- 経済学部，商学部及び総合政策学部の志願者数・受験者数は，第１志望の学科（コース）で算出している。
- 経済学部，商学部及び総合政策学部は志望順位制のため，学科ごとの倍率は算出していない。
- 新型コロナウイルス感染症等対応のための特別措置を実施し，上表以外に，法学部１名，経済学部６名，商学部３名，理工学部６名，文学部１名，総合政策学部１名，国際情報学部２名の合格者を出した。

●学部別選抜〈英語外部試験利用方式〉

区分			募集人員	志願者数	受験者数	合格者数	競争率
経済	Ⅰ(2/14)	経済	5	363	341	45	5.0
		経済情報システム	4	169	157	21	
		公共・環境経済	3	337	314	97	
	Ⅱ(2/15)	経済	3	305	270	77	2.0
		国際経済	5	459	426	264	
理工	数		3	1	1	0	—
	物理		2	9	6	0	—
	都市環境		2	2	2	1	2.0
	精密機械工		2	15	11	8	1.4
	電気電子情報通信工		2	7	5	4	1.3
	応用化		2	14	11	9	1.2
	ビジネスデータサイエンス		2	13	13	6	2.2
	情報工		2	5	4	1	4.0
	生命科		2	8	7	5	1.4
	人間総合理工		5	8	6	4	1.5
文	人文社会	国文学	若干名	33	29	7	4.1
		英語文学文化		59	59	19	3.1
		ドイツ語文学文化		13	11	5	2.2
		フランス語文学文化		24	24	10	2.4
		中国言語文化		19	19	9	2.1
		日本史学		21	19	6	3.2
		東洋史学		16	15	6	2.5
		西洋史学		18	16	7	2.3
		哲学		22	19	6	3.2
		社会学		32	28	14	2.0
		社会情報学		38	34	6	5.7
		教育学		17	16	5	3.2
		心理学		25	23	8	2.9
総合政策	政策科		5	42	30	12	2.4
	国際政策文化		5	127	90	37	
国際経営			20	729	700	181	3.9
国際情報			5	244	228	14	16.3
計			79	3,194	2,934	894	—

(備考)• 経済学部及び総合政策学部の志願者数・受験者数は，第1志望の学科で算出している。
• 経済学部及び総合政策学部は志望順位制のため，学科ごとの倍率は算出していない。
• 新型コロナウイルス感染症等対応のための特別措置を実施し，上表以外に，経済学部1名の合格者を出した。

●学部別選抜〈大学入学共通テスト併用方式〉

区		分	募集人員	志願者数	受験者数	合格者数	競争率
法		法律	52	557	514	189	2.7
法		国際企業関係法	13	97	90	52	1.7
法		政治	26	138	132	75	1.8
経済	I (2/14)	経済	9	156	141	27	4.0
経済	I (2/14)	経済情報システム	7	50	43	14	
経済	I (2/14)	公共・環境経済	6	86	80	25	
経済	II (2/15)	経済	6	87	69	10	4.7
経済	II (2/15)	国際経済	12	59	52	16	
商		フリーメジャー	20	229	210	55	3.8
理工		数	13	150	137	58	2.4
理工		物理	10	163	153	55	2.8
理工		都市環境	9	191	177	62	2.9
理工		精密機械工	20	282	261	81	3.2
理工		電気電子情報通信工	20	330	311	94	3.3
理工		応用化	25	289	268	128	2.1
理工		ビジネスデータサイエンス	13	313	289	74	3.9
理工		情報工	13	497	459	93	4.9
理工		生命科	10	240	219	81	2.7
理工		人間総合理工	12	224	210	58	3.6
総合政策		政策科	15	103	84	31	2.2
総合政策		国際政策文化	15	170	123	64	
国際経営			10	64	58	10	5.8
国際情報			10	289	271	54	5.0
計			346	4,764	4,351	1,406	—

（備考）• 経済学部及び総合政策学部の志願者数・受験者数は，第 1 志望の学科で算出している。
• 経済学部及び総合政策学部は志望順位制のため，学科ごとの倍率は算出していない。
• 商学部フリーメジャー・コースは，学部別選抜 A（2/11 実施）・学部別選抜 B（2/13 実施）それぞれ 10 名の募集。
• 新型コロナウイルス感染症等対応のための特別措置を実施し，上表以外に，法学部 1 名，理工学部 1 名，総合政策学部 1 名，国際情報学部 1 名の合格者を出した。

入学試験要項の入手方法

出願には，受験ポータルサイト「UCARO（ウカロ）」への会員登録（無料）が必要です。出願は，Web 出願登録，入学検定料の支払いおよび出願書類の郵送を，出願期間内に全て完了することで成立します。詳細は，大学公式 Web サイトで 11 月中旬に公開予定の入学試験要項を必ず確認してください。紙媒体の入学試験要項や願書は発行しません。

また，「CHUO UNIVERSITY GUIDE BOOK 2025」（大学案内）を 5 月下旬より配付します（無料）。こちらは大学公式 Web サイト内の資料請求フォーム，テレメールから請求できます。

入試に関する問い合わせ先

中央大学　入学センター事務部入試課

https://chuo-admissions.zendesk.com/hc/ja

月～金曜日 9 :00～12:00，13:00～16:00

※土・日・祝日は受付を行っていません。

詳細は大学公式 Web サイトにて確認してください。

https://www.chuo-u.ac.jp/connect/

合格体験記 募集

2025年春に入学される方を対象に，本大学の「合格体験記」を募集します。お寄せいただいた合格体験記は，編集部で選考の上，小社刊行物やウェブサイト等に掲載いたします。お寄せいただいた方には小社規定の謝礼を進呈いたしますので，ふるってご応募ください。

応募方法

下記URLまたはQRコードより応募サイトにアクセスできます。
ウェブフォームに必要事項をご記入の上，ご応募ください。
折り返し執筆要領をメールにてお送りします。

※入学が決まっている一大学のみ応募できます。

☞ http://akahon.net/exp/

応募の締め切り

総合型選抜・学校推薦型選抜 ………… 2025年2月23日
私立大学の一般選抜 ………… 2025年3月10日
国公立大学の一般選抜 ………… 2025年3月24日

受験にまつわる川柳を募集します。
入選者には賞品を進呈！
ふるってご応募ください。

応募方法　http://akahon.net/senryu/　にアクセス！☞

気になること、聞いてみました！

在学生メッセージ

大学ってどんなところ？ 大学生活ってどんな感じ？
ちょっと気になることを，在学生に聞いてみました。

以下の内容は 2020～2023 年度入学生のアンケート回答に基づくものです。ここで触れられている内容は今後変更となる場合もありますのでご注意ください。

メッセージを書いてくれた先輩　［法学部］D.S. さん　C.K. さん　Y.K. さん　［商学部］Y.W. さん　［文学部］阿部龍之介さん　［総合政策学部］R.T. さん

大学生になったと実感！

一番実感したことは様々な人がいるということです。出身地も様々ですし，留学生や浪人生など様々な背景をもった人がいるので，違った価値観や考え方などと日々触れ合っています。高校であったおもしろいノリなどが他の人にはドン引きされることもありました。（D.S. さん／法）

高校生のときと大きく変わったことは，強制されることがないことです。大学生は，授業の課題を出さなくても何も言われません。ただし，その代償は単位を落とすという形で自分に返ってきます。自己責任が増えるというのが大学生と高校生の違いです。（阿部さん／文）

一番初めに実感した出来事は，履修登録です。小学校，中学校，高校とずっと決められた時間割で，自分の学びたいもの，学びたくないものなど関係なく過ごしてきましたが，大学は自分の学びたいものを選んで受けられるので，大学生になったなと感じました。（Y.W. さん／商）

大学生活に必要なもの

パソコンは絶対に用意しましょう。課題はほとんどがweb上での提出です。WordやExcelなどは使う頻度がすごく多いです。課題だけでなくオンラインの授業もまだありますし，試験をweb上で行う授業もあります。タブレットだったり，モニターを複数用意しておくと，メモしたり課題をしたりするときや，オンライン授業を受ける上で楽になると思います。モニターが複数あると，オンラインと並行して作業がある授業にはとても役に立ちます。（D.S. さん／法）

自炊をする力です。私自身，一冊のレシピ本を買い，週に5回は自炊をしています。料理は勉強と同じでやった分だけ上達し，その上達はとても嬉しいものです。また，大学生になると色々な出費があります。そのため，うまくお金をやりくりしないといけないので，自炊をして，日々の出費を減らすことも大切です。（Y.K. さん／法）

この授業がおもしろい！

国際企業関係法学科では英語が16単位必修で，英語の授業が他の学科よりも多いのですが，気に入っている授業は英語のリスニング・スピーキングの授業です。この授業は世界で起こっている社会問題や国際問題などをリサーチして，その内容をプレゼンするというものです。外国人の先生による授業で，帰国子女の学生が多くいるなかでプレゼンディスカッションをしているので，英語力が一番伸びている実感があります。（D.S. さん／法）

「メディアリテラシー」です。インターネットが普及した現在では，マスメディアだけでなく我々も情報発信が容易にできてしまうので，情報を受け取る側だけでなく送る側の視点からもメディアリテラシーを適用していく必要性を学ぶことができます。（R.T. さん／総合政策）

大学の学びで困ったこと＆対処法

高校での学習内容から一気に専門的な内容に発展したことです。私は法学部で憲法や民法などの法律科目を履修していますが，法学の基礎的な知識やニュアンスをまったく知らない状態で授業に臨んでしまったので，最初はついていくのが大変でした。大学の講義は高校の授業とは大きく違って，自分が学びたい学問に詳しい教授の話を聞かせてもらうという感じなので，自分での学習が不可欠になります。特に法学は読む量がすごく多く，法学独特の言い回しにも慣れるのがとても大変で苦労しました。（D.S. さん／法）

4000 字を超えるような文章を書く必要があるということです。大学に入るまで，文章を書くという行為自体をあまりやってこなかったこともあり，言葉の使い方や参考文献の書き方，人が見やすいようなレポートの作成の仕方を習得することに時間がかかりました。（Y.K. さん／法）

高校のときに私立文系コースにいたので，数学はほとんど勉強していないうえに，数学Bなどは学んでもおらず，統計学など，数学が必要となる科目は基礎的なところから理解に苦しむところがありましたが，過去問や，教科書を見て対処しました。（Y.W. さん／商）

部活・サークル活動

大学公認のテニスサークルに所属しています。他大学のテニスサークルや同じ大学の他のテニスサークルと対戦したりすることもあります。合宿もあったりしてとても楽しいです。（R.T. さん／総合政策）

法学会に入っています。一言で言うと，法律に関する弁論を行うサークルです。いわゆる弁論大会のようなものが他校と合同で開催されたり，校内の予選を行ったりと活発に活動しています。（C.K. さん／法）

交友関係は？

大学の規模がそこまで大きくないということもあり，同じ授業を取っている人がちょくちょくいたりして，そういった人たちとよく話をするうちに友達になりました。（R.T. さん／総合政策）

中央大学には国際教育寮があり，私はそこに所属しています。寮生の3分の1から半分くらいは外国人留学生で，留学生と交流できるチャンスがたくさんあります。この寮では，料理などは自分でするのですが友達と一緒にもできますし，シアタールームや会議室があるので一緒に映画を見たり課題をしたりもしています。他学部の学生とも仲良くできますし，先輩とも交友関係を築くことができます。（D.S. さん／法）

いま「これ」を頑張っています

民法の勉強です。模擬裁判をするゼミに入っており，必修の民法の授業に加えてゼミでも民法の勉強をしています。模擬裁判をすることによって法律を実際の裁判でどのように使うのか具体的にイメージすることができ，さらに民法に興味が湧きます。（C.K. さん／法）

自分は公認会計士の資格を取るために中央大学を目指し，入学しました。今は，経理研究所というところに所属し，毎日，大学の授業と会計の勉強を，いわばダブルスクールのような形で，時間を無駄にしないように生活しています。（Y.W. さん／商）

普段の生活で気をつけていることや心掛けていること

家から大学までがとても遠いのと，キャンパスが広大で移動にも時間がかかるので，常に余裕をもって行動するようにしています。決して難度は低くないですが，大学生活以外でも重要なことだと思うので，常に意識するようにしています。（R.T. さん／総合政策）

手洗い・うがいは大事だと思います。しかも，こまめにすることが重要なポイントだと思います。また，季節の変わり目や環境が変わるときには心も体も疲れやすくなってしまうので，なるべく早く寝てしっかりご飯を食べるようにしています。（C.K. さん／法）

健康を維持するために筋トレをしています。まず，一人暮らし用のアパートを借りるときに，4階の部屋を選びました。階段なので，毎日の昇り降りで足腰を鍛えています。また，フライパンも通常より重いものにして，腕を鍛えています。（阿部さん／文）

おススメ・お気に入りスポット

ヒルトップと呼ばれる食堂棟があり，広いのに昼休みは激しく混雑しています。しかし，授業中はものすごく空いていて，自分の空き時間に広い空間で食べる昼ご飯はとても有意義に感じられてお気に入りです。（R.T. さん／総合政策）

FOREST GATEWAY CHUO です。新しくきれいな建物で，コンセント完備の自習スペースも整っています。英語などのグループワークで使えるようなスペースもあり非常に便利です。トイレもとてもきれいです。（C.K. さん／法）

入学してよかった！

多摩キャンパスは，都心の喧騒から離れたところにありますが，落ち着いた環境でキャンパスライフを送ることができます。友達と過ごすにはちょっと物足りない感はありますが，自分１人の時間を大切にする人にとってはとても恵まれている環境だと思います。（R.T. さん／総合政策）

志が高い学生が多いことです。中央大学は弁護士や公認会計士など，難関資格を目指して勉強している学生が多いので，常にそのような人を見て刺激を受けることができます。将来のことを考えている学生も多いですし，そのサポートも大学がしっかり行ってくれるので，志が高くて将来やりたいことが明確に決まっている人には特におすすめです。（D.S. さん／法）

学生が気さくで優しく，司法試験や公務員試験，資格取得などの勉強をしている人が９割方で，真面目な人が多いです。周りの人が司法試験のために勉強している姿に刺激を受け，勉強を頑張ろうという意欲が湧いてきます。（C.K. さん／法）

目標に向かって努力ができる環境が整っていることです。勉強を継続するために必要なこととして，自分の意思以外にも，周りの環境も大切になってくると思います。そのため，自分の掲げた目標を達成できる環境がある大学に入れたことは本当によかったと思います。（Y.K. さん／法）

高校生のときに「これ」をやっておけばよかった

スポーツです。サークルに入ってない人や体育を履修していない人が，運動やスポーツをする機会は大学にはないので，運動不足になりがちです。できれば高校のうちからいろんなスポーツに慣れ親しんで，丈夫な体を作っておけばよかったなと思いました。（R.T. さん／総合政策）

みごと合格を手にした先輩に，入試突破のためのカギを伺いました。入試までの限られた時間を有効に活用するために，ぜひ役立ててください。

(注) ここでの内容は，先輩方が受験された当時のものです。2025 年度入試では当てはまらないこともありますのでご注意ください。

・アドバイスをお寄せいただいた先輩・

A.N. さん 経済学部（経済学科）
学部別選抜（一般方式）2024 年度合格，東京都出身

合格のポイントは過去問の演習です。志望大学の行きたい学部の過去問はもちろんのこと，それ以外の学部のものでも，その大学に合格するために必要な学力と現状の自分との差を知る良い素材になります。また，行きたい学部の問題傾向が変わってしまったときでも，柔軟に対応できる可能性が広がります。

その他の合格大学 中央大（総合政策），法政大（経済）

K.W. さん　商学部（国際マーケティング学科）
6学部共通選抜2024年度合格，東京都出身

志望校に合格するためには赤本は欠かせません。しかし，ある程度の土台なしには過去問演習をしても得られるものが少なくなってしまうので，基礎固めを最優先にすることが合格への近道です。基礎固めの後，私は赤本演習をやりながら抜けてしまっている知識を補い，赤本と愛用の参考書を何度も往復することで合格点が取れるようになりました。

また，たくさん勉強すると思いますが受験中は息抜きが絶対に必要ですし，頑張っている自分を労ってあげてください！　受験は人生という長い本の1ページに過ぎませんが，そのページを華やかなものにするべく，この青春を駆け抜けてください。いつでも応援しています！

その他の合格大学　中央大（総合政策），獨協大（経済），神奈川大（経営）

R.T. さん　総合政策学部（政策科学科）
学部別選抜2023年度合格，神奈川県出身

過去問をもったいぶって直前期までとっておくことは愚策です。志望校の赤本が刊行されたら，すぐに買って最新年度を解いて，出題傾向をつかむことが一番のポイントです。受験は時間との勝負なので，過去問の傾向から今やるべき勉強を“逆算”してスケジュールを立てると，効率よく知識を定着できると思います。

その他の合格大学　日本大（法・文理〈共通テスト利用〉），専修大（法・商），神奈川大（法）

入試なんでも Q & A

受験生のみなさんからよく寄せられる，
入試に関する疑問・質問に答えていただきました。

「赤本」の効果的な使い方を教えてください。

A 受験を決めた瞬間に過去問を解いて，志望校と自分のレベルの差を見定めるために使いました。最初は解けない問題のほうが多かったので，英語は単語を，国語は漢字や古文単語を，政経は語句を押さえることに注力しました。解ける問題が徐々に多くなってきたら，英語は文法を，国語は問題の解き方を，政経は時系列や語句の説明を理解することに時間をかけました。またいずれの教科も，間違えた問題と同じくらい正解した問題の復習に時間をかけることが効果的であると思います。例えば，国語では何を根拠としてその選択肢を選んだか，つまりは接続詞などの文法要素なのか，文章の構成としてなのか，それとも勘なのかを復習のときに考えることはとても重要です。（A.N. さん／経済）

A 私は基礎の勉強が一通り終わった 9 月の序盤に初めて赤本を解きました。このときは力試し程度に解いたのですが，勉強してきたことがうまくアウトプットできなかったことがわかりました。そのため，過去問演習では間違えた問題に対して「なぜ？」や「何が？」といった 5W1H を使って自分がしたミスを深掘りしていきました。また，何度も同じ年度を解いて以前間違えた問題に対して対策を練った後でもう一度同じ問題にアプローチすると，初見の問題でも自分のもっている知識をスムーズにアウトプットできるようになります。（K.W. さん／商）

1年間の学習スケジュールはどのようなものでしたか？

A 私は浪人生でしたので自由に使える時間が多くありました。それは嬉しい反面，やはり怠けてしまう危険もあります。そのため，4月は塾の自習室や図書館に毎日行くように習慣づけていました。また，家はゆっくりしてもいい場所，外は勉強しかしない場所というふうにメリハリをつけるように意識すると，夏の勉強がとても捗ったのでおすすめします。

時期別には，4～6月は英単語・熟語・古文単語などの暗記系に1日の時間を多く割いて，後で基礎的な分野でつまずかないように保険をかけていました。7～9月は，英語長文や現代文があまり読めていなかったので，参考書の同じ問題を時間をかけて単語レベルにまで絞って何度も読んだりしていました。10月以降は2～3日に1回赤本を解くようにし，解いたらしっかり確認して，勉強してきたなかでの苦手な分野をすぐに潰すようにしていました。12月以降の直前期は英語や国語よりも社会科目が伸びます。私は世界史選択だったので，通史をやりながら抜けている用語を覚えることに1日の勉強の半分を費やし，3科目とも穴がないようにしました。

(K.W. さん／商)

A 英語は，単語をメインに高校3年生の4月から勉強を始めました。ある程度覚えられたら，実力チェックも兼ねて，すかさず読解問題や文法問題に取り組みました。丸一日時間が使える夏休みの間は，ここまでの総決算として問題集をひたすらに繰り返し，基礎固めを徹底しました。秋以降は，さまざまな過去問に当たって身につけてきた実力が通用するかを確認し，直前期は，過去問や共通テストの問題集を実際の試験時間を計って演習することで，形式慣れするようにしました。

(R.T. さん／総合政策)

どのように学習計画を立て，受験勉強を進めていましたか？

A　過去問を解いた時の手応えやフィードバックをもとに，出題傾向に沿った学習計画を立てるようにしました。模試や過去問の結果と向き合い，自分には今何が足りていなくて，どれが重要なのかをノートなどにまとめ，それをもとにして１日のスケジュールを組みました。例えば文法の不定詞ができていなかったら，まず文法のテキストなどでおさらいし，理解できたら問題集を解いてみて，できなかったらもう一度繰り返す，といったことを１日のスケジュールとして組み立てるようにしていました。

（R.T. さん／総合政策）

Q 時間をうまく使うために，どのような工夫をしていましたか？

A　移動時間や寝る前などのスキマ時間には，スマホのアプリを活用していました。英単語，古文単語，一問一答などの参考書をスマホに一元化することで，いちいちカバンから単語帳や一問一答をとって広げる煩わしい所作を省略し，時間を有効に活用できるようにしていました。スマホアプリの利点はそれ以外にも，英単語であればついでに発音も確認できるので，一石二鳥だと思います。（R.T. さん／総合政策）

Q 中央大学を攻略するうえで特に重要な科目は何ですか？

A　英語です。一部を除いて中央大学の英語は配点が高いうえ，大問ごとに分野が分かれていることもあって対策しやすい教科でもあると思います。長文対策を意識して不完全でも文意がつかめるように基礎的な単語と文法を確認しました。文意をつかめるようになったら過去問演習をして，わからなかった箇所の復習（特に単語）を繰り返しました。他学部の問題もやっておくと問題が不足するという事態に陥らずにすむのでおすすめです。

（A.N. さん／経済）

 **苦手な科目はどのように克服しましたか？**

A 世界史で苦手な範囲がたくさんできて，模試の成績がなかなか上がらず苦しみました。まずは苦手な範囲がどこなのかを模試の大問ごとの得点率やテストの成績が悪い箇所で見定めて紙に書き出しました。そして範囲を１つ決めて，４日間同じ範囲の通史を読み，年号と用語を一問一答などで何度も繰り返し，徹底的にやり込みました。世界史の場合，苦手な範囲が潰れると他の得意な範囲とうまくつながるようになるので，さらに理解が深まります。まずはどこが苦手なのかを明確にしてから，日数をかけて何度も繰り返しやり込むことが大事だと思います。

(K.W. さん／商)

 **模試の上手な活用法を教えてください。**

A 私はマーク式の模試しか受けなかったのですが，１つの模試を通年で受けることをおすすめします。同じ形式でもレベル感が異なりますし，同じ模試だと自分の成長を客観的に見られるからです。どの模試がいいかはよく知っている先生に質問するようにしましょう。１つに決めればほかは受けなくても構わないと思います。夏くらいまでは結果というよりは自分のアウトプットの仕方が正しいかを見るためだからです。そのため必ず模試が終わった後に配られる解答解説を熟読して，自分に足りないものをメモ帳や復習シートなどに書き出してください。

(K.W. さん／商)

 **併願をする大学を決めるうえで重視したことは何ですか？**
また，注意すべき点があれば教えてください。

A 日程については，連続しないように最低でも１日おきに試験のない日ができるように調整しました。さらに第一志望の試験で実力を発揮しきれるように，それより前に受験をしておくと過度な緊張を抑えられると思います。中央大学経済学科は 2 日程を自分の都合に合わせて受けられるので，このような調整をしやすいです。

科目については，勉強する科目が散らばらないように 3 科目か 2 科目で受験可能な大学を選択しました。　(A.N. さん／経済)

Q 試験当日の試験場の雰囲気はどのようなものでしたか？緊張のほぐし方，交通事情，注意点等があれば教えてください。

A 会場の下見が可能ならば事前に交通事情や会場までの所要時間を把握しておくと，当日は試験以外で気をとられることが減ると思います。当日の緊張のほぐし方は，何かルーティーン（過去問を解くときに問題構成を思い浮かべ改めて時間配分の確認をする，10 秒間瞑想するなど）を事前に決めておくと効果的だと思います。試験で緊張しない人はいないので，緊張していることを責めることはしないでください。

(A.N. さん／経済)

科目別攻略アドバイス

みごと入試を突破された先輩に，独自の攻略法や
おすすめの参考書・問題集を，科目ごとに紹介していただきました。

英　語

経済学部は英作文や英文和訳などの記述式が一部あり，苦手意識が出てしまう人もいると思います。ですが，内容としては基礎を押さえることで十分解けるので，演習や単語の暗記をおろそかにしないことが大切です。

(A.N. さん／経済)

おすすめ参考書　『大学入試英語長文プラス頻出テーマ 10 トレーニン

グ問題集』(旺文社)
『**スーパー講義 英文法・語法 正誤問題**』(河合出版)

英語の勉強は，単語学習を受験勉強開始日から試験当日まで1日も休まないことです。暗記で得点できる単語問題や空所補充問題などは，一番確実に救ってくれる要素と言っても過言ではありません。また，長文問題は内容説明問題が基本なので，答えの根拠を見つけ出す作業が必須です。日頃から段落ごとの内容を一言でメモできるように訓練しておくとスムーズに解けます。 (K.W. さん／商)

おすすめ参考書 『**システム英単語**』(駿台文庫)
『**関正生の The Essentials 英語長文 必修英文 100**』(旺文社)

過去問で対策することが重要です。特に時間のない直前期では，問題形式に沿った演習をすることで，本番も動揺せずに解くことができます。
(R.T. さん／総合政策)

世界史

中央大学の世界史は問題の難易度が比較的易しめなので，本番ではいかにケアレスミスをしないかが大切です。基本的な用語をしっかりと覚えられるように1冊の参考書を何度もしつこく繰り返して暗記するとよいです。用語の暗記が一通り終わったらすぐに通史と用語の紐付けを試験直前までするのがおすすめです。また，苦手範囲は大変かもしれませんが何度も復習してものにしましょう。社会科目は一番得点が伸びやすい科目だと思うので，努力したぶん必ず報われます。頑張ってください！
(K.W. さん／商)

おすすめ参考書 『**詳説世界史**』(山川出版社)
『**最新世界史図説 タペストリー**』(帝国書院)

国語

現代文は共通テストと出題形式が似ていて，解答も同じようなプロセスで発見できるので，共通テスト用の参考書や過去問も有効だと思います。古文は文法と単語を理解していれば安定して点を取れると思います。

（A.N. さん／経済）

おすすめ参考書　『きめる！共通テスト現代文』（Gakken）
『富井の古典文法をはじめからていねいに』（ナガセ）
『読んで見て聞いて覚える 重要古文単語315』（桐原書店）

中央大学の現代文は課題文が硬派で選択肢も紛らわしいものが多いです。選択肢に惑わされないように，本文を読んだ後にまず問題文をしっかり理解してから選択肢の異なっているところに線を引き，本文と照らし合わせて消去法に持ち込んでいました。初めのうちは時間がかかるかもしれませんが，慣れて身についてしまえば素早くできるようになります。

古文は単語学習が肝心です。いかに古文単語の多義語にある訳を覚えているかが得点率のカギを握るので，単語帳を1冊決めて何周もやり込むのがいいでしょう。また，読解演習が終わったら，文章を音読するとスムーズに訳すコツが早くつかめるようになります。

（K.W. さん／商）

おすすめ参考書　『入試現代文へのアクセス 基本編』『同 発展編』（ともに河合出版）

書き取り問題は，日頃の学習でできるか否かが如実に現れます。読まなくても解ける問題だからこそ，ここで差をつけられてはいけない，絶対に落とせない問題なのです。

（R.T. さん／総合政策）

おすすめ参考書　『3ランク方式　基礎からのマスター 大学入試漢字TOP2000』（いいずな書店）

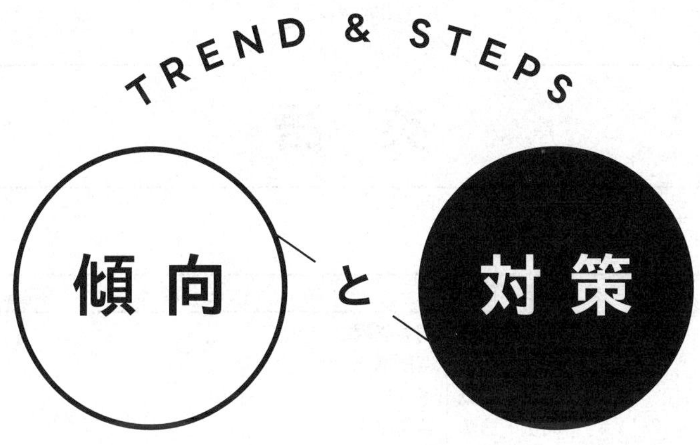

科目ごとに問題の「傾向」を分析し，具体的にどのような「対策」をすればよいか紹介しています。まずは出題内容をまとめた分析表を見て，試験の概要を把握しましょう。

注　意

「傾向と対策」で示している，出題科目・出題範囲・試験時間等については，2024 年度までに実施された入試の内容に基づいています。2025 年度入試の選抜方法については，各大学が発表する学生募集要項を必ずご確認ください。

掲載日程・方式・学部

2 月 14 日実施分：経済学科，経済情報システム学科，公共・環境経済学科

2 月 15 日実施分：経済学科，国際経済学科

英　語

年度		番号	項目	内容
2024 ◐	2月14日	〔1〕	文法・語彙	同意表現
		〔2〕	文法・語彙	空所補充
		〔3〕	文法・語彙	書き換え
		〔4〕	文法・語彙	語句整序
		〔5〕	読解	空所補充
		〔6〕	会話文	空所補充
		〔7〕	読解	同意表現，内容真偽
		〔8〕	読解	内容真偽，英文和訳
		〔9〕	英作文	空所補充
	2月15日	〔1〕	文法・語彙	同意表現
		〔2〕	文法・語彙	空所補充
		〔3〕	文法・語彙	書き換え
		〔4〕	文法・語彙	語句整序
		〔5〕	読解	空所補充
		〔6〕	会話文	空所補充
		〔7〕	読解	内容説明，同意表現，内容真偽
		〔8〕	読解	内容真偽，英文和訳
		〔9〕	英作文	空所補充

年度	日程	番号	項目	内容
2023 ◑	2月14日	〔1〕	文法・語彙	同意表現
		〔2〕	文法・語彙	空所補充
		〔3〕	文法・語彙	書き換え
		〔4〕	文法・語彙	語句整序
		〔5〕	読　　解	空所補充
		〔6〕	会 話 文	空所補充
		〔7〕	読　　解	同意表現，内容真偽
		〔8〕	読　　解	内容真偽，英文和訳
		〔9〕	英 作 文	空所補充
	2月15日	〔1〕	文法・語彙	同意表現
		〔2〕	文法・語彙	空所補充
		〔3〕	文法・語彙	書き換え
		〔4〕	文法・語彙	語句整序
		〔5〕	読　　解	空所補充
		〔6〕	会 話 文	空所補充
		〔7〕	読　　解	同意表現，内容真偽
		〔8〕	読　　解	内容真偽，英文和訳
		〔9〕	英 作 文	空所補充
2022 ◑	2月14日	〔1〕	文法・語彙	同意表現
		〔2〕	文法・語彙	空所補充
		〔3〕	文法・語彙	書き換え
		〔4〕	文法・語彙	語句整序
		〔5〕	読　　解	空所補充
		〔6〕	会 話 文	空所補充
		〔7〕	読　　解	同意表現，内容説明，内容真偽
		〔8〕	読　　解	内容真偽，英文和訳
		〔9〕	英 作 文	空所補充
	2月15日	〔1〕	文法・語彙	同意表現
		〔2〕	文法・語彙	空所補充
		〔3〕	文法・語彙	書き換え
		〔4〕	文法・語彙	語句整序
		〔5〕	読　　解	空所補充
		〔6〕	会 話 文	空所補充
		〔7〕	読　　解	内容説明，内容真偽
		〔8〕	読　　解	内容真偽，英文和訳
		〔9〕	英 作 文	空所補充

（注）●印は全問，◑印は一部マークシート方式採用であることを表す。

読解英文の主題

年度	区分	番号	主　題
2024	2月14日	〔5〕	ことわざはどのくらい真実を伝えているのか
		〔7〕	物語心理学とは何か
		〔8〕	目覚ましなしで起きられるのはなぜか
	2月15日	〔5〕	実りある議論を行うためには
		〔7〕	アメリカの貧困の実態とは
		〔8〕	思いやりこそが成功の鍵
2023	2月14日	〔5〕	英国の立憲民主制
		〔7〕	宇宙旅行の現在
		〔8〕	気候変動と花粉症
	2月15日	〔5〕	廃棄物ゼロ社会
		〔7〕	アースデイと環境保護運動の父，ゲイロード=ネルソン
		〔8〕	イヌの生態と人との関係，その現在と未来
2022	2月14日	〔5〕	アメリカ合衆国大統領の任期とフランクリン=ローズベルト
		〔7〕	なぜ時は飛ぶように思えるのか――時間の知覚について
		〔8〕	アラスカ・カナダ犬ぞりレースを取材したカメラマンを魅了したもの
	2月15日	〔5〕	スペインの人気料理店ブルー・マタドール
		〔7〕	ペンシルベニア第3の都市アレンタウンの変貌――ラストベルトからの脱出
		〔8〕	世界の人口は減少する――人口減少がもたらす現実と未来

英語の総合力が求められる問題
幅広い分野の英語力が合格のカギ

01 出題形式は？

学科により2日程に分かれるが，いずれもほぼ同じ形式・分量・難易度の問題となっている。マークシート方式が中心で，記述問題は英文和訳と和文英訳が1問ずつである。なお，短い読解問題については，2024年度はやや語数が増え，350語前後になっている。文法・語彙問題4題，会話文問題1題，読解問題3題，英作文問題1題で，解答個数は例年45個前後である。試験時間は90分。

02 出題内容はどうか？

出題傾向は一貫しており，文法・語彙，会話文，読解，英作文と広い分野からバランスよく出題され，英語の総合力が問われている。

①**文法・語彙**…同意表現，空所補充，書き換え，語句整序が続けて出題されている。頻出事項を中心に標準的な英語力を問う問題が多い。

②**会話文**…空所補充の形式で毎年出題されている。会話文に特有な表現を問うよりは会話の流れを適切に把握した上で，前後関係から答えを導き出していく問題が多い。

③**読解**…例年出題されている2題の長文問題は，語数が多いのが特徴である。2024年度は，どちらも1200語程度の長文が出題されている。両日程とも基本的に論説文が多く，医学，心理学，社会科学など多分野から出題されている。かなり専門的な内容になることもあり，日頃からさまざまなジャンルの英文に触れておく必要がある。また，2022年度は，両日程とも回想・ルポルタージュといった，論説文とはやや異なる文体の文章が出題されている。論説文よりは凝った言い回しもみられ，とまどった受験生もいたことだろう。使用されている語句はおおむね標準レベルだが，ときに難しいものがあり，語彙力とともに文脈から読み取る読解力を養うべきである。設問は，内容真偽を中心に，同意表現や下線部の和訳が出題されている。内容真偽の形式は，ブロックごとの内容が4択式で問われるものである。

〔5〕の短い読解問題は，空所補充形式による出題で，各空所に4択式の選択肢がついている。語彙・語法が中心だが文法に関わる出題もある。

④**英作文**…和文英訳の空所補充形式で出題されている。空所は3カ所設けられ，それぞれ1～数語で完成させる。

03 難易度は？

文法・語彙問題では入試で頻出の事項が問われているが，〔4〕の語句整序問題を含め難度が高い。読解問題は，かなりの長文で語彙・構文のレベルも高いが，設問としては取り組みやすいものが多い。下線部の和訳も比較的短く，語彙・構文ともに難問はない。英作文では，レベルの高い箇所もあり，2024 年度は過年度に比べ，やや難度は上がっている。全体的にみて難問は少ないが，英文の量が多い分，標準より難しいものとなっている。基礎力や，設問に焦点を当てて長文を速く正確に読む力がどこまで身についているかで合否が決まるといえよう。

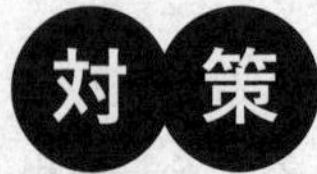

01 長文読解対策

中心となる長文読解問題は大問 2 題の出題だが，配点を考えるとかなりのウエートを占めると考えられる。2 題ともかなりの分量があり，速読力を身につけていなければ予想以上に時間を要することになるだろう。速読力の養成にはパラグラフリーディングが有効である。いくつかのパラグラフがブロックにまとめられて，ブロックごとに内容真偽問題が設定されているので，設問ごとにパラグラフリーディングを行えばよいだろう。パラグラフの構成には一定のパターンがある。第 1 文でパラグラフのテーマを示し，第 2 文以降でテーマについての説明を加え，最終文でパラグラフのまとめをする，というのが典型的なパターンなので，このパターンを意識しながら，パラグラフごとの意味をつかんでいくとよいだろう。

また，長文の読解では，1 文ごとの正確な理解が求められる。読みのスピードを上げていくためにも，文単位の理解を確実にしておくこと。

また，論説文は，そのテーマに関する知識があるとないとで差がつくものである。そのため，授業で副教材として用いるような市販のテーマ別問題集や，『大学入試 ぐんぐん読める英語長文』（教学社）などの入試頻出の英文が掲載された問題集が格好の練習素材になる。問題演習の教材を選ぶ際に意識しておくとよいだろう。過去問をみるとタイムリーな時事問題を取り扱った文章が出題されており，普段から新聞などを読んで予備知識を養っておくと読解の大きな助けになる。

02 文法・語彙対策

文法・語彙問題は長文読解問題同様，配点も比較的高く，確実に得点したい分野である。難問やひねった問題は少なく，入試頻出の事項を扱ったものが大半を占める。『頻出英文法・語法問題1000』（桐原書店）などの標準レベルの文法・熟語関連の頻出問題集を１，２冊しっかりとやっておく必要がある。また，受験生が間違えやすいポイントを網羅した総合英文法書『大学入試 すぐわかる英文法』（教学社）などを手元に置いて，調べながら学習すると実力アップにつながるだろう。特に熟語・構文に関する知識をしっかり身につけておこう。

03 会話文対策

例年空所補充の形で出題されており，会話の流れから推測する能力，つまり読解力が求められていると考えられる。相手の質問や応答に適切に対応している発言を選択肢から見つけることが重要となる。会話における頻出表現を知っておくと読解の助けにもなるので，同種の問題を集めた問題集を解いておきたい。

04 英作文対策

全体的には，使用する語句・構文は基本レベルで，日本語からすぐに導かれるものであるが，かなり難度の高い小問も見うけられる。準備としては学校で使用した教材を復習するとともに，文法・構文の問題集で基本構文の定着をはかりつつ，単語や熟語の知識の充実を図りたい。また，和文英訳の練習としては『大学入試 正しく書ける英作文』（教学社）がおすすめである。

05 時間配分を意識した問題演習

２題の長文読解問題は英文の量が相当多く，文法や熟語の知識を見る設問にも難問が散見される。平易な設問を取りこぼさないように時間配分に注意しなければならない。90分という試験時間を意識した過去問演習が必須である。本書や『中央大の英語』（教学社）を利用するのがよいだろう。

中央大「英語」におすすめの参考書

- ✓『大学入試 ぐんぐん読める英語長文』（教学社）
- ✓『頻出英文法・語法問題 1000』（桐原書店）
- ✓『大学入試 すぐわかる英文法』（教学社）
- ✓『大学入試 正しく書ける英作文』（教学社）
- ✓『中央大の英語』（教学社）

日本史

年度		番号	内容	形式
2024 ●	2月14日	〔1〕	「倭王武の上表文」一古代の貨幣・外交と中世の荘園 ⊘史料	選択・正誤
		〔2〕	中世・近世の飢饉 ⊘史料	選択
		〔3〕	近代の恐慌 ⊘年表・グラフ・統計表・地図	選択・正誤
		〔4〕	「国家総動員法」一近現代の産業・経済 ⊘グラフ・史料	選択・正誤
	2月15日	〔1〕	「看聞日記」一古代・中世の文化，嘉吉の変 ⊘史料	正誤・選択・配列
		〔2〕	近世の貨幣と金融	選択
		〔3〕	「貨幣法」一日清・日露戦争 ⊘グラフ・地図・史料	選択・配列・正誤
		〔4〕	戦後の国際秩序 ⊘地図	選択・正誤
2023 ●	2月14日	〔1〕	「健児の制」一原始～中世の農業・政治・軍事 ⊘史料	正誤・選択
		〔2〕	「ノース・チャイナ・ヘラルド」一江戸時代後期の外交 ⊘地図・年表・史料	正誤・選択・配列
		〔3〕	近代の国勢調査 ⊘グラフ	選択
		〔4〕	「日ソ共同宣言」「経済安定九原則」「所得倍増計画」「ポツダム宣言」「経済白書」一戦後日本の復興 ⊘史料・地図	選択・計算・正誤・配列
	2月15日	〔1〕	「蒙古国牒状」一古代・中世の対外関係 ⊘史料	選択・正誤
		〔2〕	近世・近代の交通 ⊘地図	選択・正誤
		〔3〕	近代の鉄道 ⊘グラフ	選択
		〔4〕	「大日本帝国憲法」「日本国憲法」「PKO 協力法」一戦後の日本社会と農業 ⊘史料・グラフ	選択・正誤・配列

2022 ●	2月14日	〔1〕	「志賀文書」─原始〜中世の政治と対外関係 ⊘史料	選択・正誤・配列
		〔2〕	江戸時代の経済と金融 ⊘表・史料・グラフ・視覚資料	選択・正誤
		〔3〕	「修正民法」「田中正造直訴状」─近代の法と社会経済 ⊘史料・地図	選択・正誤
		〔4〕	戦後の日本社会と国際関係 ⊘年表・史料・地図・グラフ	正誤・選択
	2月15日	〔1〕	「令義解」─古代・中世の小問集合 ⊘史料	選択・正誤・配列
		〔2〕	「西域物語」「日露和親条約」─江戸時代の農業と対外関係 ⊘史料・地図	選択・正誤
		〔3〕	幕末・明治時代の条約と経済 ⊘グラフ	選択・配列
		〔4〕	「初期対日政策」「ロイヤル演説」「沖縄返還決定に関する琉球政府主席声明」─戦後の日米関係 ⊘史料	選択・正誤・配列

（注）●印は全問，◑印は一部マークシート方式採用であることを表す。

傾向　史料・グラフ問題が頻出

01　出題形式は？

両日程とも大問4題，解答個数は50個程度。試験時間は60分。全問マークシート方式による出題である。また，配列法や正誤法など多様な形式で，正文・誤文などを「すべて」選ぶなど難度の高い出題もある。

なお，2025年度は出題科目が「歴史総合，日本史探究」となる予定である（本書編集時点）。

02　出題内容はどうか？

時代別では，両日程とも古代・中世から1題，近世から1題，近現代から2題出題されるのが基本であるが，近世以降，特に近現代の比重が大きい。過去にはテーマ史による幅広い時代からの出題もみられた。

分野別では，政治・外交・社会経済・文化の各分野から出題されているが，年度により偏りがみられる。2024年度は政治史以外では産業・金融を含む経済史と外交史からの出題が目立った。例年，社会経済史の比重は大きいが，とくに2022〜2024年度は貿易を含む外交史が大問で出題されている。

史料問題は必出で，例年，両日程とも大問で出題されている。初見の史料が使用されることもあるので，注意が必要である。また，グラフを用いた問題は例年出題されており，グラフに年代が記入されていない場合もあるなど，グラフの変化や設問内容から年代を特定しなければならないため，難度が高い。

03 難易度は？

年度によって難易度に差はあるが，難・やや難の設問が1割程度はある。また，不得意な受験生が多い史料問題が大問で出題されることが多い。難問や史料問題の検討に十分な時間を割けるよう，時間配分を工夫しよう。

対策

01 教科書学習の徹底を

一部に難問があるとはいえ，多くは教科書レベルの基本的な問題であり，取りこぼしは避けたい。まず教科書の精読が最も有効な学習方法である。その際，図表や脚注もおろそかにせず，人名や重要歴史用語などは『日本史用語集』（山川出版社）などを併用して，他の分野や時代とも関連付けておくなど，より深い理解を伴った知識の定着が必要である。

02 歴史の流れを押さえよう

時系列を踏まえて歴史的事実を押さえておく必要がある。まず，教科書の太字体の用語を前後の文も合わせてチェックし，天皇・将軍・総理大臣といった為政者ごとに，政治・経済・外交・文化といった事項をまとめる。そして重要な年号や元号を確認しておこう。

03 グラフ・地図問題対策

グラフや地図などを用いた出題に対応するため，教科書に記載されているグラフ・統計表などから読み取った特徴を歴史的事実と関連させて確認しておこう。重要な地名については地図で確認する習慣を持つこと。また，図版などの資料や史料の読み取りに特化した問題集や共通テストの過去問などで練習しておくとよい。

04 文化史対策

比較的少ない年度もあるが，文化史の出題頻度は高い。難問もあり，芸術や宗教，教育・学問など幅広く出題されるので，用語集や資料集を用いた丁寧な学習が求められる。

05 過去問の研究を

同じ時代や分野が繰り返し問われる傾向にある。過去問の類題をできるだけ多く解いておくことが大切である。過去問を解きながら出題内容や傾向をつかんでほしい。

世界史

年度		番号	内容	形式
2024 ●	2月14日	〔1〕	モンゴル帝国の交易 ⊘地図	正誤・配列・選択
		〔2〕	19～20世紀のアメリカ史 ⊘地図	正誤・選択
	2月15日	〔1〕	チャーティスト運動	配列・選択
		〔2〕	1848年の革命 ⊘地図	選択・配列
		〔3〕	感染症と予防医学	正誤・選択
2023 ●	2月14日	〔1〕	19世紀以降の世界経済	配列・正誤・選択
		〔2〕	中国史における人口増減	選択・正誤・配列
		〔3〕	ソグド人の歴史 ⊘地図	選択・配列・正誤
	2月15日	〔1〕	重商主義について ⊘史料	選択・正誤
		〔2〕	フランス革命 ⊘史料・地図	選択・配列
		〔3〕	カイロ宣言・大西洋憲章・ヤルタ協定 ⊘史料	正誤・選択・配列
2022 ◑	2月14日	〔1〕	戦間期の世界（40字） ⊘史料	選択・記述・正誤・論述
		〔2〕	北極圏と南極圏への進出の歴史	選択・配列
		〔3〕	唐～宋代の中国（50字〈使用語句選択〉） ⊘史料	配列・選択・論述
	2月15日	〔1〕	第一次世界大戦と第二次世界大戦（30字，200字〈使用語句指定〉）	記述・選択・論述
		〔2〕	アメリカ大陸史 ⊘地図	記述・選択・正誤

（注）●印は全問，◑印は一部マークシート方式採用であることを表す。

通史やテーマ史，論述問題が特色 周辺地域からの出題にも要注意

01 出題形式は？

2024年度は2月14日実施分が大問2題，2月15日実施分が大問3題で設問数は37，38問。2023年度より設問数がやや増えた。試験時間は60分。2022年度までは30〜200字の論述問題や用語の記述問題が出題されていたが，2023年度よりすべてマークシート方式となった。形式としては，選択法のほか，配列法，正誤法がみられる。正誤法は，正しいもの（誤っているもの）をすべて選ぶ形式や，2024年度は出題がなかったが，3つの文の正誤の組み合わせを選ぶ形式が出題されたこともあり，難度が高い。毎年地図を用いた出題がみられ，史料問題も散見される。

なお，2025年度は出題科目が「歴史総合，世界史探究」となる予定である（本書編集時点）。

02 出題内容はどうか？

地域別では，さまざまな国家・地域が問われるため偏らない学習が望まれる。年度・実施日によっては地域的な偏りもみられ，例えば，2022年度2月15日実施分はほぼ欧米史のみの出題であった。

〈欧米地域〉イギリス・フランス・ドイツ・アメリカ合衆国といった主要国からの大問も出題されるが，大問の中で周辺諸国・地域からの出題もなされている。

〈アジア地域〉中国史を中心として，東南アジア・インドなどから大問が出題されているが，2023年度2月14日実施分〔3〕でソグド人の歴史が出題された。2024年度は2月14日実施分で西アジア，2月15日実施分で台湾に関する小問が出題された。

時代別では，通史の大問が多いが，比較的短期間の時代を問う大問もあり，年度によっては通史がまったく出題されないこともあって，一定の時代的な出題傾向はみられない。

分野別では，政治史・経済史・文化史と幅広く出題されている。2022年度2月14日実施分では「北極圏と南極圏への進出」，2024年度2月15日実施分では「感染症と予防医学」というテーマ史が出題され，幅広い知識が問われた。

03 難易度は？

おおむね教科書叙述の範囲内からの出題であるが，一部それらのレベルを超えた詳細な内容が問われることがある。年代配列が多くみられる。正文・誤文選択問題の中には用語集の説明文レベルの内容が含まれる場合があるが，誤りの部分はわかりやすいように作問されていることが多い。正しいもの（誤っているもの）をすべて選ばせる問題や，2024年度は出題がなかったが3つの文の正誤を判定させる問題もみられ，これらは難度が高い。

対策

01 教科書に沿った丁寧な学習から細部を押さえる学習へ

まずは教科書を精読して，正しい知識を定着させ，歴史の大きな流れを押さえることである。教科書を読みながら，まとめプリントを作成していく。学校等の授業プリントがあるならそれでもよい。一問一答のような学習ばかりしていても，中央大学の正誤問題に対応できる力は望めない。教科書の精読とまとめプリントの作成が終われば，用語集や『詳説世界史研究』（山川出版社）のような参考書，図説の説明など，細部を読み込んでいく学習をしよう。その際，新たに学習した詳細な内容をプリントに書き込み，精度の高い，内容の細かいプリントに仕上げていく。

02 各国史・テーマ史対策

一通り教科書学習が終わったら，各国史や社会経済史などのテーマ史学習に進みたい。一番効果的なのは教科書を中心に，自分で国別やテーマ別の年表などを作って整理してみることだが，そこまでの余裕がなければ，『体系世界史』（教学社）などの問題集にあたりながらそれに沿って整理してみるのもよいだろう。国やテーマごとの歴史の理解が深まれば，それぞれの時代を扱った問題にも対処しやすくなる。

03 現代史対策

現代史に関しては外交史を中心に出題されることが多いので，各国の外交史はもちろん，ヨーロッパ全体や東アジア，さらには米ソを基軸として広範囲の外交事象を網羅的に学習することが重要である。また，集団安全保障条約や経済協力機構などについては，その加盟国・参加国も正確に把握しておきたい。

04 地図問題対策

地図問題が2020年度以降連続して出題されている。地図そのものが出なくても，山脈や川の名称，半島など地理的知識を問う問題も散見されるため，日頃の学習の際，地勢や都市・国の領域などを地図で確認する習慣をつけておきたい。

05 過去問の研究は早めに行う

本シリーズを十分に活用して他学部・学科を含めた過去問の研究を早めに行い，問題の特徴・レベルを把握しておきたい。自分に不足しているものを発見し，それを補うための学習をする時間が取れるように，なるべく早い時期から過去問演習を行うことが大事である。過去問を解いて知った事柄などは01のまとめプリントに新たに書き込んでいくようにしたい。そうしてできたプリントを受験直前まで見直すことで十分な力を養うことができる。

政治・経済

2025年度は「政治・経済」に代えて「公共，政治・経済」が課される予定である（本書編集時点）。

年度		番号	内容	形式
2024 ◐	2月14日	〔1〕	地方自治	記述・計算・選択
		〔2〕	日本型雇用慣行の変化	記述・選択
		〔3〕	金融	選択・計算
	2月15日	〔1〕	冷戦終結後の世界	記述・選択
		〔2〕	南北問題・南南問題と地球温暖化 ⊘グラフ	記述・計算・選択
		〔3〕	金融自由化と異次元緩和	選択・計算
2023 ◐	2月14日	〔1〕	内閣	記述
		〔2〕	市場 ⊘グラフ	記述・選択
		〔3〕	公共財	選択・計算
	2月15日	〔1〕	選挙	記述・計算・選択
		〔2〕	外国為替	記述・計算・選択
		〔3〕	ニューディール政策	選択・計算
2022 ◐	2月14日	〔1〕	冷戦体制	記述
		〔2〕	日本の国家財政	記述・選択・正誤
		〔3〕	自由貿易と保護貿易	選択
	2月15日	〔1〕	人権・差別問題と地球環境問題	記述
		〔2〕	GDP	記述・計算・選択
		〔3〕	完全競争市場	選択・計算

（注） ●印は全問，◐印は一部マークシート方式採用であることを表す。

空所補充の記述問題が中心
経済重視，計算問題に注意

01 出題形式は？

例年大問３題の出題で，試験時間は60分。各大問は，リード文中の空所補充問題と，下線部についての設問から構成されている。記述法が中心で選択法がみられるほか，計算問題，正誤問題も出題されている。

02 出題内容はどうか？

両日程ともに，大問３題中〔１〕が政治分野で，〔２〕〔３〕が経済分野という経済分野重視の傾向は例年通りである。

2024年度は，〔１〕では地方自治と国際政治について出題されたが，国際政治についてはやや詳細な知識を問う問題が出題された。〔２〕では労働問題と南北問題・環境問題について出題され，いずれも知識だけではなく具体的な状況に合わせ思考・判断する問題が多く出題された。〔３〕では両日程とも金融について出題された。

計算問題が頻出となっているので，十分対策を講じておく必要がある。また，時事的な問題が例年出題されている。

03 難易度は？

一部経済の専門的な問題や時事問題に関して詳細な知識を要求するものがあり，正確な知識が必要である。その意味で，レベルはやや難といえよう。とはいえ，設問の中には基本的な空所補充問題や教科書をしっかりマスターしていれば対応できる問題も多くみられた。

対策

01 教科書と資料集の活用を

空所補充問題の多くは基本的な問題である。基本問題で失点しないためには，まずは教科書のマスターが大切である。本文をしっかり読み通し，注記や図版にも注意を払おう。書物の刊行年や組織の加盟国・年代なども問われているので，一字一句をおろそかにせずに教科書を活用したい。また，歴史的な事項や時事問題も問われているので，資料集や「日本史」「世界史」の教科書を傍らにおいて「政治・経済」の教科書と併用していきたい。資料集では政治や経済の学説や理論問題などもコラムなどで扱われている。暗記ではなく理解するつもりで読み進めよう。

02 経済分野を得意に

経済学部であるがゆえに経済分野の出題が多い。経済分野の学習に力を注ごう。経済を好きになるには，現実の動きと学んでいる内容をリンクさせることである。新聞を毎日読み，ニュースもしっかり見て日常生活の中で経済に関する事柄を発見していこう。そのようにして得た問題意識が教科書や資料集の記述と関連づけられれば，受験勉強は大学での学習にも通じる学びとなる。これは経済だけでなく政治の学習でもいえることである。時事問題は毎年のように出題されているので，正確な知識を身につけよう。

03 正確に書く練習を

記述が多いので正確で丁寧な答案作りを心がけよう。『政治・経済用語集』（山川出版社）などの用語集を用意して，教科書や資料集で出てきた言葉を確認しよう。また，サブノートを作り，用語や関連語句，人物，年代，組織構成国などを書きながら整理していこう。経済分野での計算問題も，自分で書きながら考えよう。

04 過去問の活用

過去問は情報の宝庫である。本シリーズを活用して過去問の研究をしておこう。内容的に繰り返し出題されている分野が発見できるし，出題の傾向も見えてくるはずである。それを踏まえて学習を再検討したり補充したりしておこう。また，余裕があれば，記述問題が多い他学部の問題も解いておくとよい。

数学

年度		番号	項目	内容
2024	2月14日	〔1〕	小問6問	(1)絶対値を含む不等式　(2)集合の要素の個数　(3)確率　(4)三角関数　(5)ベクトル　(6)定積分で表された関数
		〔2〕	数列，対数関数	等比数列，常用対数
		〔3〕	微分法，数列	微分法と接線，漸化式
	2月15日	〔1〕	小問6問	(1)数列の和　(2)高次方程式の係数決定　(3)対数方程式　(4)直角三角形の外接円の半径・内接円の半径　(5)微分法と2次関数の係数決定　(6)定積分で表された関数
		〔2〕	確率	独立試行の反復と最大確率
		〔3〕	図形と方程式	領域と最大・最小
2023	2月14日	〔1〕	小問6問	(1)因数定理　(2)順列　(3)三角関数の最大・最小　(4)対数の大小比較　(5)ベクトルと内積　(6)絶対値を含む定積分の計算
		〔2〕	数列	独立試行の反復と確率，漸化式，数列の一般項
		〔3〕	図形と方程式，微分法	空間座標，直方体の体積，微分法，体積の最大・最小
	2月15日	〔1〕	小問6問	(1)正の約数の個数　(2)順列　(3)三角関数の加法定理，最大・最小　(4)対数方程式　(5)等比数列の和　(6)定積分で表された関数
		〔2〕	数列	2次方程式の解と係数の関係，漸化式，整数部分の下2桁の値
		〔3〕	図形と方程式，微分法	球面と平面の交わりの円の半径，円に内接する正三角形の面積，三角錐の体積，微分法，体積の最大・最小

2022	2月14日	〔1〕	小問6問	(1) n 進数　(2)条件付き確率　(3)三角不等式　(4)常用対数と桁数　(5)微分法と接線の傾き　(6)囲まれた図形の面積
		〔2〕	ベクトル	ベクトルの大きさと内積，三角形の3辺の長さ，三角形の面積
		〔3〕	整数の性質	下一桁（10で割った余り）の考察，平方数の余り，下二桁（100で割った余り）が一致する整数の考察
	2月15日	〔1〕	小問6問	(1)絶対値を含む方程式　(2)3点が同一直線上にある条件　(3)三角関数の性質　(4)対数関数の最大値　(5)空間ベクトルと三角形の面積　(6)微分法と3次方程式の実数解の個数
		〔2〕	数列	独立試行の確率，漸化式，数列の一般項
		〔3〕	図形と方程式，積分法	2直線の交点とその軌跡，円と放物線で囲まれた図形の面積

出題範囲の変更

2025年度入試より，数学は新教育課程での実施となります。詳細については，大学から発表される募集要項等で必ずご確認ください（以下は本書編集時点の情報）。

2024年度（旧教育課程）	2025年度（新教育課程）
数学Ⅰ・Ⅱ・A・B（数列，ベクトル）	数学Ⅰ・Ⅱ・A（図形の性質，場合の数と確率）・B（数列）・C（ベクトル）

傾向　小問集合を含み，幅広い出題構成

01　出題形式は？

例年，大問3題，試験時間は60分である。1題が答えのみを記す小問集合問題，残り2題のうち〔2〕の(1)は答えのみを記入し，それ以外はすべて解答過程も記す記述問題となっている。

問題用紙と解答用紙は別になっている。記述問題では解答スペースがやや小さめのものもあり，要領よく答案を作成する必要がある。

02 出題内容はどうか？

小問集合問題では出題範囲から幅広く出題されている。記述式の大問では微分法，図形と方程式，数列，確率がよく出題されている。

03 難易度は？

小問集合の問題で基礎的な内容が，記述式の問題で標準的な内容が問われている。無理のない典型的な問題からの出題であり，標準的なレベルの内容についてきちんと学習していれば，対応は難しくないだろう。

対策

01 計算力を養う

方針が立てやすい標準問題であっても，計算力がないと完答しにくい問題も含まれている。公式や定理をいかす計算力を身につけて，少々煩雑な計算でもミスのないようにしておきたい。また，答えのみを記す問題では計算ミスは致命的なので，正確かつ迅速な計算力の養成が必要である。そのためには，教科書の節末・章末問題レベルのものは自力で解けるよう練習を積んでおくこと。

02 答案作成の練習

記述式の問題では簡潔に要領よく答案をまとめる必要がある。教科書・参考書の例題や模範解答などを参考にして，明快かつ簡潔な解答を書けるようにしておきたい。また，本シリーズで文系の他学部・他学科を含めた過去問を演習しておくことが有効であろう。

国語

年度		番号	種類	類別	内容	出典
2024 ●	2月14日	〔1〕	現代文	評論	選択：書き取り，内容説明，内容真偽	「子どもたちの時間」　内山節
		〔2〕	現代文	評論	選択：空所補充，内容説明，内容真偽	「完本 チャンバラ時代劇講座１」　橋本治
		〔3〕	古　文	軍記物語	選択：語意，文法，口語訳，内容説明	「平家物語」
	2月15日	〔1〕	現代文	評論	選択：書き取り，空所補充，内容説明，内容真偽	「格差の起源」　オデッド・ガロー
		〔2〕	現代文	評論	選択：内容説明，内容真偽	「かかわることば，かかわらない言葉」　佐伯胖
		〔3〕	古　文	随筆	選択：文章の構成，語意，内容説明，四字熟語，口語訳	「徒然草」　兼好法師
2023 ●	2月14日	〔1〕	現代文	評論	選択：書き取り，内容説明，内容真偽	「多様性との対話」　岩渕功一
		〔2〕	現代文	評論	選択：内容説明	「享楽社会論」　松本卓也
		〔3〕	古　文	歌論	選択：語意，和歌解釈，文法，表現効果，口語訳	「寄居歌談」　近藤芳樹
	2月15日	〔1〕	現代文	評論	選択：書き取り，内容説明，空所補充，内容真偽	「野蛮への恐怖，文明への怨念」　ツヴェタン・トドロフ
		〔2〕	現代文	評論	選択：内容説明，空所補充，内容真偽	「まなざしの革命」　ハナムラチカヒロ
		〔3〕	古　文	歌論	選択：文学史，内容説明，文法，語意，口語訳，指示内容	「歌袋」　富士谷御杖

2022 ●	2月14日	〔1〕	現代文	評論	選択：書き取り，空所補充，内容説明，内容真偽	「人新世の『資本論』」　斎藤幸平
		〔2〕	現代文	評論	選択：内容説明	「はじめてのスピノザ」國分功一郎
		〔3〕	古　文	説話	選択：語意，口語訳，指示内容，人物指摘，内容説明，和歌解釈	「宇治拾遺物語」
	2月15日	〔1〕	現代文	評論	選択：書き取り，内容説明，内容真偽	「道徳の自然誌」マイケル・トマセロ
		〔2〕	現代文	評論	選択：内容説明，内容真偽	「ポストフェミニズムと第三波フェミニズムの可能性」　三浦玲一
		〔3〕	古　文	歌物語	選択：口語訳，語意，指示内容，内容説明，和歌解釈，文法，主旨	「伊勢物語」

（注）●印は全問，◑印は一部マークシート方式採用であることを表す。

現代文は評論文の速読・精読を古文は基本に徹した読解力を

01　出題形式は？

現代文２題と古文１題の計３題の出題。試験時間は60分である。解答形式はすべてマークシート方式の選択式である。大問ごとの配点は大問順に50点，20点，30点となっている。

02　出題内容はどうか？

現代文：評論文が出題されており，文化，思想，哲学，歴史，社会，芸術，経済，教育とテーマは幅広い。いずれの文章も論旨の明快なものが多い。

設問は空所補充，内容説明，内容真偽が頻出である。また，漢字の書き取りも例年出題されている。内容真偽の選択肢は紛らわしいものも少なくないので，本文の正確な理解が求められる。全体的には本文に即した読解力・理解力を試す出題といえる。

古文：歌論，物語，説話，日記，随筆など，さまざまなジャンルから出題されている。問題文の分量は少なめだが，和歌が含まれていることも多い。

設問は口語訳，内容説明が頻出である。口語訳は基本的な古語の理解の上で，内容に即したものを選ばせるものが多い。内容説明では古典常識や文学史の知識の有無が得点に関わるケースもみられた。また，和歌に関する出題では，修辞に関する知識が必要な場合もある。箇所指摘，指示内容のほか，現代文と同様に内容真偽の設問が出題されることもある。文法，文学史は基本的事項の出題が多い。

03 難易度は？

全体として標準的なレベルといえるが，やや難となる設問が含まれることがある。現代文では文脈の把握がポイントになる。空所補充の設問には文脈や設問文の正確な把握なしには解けないレベルのものもある。古文は基本古語や文法を押さえることが大前提。古文を含めて硬軟さまざまな内容の文章を60分で3題解かねばならないので，速読力が不可欠である。古文を15分程度で仕上げ，残りの時間を現代文2題にあてるとよいだろう。

対策

01 現代文

速読による本文と設問文の正確な把握が欠かせない。そのためには，評論文のさまざまな文体に触れることが肝要である。新聞の社説や文化欄などは字数の上でも有効な教材になる。キーワードの指摘や要旨の大まかな把握を心がけよう。また，『ちくま評論入門 高校生のための現代思想ベーシック』（筑摩書房）や『高校生のための現代思想エッセンス ちくま評論選』（筑摩書房）などに目を通して評論文の文体に慣れておくこともよいだろう。速読をしながら，理解の間違っていたところを確認することで知識も身についてくる。意味がわからない語句などは辞書で確認して，語彙を増やすよう心がけよう。『現代文キーワード読解』（Ｚ会）などの重要用語集等に常に目を通しておくことも有効である。

問題集を購入する際には解説の詳しいものがよい。『体系現代文』（教学社）は，標準レベルからやや難レベルの良問が多数収載されているので，練習材料として好適である。解き方としては，問題文の各段落に番号を振っておき，設問の論拠にあたる本文部分には傍線を引くなどの工夫を日頃から実践していくとよい。センテンスが長ければ長いほど，主述をしっかり押さえ，文と文，各段落ごとのつながりも考えるように意識づけたい。

その他，空所補充の設問や漢字の書き取り，四字熟語などは落とせない。確実な得点源とするために入試用の問題集を１冊仕上げておきたい。

02 古　文

単語・文法を中心とした基礎固めを徹底しよう。オーソドックスな問題なので，力の差がはっきりとあらわれる。まず『速読古文単語』（Ｚ会）などの単語帳を使用し，重要古語を押さえること。次に『富井の古典文法をはじめからていねいに［改訂版］』（東進ブックス）などの文法書を使用し，助動詞を中心とした古典文法に習熟しよう。敬語や副詞の呼応，助詞の種別や紛らわしい語の識別など，不安な点は文法書で補うこと。これらは普段の授業の取り組みと変わることはない。

口語訳を含めた内容説明の選択肢は意訳の形で出題されることも多いので，逐語訳と同時に本文の主旨を理解するといった全体の把握も忘れないように。

実戦的な対策としては，『古文上達 読解と演習 56』（Ｚ会）などの入試頻出の中級レベルの問題集を多く解き，本文全体の把握，読解に努めること。文法事項や口語訳が充実した解説の詳しいものを選ぶとよい。古典常識，文学史，和歌解釈が問われている設問もよくみられる。国語便覧などで知識を増やすとともに，『大学入試 知らなきゃ解けない古文常識・和歌』（教学社）を利用して古典常識や和歌を含む問題に取り組んでおくとよい。

03 過去問の徹底演習

出題形式が似通った学部も多いので，他学部の問題にも挑戦してみるとよい。時間的に余裕がなければ，内容真偽の設問に絞って練習することも効果的である。答え合わせは丁寧に，正解の根拠を論旨を追いながら本文に即して点検すると効果が上がる。

中央大「国語」におすすめの参考書

Check!

- ✓『ちくま評論入門 高校生のための現代思想ベーシック』（筑摩書房）
- ✓『高校生のための現代思想エッセンス ちくま評論選』（筑摩書房）
- ✓『現代文キーワード読解』（Z会）
- ✓『体系現代文』（教学社）
- ✓『速読古文単語』（Z会）
- ✓『富井の古典文法をはじめからていねいに［改訂版］』（東進ブックス）
- ✓『古文上達 読解と演習 56』（Z会）
- ✓『大学入試 知らなきゃ解けない古文常識・和歌』（教学社）

2024年度

問題と解答

一般方式・英語外部試験利用方式・共通テスト併用方式：経済学部2月14日実施分

経済学科，経済情報システム学科，公共・環境経済学科

問 題 編

▶試験科目・配点

〔一般方式〕

教　科	科　　目	配　点
外国語	コミュニケーション英語Ⅰ・Ⅱ・Ⅲ，英語表現Ⅰ・Ⅱ	150点
選　択	日本史B，世界史B，政治・経済，「数学Ⅰ・Ⅱ・A・B」から1科目選択	100点
国　語	国語総合（漢文を除く）	100点

▶備　考

「数学Ｂ」は「数列，ベクトル」から出題する。

〔英語外部試験利用方式〕

一般方式の「国語」および「地理歴史・公民」または「数学」の得点（200点満点）と各検定試験のスコアを換算した得点（150点満点）を合計して合否を判定する。

〔共通テスト併用方式〕

大学入学共通テストの得点（２教科２科目，200点満点）と一般方式の「数学」の得点（150点満点に換算）を合計して合否を判定する。

英 語

（90分）

I 次の各英文の下線部について，もっとも意味が近いものを①～④の中から一つずつ選び，その番号をマーク解答用紙にマークしなさい。(10点)

(1) You should never make fun of people.

① cheat ② amuse ③ mock ④ rob

(2) Mr. Smith is considered to be rather eccentric.

① odd ② conservative ③ dull ④ strict

(3) According to news reports, the two companies will merge this year.

① act boldly ② be combined
③ have discussions ④ clash strongly

(4) Only authorized personnel can use the facility.

① approved ② unqualified ③ illegal ④ common

(5) Artificial intelligence is conquering more and more spheres of life.

① promoting ② crawling ③ praising ④ dominating

Ⅱ　次の各日本文と英文がほぼ同じ意味になるように，空所に入るもっとも適切なものを①～④の中から一つずつ選び，その番号をマーク解答用紙にマークしなさい。

(10点)

(6)　税金が高いため多くの人々がこの州から逃げています。

Many people are (　　　　) this state due to high taxes.

①　flooding　②　fleeing　③　forbidding　④　forcing

(7)　喧嘩を避けるためには，引き下がったほうが賢明なこともあります。

Sometimes it makes sense to (　　　　) down in order to avoid a quarrel.

①　back　②　stare　③　pull　④　look

(8)　インターネットで面白い記事を見つけました。

I (　　　　) across an interesting article on the internet.

①　discovered　②　found　③　went　④　came

(9)　外見からはこの双子を見分けることはできません。

I can't (　　　　) the twins apart by simply looking at them.

①　distinguish　②　recognize　③　tell　④　find

(10)　ホワイトカラーの人たちが特別に弱い立場に置かれるような自動化の波はこれまで一度もありませんでした。

There has never been a wave of automation in which white-collar workers are uniquely (　　　　).

①　rewarded　②　positioned　③　vulnerable　④　visible

Ⅲ 次の各組の英文がほぼ同じ意味になるように，空所に入るもっとも適切なものを①～④の中から一つずつ選び，その番号をマーク解答用紙にマークしなさい。(10点)

(11) I cannot accept your generous job offer.

I must (　　　　) your generous job offer.

① certify　② decline　③ appreciate　④ seize

(12) As soon as the baby saw her mother, she stopped crying.

The (　　　　) the baby saw her mother, she stopped crying.

① instant　② quicker　③ more　④ way

(13) Many people don't understand how important movie soundtracks are.

Many people don't (　　　　) the importance of movie soundtracks.

① care　② retain　③ transmit　④ grasp

(14) It was only after they were married that Barbara began to notice her husband's bad habits.

Barbara was not aware of her husband's bad habits (　　　　) she married him.

① once　② unless　③ although　④ until

(15) Some people think it's okay to do anything in order to achieve one's goals.

Some people think the ends (　　　　) the means.

① create　② dictate　③ justify　④ limit

Ⅳ 次の各日本文とほぼ同じ意味になるように，かっこ内の語を並び替えてもっとも自然な英文を完成させるとき，かっこの中で3番目と5番目にくるものを選び，その番号をマーク解答用紙にマークしなさい。(20点)

(16) この頃はオンラインショッピングをしない人はほとんどいないと思います。

I assume that these days there (① don't ② who ③ are ④ people ⑤ shop ⑥ few) online.

(17) 私はあの映画を見ると，必ず泣いてしまいます。

Watching that (① never ② make ③ me ④ fails ⑤ to ⑥ movie) cry.

(18) 昔，兄は余暇に家具を作っていました。

My older (① in ② make ③ to ④ used ⑤ furniture ⑥ brother) his spare time.

(19) このストライキは，新しいテクノロジーの採用のあり方について労働者に発言権を与えるための闘争です。

This strike is a struggle (① over ② workers ③ to ④ say ⑤ give ⑥ a) how new technologies are adopted.

(20) 個人的な選択であることは知っていますが，このようなことを引き続き楽しむことができるように，人々はワクチンを試してみるべきです。

I know it's a personal choice, but (① continue ② we ③ so ④ enjoy ⑤ to ⑥ can) things like this, people should give the vaccine a try.

V 次の英文の意味が通るように，(21)～(25)の空所に入るもっとも適切なものを①～④の中から一つずつ選び，その番号をマーク解答用紙にマークしなさい。(10点)

Some proverbs seem to be completely true, others essentially true, and (21) others rather debatable. One that I put in the category of being essentially true is the proverb that states that "the grass is always greener on the other side of the fence." What this proverb relates is the tendency of people to be envious of others as well as the situations of other people.

I myself have viewed others with envy from time to time, and for a variety of reasons. Sometimes it's been because of a person's job, which I thought must be easier or more interesting than mine. At other times, I've met people who lived in countries that seemed fascinating, and wished that I lived there, too. And I've known people who always seemed to be cheerful, and (22), with envy, what it must be like to be so happy.

Hearing others reveal these and similar forms of envy time and time again has led me to believe that there is indeed a general human tendency to be envious of others. However, since I've also known people who seem to (23) this unfortunate tendency, I don't view it as something that is an inevitable result of being human, and it's for this reason that I find the proverb to be essentially, but not completely, true.

Nevertheless, if there is a general tendency for people to be envious of others, how can we account for it? It seems clear that the answer to this question is twofold. First, people are often dissatisfied with what they have and how they live, and this dissatisfaction (24) the potential for envy. In addition, we often know very little about the objects of our envy. Another person's job might seem wonderful, but the odds are that it actually entails a lot more boredom, or perhaps aggravation, than we can even imagine. Indeed, when one person tells another that "the grass is always greener on the other side of the fence," it generally (25) the implicit message that the other person could very well be mistaken and that his or her envy might be misplaced.

	①	②	③	④
(21)	beyond	for	while	yet
(22)	believed	looked	raged	wondered
(23)	increase	lack	possess	reinforce
(24)	reduces	handles	creates	wastes
(25)	conveys	denies	reverses	simplifies

Ⅵ　次の各組の会話文において，空所に入るもっとも適切なものを①～④の中から一つずつ選び，その番号をマーク解答用紙にマークしなさい。(20 点)

(26)

A: Sandy, I was worried about you. You're much later than usual. Is everything okay?

B: Everything's fine, Mom. I'm sorry I didn't contact you, but right after work I rushed off to look at an apartment.

A: An apartment? Are you thinking of moving out?

B: Yeah. My commute is really exhausting and I'd like to find a place closer to work.

A: I see. Don't you think you should wait a little longer? You've only been working at your job for about six months, right?

B: Yeah, but everything's going well at work. And, I really would like to be more independent. I've lived with you and Dad my whole life.

A: I can understand that, I guess. Well, if you do move out, just remember that whatever happens, you can always come back. (　　　　　).

B: Thanks, Mom. I appreciate that.

① That will make it more convenient for you to get to work
② Your father and I will consider this move permanent
③ And don't hesitate to ask for financial help if you need it
④ After all, since you're unemployed, you're bound to have problems

(27)

A: Hi! I didn't see you in class yesterday.

B: Yeah, my baseball team was traveling for an away game. What did I miss?

A: The lecture was about recent trends in tourism to Japan.

B: That sounds complicated.

A: There were a lot of statistics, but it was fascinating! You missed a really good lecture.

B: Do you mind if I copy your notes?

A: (　　　　　　)

B: Actually, I have baseball practice later. Could we meet tomorrow instead?

A: No problem!

① Will there be a quiz in the next class?

② Not at all. Why don't we study together in the library after school?

③ Why didn't you take your own notes yesterday?

④ No, but I didn't go to class yesterday.

(28)

A: Is that the new printer?

B: Yes, I set it up and have been using it since this morning.

A: How is it?

B: I think it's much better than the old one. Look at these copies.

A: Yes, that is good quality.

B: One big difference is that the old printer used ink cartridges and this one uses bottled ink.

A: Bottled ink?

B: Yes, the ink comes in bottles and you transfer the various colors into this tank.

A: Is it difficult to put in new ink when it runs out?

B: No, it's simple. I have a similar printer at home and I've never had any problems.

A: I wonder if I'll be able to do it. I (　　　　　　).

B: Don't worry. It really is easy.

A: I hope you're right.

① excel at that type of task

② am the type of person who welcomes a challenge

③ have no shortage of confidence when doing that sort of thing

④ have really poor mechanical skills

(29)

A: We need to decide the topic for our English presentation before the next class.

B: What was the assignment again?

A: We are supposed to introduce an aspect of Japanese culture to a group of tourists from other countries.

B: Well, I guess we could talk about martial arts, you know, like judo and karate.

A: That's an interesting topic, but I don't know very much about it.

B: Okay. How about the tea ceremony? We both were in the tea ceremony club in school.

A: Maybe. (   ).

B: Oh, your idea's much better than mine. I have some photos we can use. I took them over winter break.

① I don't really like that idea

② Or, we could introduce New Year's customs

③ I love making green tea

④ Let's make a presentation about afternoon tea in London

(30)

A: Are you going running now?

B: Yeah. I'll be back in about a half an hour or so.

A: Will you get to school on time?

B: Sure, Dad. I have plenty of time.

A: But you usually don't run before school. Why today?

B: Actually, I've been thinking about it for a while. I think a little bit of extra running every day will help me to become a better basketball player.

A: You're already a starter on your high school team. Isn't that good enough?

B: Not if I can get better. (　　　　).

A: That's a good goal. But just make sure you don't neglect your studies.

B: I won't.

① I tend to get worn out by the end of a game, so I want to increase my endurance

② As you said, I'm already a starter

③ It's important for me to decrease the amount of time that I spend on training

④ Compared to academic work, nothing seems that important to me

Ⅶ 次の英文を読み(31)～(38)の設問に答えなさい。文章は，それぞれ数段落をまとめた六つのブロックに分けられており，各ブロックの先頭には番号が付してあります。なお，* 印のついた語句には英文のあとに注があります。(30点)

[Ⅰ] Everyone knows what makes a good story. Our hero starts their journey as a flawed but relatable being with a personal goal. In scene after scene, they face challenges and setbacks that push them down new paths. By the end of the tale, they have prevailed and become a better person in the process. Just think of Jane Eyre, Luke Skywalker or Gilgamesh*.

We love these plots in the novels we read, the films we watch and the video games we play. But the principles of a good story offer much more than entertainment. Recent research shows that the narratives we tell ourselves about our lives can powerfully shape our resilience* to stress. People who generate tales of struggle and redemption from their own lives appear to have much better mental health. You could describe this as the flawed hero effect.

[Ⅱ] Better yet, psychologists have found that spinning our memories into a well-told life narrative, and viewing our future as an extension of this story, can help us achieve our aspirations for self-improvement. And if you want to turn over a new leaf, it helps to choose a significant date that signals the start of a new "chapter." Contrary to popular skepticism, resolutions made on January 1 are more effective for this reason. So, whether your goal is saving money, studying for exams, quitting smoking or getting fit, there is no better time to start. You just need to know how to harness the power of self-narrative to boost your willpower, improve your well-being and create a better you.

The pioneer in the burgeoning* field of narrative psychology is Dan McAdams at Northwestern University in Illinois. A humanities major for his undergraduate degree, he had always been drawn to the grand narratives of novelists like Leo Tolstoy*. Then, when he switched to studying psychology, he began to think about the story we tell about ourselves and wondered whether this is, in fact, the essence of individual identity.

[Ⅲ] Previously, psychologists had seen identity as a combination of someone's values and beliefs, their goals and their social roles, with a particular emphasis on the ways they compared themselves with others. McAdams doesn't question the importance of these elements, but he proposes that a personal narrative, based on our autobiographical memories, binds them all together. It is our reflections on this story that give us a strong sense of who we are and, crucially, shape how we interpret current and future events. "An identity is supposed to integrate your life in time," he says. "It's something in your mind that puts together the different roles in your life and situates you in the world. And like every story, it has characters, it's got a plot and it's got themes that run through it."

McAdams formulated this idea, which he calls the life story model of identity, in the 1980s. Analyzing people's recollections and questioning them about their sense of self, his work suggested that people's identities really are drawn from their life stories in this way. Over the past two decades, his hypothesis has attracted increasing attention from many other psychologists.

[Ⅳ] Much of the early research focused on the origins of our self-narratives.

McAdams and others found that young children tend not to see their lives as a story made of related events. Instead, their autobiographical memories are fragmentary. It is only in adolescence and early adulthood that most people start to engage in more sophisticated "autobiographical reasoning," which involves reappraising* the meaning of our memories and putting them together into a more coherent structure. "The cognitive operations that are required to create narrative in your life don't really come online until the teenage years," says McAdams. He describes this as transitioning (A) from the role of "actor" to "author." As a result, for example, a typical 10-year-old is unlikely to see their parents' divorce as a turning point in their life, whereas a 15-year-old will tend to.

It has also become clear that the basic structure of our personal narrative resembles that of a book: we organize our life story into specific chapters representing important transitions in our identity. "You think of life in terms of periods: the time where I was in elementary school, the time where I lived in this house or this city or the time I was in this relationship," says Dorthe Kirkegaard Thomsen at Aarhus University, Denmark.

[V] As research in the field progressed, it soon became apparent that people vary in their ability to create a personal narrative. By analyzing people's accounts of important life events, researchers can judge the coherence of their stories — whether they have a definite chronology* with obvious causality* between one event and another. Such studies show that some people's stories are full of details, while those of others are much vaguer, with important knock-on effects* for their well-being. People with more coherent narratives tend to have a stronger sense of identity and they feel their life has more meaning, direction and sense of purpose. Such people show greater overall life satisfaction too.

McAdams and his colleagues have also investigated the link between well-being and certain narrative themes. They discovered that agency — whether someone describes having had some control over events in their past — is an important predictor of mental health. "People who are depressed or overly anxious often describe their life narratives in a kind of non-agentic* way," says McAdams. "They have the sense that 'I'm being pushed around (B) by forces that I can't control.'"

[Ⅵ] Another key theme is redemption, which involves finding some kind of positive meaning after stressful events. "People could talk about gaining knowledge or personal growth," says McAdams. His research shows that this is often missing for people with mental health conditions such as depression. "They create these stories that they've mined everything or that they can't create positive relationships and that they are destined* to live that out forever," he says.

Themes of redemption may be particularly important when we are trying to overcome a bad habit or addiction. One study asked new members of Alcoholics Anonymous* to describe their last drink. Some gave straight factual descriptions, while others described a personal moment of realization, leading to a positive change in themselves. One individual, for instance, described finding his strength again; "I feel like this obsession has been lifted from me again, and I need to see everything I did wrong last time to make it better this time." More than 80 percent of the people telling a redemptive* story remained sober over the following four months, compared with 44 percent of those who didn't.

Such findings have led psychologists studying narrative psychology to wonder whether people can be taught to tell better stories about themselves — ones that would bring about positive personal growth.

【注】Jane Eyre, Luke Skywalker or Gilgamesh：いずれも小説・映画・伝説の登場人物名　resilience：順応性　burgeoning：成長しつつある
Leo Tolstoy：19世紀ロシアの小説家　reappraise：再検討する
chronology：時系列　causality：因果関係　knock-on effects：連鎖反応
non-agentic：主体性を欠いた　destined：運命づけられた
Alcoholics Anonymous：アルコール依存症者の自助グループの名称
redemptive：救いの

(31) ブロックⅣの下線部(A) transitioningにこの文脈においてもっとも意味が近いものを①～④の中から一つ選び，その番号をマーク解答用紙にマークしなさい。

① shifting

② organizing

出典追記：How to take control of your self-narrative for a better, happier life, NewScientist on January 4, 2023 by David Robson

③ saluting

④ excusing

(32) ブロックⅤの下線部(B) pushed around にこの文脈においてもっとも意味が近いものを①～④の中から一つ選び，その番号をマーク解答用紙にマークしなさい。

① ignored

② recommended

③ elevated

④ harassed

(33)～(38)：それぞれ指定したブロックの内容に照らしてもっとも適切なものを①～④の中から一つ選び，その番号をマーク解答用紙にマークしなさい。

(33) ブロックⅠ

① Most heroes in good stories never change their courses to achieve their goals.

② We often have no interest in plots of hero stories that novels, movies and video games provide because the heroes start out flawed.

③ All that we can get from good hero stories is entertainment.

④ Our versions of our own life stories can improve our mental health.

(34) ブロックⅡ

① Rejecting our past memories while making up our future plans is the best strategy for self-improvement.

② New Year's Day is a great day to start working toward a goal.

③ The power of self-narrative is thought to reduce willpower.

④ Bad feelings toward novelists like Tolstoy led Dan McAdams to specialize in psychology.

(35) ブロックⅢ

① In the past, psychologists tended to distinguish their identities from their values and beliefs.

② McAdams completely rejected psychologists' conventional perspectives on identity.

③ According to McAdams, one's identity can be seen as having a plot and themes.

④ For the past twenty years, McAdams' hypothesis has been largely ignored by psychologists.

(36) ブロックⅣ

① Until recently, psychologists paid little attention to the origins of our self-narratives.

② Young children do not tend to think of their lives as a series of connected events.

③ Even a 10-year-old child can discern what kind of event will become a turning point in his or her life.

④ We always construct our life stories into individual chapters which are unlike those of books.

(37) ブロックⅤ

① People have different capacities to create personal narratives.

② People's explanations of important life events usually give no clues about the consistency of their life stories.

③ There are almost no people that can tell their life story in great detail.

④ People who have a strong sense of identity rarely feel satisfied in their lives.

(38) ブロックⅥ

① Experiencing stressful events gives us nothing beneficial in our lives.

② Themes of redemption can play important roles in overcoming bad habits.

③ In one study, most people who told a story of redemption failed to stop drinking.

④ Psychologists have established reliable methods of teaching people how to tell themselves better life stories.

Ⅷ　次の英文を読み(39)～(44)の設問に答えなさい。文章は，それぞれ数段落をまとめた五つのブロックに分けられており，各ブロックの先頭には番号が付してあります。なお，* 印のついた語句には英文のあとに注があります。(30 点)

[I]　Maybe this happens to you sometimes, too: You go to bed with some morning obligation on your mind, maybe a flight to catch or an important meeting. The next morning, you wake up on your own and discover you've beaten your alarm clock by just a minute or two. What's going on here? Is it pure luck? Or perhaps you possess some mysterious ability to wake up precisely on time without help?

It turns out many people have come to Dr. Robert Stickgold over the years wondering about this phenomenon. "This is one of those questions in the study of sleep where everybody in the field seems to agree that what's obviously true couldn't be," says Stickgold, who's a cognitive neuroscientist* at Harvard Medical School and Beth Israel Deaconess Medical Center. Stickgold even remembers bringing it up to his mentor when he was just starting out in the field — only to be greeted with a dubious look and a far from satisfactory explanation. "I can assure you that all of us sleep researchers say 'balderdash*, that's impossible,'" he says. And yet Stickgold still believes there is something to it. "This kind of precision waking is reported by hundreds and thousands of people," he says, including himself. "I can wake up at 7:59 and turn off the alarm clock before my wife wakes up." At least, sometimes.

[II]　Of course, it's well known that humans have an elegant and elaborate system of internal processes that help our bodies keep time. Somewhat shaped by our exposure to sunlight, caffeine, meals, exercise and other factors, these processes regulate our circadian rhythms* throughout the roughly 24-hour cycle of day and night, and this affects when we go to bed and wake up. If you are getting enough sleep and your lifestyle is aligned with your circadian rhythms, you should typically wake up around the same time every morning, adjusting for seasonal differences, says Philip Gehrman, a sleep scientist at the University of Pennsylvania. But that still doesn't adequately explain this phenomenon of waking up precisely a few minutes before your alarm, especially when it's a time that deviates from your normal schedule. "I hear this all the time," he says. "I think it's that anxiety about being late that's contributing."

[Ⅲ] Actually, some scientists have looked into this enigma* over the years with, admittedly, mixed results. For example, one tiny, 15-person study from 1979 found that, over the course of two nights, the subjects were able to wake up within 20 minutes of the target more than half of the time. The two subjects who did the best were then followed for another week, but their accuracy quickly plummeted*. Another small experiment let the participants choose when they'd get up and concluded that about half of the spontaneous awakenings were within seven minutes of the choice they'd written down before they went to sleep.

Other researchers have taken more subjective approaches, asking people to report if they have the ability to wake up at a certain time. In one such study, more than half of the respondents said they could do this. Indeed, Stickgold says it's quite possible that "like a lot of things that we think we do all the time, we only do it once in a while."

OK, so the scientific evidence isn't exactly overwhelming. But there was one intriguing line of evidence that caught my eye, thanks to Dr. Phyllis Zee, chief of sleep medicine at Northwestern University Feinberg School of Medicine.

[Ⅳ] In the late '90s, a group of researchers in Germany wanted to figure out how expecting to wake up influenced what's known as the HPA axis — a complex system in the body that deals with our response to stress and involves the hypothalamus*, the pituitary gland* and the adrenal glands*. Jan Born, one of the study's authors, says they knew that levels of a hormone that's stored in the pituitary gland, called ACTH, start increasing in advance of the time you habitually wake up, which in turn signals the adrenal glands to release cortisol, a so-called "stress hormone" that helps wake you up, among other things. "In this context, we decided to try it out and it came out actually as hypothesized," says Born, who's now a professor of behavioral neuroscience* at the University of Tubingen, in Germany.

Here's what Born and his team did: They found 15 people who would normally wake up around 7 or 7:30 a.m., put them in a sleep lab and took blood samples over the course of three nights. The subjects were divided into three different groups: Five of them were told they'd have to get up at 6 a.m.; others were assigned 9 a.m.; the third group were given a 9 a.m. wake-up time, but were then unexpectedly awakened at 6 a.m. Born says a clear difference emerged as their wake-up time approached. The subjects who anticipated waking up at 6 a.m. had a notable rise in the concentration of ACTH, starting about 5 a.m. It was as if their bodies knew they had to get up earlier, says Born. "This is a good adaptive preparatory response of the organism," says Born with a chuckle, "because then you have enough energy to cope with getting up and you can make it until you have your first coffee."

That same rise in stress hormones before waking up wasn't recorded in members of the group who did not plan to get up early, but were surprised with a 6 a.m. wake-up call.

[V] <u>Born's experiment wasn't actually measuring whether people would ultimately wake up on their own before a scheduled time</u>, but he says the findings raise some intriguing questions about that phenomenon. After all, how did their bodies know that they would have to get up earlier than normal? "It tells you that the system is plastic*, it can adapt, to shifts in time," he says. And it also suggests that we have some capacity to exploit this "system" while awake. That idea isn't entirely foreign in the field of sleep research, he says.

"It is well known that there is a kind of mechanism in the brain that you can use by volition* to influence your body, your brain, while it is sleeping," says Born. He points to research showing that a hypnotic suggestion* can help make someone sleep more deeply. Zee at Northwestern says there are probably "multiple biological systems" that could explain why some people seem capable of waking up without an alarm clock at a given time. It's possible that the worry about getting up is somehow temporarily disabling our master internal clock, she says. "This paper really is neat because it shows that your brain is still working," she says.

Of course, exactly how it's working and to what extent you can rely on this mysterious internal alarm system remains a big, unanswered question. And while none of the sleep researchers I spoke to are planning to ditch* their alarm clocks, Harvard's Stickgold says he's not ready to dismiss the question. "It's a true scientific mystery," he says, "which we have a lot of." And as in many fields, he adds, when facing a mystery, it would be arrogant "to assume that since we don't know how it could happen, that it can't."

【注】cognitive neuroscientist：認知神経科学者　balderdash：ナンセンス
circadian rhythms：概日リズム　enigma：謎　plummet：急落する
hypothalamus：視床下部　pituitary gland：脳下垂体
adrenal glands：副腎　behavioral neuroscience：行動神経科学
plastic：順応性のある　volition：意志　hypnotic suggestion：催眠暗示
ditch：捨てる

⑶9〜⑷3：それぞれ指定したブロックの内容に照らしてもっとも適切なものを①〜④の中から一つ選び，その番号をマーク解答用紙にマークしなさい。

⑶9 ブロックⅠ

① The author wonders why people sometimes break their alarm clocks in their sleep.

② People who wake up on time without help are just lucky.

③ According to Dr. Stickgold, researchers studying this phenomenon tend to think it is obviously true that people can wake up before their alarms.

④ Dr. Stickgold counts himself among the hundreds and thousands of people who wake up before their alarms ring.

⑷0 ブロックⅡ

① The human body can keep time with a very simple internal system.

② There are multiple factors that shape our internal time-keeping system.

③ Even in individuals who get enough sleep, the sleep cycle remains the same regardless of the season.

④ Philip Gehrman rejects the idea that anxiety is a factor in waking up before one's alarm.

出典追記：I usually wake up just ahead of my alarm. What's up with that?, NPR on December 26, 2022 by Will Stone

(41) ブロックⅢ

① Over the years, scientists have been unable to show conclusively that people can wake up just ahead of an alarm.

② Two of the subjects in a 1979 study performed best after they were given an additional week to complete the experiment.

③ Subjective approaches have shown that the majority of people fail to wake up before their alarms.

④ The author encountered evidence of a connection between sleep and vision.

(42) ブロックⅣ

① Jan Born and his colleagues already knew that increases in levels of the hormone called ACTH were a result of waking up.

② The sole function of cortisol, a so-called stress hormone, is to wake people up.

③ The study by Jan Born's team produced the results that they had hypothesized.

④ Even though they knew they had to get up at 6 a.m., subjects in a study couldn't cope without coffee.

(43) ブロックⅤ

① All of Born's questions about sleep were answered by the findings in his experiment.

② The idea that we can use our "system" while awake is not entirely new to researchers.

③ Our master internal clock is unaffected by our anxiety about getting up.

④ If scientists can't understand how something happens, they assume it can't happen.

(44) ブロックⅤの中の下線部を和訳し，記述解答用紙に記入しなさい。なお，Born はボルンとすること。

Ⅸ　次の日本文とほぼ同じ意味になるように，空所に語句を補って英文を完成させなさい。なお，［　　　］の中には1語のみ，(　　　　　　)の中には3～5語を入れること。答えは，記述解答用紙の該当する欄に記入しなさい。(10点)

(45)　私が大勢の聴衆の前で話すのを妨げる不安を，どうしたら克服できるでしょうか。

How can I ［　　　］ the fear that (　　　　　　) in front of a large ［　　　］?

日本史

(60分)

I　次の文章〔A〕,〔B〕と史料〔C〕(原文から仮名づかい，句読点を加える等適宜修正している）について，下記の設問に答えなさい。(20点)

〔A〕

日本で流通した通貨の実態がわかるのは，7世紀①後半からである。近年では，幾種かの銅銭②に先立って，無文銀銭という銀貨が存在したことが確認されている。銀は単位重量当たりの価値が大きく，庶民の日常取引には使えず，また，この頃は畿内③近郊では銀は産出されないので，畿内の人々が自然に銀で貨幣を造るようになったとは考えられない。現状では，朝鮮半島の新羅から伝わったと考える説が有力である。

問1　下線部①について，この世紀の半ば以前にヤマト政権の支配領域内で広くみられた豪族の私有地を意味する語句を1つ選び，その記号をマークしなさい。

ア　屯倉

イ　田荘

ウ　国造

エ　部曲

オ　伴造

問2　下線部②について，7～8世紀に日本国内で鋳造された銅銭をすべて選び，その記号をマークしなさい。なお，適切な選択肢がない場合にはオをマークしなさい。

ア　富本銭

イ　洪武通宝

ウ　和同開珎

エ　乾元大宝

オ　ア～エのなかに適切な選択肢はない。

問3　下線部③について，律令制のもとで，畿内のほかに七道が置かれた。古代の行政区画・交通に関する以下の文のうち，正しいものをすべて選び，その記号をマークしなさい。なお，適切な選択肢がない場合には，オをマークしなさい。

ア　政府は，都と諸国の国府をむすぶために道路を整備し，その道路には約16 km ごとに駅家をおいて中央と地方の連絡に利用した。

イ　律令制の広域行政区画である七道のうち，南海道と西海道は畿内と陸上で接していない。

ウ　諸国の人々が納めた租税のうち，庸は都に運ばれずに地方政府の財源となったのに対し，租や調は自分たちで都まで運び，中央政府の財源となった。

エ　畿内の住民は，九州や東北を警備する防人の義務を負った。彼らが移動する際にも政府が整備した道路が利用された。

オ　ア～エのなかに適切な選択肢はない。

〔B〕

11 世紀中ごろから始まった荘園④の増加は，12 世紀前半の鳥羽院政期に急速に進み，12 世紀後半になると，各国ともおおよそ半ばが荘園化した。しかし，荘園とならなかった国衙領も各地に多く，それらは引き続き国衙支配の基盤となった。こうして荘園公領制とよばれる土地制度が成立した。中世⑤の土地制度は荘園公領制によって支えられているので，その成立は中世社会の誕生を告げるものであった。

問4　下線部④について，中世の荘園に関する以下の文のうち，正しいものをすべて選び，その記号をマークしなさい。なお，適切な選択肢がない場合には，オをマークしなさい。

ア　荘園領主は，農民らにたいして，年貢・公事・夫役などの負担を課した。このうち，年貢は米や絹による納入，公事は労役の奉仕，夫役は手工業製品や特産物の納入を基本とした。

イ　鎌倉時代の荘園では，武士の館の周辺には，年貢や公事のかからない農民の直営地が置かれた。これらは「佃」や「門田」,「正作」などとよばれた。

ウ　中世後期の荘園では，山・野原などの共同利用地や灌漑用水などについては，百姓ではなく荘園領主が管理することが一般的であった。

エ　朝廷によって銭貨などの貨幣が造られなかった中世では，荘園領主による年貢など各種の賦課が銭で納められるようにはならなかった。

オ　ア～エのなかに適切な選択肢はない。

問5　下線部⑤について，中世とよばれる時代のうち，鎌倉時代の日本で利用・栽培された植物として**ふさわしくないもの**を1つ選び，その記号をマークしなさい。

ア　桑

イ　苧

ウ　漆

エ　たばこ

オ　荏胡麻

問6　下線部⑤について，中世とよばれる時代の技術に関する以下の文のうち，正しいものをすべて選び，その記号をマークしなさい。なお，適切な選択肢がない場合には，オをマークしなさい。

ア　土器などをつくる技術者集団は，鍛冶や鋳物師と呼ばれた。

イ　戦国時代の日本に海外から銀の精錬法が伝わり，その後17世紀には，日本は一時的に世界有数の銀産出国となった。

ウ　日本在来の製鉄技術であるたたら製鉄では，もっぱら鉄鉱石が材料として用いられた。

エ　中世の日本では入浜塩田が一般的だったが，江戸時代になって土木技術が発展したため，大規模な土木工事が必要だが生産性が高い揚浜法が広まっていった。

オ　ア～エのなかに適切な選択肢はない。

〔C〕

倭国は高驪(こうらい)の東南，大海の中にあり，世々貢職(よよこうしょく)を修む。(中略) ［ 1 ］ 死して弟武⑥立つ。自ら使持節都督 ［ 2 ］ 七国諸軍事安東大将軍倭国王と称す。

順帝の昇明二年⑦，使を遣して上表をして曰く，「封国(ほうこく)は偏遠(へんえん)にして，藩を外に作(な)す。(中略)」と。詔して武を使持節都督 ［ 3 ］ 六国諸軍事安東大将軍倭王に除す。

問7　空欄 [1] にあてはまる語句を1つ選び，その記号をマークしなさい。

ア　珍

イ　弥（彌）

ウ　済

エ　讃

オ　興

問8　下線部⑥について，この人物は雄略天皇を指すと一般的に考えられている。この人物を示すとされる別の名が刻まれている金属器をすべて選び，その記号をマークしなさい。

ア　石上神宮七支刀

イ　稲荷山古墳出土鉄剣

ウ　岡田山1号墳出土大刀

エ　江田船山古墳出土鉄刀

オ　隅田八幡神社人物画像鏡

問9　下線部⑦について，この年が属する世紀に作られた可能性がもっとも高い寺院もしくは古墳を1つ選び，その記号をマークしなさい。

ア　法隆寺

イ　飛鳥寺

ウ　大仙陵古墳（仁徳天皇陵古墳）

エ　箸墓古墳

オ　黒塚古墳

問10　空欄 [2] [3] にはそれぞれ七国・六国の国名がはいるが，空欄 [2] にあてはまらず，かつ空欄 [3] にもあてはまらない国を1つ選び，その記号をマークしなさい。

ア　高句麗

イ　百済

ウ　新羅

エ　加羅

オ　秦韓

Ⅱ　次の文章を読み，下記の設問に答えなさい。(20 点)

鎌倉・室町時代頃の飢饉（ききん）として代表的なものは，①治承・養和の飢饉，②寛喜の飢饉，③正嘉・正元の飢饉，応永の飢饉，寛正の飢饉，天文の飢饉などといったところであろう。その原因としては，治承・養和および応永が旱（かん）害，寛喜，正嘉・正元および寛正が冷害，天文が大洪水・虫害であった。

［ 1 ］の『方丈記』は飢饉の記録としても重要である。④源平の争乱のさなか，養和元年から翌年にかけての飢渇について，［ 1 ］は，春夏のひでり，秋の大風・洪水で五穀がことごとくだめになり，このため国々の民が「或は地をすてて境をいで，或は家を忘れて山にすむ」と，記していた。

室町時代の飢饉になると，貧人上洛（じょうらく），すなわち飢えたたくさんの人々が外部から京都の町になだれ込んできたところが，それまでの飢饉とは一線を画すと指摘されている。寛正の飢饉のときも，⑤東福寺の僧太極（たいぎょく）が京都六条町で，河内国からの流民である女性が自分の子を死なせてしまったのに出会っている。飢人の群れは，諸国からの流入者たちが主であったと考えられている。京都への食料供給がさまざまな理由によって途絶して起こる都市内部の住民の飢饉に加えて，外部から大量に流入してきた飢人の扱いが社会問題化してきたのである。

京都に流入した飢民はどのように扱われたのであろうか。応永の飢饉では足利義持の命によって諸大名たちが五条河原に仮屋を建てて施行（せぎょう）した。⑥天龍寺，⑦相国寺でも施行が行われた。また，寛正の飢饉では，願阿弥という勧進僧が率いる集団によって施行が実施されている。願阿弥らは⑧将軍をはじめ武家・公家・寺院の有力者に対する勧進によって資金を調達し，六角堂の南路に流民のための小屋を建て，粥（かゆ）を施した。

江戸時代の主な飢饉をあげてみると，⑨寛永の飢饉，元禄の飢饉，⑩享保の飢饉，宝暦の飢饉，⑪天明の飢饉，⑫天保の飢饉などが，餓死者を多く出している。ただし，飢饉には地域性があり，元禄・宝暦・天明・天保などは東北日本の被害が大きかった。享保の飢饉の後は，西日本が一部の地域を除いてひどい飢饉状態になることはあまりなかった。

出所）菊池勇夫『飢饉―飢えと食の日本史』に加筆して作成。

問１　下線部①ならびに同時期の下線部④についての記述として**誤っているもの**を１つ選び，その記号をマークしなさい。

ア　以仁王と源頼政が平氏打倒のために挙兵した年の夏，西日本において干ばつになったことがこの飢饉の主因であった。

イ　平清盛が亡くなり，この飢饉も起きたため，西国を基盤とする平氏の勢力は弱体化した。

ウ　この飢饉の影響でこの争乱における戦いの遂行が困難になり，平氏軍と各地の反乱軍とのこう着状態が続いたが，1183年の倶利伽羅峠の戦いを契機に事態は動き出した。

エ　兵糧不足の源義仲軍が，この飢饉により食糧事情が悪化していた京都で略奪行為に及んだので，源頼朝自らが京都に入り義仲を討った。

オ　この飢饉とこの争乱によって京都への年貢の納入が途絶えたこともあり，朝廷は源頼朝に対して，年貢の納入を条件に，東海道・東山道の支配権を認めた。

問２　下線部②が起こり，訴訟が頻発したために制定された御成敗式目についての記述として**誤っているもの**を１つ選び，その記号をマークしなさい。

ア　制定当初から武家社会だけではなく社会全般を規定するようにしたため，これの制定により公家法や本所法は効力が失われた。

イ　御成敗式目において「右大将家の御時定め置かるる所は，」という文章が見られるが，この右大将家とは源頼朝を指す。

ウ　右大将家以来の先例や，道理と呼ばれる武家社会の慣習・道徳が，裁判の基準とされた。

エ　北条泰時は，六波羅探題として京都にいる弟の北条重時に書状を送り，御成敗式目制定の趣旨を伝えた。

オ　御成敗式目制定後も必要に応じて式目の補足や修正が行われた。

問３　下線部③などによって社会が困窮していた頃に，日蓮は『立正安国論』を執筆し北条時頼に提出した。日蓮ならびに日蓮を開祖とする宗派についての記述としてもっとも適切なものを１つ選び，その記号をマークしなさい。

ア　坐禅によって自らを鍛練して悟りを開くことを主張した。

イ　すべての人間は平等に悪人であり，煩悩の捨てきれないその悪人こそが仏の救いの対象であるという悪人正機説を説いた。

ウ　すべての人間は善人であり，南無阿弥陀仏と唱えれば，極楽往生できると説いた。

エ　信心の有無にかかわらず極楽往生できると説いて，踊念仏を通じて全国各地の多くの民衆や武士に布教した。

オ　天台宗の根本経典である法華経を釈迦の正しい教えとし，南無妙法蓮華経の題目を唱えることで救われると説いた。

問4　空欄［ 1 ］にはいる，『方丈記』の著者名を1つ選び，その記号をマークしなさい。

ア　藤原定家

イ　紀貫之

ウ　信濃前司行長

エ　鴨長明

オ　兼好法師

問5　下線部⑤，下線部⑥，下線部⑦は，いずれも京都五山として定められた寺である。これらのほかに京都五山に含まれるものをすべて選び，その記号をマークしなさい。

ア　建長寺

イ　建仁寺

ウ　円覚寺

エ　寿福寺

オ　万寿寺

問6　下線部⑧は足利義政を指す。足利義政についての記述として**誤っているもの**を1つ選び，その記号をマークしなさい。

ア　足利義政は芸能や造営事業などの浪費によって守護大名の信望を失い，幕府の実権は細川勝元と山名持豊とに移っていった。

イ　畠山と斯波の両管領家の相続争いに将軍足利義政の後継者争いが重なり，これらに細川勝元と山名持豊が介入したため，幕府を二分する争いに発展した。

ウ　山名宗全，細川勝元の両名が亡くなり，応仁の乱も終戦となった後，足利義政は将軍職を弟の足利義視に譲り，東山山荘に銀閣を建てた。

エ　足利義政の側近には善阿弥など阿弥号を名のる同朋衆がおり，彼らは能や造園などに秀でた才能を発揮して東山文化に大きな役割を果たした。

オ　足利義政の死後，東山山荘の観音殿である銀閣は，寺院となり義政にちなんで慈照寺となった。

問7　下線部⑨ならびにその後の幕府や諸藩の改革に関連する記述として**誤っているもの**を1つ選び，その記号をマークしなさい。

ア　この飢饉によって全国的に農村が被害を受けたため，幕府は本百姓の経営維持を重視する政策へと転換し，飢饉直後の1643年に田畑永代売買の禁止令を出し，さらに1673年に分地制限令を出した。

イ　この飢饉の後，日常の労働や生活の細部にまで指示や規制を加えた法令が村々に出された。

ウ　飢饉によって年貢が徴収しにくいうえに，この飢饉後に発布された新たな『武家諸法度』（寛永令）により参勤交代が制度化されたため，諸藩の財政はさらに厳しくなった。

エ　この飢饉を契機に諸藩で積極的に勧農が行われ，たとえば治水工事や新田開発によって生産基盤を確保する政策がとられるようになった。

オ　この飢饉後に，いくつかの藩では藩主が儒学者を顧問にし，学問を奨励して藩政の改革がはかられた。

問8　下線部⑩ならびにその頃にみられた一揆や打ちこわし，享保の改革についての記述として**誤っているもの**を1つ選び，その記号をマークしなさい。

ア　1732年に天候不順の西日本一帯においてイナゴやウンカが大発生し，稲を食い尽くして大凶作となり，この飢饉が起きた。

イ　この飢饉による幕府の年貢減収をふせぐため，参勤交代の負担を緩める代わりに，各大名の領知高に応じた米の上納，いわゆる上げ米を臨時に実施した。

ウ　凶作や飢饉の時には百姓一揆が各地で多発したが，18世紀に入ると凶作や飢饉に加え商品作物への課税が農民の生活を苦しめたため，農村では村役人などを先頭に村内の全百姓が一斉に参加する惣百姓一揆が多くなった。

エ　大坂や江戸などの都市では，飢饉による米価高騰で困窮した貧しい職人や商人，さらには農村から都市へ流入してきた貧民たちが，集団となって，米屋や高利貸しなどの豪商を襲った。

オ　この飢饉の後，幕府は青木昆陽を登用して甘藷(かんしょ)の栽培と普及を実現させ，今後の飢饉に備えた。

問9　下線部⑪ならびにその後にみられた一揆や打ちこわし，寛政の改革についての記述として**誤っているもの**を1つ選び，その記号をマークしなさい。

ア　この飢饉は1783年の浅間山の大噴火や冷害が原因で発生し，とくに東北地方で多数の餓死者を出した。

イ　この飢饉により各地で百姓一揆や打ちこわしが起こって田沼意次の政治への反発が強まるとともに，意次の子意知が暗殺され，将軍徳川家治も死去すると，意次は老中を罷免された。

ウ　幕府の財政基盤を復旧させるため，飢饉によってもはや耕作が困難となった陸奥や北関東から江戸へ百姓が出稼ぎに来て商業にたずさわることを奨励した。

エ　飢饉への危機管理として，幕府は諸藩に1万石につき50石の割合で囲米を命じるとともに，村々にも社倉・義倉を整備させて米や雑穀などを備蓄させた。

オ　江戸では，町入用の節約分の7割を毎年積み立てさせ，それを資金に町会所で運用し，飢饉や災害時に困窮した貧民を救済したり，中・下層町人へ低利で融資したりした。

問10　下線部⑫ならびにその後にみられた一揆や大塩の乱，天保の改革についての記述として**誤っているもの**を1つ選び，その記号をマークしなさい。

ア　1836年の飢饉はとくに厳しく，もともと米不足であった甲斐国郡内地方や三河国加茂郡では，幕領にもかかわらず大規模な一揆が起こり，幕府に大きな影響を与えた。

イ　江戸では幕府がお救い小屋で米などを施したり江戸に米を集中させたりして打ちこわしの発生をふせいだが，その影響で大坂では米価が高騰した。

ウ　大坂で餓死者が相次ぐほどの飢饉にもかかわらず，富裕な商人らは米の買い占めで暴利を得て，大坂町奉行所は窮民の救済策をとらないという状況に対して，大塩平八郎は，貧民救済のために門弟や民衆を動員して武装蜂起した。

エ　大塩平八郎の武装蜂起の鎮圧には数か月かかったため，その間に，国学者の生田万が大塩門弟と称して越後柏崎で陣屋を襲撃するなど，各地で大塩に共鳴する一揆が起きた。

オ　この飢饉やそれに伴う一揆や打ちこわしといった国内問題や，モリソン号事件に象徴される国外問題を乗り切るため，12代将軍徳川家慶のもとで老中水野忠邦が，幕府権力の強化を目指した改革に着手した。

Ⅲ　次の年表〔A〕および文章〔B〕を読み，下記の設問に答えなさい。(30点)

〔A〕

1915年	①大戦景気はじまる。
1918年	②米騒動が［ 1 ］県から発生し，全国に拡大。
1920年	［ a ］恐慌はじまる。綿糸・生糸の相場が暴落。
1923年	③関東大震災が発生。［ b ］恐慌。
1927年	［ c ］恐慌。
1929年	世界恐慌はじまる。
1930年	［ d ］恐慌。④農村に深刻な影響を与える。

〔B〕

一九二三（大正一二）年九月の関東大震災によって校舎の大半を失った中央大学にとって，他の私立大学よりも一割から四割近い低額の学費を維持しながらの校舎再建は事実上不可能であり，ついに，二六年三月，学則改正を文部省に申請して学費の値上げに踏み切った。

翌年四月，中央大学の学費は大幅に改定され，学部の年間授業料は八八円から一一〇円へ，予科は七七円から一〇〇円へ，専門部も六六円から七七円へと増額されて，私立大学の平均水準程度の金額となった。

文部省への申請理由によれば，この改定にともなう学費の増収は，罹災復旧と将来的な学科課程の整備・拡張資金に充てるとされており，事実，学費値上げと歩調を合わせて種々の改革が実施に移されている。すなわち，同年八月には罹災した錦町校舎から駿河台校舎への移転が実現し，いわゆる「駿河台校舎時代」が開幕する。また，三〇（昭和五）年⑤には図書館も新設され，翌三一年には夜間学部が開設されて勤労学生への学習機会が拡大されている。

さらに，校地・施設についても，三三年に秋元春朝子爵所有地を，三五年には板橋野球場用地をそれぞれ購入し，三八年に練馬運動場を新設，四〇年には西園寺公望⑥公爵邸を購入するといった拡充が進められることとなる。中央大学における昭和初期の諸改革は，二七年四月の学費値上げにともなう経営基盤の安定化を基礎として展開されていくのであった。

ところで，この時期はまた，大学をとりまく社会環境が大きな混乱に直面した時期でもあった。浜口雄幸⑦内閣のもとで三〇年に実施された金解禁政策をきっかけとして，前年以来の世界恐慌の影響が国内に及び，株式市場が暴落するとともに輸出入が激減，農業恐慌をともなった「［ d ］恐慌」となって日本経済に深刻な打撃を与えたのである。

出所）中大の学費（『タイムトラベル中大 125』第2版）「中央大学の学費（昭和期一）」132-133 ページより作成。一部修正を施している。

問1　年表〔A〕に示された空欄［ a ］～［ d ］の恐慌のうち，［ c ］恐慌ならびに［ d ］恐慌に該当する恐慌の名称との組み合わせとして正しいものを1つ選び，その記号をマークしなさい。

	c	d
ア	戦後	震災
イ	戦後	金融
ウ	震災	金融
エ	震災	昭和
オ	金融	震災
カ	金融	昭和
キ	金融	戦後
ク	昭和	金融
ケ	昭和	戦後

問2　下線部①～③に関連して，第一次世界大戦期から関東大震災にかけての経済と物価の状況について，以下の(1)と(2)に答えなさい。

(1)　下線部①～③に関連して，第一次世界大戦期から関東大震災にかけての時期の労働者と農民に関する説明として**誤っているもの**を1つ選び，その記号をマークしなさい。

ア　第一次世界大戦の勃発により，日本は英・仏・露などの連合国に軍需品を輸出したため，重化学工業が発展し，工場労働者数が増大した。

イ　第一次世界大戦で日本はアジアおよびアメリカへの輸出を増やしたことで好景気となった一方，物価の上昇で生活苦に陥る労働者も存在した。

ウ　第一次世界大戦中の工業の急速な発展によって物価が高騰する一方，賃金引き上げを求める労働運動が高まり，日本で最初のストライキが発生した。

エ　第一次世界大戦による急激な工業の発展は，工場労働者の増加と都市部への人口集中を進め，米の消費量の増加につながった。

オ　第一次世界大戦による好景気の一方，農村では寄生地主制のもと下層農民は高い小作料が強いられていたため，［ a ］恐慌以降に小作争議が頻発するようになった。

(2)　第一次世界大戦開始後の物価指数と米の生産に関する図表を示した。二つの図表から読み取れることとして正しいものをすべて選び，その記号をマークしなさい。

図表1　第一次世界大戦開始後の物価指数

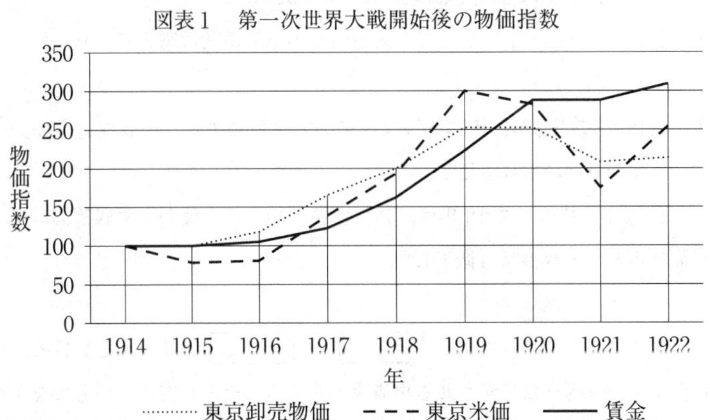

注：卸売物価と米価は7月が基準である。賃金は年平均の値である。
注：1914年：100（この年を基準年とする）
出所）『日本経済統計総観』より作成。

図表2　米の生産と消費の実態

	作付面積（A）	収穫高（B）	反当収量（B/A）	一人当消費高
1914年	3033388.5	57006541	1.88	0.92
1915年	3056567.1	55924590	1.83	0.98
1916年	3071165.0	58442386	1.90	0.95
1917年	3083782.1	54568067	1.77	1.00
1918年	3093210.2	54699087	1.77	1.02

注：作付面積は反別で単位は町である。収穫高以降の単位は石である。作付面積および収穫高は粳米。一人当消費高は輸入および移入を含む。
出所）信夫清三郎『大正政治史』552ページより作成。一部修正を施している。

ア　1915年から18年にかけて東京卸売物価も賃金も上昇したが，基準年からの1918年の時点の賃金の伸びは東京卸売物価の伸びに及ばなかった。

イ　1914年から19年にかけて東京卸売物価は上昇が続き，基準年の3倍にまで上昇したが，東京卸売物価と比較すると賃金の値上がり幅は低かった。

ウ　1916年以降米価は1919年まで上がり続け，それ以降は上下変動しているのに対して，賃金は20年以降急激に下落した。

エ　1916年から18年にかけて一人当たりの米の消費は増えており，同時に米価は上がり続けた。

オ　1916年には前年に比べ収穫高が増大し，面積当たりの収穫量も増大したが一人当たりの消費高も増加した。

カ　1916年と比較して18年は，作付面積の増大にも関わらず収穫高は減少し，面積当たりの収穫量も低下した。

問3　年表〔A〕に示された空欄 [a] ～ [d] に該当する恐慌と，同時期に発生した労働運動にかかわる出来事の組み合わせとして正しいものを1つ選び，その記号をマークしなさい。

	恐慌	労働運動
ア	[a] 恐慌	労働組合期成会の結成
イ	[a] 恐慌	日本労働総同盟友愛会，日本労働総同盟に改称
ウ	[b] 恐慌	日本労働組合総評議会の結成

エ [c] 恐慌　労働組合法の成立

オ [c] 恐慌　友愛会の結成

カ [d] 恐慌　第１回メーデー

問４　空欄 [1] 県に該当する地図上の場所を１つ選び，その記号をマークしなさい。

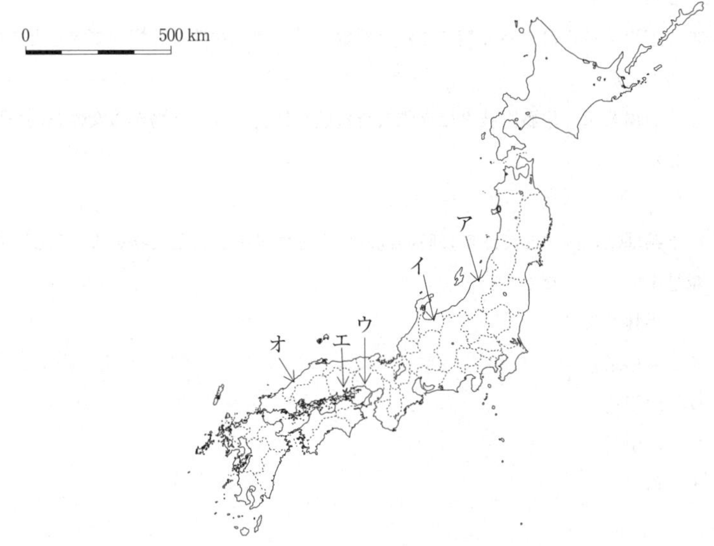

問５　下線部②について，米騒動は日本社会に様々な影響を及ぼした。米騒動の影響として正しいものをすべて選び，その記号をマークしなさい。

ア　都市民衆や貧農・被差別部落民らが米の買占め反対を叫び，警官隊と衝突するなどの騒動になったため，政府は軍隊を出動させてそれを鎮めようとした。

イ　政府は米騒動後，朝鮮・台湾での米増産をはかった。

ウ　騒動は一部の漁村で過激化・大規模化したことで社会問題になったが，都市部に波及しなかった。

エ　米騒動の対応をめぐる責任を追及され，山本内閣が総辞職した。

オ　米騒動は，急進的な国家改造運動のきっかけとなった。

問6　下線部②は,「女一揆」と呼ばれ,女性たちが起こした陳情が始まりだといわれる。明治・大正期における,女性の地位向上のための取り組みについて**誤っているもの**を1つ選び,その記号をマークしなさい。

ア　津田梅子は岩倉使節団に随行してアメリカに留学した最初の女子留学生の一人であり,女子英学塾を設立し,女子教育に尽力した。

イ　キリスト教会は,公娼制度の廃止を求める廃娼運動に取り組んだ。

ウ　平塚らいてうらによって結成された文学者団体が,雑誌『主婦之友』を発行した。

エ　市川房枝らによって設立された新婦人協会は,女性参政権の要求などに取り組んだ。

オ　山川菊栄,伊藤野枝らは赤瀾会を結成し社会主義の立場から女性運動を展開した。

問7　下線部③に関連して,この時の混乱に乗じて殺害された人物を1つ選び,その記号をマークしなさい。

ア　小林多喜二

イ　大杉栄

ウ　山川均

エ　片山哲

オ　芦田均

問8　下線部③に関連して,この時の被害が［　c　］恐慌にも大きく影響を及ぼすことになる。このことに関する説明として**誤っているもの**を1つ選び,その記号をマークしなさい。

ア　地震と火災で東京市・横浜市の大部分が廃墟と化し,京浜地域の産業に大きな被害をもたらした。

イ　震災前に割り引いた手形のうち,震災の被害を受けた企業が決済不能となったものが相当あったため,日本銀行は特別融資を実施した。

ウ　震災により多くの銀行で多額の手形が決済不能となり,日本銀行が特別融資を行ったが,不況もともなって1926年にも半分近くが未決済のまま残されていた。

エ　議会で震災手形の処理方法を審議する過程で,井上準之助蔵相の失言から,取付け騒ぎが起こり，銀行の休業が続出した。

オ　震災手形の処理問題をめぐって一部の銀行の不良な経営状態が明るみに出たことが［ c ］恐慌を引き起こしたが，モラトリアムの発令と日本銀行による巨額の融資により終息した。

問9　下線部④に関連して，［ d ］恐慌が農村に大きく影響を与えた要因の説明として正しいものをすべて選び，その記号をマークしなさい。

ア　世界恐慌の震源地であるアメリカで絹の消費が減少したため，繭価格が暴落した。

イ　世界恐慌がはじまった年には豊作であったため，米価が下落し「豊作貧乏」と呼ばれるような状況となっていたが，その翌年には東北・北海道地方で大凶作となった。

ウ　都市で大量の失業者が発生し，農村に帰った一方，不況で農家の収入を補うための出稼ぎや兼業が難しくなったため，農家の困窮が増大した。

エ　政府による米の強制的買上げ制度が実施されたため，農村では米不足が深刻になり，欠食児童が続出する事態に見舞われた。

オ　植民地米移入が低迷し高騰していた米価が，内地での豊作のために一転して暴落する事態となった。

問10　下線部⑤の年には，協調外交の方針のもと，政府は軍縮について話し合う国際会議に参加し条約を調印している。この国際会議に関する説明として正しいものを1つ選び，その記号をマークしなさい。

ア　この国際会議はヴェルサイユで開催され，国際連盟の設立につながった。

イ　この国際会議はワシントンで開催され，四カ国条約によって今後10年間の主力艦の建造禁止を定めた。

ウ　この国際会議はワシントンで開催され，この場で日中間に交渉がもたれ，日本は山東省の旧ドイツ権益を返還する条約を結んだ。

エ　この国際会議はロンドンで開催され，日本の要求が十分に受け入れられないまま政府が調印に踏み切ったことから，統帥権干犯問題につながった。

オ　この国際会議はロンドンで開催され，9カ国の間で主力艦の保有制限及び保有比率が検討された。

問11　下線部⑥の人物に関する記述として正しいものをすべて選び，その記号をマークしなさい。

ア　首相在任時に，全国で統一的に管理されていた国有鉄道の民営化を断行した。

イ　台湾総督や陸軍大臣を歴任した。

ウ　伊藤博文の後を引継ぎ，立憲民政党の総裁となった。

エ　明治末期に2回内閣を組織した。

オ　第1次内閣を組閣した年に，社会主義政党である日本社会党の当面の存続を認めた。

問12　下線部⑦の人物は，首相在任時に右翼青年に狙撃されて重傷を負い，その内閣が総辞職している。昭和初期に首相が暗殺された事件として正しいものを1つ選び，その記号をマークしなさい。

ア　血盟団事件

イ　二・二六事件

ウ　三・一五事件

エ　大逆事件

オ　五・一五事件

Ⅳ 次の文章〔A〕および史料〔B〕～〔D〕(原文から漢字や仮名づかい，句読点を加える等適宜修正している）を読み，下記の設問に答えなさい。(30点)

〔A〕

関東軍は参謀の［ 1 ］を中心として，奉天郊外の［ 2 ］で［ 3 ］の線路を爆破し，これを中国軍のしわざとして軍事行動を開始して満洲事変が始まった。［ 4 ］は不拡大方針を声明したが，世論は軍の行動を支持した。1931年12月に，［ 5 ］の［ 6 ］が組閣し，中国との直接交渉を目指したが，関東軍は満洲の主要領域を占領し，［ 7 ］最後の皇帝であった［ 8 ］を執政として，満洲国の建国を宣言させた。

〔B〕

工業生産額の内訳

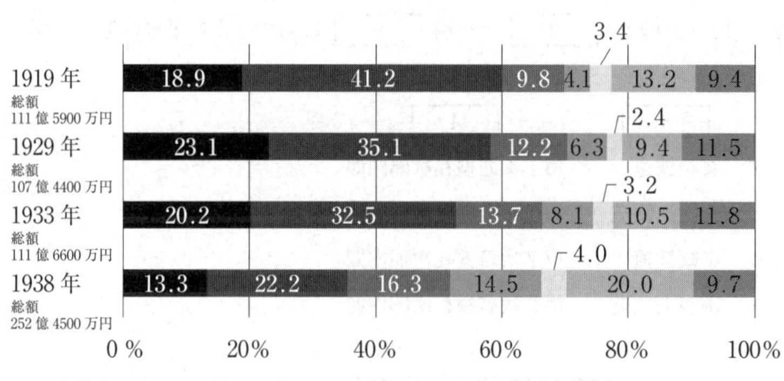

出所）篠原三代平『長期経済統計 10 鉱工業』より作成。

〔C〕

第一条　本法ニ於テ国家総動員トハ戦時（戦争ニ準ズベキ事変ノ場合ヲ含ム以下之ニ同ジ）ニ際シ国防目的達成ノ為，国ノ全力ヲ最モ有効ニ発揮セシムル様，人的及物的資源ヲ統制運用スルヲ謂フ

第四条　政府ハ戦時ニ際シ国家総動員上必要アルトキハ，勅令ノ定ムル所ニ依リ，帝国臣民ヲ徴用シテ総動員業務ニ従事セシムルコトヲ得，但シ兵役法ノ適用ヲ妨ゲズ

第六条　政府ハ戦時ニ際シ国家総動員上必要アルトキハ，勅令ノ定ムル所ニ依リ，従

業者ノ使用，雇入若ハ解雇，又ハ賃金，其ノ他ノ労働条件ニ付必要ナル命令ヲ為スコトヲ得

問1　〔A〕の空欄 1 と空欄 2 にあてはまる語句の正しい組み合わせを1つ選び，その記号をマークしなさい。

	1	2
ア	松岡洋右	柳条湖
イ	東条英機	柳条湖
ウ	石原莞爾	柳条湖
エ	松岡洋右	盧溝橋
オ	東条英機	盧溝橋
カ	石原莞爾	盧溝橋

問2　〔A〕の空欄 3 と空欄 4 にあてはまる語句の正しい組み合わせを1つ選び，その記号をマークしなさい。

	3	4
ア	泰緬鉄道	第1次若槻礼次郎内閣
イ	南満洲鉄道	第1次若槻礼次郎内閣
ウ	泰緬鉄道	第2次若槻礼次郎内閣
エ	南満洲鉄道	第2次若槻礼次郎内閣

問3　〔A〕の空欄 5 と空欄 6 にあてはまる語句の正しい組み合わせを1つ選び，その記号をマークしなさい。

	5	6
ア	立憲政友会総裁	犬養毅
イ	立憲民政党総裁	田中義一
ウ	海軍大将	斎藤実
エ	立憲政友会総裁	田中義一
オ	立憲民政党総裁	犬養毅
カ	海軍大将	岡田啓介

問4　〔A〕の空欄 7 と空欄 8 にあてはまる語句の正しい組み合わせを1つ選び，その記号をマークしなさい。

	7	8
ア	中華民国	孫文
イ	中華民国	蔣介石
ウ	中華民国	溥儀
エ	清朝	孫文
オ	清朝	蔣介石
カ	清朝	溥儀

問5　〔B〕は第二次世界大戦以前の日本の工業生産額の内訳を時系列で表している。このグラフから読み取れる内容として**誤っているもの**を1つ選び，その記号をマークしなさい。

ア　1938年の工業生産総額は，1933年の工業生産総額の倍以上である。

イ　1938年の繊維の生産額は，1933年の繊維の生産額を下回っている。

ウ　1933年時点で，化学，鉄鋼，非鉄金属，機械をあわせた生産額は繊維の生産額を上回っている。

エ　1938年時点で，化学，鉄鋼，非鉄金属，機械をあわせた生産額は工業生産全体の50%を超えている。

問6　〔B〕からわかるように，戦前のこの時期は工業生産額における鉄鋼のシェアが伸びている。1930年代の日本の鉄鋼業について説明した文章として正しいものを1つ選び，その記号をマークしなさい。

ア　北九州に官営の八幡製鉄所が設立された。

イ　八幡製鉄所と財閥系製鉄会社の大合同がおこなわれて国策会社日本製鉄会社が誕生した。

ウ　新日本製鉄が設立されて，同社の生産規模は個別企業で世界第1位となった。

エ　傾斜生産方式が閣議決定され，鉄鋼業には集中的に資金が投下された。

オ　川崎製鉄が通商産業省の意向に反して，銑鋼一貫工場を建設した。

問7　〔C〕が制定された頃から第二次世界大戦終結までの日本経済の状況を説明し

た文章として**誤っているもの**をすべて選び，その記号をマークしなさい。

ア　1ドル＝360円の単一為替レートが設定され，国際競争の中で輸出振興が図られた。

イ　一般国民が軍需産業に動員されるようになった。

ウ　民需品の生産や輸入は厳しく制限され，生活必需品は品不足となった。

エ　過度経済力集中排除法が制定され，巨大独占企業の分割がおこなわれた。

オ　政府は価格等統制令を出して，公定価格制を導入し，経済統制を強化した。

問8　〔C〕は1930年代に制定された法律だが，1930年代に作品を発表した小説家・作家に**あてはまらない人物**を1つ選び，その記号をマークしなさい。

ア　川端康成

イ　島崎藤村

ウ　横光利一

エ　火野葦平

オ　大江健三郎

問9　〔C〕の制定以降に起きた出来事をすべて選び，その記号をマークしなさい。

ア　ドイツによるポーランド侵攻で第二次世界大戦が始まった。

イ　日本とドイツが日独防共協定を締結した。

ウ　大政翼賛会が成立した。

エ　日本が国際連盟に脱退を通告した。

オ　日ソ中立条約が結ばれた。

〔D〕

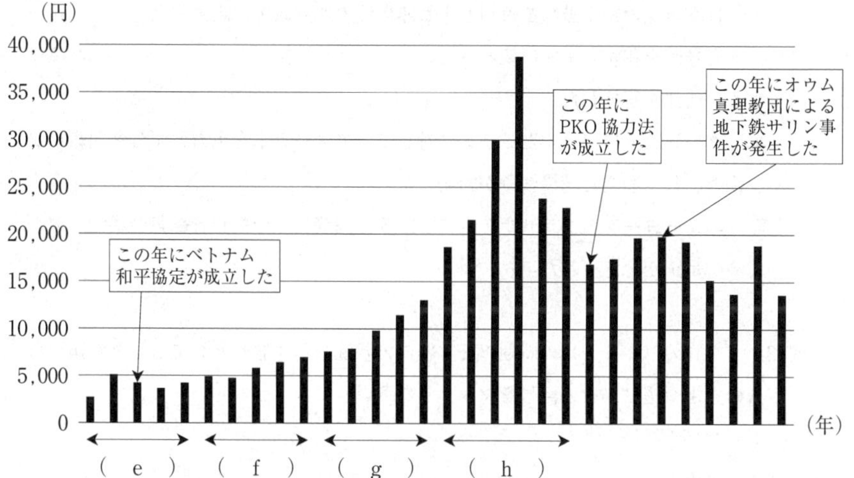

出所）日本経済新聞　日経平均プロフィルより作成。

問10　〔D〕の（　e　）の時期に起きた出来事として**誤っているもの**を1つ選び，その記号をマークしなさい。

ア　日中国交正常化が実現した。

イ　第1次石油危機が起きた。

ウ　狂乱物価といわれる激しいインフレが起きた。

エ　東京で初めてオリンピックが開催された。

オ　日本は変動相場制に移行した。

問11　〔D〕の（　f　）の時期に起きた出来事として**誤っているもの**を1つ選び，その記号をマークしなさい。

ア　日中平和友好条約が締結された。

イ　第2次石油危機が起きた。

ウ　日本経済が戦後初のマイナス成長を記録した。

エ　新東京国際空港（現，成田国際空港）が開港した。

オ　ロッキード事件により田中角栄元首相が逮捕された。

問12 〔D〕の（ g ）の時期に起きた出来事として正しいものを１つ選び，その記号をマークしなさい。

ア 日本新党の細川護熙を首相とする非自民の連立政権が誕生した。

イ 元号が昭和から平成に変わった。

ウ ソ連邦が解体した。

エ クウェートに侵攻したイラクに対して，アメリカ軍を主力とする多国籍軍が武力制裁を加えた湾岸戦争が勃発した。

オ ニューヨークのプラザホテルにて，５カ国蔵相・中央銀行総裁会議で，ドル高の是正が合意された。

問13 〔D〕の（ h ）の時期の日本経済の状況を示す語句としてもっとも適切なものを１つ選び，その記号をマークしなさい。

ア バブル経済

イ 平成不況

ウ 神武景気

エ 岩戸景気

オ いざなぎ景気

問14 〔D〕の（ h ）の時期に起きた出来事として正しいものを１つ選び，その記号をマークしなさい。

ア 阪神・淡路大震災が発生した。

イ 竹下内閣のもとで消費税が導入された。

ウ 民主党政権が誕生し，鳩山由紀夫が首相に就任した。

エ 京都議定書が採択され，先進国の温室効果ガス排出削減目標が設定された。

オ アメリカの投資銀行リーマン＝ブラザーズの経営破綻を契機に世界的な金融危機が発生した。

世界史

（60分）

Ⅰ　以下の文章を読み，設問に答えなさい。(50点)

ユーラシアの東西にまたがるモンゴル帝国は，その支配領域の内外で交易と物流を奨励した。特にモンゴル諸政権がユーラシア西方地域との交易に大量の銀を投入した結果，①13世紀後半から14世紀前半には，西欧・②インド・東南アジアなどを含むユーラシア全域で銀の流通量が増大したことが知られている。東方交易において一方的な輸入超過状態にあったヨーロッパの経済は，モンゴルから流入する銀に支えられていたといってよい。

14世紀前半の③イタリアのある都市で編纂された『商業指南』という書物が，モンゴル支配下にあった④中国との交易方法から叙述を始めていることも，当時の西欧にとってモンゴル帝国がいかに重要な交易相手であったかを物語っている。『商業指南』は中国からの輸入品として第一に絹織物を挙げ，イタリアから麻布を輸送して中央アジアで銀と交換し，その銀で中国の絹を買いつけることを勧めている。

またモンゴル支配下の中国・中央アジア・⑤イランでは，銀の重量単位が約2キロを基準として単一の体系に整えられたが，イタリア商人の使用する銀単位もこれと連動する形で交換比率が定められるようになった。14世紀後半にはヨーロッパ・⑥エジプト・インドなどで急激な銀不足が発生したが，これはモンゴル支配の崩壊によってユーラシア規模で銀の循環が途絶えたことを反映している。

具体的な貿易品目に目を向けてみよう。西アジアのコバルト顔料と景徳鎮の白磁が融合した青花染付に代表される陶磁器は，絹織物と並ぶ重要な中国の輸出品だった。それだけではなく，⑦マルコ=ポーロ『世界の記述』によると，粛州（甘粛省酒泉）のダイオウなどの品目も「全世界に輸出されていた」という。

一方，モンゴルの宮廷に献上される奢侈品としては金・銀・宝石・香料・薬品・絹織物などがあった。アイヌ人や⑧ブルガール人がもたらすオコジョやテンの毛皮は，モンゴルの宮廷だけでなくヨーロッパでも高級品として珍重された。モンゴル帝国を構成する諸ハン国のうち⑨(　A　)国はエジプトへトルコ系軍人奴隷を，またインドには軍馬を輸出して，引き換えに銀や香辛料を獲得していた。

⑩日本もモンゴルへ砂金・銀・硫黄・工芸品を輸出して銅銭・陶磁器・茶・⑪書籍・薬品・絹織物といった物品を輸入した。特に銅銭は元において公式通貨の地位を失ったため日本に大量に流入し，日本の貨幣経済を進展させることにもなった。

モンゴル帝国のうち⑫最も東方の領域を支配した元は銀の民間レベルでの流通を原則として禁止していた。ユーラシア西方や南方への銀の移動は，モンゴル皇帝が自ら支出する銀，あるいは王族・貴族に与えた銀に由来すると思われる。

これらモンゴル支配層の手元の銀を各地に流通させる際に大きな役割を果たしたのが，「オルトク（斡脱）」と呼ばれる商人集団である。オルトクとは「仲間，パートナー」を意味するトルコ語に由来する。オルトク商人は，モンゴル支配層の「商業上のパートナー」として金・銀・⑬紙幣などといった資本を借り受け，モンゴル帝国が設置した陸海の交通網を利用しつつユーラシア各地で交易活動を展開した。

彼らはモンゴル政権において外交使節としても重用された。たとえば13世紀末に⑭イル=ハン国から元へ派遣された使節ファックルッディーンは，国庫から黄金を「貿易の資本」として与えられ，さらに「彼自身の商品と，教団代表・仲間たちの商品」をも携行しており，外交に参画したオルトク商人の一例と見なすことができる。

またオルトク商人には，イスラーム教徒だけではなく⑮仏教徒やキリスト教徒も少なくなかった。フビライによってインドやスリランカに派遣されたイグミシュ（亦黒迷失）はウイグル人の仏教徒であったし，ジェノヴァ商人のブスカレッロはイル=ハン国からの使節として西欧へ派遣されている。いずれも，モンゴル帝国の交易活動が官民一体で行われたことを示すものといえるだろう。

モンゴル諸政権はオルトク商人への出資による交易以外に，商人が宮廷へ持参する商品も積極的に購入していた。早くもチンギス=ハンの時代から，いまだモンゴル支配下になかった西アジアのイスラーム商人が持参した商品は優先的に買い上げられ，彼らの間にモンゴルの影響力を拡大するという効果を持った。⑯モンゴルが南宋を滅ぼした後に展開した海上交易でも，⑰東南アジアなどから集積された高級商品のいくつかは宮廷に献上され，宮廷は対価として大量の金・銀・紙幣を与えていた。

以上の交易活動を行う商人は，多くの場合，仏教・⑱イスラーム教・キリスト教などの宗教教団とも提携していた。この提携は商人からすれば交易活動の上でさまざまな利点をもたらすものであり，また教団にしてみればその経営や教線の拡大にとって利益が大きかった。例えばフランチェスコ修道会を中心とするカトリック教会⑲の東方伝道はジェノヴァ商人の支援を得ていたし，中央アジアのウイグル⑳人仏教徒の宗教巡礼圏はウイグル商人の商業圏と重なっているのである。

元の宮廷が毎年大都㉑で開催したチベット仏教の大法会は，寺院に下賜される莫大な金銀財宝を目当てに各地から商人が集結する一大商業イベントでもあった。日本の対モンゴル交易を担ったのが禅宗教団であったことも，商人と宗教教団の提携という点ではモンゴル時代のユーラシアで同時期に起こった現象として位置づけることができるだろう。

問１　下線部①に関連して，この時期のできごとに属するものを**次からすべて**選び，マーク解答用紙にマークしなさい。

ア．イギリスでバラ戦争が始まった。

イ．李成桂が朝鮮王朝を成立させた。

ウ．教皇のバビロン捕囚が始まった。

エ．ウルバヌス２世がクレルモン教会会議を開いた。

オ．ジャワでマジャパヒト朝が成立した。

問２　下線部②に関連して，インドの宗教について述べた以下の文を古い順に並べたとき**3番目**に来るものを次から１つ選び，マーク解答用紙にマークしなさい。

ア．ヴァルダマーナがジャイナ教を開いた。

イ．シヴァ神やヴィシュヌ神への絶対的帰依を説くバクティ運動が盛んになった。

ウ．ナーランダー僧院が建てられた。

エ．ナーガールジュナが大乗仏教の教理を体系化した。

オ．デリー=スルタン朝が北インドのイスラーム化の基礎を築いた。

問３　下線部③に関連して，この都市は後にメディチ家によって統治されるが，この都市のおおよその位置として最も近いものを以下の図から**１つ**選び，マーク解答用紙にマークしなさい。

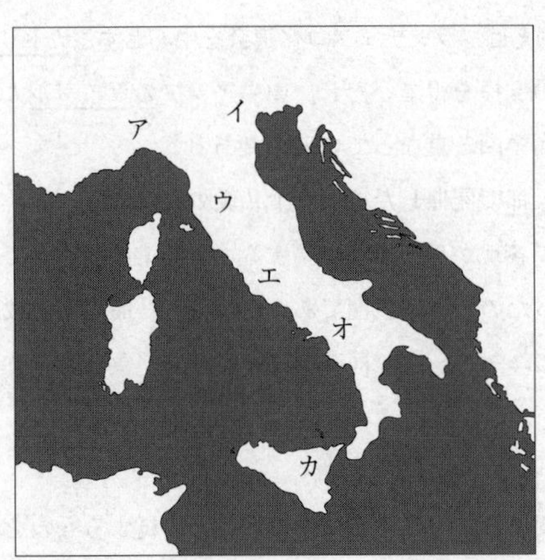

問4　下線部④に関連して，古代のこの地域について述べた以下の文を古い順に並べたとき**2番目**に来るものを1つ選び，マーク解答用紙にマークしなさい。

ア．光武帝が奴国の朝貢を受け，印綬を授けた。

イ．呉楚七国の乱が起こった。

ウ．均輸・平準法を実施した。

エ．王莽が新を立てた。

オ．陳勝・呉広の乱が起こった。

問5　下線部⑤に関連して，イランの歴史について述べた以下の文(a)～(e)を古い順に並べたときに**正しいものを次から1つ**選び，マーク解答用紙にマークしなさい。

(a)　中東（バグダード）条約機構（METO）が結成された。

(b)　カージャール朝がロシアとトルコマンチャーイ条約を結んだ。

(c)　レザー=ハーンが国号をペルシアからイランへ正式に改めた。

(d)　イラン立憲革命によって国民議会が開かれ憲法が制定された。

(e)　イラクのフセインが侵攻してイラン=イラク戦争が起こった。

ア．(b)→(c)→(d)→(e)→(a)

イ．(b)→(d)→(c)→(a)→(e)

ウ．(c)→(d)→(b)→(a)→(e)

エ．(c)→(b)→(d)→(e)→(a)

オ．(d)→(b)→(c)→(a)→(e)

カ．(d)→(c)→(b)→(e)→(a)

問6　下線部⑥に関連して，エジプトの歴史について述べた文として**誤っているものを次から1つ**選び，マーク解答用紙にマークしなさい。

ア．ムハンマド=アリーはシリアの領有とエジプト総督の世襲権を要求してエジプト=トルコ戦争を起こした。

イ．ウラービーが列強の支配に反抗して，オスマン帝国に対し反乱を起こした。

ウ．第一次大戦後，ワフド党がイギリスからの独立運動を展開した結果立憲君主制のエジプト王国が成立した。

エ．サダトを中心とする自由将校団によるエジプト革命が起こり，国王が追放されエジプト共和国が成立した。

オ．第四次中東戦争で戦ったエジプトとイスラエルはアメリカの仲介によりエジプト=イスラエル平和条約を結んだ。

問7　下線部⑦に関連して，元代の中国について述べた文として**正しいものを次から1つ**選び，マーク解答用紙にマークしなさい。

ア．都市の大衆文化が成熟し，『金瓶梅』や『西廂記』のような元曲と呼ばれる戯曲が栄えた。

イ．海上交通が発展し，蘇州，杭州，泉州といった港市が著しく繁栄した。

ウ．ローマ教皇の使節としてプラノ=カルピニが大都に到り，中国最初の大司教となった。

エ．フビライはチベット仏教の高僧パスパを国師に任じてパスパ文字を創製させた。

オ．末期には全真教が流行し紅巾の乱が起こったが，その中から朱元璋が台頭した。

問8　下線部⑧に関連して，東欧の歴史について述べた文として**誤っているものを次から1つ**選び，マーク解答用紙にマークしなさい。

ア．ビスマルクの調停により開かれたベルリン会議ではスロヴァキアやセルビアの独立が承認された。

イ．オーストリアはボスニア・ヘルツェゴヴィナを併合したが，セルビアの反発を招いた。

ウ．ドイツとソ連は独ソ不可侵条約を結んでポーランドの分割を約束した。

エ．ベルリンの壁が崩された後，ルーマニアではチャウシェスクが逮捕・処刑されて独裁体制が崩壊した。

オ．ポーランドではワレサが率いる自主管理労働組合「連帯」が合法化された直後の総選挙で勝利した。

問9　下線部⑨に関連して，（　A　）国はバトゥが制圧した地域を領土としたが，そのおおよその位置として最も近いものを以下の図から**1つ**選び，マーク解答用紙にマークしなさい。

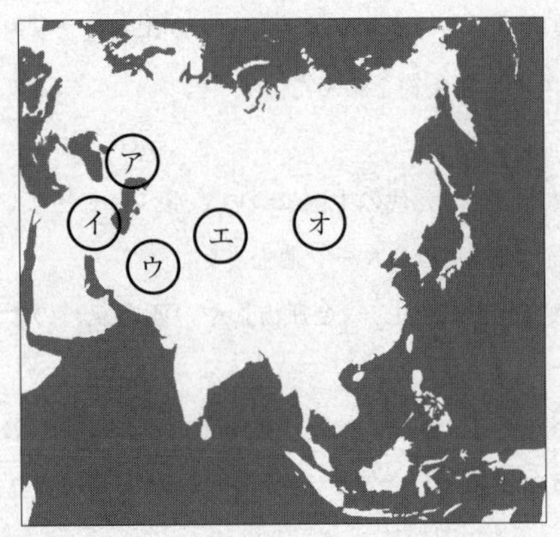

問10　下線部⑩に関連して，日中関係について述べた文として**正しいものをすべて**選び，マーク解答用紙にマークしなさい。

ア．日本は琉球王国の日清両属状態を解消し日本領に組み込んだ。

イ．孫文は東京で中国同盟会を組織し，三民主義を掲げて満洲人を排除した漢人国家の建設を主張した。

ウ．日本は中華民国に二十一か条の要求を行い，継いで遼東半島のドイツ租借地を占領して圧力をかけた。

エ．日中戦争において日本は「東亜新秩序」建設を掲げて上海に汪兆銘を首班とする親日政権を作り，重慶政府に対抗させた。

オ．田中角栄が訪中した後に日中の国交も正常化したが，台湾の中華民国との正式な国交は断絶した。

問11　下線部⑪に関連して，以下の中国の書籍とそれが著された時代の組み合わせが**正しいものを次から１つ**選び，マーク解答用紙にマークしなさい。

ア．『五経正義』：宋

イ．『資治通鑑』：唐

ウ．『儒林外史』：元

エ．『幾何原本』：明

オ．『狂人日記』：清

問12　下線部⑫に関連して，中国の経済について述べた文として**誤っているものをすべて**選び，マーク解答用紙にマークしなさい。

ア．明代には山西商人や徽州商人といった各地の商業集団が大規模な商業ネットワークを形成した。

イ．イギリス・インド・中国の三角貿易により，19世紀前半には中国から銀が国外に流出するようになった。

ウ．清朝が西洋との貿易をマカオのみに限定していたためイギリスはマカートニーやアマーストを派遣して交渉したが失敗した。

エ．大衆動員による農業や工業の生産増強を目的とした大躍進政策が失敗に終わると，周恩来が毛沢東に代わって国家主席となった。

オ．江沢民が国家主席の時代に中国は日本を抜いて世界第二位の経済大国となった。

問13　下線部⑬に関連して，経済の歴史について述べた文として**正しいものを次から１つ**選び，マーク解答用紙にマークしなさい。

ア．共和政ローマでは貴族がラティフンディアと呼ばれる広大な所領で大規模な農場経営を行った。

イ．ポトシ銀山をはじめとする南米の鉱山で使役する労働力として，中国やアイルランドなどからの移民が投入された。

ウ．清では順治帝の時代に地丁銀制が導入されて税制の簡素化が図られた。

エ．ガーナ王国は自国の金とゴビ砂漠を越えて紅海沿岸地域から運ばれた塩とを交換する交易で栄えた。

オ．隋では手形から発展した交子・会子が貨幣として使われるようになった。

問14 下線部⑭に関連して，ササン朝の滅亡からフラグがアッバース朝を滅ぼすまでおよそ何年か，最も適当なものを**1つ**選び，マーク解答用紙にマークしなさい。

ア．600年

イ．800年

ウ．1000年

エ．1200年

オ．1400年

問15 下線部⑮に関連して，仏教について述べた文として**誤っているものを次から1つ**選び，マーク解答用紙にマークしなさい。

ア．マウリヤ朝のアショーカ王は仏教の影響を受け，統治理念として普遍的倫理であるダルマ（法）を掲げた。

イ．西北インドにおこったクシャーナ朝のカニシカ王は仏教を保護した。

ウ．グプタ朝の時代にはグプタ様式と呼ばれる純インド的な仏教美術の様式が完成した。

エ．スマトラのシュリーヴィジャヤでは大乗仏教のボロブドゥール寺院が造営された。

オ．東晋の法顕は仏典を求めてインドに赴き，旅行記『仏国記』を著した。

問16 下線部⑯に関連して，以下の勢力をモンゴルが征服した時代順に並べたとき**3番目**に来るものを**1つ**選び，マーク解答用紙にマークしなさい。

ア．ナイマン

イ．西夏

ウ．アッバース朝

エ．金

オ．南宋

問17　下線部⑰に関連して，この地域について述べた文として，**正しいものを次から1つ選び**，マーク解答用紙にマークしなさい。

ア．マレー半島のオランダ植民地はインドネシアとして独立したが後にシンガポールが離脱した。

イ．ホー=チ=ミンがベトナム民主共和国の建国を宣言するとアメリカは北爆を開始してベトナム戦争を起こした。

ウ．ベトナムがカンボジアに侵攻してシハヌーク国王を追放すると，中国は懲罰を名目に中越戦争を起こした。

エ．東ティモールはポルトガルからの独立直後にインドネシアに占領されたが，再び独立を果たした。

オ．マレーシアではマハティールらが独立を宣言したが，これを認めないイギリスとの戦争の末に独立を果たした。

問18　下線部⑱に関連して，イスラーム教について述べた文として，**誤っているものを次から1つ選び**，マーク解答用紙にマークしなさい。

ア．サファヴィー朝ではシーア派の中でも十二イマーム派を国教に採用した。

イ．ファーティマ朝ではアズハル学院が開かれてイスラーム神学や法学の研究が行われた。

ウ．聖典『クルアーン』に定められている内容を基礎として法学者が解釈した規定のことをムアーウィアという。

エ．スンナ派の代表的ウラマーであったガザーリーはスーフィズムを理論化した。

オ．ムハンマドが迫害を避けてメッカからメディナに移住したことをヒジュラという。

問19　下線部⑲に関連して，カトリックについて述べた以下の文を古い順に並べたとき**3番目**に来るものを1つ選び，マーク解答用紙にマークしなさい。

ア．ベネディクトゥスはモンテ=カシノに修道院を創設した。

イ．教皇レオ3世がカール大帝にローマ皇帝の冠を授けた。

ウ．スペインのロヨラらがイエズス会を創設した。

エ．フランスのフィリップ4世は教皇庁をローマからアヴィニョンに移した。

オ．トマス=アクィナスが『神学大全』を著した。

問20　下線部⑳に関連して，内陸アジアについて述べた文として**正しいものを次から1つ**選び，マーク解答用紙にマークしなさい。

ア．大月氏とともに匈奴を討つため，前漢の文帝は張騫を派遣した。

イ．ソンツェン=ガンポがラサを都として建てた吐谷渾ではチベット仏教が生まれた。

ウ．ウマイヤ朝はタラス河畔の戦いで唐軍を破った。

エ．ティムール朝ではトルコ=イスラーム文化がめざましい発達を遂げた。

オ．耶律大石は遼の滅亡に際して中央アジアに逃れ，ガズナ朝を倒してカラ=キタイ（西遼）を建てた。

問21　下線部㉑に関連して，中国の都市について述べた文として**正しいものを次から1つ**選び，マーク解答用紙にマークしなさい。

ア．呉・東晋・宋・斉・梁・陳の江南の六つの王朝はいずれも今の南京を都とした。

イ．明の永楽帝は靖難の役の後，都を杭州から北京へ移した。

ウ．周は内紛と西方の遊牧民の攻撃によって都を洛邑から鎬京に移した。

エ．洪秀全は清朝に対して蜂起して太平天国を建て，上海を占領して天京と改称した。

オ．アヘン戦争後の南京条約ではイギリスが香港島と九龍半島を租借することを定めた。

Ⅱ　以下の文書を読み，設問に答えなさい。(引用文には，省略したり，改めたりしたところがある)。(50点)

〔1〕

実際に移民①の数は，経済活動における成長循環とぴったり合致するのである。とりわけ，この成長循環におけるすべての繁栄期こそが，移民をひきつけたのであった。全般的にいって，ヨーロッパ人は，職を求め，物質生活を向上させる機会を求めたのである。

しかし，いくつかの国の移民たちは，ある特定の時期に存在したプッシュ要因に呼応したのである。ここで取り扱っている時期においては，1840年代のアイルランド②の飢饉が，1846年から55年の10年間に移民の集中した主たる原因をなした。だが，この時期でさえ，かなりの数の移民もまた，ドイツ③やイギリス④からアメリカ⑤に流入したのであり，アイルランド人も同様に，アメリカの夢をめざしてやって来たのであった。一言でいえば，ヨーロッパ側の要因もさることながら，繁栄するアメリカ経済が移民を呼ぶ要因として作用したのである。

問1　下線部①に関連して，**適切なものを次からすべて**選び，マーク解答用紙にマークしなさい。

ア．1924年に米国で制定された移民法により中国系移民が制限される一方で，日本からの移民は増加した。

イ．1924年に米国で制定された移民法は，日本を含むアジア系移民を増加させるために，東欧や南欧系の移民が規制の対象となった。

ウ．米国最初の大陸横断鉄道の完成には，移民が労働力として投入された。

エ．米国最初の大陸横断鉄道の完成には，労働力として移民は関わっていない。

オ．18世紀のオーストラリアでは，先住民によって移民が排除された。

カ．18世紀のオーストラリアでは，先住民が移民によって追われた。

問2　下線部②に関連して，**最も適切なものを次から1つ**選び，マーク解答用紙にマークしなさい。

ア．アイルランドは15世紀にクロムウェルによって征服され，事実上の植民地状態に置かれた。

イ．1840年代に発生した飢饉は小麦の不作で，これが移民流出の契機にもなった。

ウ．アイルランド独立を狙って運動した政党は，シン=フェイン党である。

エ．南部を除くアイルランドに自治権が認められたのは1922年にアイルランド自由国が成立したことによる。

オ．1914年にアイルランド自治法が成立し，翌年に実施された。

問3　下線部③に関連して，**誤っているものを次から1つ**選び，マーク解答用紙にマークしなさい。

ア．19世紀後半に，ドイツはアルザス・ロレーヌ地方をフランスに割譲した。

イ．19世紀後半に，ドイツはオーストリアおよびロシアと共に三帝同盟を結んだ。

ウ．19世紀後半に，ドイツはオーストリアおよびイタリアと共に三国同盟を結んだ。

エ．19世紀前半に，ドイツ関税同盟を発足させた。

オ．19世紀後半に，プロイセンは鉄血政策によって軍備を拡張した。

問4　下線部④に関連して，**正しいものを次からすべて**選び，マーク解答用紙にマークしなさい。

ア．19世紀前半に労働組合法が制定されたことで，イギリスで労働者による組合活動が合法化された。

イ．17世紀前半のアンボイナ事件を契機に，イギリスはインドネシアで勢力を拡大させた。

ウ．マンチェスターでは毛織物工業が盛んであったが，その原料はインド大西洋の三角貿易によって調達していた。

エ．19世紀前半のイギリスで制定された穀物法は，保護貿易のためであった。

オ．19世紀後半のイギリスでは，第3回（次）選挙法改正によって農業労働者にも選挙権が与えられた。

問5　下線部⑤に関連して，19世紀後半のアメリカ社会について説明したものとして**正しいものを次からすべて**選び，マーク解答用紙にマークしなさい。

ア．パナマ運河を完成させた。

イ．シャーマン反トラスト法が制定された。

ウ．ホームステッド法が制定された。

エ．米国最初の大陸横断鉄道が完成した。

オ．強制移住法が制定され先住民が追いやられた。

〔2〕

1929年10月，株価の暴落⑥を契機に，アメリカ経済は長い暗い不況⑦のトンネルにはいった。出口はなかなか見えず，トンネルからの脱却は1938年後半まで待たなければならなかった。1933年3月，フランクリン・ローズヴェルト⑧が大統領に就任した日，アメリカの銀行は実質的に閉鎖されていた。フランクリン・ローズヴェルトの大統領としての最初の公的活動は緊急銀行法を成立させることであった。そして有名な100日がはじまった。ローズヴェルトは，矢継ぎ早にニューディール政策⑨をうちだした。

問6　下線部⑥に関連して，同年10月に発生したニューヨーク株式市場の大暴落の表現として**正しいものを次から1つ**選び，マーク解答用紙にマークしなさい。

ア．暗黒の月曜日

イ．暗黒の火曜日

ウ．暗黒の水曜日

エ．暗黒の木曜日

オ．暗黒の金曜日

問7　下線部⑦に関連して，この時期のアメリカの工業生産は1932年に最低水準となったが，1929年を100とした場合，1932年の指数はどの程度か，**最も適切なものを次から1つ**選び，マーク解答用紙にマークしなさい。

ア．10

イ．20

ウ．30

エ．40

オ．50

問8　下線部⑧に関連して，フランクリン・ローズヴェルト大統領より**後の**大統領について述べたものとして**正しいものを次からすべて**選び，マーク解答用紙にマークしなさい。

ア．トルーマン大統領は共産主義勢力ないし社会主義勢力を封じ込めるための政策を実行した。

イ．ケネディ大統領の在職時にキューバ危機が起こった。

ウ．アイゼンハワー大統領は「巻き返し政策」を掲げた。

エ．フーヴァー大統領はドイツを救済するために賠償・戦債の支払いを1年間停止した。

オ．セオドア・ローズヴェルト大統領は「カリブ海政策」を行った。

カ．ウィルソン大統領は「十四カ条の平和原則」を発表した。

問9　同じく下線部⑧に関連して，フランクリン・ローズヴェルトが大統領在職中に実施された会談として**誤っているものを次から1つ**選び，マーク解答用紙にマークしなさい。

ア．ミュンヘン会談

イ．ヤルタ会談

ウ．ポツダム会談

エ．テヘラン会談

オ．カイロ会談

問10　下線部⑨に関連して，この時期にローズヴェルト大統領が実施した政策として**誤っているものを次から1つ**選び，マーク解答用紙にマークしなさい。

ア．テネシー川流域開発公社（TVA）を設立し雇用を拡大しようとした。

イ．ワグナー法を制定し，労働者の団体交渉権を制限した。

ウ．農業調整法（AAA）の制定による農産物価格の引上げと生産量を調整した。

エ．善隣外交によってキューバの独立を認めた。

オ．全国産業復興法（NIRA）の制定で，企業間の競争を制限した。

〔3〕

アメリカ建国以来，奴隷制に対する対応が南北で異なっており，西部開拓を見据えて，北緯36度30分を境として，奴隷制に関わる取決め⑩がなされた。南北戦争と呼ばれるアメリカの内戦の背景には，貿易に関する考え方でも北部と南部とでは意見が対立⑪していた。1861年に始まった内戦は，奴隷解放宣言⑫が出された1863年を挟んで1865年まで続いたが，この時期にリンカン⑬が行った政策は奴隷解放の他にも重要なものを含んでいた。

地図

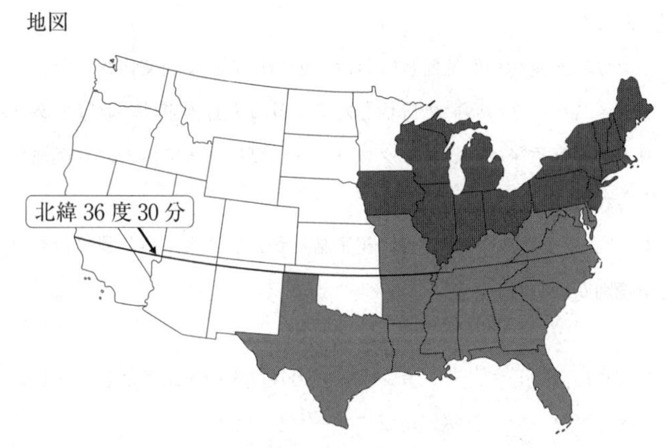

問11　下線部⑩に関連して，地図中の北緯36度30分を境界とする協定について述べたものとして**誤っているものを次からすべて**選び，マーク解答用紙にマークしなさい。

ア．北緯36度30分より南部には奴隷州を作らないことを定めた。

イ．リンカン大統領の政権によって結ばれた。

ウ．この協定は南北戦争の勃発を受けて結ばれた。

エ．カンザス・ネブラスカ法の制定の後に結ばれた。

問12　下線部⑪に関連して，北部または南部の主張として**正しいものを次からすべて**選び，マーク解答用紙にマークしなさい。

ア．北部は工業製品の保護貿易を求めていた。

イ．南部の農業は奴隷制によって成立していたため保護貿易を求めていた。

ウ．北部では農業の拡大を目指して自由貿易を求めていた。

エ．南部では農作物の輸入を阻止して自国農業を守るため保護貿易を求めていた。

オ．北部の工業生産拡大には奴隷制が不可欠であったため自由貿易を求めていた。

カ．南部の農業は外国市場への輸出で成立していたため自由貿易を求めていた。

問13　下線部⑫に関連して，**正しいものを次からすべて**選び，マーク解答用紙にマークしなさい。

ア．1866年に大統領に選出されたリンカンは奴隷制の拡大に反対する民主党所属であった。

イ．リンカンが発した奴隷解放宣言は，のちに憲法に明文化された。

ウ．ゲティスバーグの戦いで降伏したアメリカ連合国軍は，北軍であった。

エ．奴隷解放宣言後は，シェアクロッパー制度によって黒人にも農地の所有権が与えられた。

オ．クー=クラックス=クラン等の秘密結社が結成され，南北戦争後も黒人への迫害や差別が続いた。

問14　下線部⑬に関連して，リンカン大統領の在職中の出来事として**正しいものを次からすべて**選び，マーク解答用紙にマークしなさい。

ア．プロイセン=フランス戦争（普仏戦争）が勃発した。

イ．日米修好通商条約が調印された。

ウ．ロンドンで第1インターナショナル結成された。

エ．ビスマルクがプロイセンの首相に就任した。

オ．ロシアとオスマン帝国との戦争が勃発した。

〔4〕

それまでの貴族文化に代わって，19世紀前半に市民社会を担い手とするロマン主義が生み出されたとされる。また文学や美術においては19世紀後半にロマン派から⑭写実主義や自然主義⑮が盛んになり，その後，印象派や後期印象派⑯が生まれた。

問15　下線部⑭に関連して，ロマン主義の作曲家として**正しいものを次から1つ**選び，マーク解答用紙にマークしなさい。

ア．ショパン

イ．ベートーヴェン

ウ．バッハ

エ．モーツァルト

オ．ヘンデル

問16　下線部⑮に関連して，写実主義や自然主義の作家と作品の組み合わせとして**正しいものを次から1つ**選び，マーク解答用紙にマークしなさい。

ア．ゲーテ：『戦争と平和』

イ．ユゴー：『レ・ミゼラブル』

ウ．バルザック：『居酒屋』

エ．トルストイ：『戦争と平和』

オ．シラー：『群盗』

問17　下線部⑯に関連して，印象派および後期印象派（ポスト印象派）の画家として**誤っているものを次からすべて**選び，マーク解答用紙にマークしなさい。

ア．ルノワール

イ．ゴッホ

ウ．モネ

エ．ミレー

オ．フェルメール

政治・経済

(60分)

I 次の文章を読んで，設問に答えなさい。なお，解答にあたっては，記述解答用紙を用いなさい。(40点)

地方自治は，地域の住民が自ら政治や行政を担い，住民の福祉を増進するしくみである。また，『近代民主政治』の著者である [①] が「地方自治は民主主義の最良の学校である」と述べているように，地方自治が民主主義の実現に貢献する[a]。

日本国憲法第 [②] 条は，「地方公共団体の組織及び運営に関する事項は，地方自治の本旨に基いて，法律[b]でこれを定める」と規定している。地方自治の本旨は [③] と [④] からなる。[③] とは，国の行政機関の指揮・監督を受けることなく，地方公共団体が，ある程度独立して政治や行政を行うことを意味する。[④] とは，地域の住民が，地方議会の議員および地方公共団体の長を直接選挙によって選び，住民の意思に基づいて，政治や行政が行われることを意味する。なお，地方議会の議員および地方公共団体の長が，住民の選挙によって選ばれることを，[⑤] 代表制と呼ぶ。

地方公共団体には，選挙以外にも，直接民主制の要素が取り入れられている。例えば，日本国憲法第 [⑥] 条には，特定の地方公共団体に適用される特別法に対する住民投票を定めている。このほか，地方公共団体における直接民主制の要素として，条例の制定・改廃請求権，議会の解散請求権，議員や長などの解職請求権，事務の監査請求権などの直接請求権が認められている。なお，請求にあたっては，一定数以上の有権者の署名[c]が必要である。

地方公共団体が処理する事務は，[⑦] 年に成立した地方分権一括法により，[⑧] と自治事務に整理された。[⑧] は，国が本来果たすべきものであるが，法令により地方公共団体に委託している事務である。自治事務[d]は，地方公共団体が処理する事務のうち [⑧] 以外のものである。また，地方公共団体の事務の一部は，中立性や公平性の確保のため，地方公共団体の長の権限から除外され，教育委員会，農業委員会，人事委員会など，各種の［ ⑨ ］委員会が設置されている。

地方公共団体が様々な事務を処理するためには，財源の確保も重要である。しかし，かつて「［ ⑩ ］自治」と言われたように，地方税を中心とする自主財源(e)が十分でなく，地方交付税，国庫支出金，地方債などの依存財源に頼っている。このような状況のなか，2000 年代において，国の財政負担の軽減，地方公共団体の権限と責任の拡大をめざして，三位一体の改革(f)が行われたり，2008 年の地方税法改正では，任意の自治体に寄附を行うことで，寄附額の一部が所得税や住民税から控除される制度(g)が創設されたりしたが，地方財政は，依然として多くの課題を抱えている。

地方公共団体が抱える問題は，財源面だけではなく，少子高齢化が進むなか，地方行政の効率化，地域コミュニティの維持や再生も課題になっている。2000 年代において，効率的な地方行政をめざして，平成の大合併(h)と呼ばれる市町村合併が進展した。しかし，一部の地域では，限界集落(i)と呼ばれる状態となり，地域コミュニティの維持が困難な状況となっている。

問１　文中の空欄［ ① ］～［ ⑩ ］にあてはまる適切な語句または数字を解答欄に記入しなさい。ただし，同じ番号の空欄には，同じ語句または数字が入る。

問２　下線部 a に関して，地方自治が民主主義の実現に貢献するという考え方を示した，『アメリカの民主政治』の著者は誰か，解答欄に記入しなさい。

問３　下線部 b に関して，地方自治の本旨に基づいて，1947 年に制定された法律は何か，解答欄に記入しなさい。

問４　下線部 c に関して，有権者数 60 万人の地方公共団体における監査請求のために最低限必要な署名者数は何人以上か，また有権者数 80 万人の地方公共団体における議員・長（首長）の解職請求のために最低限必要な署名者数は何人以上か，解答欄に記入しなさい。

問５　下線部 d に関して，以下のＡ～Ｄのうち，自治事務のみからなる選択肢はどれか，解答欄に記入しなさい。

Ａ．戸籍事務，国民健康保険の付与

B．生活保護，介護保険サービス

C．介護保険サービス，国民健康保険の付与，病院・薬局の開設許可

D．生活保護，国民健康保険の付与，病院・薬局の開設許可

問6　下線部ｅに関して，以下のA～Dのうち，市町村税に分類される税目のみからなる選択肢はどれか，解答欄に記入しなさい。

A．軽自動車税，自動車税

B．軽自動車税，入湯税

C．不動産取得税，自動車税，入湯税

D．地方消費税，軽自動車税，不動産取得税

問7　下線部ｆに関して，三位一体の改革が行われたときの内閣総理大臣は誰か，氏名を漢字で解答欄に記入しなさい。

問8　下線部ｇに関して，創設された制度は何か，解答欄に記入しなさい。

〔解答欄〕　［　　　　　　　　制度］

問9　下線部ｈに関して，平成の大合併によって，市町村の数は減少した。2010年の市町村数は，以下のA～Dのうち何れに最も近いか，解答欄に記入しなさい。

A．1,200市町村

B．1,700市町村

C．2,200市町村

D．2,700市町村

問10　下線部ｉに関して，限界集落とは，人口比率の何パーセント以上が65歳以上となった集落か，解答欄に記入しなさい。

Ⅱ 次の文章を読んで，設問に答えなさい。なお，解答にあたっては，記述解答用紙を用いなさい。(30点)

高度経済成長期(a)に定着した日本型雇用慣行は，長らく日本の経済成長を支えてきた。日本型雇用慣行は，新卒から定年を迎えるまで同一企業に勤める [①] 雇用制，勤続年数に応じて賃金が上昇する [②] 型賃金，[③] 単位で組織される [③] 別労働組合(b)によって特徴づけられる。この雇用慣行のもとでは，企業は長期的な視点から自社内で人材を育成することができ，また企業への所属意識が高まることで高いパフォーマンスを生み出すことが可能となる。労働者にとっては長期的な雇用が保障されるため，国内の雇用も安定し，日本の失業率(c)は欧米諸国に比べて低い水準に抑えられてきた。

しかし，この日本型雇用慣行も1990年代前半のバブル崩壊後に起きた [④] 不況を契機に変化の兆しが見え始める。経済のグローバル化や技術革新が企業間競争を激化させたことも相まって，企業は人員整理や新卒採用の抑制によって正規雇用労働者を減らし，その一方で流動的な雇用調整が可能である非正規雇用労働者(d)を増やすことで経費の削減を行った。1999年施行の [⑤] 法の改正によって，26業種にかぎられていた対象業務が原則自由化されたことも，非正規雇用労働者を増やした要因とされる。また，スピードが早い技術革新は，長期に渡るスキル形成を想定した [②] 型賃金と相容れず，成果給や年俸制などの成果主義を導入する企業が増加した。予め業務内容を明確にして雇用契約を結ぶ [⑥] 型雇用の導入も増え始め，企業の成長に必要となるイノベーションを加速させる試みが行われている。

日本型雇用慣行下の就業形態や賃金形態に変化が生まれる中，働き方にも変化が生まれている。また同時に少子高齢化による労働力減少に対応するため，女性・高齢者・障がい者(e)・外国人(f)など多様な人材の労働参加も求められており，働き方にも多様性が求められている。例えば，働く時間について選択肢が増え始めており，労働者が一定の時間帯の中で自由な時間に出退勤することが可能な [⑦] タイム制を導入する企業や実際の労働時間に関係なく労使合意した時間を働いたとみなす [⑧] 労働制を導入する企業も増えている。また，新型コロナウイルスの感染拡大をきっかけとして，働く場所についても多様性が認められ始めている。感染拡大開始当初から各企業は感染対策としてテレワーク(g)環境の整備を促進させた。感染拡大が収まりつつある現在では，オフィス勤務に戻す企業が多く，テレワークが今後どの程度定着するか定かではないものの，人々が新たな労働環境を考えるきっかけになったと考えられる。

問１　文中の空欄 ① ～ ⑧ にあてはまる適切な語句を解答欄に記入しなさい。

問２　下線部ａに関連して，高度経済成長の終焉のきっかけとなった第一次オイルショックに伴う狂乱物価に対して，日本銀行が行った対策として最も適切なものを以下のＡ～Ｄから選び解答欄に記入しなさい。

Ａ．公定歩合（当時の政策金利）を引き上げ，金融緩和を実施した。

Ｂ．公定歩合（当時の政策金利）を引き下げ，金融緩和を実施した。

Ｃ．公定歩合（当時の政策金利）を引き上げ，金融引き締めを実施した。

Ｄ．公定歩合（当時の政策金利）を引き下げ，金融引き締めを実施した。

問３　下線部ｂに関連して，労働三権のうち，労働組合をつくる権利のことを何権というか解答欄に記入しなさい。

問４　下線部ｃに関連して，日本の完全失業率は2009年のリーマンショック時の高水準からその後低下傾向にあったが，新型コロナウイルスの感染拡大が始まったことにより2020年は上昇傾向に転じている。2009年の日本の完全失業率として最も適切な数字を以下のＡ～Ｄから選び解答欄に記入しなさい。

Ａ．約２％

Ｂ．約５％

Ｃ．約８％

Ｄ．約11％

問５　下線部ｄに関連して，2020年時点における役員を除く雇用者に占める非正規雇用労働者の割合として最も適切な数字を以下のＡ～Ｄから選び解答欄に記入しなさい。

Ａ．10％台後半

Ｂ．20％台後半

C．30％台後半

D．40％台後半

問6　下線部ｅに関連して，2022年時点における民間企業に対する障がい者の法定雇用率として最も適切な数字を以下のA～Dから選び解答欄に記入しなさい。

A．0.3％

B．2.3％

C．4.3％

D．6.3％

問7　下線部ｆに関連して，2019年に施行された改正出入国管理法によって新しく創設された在留資格の名称を解答欄に記入しなさい。

問8　下線部ｇに関連して，テレワークの普及により「転職なき移住」が可能となれば，地方へのひとの流れが生まれることが期待されている。デジタルの力を用いて地方活性化を推進していく国家構想の名称を解答欄に記入しなさい。

〔解答欄〕　　国家構想

Ⅲ　次の文章を読んで，設問に答えなさい。なお，解答にあたっては，マーク解答用紙を用いなさい。(30点)

資金を必要とする者と資金に余裕のある者との間でおこなわれる資金の融通のことを金融という。金融には，企業が株式や社債といった有価［①］を発行して，直接資金を調達する方法と，銀行などから借入れによって資金を調達する方法の2種類がある。その資金の貸借がおこなわれる金融市場は，資金の回収期間が1年未満か1年以上かに応じて，短期と長期の金融市場に分けられる。

このうち，株式市場や公社債市場のような直接金融がおこなわれる場を［①］市場という。［①］市場には，企業が株式・社債などの有価［①］を新規に売る［②］市場と，すでに存在する有価［①］を売買する［③］市場がある。［①］会社は，［②］市場で企業が発行する有価［①］を引き受けたり，［③］市場で投資家から委託を受けて有価［①］を売買したりしている。［①］会社は投資家からの手数料のほか，みずからの資金で有価［①］を売買することで収益を得る。

企業の調達した資金のうち，株式の［②］や内部留保による資金を［(i)］，社債や借入れによる資金を［(ii)］とよぶ。［(i)］は返済の必要がない純資産であり，［(ii)］は返済が必要な［④］である。また，企業が借入金や株式，社債などによって企業の外部から資金を調達することを外部金融といい，内部留保や［⑤］などによって企業の内部で資金を調達することを内部金融という。

資金の借り手が貸し手に支払う，元金に対する利子の割合を［⑥］という。［⑥］は資金に対する需要と供給の関係によって決まる。資金の供給を一定とした場合，資金の需要が増えれば［⑥］は［(iii)］し，資金の需要が減れば［⑥］は［(iv)］する。また借り手の返済能力が高ければ［⑥］は［(v)］し，返済能力が低ければ［⑥］は［(vi)］する。なお，債券の価格と利回りは傾向として［⑦］動きをすると考えられている。

銀行は顧客からの預金や，他の市中金融機関や日本銀行から調達した資金を，<u>企業や家計に貸し出している</u>[a]。銀行の主要業務は，このような預金で資金を預かる［(vii)］業務や，受け入れた預金をもとにして，貸し付けや手形割引をおこなう［(viii)］業務のほか，振込みや振替えによる送金や，手形・小切手を使った支払いなどによって，資金の決済をおこなう［(ix)］業務がある。そして，預金

［⑥］と貸出［⑥］の差額や振替えの手数料が，銀行の主な収益となっている。また，b銀行が預金の受け入れと貸出を繰り返すことによって，預金通貨を創造することを信用創造という。

甲銀行は，預金の一部を預金準備金として中央銀行の当座預金に預け入れ，残りを貸し出す。貸し出された資金は，いったん借り手の当座預金に入金された後，取引の支払いにあてられる。この場合，支払いは，代金を受け取る側が指定する乙銀行に，当座預金として振り込まれる。振り込みを受けた乙銀行は，この預金をもとにして貸出をおこなう。この行為が繰り返されると，銀行は全体として最初の預金である［⑧］の何倍もの貸出をおこなうことができる。［⑧］によって貸出に増えた資金額を信用創造額という。その結果，社会全体の通貨の流通量であるマネーストックを増加させ，経済活動を円滑にする役割がある。信用創造の大きさは，預金準備率の大きさによって決定される。

問1　文中の空欄［①］にあてはまる適切なものを，次の4つの選択肢A～Dのなかから1つ選びマーク解答用紙にマークしなさい。

A．証券

B．金券

C．旅券

D．郵券

問2　文中の空欄［②］にあてはまる適切なものを，次の4つの選択肢A～Dのなかから1つ選びマーク解答用紙にマークしなさい。

A．卸売

B．中古

C．発行

D．為替

問3　文中の空欄［③］にあてはまる適切なものを，次の4つの選択肢A～Dのなかから1つ選びマーク解答用紙にマークしなさい。

A．個別

B．手形

C．中古

D．流通

問4　文中の空欄 ④ にあてはまる適切なものを，次の4つの選択肢A～Dのなかから1つ選びマーク解答用紙にマークしなさい。

A．負債

B．税金

C．貯金

D．預金

問5　文中の空欄 ⑤ にあてはまる適切なものを，次の4つの選択肢A～Dのなかから1つ選びマーク解答用紙にマークしなさい。

A．基礎控除

B．減価償却

C．貸出損失

D．期末棚卸高

問6　文中の空欄 ⑥ にあてはまる適切なものを，次の4つの選択肢A～Dのなかから1つ選びマーク解答用紙にマークしなさい。

A．金利

B．配当

C．キャピタルゲイン

D．割引

問7　文中の空欄 ⑦ にあてはまる適切なものを，次の3つの選択肢A～Cのなかから1つ選びマーク解答用紙にマークしなさい。

A．同じ

B．反対の

C．無関係な

問8　文中の空欄 ⑧ にあてはまる適切なものを，次の4つの選択肢A～Dのなかから1つ選びマーク解答用紙にマークしなさい。

A．本源的預金

B．定期預金

C．普通預金

D．為替預金

問9　文中の空欄 (i) と (ii) にあてはまる適切なものの組み合わせを，次の4つの選択肢A～Dのなかから1つ選びマーク解答用紙にマークしなさい。

A．(i)　自己資本　(ii)　物的資本

B．(i)　物的資本　(ii)　他人資本

C．(i)　他人資本　(ii)　人的資本

D．(i)　自己資本　(ii)　他人資本

問10　文中の空欄 (iii) ～ (vi) にあてはまる適切なものの組み合わせを，次の4つの選択肢A～Dのなかから1つ選びマーク解答用紙にマークしなさい。

A．(iii)　上昇　(iv)　低下　(v)　上昇　(vi)　低下

B．(iii)　低下　(iv)　上昇　(v)　上昇　(vi)　低下

C．(iii)　低下　(iv)　上昇　(v)　低下　(vi)　上昇

D．(iii)　上昇　(iv)　低下　(v)　低下　(vi)　上昇

問11　文中の空欄 (vii) ～ (ix) にあてはまる適切なものの組み合わせを，次の4つの選択肢A～Dのなかから1つ選びマーク解答用紙にマークしなさい。

A．(vii)　預金　(viii)　貸出　(ix)　為替

B．(vii)　貸出　(viii)　為替　(ix)　預金

C．(vii)　為替　(viii)　預金　(ix)　貸出

D．(vii)　為替　(viii)　貸出　(ix)　預金

問12　下線部aに関連して，単利法という最初の元金に対してのみ利子の元とする場合を考える。そのとき，年率5％の利子がつくとして計算すると，銀行に100万円預けた場合の3年後の元利合計として最も適切なものを次の4つの選択肢A～Dのなかから1つ選びマーク解答用紙にマークしなさい。

A．112万円

B．113万円

C．114万円

D．115万円

問13 下線部aに関連して，複利法といわれる，元金に対して生じた利子を次期の元金に組み入れる方式で，最初の元金だけでなく利子にも次期の利子がつく方式の場合を考える。そのとき，年率5％の利子で銀行に100万円預けた場合の3年後の元利合計として最も適切なものを次の4つの選択肢A～Dのなかから1つ選びマーク解答用紙にマークしなさい。

A．105.7625万円

B．110.5625万円

C．110.7525万円

D．115.7625万円

問14 下線部aに関連して，複利法といわれる，元金に対して生じた利子を次期の元金に組み入れる方式で，最初の元金だけでなく利子にも次期の利子がつく方式の場合を考える。そのとき，年率7％の利子で銀行に100万円預けた場合に元利合計が約2倍となる最小年数として適切なものを次の4つの選択肢A～Dのなかから1つ選びマーク解答用紙にマークしなさい。

A． 5年

B．10年

C．15年

D．20年

問15 下線部bに関連して，ある市中銀行が4000万円の預金を受け入れた場合，この預金をもとに市中銀行全体で派生的に信用創造される預金額として，適切なものを次の4つの選択肢A～Dのなかから1つ選びマーク解答用紙にマークしなさい。ただし，すべての市中銀行の預金準備率は20％とし，預金は途中で市中銀行以外に流出することはないものとする。

A．800万円

B．4800 万円

C．1 億 6000 万円

D．2 億円

数　学

（60分）

（注）　満点が100点となる配点表示になっていますが，学部別選抜大学入学共通テスト併用方式の満点は150点となります。

I　次の設問に答えよ。答は結果のみ解答欄に記入せよ。なお，答が分数になる場合は既約分数で答えよ。（36点）

(1)　次の不等式を解け。

$$\left|x^2-2x-3\right|+x<3$$

(2)　1から1000までの整数全体の集合を U とする。U の部分集合 A, B をそれぞれ $A=\{\,x \mid x\text{ は }5\text{ の倍数}\,\}$，　$B=\{\,x \mid x\text{ は }7\text{ の倍数}\,\}$ とするとき，$\overline{A}\cap\overline{B}$ の要素の個数 $n(\overline{A}\cap\overline{B})$ を求めよ。

(3)　ある Web サイトにログインするには4桁の暗証番号を入力しなければならないが，それを忘れてしまった。覚えているのは，各桁の数は5以上ですべて異なる数であり，末尾の2桁は78か87のどちらかということだけである。この Web サイトでは暗証番号は3回まで入力することができるが，記憶にあてはまる範囲内で手当たり次第に入力して無事にログインできる確率を求めよ。

(4)　$\tan\alpha=2,\ \tan\beta=3$ のとき，$\alpha+\beta$ を求めよ。ただし，$0<\alpha<\dfrac{\pi}{2}$，$0<\beta<\dfrac{\pi}{2}$ とする。

(5)　△ABC と点 P があり，$2\overrightarrow{\mathrm{AP}}+3\overrightarrow{\mathrm{BP}}+5\overrightarrow{\mathrm{CP}}=\vec{0}$ を満たしている。このとき，$\overrightarrow{\mathrm{AB}}=\vec{b},\ \overrightarrow{\mathrm{AC}}=\vec{c}$ として，$\overrightarrow{\mathrm{AP}}$ を $\vec{b},\ \vec{c}$ で表せ。

(6)　関数 $f(x)$ は

$$f(x)=x^2\int_0^2 f'(t)\,dt+Ax,\quad f(1)=1$$

を満たしている。ただし，A は定数である。このとき，$f(x)$ が最大になる x を求めよ。

Ⅱ　今年のA国のGDP（国内総生産）はB国のGDPの2倍である。いま，A国のGDPは1年ごとに4％減少し，B国のGDPは1年ごとに8％増加すると仮定するとき，以下の設問に答えよ。ただし，$\log_{10} 2 = 0.3010, \log_{10} 3 = 0.4771$ とする。(32点)

(1)　今年のA国のGDPを x とするとき，n 年後のA国とB国のGDPをそれぞれ，x と n を用いて表せ。答は結果のみ解答欄に記入せよ。

(2)　B国のGDPが初めてA国のGDPより大きくなるのは今年から何年後か。答は整数で求めよ。

Ⅲ　座標平面上に曲線 $C : y = x^2 - 2x$ がある。C 上の点 $\mathrm{P}_n(a_n, a_n^2 - 2a_n)$ $(n = 1, 2, 3, \cdots)$ について，$a_1 = 4$ とし，a_{n+1} は C の P_n における接線と x 軸との交点の x 座標であるとする。このとき，a_n は1より大きいことがわかっている。以下の設問に答えよ。(32点)

(1)　a_{n+1} を a_n を用いて表せ。

(2)　$b_n = \dfrac{a_n - 2}{a_n}$ とするとき，b_{n+1} を b_n を用いて表せ。

(3)　b_n を n の式で表せ。

B　宗盛の方が馬の扱いに慣れていることが知られてしまったから。
C　かわいがっていた名馬を差し出すほど平家におもねっていたから。
D　名馬と評判になっていたものの、宗盛の馬の方が優れていたから。
E　平家一門に逆らおうと謀叛を企てたものの失敗してしまったから。

〔問五〕 傍線⑾「何事のあるべき」の解釈としてもっとも適当なものを左の中から選び、符号で答えなさい。
A　源頼政たちに何かをしたら、平家一門に大変なことが起こるかもしれない。
B　平宗盛と源頼政の結びつきは強く、何があっても問題にはならないだろう。
C　源平の争乱の中では、馬をめぐる争い程度のことは不問に付されるだろう。
D　たかが馬一頭のことで、源頼政や仲綱が本気で怒ることはないだろう。
E　源頼政や仲綱に何をしても、平家一門に向かって何もできないだろう。

〔問六〕 傍線⑿「後にはきこえし」の説明としてもっとも適当なものを左の中から選び、符号で答えなさい。
A　このような出来事があったため、源頼政が高倉宮と平家討滅を思い立ったことを知って、後に宗盛も悔やんだ。
B　個人的報復を思い立つのではなく、高倉宮を擁して平家討滅を考えるようになったと、後になって分かった。
C　自分では復讐（ふくしゅう）できないので、高倉宮をそそのかして敵討ちをしてもらったと、後々まで語り伝えられている。
D　源頼政たちが高倉宮とともに挙兵した要因としては、この出来事が大きかったと、後日、宗盛に申し上げた。
E　このようなことが、源頼政一族が高倉宮とともに挙兵する動機になったのだと、後宮にまで伝わってきた。

〔問二〕　傍線(3)(6)(8)(10)の助動詞「れ」「られ」の文法的説明としてもっとも適当なものを左の中から選び、符号で答えなさい。

A　(3)(6)(8)(10)は、すべて受身である。
B　(3)は受身で(6)(8)(10)は尊敬である。
C　(3)(6)は受身で(8)(10)は尊敬である。
D　(3)(8)は受身で(6)(10)は尊敬である。
E　(3)(6)(8)は受身で(10)は尊敬である。

〔問三〕　傍線(7)「それほどに人のこはう物を、惜しむべき様やある」の現代語訳としてもっとも適当なものを左の中から選び、符号で答えなさい。

A　それほど人が欲しがるのなら、惜しむようなことはしない。
B　それほど人が心ひかれるものに、お金を惜しんではいけない。
C　それほどの人が欲しがるものを、惜しむことはできないだろう。
D　それほど人の欲しがるものを、惜しむということがあろうか。
E　それほど人が欲しがっていたのに、惜しんでしまったのか。

〔問四〕　傍線(9)「天下のわらはれぐさとならんずる」とあるが、なぜそうなったのか。その理由としてもっとも適当なものを左の中から選び、符号で答えなさい。

A　馬に自分の名前を付けられ、客人の前で馬鹿にされていたから。

(1) 「人の世にあればとて」

A 平家の世が続くかぎりは
B 人の世の道理にしたがって
C 平家が栄えているからといって
D 源平の争いの中ではよくあることでも

(2) 「すぞろに」

A むやみやたらに
B 自由気ままに
C いい加減に
D 大げさに

(4) 「み候はばや」

A 見てみますか
B 見に来て下さい
C 見たいものです
D 見たことがあります

(5) 「さらんには力なし」

A そういう所には力が及ばない
B 行ってしまうならやむを得ない
C そうやってしまうと力が出ない
D そういうことなら仕方がない

ちに、五六度、七八度なんど、こは(6)れければ、三位入道これを聞き、伊豆守よび寄せ、「たとひこがねをまろめたる馬なりとも、(7)それほどに人のこはう物を、惜しむべき様やある。すみやかにその馬、六波羅へつかはせ」とこそ宣ひけれ。伊豆守力およばで、一首の歌を書きそへて、六波羅へつかはす。

　　恋しくはきてもみよかし身にそへるかげをばいかがはなちやるべき

宗盛卿、歌の返事をばし給はで、「あつぱれ馬や。馬はまことによい馬でありけり。されども、あまりに主が惜しみつるがにくきに、やがて主が名のりを、金焼にせよ」とて、仲綱といふ金焼をして、むまやにたてら(8)れけり。客人来つて、「きこえ候ふ名馬を、み候はばや」と申しければ、「その仲綱めに、鞍(くら)おいてひきだせ、仲綱め乗れ、仲綱め打て、殴(は)れ」なんど宣ひければ、伊豆守これを伝へ聞き、身にかへて思ふ馬なれども、権威について、とらるるだにもあるに、馬ゆゑ仲綱が、(9)天下のわらはれぐさとならんずるこそやすからねとて、大きにいきどほら(10)れければ、三位入道これを聞き、伊豆守にむかつて、(11)「何事のあるべきと、思ひあなづつて、平家の人どもが、さやうのしれ事をいふにこそあんなれ。その儀ならば、いのちいきてもなにかせん。便宜をうかがふでこそあらめ」とて、わたくしには思ひもたたず、宮をすすめ申したりけるとぞ、(12)後にはきこえし。

（『平家物語』）

注　源三位入道……源頼政。　九重……ここでは都の意。　伊豆守……仲綱。
六波羅……平氏の邸宅があった地。　金焼……鉄の焼き印を押すこと。　宮……高倉宮。以仁王(もちひとおう)。

〔問一〕　傍線(1)(2)(4)(5)の解釈として、もっとも適当なものを左の各群の中から選び、それぞれ符号で答えなさい。

ア　大人の活動の中の何かが子供の興味を引いてその演技本能を刺激すると、チャンバラごっこのような遊びが生まれる。

イ　荒木又右衛門の真似が子供に人気だったのは、肉体を使う頭脳ゲームの真髄をそれが最もよく体現させるからである。

ウ　大人は、自分の中に残っている子供の純粋さを引き出すことで、チャンバラ映画を通俗として享受することが出来る。

エ　チャンバラごっことは、チャンバラ映画の中にひそんでいる大人の通俗的願望を理解せずに行われる物真似遊戯である。

三　次の文章を読んで、後の問に答えなさい。（30点）

そもそも源三位入道、年ごろ日ごろもあればこそありけめ、今年いかなる心にて、謀叛（むほん）をばおこしけるぞといふに、平家の次男、前（さきの）右大将宗盛卿（むねもりきやう）、すまじき事をし給（たま）へり。されば(1)人の世にあればとて、(2)すぞろにすまじき事をもいふは、よくよく思慮あるべき物なり。たとへば源三位入道の嫡子、仲綱のもとに、九重にきこえたる名馬あり。鹿毛（かげ）なる馬の、ならびなき逸物（いちもつ）、乗りはしり心むき、又あるべしとも覚えず。名をば木の下とぞいは(3)れける。前右大将これを伝へ聞き、仲綱のもとへ使者たて、「きこえ候ふ名馬を、(4)み候はばや」と宣（のたま）ひつかはされたりければ、伊豆守（いづのかみ）の返事には、「さる馬はもつて候ひつれども、このほどあまりに、乗り損じて候ひつるあひだ、しばらくいたはらせ候はんとて、田舎へつかはして候ふ」。「(5)さらんには力なし」とて、その後沙汰もなかりしを、多く並（な）み居たりける平家の侍ども、「あつぱれその馬は、をととひまでは候ひし物を」、「昨日も候ひし」、「けさも庭乗し候ひつる」なんど申しければ、「さては惜しむごさんなれ。にくし、こへ」とて、侍して馳（は）せさせ、文なんどしても、一日がう

C　ゲームの規則を台詞で調整することで互いの行動を制御しつつ行う模擬戦闘の遊びである。
D　台詞についての規則を相手の行動により臨機応変に変更しつつ行う模擬戦闘の遊びである。
E　ゲームの行動規則からの逸脱に対して台詞で相手を幻惑しつつ行う模擬戦闘の遊びである。

〔問三〕　傍線(4)「〝大人〟とは」とあるが、この「〝大人〟」の説明としてもっとも適当なものを左の中から選び、符号で答えなさい。

A　遊ぶためには、態々その為の時間を作り出さねばならないような存在
B　うっかり味わった楽しい気分を人生観に位置づけることが出来ない存在
C　人間の雑然とした部分を斥けるために、世の中で一生懸命頑張る存在
D　チャンバラ映画の重要な要素を〝子供騙し〟であると錯覚している存在
E　いい加減でいられるような部分を持つことを積極的に肯定出来る存在

〔問四〕　空欄(5)に入れるのにもっとも適当なものを左の中から選び、符号で答えなさい。

A　時代精神の表出　　B　武家社会の延長　　C　暴力衝動の発散
D　懐古趣味の称揚　　E　闘争本能の抑圧

〔問五〕　次の文ア～エのうち、本文の趣旨と合致しているものに対してはA、合致していないものに対してはBの符号で答えなさい。

は、別にチャンバラごっこをやらないんです。だからこそ、チャンバラごっこから抜け落ちている部分には、大の大人が喜ぶような通俗の塊というものがひそんでいるのです。

大人は、金持ちになりたいんです。金を持ったら、豪勢な恰好をしたいんです。大人は、ヘンテコリンな部分を持たずに、オーソドックスな存在でありたいんです。「直参旗本！」と、胸を張って名乗りを上げられるような地位と名誉がほしいんです。そういうことが胸を張って通用して行けるような、ドラマだってほしいんです。

子供にはピンと来ないところに、大人は「そうだ！　そうだ！」とうなずけるんです。そういう人の為にこそ通俗はあって、そういう願望を肯定するものこそが通俗と呼ばれるようなものなんです。

（橋本治『完本　チャンバラ時代劇講座』による）

注　チャンバラ映画……殺陣（たて）を見せることを眼目にした映画。

〔問一〕空欄(1)(3)に入れるのにもっとも適当なものを左の中から選び、それぞれ符号で答えなさい。

A　簡便　B　隠微　C　横着　D　大仰　E　偏狭　F　深長　G　明敏　H　半端

〔問二〕傍線(2)「チャンバラごっこというのはやはり不思議な遊びで、体でやると同時に、口でやるものでもあります」とあるが、その説明としてもっとも適当なものを左の中から選び、符号で答えなさい。

A　行動についての規則を台詞の応酬を通じて繰り返し修正しつつ行う模擬戦闘の遊びである。

B　台詞の使用と行動内容について定めた規則を厳格に遵守しつつ行う模擬戦闘の遊びである。

を対象にして存在しているのならば、大人というものは子供っぽさを平気で持っていて、それを平気でオープンにしてしまえるものであるということにならなければ嘘だ、ということです。これは、大人というものが何事にも動ぜずどっしりと真面目であらねばならないという考え方とは、真っ向うから対立するものです。娯楽というものの存在を認めてしまえば、大人というものはそれを享受出来なければならない。それを楽しめるような受け入れ態勢をいつも持っていなければならない。キチンとしているだけではない、いつもいい加減でいられるような部分を持っていなければならない——それあってこそ初めて大人である、ということになるのです。この〝いい加減でいられるような部分を持っている〟ことを別の表現で置きかえますと、それは〝ゆとりがある〟ということになります。大人とはそういうものであるという〝常識〟を抜きにすると、大衆とか娯楽とか通俗というものは全く分らなくなります。(4)〝大人〟とは、大衆とか娯楽とか通俗と言われるようなものの中に平気でいられるものであって、それを「子供騙し」と言って斥(しりぞ)けるものではないからです。通俗を語るのに〝子供騙し〟という言葉を使うのは、ある意味で逃げです。何から逃げているのかというと、それは勿論、大人の持つ〝いい加減さ〟からの、大人はいい加減であらねばならない、いい加減であれてこそ初めて人間は大人であるという、大人といい加減さに関しての積極的な肯定からの逃げです。そういうことをしているから、世の中はつまんなくなってしまうのです。

〝子供騙し〟は便利です。チャンバラ映画を語るのに、チャンバラごっこを語るだけですませることが出来ます。〝子供騙し〟は便利です。〝童心〟という純粋なるものを味方につけて、それで弁護してもらうことが出来ます。でも、大人というものは雑然としたものなのです。純粋だった子供に雑然としたものがくっついて、それで人間は大人になるのです。その雑然とした部分を否定されたら、人間は大人になっている甲斐(かい)がありません。そして、子供というものが純粋なだけではなく、もっと複雑なものだというのは、子供が実は、雑然とした大人になる為の色々な芽を胚胎(はいたい)しているものだからです。だからチャンバラごっこは、単純なる　(5)　ではなくして、体と口とを一緒に使う、複雑なドラマごっこなのです。そして、チャンバラ映画を見る大人こをする訳ですね。しかし、〝子供騙し〟という言葉を使われる時、私達はうっかり錯覚をしてしまいますが、それは決して〝子供向き〟なのではなくして、〝子供騙し〟とは必ず、大人向きの——大人の為の娯楽なのです。〝娯楽〟というものが狭く考えられた時、そこに〝子供〟の二文字が与えられてしまうという、ただそれだけのことなのです。

子供は単純な生き物です。放っとけば遊んでいます。でも、大人というものは面倒な生き物です。遊ぶ為には、態々(わざわざ)その為の時間というものを作り出さなければいけません。別に子供に娯楽を与えなくとも、子供は放っとけば遊んでいる——だとしたら、〝娯楽〟というものは大人の為に存在するものではないかというのが一番シンプルな考え方です。娯楽を享受するには金がかかる。そして金を稼ぐのは大人である。そして、娯楽というものが何故存在するのかというと、それは人間にとって必要なものであるから、と。

なんだってこんなことを態々言わなければいけないのかというと、「娯楽というものは下らないものだ」という、人間に関する　(3)　な考え方があるからです。間違って真面目な人、何か目的があって禁欲的な人、遊ぶだけの金銭的な余裕の持てない人——そういう人達がこういう考え方をします。でもしかし、そういう人達だってうっかりと、楽しいという気分だって味わってしまうことがあるのです。何かの拍子にうっかり楽しい気分を味わってしまって、でもそれが自分の人生観とは相容れず、位置づけようがないから困ってしまうのです。困って、照れて、そしてそうした気分を「大人の自分とは関係ない、しかし大人の自分の中に残っている子供の部分のなせるわざである」というところに位置づけます。それが娯楽を〝子供騙し〟と呼ぶものの正体なのです。でもそれは本当でしょうか？　娯楽というのは、自分の中で忘れられている〝子供の時〟を態々引っ張り出して来なければならないような、そんな面倒なものなんでしょうか？　そんな面倒なものではなく、娯楽というものは、大人である今の自分が素直に楽しめるようなものであるのが本当だと思います。そして、だからこそ娯楽というものは、大の大人が簡単に子供のようになれてしまうという前提がなければ成立しないものだということになるんです。つまり、娯楽というものが大人もこの為です。

子供がチャンバラごっこで一番真似をしたがるのは勿論、宮本武蔵です。二刀流の派手さというのは他に類がありません。宮本武蔵が出て来たら次に出て来るのは勿論佐々木小次郎で、長大なる〝物干し竿〟という刀を使います。

宮本武蔵、佐々木小次郎に続いて人気があったのは、伊賀上野で三十六人斬りの仇討を演じた、今や〝忘れられた英雄〟荒木又右衛門です。なんでこの人に人気があったのかというと、それはこの人の仇討装束と関係があります。

この荒木又右衛門は、大小たばさんだ襷がけの上に鉢巻を締めて、ここに手裏剣を差して登場します。バッタバッタぶった斬って行くのと同時に、額に差してある手裏剣を放り投げなければ、とても三十六人という大勢は倒せません。と言う訳で、チャンバラごっこで荒木又右衛門をやる子は「エイッ!」と言って手裏剣を投げるのを（ルールとして）許されるのです。

(2)チャンバラごっこというのはやはり不思議な遊びで、体でやると同時に、口でやるものでもあります。追いつめられた〝荒木又右衛門〟が「エイッ!」と言って、額に差してある木の枝を敵に投げつけたら、投げつけられた子供は死ななければいけません。

勿論「エイッ!」と言って投げた子がヘタクソで手裏剣がはずれたらどうしようもありませんが、ちょっとでも当たったら、もう死ぬのです。「自分はそこで倒れたくない」と思って、当たった子が「かすっただけだもん、死なないもん!」とか言ってはいけないんです。「ずるいよォ、手裏剣当たったじゃないか!」という抗議が飛んでくるのが、チャンバラごっこという、肉体を使う頭脳ゲームの真髄なのです。

チャンバラ映画が〝くだらない〟という意味合いをこめて語られる時に必ず使われる言葉に〝子供騙し〟があります。なるほど、チャンバラ映画の重要な要素には〝子供騙し〟であることがあるから、それで易々と騙されて（？）子供はチャンバラごっ

二　次の文章を読んで、後の問に答えなさい。(20点)

チャンバラごっこというのは、チャンバラ映画を見て来た子供達がその真似をする遊びです。チャンバラ映画がはやらなくなってもうずい分になりますから、従ってチャンバラごっこをする子供なんていうのも地を払っております。しかし、かつて日本の子供の大多数はこの遊びをしたのです。

チャンバラごっこというのは不思議な遊びで、チャンバラ＝立ち回り＝殺し合いの真似をすることによって子供の〝闘争本能〟を満足させるものでは、実はなくて、チャンバラという一番分かりやすいシチュエーションに表われたドラマを真似ることによって、子供の持つ〝演技本能〟を満足させるような遊びなのです。

人間は社会的な生き物ですから、世の中というようなところで一生懸命シャカリキになって(あるいは適当に手を抜いて)頑張っております。

しかし大人はそうですが、子供は違います。大人の一生懸命さというのは、子供にとっては〝面白そうな何か〟なのです。という訳で、それがカッコよさそうだったら真似します。

興味もなく面白いところも発見できず、それが見る側の子供を萎縮させるだけのものだったら見向きもしません。という訳で、お医者さんごっこもままごともチャンバラごっこもみんな、見る側の子供の〝何か〟を刺激する、大人の物真似——真似ずにはいられないから真似をしてしまうような面白いお芝居なのです。

子供はそういう真似のしやすいいい加減なお芝居が好きなのです。

さて、子供にとってヒーローとは、識別可能な存在であるということです。見た目だけですぐ「あれだ!」と分からなければヒーローにはなりえません。チャンバラ映画のヒーローが、みんな実際のリアリティに乏しくて (1) な恰好をしていたの対する過剰な自信が個の確立だと誤解されている。

イ　戦前の日本においては科学の万能性が無条件で評価され、それが秘めている恐ろしい威力にまったく思い至ることがなかったため、破局を経験することになった。

ウ　戦後の日本においては科学的知性や個の確立を普遍的な価値をもつものとして尊び、深く検証することなく表面的に受け入れ、教育もその影響を受けることになった。

エ　物事は時代が進むほど望ましい方向へ推移するという進歩の観念にとらわれてしまった戦後の日本は、科学的かつ可視的な指標に目を向けて進歩を達成しようとした。

オ　戦前において子どもたちは社会から与えられる役割という不自由さから、遊びという創造的主体を育む活動を通じて解き放たれることにより大人になっていった。

要があるが、教育制度がそれを邪魔しているから。

〔問六〕　傍線(9)「安易に科学化されたプログラムが、子どもたちに提起される」とあるがどういうことか、その説明としてもっとも適当なものを左の中から選び、符号で答えなさい。

A　科学は論理的にとらえられないものを切り捨て事態を単純化して理解しようとすることが本質であるが、これが教育において効率的な観点から評価されているということ。

B　科学の真髄とは効率であると信じる教育者たちによって、これまで人類が積み重ねてきた叡智がきわめて短時間で子どもたちに教えられることになったということ。

C　科学はひとつの思考様式にすぎないにもかかわらず、間違いないものとして批判されないまま、結論や結果が確立している方法論として教育にも活用されるということ。

D　科学はキリスト教や哲学を基礎とした上で連綿と築き上げてきた知恵の産物であるという本質に触れることなく、合理性のみを子どもたちに追求させるということ。

E　教育において、評価を数値化できない感性や感情についての学問はおろそかにされる一方で、科学的に結果が得られる学問のみが評価の対象とされるということ。

〔問七〕　次のア〜オのうち、本文の趣旨と合致しているものに対してはA、合致していないものに対してはBの符号で答えなさい。

ア　自分が評価するさまざまな価値観を体系化することで個は確立されるものだが、戦後においては成功した自分自身に

C　ローカルとは地域性のことであり、グローバルとは世界規模で通用することを意味するが、世界的視野に立って思想を展開する人はごく一部の国際人たちに限られているということ。

D　普遍的とされる合理主義や民主主義といった考え方の起源をたどると古代ギリシアにまで遡れるが、古代ギリシアは当時世界的な規模で影響力を行使していなかったということ。

E　普遍的規範にもとづいた思想が正しいと判断されるのは受け入れ側の社会的事情に適合した場合に限られるため、どんな普遍思想であっても各地の事情に応じて変容を被るということ。

〔問五〕　傍線(7)「子どもたちは「役に立たない人間」でいつづけなければならない」とあるがそれはなぜか、その理由としてもっとも適当なものを左の中から選び、符号で答えなさい。

A　子どもの持っているありあまる時間を有意義に用いることが子どもたちの本来の成長を促すことになるものの、使い物にならない学習を効率的にこなす必要があるから。

B　どのような能力が将来役に立つか判断しがたい現代において、社会が求めている勉強が役に立たなくなる可能性を考慮すると、むしろ無価値であることが必要になるから。

C　戦後日本の精神の習慣が、家族や地域のために費やしたり遊んだりする子どもたちの時間を軽視し、その期間中、未来のために効率的に学問を学ぶことを要請したから。

D　かつて子どもたちは家族や地域のなかで与えられた役割を果たすことを強要されたが、その経験は将来的には役に立つことではなく、そうした義務から解放されたから。

E　かつての繁栄を失ってしまった現代日本において、子どもたちは未来に備えて早くから職業を見据えた勉強を行う必

C　観察機器などの性能がいまだ十分でないため、科学的な知性が解明しきれていないさまざまな出来事のこと。
D　科学的方法論にもとづく理解によるのではない方法で導き出されてきた、人間にとって事象がもつ意味のこと。
E　人類のもつ最先端の想像力をもってしても、そこに解くべき課題があると思いいたれない未知の領域のこと。

〔問三〕　傍線(3)「みえてきた歴史の物語にすぎない」とあるがどういうことか、その説明としてもっとも適当なものを左の中から選び、符号で答えなさい。
A　歴史家たちは対象となるある時代の歴史を記述する際、物語のように起承転結を意識した方法を用いたということ。
B　歴史というのは、それを記述する私たちの観点からしかみることができない主観的な印象でしかないということ。
C　国をつくり上げた人々の真実の記録である歴史は、実は支配者の価値観に合わせて書き換えられているということ。
D　ある観点からみた歴史は、別の観点からみればまったく異なる様相をみせるので相対的なものであるということ。
E　特定の地域や人々の物語を組み合わせて成立する歴史の記述法では、みえる世界が限定されてしまうということ。

〔問四〕　傍線(5)「思想は本来的にローカルなものであって、世界に普遍思想などは存在しない」とあるがどういうことか、その説明としてもっとも適当なものを左の中から選び、符号で答えなさい。
A　日本には日本だけに通用するものの捉え方や考え方があるため、たとえ普遍的な思想を導入したとしてもそれは日本の事情に合わせてローカルに作り替えられてしまうということ。
B　世界規模で受け入れられ普遍的とされる思想であっても、それはある地域の個別の事情にもとづいてつくられたものが徐々に世界に拡大したものであり、絶対的ではないということ。

Ｃ　選手団にタイドウするカメラマン　　Ｄ　芸能人の私生活をホウドウする週刊誌

(4)　ケンジ

Ａ　ジンケン派の弁護士　　Ｂ　質実ゴウケンな校風で知られる

Ｃ　チュウケンの社員が活躍する　　Ｄ　あの人はセンケンの明がある

(6)　ドジョウ

Ａ　ドを越えた要求　　Ｂ　ドハツ、天を衝く

Ｃ　極楽ジョウドの存在を信じる　　Ｄ　ノウドの解放を目指した君主

(8)　コウジ

Ａ　重要ジコウの説明を聞く　　Ｂ　本のモクジを読む

Ｃ　シュクジを述べる　　Ｄ　レストランのキュウジ係になる

(10)　リョウショ

Ａ　ドウリョウと反りが合わない　　Ｂ　文献をショウリョウする

Ｃ　避暑地でリョウヨウする　　Ｄ　素行フリョウで叱られる

〔問二〕　傍線(2)「もっとはっきりととらえられる世界」とあるがどのような世界か、その説明としてもっとも適当なものを左の中から選び、符号で答えなさい。

Ａ　西欧の価値観とは異なる世界中のさまざまな文化が築きあげてきた、独特の感性にもとづく想像世界のこと。

Ｂ　神と人間との関係を世俗的に再構成することによって生み出された西欧近代思想が抱える宗教的次元のこと。

　かつて、哲学者のショーペンハウエルは、たくさんの本を読むことは、その本を書いた人の思考方法を身につけること、つまり他人の思考方法でものを考えるようになることであって、それは知らず知らずのうちに自分の思考を失っていくことなのだから、けっして自慢にはならないと述べたことがある。もちろんそのショーペンハウエルも、(10)リョウショを読むことはすすめているのであって、単純に本を読むなといったわけではない。ここで語られているものも、知が人間に与える怖さに対して、私たちはつねに一定の思慮をもっていなければならないということである。とすれば、そのような思慮を欠いていたのが、私たちのこれまでの戦後精神史なのではないだろうか。

　そして、進歩を無条件で崇拝する観念が、このような精神を補強していた。歴史は進歩しつづける。そう思ったとき人々は、子どもたちに、現在と現在の大人たちの世界を乗り越えることを強制したのである。あるいは乗り越えていく合理的手段として、教育をとらえるようになった。

　しかもこの構造のなかで個人の自立を求めれば、それは排他的で競争主義的な個人を生みだしていくしかなくなる。他者を乗り越えることを強制された個人は、他者を競争の手段とする個人でしかないのである。いまになってみると、このような戦後の精神の習慣が、効率的に時間を消費することを強制されながら、未来にむかって「成長」していく子どもの存在をつくりだしていたように思えてくる。そして、そのとき、子どもたちの存在は貧困なものにおとしめられていった。

（内山節『子どもたちの時間』による）

〔問一〕　傍線(1)(4)(6)(8)(10)に相当する漢字を含むものを左の各群のA～Dの中から選び、それぞれ符号で答えなさい。

(1)　ドウサツ

　A　虫に食われてクウドウになった木　　B　駅伝選手のセンドウをする白バイ

思える。というのは、この変化の過程では、前記した戦後的な日本の精神の習慣が、大きな役割を演じていたように思われるからである。

今日の教育システムは、簡単に述べれば、人類がおおよそ百万年をかけてつくりだしたものを、一〇年か二〇年で修得せよといっているようなものである。もちろん、そんなことを目指せば、人類が長い歳月をかけて蓄積してきたもののほとんどはこぼれ落ち、網にひっかかった部分だけが、修得する課題にされてしまう。ここからは、見過ごすことのできない知の頽廃が生じる。

しかし、戦後の教育はそのことを目指した。なにしろ、何歳かで一足す一は二であることを覚えた子どもが、それから二〇年もたたないうちに、最新の物理学や化学の知識を身につけていなければならないのだから。こうして、子どもたちは、さまざまなことを効率的に学びとらなければならなくなったのである。

そのとき、次のような現象が発生した。もしも効率的に学んでいくシステムをつくりだそうとすれば、結論や結果が確立しているものを学ばせていくのが、一番手っ取り早いことになる。結論がどこにいってしまうのかわからないものは、効率的な学習には適していない。

それは、相対的なひとつの思考様式にすぎない科学的な思考様式への依存を高めることになった。もちろん科学もまたコウジ(8)なレベルでは、結果が定まっているものとはけっしていえないのだけれど、(9)安易に科学化されたプログラムが、子どもたちに提起されることになったのである。そして、結果的には、それ自身が合理的な学習プログラムをつくりだしていた。効率的な学習を実現させるには、合理的な学習が一番適していた。

それは、教育や子どもの成長を、科学的合理性からとらえる視点を高めていった。そして、そのことに対する懐疑を生みださなかった原因に、戦後の日本の精神の習慣があったのである。科学的知性や合理的知性を手にしたときの知の頽廃に対する恐怖をもたない風土のもとでは、科学的合理性は疑いをいだかれることもなく肯定されていた。

は、大人になっていくという未来への時間軸のなかにあった。だがそれがすべてでもなかった。もうひとつ、子どものままで自分の存在をつくりだしていく、第二の時間軸をもあわせもっていたはずである。

実際、子どもたちは、自分の暮らす世界のなかで一定の役割をもった人間でもあった。家族のなかでも、地域のなかでも、子どもの仕事があった。その合い間に、子どもたちは遊びの世界をつくりだしてもいた。そうやって自分の役割をもちながら、自分の生きる世界を創造していく人間でもあったのである。子どもは未来への時間軸だけで生きているわけではなかった。

ところが戦後の教育システムが完成していくにしたがって、子どもたちは、未来への時間の比重を高めていくようになる。現在という時間自体は目的ではなくなり、未来への経過的な時間として、現在が力を発揮するようになった。

それは、未来への過程に生きるということの意味をも変えていったように思える。以前は、自分が創造する世界が広がっていくことのなかに大人になっていく過程があったのに、今日のそれは、未来への修業のようなものになってしまった。自分たちが生きている世界のなかで、創造主体としての役割を拡大していく。かつては、それが子どもが大人になっていく過程であった。ところがいまでは、(7)子どもたちは「役に立たない人間」でいつづけなければならない。生きる場の創造主体であることを求められてはいない。

それは、子どもたちにとっての、創造されていく現在が喪失していくことを意味していた。現在は、未来のために利用され、使い捨てられていくものとしてのみ意味があるように変わったのである。

そのとき、人間の存在のあり方そのものが変容したのではなかろうか。なぜなら、自分が生きていく時間を創造する人間から、刻々と過ぎ去る時間を効率的に消費することによって未来を獲得しようとする人間への転換が、この過程で進行したからである。時間論の視点から述べれば、時間が創造するものから効率的に消費するものへと変わった。

さて、問題はこのような変化が、なぜおこったのかである。私にはそれを教育制度の問題だけで論じることはできないようにであり、人間の差別を思想の名において肯定し、自分を最高位に位置づける通俗であったのだから。そして、それがゆえに、この論理は、戦後の社会のなかで安易に流行したのではないだろうか。キェルケゴールたちのように厳しく自分自身を見据える、という側面を欠いたままに、である。

個という存在とは何なのかが全く省察されないままに、自己肯定と差別をともなった個の確立論を流行させてしまったのである。戦後の日本の社会がつくりだした精神の習慣は、ヨーロッパ近代史が生みだした精神を、近代化に必要な部分だけを都合よく摂取し、日本的なものにつくり変えることによって展開されていた。近世までの伝統精神と融合させることによって日本的なものに変えたのではなく、近代的価値至上主義の社会をつくりだす過程で、日本的なものに変えていったのである。

しかも、ここでは次のことが見失われていた。西欧近代の思想は、この社会の中世以来の伝統である神と人間の関係から生まれた発想を、近代に入って社会のレベルで再構成し、質的転換をはかるかたちでつくりだされた。神と人間の関係のなかにあった発想を(4)ケンジしながら、その発想を、社会や歴史、国家といったものと人間の関係を考察する方法として用いながらつくられていったのである。だからこの思想は、西欧特有なローカル思想以上のものではないのである。

といっても、だから問題があるというのではない。なぜなら、思想とは、その地域の風土的、文化的、歴史的継承と結びついて展開されているのである。(5)思想は本来的にローカルなものであって、世界に普遍思想などは存在しない。ローカルな思想が、さまざまに関係しあいながら展開しているだけである。ところが、戦後の日本は、この当り前のことを忘れてしまった。その結果、日本的な近代思想を、普遍思想の名において語る問題性をも生みだしてしまった。

とすると、このような戦後的な(6)ドジョウは、教育の世界や子どもたちの世界に、どのような影響を与えていったのであろうか。次に、そのことを考えていってみようと思う。

おそらく、少し前までは、子どもたちは、二重の時間軸をもっていたのではないかと思われる。一面においては、子どもたち

　たとえば歴史を、生産力の歴史や自然科学の歴史としてとらえれば、歴史は進歩してきたといってもよいだろう。しかし、歴史を自然環境の変化史としてみたらどうなのだろうか。ここでみえてくるものは、間違いなく退化の歴史であろう。歴史を人間的な智恵の歴史や、ものづくりの「腕」の歴史としてみたときも、同じことがいえるはずである。すなわち私たちが語っている歴史とは、ある価値基準にもとづいて歴史をみたとき、(3)みえてきた歴史の物語にすぎないのに、戦後の社会は、進歩しなければならないものとして歴史をとらえる共通の精神の習慣をもっていた。

　今日では、日本の人々に共通する崇拝観念になったかのような、個人、あるいは個の確立という思想もまた同じだった。ヨーロッパの思想史では、個人という観念は、つねに群衆という観念とセットになって展開されてきた。もともとは神の前に一人立つ個人の論理として生まれた個人観が、近代に入って、社会的なレベルで語られるようになると、たちまち人々の目には、個を確立できずに、群れの一員として生きる多数派の存在がみえてきたのである。ヨーロッパでも、個の確立をめざす主張は、つねにそれができない群衆への嘆きをともなって展開された。

　そうなってしまう理由は、何を基準にして個の確立というかが、あいまいな点にもあった。人それぞれによって、その基準が違うのである。だから、たとえばキェルケゴールやシュティルナーといった哲学徒にとっては、個の確立をめざして真に苦闘しているのは、とどのつまりは我一人であって、他の人々は、多かれ少なかれ群れの一員だということにもなる。

　もっと困ったことには、この論理が通俗的な場面で使われると、つねに、自己肯定と他人への批判の方法として、個の確立論が用いられることであった。個の確立の必要性を口にする人々は、不思議なほどに、自分は個を確立していると思い、自己肯定にひたっている。そして個の確立が「不十分」な他人をつねに批判する。つまり、それは他の人々への批判の武器として用いられ、けっして自己を反省する契機になるものではなかった。

　だから、それはきわめて心地よいものであったに違いない。なぜならそれは、自己を肯定したうえで、他の人々を見下す論理それは、ヨーロッパの近代精神史にもみられない現象であった。たとえばヨーロッパの哲学史のなかでは、科学的な考察はどのようにとらえられていたのであろうか。ここでは、「科学的な知の恐怖」とでもいうべきものが、つねに問題になっていた。科学的な知を手にしたとき、科学ではみえない世界を知ることができなくなっていくのではないかという恐怖である。だからカントは、科学的な方法を用いて認識し、到達できる世界と、この方法では到達できない世界を区別し、後者を(1)ドウサツする方法として、神と叡智(えいち)の世界を設定していたし、ずっと最近になってもベルクソンは、科学という名でおこなわれてきたこれまでの一面的な認識が、真理として提示されるときの知の頽廃(たいはい)を問題にしていた。

たとえば私たちは科学によって、人間の物理的な死とは何かを考察することはできる。しかしこの方法によっては、人間にとって死とは何かをみいだすことはできない。ところがそのことを忘れてしまうと、人間の死が物理的な死と同一視され、人間にとって死とは何かを考える力が失われてしまい、知の頽廃を招く。

ところが、日本の戦後の精神の習慣は、科学的な知性もまた相対的な知性のひとつだということを忘れてしまったのである。それは科学に対する無条件の崇拝を、特殊に日本的なかたちで生みだした。科学的知性に対する恐怖がともなわれないままに、科学的知性が絶対視されたのである。

もちろん私たちは科学によって、いろいろなことを認識できるようになった。それを否定する必要はない。しかし、もしも私たちが科学的知性を修得していなかったならば、逆に、(2)もっとはっきりととらえられる世界があったかもしれないという、科学的知性に対する畏(おそ)れを私たちは忘れた。私が日本的特殊性と述べているのはそのことである。

合理や進歩、個人という観念もまた同じだった。合理とは、合理的にとらえられる領域にだけ通用する認識方法なのかもしれないという疑問を、戦後の精神は真剣に検討しようとはしなかった。そして進歩に対する無条件の崇拝を私たちの精神史はもちつづけていた。

国語

（六〇分）

一 次の文章を読んで、後の問に答えなさい。（50点）

以前は大人になることが、子どもの頃の自由さの喪失であったとすれば、現在では、大人になることは、子どもの頃の不自由さからの解放にさえなっている。どうしてそうなってしまったのか。戦後社会は、どこかで大きな誤りをおかしてきたのではないのだろうか。この問いかけに対して、私は、戦後の日本の思想と人間の存在の関係を考えることによって応えていこうと思う。戦後の子どもたちは、どのような時間と空間のなかを生きてきたのであろうか。そこにどのような問題があったのか。この質問に対して、私は最初に、戦後とは何であったのかを、戦後的な人間たちの「精神の習慣」を検討するところから考えていってみようと思う。なぜなら、戦後社会を貫いたある部分が、子どもたちの世界を大きく規定したように思われるからである。

いま戦後の日本の社会に定着した近代思想をふり返ってみると、ここで展開されていたものは、日本的につくり変えられた近代思想であることがわかってくる。

戦後の社会を動かしていたものは、科学、合理、進歩、個人といった観念に対する日本的な崇拝であった。それらが、何のためらいもなく絶対視されるなかに、日本的な戦後の精神の習慣がつくられていた。

解答編

英語

I **解答** (1)―③　(2)―①　(3)―②　(4)―①　(5)―④

解説

(1)「人を笑いものにしてはいけない」

make fun of ～は「～をからかう，笑いものにする」という意味である。選択肢の中では，mock「～をあざける」が最も近いと考えてよい。cheat「～をだます」 amuse「～を楽しませる」 rob「～から奪う」

(2)「スミスさんはかなり変わった人だと思われている」

eccentric は「一風変わった」という意味の形容詞であり，odd「変わった，奇妙な」とほぼ同義である。conservative「保守的な」 dull「怠惰な」 strict「厳しい」

(3)「ニュースによると，今年，その２つの会社は合併するらしい」

merge は「合併する」という意味の動詞である。②が同じ意味になる。act boldly「大胆に振る舞う」 have discussions「議論する」 clash strongly「激しくぶつかる」

(4)「認可された職員だけがその施設を使える」

authorize「～を認可する」と最も意味が近いのは approve「～を承認する」である。unqualified「資格のない」 illegal「違法の」 common「一般的な」

(5)「AI はますます多くの生活領域を征服しつつある」

conquer「～を征服する」は，dominate「～を支配する」がほぼ同義と考えてよいだろう。promote「～を促進する」 crawl「這う」 praise「～を称賛する」

II 解答 (6)—② (7)—① (8)—④ (9)—③ (10)—③

解説

(6) flee には「～から逃れる」という意味がある。flood「～をあふれさせる」 forbid「～を禁じる」 force「～を強要する」

(7) back down で「引き下がる」という意味の慣用表現になる。

(8) 空所の後の across に注目し，come across ～「～を偶然見つける」という表現を使う。

(9) 「見分ける」という表現を考える。apart に注目し，tell *A* apart「*A* を区別する」が正解であると判断する。

(10) 日本語文の「弱い立場に置かれる」に対応する英語を考えると，vulnerable「傷つきやすい」が適切だと判断できる。reward「～に報酬を与える」 position「～を（正しい場所に）置く」 visible「目に見える」

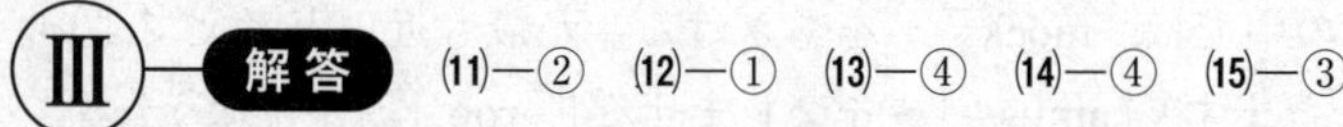

III 解答 (11)—② (12)—① (13)—④ (14)—④ (15)—③

解説

(11) 「あなたの気前のいい仕事の依頼を受けることができません」
「あなたの気前のいい仕事の依頼を断らないといけません」
　与えられた英文の cannot accept「受け入れることができない」に対応する動詞は，decline「～を拒絶する」が最適だろう。certify「～を証明する」 appreciate「～を正しく評価する」 seize「～を捕まえる」

(12) 「赤ん坊は，母親を見るやいなや泣き止んだ」
「赤ん坊は，母親を見た途端に泣き止んだ」
　the instant ～ で「～した途端に」という接続表現になり，as soon as ～ とほぼ同じ意味で使われる。

(13) 「多くの人は映画のサウンドトラックがどれだけ大切かをわかっていない」
「多くの人は映画のサウンドトラックの大切さをわかっていない」
　grasp にも「～を理解する」という意味がある。care「～を心配する」 retain「～を持ち続ける」 transmit「～を送る」

(14) 「バーバラは結婚して初めて，夫の悪い習慣に気づき始めた」

「バーバラは結婚するまで夫の悪い習慣に気づかなかった」

not ～ until … で「…して初めて～する，…するまで～しない」という意味になり，与えられた英文の it is only after … that ～ と同じ意味の構文になる。

⒂ 「目標を達成するためには何をしても構わないと考える人もいる」
「目的が手段を正当化すると考える人もいる」

「目標を達成するためには何をしても構わない」を言い換えるのだから，justify「～を正当化する」を用いて「目的が手段を正当化する」とすれば，ほぼ同じ意味になる。create「～を創造する」 dictate「～を書き取らせる，命令する」 limit「～を制限する」

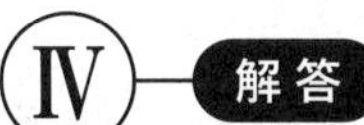

⒃ 3番目：④　5番目：①
⒄ 3番目：④　5番目：②
⒅ 3番目：③　5番目：⑤　⒆ 3番目：②　5番目：④
⒇ 3番目：⑥　5番目：⑤

解説

⒃ (I assume that these days there) are few people who don't shop (online.)

「人はほとんどいない」は，否定文を用いずとも few people で表現できる。

⒄ (Watching that) movie never fails to make me (cry.)

「必ず～する」は never fail to *do* で表現できる。また，make *A* *do*「*A*（人）に～させる」の構文にも注意。

⒅ (My older) brother used to make furniture in (his spare time.)

「兄」は，older brother で表現できる。また過去の習慣的な動作は used to *do* で表現することにも注意。

⒆ (This strike is a struggle) to give workers a say over (how new technologies are adopted.)

say という単語は，「発言権」という意味の可算名詞として用いることができる。また，over には「～について」という意味がある。

⒇ (I know it's a personal choice, but) so we can continue to enjoy (things like this, people should give the vaccine a try.)

so (that) S V で，「SがVできるように」という目的の意味を持つ構文になる。

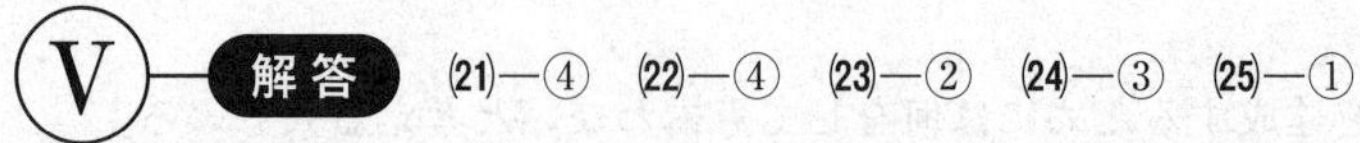

V
解答
(21)—④　(22)—④　(23)—②　(24)—③　(25)—①

全訳

《ことわざはどのくらい真実を伝えているのか》

1　完全に真実と思えることわざもあれば，基本的には真実だと思われることわざもあり，それでもなお，にわかには信じがたいことわざもある。私が基本的に真実だという範疇に入れることわざに，「隣の芝生はいつも青い」というものがある。このことわざが説明しているのは，他者の状況や他者をうらやましく思う人間の傾向である。

2　私自身，時々，様々な理由で他人をうらやましく思うことはある。ある時には，その人の仕事が，私の仕事よりも楽でもっと面白いに違いないと思ったからだった。またある時には，魅力的に思える国で暮らしている人に出会って，自分もその国で暮らしていたらと願ったこともある。そして，私は，いつも楽しげな人に出会ったことがあり，あんなに楽しそうでいるのはどんな気分だろうとうらやましく思ったこともある。

3　他人が繰り返し，こういった同様のうらやましい気持ちを明かすのを聞いて，人間には他者をうらやましく思う一般的な傾向が確かにあるのだと信じる気になった。だが，私はこの不幸な傾向に欠けているように思える人も知っているから，他人をうらやむことが人間であることの必然的な結果であるとはみなさないし，だからこそ私は，このことわざは基本的には真実だが，全くの真実であるとは思わないのである。

4　だが，他人をうらやましく思う一般的な傾向が人にはあるのだとしたら，それはどうやって説明できるのだろう？　この問いに対する答えには2つの要素があるのは明らかに思える。まず，自分が持っているものや生活ぶりに満足しないのは度々あることで，この不満がうらやましく思う資質を作り出すのだ。加えて，うらやましく思う対象についてほとんど知らないというのもよくあることだ。他人の仕事は素晴らしく見えるかもしれないが，実際には，その仕事は想像以上にずっと退屈だし，イライラする気持ちをきっと必然的に伴っているだろう。実際，ある人が話し相手に「隣の芝生はいつも青い」と言う時，一般的に，相手の人はきっと誤解されていて，その人の羨望は見当違いだということを暗に伝えているものなのだ。

解説

(21) 空所の前後の内容に注目。ことわざについて，true「真実である」とする前の部分と debatable「疑わしい」とする後の部分をつなげるには，and を用いた逆接の接続表現である and yet「それでもなお」を用いるのが適当である。

(22) 空所の後に間接疑問文（what it … so happy）が置かれていることから，wonder + what 節の形にして「～だろうかと思う，～か知りたいと思う」の意味にするのがよい。

(23) 空所を含む文の冒頭に However「しかしながら」という逆接表現が置かれていることに注目する。空所を含む文の直前の文では，ことわざ通りに他人をうらやむ傾向があると述べていて，空所直後の this unfortunate tendency は to be envious of others のことだから，空所には lack「～が欠けている」を入れるのが内容的に適切である。

(24) 空所を含む文は，人が他人をうらやむ傾向を持つ理由を説明しているので，create「生み出す」を用いれば「不満がうらやましく思う気持ちを生み出す」となり，適切な内容になると考えられる。

(25) 「隣の芝生はいつも青い」ということわざの説明部分であり，空所の直後に the implicit message「言外のメッセージ」という名詞句があることと that 節の内容から，convey「（情報などを）伝える」を用いると自然な英文になる。

Ⅵ 解答　(26)―③　(27)―②　(28)―④　(29)―②　(30)―①

解説

(26) A：「サンディ，心配していたのよ。いつもよりずいぶん遅いじゃない。大丈夫なの？」

B：「大丈夫よ，ママ。連絡しなくてごめんなさい。仕事が終わった後，大急ぎでアパートを見に行ったの」

A：「アパート？　家を出るの？」

B：「ええ。通勤が本当に大変で，もっと職場に近いところを見つけたいの」
A：「そうなの。もうちょっと待たないの？　就職してまだ6カ月でしょ？」
B：「ええ，でも仕事はうまくいっているわ。それに，もう少し自立したいの。ずっとパパとママと暮らしてきたもの」
A：「まあ，それはわかるけど。じゃあ，もしも本当に出ていくのなら，覚えておいて。どんなことがあっても帰ってきていいのよ。そして，必要なら経済的な援助を頼むのもためらわないでね」
B：「ありがとう，ママ。感謝するわ」
①「そうすれば職場に行くのにもっと便利になるわね」
②「お父さんと私は，今度引っ越したら二度と戻らないと思っちゃうわ」
③「そして，必要なら経済的な援助を頼むのもためらわないでね」
④「結局，あなたは失業中なんだから，きっと困ったことになるわよ」
空所を含む母親の言葉に対して娘が感謝しているのだから，③が正解である。
(27)　A：「やあ！　昨日授業に出てなかっただろう」
B：「ああ，野球部の試合で遠征に行ってたんだ。僕のいない間に何かあった？」
A：「講義のテーマは日本への観光旅行の最近の傾向についてだったよ」
B：「難しそうだな」
A：「統計資料がたくさんあったけど，面白かったぞ！　本当にいい講義を欠席したな」
B：「ノートをコピーさせてくれないか？」
A：「いいよ。放課後，図書館で一緒に勉強しないか？」
B：「実は，この後野球部の練習があるんだ。明日にできないかな？」
A：「いいよ！」
①「次の授業で小テストがあるかな？」
②「いいよ。放課後，図書館で一緒に勉強しないか？」
③「どうして昨日自分でノートをとらなかったんだ？」
④「いいけど，僕は昨日授業には出てないよ」
直前のBのDo you mind if ～?「～してもいいですか？」に対する答えがあるのは②と④で，④の「授業に出ていない」はここまでの会話の内容

に反する。Not at all.「もちろんいいよ」で，正解は②である。

(28) A：「それが新しいプリンター？」
B：「うん。自分で組み立てて今朝から使っているんだ」
A：「どんな感じ？」
B：「前のよりずっといいと思うよ。この印刷したのを見て」
A：「うん，きれいに印刷されているね」
B：「大きな違いは，前のプリンターはインクカートリッジを使っていたけど，今度のは瓶詰インクを使っているんだ」
A：「瓶詰インク？」
B：「うん。インクが瓶に入っていて，いろいろな色のインクをこのタンクに詰め替えるんだ」
A：「インクがなくなった時に新しいインクを入れるのは難しい？」
B：「いや，簡単だよ。家にも同じようなプリンターがあって，全然問題ないよ」
A：「僕にもできるかな。僕は機械には本当に弱いんだ」
B：「心配ないよ。本当に簡単だから」
A：「そうだといいな」
①「そういう種類の仕事はうまいんだ」
②「難題を歓迎するタイプの人間なんだ」
③「その種のことをする時には自信満々だから」
④「機械には本当に弱いんだ」
両者の会話から，Aがインクの補充に不安を抱いていることが読み取れるので，④が正解である。①～③が同じような内容なので，消去法でも選べる。

(29) A：「次の授業までに英語の発表のテーマを決めなくちゃ」
B：「確認したいんだけど，課題は何だったっけ？」
A：「外国から来た旅行者に日本文化の特徴を紹介することになっているのよ」
B：「じゃあ，柔道とか空手とか，格闘技について話したらいいんじゃないかしら」
A：「面白いテーマだけど，あまり格闘技のことは知らないのよ」
B：「わかった。茶道はどう？　2人とも学校で茶道部だったじゃない」

A：「まあね。それか，新年の習慣を紹介してもいいわね」

B：「まあ，あなたのアイディアは私のよりずっといいわ。私，発表に使える写真を持っているわ。冬休み期間中に撮ったのよ」

①「そのアイディアはあまり好きじゃないわ」

②「それか，新年の習慣を紹介してもいいわね」

③「緑茶を入れるのが大好きなの」

④「ロンドンのアフタヌーンティーについて発表しましょうよ」

空所の直後のBの発言から，日本文化にまつわる新たなテーマがAから提案されたと判断でき，最後には「冬休み期間」とあるので，②が正解である。

(30)　A：「これからランニングに行くのか？」

B：「うん。30分くらいで戻ってくる」

A：「学校には間に合うのか？」

B：「もちろんだよ，パパ。時間はたっぷりある」

A：「だが，普段は登校前にランニングには行かないじゃないか。今日はまたどうして？」

B：「実は，しばらく考えていたんだ。毎日ちょっとだけでも特別にランニングすれば，もっとバスケットボールが上手になるんじゃないかと思って」

A：「お前はもう高校の部活じゃスターティングメンバーじゃないか。十分じゃないのか？」

B：「もっと上手にならないとダメなんだ。試合終盤になるとバテちゃうから，持久力をつけたいんだ」

A：「それはいい目標だ。だが，勉強を怠ってはだめだぞ」

B：「わかってるよ」

①「試合終盤になるとバテちゃうから，持久力をつけたいんだ」

②「パパも言ったように，僕はもうスタメンだから」

③「トレーニングに使う時間を減らすのは大切なことだからね」

④「勉強に比べたら，僕にとってはそこまで大切に思えることはないよ」

空所の直前から，Bが部活のスタメンである現状に満足していないことが読み取れるから，①が正解。

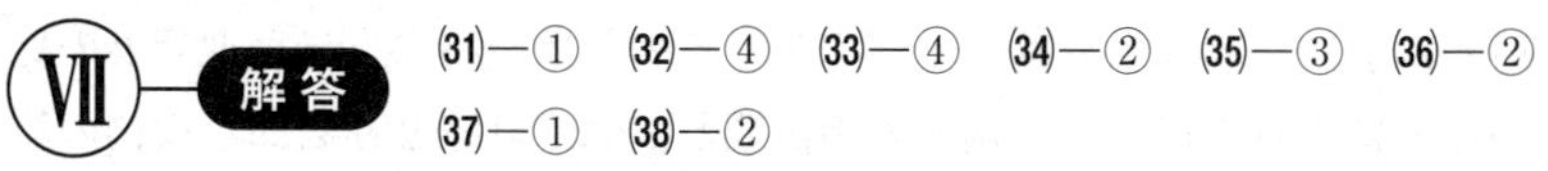
Ⅶ 解答 (31)—① (32)—④ (33)—④ (34)—② (35)—③ (36)—② (37)—① (38)—②

全訳

《物語心理学とは何か》

［Ⅰ］ 誰でも，いい物語の特徴を知っている。主人公が個人的な目標を持ち，不完全だが自分との関連を見出せる存在として旅を始める。場面ごとに，主人公らは新しい道を踏み出すきっかけとなる難題や失敗に直面する。物語の最後までに困難を克服し，旅を通じてよりよい人間となる。ジェーン=エア，ルーク=スカイウォーカー，あるいはギルガメシュを思い浮かべてみよう。

小説，映画，テレビゲームの中のこういう筋書きを私たちは愛する。だが，いい物語の本質は，娯楽以上のものを与えてくれる。最近の研究は，私たちが自分に言い聞かせる自分の人生についての物語が，私たちのストレスに対する順応性を強力に形作ることを示している。自分の人生から苦難と救いの物語を作り出す人は，より健康的な心の状態にあるようだ。これを不完全な主人公効果と名づけてもよい。

［Ⅱ］ さらにいいことには，私たちの記憶を，巧みに語られる人生の物語に変換し，未来をこの物語の延長線上にあるとみなすことが，自分をよりよくしたいと強く望む気持ちを手に入れるのに役立つことを心理学者は発見した。そして，もしも生まれ変わりたいのなら，新しい「章」の始まりを示す重要な日付を選ぶことが役立つのだ。一般の懐疑論とは逆に，1月1日に決意されたことは，この理由でより効果的なのだ。だから，目標が貯金であれ，試験勉強であれ，禁煙であれ，健康になることであれ，始めるのにこれ以上よい時はない。意志の力を強め，幸福を増進し，よりよい自分を作り出すためには，自分の物語を語る力を利用する方法を知るだけでよいのだ。

この物語心理学という成長分野の先駆者が，イリノイ州のノースウェスタン大学のダン=マッカダムズだ。人文科学専攻で学士号を取得した彼は，レオ=トルストイに代表される壮大な物語の作家に魅せられてきた。そして，研究分野を心理学に変更した時，彼は私たちが自分自身について語る物語についての考察を始め，これが実際には，個人のアイデンティティの本質なのではないかと考えた。

2024年度 2月14日 英語

［Ⅲ］　以前は，心理学者はアイデンティティとは，特に自分と他者との比較の仕方に重点を置いた，個人の価値観と信念，目標と社会的な役割の組み合わせだとみなしていた。マッカダムズはこういった要素の重要性を疑問視しなかったが，自伝的記憶に基づく個人の物語がこれらの要素を1つにまとめ上げているのだと提案した。自分が何者であるかという強い感覚を与え，決定的には，現在そして未来の出来事をどのように解釈するかを形作るのは，この物語に対する熟考なのである。「アイデンティティはやがて，あなたの人生を統合していくでしょう」と，彼は語る。「アイデンティティは心の中にあって，人生における様々な役割を1つにし，世界にあなたを位置づけてくれるものなのです。そして，他の物語と同じように，そこには登場人物がいて，プロットや全体を通したテーマが与えられているのです」

マッカダムズは，1980年代に，アイデンティティの伝記モデルと彼が呼ぶこのアイディアを考案した。彼の研究は，人々の回想を分析し，自己意識について問いかけをすることで，人々のアイデンティティは，実際にはこのようにしてそれぞれの人生の物語から引き出されてくるのだと示唆した。この20年間で，彼の仮説は多数の他の心理学者からの注目をますます集めている。

［Ⅳ］　初期の研究の多くは，私たちの自己の物語の起源に焦点を当てていた。マッカダムズや他の研究者は，小さな子供は，自分の人生を，関連のある出来事でできた物語だとはみなさない傾向があることを発見した。そうではなく，彼らの自伝的な記憶は断片的なのである。青年期や成人早期になってようやく，ほとんどの人は，記憶の意味を再検討し，より一貫性のある構造にまとめることを含む，より洗練された「自伝的論法」を使い始めるのだ。「自分の人生における物語を創造するのに必要な認知操作は10代になってようやく稼働を開始するのです」と，マッカダムズは言う。彼はこれを「俳優」から「作家」への役割の移行だと説明している。その結果，例えば，一般的な10歳の子供は両親の離婚を自分の人生の転換点とは見ないが，15歳になるとそのような傾向が出てくるのである。

私たちの私的な物語の基本的な構成は，本の構成と似ていることも明らかになった。私たちは，自分の伝記を，私たちのアイデンティティにおける重要な変遷を表す特定の章に分けて構成する。「人は人生を時代という観点で考えます。私が小学校に通っていた時，私がこの家であるいはこの町で暮らしていた時，あるいは私がこの人間関係の中にいた時のように」と，デンマークのオーフス大学のドーテ=キルケゴール=トムセンは語る。

［V］ この分野の研究が進展するにつれ，私的な物語を創造する能力には個人差があるとすぐに明らかになった。人生における重要な出来事についての人々の説明を分析することにより，研究者は，彼らの物語の一貫性——１つの出来事と他の出来事の間に明確な因果関係がある正確な時系列があるかどうか——を判定できる。そういった研究で，人々の物語には，彼らの幸福にとって重要な連鎖反応に関して，非常に詳しいものもあれば，ずっとあいまいなものもあることがわかっている。より一貫性のある物語を語る人は，より強いアイデンティティ意識を持つ傾向があり，自分たちの人生にはより意味，方向，そして目的意識があると感じている。そういう人は，人生全般における満足度も高い。

マッカダムズと彼の同僚は，幸福とある種の物語のテーマとの間の関連についても調査した。彼らは，行為主体性——人が過去の出来事に対して何らかの支配力を持っていたと説明しているかどうか——が心の健康の重要な予測因子であることを発見した。「抑うつ状態にある人や過度に不安を感じている人はよく，自分の人生の物語を，主体性を欠いた方法で描写します」とマッカダムズは言う。「彼らは，『自分はコントロールできない力によって振り回されている』という感覚を持っているのです」

［VI］ もう１つの重要なテーマは救いで，精神的に疲れる出来事の後に何かしらの肯定的な意味合いを見出すことを含む。「知識を得たことや個人的な成長について語る人もいます」と，マッカダムズは語る。彼の研究によると，救いは，抑うつ状態のような心の健康状態を持つ人にしばしば欠けていることがわかっている。「彼らはすべて利用してしまったとか，もう積極的な関係は作ることができないし，その人生をずっと生きていくしかないという物語を創造します」と，彼は言う。

悪い習慣や依存症を克服しようとする時，救いというテーマは特に重要かもしれない。ある研究では，アルコホーリクス・アノニマスの新しいメンバーに，最後の飲酒について描写するように求めた。直接的な事実の描写をした者もいれば，個人的な認識の瞬間，すなわち内面において肯定的な変化をもたらした瞬間について描写した者もいた。例えば，ある人は，再び自分の強さを発見したことを描写した。「アルコールへの執着が再び私から消えたような感じです。そして，この前の悪い行いすべてを見つめる必要があるのです。今回，それらの行いをよりよくするためにです」救いの物語を語らなかった人の44％に比較して，救いの物語を語った人の80％以上が次の4カ月間を飲酒せずに過ごしたのだ。

こういった知見によって，物語心理学を研究する心理学者は，自分自身についてのよりよい物語――肯定的な個人的成長をもたらす物語――を語るよう，人に教えることができるかどうかを知りたいと思うようになっている。

解説

(31)　transition は「移行する」という意味の動詞である。選択肢の中では，shift「変わる」が最も近い。organize「組織する」 salute「挨拶をする」 excuse「許しを乞う」

(32)　能動態にした push *A* around が「*A* を振り回す，*A* を困らせる」という意味であるから，harass「～を悩ませる」が正解である。ignore「～を無視する」 recommend「～を推薦する」 elevate「～を昇格させる」

(33)　①「よい物語のほとんどの主人公は，目標を達成するために決して進む道を変えない」

②「ヒーローが不完全な存在として始まるから，私たちは，小説，映画，テレビゲームが提供するヒーローの物語の筋書きにしばしば全く興味がない」

③「よいヒーロー物語から私たちが得ることができるのは娯楽だけである」

④「私たちが作る私たち自身の人生の物語は，心の健康を改善することができる」

ブロック［I］の第2段第3・4文（Recent research … mental health.）を見ると，自分自身に語る人生の物語によってストレスへの順応性が増し，心の健康も改善されるとあるから，④が正解。

(34)　①「未来の計画を立てつつ過去の記憶を拒絶することは，自己改善のための最良の方法だ」

②「1月1日は目標に向かって動き始めるには素晴らしい日だ」

③「自分自身の物語を語る力は，意志の力を弱めると考えられる」

④「トルストイのような作家に対する悪感情のために，ダン=マッカダムズは心理学を専攻した」

ブロック［Ⅱ］の第1段第3文（Contrary to popular …）に，1月1日に何かを成し遂げようと決意すると効果的だと指摘されていることから，②が正解である。

(35) ①「かつては，心理学者は自分のアイデンティティと自分の価値観や信念を区別する傾向があった」

②「マッカダムズはアイデンティティについての心理学者の従来の見方を完全に否定した」

③「マッカダムズによると，人のアイデンティティには筋書きとテーマがあると見ることができる」

④「過去20年間，マッカダムズの仮説を心理学者はほぼ無視していた」

ブロック［Ⅲ］の第1段最終文（And like every story, …）に，マッカダムズによるアイデンティティの説明として「アイデンティティには筋書き（plot）やテーマ（theme）がある」とあり，③の内容とほぼ一致する。

(36) ①「最近まで心理学者は，私たちの自分自身に物語を語る行為の起源にほとんど注意を払っていなかった」

②「幼い子供は，自分の人生を関連のある出来事の連続と考える傾向にはない」

③「10歳の子供ですら，自分の人生においてどんな出来事が転換点になるのかを見分けることができる」

④「私たちはいつも，自分の人生の物語を本の章とは異なる形の章に構成する」

ブロック［Ⅳ］の第1段第2文（McAdams and …）で，マッカダムズらの研究成果として，幼い子供は，自分の人生が関連した出来事で成り立っているとは考えない傾向にあると指摘していることから，②が正解と判断できる。

(37) ①「人は個人的な物語を創造するのに異なる能力を持つ」

②「人生における重要な出来事の人々の説明は，たいてい彼らの人生の物語の一貫性についての手掛かりを何も与えない」

③「自分の人生の物語を非常に詳細に語れる人はほとんどいない」

④「アイデンティティに対する強い感覚を持っている人は，自分の人生にめったに満足しない」

ブロック［V］の第1段第1文（As research in …）に，研究の成果として「個人的な物語を創造する能力は人によって異なると明らかになった」とあるから，①を正解とすべきである。

(38)　①「ストレスの強い出来事を経験しても人生においては何の役にも立たない」

②「救いというテーマは，悪い習慣を克服するのに重要な役割を果たす可能性がある」

③「ある研究において，救いの物語を語ったほとんどの人が，禁酒に失敗した」

④「心理学者は，よりよい人生の物語を自分自身に語る方法を教える信頼できる方法を確立した」

ブロック［Ⅵ］の第2段第1文（Themes of redemption …）を見ると，「救いというテーマが悪い習慣や依存症を克服するのにとりわけ重要かもしれない」とあることから，②が正解である。

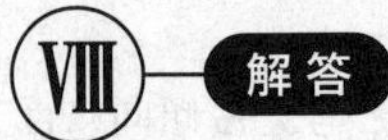
(39)—④　(40)—②　(41)—①　(42)—③　(43)—②
(44)全訳下線部参照。

全訳

《目覚ましなしで起きられるのはなぜか》

［I］　おそらく，こういうことは時折あなたにも起こるだろう。あなたは午前中にしなければならないこと，たぶん乗らなければいけない飛行機とか重要な会議とかを思い浮かべながら寝床に入る。次の朝，あなたは自分で目を覚まして，目覚まし時計が鳴る1，2分前なことに気づく。ここで何が起こっているのだろう？　全くの幸運だろうか？　あるいは，助けを借りずに，正確に時間通りに起床する神秘的な能力を持っているのだろうか？

結局のところ，多くの人が長年この現象について疑問に思ってロバート=スティックゴールド博士に行き着いている。「これは，明らかに真実であることが真実ではありえないと，この分野のすべての研究者が同意する，睡眠研究の分野における疑問の1つです」と，ハーバード大学医学大学院とベス・イスラエル・ディーコネス医療センターの認知神経学者であるスティックゴールドは言う。スティックゴールドは，彼が睡眠研究の分野での研究を始めたばかりのころに，この問題を指導教官に示した時のことさえ覚えている――その時は，怪しげな表情をされ，とても満足とは言えない説明しかもらえなかったのだ。「断言できますが，私たち睡眠の研究者は誰もが『ナンセンスだ，ありえない』と言います」と，彼は語る。だが，それでも，そこには何か大事なことがあるといまだに信じている。「この正確な時間に目が覚めるという現象は，非常に多くの人々が報告しています」と彼は言う。この中には彼も含まれている。「私は妻が起きる前に，7時59分に起きて，目覚まし時計を止めることができるのです」少なくとも，時々は。

［Ⅱ］　もちろん，人間は体内作用における洗練された精巧なシステムを有していると知られていて，その体内作用は，私たちの身体が時間を正確に刻む手助けをしている。私たちが日光を浴びること，カフェイン，食事，運動その他の要因にいくぶんか方向づけられて，こういった作用は，およそ24時間の昼と夜のサイクルを通して私たちの概日リズムを調整し，これが，私たちがベッドに入る時間と目覚める時間に影響している。もし十分な睡眠をとり，生活スタイルが概日リズムに同調していれば，季節ごとの違いを調整しながら，一般的には毎朝だいたい同じ時間に目が覚めるはずだと，ペンシルバニア大学の睡眠学者フィリップ=ゲールマンは言う。だがそれも，特に通常のスケジュールから逸脱している場合に，目覚まし時計が鳴るまさに数分前に目が覚めることの十分な説明にはならない。「こういう意見は常に耳にします」と彼は言う。「この現象に寄与しているのは，遅刻するというあの不安だと思うのです」という意見である。

［Ⅲ］　実は，この謎を長年にわたって研究してきた研究者もいるが，明らかに，結果は様々である。例えば，1979年の15人の被験者の小さな研究では，2晩の間に，半分以上の場合で目標の時間の20分以内に目覚めることができたとわかった。最も成績のよかった2人の被験者については，さらに1週間実験を継続したが，時間の正確さは急落してしまった。もう1つの小さな実験では，被験者に何時に起きるかを選ばせたが，その結果，自然に目覚めた時間の約半分が，被験者が眠りにつく前に書き留めた起床時間の7分以内だった。

より内省的な手法を用いた研究者もいて，ある時間に目覚める能力を持っているかどうかをたずねた。そのような研究の1つでは，半数以上の回答者がある時間に目覚めることができると回答した。実際のところは，「いつもできると思っている多くのことと同じように，たまにできるだけ」というのは非常にありうることだと，スティックゴールドは言う。

おわかりいただけたと思うが，圧倒的な科学的根拠があるのとは少し違う。だが，ノースウェスタン大学ファインバーグ医学院の睡眠医学主任のフィリス=ジー博士のおかげで，私の目に留まった一連の大変面白い証拠が存在する。

［Ⅳ］ 90年代後半，ドイツのある研究グループが，目覚める時間を予期することがHPA軸として知られているもの――ストレスに対する反応を司り，視床下部，脳下垂体，副腎が関係する体内の複雑なシステム――にどう影響するのかを解明しようとした。この研究の著者の1人であるジャン=ボルンは，脳下垂体に貯蔵されている，ACTHと呼ばれているホルモンのレベルがいつも起床している時間よりも前に増加を開始し，次にその増加によって，特に目覚めの手助けをする「ストレスホルモン」と呼ばれているコルチゾールを排出するように副腎に対して信号が送られることは，自分たちにはわかっていたと言う。「これを背景にして，私たちは実験することにして，実際に仮説通りの結果を得たのです」と，現在はドイツのテュービンゲン大学の行動神経科学科の教授であるボルンは語る。

ボルンと彼の研究チームが行った実験とは以下の通りである。普段は朝7時か7時30分ぐらいに起床する人を15人見つけ，睡眠実験室に入ってもらい，3夜にわたって血液サンプルを採取した。被験者は3つの異なるグループに分けられた。5人は6時に起床しなければならないと告げられ，他の人は9時起床を課せられた。3番目のグループには9時起床が課せられたが，不意に6時に起こされた。起床時間が近づくにつれて明らかな違いが生じたとボルンは言う。6時起床を求められた被験者では，ACTH濃度の顕著な増加が午前5時ごろに始まった。あたかも，被験者の身体が早めに起きなければならないとわかっているかのようだったと，ボルンは言う。「これは有機体が持つ良質な適応準備反応です」と，ボルンは含み笑いを浮かべながら言う。「なぜなら，そういう時には，起床に対処する十分なエネルギーを持っていて，最初のコーヒーを飲むまで何とかやり遂げることができるのです」

早起きする計画はないが6時のモーニングコールで驚かされたグループには，そのような起床前のストレスホルモンの増加は記録されていなかった。

［V］ ボルンの実験は，人々が最終的に予定された時間よりも前に自力で目覚めるかどうかを実際に測定しているのではなかったが，彼は，この知見はその現象に関する興味深い疑問を提示していると言う。結局のところ，体はどうやっていつもより早く起床しなければならないことを知ったのだろう？「実験結果から，このシステムには時間の変更に対する順応性がある，つまり適応できるとわかるのです」と彼は言う。そしてまた，実験結果は，目覚めている間にこの「システム」を利用する能力を私たちが多少持っていることを示唆している。こういう着想は，睡眠研究の分野で全く異質だというわけではないと，彼は語る。

「体や脳が寝ている間でも，それらを動かすために意図的に使うことのできる一種のメカニズムが脳内にあることはよく知られています」と，ボルンは言う。彼は，睡眠暗示がより深く眠る助けとなることを示すある研究を挙げている。ノースウェスタン大学のジーは，所定の時間に目覚まし時計をセットしなくても目覚めることのできる人がいる理由を説明することが可能な「複合的な生物学的システム」がおそらく存在すると語る。起床することに対する不安が，何らかの形で一時的に私たちの主要な体内時計を無効化している可能性があると，彼女は言う。「この論文は，脳が寝ている間も機能していることを示しており，本当に素晴らしい論文です」と，彼女は言う。

もちろん，そういったことがどのように機能し，どの程度までこの神秘的な体内警報システムに依存できるのかは，いまだに大きな，答えの得られていない問題だ。そして，私が話しかけた睡眠の研究者は誰も，目覚まし時計を捨てようとは考えていない一方で，ハーバード大学のスティックゴールドは，この問題を避けるつもりはないと言う。「これは私たちがたくさん抱えている真の科学的神秘の1つです」と彼は言う。そして，多くの分野においてそうであるように，神秘に直面した時に，「どうやって起こりうるのかわからないのだから，起こるわけがないということにする」のは傲慢であろうと彼はつけ加える。

解説

(39)　①「筆者は，なぜ人は寝ている時に目覚まし時計を壊してしまうことがあるのか不思議に思っている」

②「手助けなく時間通りに起きる人は単に幸運なだけだ」

③「スティックゴールド博士によれば，この現象を研究している研究者は，目覚まし時計が鳴る前に目覚めることができるのは明らかに真実だと考える傾向にある」

④「スティックゴールド博士は，自分は目覚まし時計が鳴る前に目覚める多数の人の１人だと考えている」

ブロック［Ｉ］の第２段第６文（“This kind of…）で，スティックゴールド博士自身も目覚ましがなくても起きられると記述されているので，④が正解である。③は同段第２文（“This is one…）で「真実に思えることが真実ではありえないと研究者が同意する」とあるので，「目覚まし時計より前に起きられる」は真実ではないと考えられている内容である。

(40)　①「人間の身体は非常に単純な体内のシステムを使って時間を正確に刻むことができる」

②「私たちの体内の時間管理システムを形作る複合的な要素が存在する」

③「十分な睡眠をとる個人においてさえ，季節に関係なく睡眠サイクルは同じままである」

④「フィリップ=ゲールマンは，不安は目覚まし時計が鳴る前に目覚めることにおける１つの要素であるというアイディアを拒絶している」

ブロック［Ⅱ］の第１段第２文（Somewhat shaped…）において，時間を管理する体内作用を形成するものとして複数の要素が列挙されていることから，②を正解とすべきである。

(41)　①「長年にわたって，科学者は，人は目覚まし時計が鳴る直前に目覚めることができると決定的に示すことができないでいる」

②「1979年の研究での被験者のうちの２人は，実験を完了するために１週間追加された後，最も成績がよかった」

③「内省的な手法により，大多数の人は目覚まし時計が鳴る前に起きることができないと示された」

④「筆者は，睡眠と想像力との間に関係があるという証拠に出くわした」

ブロック［Ⅲ］の第１段第１文（Actually, some…）に，目覚まし時計の前に起きることのできる謎を調べても結果が一様でない（mixed results），ブロック［Ⅲ］の最終段第1文（OK, so …）に「科学的証拠はあらゆる点で圧倒的だというわけではない」とあることから，①が正解である。

(42)　①「ジャン=ボルンと彼の同僚はすでに，ACTH と呼ばれるホルモンのレベルの上昇は目覚めたことの結果であると知っていた」

②「いわゆるストレスホルモンであるコルチゾールの唯一の機能は人々を目覚めさせることだ」

③「ジャン=ボルンのチームによる研究は，彼らがすでに仮説を立てていた結果を生み出した」

④「6時に起床しなければならないと知っていても，ある研究の被験者はコーヒーなしでは対処できなかった」

ブロック［Ⅳ］の第1段最終文（"In this context, …）に，仮説通りの結果を得られたとあるから，③を正解とするのが適当。

(43)　①「睡眠に関するボルンの疑問は彼の実験結果によってすべて解消された」

②「起きている間に自分たちの『システム』を使えるというアイディアは，研究者らにとって全く新しいというわけではない」

③「私たちの体内時計の親時計は起きなくてはいけないという不安に影響されない」

④「もし，科学者が何かがどうやって起こるかを理解できないなら，彼らはそれが起こりえないとみなす」

ブロック［Ⅴ］の第1段最終2文（And it also … he says.）に「起きている間にこの『システム』を使うことができるというアイディアは，睡眠研究の分野でなじみがないものではない」とある。同じ内容を述べている②が正解。

(44)　not actually「実際には～していない」 ultimately「最終的に，結局」

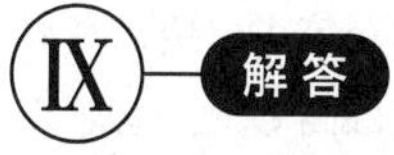

(How can I) overcome (the fear that) prevents〔keeps〕me from speaking (in front of a large) audience(?)

2024年度　2月14日　英語

解説

「～を克服する」は，overcome という動詞で表現することができる。次に，「聴衆」は audience を用いるのが適当だろう。audience は原則単数扱いである。最後に，「話すのを妨げる」を３～５語で表すには，prevent〔keep〕*A* from *doing*「*A* が～するのを妨げる」を用いるとよいだろう。

講評

Ⅰ　下線部の語や句の同意表現を指摘する問題である。問題となっている語句の難度は高めで，語彙の学習をしっかりとしておく必要がある。

Ⅱ　与えられた日本文を手掛かりに，空所補充形式で英文を完成させる問題である。動詞 back を用いた表現を求める設問（小問(7)）や，「弱い」という日本語に対して vulnerable を正解とする設問（小問(10)）など，難度の高い問題が散見される。

Ⅲ　与えられた英文とほぼ同じ意味の英文を空所補充によって完成させる問題である。同意語を選ばせる問題の他，同じ意味になる構文を選ばせる問題もあり，多彩な出題内容となっている。

Ⅳ　語の整序による英作文問題である。全体的には標準的な難易度と言えるが，小問(19)のように，「発言権」という意味で say を用いるなど，比較的難度の高いものもある。

Ⅴ　空所補充形式の長文問題である。文の流れを正確につかんで確実に得点したい問題である。

Ⅵ　欠文補充によって会話文を完成させる問題である。会話の流れを正しく追えれば，正解を得るのは難しくない。

Ⅶ・Ⅷ　読解問題であるが，本文がかなりの長文である。設問は内容を問うものが中心で，しっかりとした読解力が必要である。

Ⅸ　英作文は標準的だった。

全体的には，難度の高い文法・語彙問題と内容理解が第１に要求される長文問題を中心とした出題と言える。全体的な難度は高めで，しっかりとした英語力を培うことが肝要である。

日本史

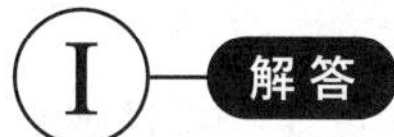
問1．イ　問2．ア・ウ　問3．ア　問4．オ
問5．エ　問6．イ　問7．オ　問8．イ・エ
問9．ウ　問10．ア

解説

《古代の貨幣・外交と中世の荘園》

問1． イが正解。古墳時代における豪族の私有地である田荘とヤマト政権の直轄地である屯倉，豪族の私有民である部曲と大王の直轄民である子代・名代など混同しやすいので注意しよう。

問2． ア・ウが正解。7～8世紀（601～800年）に日本で鋳造された銅銭は富本銭（7世紀後半）と和同開珎（708年）である。洪武通宝は中国明の銅銭，乾元大宝（958年）は平安時代の銅銭で皇朝十二銭の最後にあたる。

問3． ア．正文。

イ．誤文。南海道は紀伊国も含まれており，畿内と陸上で接続している。

ウ．誤文。律令税制の中で，租は都に運ばれず地方政府の財源となり，庸・調は運脚で都に運び，中央政府の財源となる。

エ．誤文。防人は九州を警備するもので，主に東国の住民が義務を負った。

問4． ア．誤文。荘園での負担として，公事は手工業製品や特産物の納入，夫役は労役の奉仕である。

イ．誤文。「佃」「門田」「正作」などは武士の直営地である。

ウ．誤文。中世後期の惣村では，共同利用地や灌漑用水の管理を百姓が担った。このことは惣村の説明だが，惣村が荘園内部にも存在したことを想起して判断したい。

エ．誤文。鎌倉時代など，中国から輸入される宋銭によって年貢の銭納を行う荘園も存在した。

問5． エが正解。たばこは鎌倉時代の日本で利用・栽培された植物ではない。たばこは南蛮文化で言及され，江戸時代の商品作物であることを想起して判断しよう。

問6． イ．正文。

ア．誤文。鍛冶や鋳物師は金属加工に関わる技術者である。

ウ．誤文。たたら製鉄では砂鉄が材料として用いられた。

エ．誤文。製塩業について，中世では揚浜法が一般的であったが，近世になり入浜塩田が広まっていった。

問7． オが正解。史料〔C〕は『宋書』倭国伝である。［ 1 ］には雄略天皇にあたる武の兄である興が該当する。『宋書』倭国伝は頻出史料であるので丁寧に確認しておきたい。

問8． イ・エが正解。稲荷山古墳出土鉄剣と江田船山古墳出土鉄刀には「ワカタケル」を示す銘文が刻まれている。ア．石上神宮七支刀は百済から贈られたもの。ウ．岡田山1号墳出土大刀には「額田部臣」の銘文，オ．隅田八幡神社人物画像鏡には「オシサカノミヤ」を示す銘文が刻まれている。受験生にとってなじみの薄い事項もあろうが，イ・エが頻出事項であるため判断したい。

問9． ウが正解。「順帝の昇明二年」とは478年なので，5世紀に作られたものを選ぶ。大仙陵古墳は5世紀に築造された。

ア・イ．不適。法隆寺は7世紀初め，飛鳥寺は6世紀末に建立された。

エ・オ．不適。箸墓古墳，黒塚古墳は古墳時代出現期（3世紀後半）の造営と考えられる。

問10． アが正解。［ 2 ］・［ 3 ］いずれにもあてはまらないのは高句麗である。倭王武の求める称号が，対高句麗政策の一環であることを踏まえれば容易に判断できる。

Ⅱ 解答

問1． エ **問2．** ア **問3．** オ **問4．** エ **問5．** イ・オ **問6．** ウ **問7．** ウ **問8．** イまたはエ **問9．** ウ **問10．** エ

解説

《中世・近世の飢饉》

問1． エ．誤文。源義仲討伐には，源頼朝は自身では出陣しなかったため，「源頼朝自らが京都に入り」が誤りである。頼朝は弟の源範頼・源義経を派遣した。治承・寿永の内乱については頻出事項であるので，時系列を確認しておこう。

問2． ア．誤文。御成敗式目は御家人社会を対象としているので，「公家法や本所法は効力が失われた」が誤りである。

問3． オ．正文。

ア．誤文。坐禅による修行は禅宗で行われる。

イ．誤文。悪人正機説は煩悩が深い悪人こそが救いの対象であるというもので，浄土真宗の思想である。

ウ．誤文。南無阿弥陀仏をひたすら唱えると極楽往生できるという考えは専修念仏であり，浄土宗の思想である。

エ．誤文。踊念仏は時宗の思想である。

問5． イ・オが正解。ア．建長寺，ウ．円覚寺，エ．寿福寺は鎌倉五山である。

問6． ウ．誤文。9代将軍となったのは足利義尚であるため，「将軍職を弟の足利義視に譲り」が誤りである。応仁の乱の動向は複雑ではあるが，室町幕府の将軍の代数を踏まえることができれば判断できる。

問7． ウ．誤文。寛永の飢饉は1642年を中心とするもので，参勤交代が制度化された武家諸法度（寛永令）は1635年の発布であるため，寛永の飢饉後に「参勤交代が制度化された」が誤りである。徳川家光期の治世は江戸幕府の制度の基礎が構築された時代であるため確認しておこう。

問9． ウ．誤文。寛政の改革では旧里帰農令が出されて，江戸へ出稼ぎに来ている百姓の帰農が奨励されたので，出稼ぎの奨励が誤りである。

問10． エ．誤文。大塩平八郎の乱は半日で鎮圧されたので，「鎮圧には数か月かかった」が誤りである。

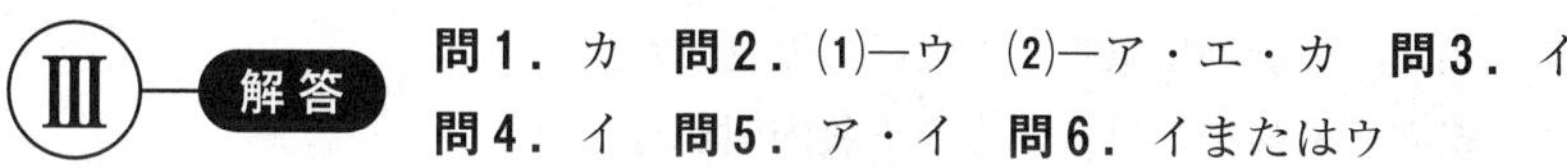

問1． カ　**問2．** (1)―ウ　(2)―ア・エ・カ　**問3．** イ
問4． イ　**問5．** ア・イ　**問6．** イまたはウ
問7． イ　**問8．** エ　**問9．** ア・ウ　**問10．** エ　**問11．** エ・オ　**問12．** オ

解説

《近代の恐慌》

問2．(1)　ウ．誤文。日本最初のストライキは1886年の雨宮製糸工場の女工ストライキであり，大戦景気により「日本で最初のストライキが発生」が誤りである。やや詳細な知識ではあるが，ストライキなどが産業革命に関わって発生したことを踏まえて判断しよう。

(2)　ア．正文。図表1より，基準年である1914年を100としたとき，1918年の賃金は約160，東京卸売物価は200である。

エ．正文。図表2より，米の「一人当消費高」について，1916年が0.95，1918年は1.02であり，さらに図表1より，その期間の東京米価は上昇している。

カ．正文。図表2より，米の「作付面積」「収穫高」「反当収量」について，1916年が「307…」「584…」「1.90」，1918年が「309…」「546…」「1.77」となり正しい。

イ．誤文。図表1より，1919年の東京卸売物価は250であるので1914年の100と比べ「3倍にまで上昇」が誤りである。

ウ．誤文。図表1より，1920年以降の賃金は横ばい，その後に上昇しているので，「急激に下落」が誤りである。

オ．誤文。図表2より，米の「一人当消費高」について，1916年は0.95，前年の1915年は0.98であるため，「消費高も増加」が誤りである。

問3． イが正解。[a]は戦後恐慌（1920年～），[b]は震災恐慌（1923年～），[c]は金融恐慌（1927年～），[d]は昭和恐慌（1930年～）である。日本労働総同盟友愛会が日本労働総同盟に改称したのは1921年であるので，戦後恐慌の時期である。労働組合期成会の結成（1897年）が明治時代，日本労働組合総評議会の結成（1950年）と労働組合法の成立（1945年）が戦後，友愛会の結成（1912年）・第1回メーデー（1920年）が大正時代であることを踏まえて判断しよう。

問5． やや難問。ア・イ．正文。判断には教科書の注記レベルの知識が必要となる。

ウ．誤文。米騒動は東京・大阪にも波及した。

エ．誤文。米騒動の対応は寺内正毅内閣が行った。

オ．誤文。国家改造運動のきっかけになったのは昭和恐慌である。

問8． エ．誤文。金融恐慌の契機となった失言は片岡直温蔵相によるものである。

問9． ア・ウ．正文。

イ．誤文。世界恐慌は1929年に始まり，日本が豊作であったのは1930年である。また，翌1931年に凶作となっている。詳細な年号理解が必要となるが，農村に被害をもたらす昭和恐慌（1930年）の前年が世界恐慌であることを想起して判断したい。

エ．誤文。いわゆる供出制は1940年以降の日中戦争による戦時統制に関わる。

オ．誤文。米騒動以降，植民地よりの米移入が増加し，それも米価下落の原因となる。

問10. エ．正文。1930年に行われた国際会議はロンドン海軍軍縮会議である。

ア．誤文。パリ講和会議である。

イ・ウ．誤文。いずれもワシントン会議で行われた。

オ．誤文。ロンドン海軍軍縮会議は補助艦について取り決められた会議である。

問11. エ・オ．正文。

ア．誤文。西園寺公望内閣での鉄道国有法（1906年）は民営鉄道の国有化を実施するものである。

イ．誤文。台湾総督や陸軍大臣に任じられたのは桂太郎や児玉源太郎であるが，西園寺公望が軍人でないことを踏まえて判断したい。

ウ．誤文。西園寺公望は立憲政友会の総裁である。

問12. オが正解。イ．二・二六事件では首相の岡田啓介は無事であった。混同しやすいので注意しよう。

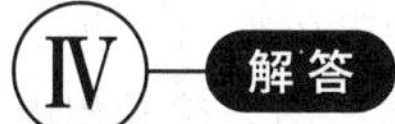

問1. ウ　**問2.** エ　**問3.** ア　**問4.** カ　**問5.** イ
問6. イ　**問7.** ア・エ　**問8.** オ
問9. ア・ウ・オ　**問10.** エ　**問11.** ウ　**問12.** オ　**問13.** ア　**問14.** イ

解説

《近現代の産業・経済》

問3. アが正解。[5]には立憲政友会総裁，[6]には犬養毅が入る。海軍大将の斎藤実と迷うかもしれないが，[8]の後に「満洲国の建国を宣言させた」とあり，まだ日満議定書の締結に至っていない時期であることから判断できる。

問5. イ．誤文。繊維の比率について1938年が22.2％，1933年が32.5％である。比率は1938年が1933年を下回っているが，1938年の工業生産総額は1933年の倍以上であるため，生産額は上回っている。設問の

「生産額」に注意して判断しよう。

問6． イ．正文。

ア．誤文。官営八幡製鉄所の設立（1897年）は明治時代である。

ウ．誤文。新日本製鉄の設立（1970年）は戦後である。

エ．誤文。傾斜生産方式の閣議決定（1946年）は戦後である。

オ．誤文。川崎製鉄の銑鋼一貫工場建設（1953年）は戦後であり，1930年代には「通商産業省」は存在しない。

問7． ア・エ．誤文。史料〔C〕は国家総動員法である。「第二次世界大戦終結までの日本経済の状況」でないものを選択するので，戦後である1ドル＝360円の単一為替レートの設定や過度経済力集中排除法の制定が該当する。

問9． ア・ウ・オが正解。1938年以降の出来事を選択する。国家総動員法の制定は1938年（第1次近衛文麿内閣）で，ア．第二次世界大戦の勃発は1939年（阿部信行内閣），ウ．大政翼賛会の成立は1940年（第2次近衛文麿内閣），オ．日ソ中立条約は1941年（第2次近衛文麿内閣）の出来事であり，内閣と関連付けて確認しよう。なお，イ．日独防共協定の締結は1936年（広田弘毅内閣），エ．日本の国際連盟脱退の通告は1933年（斎藤実内閣）の出来事である。

問10． エが不適。ベトナム和平協定の成立が1973年であるので，（ e ）は1971～75年にあたり，東京オリンピック開催（1964年）は池田勇人内閣の出来事である。なお，ア．日中国交正常化（1972年），イ．第1次石油危機（1973年），ウ．狂乱物価が起きる（1973年），オ．変動相場制への移行（1973年）はいずれも田中角栄内閣の出来事であり，消去法での解答も可能である。

問11． ウが不適。（ f ）は1976～80年にあたり，戦後初のマイナス成長（1974年）は田中角栄内閣の出来事である。なお，ア．日中平和友好条約の締結（1978年）は福田赳夫内閣，イ．第2次石油危機（1979年）は大平正芳内閣，エ．新東京国際空港の開港（1978年）は福田赳夫内閣，ロッキード事件（1976年）は三木武夫内閣の出来事で，いずれも安定成長期の内閣の出来事であり消去法での解答も可能である。

問12． オが正解。（ g ）は1981～85年にあたり，1985年のプラザ合意が該当する。ア．細川護熙内閣の成立は1993年，イ．平成改元は1989

年，ウ．ソ連邦解体は1991年，エ．湾岸戦争の勃発は1991年であり，いずれも1990年代前後の出来事である。

問13. やや難問。アが正解。（ h ）は1986～91年にあたり，バブル経済の時期となる。1991年5月からの景気後退であるイ．平成不況を選択する可能性もあるが，1986～91年まで続いたバブル経済が「もっとも適切」である。

問14. イが正解。消費税導入は1989年である。ア．阪神・淡路大震災は1995年，ウ．鳩山由紀夫内閣の成立は2009年，エ．京都議定書の採択は1997年，オ．リーマン=ショックは2008年の出来事であり，いずれも1990年代後半以降の出来事である。

講評

I 古代の貨幣・外交，中世の荘園をテーマとする。受験生が苦手とする産業史からの出題や，正誤問題の形式が多いが，いずれも教科書レベルの知識やそれを応用すれば判断が可能となるため，落ち着いて解答したい。

II 中世・近世の飢饉をテーマとする。いずれも選択問題であるが，問7・問8は歴史の流れを踏まえることで対応できる。なお，選択肢の文章がやや長文ではあるが，正誤判断ポイントが明確な出題が多いため，丁寧に読んで解答したい。

III 近代の恐慌をテーマとする。問2のグラフ・統計表の問題は，複雑ではないが解答に時間が必要となる。問3の組み合わせの問題は，詳細な年号理解がなくても，大まかな時系列を踏まえることで対応できる。判断に注記レベルの知識が必要な設問もあるが，多くは教科書の本文レベルの知識で判断が可能である。

IV 近現代の産業・経済をテーマとする。問3はリード文を丁寧に読むことで解答が確定する。問5のグラフの読み取り問題は，選択肢をより丁寧に読む必要がある。問6・問7・問9などは詳細な年号理解がなくても時系列を踏まえることで解答が可能である。グラフから年代を読み取り解答する問題はやや難度が高いが，例えば問10・問11など選択肢から解答を導き出すことも可能で，さらに解答をヒントにグラフの年代について見当をつけることができる。また，現代史にも目を配ろう。

世界史

I　解答

問1. ウ・オ　**問2.** ウ　**問3.** ウ　**問4.** イ
問5. イ　**問6.** エ　**問7.** エ　**問8.** ア　**問9.** ア
問10. ア・イ・オ　**問11.** エ　**問12.** ウ・エ・オ　**問13.** ア　**問14.** ア
問15. エ　**問16.** エ　**問17.** エ　**問18.** ウ　**問19.** オ　**問20.** エ
問21. ア

解説

《モンゴル帝国の交易》

問2. ア．ヴァルダマーナが前5世紀ごろジャイナ教を創始。→エ．2世紀ごろナーガールジュナが大乗仏教を体系化。→ウ．5世紀にナーランダー僧院を建立。→イ．バクティ運動は7世紀ごろ南インドから広まった。→オ．デリー=スルタン朝（1206～1526年）がインドのイスラーム化の基礎を築く。

問4. オ．陳勝・呉広の乱（前209～前208年）が起こる。→イ．前漢景帝時代に呉楚七国の乱（前154年）が起こる。→ウ．前漢武帝が均輸・平準法を実施（前110年）。→エ．王莽が新を建国（8年）。→ア．後漢光武帝が奴国の使節に印綬を授与（1世紀）。

問5. (b)カージャール朝とロシアがトルコマンチャーイ条約締結（1828年）。→(d)イラン立憲革命により国民議会が開催され憲法が制定（1906年）。→(c)ペルシアからイランへ国号を改称（1935年）。→(a)中東（バグダード）条約機構（METO）結成（1955年）。→(e)イラン=イラク戦争の勃発（1980年）。

問6. エ．誤文。エジプト革命（1952年）はナギブとナセルを中心とする自由将校団が主導した。サダトはナセルの死で1970年に大統領に就任，第4次中東戦争で石油戦略を実施，その後，エジプト=イスラエル平和条約を締結（1979年）したが，イスラーム主義者によって暗殺された。

問7. ア．誤文。『金瓶梅』は明代の口語風俗小説。
イ．誤文。蘇州は長江下流デルタ地帯の都市で絹織物工業が繁栄し経済の中心地であったが，港市ではない。

ウ．誤文。中国最初の大司教となったのはモンテ=コルヴィノ。
オ．誤文。紅巾の乱は白蓮教徒が中心となった反乱。
問 8． ア．誤文。ビスマルクの調停で開かれたベルリン会議（1878 年）で独立が国際的に承認されたのは，ルーマニア・セルビア・モンテネグロ。
問10． ウ．誤文。日本は山東半島のドイツの租借地膠州湾（青島）を占領し，さらに 1915 年，山東のドイツ権益の譲渡などを含む二十一カ条の要求を行った。
エ．誤文。日中戦争中，日本は汪兆銘を首班とする親日政権を南京に作った。
問12． ウ．誤文。清朝は乾隆帝時代の 1757 年に西洋との貿易を広州のみに限定した。
エ．誤文。大躍進政策が失敗に終わると，劉少奇が毛沢東に代わり国家主席になった。
オ．誤文。胡錦濤（国家主席 2003～13 年）が国家主席の時代の 2010 年に世界第 2 位の経済大国になった。
問13． イ．誤文。ポトシ銀山などの鉱山は先住民であるインディオの労働によって採掘された。
ウ．誤文。清で地丁銀制が導入されたのは康熙帝時代で，雍正帝時代に全国で実施された。
エ．誤文。ガーナ王国は自国の金とサハラ砂漠で採掘された岩塩を交換するサハラ縦断交易で繁栄した。
オ．誤文。交子は北宋で，会子は南宋で発行された紙幣。
問15． エ．誤文。ジャワのシャイレンドラ朝がボロブドゥール寺院を造営した。
問16． チンギス=ハンがナイマンを滅ぼした（1218 年）。→チンギス=ハンが西夏を滅ぼした（1227 年）。→オゴタイが金を滅ぼした（1234 年）。→フラグがアッバース朝を滅ぼした（1258 年）。→フビライが南宋を滅ぼした（1276 年）。
問17． エ．正文。東ティモールは 1975 年にポルトガルから独立したが，その直後にインドネシアに占領され翌 76 年に併合された。その後，2002 年に正式に独立を果たした。
ア．誤文。マレー半島のイギリス植民地が 1963 年マレーシアとして独立，

1965年にシンガポールが分離・独立した。

イ．誤文。ホー=チ=ミンがベトナム民主共和国の建国を宣言すると，フランスはこれを認めずインドシナ戦争が起きた。

ウ．誤文。国王シハヌークは1970年に親米派のロン=ノルのクーデタで追放された。中国はベトナムが反ポル=ポト派のカンプチア救国民族統一戦線を支援してカンボジアに侵攻したことを懲罰するとして中越戦争を起こした（1979年）。

オ．誤文。マレー半島のイギリス植民地が1957年にマラヤ連邦として独立，その後，1963年にシンガポール・英領ボルネオと合体してマレーシアとなった。イギリスとの戦争をへて独立したのではない。マハティールは1981～2003年までマレーシア首相を務めた人物で，日本をモデルとしたルックイースト政策のもと工業化を推進した。

問18. ウ．誤文。法学者が聖典『クルアーン』を典拠に法解釈をしたイスラーム法はシャリーア。

問19. ア．ベネディクトゥスがモンテ=カシノに修道院を創設（529年）。→イ．カールの戴冠（800年）。→オ．トマス=アクィナスが『神学大全』を著す（13世紀）。→エ．教皇の「バビロン捕囚」（1309～77年）。→ウ．イエズス会の創設（1534年）。

問20. ア．誤文。匈奴挟撃のため，張騫を大月氏に派遣したのは前漢の武帝。

イ．誤文。ソンツェン=ガンポがラサを都としてたてたのは吐蕃。

ウ．誤文。タラス河畔の戦いで唐を破ったのはアッバース朝。

オ．誤文。耶律大石は中央アジアに逃れ，カラハン朝を破ってカラ=キタイ（西遼）をたてた。

問21. イ．誤文。明の永楽帝は南京から北京に遷都した。

ウ．誤文。周は都を鎬京から洛邑に移した。

エ．誤文。太平天国は南京を占領して天京と改称した。

オ．誤文。イギリスはアヘン戦争後の南京条約で香港島を獲得し，アロー戦争後の北京条約で九龍半島南部を獲得した。

II 解答 **問1.** ウ・カ **問2.** ウ **問3.** ア **問4.** エ・オ **問5.** イ・ウ・エ **問6.** エ **問7.** オ
問8. ア・イ・ウ **問9.** ウ **問10.** イ **問11.** ア・イ・ウ・エ
問12. ア・カ **問13.** イ・オ **問14.** ウ・エ **問15.** アまたはイ
問16. エ **問17.** エ・オ

解説

《19～20世紀のアメリカ史》

問1. ア・イ．誤文。1924年の移民法は東欧・南欧からの「新移民」を制限し，日本を含むアジア諸国からの移民を全面的に禁止した。

エ．誤文。米国最初の大陸横断鉄道の建設には，アイルランド人移民と中国系のクーリー（苦力）が労働力として投入された。

オ．誤文。18世紀後半にイギリス領となり，流刑植民地となったオーストラリアでは，先住民アボリジニーが移民によって追われる事態となった。

問2. ア．誤文。クロムウェルによる征服で，アイルランドが事実上の植民地状態におかれたのは17世紀。

イ．誤文。1840年代に発生したジャガイモ飢饉により，移民が流出した。

エ．誤文。1922年に北アイルランドを除く南部諸州がアイルランド自由国としてイギリスの自治領となった。

オ．誤文。1914年にアイルランド自治法が成立したが，第一次世界大戦勃発のため，実施は延期された。

問3. ア．誤文。プロイセン=フランス戦争（1870～71年）の結果，フランスはアルザス・ロレーヌ地方をドイツに割譲した。

問4. ア．誤文。労働組合法の制定は1871年。

イ．誤文。アンボイナ事件を契機にイギリス勢力はインドネシアから撤退した。

ウ．誤文。マンチェスターは綿織物業が盛んで，その原料は大西洋三角貿易により調達された。

問5. ア．パナマ運河の完成は1914年，オ．先住民強制移住法の制定はジャクソン大統領時代の1830年。

問10. イ．誤文。ワグナー法で労働者の団結権・団体交渉権が保障された。

問11. ア．誤文。ミズーリ協定は北緯36度30分以北は自由州と定めた。

イ・ウ．誤文。ミズーリ協定の成立は1820年でリンカン政権や南北戦争勃発以前である。

エ．誤文。カンザス・ネブラスカ法の制定は1854年でミズーリ協定の後に成立した。

問13. ア．誤文。リンカンは1860年に共和党の大統領として当選した。

ウ．誤文。ゲティスバーグの戦いに敗れたアメリカ連合国軍は南軍。

エ．誤文。シェアクロッパー制度は南部で広がった小作人制度。解放された黒人の多くは小作人となった。

問14. ウ・エが正しい。リンカン大統領の在職期間は1861～65年。ウ．第1インターナショナルの結成は1864年。エ．ビスマルクの首相就任は1862年。

問15. ア・イが正しい。イ．ベートーヴェンは古典派音楽の大成者であり，またロマン主義音楽の先駆者でもある。エ．モーツァルトは古典派の作曲家。ウ．バッハ，オ．ヘンデルはバロック音楽の大成者。

問17. エ．誤り。ミレーは自然主義の画家。

オ．誤り。フェルメールは17世紀のオランダの画家。

講評

Ⅰ　モンゴル帝国の交易に関するリード文から，欧米，アジアの歴史について幅広く問われている。時期を問う問題，配列問題が7問，過不足なくすべてを選ぶ問題もあり難度を上げている。問12の中国の経済，問17の東南アジアに関する正誤選択問題は用語集レベルのやや細かい知識が問われた。

Ⅱ　19～20世紀のアメリカ史と19世紀の文化に関する大問。過不足なく選ぶ問題で得点差が開くと思われる。問7は教科書や資料集でアメリカの工業生産の推移をおさえていないと難しい。

2024年度も短文論述は出題がなく，すべてマークシート方式であった。しかし，中央大学の特徴である正文・誤文を過不足なく選ぶ問題や配列問題が多く，難度を上げている。教科書学習を徹底すること，その際，図や地図にも注意することが不可欠である。

政治・経済

I 解答

問1. ①ブライス ②92 ③団体自治 ④住民自治 ⑤二元 ⑥95 ⑦1999 ⑧法定受託事務 ⑨行政 ⑩3割（4割も可）

問2. トクヴィル **問3.** 地方自治法

問4. 監査請求：1万2千人 議員・長（首長）の解職請求：20万人

問5. C **問6.** B **問7.** 小泉純一郎 **問8.** ふるさと納税 **問9.** B

問10. 50パーセント

解説

《地方自治》

問1. ⑩ かつては自主財源が3～4割程度であったことから，3割自治（4割自治とも）と呼ばれる。

問2. トクヴィルが正解。『アメリカの民主政治』は非常に有名な彼の著作である。ブライスとセットで覚えよう。

問4. やや難。監査請求は，有権者の$\frac{1}{50}$以上の署名が集まればよいので

60万人÷50＝1.2万人

となる。1万2千人が正答。

次に解職請求であるが，この場合，基本的には有権者の$\frac{1}{3}$以上の署名が必要であるが，有権者数が40万人を超える場合は，80万人以下の部分についてはその$\frac{1}{6}$，80万人を超える部分についてはその$\frac{1}{8}$が必要とされている。本問で与えられている有権者数は80万人なので，①0～40万人までの分と，②40～80万人（つまり40万人を超えた分の40万人）に場合分けして計算を行う必要がある。①の場合は通常通り$\frac{1}{3}$をかけ，②の場合$\frac{1}{6}$をかけ，それぞれを足し合わせればよい。

$$40\times\frac{1}{3}+40\times\frac{1}{6}=\frac{40}{3}+\frac{40}{6}=\frac{(80+40)}{6}$$

$$=\frac{120}{6}=20\text{ 万人}$$

と算出することができる。

問5． Cが正解。戸籍事務や生活保護は法定受託事務に属する。

問6． Bが正解。自動車税や不動産取得税，地方消費税は都道府県税に属する。

問7． 小泉純一郎が正解。2002年の小泉政権の閣議決定に基づいて，補助金の削減，税源移譲，地方交付税の見直しを柱とする三位一体の改革が行われた。

問8． ふるさと納税が正解。寄付に対してはその地方の特産品などが返礼品としてもらえるのが一般的だが，返礼品をめぐる自治体間の競争の激化などが問題になっている。

問10． 50パーセントが正解。総務省の発表によると，2019年4月時点で，この基準を超えた限界集落は過疎地域の集落の約3割にあたる。

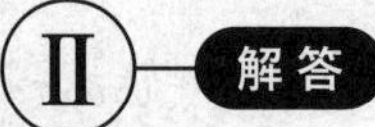

問1． ①終身　②年功序列　③企業　④平成　⑤労働者派遣　⑥ジョブ　⑦フレックス　⑧裁量

問2． C　**問3．** 団結権　**問4．** B　**問5．** C　**問6．** B

問7． 特定技能　**問8．** デジタル田園都市

解説

《日本型雇用慣行の変化》

問1． ①～③　この3つを合わせて日本型雇用慣行と呼ばれる。必ずおさえよう。

④　バブル崩壊後に起きた不況は，元号が昭和から平成に改まった直後だったので，平成不況と呼ばれる。

⑦　フレックスタイム制は，一般的にコアタイムと呼ばれる出勤が義務付けられた時間を除いて，自由に出退勤できる仕組みを指す。

問2． Cが正文。物価上昇は，通貨量が過剰であることを意味するので，狂乱物価に対し，日本銀行は公定歩合を引き上げることで，通貨量を減少させる金融引き締めを実施した。

問3． 団結権が正解。労働三権は，団結権と団体交渉権，団体行動権（争議権）である。

問4． Bが正解。2009年の日本の完全失業率は，厚生労働省の統計では5.1％である。その後，低下傾向となり，2019年には，2.4％となったが，2020年には上昇に転じ，2.8％となった。

問5． Cが正解。総務省統計局の「労働力調査（基本集計）2020年　平均結果の要約」によれば，役員を除く雇用者は5629万人，非正規雇用労働者は2090万人であることから

$$\frac{2090}{5629}\times 100 \fallingdotseq 37.1〔\%〕$$

問6． Bが正解。2022年時点の民間企業に対する障がい者の法定雇用率は2.3％である。なお，同年に障害者雇用促進法が改正され，2024年には2.5％，2026年には2.7％に引き上げられることとなっている。

問7． 特定技能が正解。改正出入国管理法によって，特定産業分野について専門知識や熟練技能をもつ外国人のための新しい在留資格として創設された。

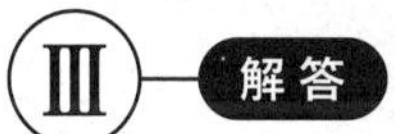

問1． A　**問2．** C　**問3．** D　**問4．** A　**問5．** B
問6． A　**問7．** B　**問8．** A　**問9．** D　**問10．** D
問11． A　**問12．** D　**問13．** D　**問14．** B　**問15．** C

解説

《金　融》

問2． Cが正解。発行市場はプライマリーマーケットとも呼ばれる。

問3． Dが正解。流通市場はセカンダリーマーケットとも呼ばれる。

問5． Bが正解。機械などの固定資産の減耗を補填するための費用を減価償却費という。

問7． Bが正解。利回りは得られる利子を債券の価格で割った割合のことである。国債などの利子の額は固定しているので，債券の市場価格が上がれば利回りは下がり，債券の市場価格が下がれば利回りは上がる。

問8． Aが正解。信用創造を考える際，当初の預金を本源的預金と言い，信用創造額と区別して扱われる。

問10． Dが正解。金利を資金の価格として考えれば，(iii)は資金供給が一定

で資金の需要が増えた場合なので，金利は上昇すると考えられる。(iv)はその逆なので，金利は低下すると考えられる。

(v)借り手の返済能力が高いのなら，リスクがそれだけ少ないため，貸し手は金利を低くしても利益が得られると考えるだろう。

(vi)借り手の返済能力が低いのなら，貸し手は貸し倒れのリスクを考えて，金利を高くすると考えられる。

問12. Dが正解。単利法であれば元金に対してのみ利子がつくため，3年間で

$100\times0.05\times3=15$ 万円

が利子としてつくと考えられる。元金の100万円と足し合わせれば，正解に至る。

問13. Dが正解。複利法であれば，元金に生じた利子も次期の元金になるため，それぞれの元金に年利5％を掛け合わせればよい。まず1年後が

$100\times1.05=105$ 万円

となる。2年後は

$105\times1.05=110.25$ 万円

となる。3年後は

$110.25\times1.05=115.7625$ 万円

と算出することができる。

問14. 72を利子で割ると，複利法での元利合計が約2倍となる年数になる「72の法則」で算出することができる。本問の場合

$72\div7\fallingdotseq10$

問15. 信用創造額は，本源的預金額を預金準備率で割った後，本源的預金額を引くことで求めることができる。本問の場合は

$4000\div0.2-4000=4000\times5-4000=1$ 億6000万円

講評

Ⅰ 地方自治について出題された。問4の直接請求権に必要な署名数は，資料集を細かな部分まで見て，計算方法の例外についても理解しておかなければ正解に辿り着けない問題であり，やや難しい。問5や問6の細かな分類については，資料集を活用して表を自分なりに作ってみるなど，覚える上での工夫が必要だろう。

Ⅱ 日本型雇用慣行の変化について出題された。問2の狂乱物価に対する日銀の対応については，物価上昇に対しては，金融引き締め政策を行うことがわかっていれば正解できる問題であった。問4の失業率や問6の障がい者の法定雇用率など，おおよその数値が頭に入っていることが好ましい。

Ⅲ 金融について出題された。問10の金利の上昇や下落については，資金需要の変化と金利の関係，リスクに対する貸し手の対応を考えれば正解できる問題であった。問12と問13の単利法と複利法については，与えられた条件を理解し，計算を続ければ正解できる問題であった。

2024年度も，概ね例年と変わりない難易度だったと言えるだろう。

数 学

I **解答** (1) $-2<x<0$ (2) 686 (3) $\dfrac{1}{4}$ (4) $\dfrac{3}{4}\pi$

(5) $\overrightarrow{\mathrm{AP}}=\dfrac{3}{10}\vec{b}+\dfrac{1}{2}\vec{c}$ (6) $\dfrac{3}{4}$

解説

《小問6問》

(1) $|x^2-2x-3|+x<3$ ……① とおく。

$x^2-2x-3=(x-3)(x+1)$ であるから

(i) $(x-3)(x+1)\geqq 0$ すなわち $x\leqq -1$, $3\leqq x$ のとき，①から

$$(x^2-2x-3)+x<3$$

整理して

$$x^2-x-6<0$$

よって，$(x-3)(x+2)<0$ より

$$-2<x<3$$

$x\leqq -1$, $3\leqq x$ であることに注意して

$$-2<x\leqq -1 \quad \cdots\cdots②$$

(ii) $(x-3)(x+1)<0$ すなわち $-1<x<3$ のとき，①から

$$-(x^2-2x-3)+x<3$$

整理して

$$x^2-3x>0$$

よって，$x(x-3)>0$ より

$$x<0,\ 3<x$$

$-1<x<3$ であることに注意して

$$-1<x<0 \quad \cdots\cdots③$$

(i), (ii)より，②または③を満たす x の値の範囲を求めて

$$-2<x<0$$

(2) $n(U)=2000$ である。このとき

$$1000=5\times 200,\ 1000=7\times 142+6$$

より

$$n(A)=200,\ n(B)=142$$

また，$A\cap B$ の要素は，5と7の公倍数である35の倍数より

$$1000=35\times 28+20$$

$$n(A\cap B)=28$$

このとき

$$n(A\cup B)=n(A)+n(B)-n(A\cap B)=200+142-28=314$$

ド・モルガンの法則 $\overline{A}\cap\overline{B}=\overline{A\cup B}$ より

$$n(\overline{A}\cap\overline{B})=n(\overline{A\cup B})=n(U)-n(A\cup B)=1000-314=686$$

(3)　千と百の位の数字は5，6，9から2つ選んで並べる順列であるから，${}_3\mathrm{P}_2$ 通りあり，その各々に対して，十と一の位の数字は78または87の2通りずつある。したがって，暗証番号の組み合わせの総数は ${}_3\mathrm{P}_2\times 2=12$ 通りあり，この中の1つの番号の組み合わせが正しい暗証番号である。

よって，無事にログインできるのは，3回とも失敗する事象の余事象であるから，求める確率は

$$1-\frac{{}_{11}\mathrm{P}_3}{{}_{12}\mathrm{P}_3}=1-\frac{3}{4}=\frac{1}{4}$$

(注)　手当たり次第に入力する際に，同じ4桁の暗証番号を複数回入力する可能性もあると考えると

$$1-\left(\frac{11}{12}\right)^3=1-\frac{1331}{1728}=\frac{397}{1728}$$

(4)　三角関数の加法定理から

$$\tan(\alpha+\beta)=\frac{\tan\alpha+\tan\beta}{1-\tan\alpha\tan\beta}=\frac{2+3}{1-2\times 3}=-1$$

$0<\alpha<\dfrac{\pi}{2}$，$0<\beta<\dfrac{\pi}{2}$ より

$$0<\alpha+\beta<\pi$$

ゆえに

$$\alpha+\beta=\frac{3}{4}\pi$$

(5)　$2\overrightarrow{\mathrm{AP}}+3\overrightarrow{\mathrm{BP}}+5\overrightarrow{\mathrm{CP}}=\vec{0}$ の左辺を $\overrightarrow{\mathrm{AP}}$，$\vec{b}$，$\vec{c}$ で表すと

$$2\overrightarrow{\mathrm{AP}}+3\overrightarrow{\mathrm{BP}}+5\overrightarrow{\mathrm{CP}}=2\overrightarrow{\mathrm{AP}}+3(\overrightarrow{\mathrm{AP}}-\overrightarrow{\mathrm{AB}})+5(\overrightarrow{\mathrm{AP}}-\overrightarrow{\mathrm{AC}})$$

$$=10\overrightarrow{\mathrm{AP}}-3\vec{b}-5\vec{c}$$

よって

$$\overrightarrow{AP}=\frac{3}{10}\vec{b}+\frac{1}{2}\vec{c}$$

(6)　B を定数として

$$B=\int_0^2 f'(t)\,dt \quad \cdots\cdots ①$$

とおくと，与えられた関数 $f(x)$ は

$$f(x)=Bx^2+Ax \quad \cdots\cdots ②$$

と表される。このとき，$f(1)=1$ より

$$A+B=1 \quad \cdots\cdots ③$$

また，①，②から

$$B=\int_0^2 f'(t)\,dt=\Big[Bt^2+At\Big]_0^2=2A+4B$$

よって

$$B=-\frac{2}{3}A \quad \cdots\cdots ④$$

したがって，③，④を連立して A，B を求めると

$$A=3,\ B=-2$$

このとき

$$f(x)=-2x^2+3x=-2\left(x-\frac{3}{4}\right)^2+\frac{9}{8}$$

ゆえに，$f(x)$ が最大になる x の値は

$$x=\frac{3}{4}$$

II　**解答**　**(1)**A国：$\left(\frac{24}{25}\right)^n x$　B国：$\frac{1}{2}\left(\frac{27}{25}\right)^n x$

(2)　n 年後に初めてB国のGDPがA国のGDPより大きくなるとすると，(1)より

$$\frac{1}{2}\left(\frac{27}{25}\right)^n x>\left(\frac{24}{25}\right)^n x$$

となる最小の整数 n の値を求めればよい。

$$\frac{1}{2}\cdot\frac{3^{3n}}{5^{2n}}\cdot x>\frac{3^n\cdot 2^{3n}}{5^{2n}}\cdot x$$

$x>0$ より

$$3^{2n}>2^{3n+1}$$

両辺の常用対数をとって

$$2n\log_{10}3>(3n+1)\log_{10}2$$

$$(2\log_{10}3-3\log_{10}2)n>\log_{10}2$$

したがって

$$n>\frac{\log_{10}2}{2\log_{10}3-3\log_{10}2}=\frac{0.3010}{0.9542-0.9030}=\frac{0.3010}{0.0512}=5.8\cdots$$

この不等式を満たす最小の整数 n は6である。

ゆえに，6年後　……(答)

解説

《等比数列，常用対数》

(1)　A国の今年のGDPが x であり，1年ごとに4％ずつGDPが減少するから，1年後のGDPは $\left(1-\frac{4}{100}\right)x$，2年後のGDPは $\left(1-\frac{4}{100}\right)^2x$ となる。

よって，A国の n 年後のGDPは

$$\left(1-\frac{4}{100}\right)^nx=\left(\frac{24}{25}\right)^nx$$

また，B国の今年のGDPは $\frac{x}{2}$ であり，1年ごとに8％ずつGDPが増加するから，1年後のGDPは $\frac{1}{2}\left(1+\frac{8}{100}\right)x$，2年後のGDPは $\frac{1}{2}\left(1+\frac{8}{100}\right)^2x$ となる。

よって，B国の n 年後のGDPは

$$\frac{1}{2}\left(1+\frac{8}{100}\right)^nx=\frac{1}{2}\left(\frac{27}{25}\right)^nx$$

(2)　常用対数の頻出問題の1つ。常用対数の近似値計算の際，ケアレスミスなく完答しておきたい。

III ― 解答

(1)　$y=x^2-2x$ より，$y'=2x-2$ であるから，曲線 C 上の点 $P_n(a_n,\ a_n{}^2-2a_n)$ における接線の方程式は

$$y-(a_n{}^2-2a_n)=(2a_n-2)(x-a_n)$$

$$y=(2a_n-2)x-a_n^2$$

この接線と x 軸との交点の座標が $(a_{n+1},\ 0)$ であるから

$$0=(2a_n-2)a_{n+1}-a_n^2$$

が成り立つ。$a_n>1$ より，$2a_n-2>0$ である。

よって

$$a_{n+1}=\frac{a_n^2}{2(a_n-1)}\quad\cdots\cdots(答)$$

(2) $b_n=\dfrac{a_n-2}{a_n}$ $(n=1,\ 2,\ 3,\ \cdots)$ とおく。これと(1)の結果を用いて

$$b_{n+1}=\frac{a_{n+1}-2}{a_{n+1}}=\frac{\dfrac{a_n^2}{2(a_n-1)}-2}{\dfrac{a_n^2}{2(a_n-1)}}=\frac{a_n^2-4a_n+4}{a_n^2}=\left(\frac{a_n-2}{a_n}\right)^2$$

ゆえに　$b_{n+1}=b_n^2$　$\cdots\cdots$(答)

(3) $b_{n+1}=b_n^2$ $\cdots\cdots$① とおく。

底を2とする対数を考えると，①より

$$\log_2 b_{n+1}=2\log_2 b_n$$

$a_1=4$ から

$$b_1=\frac{a_1-2}{a_1}=\frac{1}{2}$$

$$\log_2 b_1=\log_2\frac{1}{2}=-1$$

よって，数列 $\{\log_2 b_n\}$ は初項-1，公比2の等比数列であるから

$$\log_2 b_n=-2^{n-1}$$

ゆえに　$b_n=2^{-2^{n-1}}$　$\cdots\cdots$(答)

解説

《微分法と接線，漸化式》

(1) 微分法を用いた接線の方程式と x 軸との交点に関する設定から a_{n+1} と a_n の漸化式を作る問題である。

(2) $b_n=\dfrac{a_n-2}{a_n}$ とすると，$b_{n+1}=\dfrac{a_{n+1}-2}{a_{n+1}}$ である。これに(1)の結果を代入すればよい。

(3) ①は両辺の対数をとるタイプの漸化式である。入試としては頻出問題

といってよいが，文系受験生だと演習経験の有無で差がつく問題かもしれない。

講評

Ⅰ　6つの小問からなり，すべて基本的な問題。どの問題も教科書傍用問題集や入試演習書で類似問題の演習経験があるだろう。ケアレスミスが許されない問題が並んでいる。この中で(3)の確率は設定が少し目新しく誤認識をしないように気をつけたい。

Ⅱ　等比数列の文章題と常用対数を用いる問題。

Ⅲ　微分法の接線と漸化式を解く問題。類似問題の演習経験があるかないかで差が出る問題といえる。

どの問題も標準的な問題である。また，数列・漸化式を含む問題は中央大学の頻出問題である。しっかり対応しておきたい。

三は『平家物語』からの出題。『平家物語』は鎌倉時代に成立した軍記物語で、平家の栄華と没落、武士階級の台頭などが描かれている。登場人物についての知識があればあらすじがたどりやすかっただろう。とはいえ、どの設問も、基本的な古文単語の知識や文法事項の知識があれば、正解に到達することは難しくなく、標準的なレベルである。

打て、殴れ)」と客人の前で言っていることがわかるので、Aが正解である。

問五 傍線に続く部分に「思ひあなづつて」とあり、これは〝侮って、軽蔑して〟の意であり、主語は「平家の人ども」である。仲綱から名馬を取り上げ、馬に「仲綱」と名付けて馬鹿なことをしたからといって、仲綱たちに何ができるだろうか、という意味であるので、正解はEである。

問六 「きこえし」は〝理解できる〟の意のヤ行下二段動詞「きこゆ」の連用形「きこえ」に過去の助動詞「き」の連体形「し」が接続したものであるので、〝後になってわかった〟の意になる。さらに、傍線の直前には「わたくしには思ひもたたず、宮をすすめ申したりける」とあり、「わたくし」とは〝個人的なこと〟の意であり、「宮をすすめ申したりける」とは〝高倉宮を(平家討伐に)誘い申し上げた〟の意であるので、正解はBである。

講評

大問三題で、一と二が現代文、三が古文の構成。試験時間は六十分。

一は内山節『子どもたちの時間』からの出題。子どもたちをとりまく現代の常識と考えられている習慣を解き明かし、近代化していく中で我々が失いつつあるものを、子どもの側からではなく、大人の時間のとらえ方の変化から描くことで明らかにした評論である。どの設問も標準的レベルであり、本文の記述を手がかりにして正解を見出せばよい。

二は橋本治『完本 チャンバラ時代劇講座』からの出題。サイレント映画に始まり、ミュージカル仕立ての総天然色のチャンバラ映画まで、チャンバラ時代劇と言われるもののおもしろさとそのくだらなさの本質について論じた評論である。設問は、総じて標準レベルであるが、問一は標準からやや難であり、空欄の前後の内容に目を向けると正解を見出すことができる。問五も標準からやや難レベル。本文に即し、各段落から根拠を見出しながら、選択肢を吟味する必要がある。

うことなら、命が生きながらえても仕方がない。（平家を討つ）機会をうかがうことにしよう」と言って、私事としては（平家討伐を）思い立たないで、高倉宮にすすめ申し上げたのだと、後になってわかった。

解説

問一　(1)の「世にあれ」は〝世の中〟の意の名詞「世」に格助詞の「に」とラ変動詞「あり」の已然形「あれ」が接続したものであり、〝時めいている〟の意になるので、正解はCである。

(2)の「すぞろに」はナリ活用の形容動詞「すぞろなり」の連用形で〝むやみ、やたら〟の意であるので、正解はAである。

(4)は、「ばや」は願望の意の終助詞で〝～たいものだ〟の意であるから、正解はCである。

(5)の「さらん」は副詞「さ（＝そう）」にラ変動詞「あり」の未然形「あら」や推量の助動詞「む」の連体形の撥音便「ん」が接続したものであり、〝そのような〟という意である。「力なし」はク活用の形容詞の終止形で、〝仕方がない〟の意であるから、正解はDである。

問二　助動詞「れ（終止形は「る」）」・「られ（終止形は「らる」）」には、受身（「～に」があることが多い）・尊敬（身分の高い人が主語）・自発（感情を表す動詞につくことが多い）・可能（打消表現とともに用いられ不可能の意になる）の意味があるが、それぞれの主語を見てみると(3)は馬、(6)・(8)は宗盛、(10)は仲綱であるので、正解はBである。

問三　「こはう」は〝ほしがる〟の意のハ行四段活用の動詞「こふ」の未然形「こは」に推量の助動詞「む」の連体形が接続した「こはむ（＝ほしがるもの）」がウ音便化したものである。「やある」の「や」は疑問・反語の意味の係助詞であるから、正解はDである。

問四　問題文を読むと仲綱は、宗盛に自分の名馬を所望され、断り切れずに差し出したが、宗盛が「やがて主が名のりを、金焼にせよ（＝すぐさま持ち主の名前（＝仲綱）を、金焼にして焼きつけろ）」と命じ、「その仲綱めに、鞍おいてひきだせ、仲綱め乗れ、仲綱め打て、殴れ（＝その仲綱めに、鞍を置いて引き出せ、仲綱めに乗れ、仲綱めに（鞭で）

いことを言うのは、よくよく考えるべきものである。

具体的に説明すると源三位入道の嫡子の、仲綱のもとに、都で評判の名馬がいる。鹿毛の馬で、他に並びなき逸物で、乗り心地や走り具合や気性は、他にあるとも思えない（ほどの名馬であった）。名を木の下と呼ばれていた。前右大将はこれを伝え聞いて、仲綱のもとに使者を立て、「評判の名馬を、見たいものです」とおっしゃって遣わしなさったところ、伊豆守（＝仲綱）の返事には、「そのような馬は持っておりましたが、近頃あまりに、乗りすぎて疲れさせてしまいましたので、しばらく休養させようと、田舎へ遣わしています」。「そういうことなら仕方がない」と言って、その後は連絡もなかったのを、数多く居並んでいた平家の侍たちが、「ああその馬は、一昨日まではいましたのに」「昨日もいました」「今朝も庭で乗っていました」などと申したので、「それでは惜しんでいるのだな。憎らしい、所望せよ」と言って、侍に馬で駆けて行かせ、手紙などでも、一日のうちに、五、六度、七、八度など、要求されたので、三位入道がこれを聞いて、伊豆守をよび寄せ、「たとえ黄金を丸めて作った馬であっても、それほど人のほしがるものを、惜しむということがあろうか。すみやかにその馬を、六波羅へ遣わせ」とおっしゃった。伊豆守はどうすることもできず、一首の歌を書き添えて、六波羅へ遣わした。

恋しいのなら戻ってくるがよい。我が身に寄り添う影のような鹿毛の馬をどうして手放すことができようか。

宗盛卿は、歌の返事をなさらないで、「すばらしい馬だ。馬はほんとうによい馬であることだ。しかし、あまりに馬の主が惜しむのが憎いので、すぐさま持ち主の名前を、金焼にして焼きつけろ」と言って、仲綱という金焼をして、厩にお置きになった。客人が来て、「評判の名馬を、見たいものです」と申したので、「その仲綱めに、鞍を置いて引き出せ、仲綱めに乗れ、仲綱めに（鞭で）打て、殴れ」などとおっしゃったので、伊豆守がこれを伝え聞いて、わが身にかえてもと大切に思う馬だが、権力ずくで、取られることだけでも悔しいのに、馬のために仲綱が、天下の物笑いの種となっていることが耐えられないと思って、大いにお怒りになったところ、三位入道がこれを聞いて、伊豆守に向かって、「（仲綱に無礼な振る舞いをしても）何事があるだろうかと、侮って、平家の者どもが、そのような馬鹿なことを言うらしい。そうい

〝何か〟を刺激する、大人の物真似」、第二段落に「子供の持つ〝演技本能〟を満足させるような遊び」とあるので、本文と合致している。

イは「最もよく」とあるが、荒木又右衛門は宮本武蔵、佐々木小次郎に次いで三番目であるから合致していない。

ウは「子供の純粋さを引き出すことで」とあるが、第十六段落の八行目に「娯楽というものは、大人である今の自分が素直に楽しめるようなものであるのが本当だ」とあるので合致していない。

エは最後から三段落目の終わりに「チャンバラごっこから抜け落ちている部分には、大の大人が喜ぶような通俗の塊というものがひそんでいる」とあるので、本文と合致している。

出典　『平家物語』〈巻第四〉

解答

問一　(1)―C　(2)―A　(4)―C　(5)―D

問二　B

問三　D

問四　A

問五　E

問六　B

全訳

そもそも源三位入道（＝源頼政）は、何年もの間（おとなしく）暮らしていたので（無事に）暮らせていたのに、今年どういう気持ちで、謀反を起こしたのかというと、平家の次男で、前右大将宗盛卿が、してはならないことをなさった（のである）。そうだから平家が栄えているからといって、むやみやたらにしてはならないことをしたり、言ってはならな葉を使うことで、大人という存在そのものの在り方と、大人がいい加減でいられるという事実から、逃げることがあってはならない。

解説

問一　標準～やや難。

(1)は前の行に「見た目だけですぐ『あれだ！』と分からなければヒーローにはなりえません」とあるので、そういう格好にふさわしいのはDの「大仰」である。

(3)はこうした考え方をする人は「楽しい気分を味わ」うことがなく、「間違って」真面目な人、何か目的があって「禁欲的」な人、遊ぶだけの金銭的な「余裕の持てない」人とされている。この内容に合うのはEの「偏狭」である。

問二　傍線がある段落の〝荒木又右衛門〟の例を見ると「『エイッ！』と言って、額に差してある木の枝を敵に投げつけたら、投げつけられた子供は死ななければいけません」とあるので、正解はBである。

問三　ここでいう〝大人〟とは「大衆とか娯楽とか通俗と言われるようなものの中に平気でいられるものであって、それを『子供騙し』と言って斥け」ない存在であるから、「大人の持つ〝いい加減さ〟からの、大人はいい加減であらねばならない、いい加減であれてこそ初めて人間は大人であるという、大人といい加減さに関して」「積極的に肯定」する存在であるから、正解はEである。

問四　第二段落に「チャンバラごっこというのは」「子供の〝闘争本能〟を満足させるものでは、実はなくて」「ドラマを真似ることによって、子供の持つ〝演技本能〟を満足させるような遊び」とあるが、これは空欄を含む一文と同じ内容である。よって空欄には「〝闘争本能〟を満足させる」にあてはまる「暴力衝動の発散」が入ることになるので、正解はCである。

問五　標準～やや難。

アは第四段落に「大人の一生懸命さというのは、子供にとっては〝面白そうな何か〟」、第五段落に「見る側の子供の

問七 **ア**は「さまざまな価値観を体系化することで個は確立される」とあるが、第十一段落に「ヨーロッパの思想史では、個人という観念は、つねに群衆という概念とセットになって展開されてきた」とあり、本文とは合致していない。
イは第四段落を読むと「戦後」のことであることがわかるので、合致していない。
ウは最後から四つ目と五つ目の段落の内容と合致している。
エは第九段落の内容や最後から四つ目の段落の内容と合致している。
オは「遊びという創造的主体を育む活動を通じて解き放たれる」とあるが、第二十段落に「家族のなかでも、地域のなかでも、子どもの仕事があった。その合い間に、子どもたちは遊びの世界をつくりだしてもいた。そうやって自分の役割をもちながら、自分の生きる世界を創造していく人間でもあった」とあるように、本文とは合致していない。

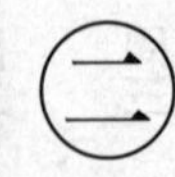

出典 橋本治『完本　チャンバラ時代劇講座1』〈第二講　これが通俗だ！〉（河出文庫）

解答

問一 (1)―D　(3)―E
問二 B
問三 E
問四 C
問五 **ア**―A　**イ**―B　**ウ**―B　**エ**―A

要旨

チャンバラごっことは、チャンバラ映画を見て来た子供達がその真似をする遊びであり、子供の〝闘争本能〟を満足させるものではなくて、ドラマを真似ることによって、子供の持つ〝演技本能〟を満足させるような遊びであった。チャンバラ映画を語るのに、〝子供騙し〟という言葉があり、これは大変便利であるが、通俗を語るのに〝子供騙し〟という言

解説

問二　第五段落に「カントは、科学的な方法を用いて認識し、到達できる世界と、この方法では到達できない世界を区別し」とあり、続く第六段落に「人間の死が物理的な死と同一視され、人間にとって死とは何かを考える力が失われてしまい、知の頽廃を招く」とあるので、そこを手がかりにすると、正解はDである。

問三　傍線の前に「すなわち」とあるので、ここは前の部分を言いかえているはずである。同じ段落の一行目に「生産力の歴史や自然科学の歴史としてとらえれば、歴史は進歩してきた」「しかし、歴史を自然環境の変化史としてみたら「ここでみえてくるものは、間違いなく退化の歴史であろう」とあるので、正解はDである。

問四　傍線のある段落の前の段落に「西欧近代の思想は、この社会の中世以来の伝統である神と人間の関係から生まれた発想を、近代に入って社会のレベルで再構成し、質的転換をはかるかたちでつくりだされた」そして「その発想を、社会や歴史、国家といったものと人間の関係を考察する方法として用いながらつくられていった」「だからこの思想は、西欧特有なローカル思想以上のものではないのである」とあるので、正解はBである。

問五　傍線のある段落の三つ前の段落から見ていくと、以前の子どもたちは「子どものままで自分の存在をつくりだしていく、第二の時間軸をもあわせもって」おり、そこで「自分の役割をもちながら、自分の生きる世界を創造して」いったが「戦後の教育システムが完成していくにしたがって、子どもたちは、未来への時間の比重を高めていくようになる」とあるので、正解はCである。

問六　傍線のある段落の前の段落から順に見ていくと「もしも効率的に学んでいくシステムをつくりだそうとすれば、結論や結果が確立しているものを学ばせていくのが、一番手っ取り早いことになる」「それは、相対的なひとつの思考様式にすぎない科学的な思考様式への依存を高めることになった」「教育や子どもの成長を、科学的合理性からとらえる視点を高めていった。そして」「科学的合理性は疑いをいだかれることもなく肯定されていた」とあるので、正解はCである。

国語

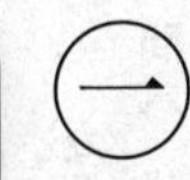

一

出典　内山節『内山節著作集11　子どもたちの時間』〈「学び」の時間と空間の再構成〉（農山漁村文化協会）

解答

問一　(1)－A　(4)－C　(6)－C　(8)－B　(10)－D

問二　D

問三　D

問四　B

問五　C

問六　C

問七　**ア**－B　**イ**－B　**ウ**－A　**エ**－A　**オ**－B

要旨

戦後の日本社会に定着した近代思想は日本的に作り変えられ、無条件に崇拝されてきた。その結果、効率的な学びを重視する戦後の教育システムが完成していくにしたがって、未来への時間の比重を高め、現在という時間は未来への経過的な時間として力を発揮するようになった。子どもたちにとっては、創造されていく現在が喪失し、現在は未来のために利用されて使い捨てられるものへと意味が変わったのである。同時に、自分が生きていく時間を創造する人間から、過ぎ去る時間の効率的な消費によって未来を獲得しようとする人間へと、人間の存在の在り方が変容したのである。

一般方式・英語外部試験利用方式・共通テスト併用方式：経済学部2月15日実施分

経済学科，国際経済学科

問 題 編

▶試験科目・配点

〔一般方式〕

教　科	科　　　　目	配　点
外国語	コミュニケーション英語Ⅰ・Ⅱ・Ⅲ，英語表現Ⅰ・Ⅱ	150点
選　択	日本史B，世界史B，政治・経済，「数学Ⅰ・Ⅱ・A・B」から1科目選択	100点
国　語	国語総合（漢文を除く）	100点

▶備　考

「数学B」は「数列，ベクトル」から出題する。

〔英語外部試験利用方式〕

一般方式の「国語」および「地理歴史・公民」または「数学」の得点(200点満点）と各検定試験のスコアを換算した得点（150点満点）を合計して合否を判定する。

〔共通テスト併用方式〕

大学入学共通テストの得点（2教科2科目，200点満点）と一般方式の「数学」の得点（150点満点に換算）を合計して合否を判定する。

英　語

（90分）

I　次の各英文の下線部について，もっとも意味が近いものを①～④の中から一つずつ選び，その番号をマーク解答用紙にマークしなさい。（10点）

(1)　The government is trying to find a way to <u>include</u> the local community in this project.

①　involve　②　insult　③　interfere　④　increase

(2)　It will take a <u>communal</u> effort to tackle the problem of air pollution.

①　collective　②　confident　③　costly　④　corrective

(3)　New species of fish that <u>dwell in</u> the deepest part of the ocean have been discovered.

①　resist　②　explore　③　inhabit　④　protect

(4)　Lisa's job performance has <u>exceeded</u> our expectations.

①　limited　②　met　③　disappointed　④　surpassed

(5)　<u>Defying</u> the odds is at the heart of what it means to be human.

①　Calculating　②　Improving　③　Reducing　④　Confronting

Ⅱ　次の各日本文と英文がほぼ同じ意味になるように，空所に入るもっとも適切なものを①～④の中から一つずつ選び，その番号をマーク解答用紙にマークしなさい。

（10点）

(6)　誰を派遣するかという問題はまだ解決していない。

The question of who will be sent is still (　　　).

①　unfounded　②　unsettled　③　untroubled　④　unoccupied

(7)　君は何を根拠にそう主張したのですか。

On what (　　　) did you make that claim?

①　place　②　number　③　roof　④　basis

(8)　第2会議室は来月は使用できません。

Meeting Room 2 will not be (　　　) next month.

①　available　②　reserved　③　orderly　④　closed

(9)　この物質の存在を知る者は誰もいなかった。

Nobody was aware of the (　　　) of this substance.

①　absence　②　essence　③　dependence　④　existence

(10)　旅行者用の安い宿泊施設の不足は深刻な問題です。

A shortage of cheap (　　　) for tourists is a serious problem.

①　commodities　②　compositions

③　accommodations　④　accomplishments

Ⅲ　次の各組の英文がほぼ同じ意味になるように，空所に入るもっとも適切なものを①～④の中から一つずつ選び，その番号をマーク解答用紙にマークしなさい。(10点)

(11) According to the radio news, the rumor of his resignation is not true.
The radio news (　　　　) the rumor of his resignation.

① proved　② suspected　③ denied　④ found

(12) Seeing her long-lost daughter, Mary was moved to tears.
Mary was moved to tears at the (　　　　) of her long-lost daughter.

① sight　② face　③ back　④ mention

(13) You need permission from the author in order to reprint this essay.
In order to reprint this essay, you need the author's (　　　　).

① advertisement　② consent
③ order　④ inspiration

(14) In yesterday's competition, her skating was perfect.
In yesterday's competition, she skated (　　　　).

① aimlessly　② recklessly　③ carelessly　④ flawlessly

(15) Sometimes it is difficult to get along with people who are like us.
Sometimes, we have trouble getting along with people that (　　　　) us.

① despise　② resemble　③ impress　④ monitor

Ⅳ 次の各日本文とほぼ同じ意味になるように，かっこ内の語を並び替えてもっとも自然な英文を完成させるとき，かっこの中で3番目と5番目にくるものを選び，その番号をマーク解答用紙にマークしなさい。(20点)

⒃ この国にあなたがこれほど長く住むことになるとは想像もしていなかった。

Never had (① imagined ② I ③ would ④ you ⑤ that ⑥ be) living in this country for such a long time.

⒄ 隣家のパーティがうるさくて，朝4時ごろまで寝付けませんでした。

The noise from the party (① until ② door ③ me ④ kept ⑤ up ⑥ next) about 4 o'clock in the morning.

⒅ その顧客を失ってから，上司はずっと機嫌が悪いです。

My boss has been (① mood ② since ③ rotten ④ in ⑤ a ⑥ ever) we lost that client.

⒆ 子供のころは，歌詞を気にせずよく歌を聞いていました。

When I was a child, I often (① attention ② to ③ songs ④ paying ⑤ without ⑥ listened) to their lyrics.

⒇ 夜9時以降は食べるのを我慢したほうが賢明です。

It's always a good (① refrain ② to ③ idea ④ eating ⑤ from ⑥ after) 9 p.m.

V 次の英文の意味が通るように，(21)〜(25)の空所に入るもっとも適切なものを①〜④の中から一つずつ選び，その番号をマーク解答用紙にマークしなさい。(10点)

It's difficult to have a discussion with somebody when you're talking about a controversial issue and the two of you have strong and opposing views. Such discussions can become heated very quickly, and in order to (21) the quality of these discussions, it's extremely important to avoid two types of statements.

The first type of statement to avoid is a vague assertion of expertise on the topic that is being discussed. Statements such as "I happen to know a lot about this issue" and "I've been studying this issue for years" are completely (22) since they don't introduce specific evidence or reason, and they often strike listeners as displays of arrogance. Given the emptiness of these types of statements, one would think that they would be relatively rare, but our experiences tell us otherwise. Without a doubt, most of us have been subjected to this type of utterance while in the midst of discussion or debate, and only the most (23) among us can bear such utterances without getting at least a little bit irritated.

Even worse than assertions of expertise are personal attacks, and these almost always change discussions into arguments. One (24) absolutely nothing by telling another that "you don't know what you're talking about," or "you obviously haven't studied this issue." You certainly can't win a debate with that type of insult. On the other hand, such insults can easily lead to the end of a friendship, or perhaps a relationship at work that is now in need of (25). Thus, to state the obvious, when discussing any issue, attacks of a personal nature should be avoided at all costs.

Generally speaking, people cling strongly to their opinions, and therefore some people attempt to avoid having discussions on serious topics with those who they know think differently. I don't think that this type of avoidance is necessary. But when you do discuss difficult issues, you should definitely use common sense and do your utmost to avoid irritating as well as insulting language.

(21) ① assess ② lessen ③ maximize ④ suppress

(22) ① uncommon ② unenforced ③ unintentional ④ unhelpful
(23) ① energetic ② hostile ③ noble ④ resentful
(24) ① achieves ② harms ③ exhausts ④ appreciates
(25) ① collapse ② offense ③ permission ④ repair

Ⅵ 次の各組の会話文において，空所に入るもっとも適切なものを①～④の中から一つずつ選び，その番号をマーク解答用紙にマークしなさい。(20 点)

(26)

A: Alice, I bought the chocolate chip cookies you asked for. Here.

B: What? Why did you buy these?

A: What do you mean?

B: I specifically asked you to buy Shumaker's Chocolate Chip Cookies. Don't you remember?

A: No, I don't. Anyway, just try these. I'm sure they're fine. I mean, chocolate chip cookies are all pretty much the same, aren't they?

B: Not really. I've had these before and they're horrible. Go ahead and eat them yourself!

A: Why are you getting so angry about cookies?

B: It's not really the cookies I'm angry about. (   ).

A: I don't understand.

B: The problem is that you never pay attention when I'm talking. Your mind is always on something else.

① I find these cookies to be more than satisfactory
② I would have bought these myself if I had done the shopping
③ It's actually my fault
④ It's a more general issue

(27)

A: Susan, you are so good at using chopsticks!

B: Yeah, I should be. I've lived in Japan for more than ten years.

A: You seem upset. Did I say something wrong?

B: If we were in America and I complimented you for using a fork well, would you feel happy?

A: I guess not. (　　　　　).

B: It's the same for me. I've used chopsticks every day for as long as I've lived here.

A: You eat Japanese food every day? I didn't expect that.

B: I use chopsticks when I eat other food, too. For example, I really like to use them for eating salad. It's easier than using a fork.

① I use a fork regularly, so it's not a special talent

② I don't really think about my table manners

③ I don't use a fork very often

④ I've used chopsticks since I was a child

(28)

A: Storm Valley Public Library. Brenda speaking. May I help you?

B: Yes. Tonight, there's a book signing with Tony Burton, isn't there?

A: Yes, Mr. Burton will be talking about his new book, *Journey to the Center of the Soul*, and then he'll sign copies of the book.

B: The event is scheduled to start at 8:00, isn't it?

A: Yes, that's correct.

B: I understand that you'll be selling copies of the book. Is that right?

A: Yes, it is.

B: Will you be selling the books before or after his talk? The reason I ask is that I might be a little late, and I (　　　　　).

A: That won't be a problem. Books will be on sale both before and immediately after his talk. And he'll be signing books for at least an hour.

B: That's a relief. I'll probably get there at about 8:05 or 8:10.

A: Actually, our events usually don't get started on time, so at the most you'll probably only miss a few minutes of his talk.

B: Great. Thank you.

① want to make sure that I can get a copy that he can sign

② want him to sign the book that I purchased online

③ don't really have any interest in his presentation

④ don't want to arrive and then find out that I can't afford to buy a book

(29)

A: What are you doing this weekend?

B: Nothing special. I'll probably just try to catch up on sleep. How about you?

A: Actually, I want to invite you to an event. Would you be interested in joining a workshop about traditional Japanese musical instruments?

B: (   ). When is it?

A: It's on Saturday afternoon, from one to four.

B: Where is it being held?

A: It's a free event here on campus.

B: Great! Thanks for telling me about it.

① I already know enough about that stuff

② That sounds interesting

③ I don't have the energy for that

④ I'm busy this weekend

(30)

A: Guess who I saw today?

B: Who?

A: Stephanie.

B: Your old roommate?

A: Yeah. I was shopping at Green's Department Store and there she was, looking for new shoes. Anyway, we talked for a while and I invited her over for dinner this Saturday.

B: Her husband Jack isn't coming, is he?

A: No, as a matter of fact, he's going out of town on business this weekend. That's why I invited Stephanie over. Don't you like Jack?

B: Well, I don't know. The only time I talked to him was at Archie and Gail's wedding reception.

A: Yeah, I remember seeing the two of you talking. What happened?

B: Well, you were talking to somebody else, so I went over to where he was standing and introduced myself. But a minute or so later, I made a huge mistake. I brought up the topic of art, and he proceeded to go into an incredibly lengthy monologue about all the great artwork he's produced over the years.

A: That doesn't sound like much fun.

B: No, it wasn't. He might not be a bad guy, but (　　　　　).

A: Really! Well, in that case, I'm glad he's not coming over on Saturday.

B: Not as glad as I am!

① I feel uncomfortable around people who don't like art

② I feel uncomfortable around people who constantly invade my privacy

③ at least on that day, he was extremely entertaining

④ at least on that day, he seemed like the biggest bore in the world

Ⅶ 次の英文を読み(31)～(38)の設問に答えなさい。文章は，それぞれ数段落をまとめた六つのブロックに分けられており，各ブロックの先頭には番号が付してあります。なお，＊印のついた語句には英文のあとに注があります。(30点)

[I] A couple days a week, after my parents' divorce and our move to Wichita*, Dad drove us to school in the enormous white 1970s Oldsmobile* we'd grown up with. By then it was dented and had a sagging muffler, and you could hear its diesel engine from a block away. Matt was in kindergarten and would duck down on the seat so that the kids outside the school wouldn't see him in such a jalopy*. I was in fourth grade, old enough to keep my head up for Dad's sake, but sometimes I wanted to hide, too.

Psychologists say shame developed as an evolutionary function to curb bad individual behavior that could harm the group. But modern society has a way of shaming some people for no crime other than being born. Your original sin, the one I know well, would have been being born in need of economic help.

[II] In the United States, the shaming of the poor is a unique form of bigotry* in that it's not necessarily about who or what you are — your skin color, the gender you're attracted to, having a womb*. Rather, it's about what your actions have failed to accomplish — financial success within capitalism — and the related implications about your worth in a supposed meritocracy*.

Poor whiteness is a peculiar offense in that society imbues* whiteness with power — not just by making it the racial norm next to which the rest are "others" but by using it as shorthand for economic stability. So while white people of all classes hate or fear people of color for their otherness, better-off whites hate poor whites because they are physically the same — a homeless white person uncomfortably close to a look in the mirror.

A higher percentage of people of color are poor. Meanwhile, population numbers being what they are, in the United States there are more white people in poverty than any other group. These two facts exist simultaneously and are not in competition, but the way our country talks about class and race would have you believe that only one of them can be true. For my family, the advantage of our race was embedded into our existence but hard for us to perceive amid daily economic struggle.

It (A) was hard to see in the news and pop culture, too. The books I most identified with as a child were written in the nineteenth century. I saw many white girls on television, but I rarely recognized myself in their stories. When I did see my place or people, they were usually represented as caricatures*.

[Ⅲ] To be made invisible as a class is an invalidation*. With invalidation comes shame. A shame that deep — being poor in a place full of narratives about middle and upper classes — can make you feel like what you are is a failure.

No one around me articulated these things, let alone complained about them. The worker who feels her poor circumstances result from some personal failure is less likely to have a grievance with a boss, policy, or system and is less likely to protest, strike, or demand a raise. Further, the Midwestern Catholic atmosphere that surrounded me as a child led to silence. Our sense that our struggles were our own fault, our acceptance of the way things were, helped keep American industry thriving to the benefit of the wealthy.

But the source of the shame I felt was not my own sin. It was our national disdain (B) for anyone in financial need, which is spelled out in the laws of this country.

The clearest evidence for America's contempt toward the struggling might be in its approach to welfare programs, framed by public policy and commentary as something so detestable* that my family refused to apply when they qualified.

[Ⅳ] When I was in middle school, Bill Clinton* took office and helped usher in an era of "welfare reform" that emphasized personal responsibility. Federal legislation allowed states to require that recipients pee in a cup for drug tests; sign forms pledging that they wouldn't conceive children while receiving benefits; do volunteer work to "give back" to the society they were supposedly mooching off*; have their personal information entered into databases accessed by cops; have their Social Security Numbers checked against criminal records.

With that reform, discretion in distributing funds was turned over to state governments. Some states chose to withhold money from the poor to instead fund, say, marriage workshops attended by middle-class people, in the interest of promoting family values that were surely the cure for poverty.

In 1994, California created a costly electronic fingerprinting system for welfare recipients. It was unnecessary and would lose more money in surveillance than it gained in busting fraud, experts warned, but lawmakers were more interested in sending a message than in saving money. The poor heard that message, loud and clear, across the country. For the next two decades, the number of people on welfare dropped quickly, even as need for assistance did not.

[Ⅴ] When I was an adult, the Kansas legislature passed a law forbidding using cash assistance to buy tickets for ocean cruises, as though poor people are notorious for spending weeks in the Bahamas on taxpayers' dimes. The same law limited the amount recipients could access as cash; regardless of their total monthly allotment, they could take out only $25 at a time via an ATM. It was a needless measure that benefited private banks contracting with the state, since every card swipe racked up a fee. Where once poverty was merely shamed, over the course of my life it was increasingly monetized* to benefit the rich — interest, late fees, and court fines siphoned from the poor into big banks.

Meanwhile, Americans in the late twentieth century clung to the economic promise that reward would find those who worked hard. Society told us that someone in a bad financial situation must be a bad person — lazy, maybe, or lacking good judgment.

"Get a job," Grandma would say when we saw a homeless man with a cardboard sign at a Wichita intersection.

[Ⅵ] If your life was a mess, we thought, you brought it on yourself. You got what you had coming to you. We didn't buy excuses. Either you had your act together or you didn't.

My family didn't have its act together, of course, but then plenty of middle- and upper-class families didn't either. The difference was that we stood to pay more for our errors than did wealthier Americans who made the same mistakes.

If you work every day and still can't afford what you need, is it worse to steal a little from a big store owned by billionaires than to be a billionaire who underpays his employees? Is it worse to do business under the table with a couple hundred bucks than to keep millions of dollars in an offshore bank? Is a poor alcoholic worse than a rich one? Is a poor gambler worse than a rich one?

America has an idea that people in poverty make questionable decisions, but everyone does. The poor just have less room for their errors, which will be laid bare in public for need of help. The teenager's child will eat free school lunch on the taxpayer's dime; the drunk will beg on a sidewalk; the gambler will quickly go into debt and need bailed out.

When Grandma Betty confessed to me that she'd briefly gone on welfare half a century prior, she said it in the tone of a guilty convict.

【注】Wichita：ウィチタ（アメリカ・カンザス州最大の都市）
Oldsmobile：オールズモビル（車種名）　jalopy：おんぼろ自動車
bigotry：偏見　womb：子宮　meritocracy：実力主義　imbue：吹き込む
caricature：風刺画　invalidation：無効化　detestable：憎むべき
Bill Clinton：アメリカ第42代大統領（在任1993-2001年）
mooch off：（金銭等を）たかる　monetize：収益化する

(31) ブロックⅡの下線部(A) It が指すものとして，この文脈においてもっとも適切なものを①～④の中から一つ選び，その番号をマーク解答用紙にマークしなさい。

① the way our country talks about class and race
② the advantage of our race
③ our race
④ to see in the news and pop culture

(32) ブロックⅢの下線部(B) disdain にこの文脈においてもっとも意味が近いものを①～④の中から一つ選び，その番号をマーク解答用紙にマークしなさい。

① failure
② silence
③ acceptance
④ contempt

出典追記：Heartland by Sarah Smarsh, Scribner

(33)〜(38)：それぞれ指定したブロックの内容に照らしてもっとも適切なものを①〜④の中から一つ選び，その番号をマーク解答用紙にマークしなさい。

(33) ブロックⅠ

① After her parents' divorce, the author walked to school every day.

② Matt didn't want other children to see him riding in his father's dented car.

③ Because the author was in fourth grade, she always hid when riding in her father's car.

④ According to psychologists, modern society does not shame innocent children.

(34) ブロックⅡ

① In the United States, the only basis of shaming is a person's physical characteristics.

② In the United States, wealthy white people do not dislike other white people.

③ Most poor people in the United States are people of color.

④ For the author's family, it was difficult to recognize that their race gave them an advantage.

(35) ブロックⅢ

① In the narratives of poor people, the middle and upper classes are invisible.

② People around the author seemed to feel their poor circumstances resulted from their personal failure.

③ American industry struggled because poor people accepted the way things were.

④ The author's family did not use welfare programs because they were never eligible for them.

(36) ブロックⅣ

① After Bill Clinton's reform, welfare recipients were encouraged to have babies.

② Bill Clinton's welfare reform was meant to keep poor people from giving back to society what they received as benefits.

③ Bill Clinton's welfare reform gave state governments more power to make decisions.

④ In 1994, experts warned lawmakers in California that they needed a new electronic fingerprinting system.

(37) ブロックⅤ

① Ocean cruises in the Bahamas were affordable for most poor people on welfare.

② The Kansas legislature passed a law regarding the amount of cash per month that anyone was allowed to withdraw from an ATM.

③ Limiting welfare recipients to ATM withdrawals of $25 at one time benefited private banks.

④ In late twentieth-century America, people were definitely rewarded economically if they worked hard enough.

(38) ブロックⅥ

① Consequences for the same errors tended to affect poor families more than others.

② Billionaires who underpay their employees instruct them to steal from big stores.

③ People in poverty make questionable decisions while wealthier people do not.

④ The author's grandmother briefly went to prison 50 years ago.

Ⅷ 次の英文を読み(39)～(44)の設問に答えなさい。文章は，それぞれ数段落をまとめた五つのブロックに分けられており，各ブロックの先頭には番号が付してあります。なお，＊ 印のついた語句には英文のあとに注があります。(30 点)

[I] We can probably all agree that it is good to be kind, moral to be kind, nice to be kind, but does it lead to success in life? After all, isn't kindness about putting other people's interests first? Doesn't it require self-sacrifice?

Yet consider these well-known people: James Timpson, boss of the Timpson chain of shoe repairers; Jacinda Ardern, the prime minister of New Zealand; and Gareth Southgate, one of the most successful managers that the England men's football team ever had. All three of them are clearly "winners" in their fields, and yet all put kindness at the heart of their strategies for success.

What we have found is that taking a more compassionate and apparently "softer" approach to business, politics and sports management brings positive results, not just for the benefit of people who work for them, but for their own benefit too. The traditional notion that you have to be ruthless, driven and focused on number one if you want to achieve success is being discredited.

[II] There's a growing body of scientific evidence that kind people can be winners. In 2020, I was part of a team at the University of Sussex which carried out the biggest study of its kind on public attitudes to kindness. More than 60,000 people from 144 countries chose to fill in an extensive questionnaire called The Kindness Test which was launched on the radio shows I present — *All in the Mind* on BBC Radio 4 and *Health Check* on the BBC World Service.

When asked where people saw the most acts of kindness happening, the workplace did rather well, coming third after home and medical setting both as a place where people witnessed kind acts and where kindness was truly valued. So, a place that might have the reputation as cut-throat and impersonal, where people compete for positions, is home to more empathy and consideration than you might think.

We have to bear in mind that this was a self-selecting study, and at first sight, the results of a survey conducted by a branding consultancy of 1,500 people working in the U.K. were less positive, with only one in three respondents strongly agreeing that their immediate boss was kind, while a quarter considered the leader of their organization to be unkind.

But dig a bit deeper into the results, and you find that respondents who did have kind bosses were more likely to say they would stay at their company for at least a year, that their team produced outstanding work and that their company was doing well financially. Meanwhile, 96% of the employees that took part in the survey said that being kind at work was important to them, suggesting that kindness at work does matter if an organization wants to succeed.

[Ⅲ] This idea is backed up by research from Joe Folkman, a psychometrician based in the United States (psychometrics is a branch of psychology concerned with testing and measurement). He studied the 360-degree feedback ratings* of more than 50,000 leaders and found the leaders rated by their staff as more likeable also tended to be rated highly on effectiveness. Perhaps more tellingly, scoring low on likeability and high on effectiveness was so rare that there was only a one-in-2,000 chance of it happening. Folkman also found that the businesses with likeable leaders scored higher on a whole range of positive outcomes, including profitability and customer satisfaction.

It's notable that in the field of business research, kind leadership is more often referred to as "ethical" leadership, maybe because it sounds less soft. But whatever you decide to call it, studies have shown that it can result in a more positive atmosphere at work and that employees perform better too. Positive behavior can cascade* through the workplace, as seen in a study by the organizational psychologist Michelangelo Vianello from the University of Padua in Italy. He went to a public hospital near Padua and asked nurses questions about their managers, in confidence, including the extent to which they were fair and self-sacrificing and whether they stood up for the team. Where this was true, the nurses were more likely to report a desire to do something good for someone else, to be more like their boss or to become a better person.

[Ⅳ] <u>There's evidence that even small acts of kindness and cooperation by anyone can make a difference in a workplace.</u> Within psychology there is something known as "organizational citizenship behavior." An example might be getting the printer mended, rather than leaving it broken for the next person to find, or watering the plants in the office. These actions aren't required as part of the job, but if we carry them out, the working environment is a little better for everyone.

They matter more than you might expect. In 2009, a researcher from the University of Arizona called Nathan Podsakoff synthesized* the findings of more than 150 different studies into a meta-analysis* and the results were clear. These sorts of behaviors, though small in themselves, were associated with higher job performance, productivity, customer satisfaction and efficiency.

There's one arena in life where you might think there's no advantage in being kind and that's the dog-eat-dog* world of politics. But even in politics there's evidence that a gentler or kinder style can still get you to the top, as Jacinda Ardern has shown in New Zealand. But what about more robust politicians such as Donald Trump? Doesn't his success show that a tough approach ultimately prevails?

Between 1996 and 2015, the academic Jeremy Frimer analyzed the language used by members of the U.S. Congress during floor debates. In his study, he showed that the approval ratings of congressmen and congresswomen went down when they were uncivil in their speeches in the House, and up if they were more polite and generous.

[V] More recently, Frimer's team analyzed reactions to Donald Trump's tweets (before he was banned) and they found that very few of his supporters actively "liked" his nastier tweets. The tweets didn't stop them supporting him, but they carried on doing so despite, not because of, his incivility*.

Of course, there are still plenty of examples of people who do well in life who are self-centered and unkind to others. But the point is that despite what we might see in *The Apprentice** or *Succession**, you don't have to be hard-nosed* and obnoxious* to get on in business or other highly competitive walks of life.

You can't be a winner simply through being kind of course — you need motivation, dedication and skill too — but there's more and more evidence that showing some kindness as you pursue your goal is no barrier to success.

出典追記：Does kindness get in the way of success?, BBC Future on November 25, 2022 by Claudia Hammond

【注】360-degree feedback ratings：あらゆる関係者からの評価
cascade：（滝のように）ふりそそぐ　synthesize：統合する
meta-analysis：メタ分析（複数の研究成果を統合的に分析すること）
dog-eat-dog：食うか食われるかの　incivility：無礼
The Apprentice：Donald Trump の出演するテレビ番組
Succession：アメリカのテレビ番組　hard-nosed：頑固な
obnoxious：不快な

(39)〜(43)：それぞれ指定したブロックの内容に照らしてもっとも適切なものを①〜④の中から一つ選び，その番号をマーク解答用紙にマークしなさい。

(39) ブロックⅠ

① James Timpson has yet to achieve success.

② Gareth Southgate's strategy for success includes kindness.

③ It has been found that compassion makes managers miserable.

④ It is clear that success only comes to leaders who think mainly of themselves.

(40) ブロックⅡ

① In a study that utilized a questionnaire called The Kindness Test, results revealed that empathy is essentially absent from the workplace.

② In a survey of 1,500 people conducted by a branding consultancy, most respondents indicated that they worked for organizations that had kind leaders.

③ In a survey of 1,500 people conducted by a branding consultancy, respondents with kind bosses were more likely than others to be critical of the work their teams produced.

④ Judging from the results of a survey of 1,500 people that was conducted by a branding consultancy, employees tend to value kindness at work.

(41) ブロックⅢ

① Joe Folkman's research suggests that, with regard to staff members' ratings of leaders, as likeability goes up, effectiveness goes down.

② Joe Folkman's research suggests that leaders who are seen as being not very likeable will probably not be rated highly in terms of effectiveness.

③ In the field of business research, people try not to use the term "ethical" because it sounds too soft.

④ In a study conducted by Michelangelo Vianello, nurses wanted to be better people in order to make up for the selfishness of their bosses.

(42) ブロックⅣ

① "Organizational citizenship behavior" refers to a category of actions that people take when they are following direct orders.

② Research has revealed that behavior that is meant to improve the working environment leads to lower levels of productivity.

③ In the world of politics, it is possible to rise to the top while using a relatively gentle style.

④ Jeremy Frimer found that approval ratings of American congressmen and congresswomen went down when they complimented rivals during their speeches.

(43) ブロックⅤ

① According to Jeremy Frimer's team, the majority of Donald Trump's supporters actively "liked" his nastiest tweets.

② Frimer's team found that Donald Trump's nastier tweets led many of his supporters to abandon him.

③ You will not do well in life unless you are kind.

④ Kindness is not enough to ensure that you will be a winner.

(44) ブロックⅣの中の下線部を和訳し，記述解答用紙に記入しなさい。

Ⅸ 次の日本文とほぼ同じ意味になるように，空所に語句を補って英文を完成させなさい。なお，[　　　] の中には1語のみ，(　　　) の中には3～5語を入れること。答えは，記述解答用紙の該当する欄に記入しなさい。(10点)

(45) AIの台頭に伴い，大学はわずか十年前には存在もしていなかった問題に直面することになるだろう。

With the [　　　] of AI, universities (　　　　　) that were non-existent a [　　　] ten years ago.

日本史

（60分）

I　次の文章〔A〕および史料〔B〕（原文から仮名づかい，句読点を加える等適宜修正している）を読み，下記の設問に答えなさい。（20点）

〔A〕

日本の古代①・中世の文化は，中国大陸や朝鮮半島から多くの影響をうけてきた。今日まで残る飛鳥・奈良時代の美術品の多くは外来宗教である仏教とのかかわりで造られたものである②。また，支配者層に必須の教養として漢詩文③が受容され，国家の形成・発展の経過を示すための「国史」も中国に倣って編纂された。さらに，平安時代④に日本で考案されたかな文字については，同時期のユーラシア東方の諸地域で漢字をもとにした独自の文字を考案する動きとの関連性を指摘する研究者もいる。そして，鎌倉・室町時代⑤にあっても，仏典や書物・陶磁器など，多くの文物が日本にもたらされた。

問1　下線部①について，古代の令制の官職について正しい文をすべて選び，その記号をマークしなさい。なお，適切な選択肢がない場合にはオをマークしなさい。

ア　『養老令』では，太政大臣は適任者がいなければ置かないと規定されており，そのことから「則闕の官」とも呼ばれている。

イ　『養老令』では，都には五衛府と呼ばれる，近衛府，左・右衛門府，左・右兵衛府が置かれると規定されていた。

ウ　令制では各官庁に四等官が置かれ，上から「かみ」「すけ」「じょう」「さかん」と呼ばれた。どの官庁でも「頭」「助」「允」「属」という同じ漢字が使われて，官庁の内部の序列が容易に把握できるようになっていた。

エ　太政官の事務局にあたるのが弁官である。弁官は左弁官と右弁官に分かれており，左弁官は中務省などを，右弁官は兵部省などを管轄した。

オ　ア～エのなかに適切な選択肢はない。

問2　下線部②について，この例として**あてはまらないもの**を1つ選び，その記号をマークしなさい。

ア　興福寺仏頭

イ　法隆寺夢殿

ウ　法隆寺五重塔

エ　薬師寺東塔

オ　室生寺五重塔

問3　下線部③について，勅撰の漢詩文集をすべて選び，その記号をマークしなさい。なお，適切な選択肢がない場合にはオをマークしなさい。

ア　『性霊集』

イ　『凌雲集』

ウ　『経国集』

エ　『文華秀麗集』

オ　ア～エのなかに適切な選択肢はない。

問4　下線部④について，この時代の文化に関する正しい文をすべて選び，その記号をマークしなさい。なお，適切な選択肢がない場合にはオをマークしなさい。

ア　平安時代に浄土教が流行した背景には，釈迦の死後，時間がたつと末法の世が来ると説く思想があり，当時は11世紀の中ごろから末法に入ると思われていた。

イ　10世紀中ごろ，「市聖」とも呼ばれた空也は京都の市中で念仏を説いた。そのようすは，鎌倉時代になって運慶一門の仏師である康勝によって彫像にされた。

ウ　院政期には，絵と詞書を織り交ぜて場面を進行させていく絵巻物という様式が編み出された。院政期の絵巻物の代表として，平治の乱に題材をとった『平治物語絵巻』があげられる。

エ　院政期には，後白河上皇が強い興味を持った今様だけではなく，和漢の名句を吟じる田楽や，地方農村の労働歌舞である催馬楽も貴族の間で大いに流行した。

オ　ア～エのなかに適切な選択肢はない。

問5　下線部④について，平安時代の政治史に関するできごとを起こった順に並びかえたとき，４番目に来るものを１つ選び，その記号をマークしなさい。

ア　藤原氏を外戚としない後三条天皇が即位した。

イ　左大臣源高明が失脚した。

ウ　藤原道長と藤原伊周が対立し，藤原伊周が失脚して藤原道長が左大臣となった。

エ　藤原兼通・兼家兄弟の勢力争いが，兼通の死去まで続いた。

オ　藤原道長が「此の世をば我が世とぞ思ふ望月の　かけたることも無しと思へば」という和歌を詠んだ。

問６　下線部⑤について，これらの時代の文化に関する正しい文をすべて選び，その記号をマークしなさい。なお，適切な選択肢がない場合にはオをマークしなさい。

ア　伏見天皇の皇子尊円入道親王は，宋の書風を取り入れた青蓮院流を創始した。

イ　鎌倉時代を代表する刀工である長光，吉光，正宗らは，いずれも武家政権の所在地である鎌倉を本拠とした。

ウ　室町時代には，絵入りの読み物である御伽草子が登場し，『一寸法師』『物くさ太郎』『竹取物語』などの作品がつくられた。

エ　室町時代を代表する画家雪舟は，明にわたって絵を学び，帰国後に『四季山水図巻』等の作品を完成させ，日本的な水墨画様式を創造した。

オ　ア～エのなかに適切な選択肢はない。

問７　下線部⑤について，室町幕府が主に国家的な行事の際に臨時税として守護を通して徴収したものを１つ選び，その記号をマークしなさい。

ア　関銭

イ　段銭

ウ　土倉役

エ　運上

オ　冥加

〔B〕

（ある年の６月）廿(二十)五日，晴。昨日の儀粗(あらあら)聞く。一献(いっこん)両三献，猿楽初(さるがくはじまり)時分(じぶん)，内方(うちかた)どゝ(轟)めく。何事ぞと御尋(おたず)ね有るに，雷鳴(らいめい)かなど三条申さるるの処，御後(うしろ)の障子(しょうじ)引あけて，武士数輩出て則ち公方(くぼう)⑥を討ち申す。（中略）細川下野守・大内等は腰刀計(ばかり)ニて振舞うと雖(いえど)も，敵(かたき)を取るに及ばず，手負(ておい)て引き退く。管領(かんれい)・細河讃州・一色(いっしき)五郎・赤松伊豆等ハ逃走す。其の外の人々は右往左往(うおうさおう)して逃散す。御前に於いて腹切る人無し。赤松落ち行き，追懸(おいか)けて討つ人無し。未練謂う量(ばか)り無し。諸大名同心か，其の意を得ざる事なり。所詮，赤松討たるべき御企(おんくわだて)露顕(ろけん)の間，遮(さえぎ)って討ち申すと云々。自業自得果(じごうじとくはた)して無力の事か。将軍此(かく)の如き犬死，古来其の例を聞かざる事なり。

問8　下線部⑥について，これは誰を指すか，正しいものを1つ選び，その記号をマークしなさい。

ア　足利義持

イ　足利義教

ウ　足利義政

エ　足利義輝

オ　足利義昭

問9　問8の選択肢の中には，問8の解答以外にも襲われた結果落命した人物がいる。その人物を襲撃した人物として正しいものを1つ選び，その記号をマークしなさい。

ア　陶晴賢

イ　三好長慶

ウ　松永久秀

エ　浅井長政

オ　織田信長

問10　〔B〕の史料から直接読み取れることとして正しいものをすべて選び，その記号をマークしなさい。なお，適切な選択肢がない場合にはオをマークしなさい。

ア　史料中の「公方」は，猿楽がおこなわれていた場所とは別の場所で殺された。

イ　史料中の「細川下野守・大内等」は，「公方」の殺害に加勢した。

ウ　この史料には，諸大名のなかに「公方」の暗殺に同調していた者がいるのだろうかと記している。

エ　この史料を記した人物は，「公方」が暗殺されたことは公方自身にも原因があると考えている。

オ　ア～エのなかに適切な選択肢はない。

Ⅱ　次の文章を読み，下記の設問に答えなさい。(30点)

金融制度とは一国の経済活動において血液にも等しい役割を果たすものであり，その中でも貨幣制度とは物品の取引における潤滑油の役割を果たすものである。①日本では長らく，利用されていた貨幣の多くは中国で鋳造されたものであり，日本国内の流通の円滑性はその流通量に大きく依存していた。安土・桃山時代までには各地の戦国大名によってもしばしば独自の貨幣が鋳造されたが，江戸時代からは幕府が日本国内に流通する貨幣の鋳造権を一手に握ったことで，国内貨幣の流通量を管理することになった。

1600年頃から徳川氏により鋳造された［ 1 ］金銀に始まって，同じ規格・品質の金貨・銀貨が幕府によって発行され，それが全国的に流通することによって，日本国内の通貨の統一が図られた。②幕府は多くの鉱山を直轄領とするなどして，こうした貨幣の鋳造のための原料を確保した。金貨・銀貨は日常の細かな商取引には向かないため，③寛永期からは新たに銭貨も全国的に供給されるようになった。

貨幣制度の整備と安定によって，江戸時代の日本では経済成長のための基盤が整った。④物品の流通のための交通網の整備が進んだこともあり，各地で様々な産業が発展し，全国的に地域特産品が流通するようになった。こうした経済発展の中で中心的役割を果たしたのが，京都・［ A ］・［ B ］の三都である。三都の発展は互いに密接に結びついていたが，京都と［ A ］では取引にあたって主に銀貨を使い，［ B ］では金貨を使うという商慣習の差があり，日本国内であっても実質的に通貨が異なる状況が生じていた。そのため，この金遣い・銀遣いの地域間での取引をスムーズにするために，多くの両替商が活動した。

日本経済が発展していく中で17世紀末には［ 2 ］金銀が新たに発行され，同じ重量の中で［ 1 ］小判に比べて約3分の2の金しか含まない新たな小判が作られた。これにより日本国内に流通する貨幣量は増加し，商取引がより円滑になり経済活動が活発になったことで，⑤この時代には上方の町人文化を中心とした様々な文芸や学問が発達した。一方で幕府は貨幣に使用する金を減らすことで改鋳による財政収入を得ることができた。しかし幕府収入としては改鋳益は臨時のものでしかなく，物価上昇の続く中で幕府の財政難は解決しなかった。後に幕府財政の建て直しを試みた新井白石はこの品質の悪い［2］小判が物価の騰貴の原因だとして，［1］小判と同じ品質の［3］小判を鋳造し物価上昇を防ごうとしたが，流通貨幣量の減少はかえって日本経済に混乱を引き起こした。

⑥徳川吉宗，そして田沼意次が行った統治の中では，幕府財政の安定だけでなく民間経済の安定と発展にも目を配る政策が行われた。たとえば徳川吉宗は問屋商人たちに株仲間の結成を願い出させそれを公認することで民間商業を統制しようとし，田沼意次はそれを更に積極的に推し進めた。しかしその後の⑦水野忠邦による幕政改革ではこの株仲間を解散する措置が取られ，これはそれまでの民間経済の発展とその影響力の大きさを十分に理解したものではなかったため，日本経済に大きな混乱と停滞がもたらされた。

日本経済がこのように停滞していた中，1858年の日米修好通商条約を皮切りに，日本は各国と自由貿易を開始していく。⑧開国は様々な変化を日本にもたらしたが，貨幣制度には特に大きな混乱をもたらした。なぜなら当時の日本と海外では金と銀の間の価値に大きな差があり，⑨当時の小判１枚に対して日本国内で交換される銀の，その３倍の分量の銀が海外では小判と同じ分量の金に対して支払われる交換レートになっていたからである。これを金銀比価問題というが，当時の幕府は小判１枚に含まれる金の量を減らすことで，つまり改鋳して小判の品質を落とすことで対処しようとした。しかし通貨の改鋳は開国による自由貿易の影響ともども，国内経済にさらなる動揺を与えた。

問１　下線部①についての記述として正しいものを１つ選び，その記号をマークしなさい。

ア　室町時代には宋銭だけでなく新たに洪武通宝などの明銭が流入し，国内の商取引を盛んにしたが，実際の取引にあたっては質の悪い銭貨を排除する撰銭が行われた。

イ　鎌倉時代に入ると，平安時代末期には広く行われていた年貢の銭納は後退し，米や布による現物納が盛んになった。これは宋銭の流通が減ったためである。

ウ　古代・中世の銭の主要な素材は鉄か鉛であった。

エ　室町時代には日本国内で鋳造された私鋳銭も流通するようになり，その価値は中国から輸入された銭と比べて高いものだった。

オ　室町幕府や戦国大名は撰銭令を出すことで，悪銭の流通を一切禁止することで貨幣流通量を減少させて，商取引を制限しようとした。

問２　下線部②について，貨幣の原料が採掘されていた鉱山として**誤っているもの**を１つ選び，その記号をマークしなさい。

ア　石見

イ　別子

ウ　三池

エ　佐渡

オ　足尾

問３　下線部②についての記述として正しいものを１つ選び，その記号をマークしなさい。

ア　安土・桃山時代からの南蛮貿易を通じて，諸大名が海外から銀・銅を大量に輸入していたことも，幕府が貨幣を発行するための蓄積になった。当時の日本の銀輸入額は世界の銀産出額の３分の１に及んでいた。

イ　1604年に定められた糸割符制度は，糸割符仲間と呼ばれる特定の商人に金の貿易を独占させることで，南蛮商人による利益独占を排除しようとした試みであった。

ウ　初期の幕府は朱印船貿易を許可し，その貿易によってタイ・ルソン・カンボジアから金を輸入していた。

エ　幕府がスペイン・ポルトガルとの貿易を停止しただけでなくオランダ・清との貿易も一定水準に制限しようと試みたのは，後者二国からの輸入の増加によって銀が流出していたことにも原因があった。

オ　17世紀の後半になると日本の金・銀の産出量は急激に増加していった。代わりに銅の産出は減少したが，こうした鉱山業の発達が，日本国内の貨幣に対する需要に応えた。

問４　下線部③についての記述として正しいものを１つ選び，その記号をマークしなさい。

ア　主に金・銀・鉛で作られたこの三種類の貨幣が，近世の主要な通貨であり，これを三貨と呼ぶ。

イ　寛永期に2ヶ所設置したのを皮切りに幕府は全国に10ヶ所ほどの銭座を開設し，全国的に均一な品質の銭貨の供給に努めた。

ウ　銭貨は秤量貨幣であり，人々はこれを使って支払いをする際には天秤を用いた。

エ　銭貨が幕府によって新たに供給されるようになるまでは，鎖国によってそれまで輸入していた銭貨が足りなくなったために，各藩はこぞって藩札を発行して通貨とし，日常の細かな支払いを藩札によって行った。

オ　この時に発行された銭貨が永楽通宝である。

問5　下線部④についての記述として**誤っているもの**を1つ選び，その記号をマークしなさい。

ア　関西の伏見や灘で作られた酒が，樽廻船などによって，大量に江戸に運ばれるようになった。

イ　沿岸部の漁場の開発も進み，大量に取れた魚の一部は干鰯・〆粕などに加工され内陸部にまで流通し，農業生産の発展に寄与した。

ウ　長年日本国内では高級な絹織物の製造技術は京都の西陣だけが独占していたが，18世紀中頃には関東の桐生など他地域にも高度な技術が伝播した。

エ　陸上交通においては，幕府や大名・旗本などの通行を優先することなく，すべての旅人が人足や馬を安価な賃銭で利用することができる伝馬役が整備された。

オ　豊臣秀吉の朝鮮侵略で連れ帰られた朝鮮人陶工によって創始された肥前の有田焼の白磁も，全国各地で珍重されるようになった。

問6　空欄［　A　］・［　B　］にあてはまる地名と，その地名の通称として正しい組み合わせを1つ選び，その記号をマークしなさい。

ア　A・江戸「将軍のお膝元」　B・大坂「天下の台所」

イ　A・江戸「天下の台所」　B・大坂「将軍のお膝元」

ウ　A・大坂「天下の台所」　B・江戸「将軍のお膝元」

エ　A・大坂「将軍のお膝元」　B・江戸「天下の台所」

問7 空欄 [1] ・ [2] ・ [3] にあてはまる言葉として以下の語群から正しいものを1つずつ選び，その記号をマークしなさい。

(1) [1] (2) [2] (3) [3]

ア 正徳

イ 慶長

ウ 安政

エ 元禄

オ 天保

カ 万延

問8 下線部⑤についての記述として正しいものを1つ選び，その記号をマークしなさい。

ア 井原西鶴，松尾芭蕉など，武士の出身でありながら大坂の町人文化に親しむ文人が生まれ多くの文学作品を生み出すと共に，本人たちも芝居小屋で役者として出演した。

イ 陽明学はこの時代に中江藤樹や熊沢蕃山らによって大いに学ばれ，その鋭い批判精神から，幕府によって朱子学に代わる代表的な学問として評価された。

ウ 堂島の米市場では大名たちの蔵米取引が一手に担われ，諸大名はこの市場を通じて米を入手し，大量の食糧を必要とする参勤交代に備えた。

エ 近江・伊勢・京都などの出身の大商人たちの中には，三都すべてに出店するだけでなく，武士と同等の地位を得て官位や官職を得るものも現れた。

オ 将軍徳川綱吉は服忌令などを出すことを通じて，死や血を忌み嫌う風潮をつくり出し，武力で相手を殺傷することで上昇をはかる価値観を変えていった。

問9 下線部⑥についての記述として正しいものを1つ選び，その記号をマークしなさい。

ア 徳川吉宗が行った享保の改革では側用人を重用することで，目安箱など下からの意見を聞く制度を整え，幕政改革の速度を上げた。

イ 田沼意次の政策下では幕府財政の改革が進んだだけでなく民間の学問や芸術も発達したが，縁故や賄賂による汚職政治だという批判が強まり，最終的に田沼意次が暗殺されたことによってすべての政策に終止符が打たれた。

ウ　田沼意次は計数銀貨を鋳造することで，日本国内の通用貨幣の地域差を解消し，金を中心とする貨幣制度への一本化を試みた。

エ　徳川吉宗は度重なる短期間での将軍の代替わりや家康直系の血筋の断絶によって落ちた幕府の権威を改めて高めるために，閑院宮家を創設した。

オ　徳川吉宗も田沼意次も，商人の手を借りず幕府だけの手によって新田開発を行うことで，新たな税収を確保しようとした。

問10　下線部⑦についての記述として正しいものを1つ選び，その記号をマークしなさい。

ア　水野忠邦は江戸の人別改めを強化し，百姓の出稼ぎを禁じて江戸の貧民の帰郷を強制した。これにより荒廃した農村の再建を図ったが，むしろ近郊農村の治安は悪化することになった。

イ　この幕政改革を寛政の改革と呼ぶ。

ウ　当時の物価騰貴の主な原因は十組問屋や二十四組問屋などの江戸・大坂の大商人たちが商品流通を独占していることにあった。

エ　三方領知替えや上知令を成功させ，大名や旗本の領地に関する幕府の権力を見せつけることで，幕府の権威を再興した。

オ　同時期に薩摩藩や長州藩でも藩政改革が行われ，特産品の専売制を廃止するなどの改革が行われたが，三都の商人からの莫大な借金の存在もあり，あまり効果は上がらなかった。

問11　下線部⑧について，当時の日本にどういった変化が起きたのかの記述として**誤っているもの**を1つ選び，その記号をマークしなさい。

ア　開国に伴う自由貿易は1859年から，横浜・長崎・箱館で始まり，居留地には様々な外国人商人が逗留（とうりゅう）した。

イ　開国によって始まった海外との貿易の中では，複数の開港地があるにも関わらず横浜での取引が圧倒的に多く，取引相手国としてはアメリカが1865年には最大になった。

ウ　幕府は物価統制のために五品江戸廻送令を出し，江戸の問屋を経なければ輸出できないように命じた。

エ　国内経済の混乱によって外国人への反感が高まり，激しい攘夷運動が起こる一因となった。

オ　1862年には生麦で薩摩藩の大名行列を横切ったイギリス人が殺傷され，品川に建築中であったイギリス公使館が長州出身者たちによって襲撃されて全焼するなど，不穏な事件が起こった。

問12　下線部⑨の当時の金銀比価問題について，次の説明を読み，以下の問いに答えなさい。

開国当初の日本で外国の商人がもっとも多く用いたのはメキシコ銀と呼ばれるドル銀貨だった。同種同量交換の原則に基づき，この1ドル銀貨1枚がほぼ25gで同重量となる日本の一分銀3枚と同価と定められた。日本国内で一分銀は4枚で小判1両にあたる。当時，日本での金銀の交換比率が1：5であるのに対し，海外では1：15の比率だった。

(1)　この条件を踏まえ，あなたが当時日本国外からやってきた商人だったとして，どのように行動すれば儲けることができるか。もっとも適切な選択肢を1つ選び，その記号をマークしなさい。この場合，交換レートをごまかすものは日本国内にも他国内にもいないものとする。

ア　日本で1枚のメキシコ銀を3枚の一分銀と交換し，日本を出て一分銀を9枚のメキシコ銀と交換する。

イ　日本で約100gのメキシコ銀を約100gの小判と交換し，日本を出て小判を約300g分のメキシコ銀と交換する。

ウ　日本で5枚のメキシコ銀を1枚の小判と交換し，日本を出て小判を15枚のメキシコ銀と交換する。

エ　日本で約100gのメキシコ銀を約100gの一分銀と交換し，それと等価の小判3枚と両替した後，日本を出て小判を約300g分のメキシコ銀と交換する。

オ　日本で4枚のメキシコ銀を12枚の一分銀と交換し，それと等価の小判1枚と両替した後，日本を出て15枚のメキシコ銀と交換する。

(2)　(1)の解答を踏まえ，当時の日本経済に何が起こっていたのかを正しく説明している記述を1つ選び，その記号をマークしなさい。

ア　外国商人が外国の金貨を日本に持ち込み，代わりに日本の小判と交換して国外に持ち出したため，日本国内から金が大量に流出した。

イ　外国商人が外国の銀貨を日本に持ち込み，代わりに日本の銀貨と交換して国外に持ち出したため，日本国内から銀が大量に流出した。

ウ　外国商人が外国の銀貨を日本に持ち込み，代わりに日本の金貨を手に入れて国外に持ち出したため，日本国内から金が大量に流出した。

エ　外国商人によって日本の金貨・銀貨どちらも国外に持ち出されていったため，貨幣流通量が足りなくなり日本国内の物価が高騰した。

オ　外国商人によって外国の金貨が大量に日本に持ち込まれたため，貨幣流通量が突然増加したことで，物価の急激な上昇が起こった。

Ⅲ　次の文章〔A〕および史料〔B〕(原文から漢字や仮名づかい，句読点を加える等適宜修正している）を読み，下記の設問に答えなさい。(30点)

〔A〕

明治時代，近代化を急速に進め，膨張していった日本は，近隣諸国との摩擦を回避することはできなかった。その最たるものが，日清戦争であり，日露戦争であった。①

まず，朝鮮半島をめぐって日本と清との間で争いが起こった。もともと，朝鮮半島は両国にとって地政学上重要な位置にあったが，朝鮮国内での対立②に呼応して，日本と清との間でも緊張関係が続くこととなり，それが日清戦争に帰結した。

日清戦争の日本側の全費用約2億円は当時の国家予算を大きく超えていたが，勝利によって得た賠償金は戦費の約1.5倍にも相当する巨額なものであった。しかし，日本への遼東半島の割譲は，ロシアを大いに刺激することとなった。クリミア戦争で敗北していたロシアによる東アジアへの南下政策と，富国強兵の一環としての日本による大陸進出とは，両立しえないもの③となった。

国内世論④は，当初は日清戦争後の増税基調⑤を背景に，ロシアとの非戦論⑥もみられたが，次第に，開戦論⑦に傾いていった。

日本は，ロシアと対立するイギリス⑧やアメリカの経済的支援も得ながら戦局を有利に展開したが，国力不相応の戦い⑨を長期にわたって継続することは困難で，早期講和⑩を目指すこととなった。

問１　下線部①に関連して，それぞれの開戦時の内閣として正しいものを１つずつ選び，その記号をマークしなさい。

ア　第1次山県有朋内閣

イ　第1次桂太郎内閣

ウ　第1次松方正義内閣

エ　第1次西園寺公望内閣

オ　第2次山県有朋内閣

カ　第2次伊藤博文内閣

キ　第2次西園寺公望内閣

ク　第2次桂太郎内閣

ケ　第4次伊藤博文内閣

コ　黒田清隆内閣

問2　下線部②に関連して，日本と朝鮮との間に起こった出来事a～cを古い順に並べたとき，その順序として正しいものを1つ選び，その記号をマークしなさい。

a　壬午軍乱

b　江華島事件

c　甲申事変

ア　a―b―c

イ　a―c―b

ウ　b―a―c

エ　b―c―a

オ　c―a―b

カ　c―b―a

問3　下線部③に関連して，日本の公使である三浦梧楼が主導した事柄として正しいものを1つ選び，その記号をマークしなさい。

ア　ハーグ密使事件

イ　北清事変

ウ　防穀令

エ　閔妃殺害事件

オ　義和団事件

問4　下線部④は，さまざまなルートを通じて形成されるものといえるが，そのうち，『平民新聞』を刊行した平民社を設立した人物として正しいものをすべて選び，その記号をマークしなさい。

ア　堺利彦

イ　三宅雪嶺

ウ　幸徳秋水

エ　木下尚江

オ　安部磯雄

問5　(設問省略)

問6　下線部⑥を唱えた人物と，その人物に関する記述として正しい組み合わせを1つ選び，その記号をマークしなさい。

a　この人物は，内村鑑三である。

b　この人物は，徳富蘇峰である。

c　評論家の彼は，民友社を創設して，『国民之友』を刊行していたが，明治天皇暗殺計画が発覚し，逮捕起訴され，死刑となった。

d　キリスト教徒の彼は，勤めていた第一高等中学校で，天皇署名のある教育勅語への拝礼を行わなかったことを不敬と非難されて，教職を追われた。

ア　a・c

イ　a・d

ウ　b・c

エ　b・d

問7　下線部⑦に関連して，開戦後に「君死にたまふこと勿れ」という反戦の詩を歌った人物の代表作として正しいものを1つ選び，その記号をマークしなさい。

ア　『若菜集』

イ　『舞姫』

ウ　『たけくらべ』

エ　『破戒』

オ　『みだれ髪』

問8　下線部⑧に関連して，中央大学の前身である，英吉利法律学校の創立年に起こった出来事として正しいものを1つ選び，その記号をマークしなさい。

ア　国会開設を求める全国的な組織が，愛国社を改称して設立された。

イ　国会の即時開設を唱える大隈重信が，政府から追放された。

ウ　福沢諭吉が，脱亜入欧を唱える論説を『時事新報』に発表した。

エ　森有礼文部大臣が，小学校令や帝国大学令など，いわゆる学校令を公布した。

オ　大日本帝国憲法の発布後初めてとなる衆議院議員総選挙が行われた。

問9　下線部⑨に関連して，次の図2にあるア～オのうち，財政規模（一般会計歳出決算）の推移を正しく示しているものを1つ選び，その記号をマークしなさい。

図2

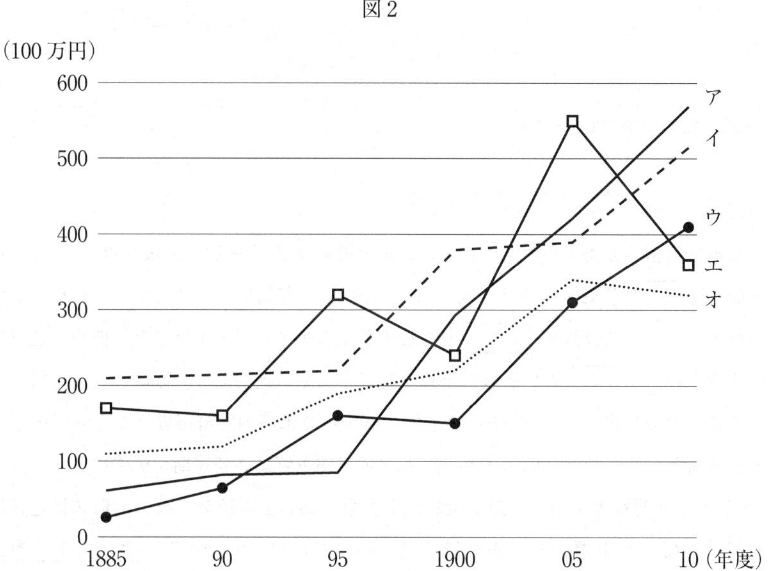

出所）三和良一・原朗編『近現代日本経済史要覧』より作成。

問10　下線部⑩に関連して，次の地図にあるア～オのうち，日露戦争の講和条約が締結された場所として正しいものを1つ選び，その記号をマークしなさい。

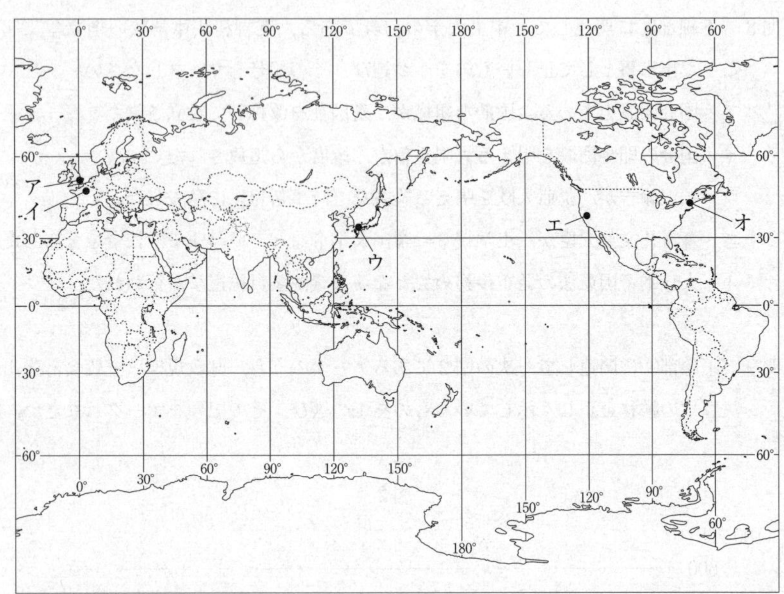

※国境線は，現在のものである。

〔B〕

金本位実施ノ必要モハヤ疑ヲ容レス。依テ爾来専ラ金吸収ノ方策ヲ求メタリ。恰モ好シ［ 1 ］条約ニ依リ清国ハ償金二億両ヲ支払フコトヲ約セリ。然ルニ清国ハ償金支払ノ為メ公債ヲ［ 2 ］ニ於テ募集スルノ必要アルヲ以テ，彼我ノ便益ヲ計リ償金ハ［ 3 ］ニ於テ金貨ヲ以テ受取ルコトニ追約セリ。茲ニ於テ金ノ吸収ニハ非常ノ便益ヲ得タリ。（中略）金本位ノ実施ハ欧米諸国貨幣市場ノ中心ト我国市場トヲ連絡セシメ，相互ノ間気脈ヲ通スルノ便ヲ開キ貿易ノ発達期シテ俟ツヘキナリ。而シテ支那朝鮮等ノ銀国ニ対シ金貨国ト競争ヲ為ス上ニ於テ，我ハ地形ノ接近其他生産上必要ナル事項ニ富メルヲ以テ深ク憂フルニ足ラサルヘシ。⑪<u>之ニ反シテ他日若シ銀価ノ下落一層甚シキニ至ルトキハ，支那朝鮮等ノ銀国ハ金貨国ニ対スル［ 4 ］所アルハ免レサルヘキモ</u>，之レ亦一時ニ止リ，幣制改革ニ依テ生スル利益ト比較スルニ足ラサルナリ。之ヲ要スルニ貨幣ノ基礎今日ノ如ク動揺常ナクシテハ，決シテ経済ノ確実ト貿易ノ発達トハ望ムヘキニアラス。

問11　この史料〔B〕は，1897年に金本位制を確立するための貨幣法案を閣議に提出した理由を述べたものである。この法案を議会に提出した内閣と，この法案における金平価設定の背景について述べた記述として正しい組み合わせを１つ選び，その記号をマークしなさい。

a　この法案を議会に提出したのは，第１次大隈重信内閣である。

b　この法案を議会に提出したのは，第２次松方正義内閣である。

c　このときの金平価は，新貨条例の際の１円＝1.5グラムから750ミリグラムに設定された。これは，銀に対する金の価値が低くなったからである。

d　このときの金平価は，新貨条例の際の１円＝1.5グラムから750ミリグラムに設定された。これは，銀に対する金の価値が高くなったからである。

ア　a・c

イ　a・d

ウ　b・c

エ　b・d

問12　空欄 1 ～ 3 にはいる語句の組み合わせとして正しいものを１つ選び，その記号をマークしなさい。

ア　1　下ノ関　2　欧州　3　英京

イ　1　下ノ関　2　米州　3　紐育

ウ　1　下ノ関　2　日本　3　東京

エ　1　天津　2　欧州　3　英京

オ　1　天津　2　米州　3　紐育

カ　1　天津　2　日本　3　東京

問13　下線部⑪に関連して，空欄 4 に書かれている文章としてもっとも適切なものはどれか。語群〔ｉ〕から１つ選び，その記号をマークしなさい。また，下線部⑪で述べられている日本への影響の解釈として，もっとも適切なものを，語群〔ii〕から１つ選び，その記号をマークしなさい。

語群〔ｉ〕

ア　輸出貿易上多少競争ノ利ヲ占ムル

イ　輸出貿易上多少競争ノ不利ヲ占ムル

ウ　輸入貿易上多少競争ノ利ヲ占ムル

エ　輸入貿易上多少競争ノ不利ヲ占ムル

語群〔ii〕

オ　日本が金本位制を採用した場合は有利になる。

カ　日本が金本位制を採用した場合は不利になる。

Ⅳ　次の文章を読み，下記の設問に答えなさい。(20点)

第二次世界大戦終結に向けて，連合国首脳はしばしば会談をおこない，ヨーロッパの戦後処理問題や日本への対応方針等を話し合った①。戦争終結後の国際秩序については，大戦によって多大の犠牲がもたらされたことに対する反省を前提として，国際連盟にかわる国際連合②の設立が合意された。日本では，1945年8月15日に玉音放送によって戦争終結が全国民に発表され③，同年9月2日に東京湾内のアメリカ軍艦ミズーリ号上で，日本政府および軍の代表が降伏文書に署名して，太平洋戦争は終了した。

第二次世界大戦後の国際秩序をめぐって，異なる世界観を持つ米・ソの対立が深まり，欧米12ヵ国が北大西洋条約機構を結成した④。一方，ソ連と東欧7ヵ国によるワルシャワ条約機構が結成されたが，その後解体した⑤。第三勢力の台頭もめざましくなり，中国・インドを中心に国際会議が開かれて「平和十原則」が決議⑥されるなど，新興独立国家群の結集がはかられた。また，1960年代にはアジア・アフリカ諸国が国連加盟国の過半を占めるようになった。

問1　下線部①について，ソ連の対日参戦やソ連への千島列島の譲渡等を約す秘密協定が結ばれた場所はどこか。該当する地図上の場所を1つ選び，その記号をマークしなさい。

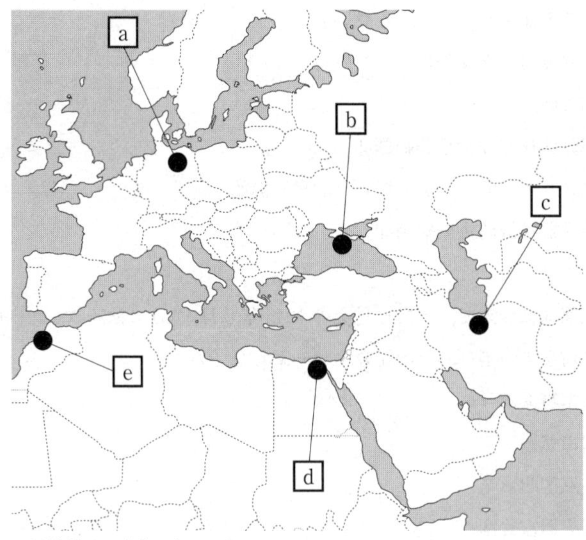

※国境線は，現在のものである。

問2　下線部①について，地図上のdの場所で行われた会談に出席した人物の組み合わせとして正しいものを1つ選び，その記号をマークしなさい。

ア　フランクリン＝ローズヴェルト　・　レーニン

イ　アイゼンハワー　・　毛沢東

ウ　スターリン　・　毛沢東

エ　スターリン　・　チャーチル

オ　チャーチル　・　蔣介石

問3　下線部①について，地図上のdの場所で発表された宣言の内容として**誤っているもの**をすべて選び，その記号をマークしなさい。

ア　満洲の返還

イ　第一次世界大戦後に日本政府が奪取した太平洋上の諸島の剥奪

ウ　南樺太の返還

エ　日本軍の無条件降伏を勧告

オ　台湾の返還

問4　下線部②について，日本が国際連合に加入するより前に起こった出来事を1つ選び，その記号をマークしなさい。

ア　アフガニスタン侵攻

イ　朝鮮戦争

ウ　部分的核実験禁止条約調印

エ　アメリカ，北ベトナム爆撃（北爆）開始

オ　核兵器拡散防止条約調印

問5　下線部③について，玉音放送後の1945年8月17日に総辞職した内閣の総理大臣の名前を1つ選び，その記号をマークしなさい。

ア　鈴木貫太郎

イ　広田弘毅

ウ　小磯国昭

エ　東久邇宮稔彦

オ　近衛文麿

問6　下線部④について，結成時の12ヵ国に含まれる国をすべて選び，その記号をマークしなさい。

ア　西ドイツ

イ　トルコ

ウ　フランス

エ　デンマーク

オ　カナダ

問7　下線部⑤について，ワルシャワ条約機構解体以降に就任した日本の内閣総理大臣をすべて選び，その記号をマークしなさい。

ア　小渕恵三

イ　中曽根康弘

ウ　橋本龍太郎

エ　鈴木善幸

オ　福田康夫

問８　下線部⑤について，ワルシャワ条約機構解体以降の出来事として正しいものを１つ選び，その記号をマークしなさい。

ア　アメリカの相互安全保障法によって，経済援助を受けるかわりに日本の防衛力を増進するよう定めた協定が締結された。あわせて，農産物購入協定，経済措置協定，投資保証協定も結ばれた。

イ　東ドイツで民主化運動が高揚し，「ベルリンの壁」が崩壊した。

ウ　東京都の立川米軍基地の拡張に対する砂川町民の反対運動がおこった。

エ　イラク戦争後，復興支援のため，自衛隊を派遣し支援活動をすることを定める法律が４年間の時限立法として成立した。

オ　石川県内灘村で米軍試射場に反対する運動がおこった。

問９　下線部⑥について，「平和十原則」は，中国とインドの間で両国友好の基礎として確認された「平和五原則」を基礎としている。「平和五原則」が確認された年に起こった出来事として適切なものを２つ選び，その記号をマークしなさい。

ア　社会・共産党をはじめ，100 を超える団体の代表が集まって，安保改定阻止国民会議を結成した。

イ　従来の保安庁を発展・改組して防衛庁とし，この統轄下に自衛隊を設置した。

ウ　中部太平洋のビキニ環礁で，アメリカが水爆実験を行い，日本漁船第五福龍丸が放射能の灰を浴び，乗組員１名が死亡した。

エ　アメリカ駐留軍に対する基地の提供や駐留費用の分担等の条項が定められた日米行政協定が締結された。

オ　暴力的破壊活動を行った団体の取り締まりを規定した破壊活動防止法が成立した。

世界史

(60分)

I　チャーティスト運動に関する以下の文章を読み，設問に答えなさい。(引用文には，省略したり，改めたりしたところがある)。(10点)

チャーティストの請願（1842年）①

あなたがた現議会は，人民によって選出されたものではなく，その行動は人民に責任を負わない②。そしてこれまで，多くの者の苦しみや苦情や請願を無視し，ただ党派を代表するのみで，少数の者の利益をはかってきた。あなたがた議会は，人民の明らかな意志に反して法を制定し，憲制に反するやり方で人民をそれらの法に服従させ，こうして一方にはたえがたい専制，他方には恥ずべき奴隷根性をうんだ。

(中略)

選挙の現状は極端に制限的であり，不正である③というだけでなく，配分も不平等で，地主や金融界に優越した力を与え，小商人や労働者階級を全く破滅させている。

(中略)

請願者たちは，影響力や後援や脅迫により現在の選挙には純正さがないことを不満とする。そして無記名投票による投票権を主張する。

それゆえ，請願者たちは，憲制上の正しい権利を行使して，あなたがた議会が，われわれの不満とする多くのみにくい，明らかな悪を正すことを要求し，また，成年男子の代議士選挙権，無記名投票，議会の毎年召集，議員の財産資格制限廃止，議員への歳費支払い，平等選挙区，を含む（　A　）と名づけられる文書を，変更・削除・追加なしにただちに法として定めることを要求する。

『新訳 世界史史料・名言集』山川出版社

問1　下線部①に関連して，チャーティスト運動は，19世紀のイギリスにおける自由主義を求める動きの一つとして理解することができる。これに関して，以下の(い)～(は)の出来事は，1820年以降に起こったイギリスの自由主義的政策を表す。それぞれの出来事を歴史の古い順に並び替えた時の順序として**正しいもの**

を次から1つ選び，マーク解答用紙にマークしなさい。

(い)　アイルランド人の運動の結果，カトリック教徒解放法が成立した。
(ろ)　団結禁止法が撤廃されて労働組合の結成が認められた。
(は)　官吏を国教徒に限定する審査法が廃止された。

ア．(い) → (ろ) → (は)
イ．(い) → (は) → (ろ)
ウ．(ろ) → (は) → (い)
エ．(ろ) → (い) → (は)
オ．(は) → (い) → (ろ)
カ．(は) → (ろ) → (い)

問2　下線部②に関連して，チャーティストの請願がなされた時点のイギリスの選挙制度は，第1回選挙法改正に基づくものであった。これに関して，以下の（い）～(は) の出来事は，その第1回選挙法改正以前にヨーロッパで起こった出来事を表す。それぞれの出来事を歴史の古い順に並び替えた時の順序として**正しいものを次から1つ**選び，マーク解答用紙にマークしなさい。

(い)　ロシアでデカブリストの乱が起こった。
(ろ)　アウステルリッツの戦いが行われた。
(は)　ナポレオン戦争が終結した。

ア．(い) → (ろ) → (は)
イ．(い) → (は) → (ろ)
ウ．(ろ) → (は) → (い)
エ．(ろ) → (い) → (は)
オ．(は) → (い) → (ろ)
カ．(は) → (ろ) → (い)

問3　下線部③に関連して，イギリスでは，チャーティスト運動の結果，ただちに成果をあげることができず，男性普通選挙が実現したのは第4回選挙法改正が行われた1918年のことであった。第4回選挙法改正の内容として**正しいものを次から1つ**選び，マーク解答用紙にマークしなさい。

ア．21歳以上の男性と30歳以上の女性に選挙権が与えられた。

イ．18歳以上の男性と30歳以上の女性に選挙権が与えられた。

ウ．25歳以上の男性と30歳以上の女性に選挙権が与えられた。

エ．21歳以上の男性と女性に選挙権が与えられた。

問4　空欄Aに入る言葉として**正しいものを次から1つ**選び，マーク解答用紙にマークしなさい。

ア．権利の章典

イ．人民憲章

ウ．マグナ=カルタ

エ．憲法大綱

Ⅱ　1848年革命に関する以下の文章を読み，設問に答えなさい。(引用文には，省略したり，改めたりしたところがある)。(40点)

①1848年の革命は，いたる所で予想されたものであり，それ以前も，またその後も例を見ない国家を超えた革命であった。この革命は，パリから（　A　）に至るヨーロッパの中心部，すなわち英仏海峡の港町からロシアとの境界まで広がるヨーロッパ大陸，そこに住む人びとにとってまさに彼らの「世界」を駆けめぐり，覆い尽くしたのである。しかし，この革命はヨーロッパ大陸の両脇にあった二つの帝国には波及しなかった。「ヨーロッパで無事でいるのはどこでしょう」と，（　B　）は1848年4月3日に②ヴィクトリア女王に手紙を書いた。「英国とロシアです」と。「4月10日，ロンドンでは何が起きたのだろうか」と，ポーランドの詩人クラシンスキ伯爵は問いかけ，「それによって，今後長きにわたりヨーロッパの運命が決定されるであろう」と書いた。③1848年4月10日に目撃されたのは，チャーティスト運動の衰退だった。この闘争は，どこよりも高度に産業化した英国で，都市労働者階級の政治的・経済的解放を求めたのだが，非革命的な方向に転換した。(中略) 1848年革命は，戦争や敗

戦の後にやって来たものではなく（20世紀の多くの革命はそうであったが），自覚的な反革命的基盤④の上で，注意深く保持された33年に及ぶ建設的なヨーロッパの平和の結果であった。この革命は，不平不満と，少なくともそれと同じだけの希望とから生まれた。七月王政⑤下，王朝左派の指導者の一人であったオディロン・バロは，こう書いている。「これまでに，これほど高貴な情熱が文明世界を動かしたことはなかった。これほどまで普遍的な魂と心の衝動がヨーロッパの端から端まで広まったことはなかった。しかし，これらのすべては失敗に帰する運命にあった…」。

（中略）

またこの革命に，経済的・社会的背景があったことも疑いない。（中略）独立熟練職人は，ヨーロッパのいたるところで，近代的産業との戦いで敗北を重ね続けていた。特に絶望的であったのは，主導紡績工と織工の場合と，鉄道や蒸気船との競争に直面していた運送業者とはしけの船頭であった。このために，革命が勃発したとき，近代的な機械や交通手段が攻撃された⑥のである。一方で，工場労働者という新しい階級が，人間的な生存条件を求める戦いを始めていた⑦。1847年から48年には，深刻な金融危機が起こり，独立熟練職人と工場労働者の双方と，鉄道建設に従事した膨大な数の非熟練労働者の間に，失業が広範囲に浸透した。

（中略）

フランス革命（1789年）とロシア革命（1917年）は，二大革命勢力の力を結集した行動によって達成され，維持された。その二大勢力とは，政治のまさに中心に集中していたため実力を行使できた首都の人民と，数が膨大で，分散しており，要求も素朴で実際的であったため無敵であった農民大衆とであった（中略）。1848年の革命の場合，広く行き渡った不満を危機に至らしめたのは，急速に発展しつつあった近代的首都のプロレタリアートであった。そして，2月23日のカピュシーヌ大通りの「一斉射撃」事件⑧，3月13日のウィーンの州会議事堂前での斉射事件，3月18日のベルリン王宮前での「二発の銃撃」⑨といった，次から次へと波及していく性格を持つ「偶発的な諸事件」とそれに伴う「誤解」が，暴動を反乱へと変えたのである。（中略）革命が起こるという緊迫した意識は極度に高まり，一度その嵐が吹き荒れ始めたら，何者もそれに抗する力や，意志さえも持たないように思われた。亡命したルイ=フィリップ⑩は，道徳的秩序の諸勢力，すなわち道徳的反乱の前に屈したと宣言した。（中略）暴動では暴徒が出現したが，彼らは思想よりも激情と貧困とに突き動かされていた。彼らは明確な目標は何も持たなかった。彼らが何のために，あるいは何が原因で戦ったのか，理路整然とした説明をすることは誰にもできないであろう。（　C　）は書いている。「2月24日の革命は，思想なく作り出された」と。労働者階級が革命を引き起こし，中産階級がそれにつけ込んだのである。

ルイス・ネイミア『1848年革命』都築忠七，飯倉章訳

問1　下線部①に関連して，1848年革命に関する説明として**誤っているものを次から1つ**選び，マーク解答用紙にマークしなさい。

ア．1848年革命は全ヨーロッパ的規模で起こったが，各地の運動の多くはそれぞれの国や地域内での改革・自治要求にとどまっていた。

イ．西欧諸国では保守主義による政治改革が行われた。

ウ．特権階級である貴族と市民層との対立にかわって，資本家と労働者の対立が表面化した。

エ．東欧地域では，ナショナリズムによる民族自立が主要な目標となった。

問2　下線部②に関連して，ヴィクトリア女王のイギリスにおける在位は1837年から1901年であるが，この期間にイギリスで起こった出来事として**誤っているものを次から1つ**選び，マーク解答用紙にマークしなさい。

ア．穀物法の廃止。

イ．労働組合法によって労働組合の法的地位が認められた。

ウ．労働代表委員会が労働党に改称された。

エ．航海法の廃止。

オ．ロンドン万国博覧会が開催された。

問3　下線部③に関連して，次の選択肢の中に1つだけチャーティスト運動の衰退前に起こった出来事があるが，その出来事として**正しいものを次から1つ**選び，マーク解答用紙にマークしなさい。

ア．ドイツでブルシェンシャフト運動が起こった。

イ．ロシアとオスマン帝国の間でクリミア戦争が起こった。

ウ．フランスで第二帝政が始まった。

エ．ロシアで農奴解放令が出された。

問4　下線部④に関連して，「自覚的な反革命的基盤」とは，ウィーン体制のことを

指す。ウィーン体制に関する説明として**誤っているものを次から１つ**選び，マーク解答用紙にマークしなさい。

ア．スイスは永世中立国になった。

イ．35の君主国と４自由市で構成されるドイツ連邦が組織された。

ウ．オーストリアのメッテルニヒの主導で，列強間の合意に基づく国際秩序の再建が目指された。

エ．フランスのタレーラン外相によって正統主義が唱えられた。

オ．イギリスは旧オーストリア領ネーデルラントを獲得した。

問５　下線部⑤に関連して，七月王政が成立してルイ=フィリップが王に迎えられた際に亡命した前フランス国王は誰か。**正しいものを次から１つ**選び，マーク解答用紙にマークしなさい。

ア．ナポレオン=ボナパルト

イ．シャルル10世

ウ．ナポレオン３世

エ．ルイ16世

オ．フィリップ４世

問６　下線部⑥に関連して，職人たちによる近代的な機械に対する攻撃は1810年代のイギリスでも起こった。19世紀初頭のイギリスにおけるこうした出来事を何と呼ぶか。**正しいものを次から１つ**選び，マーク解答用紙にマークしなさい。

ア．非暴力・不服従運動

イ．ドンズー運動

ウ．囲い込み運動

エ．ラダイト運動

問７　下線部⑦に関連して，労働者階級を保護し，その地位を確立するために，19世紀初頭から中盤にかけて社会主義思想が活発になった。社会主義者に関する説明として**誤っているものを次から１つ**選び，マーク解答用紙にマークしなさい。

ア．フランスではサン=シモンとフーリエが活躍した。

イ．社会主義者たちは，工場や土地を私的所有することで，平等な社会を実現しようとした。

ウ．マルクスとエンゲルスは1848年に『共産党宣言』を発表した。

エ．エンゲルスは自分より前の社会主義思想を「空想的社会主義」とよんだ。

問8　下線部⑧に関連して，これはフランスで起こった二月革命の出来事を表している。二月革命に関する説明として**正しいものを次から1つ**選び，マーク解答用紙にマークしなさい。

ア．1848年12月のフランス大統領選挙では，ナポレオン1世が当選した。

イ．革命によって樹立されたフランス臨時政府には，社会主義者ルイ=ブランが加えられた。

ウ．革命前のフランスにおける選挙制度に対して，共和派や労働者は満足していた。

エ．フランスにおける1848年4月の選挙で，社会主義者は大勝した。

問9　下線部⑨に関連して，これはオーストリアとドイツで起こった三月革命の出来事を表している。三月革命に関する説明として**誤っているものを次から1つ**選び，マーク解答用紙にマークしなさい。

ア．ドイツでは，ドイツ諸邦の自由主義者たちがフランクフルト国民議会に結集した。

イ．オーストリアでは，メッテルニヒが失脚した。

ウ．ベルリンでは，革命による暴動の拡大を恐れた国王が譲歩して，自由主義的内閣が成立した。

エ．ベーメン・ハンガリー・イタリアでは民族運動が高揚し，「諸国民（民族）の富」と呼ばれる状況がうまれた。

問10　下線部⑩に関連して，以下の（い）～（は）の出来事は，ルイ=フィリップの亡命後に起こった出来事である。それぞれの出来事を歴史の古い順に並び替えた時の順序として**正しいものを次から1つ**選び，マーク解答用紙にマークしなさい。

（い）　イギリスで第3回選挙法改正が行われた。

（ろ）　フランスで革命的自治政府パリ=コミューンが樹立された。

(は)　ビスマルクによる鉄血政策が行われた。

ア．(い) → (ろ) → (は)
イ．(い) → (は) → (ろ)
ウ．(ろ) → (は) → (い)
エ．(ろ) → (い) → (は)
オ．(は) → (い) → (ろ)
カ．(は) → (ろ) → (い)

問11　空欄Aには，フランス革命とナポレオンによる一連の戦争の戦後処理のため，オスマン帝国を除く全ヨーロッパの代表が参加した国際会議が開かれた場所の地名が入るが，そのおおよその所在地として**正しいものを地図中のア～オから1つ**選び，マーク解答用紙にマークしなさい。ただし，各国の国境線は現在のものとする。

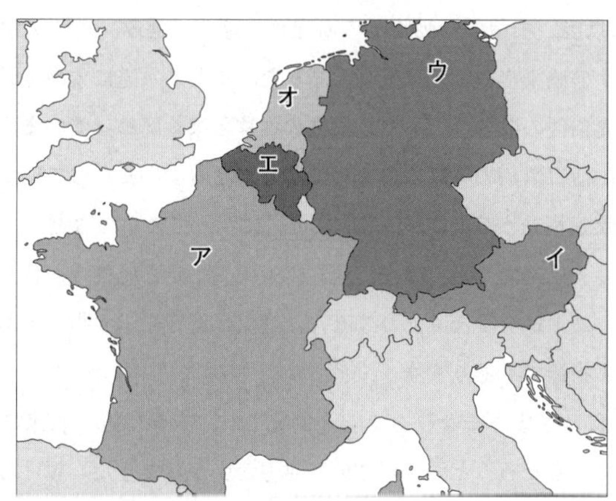

問12　空欄Bには，この時期にロシアを統治していた人物の名前が入る。空欄Bに入る言葉として**正しいものを次から1つ**選び，マーク解答用紙にマークしなさい。
ア．ニコライ1世
イ．アレクサンドル2世
ウ．エカチェリーナ2世

エ．ピョートル１世

オ．アレクサンドル１世

問13 空欄Ｃには，フランスで無政府主義を唱えた人物の名前が入る。空欄Ｃに入る人名として**正しいものを次から１つ**選び，マーク解答用紙にマークしなさい。

ア．オーウェン

イ．デカルト

ウ．ケネー

エ．モンテスキュー

オ．プルードン

Ⅲ 以下の文書を読み，設問に答えなさい（引用文には，省略したり，改めたりしたところがある）。(50 点)

19 世紀半ば以後，細菌学①や動物学の研究が飛躍的に進み，予防医学が確立され，人類はいくつかの感染症の抑制に成功しました。また，水道に象徴される衛生インフラの整備や栄養条件の改善なども疾病構造の推移と深く関わっています。こうして現在，私たちは生活習慣病の抑制に多くの関心を寄せるようになっています。

けれども，疾病構造が変化したのは 19 世紀②になってからのことで，各地域の状況も一様ではありませんでした。また，現在でも栄養不足と感染症が依然として死因の上位を占めている地域も少なくありません。病気は歴史を示す指標であると同時に，現代世界を示す指標でもあります。

20 世紀後半にはさまざまなワクチンが開発され，人類は近い将来には感染症を克服することができるだろうという楽観的な見方が広がりました。輝ける金字塔は天然痘の抑制でした。（ Ａ ）は 1967 年天然痘根絶計画を開始し，1977 年にはソマリアで発見された患者を最後に天然痘の発見報告はなくなります。そして，1980 年ついに天然痘の根絶宣言を出したのです。けれども，根絶が可能だったのは天然痘だけで，いったん抑制に成功した感染症の復活や新たな感染症の出現が 21 世紀の世界の大きな課題となっています。

現在，HIV によって，アフリカのある地域の人口は減少しつつあります。2003 年には中国南部に発生したSARSが，香港での流行を契機として，短期間のうちに，ハノイ，シンガポール，トロント，北京などに広がり，③台湾での流行も深刻なものになりました。

（中略）

分子生物学，特にDNA配列研究によって，世界各地で様々な生活をしている人類の起源はアフリカにあり，我々はみな④アフリカ大陸から世界各地に広がった人々の子孫であることが分かってきました。この考え方は人類の「単一起源説」と呼ばれています。それにしたがえば，世界のいたるところに生活し，⑤70億人を数えるまでに発展した人類は共通の祖先を持つ共同体で，わずか20万年ほどの歴史しか持ってないということになります。そして，この短い人類の歴史を振り返るなかで，感染症が果たしてきた役割，そのインパクトはきわめて大きなものでした。

（中略）

感染症の歴史は常にグローバルな問題でした。クロスビーによって明らかになったように，⑥16世紀以降，⑦スペインなどによる南アメリカの植民地化に決定的な役割を果たしたのは天然痘でした。南アメリカには天然痘はなかったため，スペイン人によって持ち込まれた天然痘が南アメリカの原住民の人々を激減させ，植民地化を容易にしたのです。

（中略）

中国の人口は，増加時期と減少時期を繰り返し，漢末，唐末，宋末，⑧明末という王朝交替時期にかなりの規模の人口減少をみています。⑨王朝末期は，戦争や天災の時期と重なり，飢饉が王朝交替を促進しました。

（中略）

感染症の歴史には，より複眼的な視角も求められます。そのひとつは気候変動で，⑩温暖化と寒冷化のサイクルが植生や感染症の発生条件を左右することがありました。

（中略）

⑪第一次世界大戦後，インフルエンザ（スペイン風邪）が世界中で猛威を振るい，2500万人にのぼる死者を出したことはよく知られています。中国でもインフルエンザの流行が確認できますが，その実情はよくわかっていません。世界各地のインフルエンザの流行状況との比較から，中国でも1000万人近くの死者が発生したとされる場合もあります。しかし，中国海関などの資料を勘案すると，それは過大な数字で，中国での死者は100万人程度にとどまったのではないかと考えられます。

（中略）

20世紀初頭の中国では衛生事業について二つの大きな流れが交錯していました。一つはペストの流行のなかで，外国勢力によって衛生事業の制度化が展開されるなか，中国もそれを導入しようとしたこと。もう一つは，それ以前は民間社会が担ってきた衛生事業を<u>清朝政府</u>⑫が行政へ編入したため，衛生事業の制度化が統治機構の再編を伴わざるをえないものとなったことです。

（中略）

台湾での経験を基礎として蓄積された近代日本の植民地医学・帝国医療は，<u>英領インド</u>⑬などに比べて現地社会に対して，より介入的でした。それはのちに，関東州や朝鮮，さらに<u>満州国や中国・東南アジアなどにおける占領行政でも重要な役割を果たすことになります</u>⑭。植民地医学・帝国医療は統治のツールとしての役割を果たし，医療・衛生事業を通じて，現地社会への統治権力の浸透がはかられたのです。

（中略）

感染症対策は，しばしば植民地統治の「善政」として議論されることがあります。しかし，感染症全般が抑制されたわけでは決してありません。赤痢，ジフテリアおよび結核などの感染症は，むしろ増加傾向にありました。それは植民地統治のもとで進められた開発政策による産業化や都市化の結果でもありました。

（後略）

飯島渉『感染症の中国史』

問1　下線部①に関連して，19世紀後半において，細菌学の発達に貢献した人物として**正しいものを次からすべて**選び，マーク解答用紙にマークしなさい。

ア．パストゥール

イ．メンデル

ウ．ダーウィン

エ．レントゲン

オ．マイヤー

カ．コッホ

問2　下線部②に関連して，19世紀に起こった事件として**誤っているものを次から1つ**選び，マーク解答用紙にマークしなさい。

ア．甲午農民戦争

イ．明治維新

ウ．洋務運動

エ．日朝修好条規

オ．日清戦争

カ．辛亥革命

問3　下線部③に関連して，国姓爺の異名を持ち，明王を擁立してオランダ人を駆逐し，台湾を反清勢力の基地とした人物として最も**正しいものを次から1つ**選び，マーク解答用紙にマークしなさい。

ア．鄭和

イ．鄭芝竜

ウ．大院君

エ．鄭成功

オ．李自成

カ．呉三桂

問4　同じく下線部③に関連して，台湾において，中華民国に対する大規模な抗議運動が起こったが，その運動が起こった年度と事件の名称の組み合わせとして**正しいものを次から1つ**選び，マーク解答用紙にマークしなさい。

ア．1945年－二・二六事件

イ．1945年－二・二八事件

ウ．1945年－五・一五事件

エ．1947年－二・二六事件

オ．1947年－二・二八事件

カ．1947年－五・一五事件

問5　同じく下線部③に関連して，台湾において1996年に初めて総統選挙が実施されたときに選出された人物とその人物が当選された際に所属していた政党として**正しい組み合わせを次から1つ**選び，マーク解答用紙にマークしなさい。

ア．民進党－蔡英文

イ．国民党－李登輝

ウ．民進党－陳水扁

エ．国民党－蔡英文

オ．民進党－李登輝

カ．国民党－陳水扁

問6　下線部④に関連して，19世紀に欧州列強によって行われた対アフリカの分割政策の名称と，その政策を実施した国名と，その政策に含まれる植民地の名称として**正しい組み合わせを次から2つ**選び，マーク解答用紙にマークしなさい。

ア．横断政策－英－エジプト

イ．横断政策－仏－アルジェリア

ウ．横断政策－英－アルジェリア

エ．縦断政策－仏－エジプト

オ．縦断政策－英－エジプト

カ．縦断政策－仏－アルジェリア

問7　下線部⑤に関連して，古典派経済学者の1人で18世紀末に『人口論』において人口と食糧の間の増加速度に関する不均衡を論じ，人口抑制による貧困解消を提唱した人物名として，**正しいものを次から1つ**選び，マーク解答用紙にマークしなさい。

ア．マルサス

イ．リカード

ウ．リスト

エ．アダム=スミス

オ．ケインズ

カ．マルクス

問8　下線部⑥に関連して，16世紀の出来事として**誤っているものを次から1つ**選び，マーク解答用紙にマークしなさい。

ア．インカ帝国滅亡

イ．ピューリタン革命

ウ．アウクスブルクの和議

エ．オランダ独立宣言

オ．スレイマン１世即位

カ．張居正の改革

問９　下線部⑦に関連して，この時期のポルトガルとスペインの探検家に関する記述として**誤っているものを次からすべて**選び，マーク解答用紙にマークしなさい。

ア．バルトロメウ=ディアスはアフリカ南端の喜望峰に到達した。

イ．ヴァスコ=ダ=ガマは喜望峰をまわりカリカットに到達した。

ウ．ジェノヴァ出身のコロンブスはエンリケの援助を受けた。

エ．コロンブスはトスカネリの主張を信じて大西洋を横断し，サンサルバドル島に到達した。

オ．マゼランはインドネシアに到達し，ここをスペイン領と宣言した。

カ．バルボアがはじめてパナマ地峡を横断し太平洋に到達した。

問10　同じく下線部⑦に関連して，この時期のスペインとスペインの植民地に関する記述として**誤っているものを次からすべて**選び，マーク解答用紙にマークしなさい。

ア．イスラム勢力最後の拠点ムワッヒド朝のグラナダを攻略し，レコンキスタを完了した。

イ．コルテスはペルーのインカ帝国を征服した。

ウ．新しい領土はエンコミエンダ制が導入され，先住民は酷使された。

エ．ラス=カサスらの努力により，スペイン本国は先住民の奴隷化を禁止した。

オ．ボリビア領でポトシ銀山が発見され，膨大な銀が生産された。

カ．メキシコで鋳造された銀貨はアカプルコからマカオに運ばれ中国の絹などと交換された。

問11　同じく下線部⑦に関連して，ラテンアメリカの植民地には本国人を支配層とした人種的身分社会が形成されたが，（い）白人と黒人との混血，（ろ）植民地生まれの白人，（は）白人と先住民との混血の名称として**正しい組み合わせを次から１つ**選び，マーク解答用紙にマークしなさい。

ア．(い)－メスティーソ　(ろ)－クリオーリョ　(は)－ムラート

イ．(い)－メスティーソ　(ろ)－ムラート　(は)－クリオーリョ

ウ．(い)－ムラート　(ろ)－メスティーソ　(は)－クリオーリョ

エ．(い)－ムラート　(ろ)－クリオーリョ　(は)－メスティーソ

オ．(い)－クリオーリョ　(ろ)－ムラート　(は)－メスティーソ

カ．(い)－クリオーリョ　(ろ)－メスティーソ　(は)－ムラート

問12　下線部⑧に関連して，明の記述として**誤っているものを次からすべて**選び，マーク解答用紙にマークしなさい。

ア．朱元璋は現在の南京に都を定めた。

イ．軍戸の戸籍を設けて衛所制を編制した。

ウ．農村では保甲制のもとに民戸を組織して治安維持や徴税を担わせた。

エ．土地台帳としての賦役黄冊や戸籍と租税の台帳としての魚鱗図冊を作成して財政基盤を確立した。

オ．李時珍によって『本草綱目』が編纂された。

カ．朱子学を官学とし，科挙試験によって官僚を選抜した。

問13　下線部⑨に関連して，太平天国の乱に前後して起こった反乱について，反乱が起こった場所と，反乱を起こした集団の組み合わせとして**正しいものを次から2つ**選び，マーク解答用紙にマークしなさい。

ア．安徽－苗族

イ．安徽－回民

ウ．安徽－捻軍

エ．貴州－苗族

オ．貴州－回民

カ．貴州－捻軍

問14　下線部⑩に関連して，1997年に開催された第3回気候変動枠組条約締約国会議が開催された都市として**正しいものを次から1つ**選び，マーク解答用紙にマークしなさい。

ア．ワシントン

イ．ニューヨーク

ウ．パリ

エ．リヨン

オ．東京

カ．京都

問15　下線部⑪に関連して，いわゆる「３Ｂ政策」に当たる地名として**正しいものを次からすべて**選び，マーク解答用紙にマークしなさい。

ア．ボスニア

イ．ベルリン

ウ．ブカレスト

エ．ビザンティウム

オ．バグダード

カ．ベッサラビア

問16　同じく下線部⑪に関連して，第一次世界大戦に関連する以下の記述のなかから**誤っているものをすべて**選び，マーク解答用紙にマークしなさい。

ア．ドイツ軍はタンネンベルクの戦いでフランス軍に進撃を阻止され短期決戦の構想が崩れた。

イ．オスマン帝国を分割することを約束したサイクス=ピコ協定が結ばれた。

ウ．イギリスはアラブ地域の独立を約束するバルフォア宣言を出した。

エ．ドイツとロシアとの間でフサイン・マクマホン協定が結ばれた。

オ．ドイツでは即時講和を求める水兵がキール軍港で蜂起した。

カ．第２インターナショナルは戦争反対を訴えていたが事実上解体した。

問17　下線部⑫に関連して，清に関わる人物の記述として**誤っているものを次から１つ**選び，マーク解答用紙にマークしなさい。

ア．ヌルハチは女真を統合し，後金を建てた。

イ．ホンタイジは国号を清と定めた。

ウ．康熙帝は三藩の乱を鎮圧した。

エ．康熙帝の治世時代にネルチンスク条約を結んだ。

オ．雍正帝の時代にキャフタ条約を結んだ。

カ．乾隆帝は軍機処を設けた。

問18　下線部⑬に関連して，イギリスのインド統治に関する記述として**誤っているものを次からすべて**選び，マーク解答用紙にマークしなさい。

ア．フランスと結んだベンガル太守の軍をマラータの戦いでやぶった。

イ．シク戦争によってパンジャーブ地方を獲得した。

ウ．マドラス管区ではライヤットワーリー制がとられた。

エ．イギリスの支配に対する不満が高まり，ザミンダールによる反乱がおこった。

オ．ボンベイにインド人有力者を集めてインド国民会議を開いた。

カ．宗教対立を利用したベンガル分割令を公布した。

問19　下線部⑭に関連して，日本の中国侵略に関する記述として**誤っているものを次から１つ**選び，マーク解答用紙にマークしなさい。

ア．関東軍は柳条湖で鉄道を爆破しこれを口実として軍事行動を起こした。

イ．溥儀を執政とする満洲国を建てた。

ウ．盧溝橋事件をきっかけとして軍事行動を拡大した。

エ．汪兆銘を首班とする政府を南京に建てた。

オ．南京に冀東防共自治政府を設置した。

カ．リットン調査団が満州国を不承認とすると，国際連盟を脱退した。

問20　空欄（　A　）には国際的保健事業の指導を行う，国連の専門機関が入るが，この名称として**正しいものを次から１つ**選び，マーク解答用紙にマークしなさい。

ア．WTO

イ．IMF

ウ．WHO

エ．PKO

オ．NPT

カ．EEC

政治・経済

（60分）

I 次の文章を読んで，設問に答えなさい。なお，問1・問2・問5・問8・問10の解答にあたっては記述解答用紙を，問3・問4・問6・問7・問9・問11の解答にあたってはマーク解答用紙を用いなさい。(40点)

1989年12月に行われたマルタ会談では，アメリカの［①］大統領とソ連の［②］共産党書記長が冷戦の終結を宣言した。冷戦の終結によって東西ドイツの統一が実現したが，その一方でアメリカ・ソ連という大国のかかわりが低下したことから，民族[a]や宗教，領土，領海[b]，資源などをめぐって地域紛争が激しくなった。

旧ユーゴスラビアでは，民族対立を抑えていた［③］大統領の死去（1980年）と冷戦終結によって内戦状態となり，国家の解体が進んだ。1991年6月の10日間戦争後に［④］は旧ユーゴスラビアから独立し，同年にはマケドニアやクロアチアも独立を宣言した。他方，ボスニア・ヘルツェゴビナは1992年に独立を宣言したが，主に3つの民族の激しい対立[c]を生み，自民族以外の民族を追い出したり，虐殺したりする民族浄化と呼ばれる行動が起きた。また，セルビアの［⑤］自治州ではアルバニア系住民とセルビア人との紛争が発生したことを受けて，北大西洋条約機構（ＮＡＴＯ）軍の関与による停戦が行われ，2008年には［⑤］政府が独立を宣言した。

アフリカの国々[d]をみると，多数派のフツ族と少数派のツチ族との部族間の対立が発生した［⑥］や，部族間の対立が権力闘争に発展して無政府状態となったため，アデン湾での海賊行為が多発している［⑦］では内戦が起きている。そのほかにも，民主化に向けた移行期間のなかで国軍と準軍事組織の迅速支援部隊（ＲＳＦ）との権力争いによって政情不安が続く［⑧］では，日本をはじめとする複数国が自国民を［⑧］の国外へ2023年4月に避難させた。

国家内での紛争や内戦のほかに，複数の国家間に分属させられた民族集団の自治・統合問題が起きている。トルコ，シリア，イラク，イラン，南カフカスに及ぶ山岳地帯に住むインド=ヨーロッパ語族の［ ⑨ ］人は自治を求めてイラクで内乱を起こしたため，イラク政権から弾圧を受けた。

冷戦終結後に唯一の軍事超大国となったアメリカは，世界の警察官として主導的に紛争へ関与するようになった。［ ⑩ ］に侵攻したイラクを撤退させるために起きた1991年の湾岸戦争では，アメリカ軍が約30か国の軍事的協力のもとで多国籍軍を編成して，イラクに攻撃を加えた。その後の2003年のイラク戦争は，国連の安全保障理事会常任理事国の多くが反対するなかアメリカはイギリスなどとともに強行(e)した。アメリカの行動は他国との外交交渉や関係国との協調行動を忌避して行動する傾向がみられることから単独行動主義（ユニラテラリズム）と呼ばれる。

こうした行動に対して，国連では多国間主義（マルチラテラリズム）がとられており，その一環として各国が自発的に提供する兵員・行政要員などを紛争現地に存在させて治安維持を行う国連平和維持活動（ＰＫＯ）(f)がある。また，地域紛争により，祖国を追われて他国に避難する難民を保護するための国際的な取り決めである難民条約(g)が国連で採択されている。この条約に基づいて，各国はこれまでに多くの難民を受け入れてきた(h)。なお，難民条約は国内にとどまる国内避難民は保護の対象としていないが，国連難民高等弁務官事務所（ＵＮＨＣＲ）(i)は国内避難民も含めて広く支援活動を行っていることから，その役割に対する世界からの期待は大きい。

複雑化する地域紛争に対して，今後は国連をはじめとする国際組織やＥＵなどの地域的な国際組織，各国の非政府組織であるＮＧＯ(j)との広域的な協力・連携関係の構築が必要になっている。

問１　文中の空欄［ ① ］～［ ⑩ ］にあてはまる適切な語句を解答欄にすべてカタカナで記入しなさい。ただし，同じ番号の空欄には，同じ語句が入る。なお，［ ① ］～［ ③ ］は人名，［ ④ ］～［ ⑧ ］，［ ⑩ ］は国名，［ ⑨ ］は民族名である。

問２　下線部ａに関して，アメリカのウィルソン大統領やロシアの指導者であるレーニンが提唱したものであり，ある民族が国家や他民族の干渉を受けずに，政治のあり方を形づくることを何と呼ぶか，解答欄に記入しなさい。

問３　下線部ｂに関して，海洋法に関する国際連合条約（1994年発効）で定められた領海の範囲は基線から何海里か。次の4つの選択肢A～Dのなかから適切なものを1つ選び，マーク解答用紙にマークしなさい。

A．3海里

B．6海里

C．12海里

D．24海里

問4　下線部cに関して，ボスニア・ヘルツェゴビナで対立した民族の組み合わせとして適切なものを次の4つの選択肢A～Dのなかから1つ選び，マーク解答用紙にマークしなさい。

A．マケドニア人・クロアチア人・セルビア人

B．セルビア人・ムスリム人・クロアチア人

C．ボシュニャク人・セルビア人・マケドニア人

D．クロアチア人・マケドニア人・ムスリム人

問5　下線部dに関して，2011年1月にジャスミン革命と呼ばれる反政府デモが起こり，独裁政権が打倒される出来事があった国はどこか。その国名を解答欄に記入しなさい。

問6　下線部eに関して，イラク戦争を始める根拠となったイラク側の行為としてアメリカが挙げたものは何か。次の4つの選択肢A～Dのなかから適切なものを1つ選び，マーク解答用紙にマークしなさい。

A．大量破壊兵器の保有

B．核実験の強行

C．スンニ派系住民の大量虐殺

D．他国への侵攻

問7　下線部fに関して，適切に説明しているものを次の4つの選択肢A～Dのなかから1つ選び，マーク解答用紙にマークしなさい。

A．ＰＫＯは国連憲章のなかで，その任務や組織が明文化されている。

B．ＰＫＯには政治を安定させる政党監視団や暫定司法機構がある。

C．ＰＫＯの国連平和維持軍による武力行使は一般に自衛の場合のみである。

D．ＰＫＯの要員として日本人が初めて派遣された国はカンボジアである。

問8　下線部gに関して，同条約の第33条に規定しているもので，帰国後に難民が迫害を受ける可能性があるため，送還してはならないという国際法規範は何の原則と言われているか，解答欄に記入しなさい。

問9　下線部hに関して，2021年末において世界で最も多くの難民を受け入れている国はどこか。次の4つの選択肢A～Dのなかから適切なものを1つ選び，マーク解答用紙にマークしなさい。

A．ドイツ

B．トルコ

C．コロンビア

D．フランス

問10　下線部iに関して，国連難民高等弁務官を1991年2月から2000年12月にかけて務め，人道支援に貢献した日本人の氏名を解答欄に記入しなさい。

問11　（設問省略）

Ⅱ 次の文章を読んで，設問に答えなさい。なお，問１，問２，問６の解答にあたっては記述解答用紙を，問３～問５の解答にあたってはマーク解答用紙を用いなさい。

(30 点)

第二次世界大戦後，アジア，アフリカでは，多くの国で民族独立運動が高まり，それまでの植民地が政治的独立を達成した。しかし，現在でも経済的自立の難しい国が多い。その主な理由は，植民地時代から続く，農産物や鉱産物などの一次産品に特化した［①］経済から抜けられず，先進国（北側諸国）主導のＩＭＦ-ＧＡＴＴ体制の下で，つねに不利な状況に置かれていたことである。［①］経済を余儀なくされている発展途上国（南側諸国）は交易条件の悪化によって（a），経済状態はむしろ悪化し，経済格差はさらに広がった（南北問題）。

1961 年に国連は「国連開発のための［②］」を採択して，南北間格差の是正に乗り出し，経済協力開発機構（ＯＥＣＤ）もまた同年，［③］委員会を組織して発展途上国の援助に踏み出した。［③］委員会は，政府開発援助（ＯＤＡ）が満たすべき要件を定めるなど（b），発展途上国の経済発展と福祉向上のための援助を促進しようとした。翌 1962 年には国連総会で国連貿易開発会議（ＵＮＣＴＡＤ）の開催が決定され，［④］年にジュネーブで第１回会議が開かれた。このとき，ＵＮＣＴＡＤの初代事務局長は「［⑤］報告」の中で，発展途上国の立場からＧＡＴＴの自由貿易体制への不満を表明し，先進国の発展途上国に対する経済援助，一次産品価格の安定化のための商品協定，軽工業製品への一般［⑥］関税，国際収支を改善するための融資，開発金融などを要求した。

1980 年代に入ると，発展途上国間の格差が表面化した（南南問題）。すなわち，原油国や新興工業経済地域（ＮＩＥＳ）が「離陸」を始めたのに対し，資源を持たない発展途上国は発展から取り残され，［⑦］発展途上国とよばれた。これらの問題は，単に経済上の問題であるばかりではなく，教育，医療，福祉など，社会全般にかかわるものでもある。1990 年代には国連開発計画において生活水準を指標化した人間開発指数が作成され，貧困国の生活の向上をはかろうとしている（c）。2000 年には，国連で 2015 年までに達成すべき「［⑧］開発目標」が，2015 年にはこれを引きつぐ「持続可能な開発目標」が採択され，さらなる取り組みが進められている。

これら南北問題・南南問題に加えて，地球温暖化への対処をめぐっても，経済状況や立場の異なる国の間で対立が続いてきた。先進国と発展途上国間では，歴史的に（d）

CO_2を排出してきた先進国が削減義務を負うべきか，途上国も含めるかに関する対立が続いている。また，先進国の間では，産業保護や国益の優先を前提とする立場とこれに反対して包括的削減を推進する立場との対立がある。これらに加えて，発展途上国の間にも軋轢があり，地球環境について国際的な取り決めをする国連［ ⑨ ］条約締結国会議の第15回会議での水没の危機に瀕しているツバルの提案が，「本当に生存の危機が迫った途上国」と「工業化という軌道に乗った途上国」との立場を鮮明にあぶりだしている。国連［ ⑨ ］条約締結国会議の第21回会議（2015年）において採択された［ ⑩ ］協定は，歴史上はじめて先進国・途上国の区別なく温室効果ガス削減に向けて自国の決定する目標を提出し，目標達成に向けた取り組みを実施することなどを規定した枠組みであり，21世紀後半に温室効果ガスの人為的な排出量と吸収源による除去量との均衡(e)を達成することに向けた転換点となる。

問1　文中の空欄［ ① ］～［ ⑩ ］にあてはまる適切な語句または数字を記述解答用紙の解答欄に記入しなさい。ただし，同じ番号の空欄には同じ語句または数字が入る。

問2　下線部aの交易条件とは，1単位の輸出で何単位の輸入ができるかを示す指標である。輸入価格指数が80，輸出価格指数が100のとき，交易条件の値を記述解答用紙の解答欄に記入しなさい。

問3　下線部bに関連して，1970年代に決定されたＯＤＡ支出の対ＧＮＩ比（ＯＤＡ支出/ＧＮＩ）の支出目標は0.7％であった。次の図は，各国の2019年のＯＤＡ支出に関するデータを表している。棒グラフと棒グラフの右側の数字はＯＤＡ支出の対ＧＮＩ比（パーセント）を示している。ただし，括弧のなかは贈与比率（パーセント，2018/2019年）である。

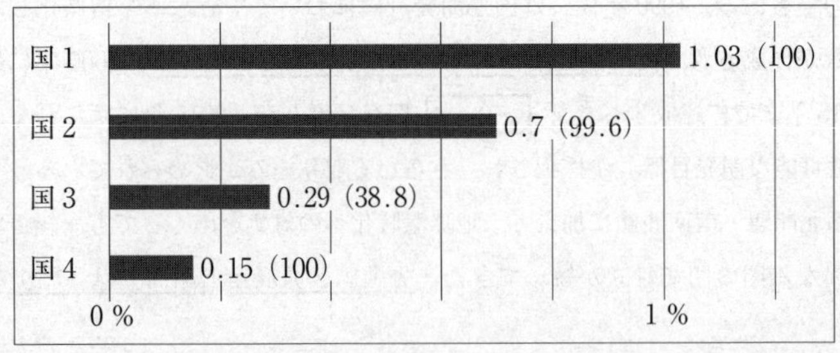

図中の国１～国４に対応する適切な国名の組み合わせを，次の４つの選択肢Ａ～Ｄのなかから１つ選び，マーク解答用紙にマークしなさい。

Ａ．国１　ノルウェー　国２　アメリカ　国３　日本　国４　イギリス
Ｂ．国１　アメリカ　国２　イギリス　国３　ノルウェー　国４　日本
Ｃ．国１　ノルウェー　国２　イギリス　国３　日本　国４　アメリカ
Ｄ．国１　アメリカ　国２　日本　国３　ノルウェー　国４　イギリス

問４　下線部ｃに関連して，新しい貧困支援の形である，いわゆるマイクロ・ファイナンスが登場した経済的背景に関する説明として，適切なものを，次の４つの選択肢Ａ～Ｄのなかから１つ選び，マーク解答用紙にマークしなさい。

Ａ．貧困層の人々は通常の金融機関からの融資に対する返済率が低いため，貸し手側の金融機関はリスクを考慮して低い利子率を付けることになり，それが返済率の低下をもたらす。

Ｂ．貧困層の人々は通常の金融機関からの融資に対する返済率が低いため，貸し手側の金融機関はリスクを考慮して低い利子率を付けることになり，それが返済率の上昇をもたらす。

Ｃ．貧困層の人々は通常の金融機関からの融資に対する返済率が低いため，貸し手側の金融機関はリスクを考慮して高い利子率を付けることになり，それが返済率の低下をもたらす。

Ｄ．貧困層の人々は通常の金融機関からの融資に対する返済率が低いため，貸し手側の金融機関はリスクを考慮して高い利子率を付けることになり，それが返済率の上昇をもたらす。

問５　下線部ｄが指摘する対立に関して，両者の主張を取り入れる折衷案は，リオ宣言やアジェンダ21が明示的に用いた「［ｉ］だが［ii］ある責任」という言葉に象徴される。空欄［ｉ］と［ii］にあてはまる適切な語句の組み合わせを，次の４つの選択肢Ａ～Ｄのなかから１つ選び，マーク解答用紙にマークしなさい。

Ａ．［ｉ］共通　［ii］差異
Ｂ．［ｉ］共通　［ii］実効
Ｃ．［ｉ］有限　［ii］差異

D. [i] 有限 [ii] 実効

問6 下線部eが言及する均衡は,「世界全体での [ ] ニュートラル」と言い換えることもできる。空欄 [ ] にあてはまる適切な語句を記述解答用紙の解答欄に記入しなさい。

Ⅲ 次の文章を読んで,設問に答えなさい。なお,解答にあたってはマーク解答用紙を用いなさい。(30点)

戦後の日本では規制や行政指導によって競争を制限する [①] 方式により金融システムの安定化が図られてきたが,1980年代以降の世界的な金融自由化の流れに(a)対応して,日本でも金利や金融業務の自由化がすすめられた(b)。1990年代のバブル経済崩壊で大量の不良債権が累積し,金融システム不安が深刻化するなか,1997年には金融政策の独立性・信頼性を高めるため [②] が改正され,2000年には金融機関の検査・監督を強化することを意図して [③] が発足した。また,2001年には日本経済がデフレ(c)の状態にあることを戦後初めて政府が認める事態となった。

こうしたなかで,日本銀行が主に用いる金融調節手段として,従来の公定歩合操作や預金準備率操作(d)に代わって公開市場操作(e)が中心的な役割を果たすようになっていく。1999年から2000年にかけては,[④] をできるだけ低めに誘導する,いわゆるゼロ金利政策が実施された。2001年には日本銀行の当座預金残高を主たる操作目標とする [i] 政策が開始され,2006年に解除された。2010年には [④] の誘導目標を0〜0.1%程度とする [ii] が開始された。2013年には物価目標を定めたインフレターゲット政策が導入され(f),同年に開始された [iii] では,主たる操作目標がマネタリーベース(g)に変更された。2016年には日本銀行当座預金の一部に−0.1%の金利を適用するマイナス金利政策(h)が実施され,その後に導入された長短金利操作付き量的・質的金融緩和では長短金利の操作を行う [⑤] コントロールが導入された。

このようにして続けられてきた大規模な金融緩和(とくに2013年以降のいわゆる異次元緩和)により,日本銀行の国債保有残高は膨張し,2022年度末時点では日本の年次名目GDPと同じ [⑥] 台となっている。他方で,インフレターゲット政策で導入された物価目標については未達が続いていたが，円安の影響などから2022年12月には生鮮食品を除く消費者物価が前年同月比で4.0％の上昇となり，約40年振りの高い伸び率となった。今後，日本銀行が金融緩和から政策を転換し，国債保有残高を削減する方向に向かうのかどうかが注目される。

問1　文中の空欄 ① にあてはまる適切なものを，次の4つの選択肢A～Dのなかから1つ選び，マーク解答用紙にマークしなさい。

A．ペイオフ制度

B．傾斜生産

C．幼稚産業保護

D．護送船団

問2　文中の空欄 ② にあてはまる適切なものを，次の4つの選択肢A～Dのなかから1つ選び，マーク解答用紙にマークしなさい。

A．銀行法

B．金融システム改革法

C．日本銀行法

D．金融商品取引法

問3　文中の空欄 ③ にあてはまる適切なものを，次の4つの選択肢A～Dのなかから1つ選び，マーク解答用紙にマークしなさい。

A．金融庁

B．金融監督庁

C．金融省

D．金融監督省

問4　文中の空欄 ④ にあてはまる適切なものを，次の4つの選択肢A～Dのなかから1つ選び，マーク解答用紙にマークしなさい。

A．無担保コールレート（翌日物）

B．基準貸付利率

C．コマーシャルペーパー金利

D．国債金利

問5 文中の空欄 ⑤ にあてはまる適切なものを，次の4つの選択肢A～Dのなかから1つ選び，マーク解答用紙にマークしなさい。

A．ローレンツカーブ

B．イールドカーブ

C．フィリップスカーブ

D．ラッファーカーブ

問6 文中の空欄 ⑥ にあてはまる適切なものを，次の4つの選択肢A～Dのなかから1つ選び，マーク解答用紙にマークしなさい。

A．800兆円

B．700兆円

C．600兆円

D．500兆円

問7 文中の空欄 i ～ iii にあてはまる適切なものの組み合わせを，次の4つの選択肢A～Dのなかから1つ選び，マーク解答用紙にマークしなさい。

A． i 包括的金融緩和 ii 量的緩和 iii 量的・質的金融緩和

B． i 包括的金融緩和 ii 量的・質的金融緩和 iii 量的緩和

C． i 量的緩和 ii 量的・質的金融緩和 iii 包括的金融緩和

D． i 量的緩和 ii 包括的金融緩和 iii 量的・質的金融緩和

問8 下線部aに関連して，1986年に金融ビッグバンと呼ばれる金融・証券制度の大改革を行った国として適切なものを，次の4つの選択肢A～Dのなかから1つ選び，マーク解答用紙にマークしなさい。

A．ドイツ

B．フランス

C．イギリス

D．アメリカ

問９　下線部ｂに関連して，日本版金融ビッグバンで掲げられた原則として<u>適切でないもの</u>を，次の４つの選択肢Ａ～Ｄのなかから１つ選び，マーク解答用紙にマークしなさい。

A．市場原理が機能する自由な市場

B．持続可能な市場

C．国際的で時代を先取りする市場

D．透明で信頼できる市場

問10　下線部ｃに関連して，デフレが債務者たる企業に与える影響の説明として適切なものを，次の４つの選択肢Ａ～Ｄのなかから１つ選び，マーク解答用紙にマークしなさい。

A．企業の実質的な返済額が減って投資意欲が高まる。

B．企業の実質的な返済額が減って投資意欲が低まる。

C．企業の実質的な返済額が増えて投資意欲が高まる。

D．企業の実質的な返済額が増えて投資意欲が低まる。

問11　下線部ｄに関連して，金融緩和を意図する預金準備率操作の説明として適切なものを，次の４つの選択肢Ａ～Ｄのなかから１つ選び，マーク解答用紙にマークしなさい。

A．預金準備率を引き下げることで市中金融機関の信用創造を抑制する。

B．預金準備率を引き下げることで市中金融機関の信用創造を促す。

C．預金準備率を引き上げることで市中金融機関の信用創造を抑制する。

D．預金準備率を引き上げることで市中金融機関の信用創造を促す。

問12　下線部ｅに関連して，金融引き締めを意図する公開市場操作（オペレーション）の説明として適切なものを，次の４つの選択肢Ａ～Ｄのなかから１つ選び，マーク解答用紙にマークしなさい。

A．国債の買い入れなどにより金融市場に資金を供給する。

B．国債の買い入れなどにより金融市場から資金を吸収する。

C．国債の売却などにより金融市場に資金を供給する。

D．国債の売却などにより金融市場から資金を吸収する。

問13　下線部ｆに関連して，このとき目標値として定められた消費者物価の前年比上昇率を名目金利から差し引いたものが実質金利であるとすると，名目金利を１％としたときの実質金利は何％になるか，次の４つの選択肢Ａ～Ｄのなかから１つ選び，マーク解答用紙にマークしなさい。

A．－１％

B．０％

C．１％

D．２％

問14　下線部ｇに関連して，マネタリーベースの説明として適切なものを，次の４つの選択肢Ａ～Ｄのなかから１つ選び，マーク解答用紙にマークしなさい。

A．準通貨と日本銀行当座預金残高の合計

B．現金通貨と日本銀行当座預金残高の合計

C．譲渡性預金と日本銀行当座預金残高の合計

D．要求払い預金と日本銀行当座預金残高の合計

問15　下線部ｈに関連して，マイナス金利政策で期待された効果の説明として適切なものを，次の４つの選択肢Ａ～Ｄのなかから１つ選び，マーク解答用紙にマークしなさい。

A．マイナス金利が適用された当座預金の一部に対して市中金融機関が日本銀行に利子を支払う形になるため，他の金融機関などへの資金の貸し出しが減少する。

B．マイナス金利が適用された当座預金の一部に対して市中金融機関が日本銀行から利子を受け取る形になるため，他の金融機関などへの資金の貸し出しが減少する。

C．マイナス金利が適用された当座預金の一部に対して市中金融機関が日本銀行

に利子を支払う形になるため，他の金融機関などへの資金の貸し出しが増加する。

D．マイナス金利が適用された当座預金の一部に対して市中金融機関が日本銀行から利子を受け取る形になるため，他の金融機関などへの資金の貸し出しが増加する。

数 学

（60 分）

(注) 満点が 100 点となる配点表示になっていますが，学部別選抜大学入学共通テスト併用方式の満点は 150 点となります。

I 次の設問に答えよ。答は結果のみ解答欄に記入せよ。なお，答が分数になる場合は既約分数で答えよ。(36 点)

(1) 次の数列の初項から第 24 項までの和を求めよ。

$$\frac{1}{1\cdot3},\frac{1}{3\cdot5},\frac{1}{5\cdot7},\frac{1}{7\cdot9},\ldots,\frac{1}{(2n-1)(2n+1)},\cdots$$

(2) 方程式 $x^3+ax^2-2x+b=0$ ($a,\,b$ は実数) の 1 つの解が $1-3i$ であるとき，$a,\,b$ の値を求めよ。ただし，i は虚数単位とする。

(3) 次の方程式を解け。

$$\log_4(x-1)-\log_2(x-3)=0$$

(4) 3 辺の長さが 5, 12, 13 である三角形の内接円の半径を r, 外接円の半径を R とするとき，$\dfrac{r}{R}$ の値を求めよ。

(5) 次の条件をすべて満たす 2 次関数 $f(x)$ を求めよ。

$$f(2)=3,\quad f'(1)=1,\quad f'(-1)=-11$$

(6) 次の式を満たす関数 $f(x)$ を求めよ。

$$f(x)=x^2-3x+\int_0^1 tf(t)\,dt$$

Ⅱ　大小 2 個のサイコロを同時に投げる試行において，出る目の和が 5 である事象を A とする。この試行を 200 回続けて行うとき，事象 A が n 回起こる確率を P_n とする。このとき，以下の設問に答えよ。(32 点)

(1)　$\dfrac{P_n}{P_{n-1}}$ $(n = 1, 2, \cdots, 200)$ を n の既約分数式で表せ。答は結果のみ解答欄に記入せよ。

(2)　P_n を最大にする n の値を求めよ。

Ⅲ　座標平面上に次の不等式で定まる領域 S がある。

$$\frac{1}{2} \leqq x \leqq 4, \quad \frac{1}{4} \leqq y \leqq 2, \quad \frac{y}{4} \leqq x \leqq 2y$$

このとき，以下の設問に答えよ。(32 点)

(1)　領域 S は多角形になる。その頂点の座標をすべて求めよ。

(2)　領域 S の面積を求めよ。

(3)　領域 S 上で $x^2 + 2xy + y^2$ の値が最大になる点 (x, y) を求めよ。

E　自分の欲望に打ち勝つことに楽しみを見いだすよりは、むしろ最初から財産のないほうがましだろう。

〔問六〕　傍線(8)「大欲は無欲に似たり」の説明としてもっとも適当なものを左の中から選び、符号で答えなさい。

A　お金を使って欲望を満たしたいという大欲も、お金の下僕になりさがるなら、無欲でいるのと一緒である。

B　お金持ちになりたいという大欲も、叶(かな)うことが少ない以上、お金の要らない無欲と同じようなものである。

C　お金を使うという大欲も、その人の心が満たされることがない点では、お金を使わない無欲と似ている。

D　大金持ちのもつ大欲も、お金を使う欲望に際限がない以上、貧乏人のもつ無欲と同じようなものである。

E　大金持ちを志す大欲も、お金を使うという欲望を抑える以上、結局のところ、貧者の無欲と似ている。

C　お金を敬い、自分に服従させてはならない。

D　恥辱を受けても恨んだりしてはならない。

E　素直でいて、約束を守らなければならない。

〔問四〕　傍線(6)「火のかわけるにつき、水のくだれるにしたがふ」の指すことと同様の意味をもつ言葉としてもっとも適当なものを左の中から選び、符号で答えなさい。

A　水魚之交

B　森羅万象

C　高山流水

D　電光石火

E　自然之理

〔問五〕　傍線(7)「欲を成じて楽しびとせんよりは、しかじ、財なからんには」の解釈としてもっとも適当なものを左の中から選び、符号で答えなさい。

A　人の欲望に限りはなく楽しみを得ることが難しい以上、むしろ財産を使いきってしまうのがいいだろう。

B　お金を貯めるという欲望を遂げて楽しみとするよりは、むしろはじめから財産のないほうがましだろう。

C　お金を貯めたところで欲望を遂げる楽しみがないなら、最初から財産がないにこしたことはないだろう。

D　お金を貯めること以上の楽しみがあるなら、はじめから財産を得ることを目指さないほうがいいだろう。

(3)　「住すべからず」
A　住み続けてはいけない
B　手元に留まるはずはない
C　生きながらえられない
D　安穏な気持ちになれない

(4)　「つくる期あり」
A　尽きるときがある
B　作ることもある
C　尽くす期限がある
D　尽きることはない

(5)　「利を求めん人」
A　勝利を追求しがちな人
B　利益のみを求めない人
C　利己的に考えてしまう人
D　利益を求めるような人

〔問三〕　傍線(2)「心づかひ」として挙げられているものとして適当でないものを左の中から一つ選び、符号で答えなさい。
A　諸行無常であると理解しなければならない。
B　ほんの少しの欲望も満たしてはならない。

注　大福長者……大金持ち。　宴飲……酒宴。　声色……美声と女色。　癰・疽……悪性の腫れ物。　究竟は理即に等し……天台宗の教理では菩薩（ぼさつ）の階位を六段階に分けているが、その初位の「理即」と最高位の「究竟即」とは、結局のところ相等しいということ。

〔問一〕　この文章は、大福長者の意見と兼好の意見に分かれる。兼好の意見の始まりとしてもっとも適当なものを左の中から選び、符号で答えなさい。

A　この義を守りて
B　銭積もりて尽きざる時は
C　そもそも人は
D　このおきては
E　欲を成じて楽しびとせんよりは

〔問二〕　傍線(1)(3)(4)(5)の解釈として、もっとも適当なものを左の各群の中から選び、それぞれ符号で答えなさい。

(1)「徳をつく」
A　道徳を重んじる
B　人徳を積む
C　富を手にする
D　得意なことをする

三　次の文章を読んで、後の問に答えなさい。（30点）

ある大福長者の言はく、人は万(よろづ)をさしおきて、ひたふるに(1)徳をつくべきなり。貧しくては生けるかひなし。富めるのみを人とす。徳をつかんと思はば、すべからく、まづその(2)心づかひを修行すべし。その心と言ふは、他のことにあらず。人間常住の思ひに住して、かりにも無常を観ずる事なかれ。これ第一の用心なり。次に万事の用をかなふべからず。人の世にある、自他につけて所願無量なり。欲に随(したが)ひて志を遂げんと思はば、百万の銭ありといふとも、しばらくも(3)住すべからず。所願は止(や)むときなし。(4)財(たから)はつくる期あり。限りある財をもちて、かぎりなき願ひにしたがふ事、得べからず。所願心にきざす事あらば、我をほろぼすべき悪念来たれりと、かたく慎み恐れて、小要をも為(な)すべからず。次に、銭を奴(やつこ)のごとくして使ひもちゐる物と知らば、永く貧苦を免るべからず。君のごとく、神のごとく畏れ尊みて、従へもちゐることなかれ。次に、恥に臨むといふとも、怒り恨むる事なかれ。次に、正直にして約を固くすべし。この義を守りて(5)利を求めん人は、富の来たること、(6)火のかわけるにつき、水のくだれるにしたがふがごとくなるべし。銭積もりて尽きざる時は、宴飲・声色を事とせず、居所を飾らず、所願を成ぜざれども、心とこしなへに安く楽しと申しき。そもそも人は、所願を成ぜんがために、財を求む。銭を財とする事は、願ひをかなふるが故なり。所願あれどもかなへず、銭あれども用ゐざらんは、全く貧者とおなじ。何をか楽しびとせん。このおきては、ただ人間の望みを断ちて、貧を憂ふべからずと聞こえたり。(7)欲を成じて楽しびとせんよりは、しかじ、財なからんには。癰(よう)・疽(そ)を病む者、水に洗ひて楽しびとせんよりは、病まざらんにはしかじ。ここに至りては、貧富分く所なし。究竟(くきやう)は理即に等し。(8)大欲は無欲に似たり。

（『徒然草』）

オ　前者では実験者が被験者をまるで実験室の動物を見るかのように観察したが、後者では人格を尊重する形で接した。

〔問五〕　次の文A～Eのうち、本文の趣旨と合致しているものはどれか。もっとも適当なものを左の中から選び、符号で答えなさい。

A　「心の理論」研究において、心理学者は乳幼児を個人的にかかわりあわない「三人称的他者」と捉えており、その態度がシロウトには理解しがたい。

B　「心の理論」研究において、心理学者は「二人称的他者」と「三人称的他者」の心に関する認知の差異がいつごろ生まれるのかを探ろうとしている。

C　従来の「誤信念課題」実験では、個人的にかかわりあう「二人称的他者」の認識や行為を理解できるという乳幼児の力を正当に測れていなかった。

D　従来の「誤信念課題」実験の結果が多数の再現実験による検証を経てなお支持されてきたのは、実験中に乳幼児が示している反応を見過ごしていたからである。

E　従来の「誤信念課題」実験に基づく考えが新しい視点を導入した実験によって修正されたように、現時点での新しい知見も今後書き換えられる可能性がある。

A　おもちゃを緑の箱から黄色の箱に移したあと、実験者が手を入れる箱は、被験者一人につき緑か黄色のいずれか一方だけにすること。

B　おもちゃを緑の箱から黄色の箱に移すとき、誰もが不思議に思うような仕掛けを用いてその移動を行い、被験者に注目させること。

C　おもちゃを緑の箱から黄色の箱に移したあと、実験者はまず緑の箱に、次いで黄色の箱に手を入れるという順序を守ること。

D　おもちゃを緑の箱から黄色の箱に移すとき、被験者に移動の様子を示すだけでなく、実験者がその移動を見ていないことも示すこと。

E　おもちゃを緑の箱から黄色の箱に移したあとのテストは一人ずつ個別に実施し、他の被験者に影響されることのないようにすること。

〔問四〕傍線(4)「どうしてこのような違いとなったのだろうか？」とあるが、ウィマー＆パーナー型の実験とオオニシ＆バイラジョンによる実験の結果に違いを生じさせた要因について、筆者はどう解釈しているか。次の文ア～オのうち、適当なものに対してはA、適当でないものに対してはBの符号で答えなさい。

ア　前者では言葉によるやりとりで被験者の認識を確認したが、後者では被験者に話しかけることが禁じられていた。

イ　前者では「誤信念」に基づく行動が人形劇や紙芝居で示されたが、後者ではなま身の人間によってそれが示された。

ウ　前者では被験者の年齢によって実験者に対する警戒心の有無が変わったが、後者では被験者全員が警戒心を示した。

エ　前者では「誤信念」に従って行動する者が被験者にとって三人称的な存在だったが、後者では二人称的存在だった。

〔問一〕　傍線(1)「心の理論」とあるが、本文によれば、発達心理学の世界ではそれをどのように捉えているか。その説明としてもっとも適当なものを左の中から選び、符号で答えなさい。

A　他者の認識と感情を理解したり予測したりする拠(よ)り所となる法則であり、三人称的な観察により獲得される。
B　自分の認識と行動を理解したり制御したりする拠り所となる法則であり、教育を通じて獲得される。
C　自分の認識と感情を理解したり制御したりする拠り所となる法則であり、だいたい四歳頃に獲得される。
D　自分と他者の感情を理解したり予測したりする拠り所となる法則であり、発語を始める時期に獲得される。
E　他者の認識と行動を理解したり予測したりする拠り所となる法則であり、ある発達段階で獲得される。

〔問二〕　傍線(2)「「誤信念課題」が解けるようになる」とあるが、その説明としてもっとも適当なものを左の中から選び、符号で答えなさい。

A　他者とかかわるなかで、自分の信念が正しくないことに気づいたときに、それを認めることができるようになること。
B　他者を三人称的存在ではなく二人称的存在と捉え、他者の思い違いを、傷つけることなく指摘できるようになること。
C　自分と他者の認識を区別し、誤った認識を持っている他者がどのように行動するか正しく予測できるようになること。
D　信念の正誤を的確に判断し、他者が誤った認識に基づいて行動したときに、相手を正すことができるようになること。
E　相手が親しい人物であろうと見知らぬ人物であろうと、その行動が正しいか誤っているかを見抜けるようになること。

〔問三〕　傍線(3)「実験は次のようなものであった」とあるが、この実験を成り立たせるために必要な条件としてもっとも適当なものを左の中から選び、符号で答えなさい。

でも、人形劇や紙芝居で示される「マキシー君」という架空の人物がどのように行動するかを「客観的に」（つまり三人称的に）観察して、正確な（客観的に正しい）判断を下すかを、第三者（見知らぬ実験者）によって「評価」されるのである。そのとき聞かれた質問は、「遊びから帰ってきたマキシー君はチョコレートを求めてどちらの箱に行くか」というわけだが、三歳までの子どもは、マキシー君は（今チョコレートがある）青い箱に行かなければチョコレートが食べられないから、チョコレートが今ある「青い箱」と答えるのである。それに対し五、六歳児は、これは何かこちらをヒッカケようとしている「テスト」なのだと了解して、「テストに合格するため」に、ヒッカケに引っかからないよう、慎重に考えて、正解を言おうとするのである。

ところが同じ「誤信念課題」でも、オオニシ＆バイラジョン実験の場合は、生後一五ヵ月の乳幼児でも、目の前にいる（なま身の、話しかけることのできる）実験者がやることを身近で「目撃」してそれに全身で「応答」しようとするのである。その人がわかっていることにもとづいて「正しい」箱に手を入れたときは、その人と一緒にスイカを見て、一緒に遊ぶ気になっている乳幼児は「そうだよ、そのスイカで遊ぶんだよ」と見ており、驚いたりしない。また、スイカの「引っ越し」を見ていなかったその人が間違えたら、「あ～あ、間違えてるけど、見てないからしかたないね」と同情する。ところが「見てないから知らないはず」のことをどこかでこっそり見ていたみたいに、「スイカが今あるところ」に手を入れたら、「あれ～っ？　どうしてこの人わかったの？　何か変でわかんない！」とイライラするのである。まさに、「共感できない」他者のように感じるのである。つまり、オオニシ＆バイラジョン実験の実験状況では、乳幼児は実験者を（自分とはかかわらない）「三人称的」他者と見ないで、目の前で自分とかかわっている「二人称的」他者と見ていたのではないか。実験そのものは、いかにも「三人称的」手続きを踏んではいるが、被験者（乳幼児）自身にとっては、「他人事ではない」出来事を目の前の人と「一緒に」目撃している、「二人称的関係」の出来事とみなしていたのではないか。

（佐伯胖「かかわることば、かかわらない言葉」〈佐藤慎司・佐伯胖編『かかわることば』所収〉による）

乳幼児側のブラインドが下りる。

〈テスト場面〉次にブラインドが上がると、今度は、おもちゃの「引っ越し」を見ていなかった実験者は、①緑の箱（実験者が以前にスイカを入れた箱）に手を差しのべるか、②黄色の箱（実験者は見ていなかったが、「引っ越した」スイカが存在している箱）に手を入れる。この場面を見た乳幼児はどのような様子を見せるか。

〈結果〉一四～一五ヵ月の乳幼児五六人を対象にした実験の結果、①を見た乳幼児は、たいくつそうに、「さもありなん」という表情で見つめているが、②を見た乳幼児は、驚いた顔（「あれっ？　どうして？」という顔）でじっと見つめている。つまり、乳幼児は実験者が「誤信念」に従って（ないはずのスイカがあると信じて）行為するものと想定しているので、②はその予想に反しており、その実験者の行為がおかしいと判断していたわけであるから、これは誤信念課題をパスしていることになる。

このオオニシ&バイラジョン実験は、発表後、ただちに論争を巻き起こし、さまざまな再実験が重ねられたが、乳幼児に「人形劇」や「紙芝居」の物語で説明して、「言葉」で応答させるのではなく、目の前の実験者が実際にモノを移動させたり、モノの移動を見ていたり（見ていなかったり）の様子を目撃させて、そのときの「反応」を乳幼児の表情や身体の動きで判断する（中立的な立場の複数の観察者の評価による）場合は、確実に生後一四～一五ヵ月で「誤信念課題」はパスしていることが確かな事実であることが示された。

(4)どうしてこのような違いとなったのだろうか？

私なりに解釈すると、こういうことである。「誤信念課題」の標準的実験状況（ウィマー&パーナー型実験）というのは、動物に実験室で様々なテストをさせ、その反応を測定して測定結果から動物の行動特性を客観的に調べるという「三人称的アプローチ」によるテストを乳幼児に適用したような実験であり、巧妙に仕組まれた「誤信念課題」という実験で「心の理論」獲得のテストの「反応（正解か不正解か）」を見るという、これもまたいかにも「三人称的な見方」で捉えられていた。乳幼児の側らである。これを三、四歳児は正答率がほとんどゼロ・パーセント、四〜六歳児は五七パーセントの正答率であるが、六、七歳児だと、八六パーセントの正答率だったという。ここから、幼児が「心の理論」を獲得するのは四歳を超えてからであると結論づけた。

この実験は「誤信念課題」実験と呼ばれ、発表後、登場人物、ストーリー、子どもに問いかけることば等々を変えて、無数といってもよいほど数多くの再現実験が行われたが、それらのほとんどが、幼児の「心の理論」の獲得は、四歳以後であり、三歳以下では、誤信念課題をパスできないということは、ほとんど動かしがたい事実とされてきた。ウェルマンら（二〇〇一）は、これまで学会誌に報告された一七八件の実験結果をメタ分析した結果、「心の理論」獲得の年齢は課題の難易度を多少変えても影響が小さく、実験の行われた地域、文化の違いもほとんどなく、三歳を境にして(2)「誤信念課題」が解けるようになるのは、幼児期における「真性の概念変化」であるとまで断言している。

ところが二〇〇五年に、オオニシとバイラジョンがなんと生後一五ヵ月の乳幼児が「誤信念課題」を正解できることを示す実験結果を発表した。

(3)実験は次のようなものであった。

実験者と乳幼児はテーブルを挟んで対面するが、テーブルには、緑の箱と黄色の箱がある。実験者はスイカのおもちゃを持ち出し、しばらく遊んでみせた上、緑の箱の中にしまうところで乳幼児の前にブラインドが下りてテーブルが見えなくなる。数秒後、ブラインドが上がったとき、実験者は手をのばし、（先ほどスイカを入れた）緑の箱に手を入れるが、乳幼児はそれを眺めても特に不思議そうにはしない（「さっきのスイカをそこに入れたのだから、それを取り出そうとしているだけ」）。次に、実験者がパネルで隠されて見ていない（乳幼児には見えている）ところで、先ほどの緑の箱に入ったスイカが、「勝手に」、反対側に置いてある黄色い箱に「引っ越す」（見えない糸で引っ張る、一種のトリックである）。スイカが黄色い箱に引っ越した段階で、理をどの段階でどの程度獲得しているかを解明するために、さまざまな実験課題を考案し、それによって、「質量の保存」については◎歳から、「数の保存」については△歳から、というような指針を示してきたのである。そこから、乳幼児の知的発達段階を明らかにするには、「それぞれの段階でどのような〝理論〟が獲得されているかを実験的に明らかにする」というのが、発達心理学研究の基本的（標準的）な探求の筋道とされてきた。そう考えると、乳幼児が他者の「心」を理解できるようになるとしたら、当然、「心の理論」が獲得されているはずだということになり、「心の理論」についても、何らかの実験によってその獲得段階が判定できるはずだ、という見方をするのは、しごく（心理学者には）当然の成り行きだと言わねばならないだろう。しかし、これは、心理学者が乳幼児を実験材料にして三人称的に観察し、乳幼児自身も世界を「客観的に」三人称的に（理論をもとに）推論すると想定した研究である。

そこで乳幼児が「心の理論」を獲得しているかを検証するための実験として考え出されたのが、ウィマーとパーナー（一九八三）の「誤信念課題（False-Belief Task）」である。

これは、人形や紙芝居を使って物語を提示し、登場人物の「信念」（信じていること）について子どもに推測してもらうという実験である。まず、マキシー君が台所にやってきて、持っていたチョコレートを台所の左にある緑の箱にしまったあと、彼は遊びに行ってしまう（ここまでが第一場面）。次に、マキシー君の母親が台所にやってきて、ケーキを作り始める。ケーキを作るのにチョコレートが必要になったので、台所の左にある緑の箱からマキシー君がしまったチョコレートを取り出す。少し使った後、残りのチョコレートを今度は台所の右にある青い箱にしまう（第二場面）。それから、チョコレートを食べたくなったマキシー君が台所にもどってきて、入り口に立つ（第三場面）。ここまで説明したあと、この間の経緯を見ていた子どもに「マキシー君はチョコレートを取り出すために、どこに行くでしょう」と尋ねる。正解はもちろん、「緑の箱」である。マキシー君は、お母さんがチョコレートを青い箱に移し変えたことを知らないから、自分がチョコレートを入れた「緑の箱」と答えるはずだかを回避するために、物質的豊かさの追求を諦める必要がある。

ウ　技術革新によって食糧生産高が増えると人口が増え、さらなる技術革新を促す非食糧生産階級が出現し、文明が拡大して集落が巨大化し、人類の物質的豊かさは絶えず大きく向上することになった。

エ　産業革命によって経済活動の中心が工業に移ると、生産と流通の複雑なプロセスを管理運営するための高度な知識と技術をもった人間が必要になり、教育への投資の動機が高まることによって出生率は低下した。

オ　戦争や疫病などの人類にとっての巨大な危機は、歴史に大きな爪痕を残して進歩を停滞させ、その後の世界の成り行きに壊滅的な影響を与えた。

二　次の文章を読んで、後の問に答えなさい。(20点)

発達心理学のテキストには、「必ず」といってよいほど頻繁に取り上げられるテーマとして「心の理論」(1)研究がある。「心の理論」というのは、「心とは何ぞや」を問う理論的研究を意味するわけではない。これは、乳幼児が他者の「心」を理解しているかということを研究する際に、「心」を理解するのは、心についての理論が獲得されていることだという(おそらく、シロウト目には奇異に見える)心理学者特有の考え方を指している。心理学者がどうしてそんな発想をするのかというと、それはこういう経緯による。そもそも物理現象や数の性質というのはすべて「物理学」や「数学」という理論体系で規定されており、たとえば、物理学でいう「質量の保存」とか、数学でいう「数の保存」というのは、それぞれ「物理学」、「数学」という「理論」の基礎的原理であろう。二〇世紀最大の発達心理学者の一人であるJ・ピアジェは、乳幼児に対して物理学や数学の基礎原

C　私たちはやがて死ぬが、私たちを形作った遠い過去の出来事や行動を考察して次世代に残すことが経済学の責務である。

D　戦争や恐慌の破滅的な影響を免れるかどうかは運次第なので、経済学者はその先を見据えて仕事をすべきである。

E　過去から連綿と続く歴史、地理、文化などの特性を考察し、個々の死を超えた経済活動の深層が考察されるべきである。

〔問五〕　空欄(8)に入れるのにもっとも適当な文は何か。左の中から選び、符号で答えなさい。

A　さらなる経済成長を促して環境災害に抵抗するべきだと主張する識者が増えている

B　環境災害を避けるには経済成長を減速させる必要があるという見方が強まっている

C　地球への負荷を減らす目的で人類は宇宙に進出すべきであるという主張が支持を得ている

D　環境悪化を緩和するために国家が強力な権威主義的統制をすべきだと考える人々が増えている

E　消費の増大は不可避なので人類による地球の汚染は避けられないものとして容認されている

〔問六〕　次のア～オのうち、本文の趣旨と合致しているものに対してはA、合致していないものに対してはBの符号で答えなさい。

ア　地理的に恵まれた地域において高度の文明が発生し、技術の進歩とともに人口が増え、住民たちは豊かな生活を謳歌（おうか）するようになり、それが今日の地域間格差の原因になっている。

イ　経済成長と環境保護は、あちらを立てればこちらが立たずという関係なので、人類の生存を脅かしかねない環境破壊は農業生産において重要な働き手となる子どもたちをたくさん産み育てる。一八世紀のイギリスの経済学者マルサスは、食糧増産が引き金になって生じた［(イ)］が富を食い尽くして、生活水準は生存を維持できる程度にまで下がってしまうという、技術革新による物質的豊かさに潜む罠について論じた。しかし産業革命期以降の技術革新は、これまでとは根本的に異なる道を歩む。変化する技術革新に対応できる技能と知識を持つ人材、すなわち［(ウ)］を必要としたからである。［(エ)］ではない都市部の人々は、子どもたちに生産と流通の複雑な工程と管理を担うためのスキルを身につけさせるため、教育への投資を増やし、結果として出産数を減らして出生率が低下した。これによって人口の増加に歯止めがかかると、技術革新によって生み出された富が食い尽くされるというマルサスのいう罠の問題が解決され、蓄積した富は新たな技術革新を促して経済は成長し続けるようになった。

A　識字率　B　人的資本　C　人口増　D　農業生産高　E　技術革新

F　エリート層　G　男女平等　H　農耕社会　I　発展途上国

〔問四〕傍線(6)「この言葉には、短期的危機が無数の人々の暮らしに即座に及ぼす影響よりも長期的発展を重視する経済学者たちを批判する意図があった」とあるが、ケインズの警句になぜそのような意図が含まれているのか。その説明としてもっとも適当なものを左の中から選び、符号で答えなさい。

A　いつかは死ぬのであれば、いずれ収束する危機に対処するよりも、長期的な展望を持つことが経済学には重要である。

B　たとえいつか死ぬとしても、目の前の危機を静観するのではなく、実践的な対処を提言するのが経済学者の役目である。

A　どんなソウダンにも応じる　B　ソウガイで農作物が値上がりする

C　労働組合は春闘をソウカツした　D　ドクソウテキなアイディア

(7)　クツガエ

A　フクスイ盆に返らず　B　会議で社長はフクアンを提示した

C　静かにホウフクの機会を待つ　D　感情のシンプクが大きい人

(9)　ジギ

A　発言にギギを挟む　B　イギが認められない不毛な論争

C　入札で有利になるようベンギを図る　D　私には何のトクギもない

〔問二〕　空欄(2)に入れるのにもっとも適当な語句は何か、左の中から選び、符号で答えなさい。

A　相互強化のサイクル　B　相殺効果の関係　C　自動進行する歯車装置

D　一得一失の関係　E　変化と適応の緊張

〔問三〕　傍線(3)「だがそうしたなかでも」で始まる段落と次の段落、この二つの段落を解説した次の文章で空欄に入れるのにもっとも適当な本文中の言葉は何か。左の中から選び、それぞれ符号で答えなさい。

技術の進歩によってもたらされた富は、一時的に社会の豊かさを向上させるが、その豊かさ、たとえば［(ア)］の増加は人口の増加をもたらすことになる。人々は、避妊法が確立されていない時代で自然に出産数を増加させ、あるい言よりも大きな政治的支持が得られるかもしれない。クリーンエネルギー技術や環境規制の導入は管理や実施に費用がかかるが、出生率の低下につながる政策は環境を維持しつつ経済成長するという恩恵をもたらすからだ。

もし私たちが気を緩めずに適切な資源を投入することができれば、進歩の事態に華々しく解き放たれた人類の驚くべき技術革新力は、出生率の低下と相まって――それらはどちらも人的資本の形成によって促進される――これから必要になる画期的技術の(9)ジギにかなった発展を可能にし、今後の数世紀でこの気候危機を薄れゆく記憶に変えるはずだ。

（オデッド・ガロー著、柴田裕之監訳、森内薫訳『格差の起源』ＮＨＫ出版による）

注　アウトソーシング……業務の一部を外部委託すること。　トレードオフ……一方を選べば他方が失われる両立できない関係性。

〔問一〕　傍線(1)(4)(5)(7)(9)に相当する漢字を含むものを、左の各群のA～Dの中から選び、それぞれ符号で答えなさい。

(1)　ジョウカク
　A　潜在能力をカクセイさせる　B　保菌者をカクリする
　C　問題のカクシンに迫る　D　くっきりした山のリンカク

(4)　リンカイテン
　A　カイシャの業績が悪化する　B　ビジュツカイの権威として君臨する
　C　厳しいカイリツを守る　D　黒船が襲来してカイコクを要求する

(5)　ソウテンイ

経済成長は地球の自然環境の維持と本当に両立できないのだろうか。私たちはそのどちらかを選ばねばならないのか。必ずしもそうとは限らない。国際比較分析からは次のことがわかる。人口の増加は炭素排出量の増加につながるが、その排出量増加分は、人口を増やす代わりにその分だけ物の豊かさを増したときの炭素排出量の増加分より一桁多い。つまり人口が五〇〇〇万人で一人当たりの所得が一万ドルの地域は、人口が一〇〇〇万人で一人当たりの所得が五万ドルの地域に比べて、総所得が全く同じであるのに炭素排出量がはるかに多いということである。したがって、出生率の低下によって促進される経済成長――生産年齢人口の相対的規模の増加による経済成長（経済学の世界では「人口ボーナス」と呼ばれている）――は炭素排出量の予測水準を大幅に減少させうることになる。

事実、人口転換が始まって以降、出生率が低下したおかげで急激な人口増加が環境にかける負荷が減ってきている。したがって産業革命が現在に至る地球温暖化の引き金を引いたのに対して、同時に始まった人口転換はおそらく産業革命の影響を緩和する働きをし、経済成長と環境維持の将来のトレードオフを軽減するだろう。いっそうの環境悪化を緩和して崩壊の可能性を減らしつつ経済成長を維持するには、基本的には私たちを現在の窮地に追いやったのと同じ重要な要因のいくつかがカギになる。たとえば、技術革新は化石燃料への依存から環境にやさしい技術への移行を促し、出生率の低下は人口が環境にかける負荷を軽くし、さらなる経済成長を生み出す。アメリカの科学技術者、ビジネスリーダー、そして慈善家でもあるビル・ゲイツは、こう述べている。「私たちは今後十年間、温室効果ガスの排出を二〇五〇年までになくすようにするための技術や政策、市場構造の創出に重点的に取り組むべきだ」。

そうした政策や構造のなかには、全世界での男女平等や教育の機会拡大や避妊法の普及を促進し、世界中の出生率の低下につながるものがなければならない。それらによって現在の地球温暖化傾向が緩和され、この闘いの流れを変えるために必要な技術を開発する貴重な時間稼ぎができるだろう。こうした人口対策が公式に推奨されれば、大半の発展途上国では従来の気候政策提準の社会的（個人的ではなく）指標に及ぼした影響力はほんの束の間で、たいていは数年から数十年のうちに消えていった。一方、詳述してきた根本的な力は、数百年、数千年あるいは数万年にわたってその影響が持続する。

最近の数十年で発展途上国のおおかたがこの成長の時代に加わり、何十億もの人々が飢餓や病気や不安定な社会情勢に対する脆弱（ぜいじゃく）さから解放される一方で、大きな危険が新たに浮上した。地球温暖化である。この現象もまた、その時代を生きる世代には壊滅的であったとしても、結局は短期的なものとなるのだろうか、それとも長期に及ぶ最悪の結果をもたらし、人類をこれまでの旅の道筋から逸脱させる唯一無二の歴史的出来事になるのだろうか。

産業革命は人類が環境に憂慮すべき影響をもたらす発端となった。産業革命の初期以降、主要な工業都市では環境汚染がすさまじい勢いで進み、それが私たちが直面している気候危機につながった。特に化石燃料の燃焼は大気中の温室効果ガスの濃度を上昇させ、地球温暖化を促進した。これから数十年にわたってこのまま地球全体の気温が上がれば、環境は大きく変化し様々な動植物が絶滅に追いやられ、地球上の生態系の複雑なバランスが崩れることが予想される。さらに、今後見込まれる海面上昇によって何千万もの人が住む場所を失い、世界の食糧供給に影響が出て、甚大な経済的損失と苦難を引き起こすと考えられている。こうした傾向は、環境規制や、太陽や風力のエネルギーの活用、リサイクル、廃棄物の管理、汚水処理といった環境を持続可能にする技術を段階的に導入することである程度は緩和されてきたが、人類による地球の汚染は依然として警戒せざるを得ない。

爆発的に増える人口を地球が支え切れず大規模な飢餓が起こるだろうという以前の予想は、緑の革命のあいだに食糧供給が飛躍的に増え、人口の増加が緩やかに鈍化しておおむね(7)クツガエされた。そうは言うものの、過去二〇〇年で世界人口が七倍に急増し、一人当たりの所得が十四倍に跳ね上がったせいで、世界中の消費が劇的に増え、これが環境悪化を促す大きな要因になってきた。私たちが慣れ親しんで来たような人類の旅はもう続けられないのではないかと懸念する人々もいる。持続可能なエネルギー源への移行がはかどらず、環境に優しくない製品の生産も続いているために、［(8)　　］。

経済成長が生活水準の改善を助けたことは、多くの健康指標から明らかだ。一九五三年から二〇一五年に平均寿命の世界平均は四七歳から七一歳に伸び、乳児死亡率も目覚ましい低下を見せた。この素晴らしい進歩は、数十億もの子どもが学校で学び、数十億もの女性が基本的な衛生状態の保たれている病院で出産し、数億もの高齢者が老年期に経済的支援を得ていることを意味する。

当然ながら経済成長のペースは、場所と時期によってさまざまな一時的要因にも影響されてきた。第二次世界大戦直後には戦後の復興の努力もあって、多くの国で経済が躍進した。逆に一九七〇年代と八〇年代には、一九七三年の石油危機や人口動向のせいで、世界の経済成長が減速した。九〇年代には、情報技術革命やグローバル化、アウトソーシング、中国その他の発展途上国の驚異的な進歩のおかげで、経済成長に再び弾みがついた。ごく最近では二〇〇八年の金融危機や新型コロナウイルス感染症のパンデミックが世界の成長に一時的な悪影響を及ぼしている。だが重大な危機によるこうした短期的変動があったにもかかわらず、過去一五〇年間の――つまり人口転換の開始以降の――西ヨーロッパと北アメリカの経済は平均約二%の年率で成長し続けてきた。

イギリスの経済学者ジョン・メイナード・ケインズが残した有名な警句の一つに「長い目で見れば、私たちは皆死ぬ」というものがある。(6)この言葉には、短期的危機が無数の人々の暮らしに即座に及ぼす影響よりも長期的発展を重視する経済学者たちを批判する意図があった。しかしケインズの警句は非常に誤解を招きやすい。実際、私たちはみな、たいていは自分が生まれる何十年、何百年、いや何千年も前に始まった出来事や行動の影響の産物であり、それらの影響と格闘しながら生きている。社会全体の現在の経済的繁栄は主に歴史、地理、制度、文化の奥深い特性が生み出したものであり、たとえば第二次世界大戦の残虐行為や破壊の深刻な影響や、世界大恐慌の壊滅的な影響による部分は少ない。これらの出来事のさなかや直後に人類は途方もない苦しみを味わった。それにもかかわらず、当時とその後の人命の損失とトラウマの大きさのわりには、これらの出来事が生活水二〇世紀後半、変化の巨大な歯車は常に加速しながら回り続けた。成長の時代がついに世界中の経済に訪れたのがこの時期であり、しばしば非常に不均衡にではあったものの、地球上の何十億もの人の生活水準が向上した。そしてこの変化からも、人的資本が現在社会における生活の質の改善に果たしてきた中心的役割が浮かび上がってくる。その役割に気づいたアメリカの経済史学者クローディア・ゴールディンは、二〇世紀を「人的資本の世紀」と呼んだ。

二〇世紀技術の分野で起こった主な飛躍的進歩には、核エネルギーの利用、パーソナルコンピューターの導入、抗生物質の開発、自動車や飛行機、ラジオ・テレビ、そしていうまでもなくインターネットの発展がある。だが技術の変化は、これらの全く新しい発明を実現すると同時に、人類にとっていちばん古くからある不可欠の農作物の「アップグレード」も行った。小麦、トウモロコシ、稲などに、並外れて収量が多く、病気に強い品種が開発され、農業の生産性が一気に上がったのだ。「緑の革命」と呼ばれるこうした新たな高収量品種の導入によって作物の収穫高は著しく増え、世界中で飢餓が減った。新たな品種のおかげで、メキシコは一九六〇年代に穀物を自国で賄えるようになり、インドとパキスタンでは一九六五年～一九七〇年に小麦の収穫高がほぼ倍増し、一九七四年には穀物の自給自足が可能になった。

技術がこのように普及すると、人的資本形成の必要性と重要性も増し、人口転換が地球の隅々まで及んだ。一九七六年～二〇一六年に人的資本への投資が世界的に増え、世界中の成人の識字率が上昇し、それと同時に初等学齢児童の不就学率も低下した。

人的資本の形成が進んでいた地域ではどこでも出生率が落ちていたが、こうした出生率の低下は、急速な経済成長と相まって、世界全体の生活水準の劇的改善につながった。一九七〇年代と八〇年代には世界の人口のほぼ四〇％が世界銀行の設定した「一日当たりの所得が一・九〇ドル」という貧困ラインを下回る暮らしを送っていた。サハラ以南のアフリカ以外では、この割合が過去数十年で急速に減った。現在、貧困ラインを下回っているのは、サハラ以南のアフリカ人の四〇％を含めて、世界の約一〇％の人々だけである。

すべての種と同様に、人類は貧困の罠(わな)に捕らえられていたからだ。技術の進歩とそれに伴う資源の増大はきまって人口の増加を招き、進歩の成果を次第に多くの人間が分け合う羽目になった。技術革新は数世代のあいだは経済の繁栄を促したが、結局は人口増によって人々の暮らしは生存水準に引き戻された。人々が肥沃な土地と政治の安定に恵まれたときには、技術は大きく進歩した。この現象は、古代のエジプトやペルシアやギリシアのほか、マヤ文明、ローマ帝国、カリフ制イスラム国家、中世の中国などさまざまな状況で見られた。技術の急激な進歩によって新たな道具や生産方法が世界各地に普及し、一時的に生活水準は上がったが、しかしそうした向上は長くは続かなかった。

それでも、人類の歴史を通して技術の進歩は否応(いやおう)なく加速を続け、ついに(4)リンカイテンに達した。北ヨーロッパの狭い範囲で一八世紀と一九世紀に始まった産業革命期の技術革新は、急速に進んだため、ある特別な資源の需要を高めた。その資源とは、新しいばかりでなく絶えず変化する技術環境に対応できる技能と知識だった。そういう世界に子どもたちを備えさせるために親は養育や教育への投資を増やし、結果として出産数を抑えることを余儀なくされた。そして平均寿命の急上昇と子どもの死亡率の低下によって教育がもたらす利益の持続期間が伸び、人的資本への投資と出生率削減への意欲がさらに高まった。一方、男女の賃金格差の縮小によって子どもの養育費が増加し、これもまた子どもの数を抑える動機になった。これらの要因が合わさって人口転換の引き金となり、経済成長と出生率の根強い正の相関が断たれた。

このような出生率の著しい低下によって、成長の過程は人口増加の相殺効果から解放され、技術の向上が繁栄を束の間ではなく永続的に進展させられるようになった。労働者の質が高まり、人的資本への投資が増えたおかげで、技術の進歩がさらに加速し、それによって生活水準が上がり一人当たりの所得も持続的に増えるようになった。こうして人類は(5)ソウテンイを経験した。農業革命が肥沃な三日月地帯や揚子江など少数の中心地からほかの地域へ広まったように、産業革命と人口転換は西ヨーロッパで始まったのち二〇世紀の間に世界の大半の地域へと広まり、いたるところで繁栄の水準を押し上げた。

などができるよう進化して行った。

数十万年にわたり、こうしたプロセスは、変わり続ける環境に人類が適応する力を絶えず高めて、繁栄し、発展し、アフリカから足を踏み出して新たな生息場所に広まることを可能にした。人類は様々な生活環境で危険な気候条件から身を守り、狩猟採集の技能を磨き、今から約一万二千年前に最初の大きな変化を経験した。一部の集団が定住生活に切り替えて食糧を栽培し始め、それが生み出した進化圧を受けて残りの人類全体があとに続いたのだ。

農業革命は人類に永続的な影響をもたらした。数千年足らずで、人類の大多数は移動生活をやめ、土地を耕したり牛や羊やヤギを飼ったりし始め、新たな環境に適応した。農耕社会は技術の恩恵をたっぷり受け、その状態は数千年続いた。灌漑（かんがい）や耕作の方法などの技術革新によって農業生産高が増え、人口密度が上がり、職業の細分化が進んで知識の創造に専念する非食糧生産階級が出現した。彼らは技術の進歩に拍車をかけるとともに芸術や科学や文字の発展も加速させ、それが文明の誕生につながった。人類の居住環境は次第に変化し、農場から村へ、村から町へと発展し、さらにジョウカク(1)都市へと拡大した。これらの都市には壮大な宮殿や神殿や要塞が出現し、それを拠点にエリート層が強力な軍隊を組織して土地や威信や権力を争い、敵を虐殺した。

人類の歴史の大半で、技術の進歩と人口の間には絶えず　(2)　が存在していた。技術の進歩によって人口の増加が可能になり、それらの進歩に対する社会の特性の適応が促される一方で、人口増加と適応によって発明家の人材が増えると同時に技術革新の需要が拡大し、新たな技術の創造と導入がさらに促進された。長い歳月にわたって、この人類史の巨大な歯車が水面下で回り続け、人類の旅を推し進めた。技術が向上し、人口が増え、新たな技術に適した社会の特性が広まり、こうした変化があらゆる大陸であらゆる時代にあらゆる文明で技術の一層の進歩を引き起こした。

(3)だがそうしたなかでも、人類が置かれた状況の重要な一面はほとんど影響を受けずに来た。それは生活水準だ。人類史の大半を通して、技術の進歩は人々の物質的豊かさを長期にわたって大きく向上させることができなかった。なぜなら地球上のほかの

国語

（六〇分）

一 次の文章を読んで、後の問に答えなさい。（50点）

これまでの人類の発展は並外れていた。その道筋は驚異的で、地球上のほかのどの生存種の進化とも根本から異なっていた。初期の人類は東アフリカのサバンナを移動しながら、火を使って明かりにし、暖を取り、調理をし、石を削って刃物や斧などの道具を作った。数百万年後、彼らの子孫たちはナノテクノロジーを応用したマイクロプロセッサーで瞬時に複雑な数値計算ができるポータブル機器を使っている。この機器にはほんの五十年前に人類を月面着陸させるために使われたコンピューターの十万倍の処理能力がある。

人類をその独自の旅に向かわせた最初の引き金は脳の発達であり、脳の機能の拡大は人類に特有の進化圧への適用によるものだった。高性能の脳を備えた人類は次第に優れた技術を開発し、狩猟採集の効率を高めた。こうした進歩によって人類は数を増やすことができたし、それらの技術をうまく使いこなすのに適した特質が人間の生存に有利に働いた。こうしてホモ・テクノロジクスが出現した。ホモ・テクノロジクスは、材料を削って便利な狩猟用具や調理用具を作ることに適応した指や、槍を投げられるように発達した腕をもち、脳は情報の蓄積や分析や伝達、言語を使っての思考や意思疎通、協力や複雑な取引の円滑な実施

解答編

英　語

I　解答　(1)—①　(2)—①　(3)—③　(4)—④　(5)—④

解説

(1) 「政府は地域コミュニティをこのプロジェクトに組み入れる方法を見つけようとしているところだ」

include *A* in ～ で「*A* を～に参加させる」という意味があり，involve *A* in ～ にも同様の意味がある。insult「～を侮辱する」 interfere「～に干渉する」 increase「増加する」

(2) 「大気汚染問題に取り組むには共同の努力が必要になるだろう」

communal には「共同の」という意味があり，collective「集団の」とほぼ同じ意味で用いられると考えてよいだろう。confident「自信に満ちた」 costly「値段の高い」 corrective「修正的な」

(3) 「深海に住む新種の魚が発見された」

dwell in ～ は「～に生息する」という意味であり，inhabit とほぼ同義である。resist「～に抵抗する」 explore「～を活用する」 protect「～を守る」

(4) 「リサの仕事をする能力は予想を超えていた」

exceed は「～を超える」という意味の動詞であり，surpass にもほぼ同じ意味がある。limit「～を制限する」 meet「～と合致する」 disappoint「～を失望させる」

(5) 「できそうもない可能性に立ち向かうことは人として生きる意味の核心を突くものだ」

defy は「～に立ち向かう，～を拒否する」であり，confront「～に立ち向かう」とほぼ同意であると考えてよいだろう。calculate「～を計算する」 improve「～を改善する」 reduce「～を減少させる」

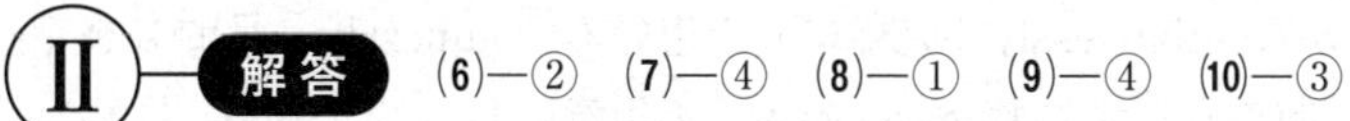

解説

(6) 「解決していない」にあたる英語は unsettled である。unfounded「事実無根の」 untroubled「安らかな」 unoccupied「使われていない」

(7) basis には「根拠」という意味がある。roof「屋根」

(8) 「使用できる」は available という形容詞で表すことができる。reserved「予約してある」 orderly「整頓された」 closed「閉じられた」

(9) existence には「存在」という意味がある。absence「不在」 essence「本質」 dependence「依存」

(10) 「宿泊施設」は accommodations である。commodity「商品」 composition「構成」 accomplishment「業績」

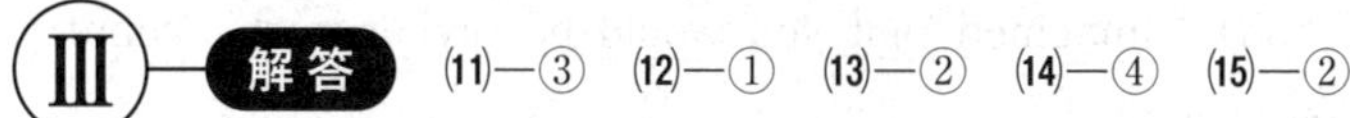

Ⅲ
解答
(11)—③ (12)—① (13)—② (14)—④ (15)—②

解説

(11) 「ラジオのニュースによると，彼の辞任のうわさは真実ではない」
「ラジオのニュースは彼の辞任のうわさを否定した」

not true なので，The radio news を主語にして書き換えるなら，動詞に denied「否定した」を用いれば同じ意味になる。prove「～を立証する」 suspect「～を疑う」 find「発見する」

(12) 「行方不明だった娘に会い，メアリーは感極まって涙を流した」
「行方不明だった娘を見たとたんに，メアリーは感極まって涙を流した」

at the sight of ～ とすれば「～を見たとたんに」という意味の表現となり，適切な書き換えとなる。

(13) 「このエッセイを再版するには作者の許可が必要だ」
「このエッセイを再版するためには，作者の同意が必要だ」

permission「許可」とほぼ同義の単語は consent「同意」と考えてよいだろう。advertisement「広告」 order「注文」 inspiration「刺激」

⒁「昨日の競技会では，彼女のスケーティングは完璧だった」

「昨日の競技会では，彼女は完璧にスケートをした」

her skating was perfect の部分を，skate という動詞を用いた文で書き換えるのだから，flawlessly「完璧に」を用いる。aimlessly「目的もなく」recklessly「向こう見ずに」 carelessly「不用意に」

⒂「自分と同じような人とうまくやっていくのは難しい時がある」

「自分に似ている人とうまくやっていくのは難しい時がある」

people who are like us「自分のような人」を動詞で表現しなおすのであるから，resemble「～に似ている」を用いるのがよい。despise「～を軽蔑する」 impress「～に感銘を与える」 monitor「～を監視する」

⒃ 3番目：⑤　5番目：③

⒄ 3番目：④　5番目：⑤

⒅ 3番目：③　5番目：⑥　⒆ 3番目：③　5番目：④

⒇ 3番目：①　5番目：④

解説

⒃ (Never had) I imagined that you would be (living in this country for such a long time.)

never などの否定語を文頭に置くと倒置が生じる。過去完了形の文の場合は Never had S *done* の語順にする。

⒄ (The noise from the party) next door kept me up until (about 4 o'clock in the morning.)

「隣家の」には next door という形容詞句を用いるとよい。また，up には「寝ずに起きている」という意味があり，「～を…の状態に保つ」という意味を表す構文 keep O＋形容詞の形で用いるとよい。

⒅ (My boss has been) in a rotten mood ever since (we lost that client.)

「機嫌が悪い」は rotten「不愉快な」と mood「機嫌」を用いて，in a rotten mood とする。「～から」については ever since ～「～以来ずっと」という形で表現できる。

⒆ (When I was a child, I often) listened to songs without paying attention (to their lyrics.)

「気にせず」の部分は「～なしに」という意味の前置詞 without を用い，後続する名詞句は pay attention to ～「～に注意を払う」を動名詞の形にして用いる。

(20) (It's always a good) idea to refrain from eating after (9 p.m.)

「我慢する」は refrain from *doing*「～するのを控える」で表現する。

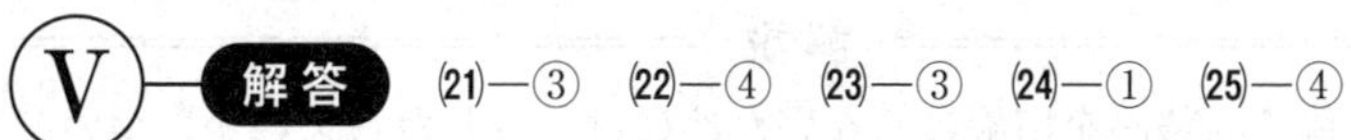

V 解答 (21)―③ (22)―④ (23)―③ (24)―① (25)―④

全訳

《実りある議論を行うためには》

1 物議を醸す問題について話していて，2人とも激しく対立する見方をしている時，誰かと議論をするのは難しい。そのような議論はすぐに白熱することがあり，議論の質を最大限にするためには，2種類の発言を避けることが重要だ。

2 第1の種類の避けるべき発言は，議論中の話題についての専門知識があるようなほのめかしである。具体的な証拠や理由を伝えないし，横柄さの表明だという印象を与えることもしばしばであるから，「この問題についてたまたま多くのことを知っている」とか「この問題については何年も勉強している」といったような発言は，全く役に立たない。こういった種類の発言の中身のなさを考えると，こういう発言は比較的まれだと思うかもしれないが，真実はその逆だと私たちの経験が教えてくれている。疑いもなく，ほとんどの人は議論や討論の最中にこのような種類の発言にさらされた経験があり，最も寛大な人だけが，多少イライラすることも全くなく耐えることができる。

3 専門知識があるようなことを言うよりもさらに悪いのが個人攻撃で，ほとんどいつも議論を口論に変えてしまう。他人に「何について話しているのかわかってない」とか「明らかにこの問題を勉強してきてないね」と言ったところで得られることは全くない。そういう侮辱で討論に勝てることは全くない。一方，そのような侮辱によって簡単に友情は終わってしまうし，ことによっては，現在，修復の必要がある職場での関係が簡単に終わってしまうかもしれない。だから，わかり切ったことを言うが，どんな問題についても議論をする時には，個人的性質に対する攻撃はなんとしても避けるべきだ。

4　一般的には，人は自分の意見に強く固執し，それゆえ，自分と違う考えを持つ人とは深刻な問題についての議論を避けようとする人もいる。私はこの類いの回避は必要だとは思わない。だが，難しい問題について本当に議論するのであれば，しっかりと常識を駆使して，侮辱的な言葉を使わないのと同様に相手をイライラさせないように全力を尽くすべきだ。

解説

(21)　本文全体で，議論を口論にしないためにはどうしたらよいかについて書かれているのだから，maximize「～を最大限にする」を入れるのが最も自然である。assess「～を評価する」 lessen「～を弱める」 suppress「～を抑圧する」

(22)　議論で使ってはいけない表現について述べている部分であるから，unhelpful「役に立たない」が適当である。uncommon「一般的でない」 unenforced「強要されていない」 unintentional「意図的でない」

(23)　議論をダメにするような発言にも耐えられるのはどういう人物かと考えれば，noble「高尚な」がふさわしい。ここでは「寛容な」といった意味だろう。energetic「精力的な」 hostile「敵意を持った」 resentful「憤慨している」

(24)　空所を含む文の目的語が否定語（nothing）であることから，文全体は否定の意味になる。「他人に～と言っても何もならない」という意味になる achieve「～を達成する」が自然である。harm「～を害する」 exhaust「～を使い果たす」 appreciate「～を理解する」

(25)　侮辱的な言葉が職場の人間関係を台無しにしてしまうという文脈である。現在，「何の必要がある関係性」が終わってしまうのかを考えると，repair「修復」が適切であろう。collapse「崩壊」 offense「攻撃」 permission「許可」

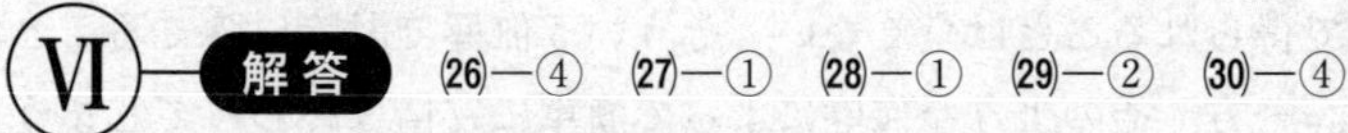

(26)―④　(27)―①　(28)―①　(29)―②　(30)―④

解説

(26)　A：「アリス，頼まれてたチョコチップクッキー買ってきたよ。ほら」
B：「え？　なんでこれを買ったの？」

A：「どういうこと？」

B：「私はシューメーカーのチョコチップクッキーを買うように頼んだのよ。覚えてないの？」

A：「覚えてないよ。とにかく，食べてみなよ。きっとおいしいよ。要するに，チョコチップクッキーなんてどれもだいたい同じじゃないか？」

B：「そうでもないのよ。これは前に食べたことがあるけどおいしくなかったの。どうぞ遠慮なく食べてみてよ！」

A：「なんでたかがクッキーのことでそんなに怒るの？」

B：「私は，本当はクッキーに怒っているんじゃないわ。もっと一般的な問題よ」

A：「わからないな」

B：「問題はね，私の言うことに全然注意を払わないということよ。いつも別のことを考えているじゃない」

①「このクッキーは十分満足できるわ」

②「私が買い物に行ったとしてもこれを買ったでしょうね」

③「実は私が悪いのよ」

④「もっと一般的な問題よ」

最後のBの言葉（Your mind is …）が，ちゃんと買い物をしなかったことを含めたAの全般的な態度についてのものだから，④が正解である。

(27)　A：「スーザン，お箸を使うのがとても上手ね」

B：「ええ，そうでしょうね。日本には10年以上住んでいるから」

A：「なんか怒ってるみたいね。何かいけないこと言った？」

B：「私たちがアメリカにいるとして，あなたのフォークの使い方が上手だって褒めたら，うれしいと感じる？」

A：「多分そうは感じないわね。私はいつもフォークを使うから，特別な才能じゃないわ」

B：「私にとっても同じことよ。日本に住んでいる間は，毎日お箸を使っているもの」

A：「和食を毎日食べているの？　それは意外だわ」

B：「他の料理を食べる時もお箸を使うわ。例えば，サラダを食べる時にお箸を使うのが本当に好きなの。フォークを使うより簡単だもの」

①「私は普通フォークを使うから，特別な才能じゃないわ」
②「本当は，自分の食事のマナーのことなんか考えないわ」
③「あまりフォークは使わないから」
④「子供のころからお箸を使っているのよ」

空所の前のAの言葉のI guess not.「そうは思わないわ」は，アメリカでフォークを使っていることを褒められてうれしいと感じるか？という問いに対する答えだから，①が適切である。

(28)　A：「ストームバレー公共図書館です。ブレンダです。どうなさいましたか？」
B：「あの，今晩，トニー=バートンのサイン会があるんですよね？」
A：「ええ，バートンさんは，新刊の『魂の中心への旅』のトークショーをなさった後，サイン会をする予定です」
B：「そのサイン会は8時に開始の予定でしたね？」
A：「ええ，その通りです」
B：「その新刊の販売もするんですよね？」
A：「そうです」
B：「新刊を売るのは，トークショーの前ですか？　後ですか？　というのも，少し遅れそうなので，バートンさんがサインしてくれる本を買えるかどうか確認したいんです」
A：「それは大丈夫です。トークショーの前でも，直後でも販売しますので。それに，バートンさんのサイン会は少なくとも1時間ありますから」
B：「よかった。多分8時5分か10分にはそちらに行けると思います」
A：「実は，私共のイベントはだいたい時間通りには始まりませんので，せいぜいトークショーの最初の数分を聞き逃す程度だと思います」
B：「それはよかった。ありがとうございます」

①「バートンさんがサインしてくれる本を買えるかどうか確認したいのです」
②「インターネットで買った本にサインをしてもらいたいのです」
③「実は，バートンさんの発表には全然興味がないもので」
④「せっかくそちらに着いても本を買う余裕がないというのは嫌なので」

サイン会に間に合いそうにないという会話で，直前に「トークショーの前後に本を売る予定はありますか？」とあることを考えると，①が正解である。

(29)　A：「週末はどうするつもり？」

B：「特に何も。たぶん睡眠不足を補うかな。君は？」

A：「実は，君をイベントに誘おうと思って。日本の伝統楽器のワークショップに参加する気はないかい？」

B：「面白そうだな。いつなの？」

A：「土曜の午後，1時から4時だよ」

B：「どこで？」

A：「参加無料で，このキャンパス内だよ」

B：「そりゃいい！　教えてくれてありがとう」

①「そのことなら十分知っているよ」

②「面白そうだな」

③「参加する元気がないよ」

④「この週末は忙しいんだ」

Bはイベントへの参加に乗り気だと読み取れるので，②が正解である。

(30)　A：「今日誰に会ったと思う？」

B：「誰？」

A：「ステファニーよ」

B：「昔のルームメート？」

A：「ええ。グリーンズ・デパートで買い物してたら，彼女がそこにいて，新しい靴を探していたの。とにかく，しばらく話をして今週の土曜日の夕食に誘ったわ」

B：「ご主人のジャックは来ないよね？」

A：「ええ，来ないわ。実は，今週末は仕事で町を離れてるのよ。だからステファニーを誘ったの。ジャックのこと好きじゃなかった？」

B：「ええと，どう言ったらいいかな…。彼とはアーチーとゲイルの結婚披露宴で話しただけなんだけど」

A：「そうね，あなたたち2人が話しているところを見かけたのを覚えているわ。何があったの？」

B：「ええと，君が誰か他の人と話していたので，彼が立っているところへ行って自己紹介したんだ。でも，ちょっとしてから，大きな間違いをしたんだよ。僕が芸術の話題を持ち出したら，彼は自分が長年にわたって生み出した偉大な芸術作品のすべてについて信じられないくらい長々と独白を始めたんだよ」

A：「あまり楽しそうじゃないわね」

B：「うん，ひどいもんだった。悪い人じゃないんだろうけど，少なくともその日は，彼は世界で一番退屈な人に思えたよ」

A：「本当ね！　うん，そういうことだったら，土曜日に彼が来なくてよかったわ」

B：「僕ほどじゃないだろう！」

①「周りに芸術を好きではない人がいて居心地が悪かったよ」

②「周りに僕のプライバシーをいつも侵害する人がいて居心地が悪かったよ」

③「少なくともその日は，彼はすごく愉快な人だったよ」

④「少なくともその日は，彼は世界で一番退屈な人に思えたよ」

ジャックが土曜日に夕食に来ないことを喜んでいるから，Bはジャックに対して否定的な人物評をしていると判断できる。したがって，④が正解。

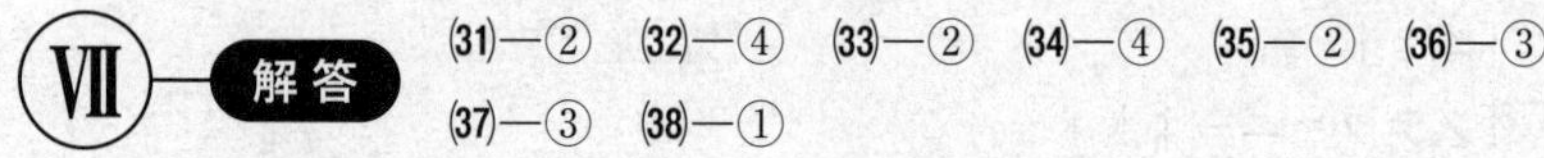
Ⅶ　解答　(31)—②　(32)—④　(33)—②　(34)—④　(35)—②　(36)—③　(37)—③　(38)—①

全訳

《アメリカの貧困の実態とは》

［Ｉ］　週に数日，両親が離婚して私たちがウィチタに引っ越してから，父は，私たちが幼いころから持っていた巨大な白の1970年代モデルのオールズモビルで，私たちを学校に送ってくれた。その時にはもう，車にはへこみがあり，マフラーは垂れ下がり，１ブロック先からでもディーゼルエンジンの爆音が聞こえた。マットは幼稚園に通っていて，学校の外にいる子供に，そんなおんぼろ自動車に乗っているのを見られないように座席に身を沈めていた。私は４年生で，父のために前を見続ける分別のある年齢ではあったが，時々は私も隠れたいと思った。

心理学者は，恥というものは集団に害を与える個人のよくない行動を抑制する進化的な機能として発達したと言う。だが，現代社会とは，生まれたという以外に何の罪もないのに，ある人々に恥ずかしい思いをさせるものである。私がよく知っている原罪とは，経済的援助を必要として生まれたことだったのだろう。

［Ⅱ］ アメリカでは，貧しい人々に恥ずかしい思いをさせるというのは，それが必ずしもその人がどのような人物なのか——肌の色，性的指向，女性であること——についてとは限らないという点で，独特の形をもつ偏見である。むしろ，その人の行動が何を達成できなかったのか——資本主義における経済的な成功——と，それに関連する，実力主義と言われる社会でのその人の価値を示唆するものについての偏見である。

貧しい白人というのは，社会が白人に力を与えている——単に，それに並ぶ残りは「その他大勢」だという人種的な規範にするだけでなく，それを経済的安定の略語として用いることによって力を与えている——という点において，風変わりな罪である。だから，すべての社会階級の白人が，彼らとは異質な存在として有色人種を嫌い，恐れている一方で，暮らし向きのよい白人は，身体的に自分と同じだ——白人のホームレスは不愉快なほど鏡に映る自分と同じ姿をしている——という理由で，貧しい白人を憎んでいる。

有色人種のかなりの割合が貧しい人々だ。その一方で，人口数はさておいても，アメリカでは，他のどの民族集団よりも，貧困状態の白人の数が多い。この２つの事実は併存しており競合してもいないが，私たちの国が社会階級や人種について語るのを聞くと，この２つの事実のいずれかのみが真実だと信じさせられるだろう。私の家族にしてみれば，白人であることの利点は私たちの存在の中に組み込まれていたが，日々のお金のための苦闘の最中にあっては気づきがたかった。

このことは，報道やポップカルチャーにおいても見出すのが難しかった。子供のころ，私が最も共感した本は，19 世紀に書かれた本だった。テレビにはたくさんの白人の女の子が映っていたが，私が自分自身を彼女らの物語の中に見出すことはめったになかった。私が自分の場所，自分と同類の人間を実際に見出す時，それらはたいてい風刺画として表現されていた。

［Ⅲ］ 社会階級として見えなくなってしまうことは無効化である。無効化とともに恥ずかしいという思いが生じる。それほどに深い恥ずかしいという思い——中産階級と上流階級についての物語で満たされている場所で貧しく暮らしていること　　は，あなたが自分であることが失敗なのだ

という気持ちにさせることがあるのだ。

私の周りの人は誰もこういったことについて，不平はおろか，はっきりと言わなかった。自分の貧しい環境は，何らかの個人的な失敗が原因だと思っている労働者は，上司，政策，あるいは制度にも不満をあまりもたなかったし，抗議も，ストライキも，あるいは賃上げの要求もあまりしなかった。さらには，私が子供のころに周りにあった中西部のカトリックの雰囲気は，沈黙を仕向けていた。私たちの苦闘は私たち自身の過ちであるという自覚，現状をあるがままに受け入れる姿勢が，富裕層の利益のためにアメリカの産業が繁栄する手助けをしたのだ。

だが，私が感じていた恥ずかしさを創り出したのは，私自身の罪ではなかった。それは，経済的困窮にある誰に対しても向けられる私たちの国の軽蔑感であり，それはこの国の法律に明文化されているのだ。

苦闘している人に対するアメリカの蔑視の最も明白な証拠はアメリカの生活保護プログラムに対する取り組み方かもしれない。生活保護プログラムは憎むべきものであると社会政策と批評によって表現され，私の家族は基準を満たしても申請を拒否した。

[Ⅳ] 私が中学生の時，ビル=クリントンが大統領に就任し，個人の責任を強調する「生活保護改革」時代の先駆けとなった。連邦法は，各州が生活保護を受ける人に対して，薬物検査のために尿を提出すること，給付金を受けている間は子供を作らないことを誓約する書類にサインすること，受給者がたかっているとされる社会に対して「お返し」をするためにボランティアをすること，警察がアクセスできるデータベースに個人情報を入力すること，社会保障番号を犯罪記録と照合することを義務づけられるようにした。

この改革で，資金分配の決定権は州政府に引き継がれた。中には，貧しい人に給付金を分配せずに，例えば，間違いなく貧困の解決策となるような家庭の価値観を促進するために，中産階級の人々が参加する結婚講座に資金を提供することを選択する州もあった。

1994 年に，カリフォルニア州は，生活保護を受ける人々のために，費用をかけて電子的な指紋押捺システムを構築した。これは不必要なシステムで，詐欺行為を摘発して回収できるお金よりも多くのお金を監視することで失うと専門家は警告したが，立法府の議員たちは，お金を節約するよりもメッセージを送ることに関心があったのだ。アメリカ中で，貧しい人々はそのメッセージをはっきりと耳にした。その後の20年で，生活保護を受ける人の数は急落したのだ。支援を必要とする人の数は減っていないのに。

［V］ 私が成人したころ，カンザス州議会は，あたかも貧しい人々が納税者のほんのわずかなお金を使ってバハマ諸島で何週間も過ごすことで悪名高いとでも言わんばかりに，オーシャンクルーズのチケットを買うのに現金の支援金を使用することを禁じる法律を可決した。同法は，受給者が手にできる現金の額についても制限を加えた。月ごとに割り当てられた給付金の総額に関係なく，受給者はATMを通じて1回25ドルしか引き出すことができないのだ。これは，州政府と契約を結んでいる民間銀行に利益をもたらす無駄な方策だ。なぜなら，キャッシュカードを機械に通すたびに手数料を取られるからだ。アメリカでは，かつて貧困は単に恥ずべきことだったが，私の生涯にわたって，ますます富裕層に利するために収益化されている——貧しい人から吸い上げられて巨大銀行へと流れていく利息や延滞料や裁判所からの罰金。

その一方で，20世紀後半のアメリカ人は，一生懸命働いた人に利益がもたらされるという経済上の約束に固執していた。社会は，私たちに，経済状態の悪い人は悪人——怠惰で，はっきりしない，あるいは正しい判断力に欠けている——だと教えてきた。

「職に就きなさい」と，ウィチタの交差点で施しを乞うメッセージが書いてある段ボール紙を持ったホームレスを見ると，祖母は言ったものだ。

［Ⅵ］ 私たちは，もしも人生がめちゃくちゃなら，それは自分自身がもたらしたものだと考えた。自業自得なのだ。私たちは言い訳を信じなかった。ちゃんとしていたか，していなかったかだった。

私の家族は，もちろんちゃんとしていなかったのだが，それなら多くの中産階級や上流階級の家族もちゃんとしていなかったのだ。違いと言えば，同じ間違いを犯したより裕福なアメリカ人よりも，私たちのほうが間違いを多く償う立場にあったことだ。

毎日働いて，それでも必要なものを手に入れるゆとりがないのなら，従業員に不当な賃金を払う億万長者になることよりも，億万長者が所有する大きなお店から少しばかり盗むことのほうが悪いのだろうか？　税制上有利な海外の銀行に何百万ドルも保管しておくことよりも，数百ドルで不正な取引をすることのほうが悪いのだろうか？　金持ちのアルコール中毒患者よりも貧しいアルコール中毒患者のほうが悪いのだろうか？　金持ちのギャンブラーよりも貧しいギャンブラーのほうが悪いのだろうか？

アメリカには，貧困にある人は首をかしげるような決定をするという考えがあるが，そんなことは誰だってするのだ。貧しい人は自分の間違いに対する余裕が他の人よりもないだけで，その間違いは援助の必要性のために公然とむき出しにされるのだ。10代の若者の子供は納税者のわずかなお金を使って，無料の学校給食を食べ，飲んだくれは歩道で物乞いをし，ギャンブラーはすぐに借金まみれになって救済が必要になるのだ。

祖母のベティが私に，50年前，短期間だが生活保護の世話になったことを私に告白した時，まるで有罪判決を受けた犯罪者のような口ぶりだった。

解説

(31)　文末の too および前文とのつながりを考えると，下線部を含む文は It is＋形容詞＋to *do* の形式主語構文ではない。下線部の It は前文の主語を指すと考えるのが適切である。

(32)　disdain は「軽蔑（感）」という意味の語である。選択肢の中では contempt に同種の意味がある。failure「失敗」 silence「沈黙」 acceptance「受容」

(33)　①「両親の離婚後，筆者は毎日徒歩で通学した」
②「マットは，父親のへこんだ車に乗っているのを他の子供に見られたくなかった」
③「筆者は4年生だったから，父親の車に乗る時はいつも隠れていた」
④「心理学者によると，現代社会は無垢な子供に恥ずかしい思いをさせない」

ブロック［Ⅰ］の第1段第3文（Matt was in …）にマットについて，幼稚園に車で送ってもらうのを他の子供に見られたくなかったとあることから，②が正解である。

(34)　①「アメリカでは，恥の唯一の根拠は人の身体的な特徴だ」
②「アメリカでは，裕福な人は他の白人を嫌ってはいない」
③「アメリカのほとんどの貧しい人は有色人種だ」

④「筆者の家族にとっては，自分たちの人種が有利だと認識するのは困難だった」

ブロック［Ⅱ］の第3段最終文（For my family …）に，筆者の家族は日々の生活苦に追われて白人であることの利点を感じられなかったとあることから，④が正解である。

(35) ①「貧しい人の物語においては，中産階級と上流階級は目に見えない」

②「筆者の周囲の人々は，自分の貧しい環境は自分の個人的な失敗が原因だと感じているようだった」

③「貧しい人が物事をあるがままに受け入れたので，アメリカの産業は苦労した」

④「法的に適格であることが決してなかったので，筆者の家族は生活保護プログラムを使わなかった」

ブロック［Ⅲ］の第2段最終文（Our sense …）において，「経済的に困窮しているのは自分たち自身の失敗が原因だと感じている」と述べており，この文の our は「筆者やその周りの人たち」だと考えられるから，②を正解としてよいだろう。

(36) ①「ビル=クリントンの改革以後，生活保護の受給者は子供をもつように奨励された」

②「ビル=クリントンの生活保護改革は，貧しい人々が恩恵として受けたものを社会に返すのを妨げることを意味していた」

③「ビル=クリントンの生活保護改革は，州政府により大きな決定権を与えた」

④「1994年に，専門家はカリフォルニアの立法者に，新しい電子指紋押捺システムが必要だと警告した」

ブロック［Ⅳ］の第2段第1文（With that reform …）に，クリントン大統領が生活保護改革の一環として，各州の政府に資金分配の権限を委譲したとあるので，③が内容的に最も近い。

(37) ①「バハマ諸島のオーシャンクルーズは生活保護を受けているほとんどの貧しい人が購入できた」

②「カンザス州議会は，誰に対しても ATM で引き出し可能な現金の月額に関する法律を可決した」

③「生活保護を受けている人がATMで引き出せる額を1回25ドルに制限したことで，民間銀行が利益を得た」
④「20世紀後半のアメリカでは，一生懸命に働けば，人々は間違いなく金銭面での見返りを得られた」

ブロック［V］の第1段第2文（The same law …）に，カンザス州議会が可決した法律の内容として，生活保護を受けている人がATMから引き出すことのできる現金は1回につき25ドルとあるので，③が正解である。次の文の内容とも合っている。

(38) ①「同じ間違いの結果は，貧しい家庭により強く影響する傾向があった」
②「従業員に不当な賃金を払っている億万長者は，従業員に大きな店から商品を盗んでくるように指示している」
③「貧困にある人は首をかしげるような決断をするが，より裕福な人はそうではない」
④「筆者の祖母は，50年前に短期間だが入獄していた」

ブロック［VI］の第2段最終文（The difference …）に，同じ間違いを犯しても，その報いを多く受けるのは裕福な人ではなく貧しい人だとの記述があり，①が正解である。

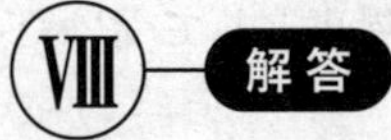

(39)―② (40)―④ (41)―② (42)―③ (43)―④
(44)全訳下線部参照。

全訳

《思いやりこそが成功の鍵》

［I］ 思いやりのあることがよいことで，道徳的なことで，立派なことだということには多分誰もが賛成するが，それは人生における成功につながるのだろうか？ 結局のところ，思いやりとは他人のことを第1に考えることではないのか？ 思いやりは自己犠牲を必要としないのか？

それでも，今から挙げるよく知られた人々のことを考えてみよう。ティンプソン靴修理チェーンの社長であるジェームズ=ティンプソン，ニュージーランド首相のジャシンダ=アーダーン，イングランド男子サッカーチーム史上最も成功を収めた監督の1人である，ガレス=サウスゲート。この3人は明らかにそれぞれの分野での「勝者」であり，その上全員が，思いやりを成功のための戦略の中心に置いた人々である。

私たちが発見したのは，ビジネス，政治，スポーツマネージメントに対して，より情け深い，そして明らかに「より穏やかな」手法をとることが，自分のために働いてくれる人々のためだけでなく，自分自身のためにもプラスの結果をもたらすということである。成功を収めたいのなら，非情で，やる気満々で，1番を目指さなければならないという従来の考え方は，信用を失いつつあるのだ。

［Ⅱ］ 思いやりのある人が勝者になり得るという科学的な証拠が増えている。2020 年に，私は，思いやりに対する一般的な姿勢に関する研究の中では最大の研究を実施したサセックス大学の研究チームの一員であった。144 カ国の 6 万人を超える人が選ばれ，私が放送するラジオショー——BBC チャンネル 4 の『オール・イン・ザ・マインド』と BBC ワールドサービスの『ヘルスチェック』——で着手した，「思いやりテスト」と呼ばれる大規模なアンケートに回答した。

思いやりの行動をどこで最も見たかという質問に対して，職場という答えが好成績で，どちらも思いやりの行動を目にし，思いやりが本当に評価される場所である家庭と医療機関についで 3 位であった。したがって，情け容赦がなく人間味のないという評価が高いかもしれず，また人々が出世争いをする場所が，思っている以上に共感と心遣いの本場なのである。

これが自己選択型の研究であるということは留意しておくべきで，一見したところ，格づけコンサルタント会社が，英国で働く 1500 人に実施した調査結果はさほど明確ではなく，回答者のわずか 3 人に 1 人が直属の上司に思いやりがあると強く同意したに過ぎない一方で，4 分の 1 が自分の組織のリーダーは思いやりがないと考えていたのである。

だが，この結果を少し深掘りしてみよう。そうすると，思いやりのある上司がいると回答した人は，少なくとも 1 年以上は在職する気で，自分のチームは目覚ましい業績を上げており，会社は財政的にうまくやっていると回答する傾向がより強いとわかる。一方で，この調査に参加した従業員の 96％が，職場での思いやりは彼らにとって重要なことであると回答しており，このことは企業が成功したいのであれば職場での思いやりは確かに重要であると示唆している。

［Ⅲ］ この着想は，アメリカを本拠地とする計量心理学者（計量心理学と

は，検査と測定に関係する心理学の分野である）ジョー=フォークマンの研究によって支持されている。彼は，5万人以上のリーダーのあらゆる関係者からの評価を研究し，スタッフからより好ましいと評価されているリーダーは，望ましい結果を出すという点でも評価が高い傾向にあった。おそらく，より印象的な言い方をすれば，好ましさでの評価が低くて，望ましい結果を出すという評価が高いというのは非常にまれなことで，2000回に1回あるかどうかのことだった。フォークマンは，好ましいリーダーのいる企業は，収益性や顧客満足度を含めて，あらゆる種類の有益な成果についてより得点が高いことも発見した。

企業研究の分野において，思いやりのあるリーダーシップが，おそらくは，そのほうがあまり穏やかな印象を与えないということで，「倫理的な」リーダーシップと言われるほうが多いのは注目すべきことだ。だが，呼び方をどう決めるにせよ，思いやりのあるリーダーシップが職場のより前向きな雰囲気を作り出し，従業員の業績もよくすることが研究からわかっている。イタリアのパドヴァ大学の組織心理学者ミケランジェロ=ヴィアネッロによる研究に見られるように，前向きな行動が仕事場全体に降り注ぐことだってあるのだ。ヴィアネッロは，パドヴァ近郊の公立病院を訪れ，どの程度公正で自己犠牲的か，そしてチームの味方をしてくれるかどうかを含め，看護師に，内密に部局の責任者について質問した。責任者が十分公正で自己犠牲的で自分たちの味方をしてくれると答えた部局では，看護師は誰か他の人のために何かいいことをしたい，上司のようになりたい，あるいはよりよい人間になりたいという願望を訴える傾向がより強かった。

［Ⅳ］誰によるものであれ，ちょっとした思いやりの行動や協調の行動でも，職場に変化をもたらすことができるという証拠が存在する。心理学の分野では，「組織市民行動」として知られているものがある。例として挙げられるのは，プリンターが故障していれば直しておいて，次に使う人が見つけるまで壊れたままにしておかないとか，職場の植物に水をあげておくなどだろう。このような行動は仕事の一部として求められていることではないが，そうしておけば職場環境が誰にとっても多少よくなる。

このようなことは思っている以上に重要だ。2009年に，ネーサン=パドサコフというアリゾナ大学の研究者が，150を超える研究の結果を統合しメタ分析を行ったが，結果は明白であった。この種の行動は，行動自体は些細なものだが，より高い仕事上の業績，生産性，顧客満足度，効率性と関係していたのだ。

世間には1つ，思いやりのあることが全く利点にならないと思う戦いの場がある。食うか食われるかの政治の世界である。だが，政治の世界においても，ジャシンダ=アーダーンがニュージーランドで示したように，より穏やかで思いやりのあるスタイルが，それでもなお，人をトップに押し上げてくれるという証拠がある。だが，ドナルド=トランプのような，もっと粗野な政治家についてはどうだろう？　彼の成功は，厳しい手法が究極的には打ち勝つことを示してはいないのだろうか？

1996年から2015年にかけて，研究者のジェレミー=フライマーは，議場での議論中に，アメリカ連邦議会の議員たちが用いた言葉を分析した。彼の研究において，下院での演説中に不作法だった議員の支持率は低下し，より丁寧で寛大だった時には支持率は上昇した。

[V]　ごく最近では，フライマーの研究チームは（アカウントが凍結される前の）ドナルド=トランプのツイートに対する反応を分析し，彼の「不快な」ツイートを積極的に「好ましい」とする支持者はごくわずかであることが判明した。ツイートが原因で彼らが支持しなくなることはなかったが，彼らが支持を続けたのは，彼の無礼さにもかかわらず，であり，彼の無礼さゆえではなかった。

もちろん，自己中心的で他者に対して思いやりがなくても，人生で成功している人の例はまだいくらでもある。だが，大事なのは，テレビ番組の『ジ・アプレンティス』や『サクセッション』でおそらく目にするものとは関係なく，会社や他の非常に競争的な仕事でうまくやっていくのに，頑固だったり不快であったりする必要はないということだ。

もちろん，単に思いやりがあるだけで勝者になれはしない――やる気，献身，技能も必要だ――が，目標を追求する時にいくらかの思いやりを示しても，決して成功の障害にはならないことを示す証拠がますます増えているのだ。

解説

(39)　①「ジェームズ=ティンプソンはまだ成功していない」

②「ガレス=サウスゲートの成功のための戦略には思いやりが含まれている」

③「思いやりは責任者をみじめにすることがわかっている」
④「主に自分自身のことを考えているリーダーにだけ成功がやってくるのは明らかである」

ブロック［Ⅰ］の第2段（Yet consider these …）で，思いやりの気持ちを成功の戦略として用いた著名人の名前が列挙されており，その中にガレス=サウスゲートが含まれているので，②が正解である。

(40)　①「『思いやりテスト』と呼ばれるアンケートを活用した研究において，職場では共感が本質的に欠けていると結果から明らかになった」
②「格づけコンサルタント会社が行った1500人に対する調査において，ほとんどの回答者は，思いやりのあるリーダーのいる組織で働いていると表明した」
③「格づけコンサルタント会社が行った1500人に対する調査において，思いやりのある上司を持つ回答者は，他の回答者よりも，自分のチームが成し遂げた仕事に批判的な傾向が強かった」
④「格づけコンサルタント会社が行った1500人に対する調査結果から判断すると，従業員は職場での思いやりを評価する傾向にある」

ブロック［Ⅱ］の最終段最終文（Meanwhile, 96% …）において，回答者の96%が職場での思いやりが重要だと回答している点から，④を正解とする。

(41)　①「ジョー=フォークマンの研究は，スタッフメンバーのリーダーに対する評価に関して，好ましさが高いほど効率性は下がることを示唆している」
②「ジョー=フォークマンの研究は，あまり好ましくないと見られているリーダーは，おそらく効率性の点で高く評価されていないことを示唆している」
③「企業研究の分野では，あまりに穏やかに聞こえるので『倫理的な』という用語を使わないようにしている」
④「ミケランジェロ=ヴィアネッロによって行われた研究では，看護師は上司の身勝手さを埋め合わせるためによりよい人間になりたいと思っていた」

ブロック［Ⅲ］の第1段第2文（He studied the …）において，上司の好ましさの評価と仕事の効率性の評価に正の相関があったと指摘されているから，②が正解である。

(42) ①「『組織市民行動』とは，直接的な命令に従う時に人々がとる行動の種類のことである」

②「研究によって，職場環境を改善することを意図する行動によって生産性はより低くなることが明らかになった」

③「政治の世界では，比較的寛大なスタイルを用いてトップまで上り詰めることは可能である」

④「ジェレミー=フライマーは，アメリカの連邦議会議員の支持率は，演説中に相手を称賛すると低下することを発見した」

ブロック［Ⅳ］の第3段第2文（But even in …）において，思いやりのある振る舞いによって首相まで上り詰めたジャシンダ=アーダーンの例を示しているので，③が正解である。

(43) ①「ジェレミー=フライマーのチームによれば，ドナルド=トランプの支持者の大多数は，積極的に彼の最も無礼なツイートを『好んだ』」

②「フライマーのチームは，ドナルド=トランプのより無礼なツイートが原因で，彼の支持者の多くが彼を見放したことを発見した」

③「思いやりがなければ人生でうまくやっていけない」

④「思いやりは，勝者になることを確かにするのに十分ではない」

ブロック［Ⅴ］の最終段（You can't be …）で，やる気（motivation），献身（dedication），技能（skill）と思いやり以外に必要なことを挙げつつ，思いやりだけでは勝者になれないと述べているので，④が正解である。

(44) cooperation「協調」 make a difference「変化を起こす，重要である」

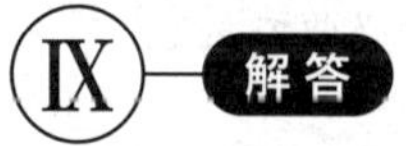

(With the) rise〔emergence〕(of AI, universities) will face problems (that were non-existent a) mere (ten years ago.)

解説

「台頭」は，emergence や rise で表現するのが適当である。「～に直面する」は face の他に confront を用いてもよいだろう。関係代名詞 that の後の be 動詞が were になっているので，problems と複数形にする。最後の空所については，空所の直前に a があることに注目すると，a mere＋

数詞「ほんの〜」を用いればよいことがわかる。

講評

I 同意語句を選択させる問題である。全体的に難度は高く，特に小問の(2)や(5)では，高度な語彙力が求められる。

II 空所補充による英文完成問題である。Iと同様に，難度はやや高めと言ってよい。

III 与えられた英文とほぼ同じ意味になるように，空所補充によって英文を完成させる問題である。小問の(13)や(14)はてこずるかもしれない。

IV 語句整序による英作文問題で，全体的に標準的な出題内容である。

V 長文を題材にした空所補充問題である。正解を得るには前後の内容の正確な理解が必要で，しっかりとした読解力と語彙力が要求されている。

VI 欠文補充形式の会話文問題である。会話の内容をしっかりと把握できれば高得点が期待できる問題であろう。

VII・VIII 内容理解を中心に問う長文問題である。本文を内容面からいくつかのブロックに分けており，ブロックごとの概要を正確にとらえることが肝要である。

IX 空所補充形式の英作文問題である。「わずか十年前」にあたる表現として，a mere ten years ago を解答させるなど，かなりの難度である。

全体的には，文法・語彙問題や英作文問題に難問が散見される。また，長文問題の本文の分量が多く，時間との戦いになるだろう。総合的な難度は高い。簡単な問題を取りこぼさないように注意が必要である。

日本史

I　解答

問1．ア・エ　問2．オ　問3．イ・ウ・エ
問4．ア・イ　問5．オ　問6．ア・エ　問7．イ
問8．イ　問9．ウ　問10．ウ・エ

解説

《古代・中世の文化，嘉吉の変》

問1． やや難問。ア・エ．正文。太政大臣を「則闕の官」ということや弁官局について，教科書の図表にのみ説明されることもあり，解答には丁寧な学習が必要となる。

イ．誤文。五衛府は衛門府，左・右衛士府，左・右兵衛府から構成される。

ウ．誤文。四等官の使用される漢字は，例えば「かみ」であれば，寮では「頭」，国府では「守」のように各官庁で異なる。

問4． ア・イ．正文。

ウ．誤文。『平治物語絵巻』は鎌倉時代の絵巻物である。平治の乱が院政期の出来事であることを踏まえて判断しよう。

エ．誤文。和漢の名句を吟じるのは朗詠であり，『和漢朗詠集』を想起したい。

問5． オが正解。イ．安和の変（969年)→エ．藤原兼通・兼家の対立(977年まで)→ウ．藤原道長の左大臣就任（996年)→オ．藤原道長の望月の歌（1018年)→ア．後三条天皇即位（1068年）の順であり，4番目にあたるのはオである。藤原北家の他氏排斥から藤原摂関家内部の対立を経て，藤原摂関家の台頭，院政へ，という時系列を踏まえることができれば，詳細な年号理解がなくても判断できる。

問6． ア・エ．正文。

イ．誤文。鎌倉を拠点とした刀工は岡崎正宗であり，粟田口吉光は京都，長船長光は備前を拠点とした。

ウ．誤文。『竹取物語』は御伽草子ではない。

問7． イが正解。国家的行事の際に守護を通じて臨時に徴収される税として段銭と棟別銭があり，ここではイ．段銭が正解となる。ア．関銭は関所

で徴収される通行税，ウ．土倉役は京都で高利貸しを営む土倉に賦課される営業税，エ．運上・オ．冥加は江戸時代の営業税であるので，消去法でも解答できる。

問8． イが正解。史料〔B〕は『看聞日記』の嘉吉の変の記事である。史料中の「赤松」や「将軍此の如き犬死」などの記載から嘉吉の変と判断したい。

問10． ウ．正文。公方が討たれたときに，守護大名が「逃走」「逃散」し，「腹切る人無」く，赤松を「追懸けて討つ人無し」ということから「諸大名同心か」と記されている。

エ．正文。「赤松討たるべき御企露顕の間，遮って討ち申すと云々。自業自得果して無力の事か」と記されている。

ア．誤文。「猿楽」が始まるときに「御後の障子引きあけて」入ってきた武士に殺害されているので，猿楽が行われた場所で事件は起こった。

イ．誤文。「細川下野守・大内等」は「敵」に対して「腰刀」で応戦している。

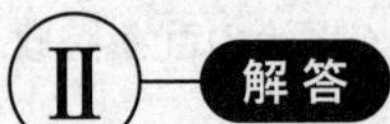

Ⅱ 解答

問1． ア　**問2．** ウ　**問3．** エ　**問4．** イ　**問5．** エ
問6． ウ　**問7．** (1)―イ　(2)―エ　(3)―ア　**問8．** オ
問9． ウ　**問10．** ア　**問11．** イ　**問12．** (1)―エ　(2)―ウ

解説

《近世の貨幣と金融》

問1． ア．正文。

イ．誤文。鎌倉時代に入ると年貢の銭納が登場するので，「年貢の銭納は後退」が誤りである。

ウ．誤文。古代・中世の銭の主な素材は銅である。

エ．誤文。私鋳銭は粗悪なものであり，価値が「中国から輸入された銭と比べて高いものだった」が誤りである。

オ．誤文。戦国大名は精銭の流通を強制する撰銭令を出すも商取引の円滑化を図ることから，「商取引を制限しようとした」が誤りである。

問3． やや難問。エ．正文。海舶互市新例によって貿易額を制限したのは銀の流出を防ぐためである。

ア．誤文。日本からの輸出品が銀・銅などであり，日本の銀輸出額は世界の銀産出額の3分の1に及んでいた。
イ．誤文。糸割符制度は生糸に関わる制度である。
ウ．誤文。日本が輸入したものは，生糸・絹織物・砂糖などであり，金ではない。
オ．誤文。17世紀後半になると金・銀の産出量は減少し，銅の産出量が増加した。

教科書の注記レベルの選択肢もあり，消去法ではやや詳細な知識が必要となる。

問4． イ．正文。
ア．誤文。三貨は金・銀・銭（銅）である。
ウ．誤文。銭は計数貨幣である。
エ・オ．誤文。17世紀前半に幕府より鋳造された銭は寛永通宝であり，藩札は17世紀後半から登場する。なお，永楽通宝は明銭である。

問5． エ．誤文。伝馬役は五街道の宿駅などで幕府や大名・旗本など公的な輸送を行うために，近隣の村などに馬を出させる課役であり，「賃銭で利用することができる」制度ではない。

問8． オ．正文。
ア．誤文。芝居小屋は歌舞伎の上演を行う場所で，町人の井原西鶴は俳句や小説，松尾芭蕉は俳句などに関わった。
イ．誤文。幕府は朱子学を重んじた。
ウ．誤文。諸大名は年貢を大坂の蔵屋敷に送付して貨幣収入を得ることから，米市場を通じて「米を入手」が誤り。
エ．誤文。三都だけでなく，各城下町に出店を持つ商人も現れた。江戸時代の身分制は厳格で「武士と同等の地位を得て…」が誤りである。

問9． ウ．正文。
ア．誤文。徳川吉宗は，徳川綱吉の柳沢吉保，徳川家宣・家継の間部詮房など側用人政治を排除した。
イ．誤文。徳川家治の死去により田沼意次は失脚した。
エ．誤文。閑院宮家の創設をはかったのは新井白石である。
オ．誤文。江戸時代中期以降，商人の手による町人請負新田がさかんとなった。

問10． ア．正文。

イ．誤文。天保の改革である。

ウ．誤文。幕府は，インフレの原因を株仲間の商品流通の独占のためと想定していたが，実際には上方からの流通量の減少が原因であった。教科書の丁寧な学習が必要である。

エ．誤文。幕府は三方領知替えや上知令を撤回した。

オ．誤文。薩摩藩や長州藩は専売制を強化し商人からの借金を整理して，藩政改革を成功させていった。

問11. イ．誤文。開国による最大貿易相手国はイギリスである。アメリカは当時南北戦争の最中であった。頻出事項である。

問12. **(1)**　エ．正文。

ア．誤文。銀同士の交換比率は変わらず，メキシコ銀１枚＝一分銀３枚であるので，「日本を出て（３枚の）一分銀を９枚のメキシコ銀と交換する」が誤りである。

イ．誤文。日本国内の金銀交換比率は1：5であるため，「約100gのメキシコ銀を約100gの小判と交換」が誤りである。

ウ．誤文。海外での金銀交換比率は1：15だが，小判とドル銀貨の１枚あたりの重量は異なるため，小判１枚がメキシコ銀15枚と同価値となるわけではない。

オ．誤文。一分銀４枚＝小判１両であるので，「12枚の一分銀と交換し，それと等価の小判１枚と両替」が誤りである。

(2)　ウ．正文。

ア・イ・エ・オ．誤文。日本と海外の金銀交換比率が異なり，海外の金の価値は日本の３倍であるので，日本へ海外の銀が流入し，日本から金が流出していった。

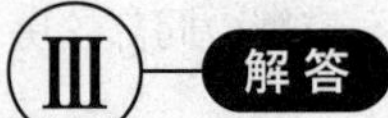

問１. 日清戦争：カ　日露戦争：イ　**問２.** ウ
問３. エ　**問４.** ア・ウ　**問５.** （設問省略）
問６. イ　**問７.** オ　**問８.** ウ　**問９.** ア　**問10.** オ　**問11.** エ
問12. ア　**問13.** 〔ⅰ〕―ア　〔ⅱ〕―カ

解説

《日清・日露戦争》

問１. 日清戦争：カ，日露戦争：イが正解。日清戦争は第２次伊藤博文内閣，日露戦争は第1次桂太郎内閣のときに始まった。戦争遂行内閣は必須事項である。

問2． ウが正解。b．江華島事件（1875年）→a．壬午軍乱（1882年）→c．甲申事変（1884年）の順である。近代の朝鮮半島の動向については頻出事項であるため確認しておこう。

問4． ア・ウが正解。平民社を設立したのは堺利彦と幸徳秋水で，日露戦争に対する非戦論・反戦論を唱えた。

イ．不適。三宅雪嶺は政教社を設立し『日本人』を創刊した。

エ・オ．不適。木下尚江と安部磯雄は社会民主党の結成に関わった。

問6． a・d．正文。b．誤文。内村鑑三はキリスト教的な観点から，堺利彦や幸徳秋水らと同様に日露戦争に非戦論・反戦論の立場であった。

c．誤文。民友社を創設して『国民之友』を刊行したのは徳富蘇峰であるが，明治天皇暗殺計画である大逆事件で死刑となったのは幸徳秋水である。

問8． やや難問。ウが正解。英吉利法律学校の創設年は1885年であり，同年に福沢諭吉により「脱亜論」が発表された。

ア．不適。国会期成同盟の設立は1880年である。

イ．不適。明治十四年の政変は1881年である。

エ．不適。学校令の公布は1886年である。

オ．不適。第1回の衆議院議員総選挙は1890年である。

問9． 難問。アが正解。図2より財政規模の推移を選択する。日本は日清戦争での賠償金によって戦後経営を実施し，金融・貿易などの制度を整備した。つまり，1895年以降財政規模が伸びているア・イが候補として考えらえる。しかし，イは1900年から横ばいになっているが，1901年から八幡製鉄所が操業を開始するなど産業革命を踏まえると，1900年以降も伸びているアと判断したい。

問10． やや難問。オが正解。日露講和条約の締結地であるポーツマスは，アメリカの大西洋沿岸の都市である。イギリスのポーツマスと混同する可能性もあり，また「アメリカのポーツマス」とだけではエを選択する可能性もある。判断にはやや詳細な知識が必要となる。

問11． a．誤文・b．正文。貨幣法の提出は第2次松方正義内閣である。

c．誤文・d．正文。金の平価が1円＝1.5グラム（1500ミリグラム）から1円＝750ミリグラムにということは，金の価値が低下したことを示す。

日清戦争の賠償金の一部を準備金として金本位制に移行したことを想起したい。

問12. アが正解。「［1］条約ニ依リ清国ハ償金二億両ヲ支払フ」とあるので，［1］には下ノ関が該当する。清国は賠償金を用意するため，［2］の［3］で公債を募集するとあり，［2］・［3］には欧州・英京（イギリスの首都であり，ロンドンを指す），米州・紐育（ニューヨーク），日本・東京が該当するが，第一次世界大戦後までは金融の中心はロンドンであることを踏まえて欧州・英京と判断したい。

問13. 〔i〕はア，〔ii〕はカが正解。日本の金本位制確立を目指し，金本位制である「欧米諸国」と銀本位制である「支那朝鮮」とを踏まえて，下線部⑪は，「銀価が下落した場合，銀本位制の国は金本位制の国に対して［4］の場合がある」とあるので，［4］には銀本位制の国が輸出の上で有利になるという意味が入り，〔i〕はアが正解となる。その場合，金本位制を目指す日本は欧米諸国同様に輸出の上では不利になることから，〔ii〕はカが正解となる。史料〔B〕の結論としては，金本位制を確立することで有利になると述べており，下線部⑪の解釈と異なるため混同しやすいので注意しよう。

Ⅳ 解答

問1. b　**問2.** オ　**問3.** ウ・エ　**問4.** イ
問5. ア　**問6.** ウ・エ・オ　**問7.** ア・ウ・オ
問8. エ　**問9.** イ・ウ

解説

《戦後の国際秩序》

問1. bが正解。ソ連の対日参戦はヤルタ協定で確認される。なお，aはポツダム会談，cはテヘラン会談，dはカイロ会談，eはカサブランカ会談の場所であり，第二次世界大戦に関する連合国側の会談場所は確認しておきたい。

問2. オが正解。カイロ会談には，アメリカのフランクリン=ローズヴェルト，イギリスのチャーチル，中国の蔣介石が参加している。

問3. ウ・エが不適。カイロ宣言の内容として誤っているものを選択する。ウはヤルタ協定，エはポツダム宣言の内容である。

問4. イが正解。日本が国際連合に加入したのは1956年の鳩山一郎内閣のときであり，それ以前の出来事は1950年の第3次吉田茂内閣のときの出来事である朝鮮戦争である。内閣と関連づけて判断しよう。なお，ア．アフガニスタン侵攻は1979年，ウ．部分的核実験禁止条約調印は1963年，エ．北爆開始は1965年，オ．核兵器拡散防止条約調印は1968年の出来事であり，消去法で解答するためにはやや詳細な知識が必要となる。

問6． 難問。ウ・エ・オが正解。北大西洋条約機構に西ドイツが加盟したのは1955年，トルコが加盟したのは1952年であり，解答には詳細な知識が必要となる。

問7． ア・ウ・オが正解。ワルシャワ条約機構の解体は1991年であり，それ以降の内閣総理大臣としては小渕恵三，橋本龍太郎，福田康夫が該当する。1991年当時は海部俊樹内閣であり，1991年のソビエト連邦解体や湾岸戦争勃発などを想起して判断の基準としたい。

問8． エが正解。イラク復興支援特別措置法は2003年に小泉純一郎内閣で成立した。

ア．不適。いわゆるMSA協定は1954年に締結された。

イ．不適。「ベルリンの壁」崩壊は1989年である。

ウ・オ．不適。砂川事件（1956年）や内灘事件（1952年）は1950年代の米軍基地反対闘争である。

問9． イ・ウが正解。「平和五原則」の確認は1954年であり，同年の出来事として自衛隊設置，第五福竜丸事件がある。

ア．不適。安保改定阻止国民会議の結成は1959年である。

エ．不適。日米行政協定の締結は1952年である。

オ．不適。破壊活動防止法の成立は1952年である。

講評

Ⅰ　古代・中世の文化や嘉吉の変をテーマとする。教科書レベルの知識で判断できる出題が多いものの，問1は律令官制の図表に記載される情報で判断しなければならず，丁寧な学習が必要である。問5は摂関政治の流れを押さえることで，問10は丁寧に史料を読むことで判断できる。

Ⅱ　近世の貨幣と金融をテーマとする。問3の解答には教科書の注記レベルが必要であり，問10は教科書の精読によって解答が確定できる。

また，問12の金銀比価問題など，選択肢の吟味に時間を必要とする問題が出題される。

Ⅲ　日清・日露戦争をテーマに関係する経済史などを出題する。問8は中央大学の前身である英吉利法律学校の設立年が判断基準となる。問10のポーツマスの位置を地図上から解答する出題など丁寧な学習を必要とする。また，問9の財政規模の推移を選択する問題や問11以降の貨幣法に関する問題は時間を必要とするため，計画的に解答したい。

Ⅳ　戦後の国際秩序をテーマとする。問1～問3などの第二次世界大戦における連合国側の会談についての基本事項は理解しておきたい。なお，問6など教科書に記述されていない場合もあり難問である。また，1990年代以降の知識を問う出題もあり，現代史についてもしっかりとフォローしたい。

世界史

I　解答　問1．ウ　問2．ウ　問3．ア　問4．イ

解説

《チャーティスト運動》

問1．(ろ)団結禁止法の撤廃（1824年）。→(は)審査法の廃止（1828年）。→(い)カトリック教徒解放法の成立（1829年）。

問2．(ろ)アウステルリッツの戦い（1805年）。→(は)ナポレオン戦争の終結（1815年）。→(い)ロシアでデカブリストの乱が勃発（1825年）。

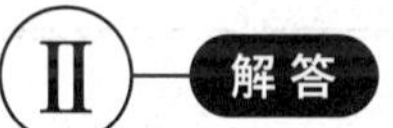

問1．イ　**問2．**ウ　**問3．**ア　**問4．**オ　**問5．**イ
問6．エ　**問7．**イ　**問8．**イ　**問9．**エ　**問10．**カ
問11．イ　**問12．**ア　**問13．**オ

解説

《1848年の革命》

問1．イ．誤文。1848年革命により，西欧諸国では自由主義，民主主義による政治改革がめざされた。

問2．ウ．誤文。労働代表委員会が改称し，労働党が成立したのは1906年。

問4．オ．誤文。ウィーン会議で旧オーストリア領ネーデルラントを獲得したのはオランダ。

問7．イ．誤文。社会主義者たちは，工場や土地を社会の共有にすることで，平等な社会の実現をめざした。

問8．ア．誤文。1848年12月のフランス大統領選挙で当選したのはルイ=ナポレオン。

ウ．誤文。富裕層のみに選挙権を認める極端な制限選挙に対して選挙権拡大を求める動きが高まり，この運動をおさえようとした政府に対し二月革命が起こった。

エ．誤文。1848年4月の男性普通選挙制による選挙で，社会主義者は大

敗した。

問9． エ．誤文。ベーメン・ハンガリー・イタリアで民族運動が高揚し，「諸国民の春」と呼ばれる状況が到来した。

問10． (は) 1862年以降，ビスマルクによる鉄血政策が行われた。→(ろ)フランスでパリ=コミューンが樹立された（1871年）。→(い)イギリスで第3回選挙法改正が行われた（1884年）。

問12． 1848年時点のロシア皇帝はニコライ1世（在位1825～55年）。

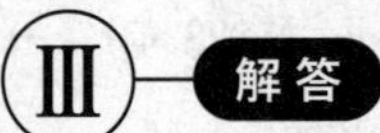

問1． ア・カ **問2．** カ **問3．** エ **問4．** オ
問5． イ **問6．** イ・オ **問7．** ア **問8．** イ
問9． ウ・オ **問10．** ア・イ・カ **問11．** エ **問12．** エ **問13．** ウ・エ
問14． カ **問15．** イ・エ・オ **問16．** ア・ウ・エ **問17．** カ
問18． ア・エ **問19．** オ **問20．** ウ

解説

《感染症と予防医学》

問4． 日本敗戦後に台湾は中華民国の領土となったが，大陸から派遣された政府機関は台湾人の政治参加を認めなかった。さらに社会秩序の混乱によって中華民国統治への不満が高まり，1947年に各地で大規模な蜂起が起きた（二・二八事件）。

問8． イ．誤り。ピューリタン革命は17世紀の出来事。

問9． ウ．誤文。ジェノヴァ出身のコロンブスはスペイン女王イサベルの援助を受けた。

オ．誤文。マゼランは1521年にフィリピンに到達，その後，1565年にレガスピがセブ島に到達して以降スペインによる植民地化が進んだ。

問10． ア．誤文。スペインはナスル朝のグラナダを攻略し，レコンキスタを完了した。

イ．誤文。インカ帝国を征服したのはピサロ。コルテスはアステカ王国を征服した。

カ．誤文。メキシコで鋳造された銀貨はアカプルコからマニラに運ばれ，中国の絹などと交換された。

問12． エ．誤文。明は土地台帳として魚鱗図冊，租税台帳として賦役黄冊を整備した。

問13. ウ．正しい。1850～60 年代，安徽・河南・山東・江蘇で活動した塩の密売を行う武装集団が捻軍で，太平天国軍と共同するものもあった。

エ．正しい。ミャオ族（苗族）は貴州など南部の少数民族で，清朝統治に対し 18～19 世紀に数次にわたって反乱を起こした。

問16. ア．誤文。ドイツ軍がフランス・イギリス軍に進撃を阻止され，短期決戦作戦が崩れたのはマルヌの戦い（1914 年）。

ウ．誤文。イギリスはアラブ地域の独立を約束するフセイン・マクマホン協定を結んだ。バルフォア宣言はユダヤ人のパレスチナ復帰運動を援助することを約した宣言。

エ．誤文。フセイン・マクマホン協定はメッカの太守フセインとイギリスのエジプト高等弁務官マクマホンが取り交わした。

問17. カ．誤文。軍機処を設けたのは雍正帝。

問18. ア．誤文。イギリスはフランスと結んだベンガル太守の軍をプラッシーの戦いでやぶった。

エ．誤文。イギリスの支配に対する不満が高まり，シパーヒーによる反乱が起こった。

問19. オ．誤文。1935 年に関東軍が河北省東部に冀東防共自治政府を組織した。

講評

Ⅰ　チャーティスト運動に関する引用文を読み，4 つの問いに答える問題。問 1 は 1820 年代の自由主義的改革の流れを正確におさえているかが問われた。

Ⅱ　1848 年の革命をテーマにした大問。問 2・問 3・問 10・問 12 は時期を問う問題。正誤選択問題は教科書の学習で対応できる内容であり，正確に判断したい。

Ⅲ　感染症と予防医学をテーマに，欧米とアジア史が問われた。問 3～問 5 は台湾に関する問題。誤文を過不足なく選ぶ問題が 5 問出題されたが，難問はなく，選択肢の文章を丁寧に読んで正解を導きたい。

2024 年度も短文論述はなく，すべてマークシート方式の出題であった。例年出題されていた 3 文正誤問題も 2024 年度は出題されていない。

ただし，過不足なく正誤を選ぶ問題，時期を問う問題や配列問題が多く，難度を上げている。教科書学習を徹底し，正確な知識を蓄積することが求められている。

政治・経済

Ⅰ 解答

問1． ①ブッシュ ②ゴルバチョフ ③チトー ④スロベニア ⑤コソボ ⑥ルワンダ ⑦ソマリア ⑧スーダン ⑨クルド ⑩クウェート

問2． 民族自決 **問3．** C **問4．** B **問5．** チュニジア **問6．** A
問7． C **問8．** ノン=ルフールマンの原則 **問9．** B
問10． 緒方貞子 **問11．** (設問省略)

解説

《冷戦終結後の世界》

問2． 民族自決が正答。この考え方のもと，20世紀には多数の国家が独立を達成した。

問3． 12海里が正答。なお，領海の外の基線から24海里までを接続水域といい，同じく領海の外の基線から200海里までを排他的経済水域という。排他的経済水域においては天然資源に対する排他的管轄権が認められている。

問4． Bが正答。ボスニア・ヘルツェゴビナでは，セルビア人，ムスリム，クロアチア人が対立した。

問5． チュニジアが正答。ジャスミンはチュニジアを代表する花であることから「ジャスミン革命」といわれた。

問7． Cが正答。PKOは，紛争当事者の合意，公平性，自衛と任務防衛以外の武力不行使を基本原則としている。

A．PKOは国連憲章に明文の規定がないので，誤り。第6章の紛争の平和的解決と第7章の強制措置の中間的性格をもつことから，6章半活動とも呼ばれる。

B．PKOには選挙監視団はあるが，政党監視団はない。また，暫定統治機構や暫定行政機構はあるが，暫定司法機構はない。

D．日本人が初めてPKO要員として派遣された国はアンゴラである。1992年9月に第2次国連アンゴラ監視団（UNAVEM Ⅱ）に3名の選挙監視要員が派遣された。同月，初めての自衛隊派遣として国連カンボジア

暫定統治機構（UNTAC）に施設部隊等が派遣された。

問8． ノン=ルフールマンの原則が正答。難民は迫害を受ける危険のある地域に送還してはならないと難民条約で定められている。

問10． 緒方貞子が正答。緒方貞子（1927～2019年）は国連難民高等弁務官を長年務めた。

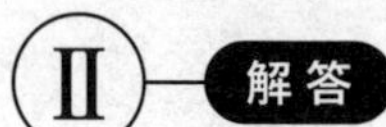

問1． ①モノカルチャー　②10年　③開発援助　④1964　⑤プレビッシュ　⑥特恵　⑦後発　⑧ミレニアム　⑨気候変動枠組（地球温暖化防止も可）　⑩パリ

問2． 1.25　**問3．** C　**問4．** C　**問5．** A　**問6．** カーボン

解説

《南北問題・南南問題と地球温暖化》

問1． ①　モノカルチャー経済は，特定の一次産品の生産に特化した経済で，かつて植民地だった国に多くみられる。

④・⑤　UNCTADの第1回会議は1964年であり，この時，発展途上国の立場から初代事務局長プレビッシュが提出したのが「プレビッシュ報告」である。

⑦　後発発展途上国（Least Developed Countries）はLDCと略される。

⑧　2000年の国連ミレニアム開発目標（MDGs）を引き継ぎ，2015年に持続可能な開発目標（SDGs）が定められた。

問2． 交易条件は輸出価格指数を輸入価格指数で除した比率のことである。輸出価格指数が100，輸入価格指数が80であることから，交易条件は100÷80=1.25と算出できる。

問3． Cが正答。それぞれの国のODA支出の対GNI比がわかっていることが望ましいが，日本の贈与比率がおよそ40%弱であることが知識としてわかっていれば，国3が日本ということになり，AかCに解答を絞り込むことができる。GNI（国民総所得）はアメリカがイギリスより大きいので，逆にODA支出の対GNI比はアメリカよりイギリスが高いであろうと推測できれば，正答に至る。

問4． Cが正文。貧困層の人々は返済率が低いため，貸し手側はリスクを考慮して高い利子率をつけ，結果的に返済率のさらなる低下をもたらしてしまう。

問5. Aが正答。「共通だが差異ある責任」とは，先進国と発展途上国はともに環境問題に対して責任を負う点では「共通」だが，その程度に関してはすでに経済発展を果たした先進国がより大きな責任を負わなければならないという点で「差異」があるという意味である。

Ⅲ 解答 **問1.** D **問2.** C **問3.** A **問4.** A **問5.** B **問6.** D **問7.** D **問8.** C **問9.** B **問10.** D **問11.** B **問12.** D **問13.** A **問14.** B **問15.** C

解説

《金融自由化と異次元緩和》

問1. Dが正答。護送船団方式は金融自由化前の日本の金融システムを象徴づける言葉であり，最も遅い船に速度を合わせて航行する護送船団のように，最も弱体な金融機関でも経営が成り立つように金利などを規制したことを指す。

問4. Aが正答。コールレートとは金融機関同士の短期の貸し借りにおける金利のことであり，そのうちの無担保コールレート（翌日物）が，現在，日本銀行の金利政策の誘導対象となっている。

問5. Bが正答。2016年から日銀は，短期金利でマイナス金利政策を行うとともに，長期金利では，10年物国債の金利が0％程度で推移するように，国債の買い入れを行った。これをイールドカーブコントロールという。

問8. Cが正答。1980年代のイギリスで行われた金融システムの大改革は，宇宙誕生時の大爆発にたとえられて，金融ビッグバンと呼ばれ，それにならった改革を1990年代に日本で行ったのが日本版金融ビッグバンである。

問9. Bが不適切。Aはfree（自由），Dはfair（透明で信頼できる），Cはglobal（国際的）という日本版金融ビッグバンの3つのスローガンを，それぞれ指している。

問10. Dが正文。デフレの場合は貨幣価値が上昇するので，実質的な返済額は増加する。そのため企業の投資意欲は低下することがイメージできる。

問11. Bが正文。信用創造によって生み出される預金通貨の額は本源的預金÷預金準備率－本源的預金で表される。したがって，預金準備率を引き下げるほど，多くの預金通貨が信用創造によって生み出される。市中の通貨量が増加すれば金融は緩和される。

問12. Dが正文。国債を売却することを売りオペレーション（資金吸収オペレーション）という。それにより市中の通貨量が減少し，金融が引き締められる。

問13. Aが正答。インフレターゲット政策によって目標値として定められた消費者物価の前年比上昇率は2％である。問題文に「目標値として定められた消費者物価の前年比上昇率を名目金利から差し引いたものが実質金利」と定義づけられており，名目金利は1％なので，実質金利は1−2＝−1〔％〕となる。

問15. 正答はC。マイナス金利が適用された当座預金の一部については市中金融機関が日本銀行に利子を支払わなければならなくなるため，日本銀行への預け入れをやめて他の金融機関への貸し出しが増加することがイメージできればよい。

講評

Ⅰ　国際政治の分野について出題された。出題のレベルは教科書レベルよりもやや細かな出題が多く，冷戦後の世界の各国の情勢など，資料集を活用し十分にフォローしていることが求められている問題が散見された。問4のボスニア・ヘルツェゴビナの民族対立など，図や資料を見て理解しておきたい問題も出題された。

Ⅱ　南北問題と南南問題，地球温暖化について出題された。問2の交易条件は問題文を読んで理解すれば十分に正解を導き出せる問題であった。問4のマイクロファイナンスの経済的な背景は，貧困層への融資において利子率が高くなる理由を理解できるかが問われていた。

Ⅲ　金融自由化と異次元緩和について出題された。問5のイールドカーブコントロールは，資料集を用いて日銀の政策についてしっかり理解していなければ，正解することが難しい問題であった。問11は預金準備率と信用創造の関係を理解しているかが問われた問題であった。問13はインフレターゲット政策の目標値を知らなければ計算できない問題であった。

2024年度も，概ね例年と変わりない難易度だったといえるだろう。

数　学

I　解答

(1) $\dfrac{24}{49}$　(2) $a=4,\ b=60$　(3) $x=5$　(4) $\dfrac{4}{13}$

(5) $f(x)=3x^2-5x+1$　(6) $f(x)=x^2-3x-\dfrac{3}{2}$

解説

《小問6問》

(1)　$\dfrac{1}{(2k-1)(2k+1)}=\dfrac{1}{2}\left(\dfrac{1}{2k-1}-\dfrac{1}{2k+1}\right)$ より，求める和を S とすると

$$S=\frac{1}{1\cdot3}+\frac{1}{3\cdot5}+\frac{1}{5\cdot7}+\cdots+\frac{1}{47\cdot49}$$

$$=\frac{1}{2}\left\{\left(1-\frac{1}{3}\right)+\left(\frac{1}{3}-\frac{1}{5}\right)+\left(\frac{1}{5}-\frac{1}{7}\right)+\cdots+\left(\frac{1}{47}-\frac{1}{49}\right)\right\}$$

$$=\frac{1}{2}\left(1-\frac{1}{49}\right)=\frac{24}{49}$$

(2)　$x^3+ax^2-2x+b=0$　……①とおく。

実数係数の3次方程式①が虚数解 $1-3i$ をもつとき，その共役複素数 $1+3i$ を解にもつ。このとき，①の3つの解を $\alpha=1-3i$，$\beta=1+3i$，γ とおくと，3次方程式の解と係数の関係から

$$\alpha+\beta+\gamma=-a,\quad \alpha\beta+\beta\gamma+\gamma\alpha=-2,\quad \alpha\beta\gamma=-b$$

$\alpha+\beta=2$，$\alpha\beta=10$ であるから

$$2+\gamma=-a,\quad 10+2\gamma=-2,\quad 10\gamma=-b$$

よって　　$\gamma=-6$

ゆえに　　$a=4,\ b=60$

別解1　①が $\alpha=1-3i$，$\beta=1+3i$ を解にもつとき，①の左辺は $(x-\alpha)(x-\beta)$ を因数にもつ。すなわち，$(x-\alpha)(x-\beta)=x^2-2x+10$ より，①の左辺は $x^2-2x+10$ で割り切れる。①の左辺を $x^2-2x+10$ で割ると

$$x^3+ax^2-2x+b=(x^2-2x+10)(x+a+2)+(2a-8)x-10a+b-20$$

余りは0であるから

$$2a-8=0,\quad -10a+b-20=0$$

ゆえに　　$a=4,\ b=60$

別解2　$x^3+ax^2-2x+b=0$ の解が $x=1-3i$ より代入すると

$$(1-3i)^3+a(1-3i)^2-2(1-3i)+b=0$$

$$1-9i-27+27i+a(1-6i-9)-2(1-3i)+b=0$$

$$-(8a-b+28)-6(a-4)i=0$$

$-(8a-b+28)$，$-6(a-4)$ は実数より，複素数の相等より

$$8a-b+28=0,\ a-4=0$$

$\therefore\quad a=4,\ b=60$

(3)　真数の条件から

$$x-1>0\quad \text{かつ}\quad x-3>0$$

ゆえに　　$x>3$　……①

このとき，与えられた方程式は

$$\frac{\log_2(x-1)}{2}=\log_2(x-3)$$

$$\log_2(x-1)=\log_2(x-3)^2$$

したがって

$$x-1=(x-3)^2$$

整理して

$$x^2-7x+10=0$$

$$(x-2)(x-5)=0$$

ゆえに，①に注意して

$$x=5$$

(4)　AB＝5，BC＝13，CA＝12 である三角形 ABC を考える。このとき

$$13^2=5^2+12^2$$

より，△ABC は辺 BC を斜辺とする直角三角形である。ゆえに，辺 BC の長さは△ABC の外接円の直径の長さ $2R$ に等しい。

よって　　$R=\dfrac{13}{2}$

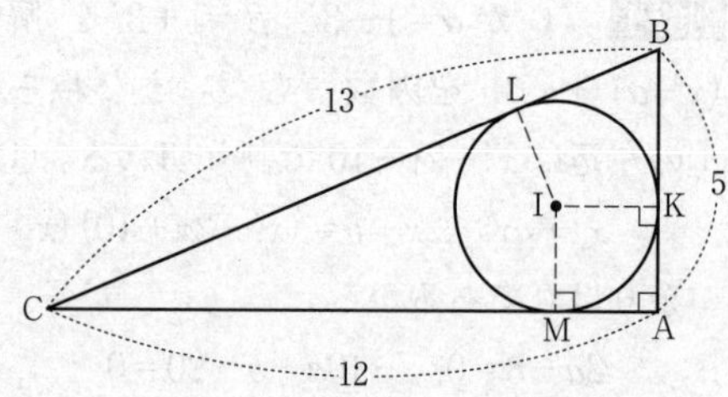

また，右図のように△ABCの内接円の中心をⅠとし，Ⅰから３辺 AB，BC，CA に下ろした垂線の足をそれぞれ

K，L，Mとすると，3点K，L，Mは内接円と3辺の接点である。このとき，四角形AKIMは1辺の長さが内接円の半径 r の長さに等しい正方形となる。

したがって，$BK=BL=5-r$，$CL=CM=12-r$ であるから，$BL+CL=BC$ より

$$(5-r)+(12-r)=13$$

よって　$r=2$

ゆえに

$$\frac{r}{R}=\frac{2}{\frac{13}{2}}=\frac{4}{13}$$

参考 内接円の半径 r は，△ABC の面積を利用しても求めることができる。

$$\triangle ABC=\frac{1}{2}(5+13+12)r=15r$$

また，$\triangle ABC=\frac{1}{2}\cdot 12\cdot 5=30$ より

$$15r=30 \qquad \therefore \quad r=2$$

(5) a，b，c を定数として，求める2次関数を，$f(x)=ax^2+bx+c$（ただし $a\neq 0$）とおく。このとき，$f(2)=3$ より

$$4a+2b+c=3 \quad \cdots\cdots①$$

また，$f'(x)=2ax+b$ であるから，$f'(1)=1$ より

$$2a+b=1 \quad \cdots\cdots②$$

$f'(-1)=-11$ より

$$-2a+b=-11 \quad \cdots\cdots③$$

②，③を連立して解くと

$$a=3,\ b=-5$$

これを①に代入して

$$c=1$$

ゆえに

$$f(x)=3x^2-5x+1$$

(6) $\int_0^1 tf(t)\,dt$ は変数 x によらない定数であるから，a を定数として

$$a=\int_0^1 tf(t)\,dt \quad \cdots\cdots①$$

とおくと，与えられた関数 $f(x)$ は

$$f(x)=x^2-3x+a \quad \cdots\cdots②$$

と表される。このとき，①と②より

$$a=\int_0^1 t(t^2-3t+a)\,dt=\int_0^1 (t^3-3t^2+at)\,dt=\left[\frac{t^4}{4}-t^3+\frac{at^2}{2}\right]_0^1=\frac{a}{2}-\frac{3}{4}$$

したがって　$a=-\dfrac{3}{2}$

ゆえに　$f(x)=x^2-3x-\dfrac{3}{2}$

Ⅱ 解答 **(1)** $\dfrac{201-n}{8n}$

(2) (1)より $\dfrac{P_n}{P_{n-1}}>1$ となる自然数 n の値の範囲を求めると

$$\frac{201-n}{8n}>1$$

$$201-n>8n$$

したがって

$$n<\frac{67}{3}=22+\frac{1}{3}$$

よって，$1\leqq n\leqq 22$ である。

このとき，$P_{n-1}<P_n$ より

$$P_0<P_1<P_2<\cdots<P_{22} \quad \cdots\cdots①$$

一方，$23\leqq n\leqq 200$ のときは，$\dfrac{P_n}{P_{n-1}}<1$ であるから，このとき $P_{n-1}>P_n$ より

$$P_{22}>P_{23}>P_{24}>\cdots>P_{200} \quad \cdots\cdots②$$

①，②より，P_n を最大にする n の値は

$$n=22 \quad \cdots\cdots(答)$$

解説

《独立試行の反復と最大確率》

(1)　大小2個のサイコロの目の出方の総数は 6^2 通りあり，このうち，和が5となる目の出方は，大きいサイコロの目を a，小さいサイコロの目を b として $(a,\ b)$ と表すことにすると，$(1,\ 4)$，$(2,\ 3)$，$(3,\ 2)$，$(4,\ 1)$ の4通りあるから，1回の試行で，事象 A が起こる確率は

$$\frac{4}{6^2}=\frac{1}{9}$$

よって，この試行を200回続けて行うとき，事象 A が n 回起こる確率 P_n は

$$P_n={}_{200}\mathrm{C}_n\left(\frac{1}{9}\right)^n\left(\frac{8}{9}\right)^{200-n}=\frac{200!}{n!(200-n)!}\cdot\frac{8^{200-n}}{9^{200}}\quad(0\leqq n\leqq 200)$$

したがって

$$P_{n-1}=\frac{200!}{(n-1)!\{200-(n-1)\}!}\cdot\frac{8^{200-(n-1)}}{9^{200}}=\frac{200!}{(n-1)!(201-n)!}\cdot\frac{8^{201-n}}{9^{200}}$$
$$(1\leqq n\leqq 200)$$

ゆえに，$1\leqq n\leqq 200$ のとき

$$\frac{P_n}{P_{n-1}}=\frac{200!}{n!(200-n)!}\cdot\frac{8^{200-n}}{9^{200}}\times\frac{(n-1)!(201-n)!}{200!}\cdot\frac{9^{200}}{8^{201-n}}$$
$$=\frac{201-n}{8n}$$

(2)　(1)より $\dfrac{P_n}{P_{n-1}}=\dfrac{201-n}{8n}>1$ となる n の値の範囲を求めることに気付くかどうかがポイントである。入試演習書にはよく取り上げられている問題ではあるが，演習経験がないと難しく感じるかもしれない。

(1)　不等式

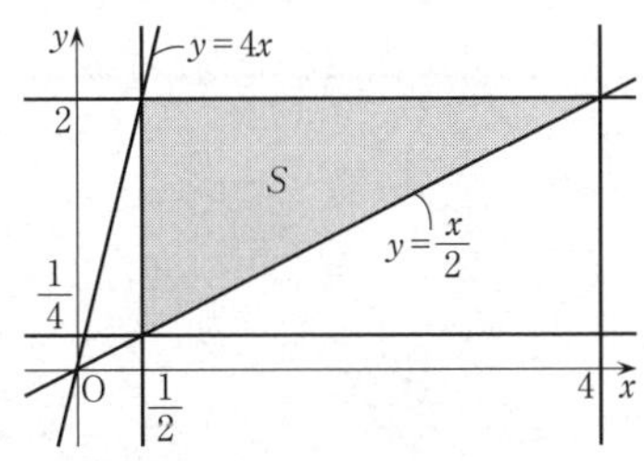

$$\frac{1}{2}\leqq x\leqq 4,\ \frac{1}{4}\leqq y\leqq 2,\ \frac{y}{4}\leqq x\leqq 2y$$ で

定まる領域 S は3直線 $x=\dfrac{1}{2}$，$y=2$，$y=\dfrac{x}{2}$ で囲まれた右図の網かけ部分であ

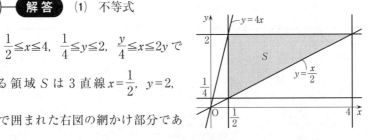

る（ただし，境界を含む）。

ゆえに，領域 S を表す三角形の頂点の座標をすべて求めると

$$\left(\frac{1}{2},\ \frac{1}{4}\right),\ \left(\frac{1}{2},\ 2\right),\ (4,\ 2)\quad \cdots\cdots(\text{答})$$

(2) $A\left(\frac{1}{2},\ \frac{1}{4}\right)$，$B\left(\frac{1}{2},\ 2\right)$，$C(4,\ 2)$ とおくと，$\triangle ABC$ は $AB\perp BC$ の直角三角形である。ゆえに，領域 S の面積は

$$\frac{1}{2}AB\cdot BC=\frac{1}{2}\left(2-\frac{1}{4}\right)\left(4-\frac{1}{2}\right)=\frac{49}{16}\quad \cdots\cdots(\text{答})$$

(3) 領域 S において，$x>0$，$y>0$ であるから

$$x+y>0$$

$$x^2+2xy+y^2=(x+y)^2$$

より，$x+y$ が最大になるとき $x^2+2xy+y^2$ も最大になる。

正の実数を k として，直線

$$x+y=k$$

$$y=-x+k\quad \cdots\cdots①$$

を考える。このとき，①は傾き -1，y 切片 k の直線を表すから，領域 S と直線①が共有点をもつような k の値の範囲で k が最大となるのは，①が点 $(4,\ 2)$ を通るときである。

ゆえに，$x^2+2xy+y^2$ が最大となる領域 S 上の点は

$$(4,\ 2)\quad \cdots\cdots(\text{答})$$

解説

《領域と最大最小》

(1)〜(3)いずれも基本問題。(3)は，$x^2+2xy+y^2=(x+y)^2$，$x>0$，$y>0$ であることに注目して，直線 $x+y=k$ と領域 S が共有点をもつときの y 切片 k の最大値を考察すればよい。

講評

I　6つの小問からなり，すべて基本的な問題。どの問題も教科書傍用問題集や入試演習書で類似問題の演習経験があるだろう。ケアレスミスが許されない問題が並んでいる。

II　独立試行の確率の反復と確率が最大となる n の値を求める問題で，多くの学習参考書や入試演習書に掲載されている頻出問題であるが，経験の有無で差がつく問題といえる。

III　図形と式から領域と最大最小の基本問題が出題された。

2月14日実施分と同様，難問というレベルの問題はなく，すべて基本から標準レベルの問題である。標準的な問題でしっかり演習を積んでおきたい。

問六　傍線の二行前に「所願あれどもかなへず、銭あれども用ゐざらんは、全く貧者とおなじ（＝願望があってもかなえず、銭があっても使わないのは、まったく貧乏人と同じである）」とあるので、正解はEである。

講評

大問三題で、一と二が現代文、三が古文の構成。試験時間は六十分。

一はオデッド・ガロー『格差の起源』からの出題。ホモ・サピエンスの誕生以来、人類史の大半で、生きていくのがぎりぎりだった人間が経済成長できたのは「人的資本の形成」のためであった。また、経済的な繁栄が世界の一部にとどまり、国家間に深刻な経済格差があるのは、「社会の多様性」が根源的な要因だったことを論じた評論である。設問は、問六が、本文に即し、各段落から根拠を見出しながら選択肢を吟味する必要があり、標準的からやや難レベルであるが、総じて標準レベルである。

二の佐伯胖「かかわることば、かかわらない言葉」は佐藤慎司・佐伯胖編『かかわることば』からの出題。発達研究の二人称的転回を説く佐伯胖のプリンストン大学講演に応答した研究者たちが、「参加する・排除しない」研究・教育実践のありかたを語り合うことで、科学の言語、教室の言語が排除してきた可能性に向き合おうとした評論集。設問は、問三が標準からやや難レベルであるが、総じて標準レベルである。

三は兼好法師『徒然草』からの出題。ほとんどが基本的な古文単語の知識や文法事項の知識で解くことができる標準的な問題である。問五は、倒置法に気づくことができれば正解を見出すことができるもので、標準からやや難レベルである。

るかひなし。富めるのみを人とす」とあり、「徳」は〝富〟の意であることがわかるので、正解はCである。

(3)「べからず」は、推量の助動詞「べし」の未然形に打消の助動詞「ず」が接続したものである。助動詞「べし」は、主語が第三者(三人称)や人以外の場合、推量を表すことが多くなり、ここでの主語は「百万の銭」であるから、推量であると考え、〝はずがない〟の意となるので、正解はBである。

(4)「つくる」は、〝尽きる〟の意のカ行上二段活用の動詞「つく」の連体形であるので、正解はAである。

(5)「利」は、続く部分に、「富の来たること」とあるので、〝利益〟の意であり、「ん」は〝～のような〟の婉曲の意の助動詞「む」の連体形の撥音便であるので、正解はDである。

問三 傍線の二文後に「かりにも無常を観ずる事なかれ」とある。「かりにも」は〝かりそめにも〟の意の副詞。「なかれ」はク活用の形容詞「なし」の命令形で、〝～するな、～してはいけない〟の意であり、〝かりそめにも無常を観じてはならない〟の意となるので、適当でないものはAである。

問四 「かわける」は、カ行四段動詞「乾く」の已然形「かわけ」に完了の助動詞「り」の連体形が接続したもの。「くだれる」は、ラ行四段動詞「下る」の已然形「くだれ」に完了の助動詞「り」の連体形が接続したものである。傍線の意味は、〝火がかわいた所に燃え移り、水が低い所に流れる〟であるから、これは自然の道理を示しているので、正解はEである。

問五 標準からやや難。「楽しびとせん」の「せん」はサ変動詞「す」の未然形「せ」に、意志の助動詞「む」の連体形の撥音便「ん」が接続したもので、〝楽しみとする〟の意になる。「しかじ」は、カ行四段動詞「しく」の未然形「しか」に打消推量の助動詞「じ」の終止形が接続したもので、〝およぶまい〟の意であり、続く「財なからんには」と倒置法になっている。「なからん」はク活用の形容詞「なし」の未然形「なから」に、推量の助動詞「む」の連体形の撥音便が接続したもので、〝～ないだろう〟の意である。したがって、〝欲望を遂げて楽しみにすることは、財産がないことにおよぶまい〟の意になるので、正解はBである。

ある、自分のことや他人のことについて願望は無限である。欲に従って願いを遂げようと思うと、百万の銭があっても、少しの間も手元に留まるはずはない。願望は止むことがない。財産は尽きるときがある。限りある財産によって、限りない願望に従うことは、できるはずがない。願望が心に起こりそうなことがあれば、自分を滅ぼすであろう悪い考えが来たのだと、しっかりと慎重に恐れて、少しの願望さえも満たそうとしてはならない。次に、銭を奴隷のように使い用いる物と考えていると、永く貧乏を免れることはできない。君主のように、神のように畏れ敬って、自分に服従させてはならない。次に、恥辱を受けたとしても、怒って恨んだりしてはならない。次に、正直でいて約束を守らなければならない。この道義を守って利益を求める人に、富が来るということは、火がかわいた所に燃え移り、水が低い所に流れるようになるようなものだ。銭が積もって尽きないときは、酒宴・美声・女色に心をとらわれず、住居を飾らず、願望を果たせなくても、心は永遠に安らかで楽しいのである」と申した。そもそも人は、願望を成し遂げるために、財産を求めるのである。銭を財産とすることは、願いをかなえるためである。願望があってもかなえず、銭があっても使わないのは、まったく貧乏人と同じである。何を楽しみとするだろうか。この教えは、ただ人間の願望を断ち切って、貧しさを憂えてはならないと理解できる。（お金をためるという）欲望を遂げて楽しみとするよりは、（むしろはじめから）財産がないほうがましだろう。悪性の腫れ物ができた者が、水で洗って楽しみとするよりは、病気をしないほうがましだろう。ここに至っては、貧富を分ける所はない。（仏道修行の最終段階の）「究竟即」と（第一段階の）「理即」とは（結局のところ）相等しいのである。欲望が大きいことは無欲に似ているのである。

解説

問一　冒頭に「ある大福長者の言はく」とあるので、このことばがどこまでかを検討する。十行目に「……安く楽しと申しき」（＝「……安らかで楽しいのである」と申した）とあり、その後からが、兼好の意見であると考えることができるので、正解はCである。

問二　(1)　「つく」は、〝身につける〟の意のカ行四段活用の動詞「つく」の終止形であり、続く部分に「貧しくては生け

オは、「動物を見るかのように」「人格を尊重する形」とあるが、そのような記述は見られないので、不適切。

問五　最終段落に「乳幼児は実験者を（自分とはかかわらない）『三人称的』他者と見ないで、目の前で自分とかかわっている『二人称的』他者と見ていたのではないか。実験そのものは、いかにも『三人称的』手続きを踏んではいるが、被験者（乳幼児）自身にとっては、『他人事ではない』出来事を目の前の人と『一緒に』目撃している、『二人称的関係』の出来事とみなしていたのではないか」とあるので、「『二人称的他者』の認識や行為を理解できるという乳幼児の力を正当に測れていなかった」というCが正解である。

出典　兼好法師『徒然草』〈ある大福長者の言はく〉

解答

問一　C

問二　(1)―C　(3)―B　(4)―A　(5)―D

問三　A

問四　E

問五　B

問六　E

全訳

ある大金持ちが言うことには、「人は万事をさしおいて、ひたすらに富を手にするべきである。貧しくては生きているかいがない。富んでいる者だけが人間なのである。徳を身につけようと思うならば、当然、まずその心構えを修行すべきである。その心というのは、他のことでもない。人間の世界が永久不変であるという考えにとどまって、かりそめにも無常観にとらわれたりしないことだ。これが第一の用心である。次に全ての用事をかなえようとしてはならない。人の世に

問五　C

要旨

発達心理学で頻繁に取り上げられる「心の理論」は、「心とは何ぞや」を問う理論的研究を意味するわけではなく、「心」を理解するのは、心についての理論が獲得されていることだという心理学者特有の考え方に基づいている。乳幼児が「心の理論」を獲得していることを検証するための「誤信念課題」という実験結果は、その実験が「三人称的な見方」で捉えられているか、それとも、「二人称的関係」の出来事とみなされているかによって、実験結果に大きな違いが現れた。

解説

問一　第二段落第二文に「乳幼児が他者の『心』を理解しているかということを研究」とあるので、「他者の」とあるAとEに絞る。A・Eとも、前半の主語（省略されている）が「乳幼児」であることに注意すると、Eが適切。Aの「三人称的な観察」を行うのは、第二段落最終文によると、心理学者である。

問二　「マキシー君」という他者は、チョコレートが「緑の箱」にあるという誤った認識を持って行動することが予測できているので、正解はCである。

問三　標準からやや難。〈結果〉の段落に「乳幼児は実験者が『誤信念』に従って……行為するものと想定している」とあり、この状態になる条件が必要である。よって、「実験者がその移動を見ていないことも示す」とあるDが正解。

問四　**ア**は「禁じられていた」とあるが、そのような記述は見られないので、不適切。

イは、傍線のある段落の前の段落の内容と合致している。

ウは「警戒心の有無が変わった」「被験者全員が警戒心を示した」とあるが、そのような記述は見られないので、不適切。

エは最終段落の内容と合致している。

と、正解はBである。

問六 標準からやや難。

アは第八段落の四行目以下に「農業革命が肥沃な三日月地帯や揚子江など少数の中心地からほかの地域へ広まったように、産業革命と人口転換は西ヨーロッパで始まったのち二〇世紀の間に世界の大半の地域へと広まり、いたるところで繁栄の水準を押し上げた」と述べられているが、「今日の地域間格差の原因」であるとは述べられてはいないので、本文の内容と合致していない。

イは最後から四段落目に「経済成長は地球の自然環境の維持と本当に両立できないのだろうか。私たちはそのどちらかを選ばねばならないのか。必ずしもそうとは限らない」とあるので、本文の内容と合致していない。

ウは傍線(3)直後に「人々の物質的豊かさを……大きく向上させることができなかった」とあることから、合致しない。

エは第七段落の内容と合致している。

オは第十五段落に「当時とその後の人命の損失とトラウマの大きさのわりには、これらの出来事が……及ぼした影響力はほんの束の間で、たいていは数年から数十年のうちに消えていった」とあるように、「進歩を停滞させ」たかもしれないが、「壊滅的な影響を与えた」とまでは言えないので、本文の内容と合致していない。

二

出典 佐伯胖「かかわることば、かかわらない言葉」(佐藤慎司・佐伯胖編『かかわることば――参加し対話する教育・研究へのいざない』東京大学出版会)

解答

問一 E

問二 C

問三 D

問四 **ア**―B **イ**―A **ウ**―B **エ**―A **オ**―B

解説

問二 空欄に続く部分に「技術の進歩によって人口の増加が可能になり、……人口増加と適応によって発明家の人材が増えると同時に技術革新の需要が拡大し、新たな技術の創造と導入がさらに促進された」とあるので、正解はAである。

問三 **(ア)**は傍線の二行後に「技術の進歩とそれに伴う資源の増大はきまって人口の増加を招き」とあり、空欄の前に「たとえば」とあるので、「豊かさ」の例にあてはまるのはDである。

(イ)は傍線の三行後に「結局は人口増によって人々の暮らしは生存水準に引き戻された」とあるので、正解はCである。

(ウ)は空欄の前に「すなわち」とあるので「変化する技術革新に対応できる技能と知識を持つ人材」を言いかえていることがわかる。正解はBである。

(エ)は「都市」という語を本文で探すと、第四段落の最後から二文目に「人類の居住環境は次第に変化し、農場から村へ、村から……さらに城郭都市へと拡大した」とあるので、Hを選んで「農耕社会ではない都市部」とするのが適切である。

問四 傍線の四行後に「当時とその後の人命の損失とトラウマの大きさのわりには、これらの出来事が生活水準の社会的……指標に及ぼした影響力はほんの束の間で、たいていは数年から数十年のうちに消えていった。一方、詳述してきた根本的な力は、数百年、数千年あるいは数万年にわたってその影響が持続する」とあるので、経済学者たちは「短期的危機が無数の人々の暮らしに即座に及ぼす影響よりも長期的発展を重視」したわけだが、そうした彼らを「批判する意図があった」ことを考えると正解はBである。

問五 空欄のある段落の前の段落に「産業革命の初期以降、主要な工業都市では環境汚染がすさまじい勢いで進み、それが私たちが直面している気候危機につながった。……地球上の生態系の複雑なバランスが崩れることが予想される。……世界の食糧供給に影響が出て、甚大な経済的損失と苦難を引き起こすと考えられている。……人類による地球の汚染は依然として警戒せざるを得ない」とあるような状況であるから、それを防ぐためには、どうすべきかを考える

国語

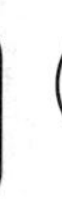

出典　オデッド・ガロー『格差の起源――なぜ人類は繁栄し、不平等が生まれたのか』〈第1部　何が「成長」をもたらしたのか〉（柴田裕之監訳・森内薫訳、NHK出版）

解答

問一　(1)―D　(4)―B　(5)―A　(7)―A　(9)―C

問二　A

問三　(ア)―D　(イ)―C　(ウ)―B　(エ)―H

問四　B

問五　B

問六　**ア**―B　**イ**―B　**ウ**―B　**エ**―A　**オ**―B

要旨

技術の進歩と人口の間には、相互強化のサイクルが存在していた。しかし、技術の進歩とそれに伴う資源の増大はきまって人口の増加を招き、進歩の成果を多くの人間が分け合うため、技術の進歩は人々の物質的豊かさを長期にわたって大きく向上させることができなかった。産業革命期を迎え、技術環境に対応できる技能と知識を備えた人的資本の需要が高まるとともに出生率削減への意欲が高まり、人口増加の相殺効果から解放され、技術の向上が繁栄を永続的に進展させられるようになった。地球温暖化という大きな危険も、人口抑制と相まって、技術革新力によって解決策が見出せるはずである。

//////////////////// · memo · ////////////////////

/////////////////// · memo · ///////////////////

//////////////////// · memo · ////////////////////

/////////////////// · memo · ///////////////////

////////////////////// · memo · //////////////////////

2023年度

問題と解答

■一般方式・英語外部試験利用方式・共通テスト併用方式：経済学部 2 月 14 日実施分

経済学科，経済情報システム学科，公共・環境経済学科

▶試験科目・配点

〔一般方式〕

教　科	科　　　　目	配　点
外国語	コミュニケーション英語Ⅰ・Ⅱ・Ⅲ，英語表現Ⅰ・Ⅱ	150 点
選　択	日本史B，世界史B，政治・経済，「数学Ⅰ・Ⅱ・A・B」から1科目選択	100 点
国　語	国語総合（漢文を除く）	100 点

▶備　考

- 「数学B」は「数列，ベクトル」から出題する。
- 「地理歴史・公民」と「数学」の両方を受験した場合は，高得点の1教科の得点を合否判定に使用する。

〔英語外部試験利用方式〕

一般方式の「国語」および「地理歴史・公民」または「数学」の得点（200 点満点）と各検定試験のスコアを換算した得点（150 点満点）を合計して合否を判定する。

〔共通テスト併用方式〕

大学入学共通テストの得点（2 教科 2 科目，200 点満点）と一般方式の「数学」の得点（150 点満点に換算）を合計して合否を判定する。

英語

（90分）

I　次の各英文の下線部について，もっとも意味が近いものを①～④の中から一つずつ選び，その番号をマーク解答用紙にマークしなさい。（10点）

(1) They were afraid that his remarks would give rise to a serious problem.

① make over　② result in　③ set aside　④ break through

(2) An investigation concluded that the cause of the fire was the improper disposal of waste.

① firing off　② lighting up

③ throwing away　④ sparking out

(3) My younger brother could suffer irreversible brain damage if doctors don't act fast.

① irresponsible　② regular　③ unimaginable　④ permanent

(4) It is natural that your comments would get on her nerves.

① irritate her　② disappoint her

③ impress her　④ satisfy her

(5) The advantages of this method are more important than the others.

① proceed　② outweigh　③ supervise　④ highlight

Ⅱ 次の各日本文と英文がほぼ同じ意味になるように，空所に入るもっとも適切なものを①～④の中から一つずつ選び，その番号をマーク解答用紙にマークしなさい。

(10 点)

(6) 私は夏休みにお金をたくさん使ったのを後悔しています。

I regret (　　　　) so much money during the summer vacation.

① to spend　　② to have spent

③ spending　　④ to be spending

(7) 不景気の際，職にあぶれないよう苦労する人がたくさんいます。

In a (　　　　) economy, many struggle just to stay employed.

① small　② narrow　③ weak　④ little

(8) その男の子は小石を拾い上げると，川の方角に投げた。

The boy picked up a pebble and threw it (　　　　) the direction of the river.

① in　② to　③ for　④ over

(9) 私は，その計画を支持することはできないという趣旨の手紙を，彼らから受け取った。

I received a letter from them to the (　　　　) that they could not support the project.

① point　② content　③ conclusion　④ effect

(10) その新プロジェクトについてどう思うか尋ねられ，私は「大賛成です」と答えた。

Asked what I thought of the new project, I answered, “I (　　　　) agree more.”

① mustn’t　② couldn’t　③ should　④ will

Ⅲ　次の各組の英文がほぼ同じ意味になるように，空所に入るもっとも適切なものを①～④の中から一つずつ選び，その番号をマーク解答用紙にマークしなさい。(10 点)

(11) The author of this article is more of a journalist than a scientist.

The author of this article is not so (　　　　) a scientist as a journalist.

① much　② large　③ as　④ little

(12) I don't have any idea about the business.

I don't know the (　　　　) thing about the business.

① any　② big　③ first　④ last

(13) Online education is gaining acceptance as a substitute for study in the classroom.

Online education is gaining acceptance as an (　　　　) to face-to-face study.

① alternative　② accomplishment

③ allowance　④ acquaintance

(14) We correctly predicted that the ship would sink quickly.

We were right to (　　　　) the rapid loss of the ship.

① generate　② investigate　③ dictate　④ anticipate

(15) They eventually came to socialize with people of the same nationality.

They (　　　　) up socializing with people of the same nationality.

① brought　② wound　③ called　④ caught

Ⅳ　次の各日本文とほぼ同じ意味になるように，かっこ内の語を並べ替えてもっとも自然な英文を完成させるとき，かっこの中で3番目と5番目にくるものを選び，その番号をマーク解答用紙にマークしなさい。(20点)

⒃　彼女は，目覚めてみると，自分の名前があらゆる新聞で報道されていた。

She awoke (① find　② reported　③ to　④ name　⑤ in　⑥ her) every newspaper.

⒄　ナンシーは，その若者が教授の出した難問を解いた人だとわかった。

Nancy identified the young man (① as　② one　③ had　④ who　⑤ solved　⑥ the) the difficult problem posed by the professor.

⒅　その主張が本当だったことは議論の余地がない。

There is (① turned　② dispute　③ no　④ the claim　⑤ that　⑥ out) to be true.

⒆　私が教授に会うことにしたのは，彼の研究がAI技術の応用に焦点を絞っているからだ。

I have decided to meet with a professor, (① focused　② whose　③ is　④ the　⑤ on　⑥ research) application of AI technology.

⒇　確信はないが，噂ではその会社は間もなく新製品を発表するそうだ。

I'm not sure, but (① has　② that　③ will　④ the company　⑤ rumor　⑥ it) release some new products soon.

V　次の英文の意味が通るように，(21)～(25)の空所に入るもっとも適切なものを①～④の中から一つずつ選び，その番号をマーク解答用紙にマークしなさい。(10 点)

The United Kingdom of Great Britain and Northern Ireland is usually described politically as a parliamentary democracy with a constitutional monarchy. Democracy means control or power by the people. In a parliamentary democracy, the people (21) their control through the use of a parliament — meaning a place where people speak.

The British parliament is the highest level of power in the United Kingdom. In fact, the British government is only allowed to govern with the (22) of parliament. Parliament consists of two distinct groups of lawmakers: the House of Commons and the House of Lords. The Commons is the more important because it can overrule the Lords. Each member of the Commons is elected by secret ballot of British citizens at least once (23) five years.

In Britain, the monarch, currently King Charles Ⅲ, is head of state, but must follow the constitutional laws of the United Kingdom. Unlike many other countries, in Britain there is no single (24) that is the constitution. Some people say that Britain does not have a constitution, but in reality there are many separate laws and conventions that together control the power of the monarch, government and politicians. The monarch is the head of the British parliament and must approve all laws made by parliament. Although this is not a written rule, no monarch has refused to do so since 1708. The monarch also appoints the 778 members of the House of Lords, following the advice of the prime minister, who is normally the leader of the largest political party in the Commons. Parliament has the power to decide the rules (25) control who becomes the next monarch, to change the powers of the monarchy or even to remove the monarch.

(21)　① abolish　② exercise　③ diminish　④ remove

(22)　① criticism　② absence　③ imagination　④ consent

(23)　① among　② all　③ every　④ always

(24)　① chart　② instance　③ document　④ currency

(25)　① which　② what　③ when　④ where

Ⅵ 次の各組の会話文において，空所に入るもっとも適切なものを①〜④の中から一つずつ選び，その番号をマーク解答用紙にマークしなさい。(20点)

(26)

A: Are you still meeting up with your friends today?

B: Yes, mom. We're meeting at 10:30, so I've got to hurry or I'll be late.

A: But it's only 9:30 now. Where are you going to meet them?

B: At the boating center near the Wetlands Nature Reserve.

A: That's a long way! How are you going to get there?

B: On the number 25 bus; it's about a 40-minute ride, but there's a bus coming in five minutes, so I've got to dash.

A: (　　　　　)

B: Yes, yes. Oh, no! Where's my wallet?

① Isn't it going to rain all day today?
② Why don't you go to the mall instead?
③ Tell me again. Why are you going there?
④ Have you got your travel pass and some money?

(27)

A: Hey, dad. You look sad. What's wrong?

B: Well, Peter, I've just been going over the accounts for the shop. Things are very bad and I can't see it getting better in the future. I think we may have to close down the business.

A: What? We can't do that. Smith and Sons has been in business for nearly 150 years. You told me that we'd never sell or give up the business, and that one day this shop would be mine.

B: I know, but we hardly get any customers anymore. No one wants to buy a fountain pen these days, and if they do, they go shopping online. We haven't had a single customer for three weeks.

A: Well, let's not rush things, dad. Perhaps we can modernize somehow. Maybe we can build a website and sell online or sell something different. The important thing is not to give up.

B: Well, OK, but I'm going to have to talk to the bank again.

A: Why are you going to do that?

B: (　　　　　) If we're going to survive, we will need financial help from the bank.

① I want to talk to them about how to invest our profits.
② We will need to purchase more fountain pens soon.
③ We're going to need to borrow more money soon.
④ I have to deposit the money we made today.

(28)

A: You look tired. Did you have a late night last night?

B: You could say that. I didn't go to bed until four this morning.

A: How come? What were you doing? Studying?

B: I was watching a series called *Tentacle Test* online. I just couldn't stop.

A: But why? Didn't you remember that we have got a test in class this morning?

B: Yes, of course I knew that, but the show was really good. I just had to keep watching to find out what was going to happen next.

A: (　　　　　)

B: What's that?

A: You're going to fail the test.

① I wish I had watched it with you.
② I have just one more question for you.
③ Well, I have an idea what's going to happen next.
④ I wonder how you can go to bed so late and then get up in time for school.

(29)

A: I'm thinking of going to see a movie tomorrow. Have you seen anything recently that you'd recommend?

B: Well, I did go to see a movie the other day, but didn't think it was any good.

A: Oh, really? What was the movie?

B: I saw *Johnny Dangerous 3* and frankly, I wish I hadn't.

A: That's a surprise. I saw the first two movies and thought they were pretty good.

B: Well, me too, but I wouldn't bother going to see this latest one.

A: Thanks for the warning. (　　　　)

B: Everything really. The acting was wooden, the story was terrible, and it was way too long!

① Do you think I should go to see it anyway?

② Who knows anything about movies?

③ Didn't it have any good points?

④ What was wrong with it?

(30)

A: Excuse me, officer. I wonder if you could help me. I have lost my little Fifi. Could you help me look for her?

B: Well, yes, madam, of course. What does she look like?

A: Well, she's quite small and she's really cute. She's a shorthair, about five years old.

B: So, she's small with short hair. And what color is her hair?

A: Well, she's black all over, except for a small white patch on her chest.

B: (　　　　) Was it here on this street or somewhere nearby?

A: No, I never let her out because I don't like her bringing dead animals into the house. I last saw her in the kitchen this morning before I went to work.

B: So, are you telling me that you leave your five-year-old child alone in your house all day while you go out to work?

A: My child? No, Fifi is my cat.

① Where do you come from?

② Does she know this area well?

③ Have you lived in this area for long?

④ And where and when did you last see Fifi?

Ⅶ 次の英文を読み(31)〜(38)の設問に答えなさい。文章は，それぞれ1段落から数段落をまとめた6つのブロックに分けられており，各ブロックの先頭には番号が付してあります。なお，＊印のついた語句には注があります。(30点)

[Ⅰ] Waking up in a chic hotel room with a view of the solar system could be the future of travel, at least if space company Orbital Assembly has anything to say about it. The U.S.-based company has revealed new information and concepts for its space hotel idea, designs for which have been orbiting since 2019. Originally premiered by Californian company the Gateway Foundation — and then called the Von Braun Station — this futuristic concept consists of several units connected by elevator shafts that make up a rotating wheel orbiting the Earth. The project is now being run by Orbital Assembly Corporation, a space construction company that cut links with Gateway. Orbital Assembly is now aiming to launch not one but two space stations with tourist accommodation: Voyager Station, the renamed original design, is now scheduled to accommodate 400 people and to open in 2027, while new concept Pioneer Station, housing 28 people, could be operational in just three years.

[Ⅱ] The goal, says Orbital Assembly, is to run a space "business park," home to offices as well as tourists. Space tourism seems closer than ever before — over the past year, billionaire Virgin founder Richard Branson journeyed into space with his company Virgin Galactic, while *Star Trek* actor William Shatner became the oldest person in space thanks to a short trip with a company called Blue Origin. But there's still a pretty unbelievable fee attached to any space trip, which makes it hard for many of us to actually imagine spending our annual leave out of this world.

Tim Alatorre, Orbital Assembly's chief operating officer, thinks this barrier will lift as space tourism takes off. "The goal has always been to make it possible for large amounts of people to live, work and do well in space," Alatorre told CNN Travel in a new interview. Alatorre says the appeal of new concept Pioneer Station is that its smaller scale makes it achievable sooner. "It's going to get us the opportunity to have people start to experience space on a larger scale, faster," he said. Office spaces and research facilities will also be available for rent on both Pioneer Station and Voyager Station. This, said Alatorre, is a "win-win" for Orbital Assembly, as a lot of its short-term goals are funding-dependent.

[Ⅲ] Orbital Assembly imagines both stations resembling a rotating wheel orbiting the Earth. In a 2019 interview with CNN Travel, Alatorre explained the physics of Voyager Station as working like a spinning bucket of water. "The station rotates, pushing the contents of the station towards the outer edge of the station, much in the way that you can spin a bucket of water — the water pushes out into the bucket and stays in place," he said. Near the center of the station there would be no artificial gravity, but as you move down the outside of the station, the feeling of gravity increases.

The physics haven't changed, said Alatorre more recently. But, he explained, as Pioneer Station will be smaller, its gravity level would be different. There will still be what he calls the "comforts" of artificial gravity, like showers, the ability to eat and drink sitting down — but the spaces with less gravity will allow for even more space fun. Illustrations of the interiors for both stations suggest an interior similar to a luxury hotel here on Earth, just with some additional out-of-this-world views. Alatorre, who has a background in architecture, has previously said the hotel's design was a direct response to the Stanley Kubrick movie *2001: A Space Odyssey* — which he called "almost a blueprint of what not to do. I think the goal of Stanley Kubrick was to highlight the divide between technology and humanity and so, purposefully, he made the stations and the ships very clean and alien(A)."

[Ⅳ] The space hotel's original name, Von Braun Station, was chosen because the concept was inspired by 60-year-old designs from Wernher von Braun, an aerospace engineer who pioneered rocket technology, first in Germany and later in the U.S. While living in Germany, von Braun was involved in the Nazi rocket development program, so naming the space hotel after him was a controversial choice. "The station is not really about him. It's based on his design, and we like his contributions towards science and space," said former Orbital Assembly CEO John Blincow, who is no longer associated with the company, in a 2021 CNN Travel interview. "But you know, Voyager Station is so much more than that. It is the stuff in the future. And we want a name that doesn't have those attachments to it."

Space hops have become more commonplace over the past year, with Virgin Galactic, Blue Origin and Elon Musk's company SpaceX organizing trips. Alatorre said his team have "talked to pretty much everybody" in the space industry about collaboration. "But the one thing that all of these companies are missing is the destination, right?" said Alatorre. "It's kind of like you want to go see the Grand Canyon and you drive past it and come right back home."

The International Space Station (ISS) has hosted tourists in the past, including the world's first space tourist Dennis Tito in 2001. But Alatorre suggests the ISS is primarily a place of work and research, and Orbital Assembly's space hotel fulfills a different role. "It's not going to be like you're going to a factory or you're going to a research facility. Instead, it should feel like a science fiction dream. There aren't wires everywhere, it's a comfortable space where you feel at home," he said.

[V] As billionaires pump money into space, there's also a growing objection to space tourism, with many people suggesting the money could be better spent on Earth. In response to this criticism, Alatorre suggested that "a lot of life-changing technologies" have come from space exploration, like GPS. Alatorre also argued that living in space will involve creating "sustainable societies."

"Those kind of closed loop systems are going to change the culture, the way people think about resource utilization," he said. "Our environment isn't just Earth, it's the entire solar system. And there's so many resources out there; as we start to utilize and <u>capitalize on</u>(B) those resources, that's going to change and improve the standard of living here on Earth."

Despite the fact the cost of a ticket to space is currently very expensive, according to Alatorre, space tourism won't just be for billionaires. "We're doing everything we can to make space accessible to everyone, not just the wealthy," he said. As well as cost, there are other obstacles to creating a space community, said Alatorre, namely figuring out how much artificial gravity will be needed, and navigating current guidelines surrounding space radiation* exposure. But as tourists wouldn't necessarily stay for more than a couple of weeks, Alatorre suggested this wouldn't impact visitors, and would be more an issue for those working on the stations.

[Ⅵ] Jeffrey A. Hoffman, a former NASA astronaut who now works in MIT's Department of Aeronautics and Astronautics, told CNN Travel last year that a big obstacle for space tourism will be safety fears. But Hoffman suggested that, as with air travel, a consistent safety record will get the concept off the ground, even with continued risk of accidents. "I am excited about the idea that many, many more people will be able to experience being in space, and hopefully bring back to Earth a new sense of their relationship with our planet," said Hoffman, who suggested the word-of-mouth effect will also be key.

"When the first travelers return and tell their tales, you're not going to be able to keep people away," he said. Alatorre, meanwhile, thinks space tourism is just getting started. "For people who are critics or doubters, what I've always said is 'Give us time.' It's going to happen. It doesn't happen overnight. Just wait and we'll show you what we're doing as we go along and then you can make your judgment."

【注】radiation：放射線

(31) ブロックⅢの下線部(A) alienの，この文脈での意味としてもっとも適切なものを①～④の中から一つ選び，その番号をマーク解答用紙にマークしなさい。

① domestic

② monstrous

③ unfamiliar

④ wild

(32) ブロックⅤの下線部(B) capitalize onの，この文脈での意味としてもっとも適切な

出典追記：Inside the space hotel scheduled to open in 2025, CNN on May 2, 2022 by Francesca Street

ものを①～④の中から一つ選び，その番号をマーク解答用紙にマークしなさい。

① take advantage of

② make up for

③ do away with

④ keep up with

(33)～(38)：それぞれ指定したブロックの内容に照らしてもっとも適切なものを①～④の中から一つずつ選び，その番号をマーク解答用紙にマークしなさい。

(33) ブロックⅠ

① Two companies are currently involved in the development of two space stations.

② One company is currently involved in the development of two space stations.

③ Two companies are currently involved in the development of one space station.

④ One company is currently involved in the development of one space station.

(34) ブロックⅡ

① Richard Branson is the oldest person to have traveled into space so far, but William Shatner is aiming to break that record.

② The main barrier to space tourism is the extremely high cost of any trip into space.

③ It is only recently that large numbers of people have been able to live and work in space.

④ Orbital Assembly has already been successful in raising the money it needs for its space business park.

(35) ブロックⅢ

① Artificial gravity will be created on Voyager Station by the use of spinning buckets of water.

② Artificial gravity will be greatest at the center of Voyager Station and weakest at the outer edge.

③ Artificial gravity will make it difficult for users of Voyager Station to have showers and eat sitting down.

④ The designers of Voyager Station have tried to avoid the atmosphere of the space station in a film by Stanley Kubrick.

(36) ブロックⅣ

① Using the name of Von Braun for the space station was abandoned because his work in the areas of science and space exploration while in the U.S. has been criticized.

② Wernher von Braun was a pioneering engineer in Germany and then the U.S., who is now 60 years old.

③ The problem with the companies offering space flights now is that they return to Earth without reaching a destination in space.

④ The people who will be going to Voyager Station will do so primarily in order to work and conduct scientific research.

(37) ブロックⅤ

① Tim Alatorre is concerned that a lot of life-changing technologies will come as a result of space exploration.

② One of the dangers of space travel that will need to be dealt with is the problem of exposure to radiation.

③ Space tourism will certainly remain an activity that is only available to very wealthy individuals.

④ Tim Alatorre thinks that changes in human culture will negatively impact the environment on Earth and throughout the solar system.

(38) ブロックⅥ

① Jeffrey A. Hoffman thinks that space tourism will never be successful due to many people worrying too much about safety.

② Tim Alatorre said that more and more people will want to go into space because they hear amazing stories about the experience from other people.

③ After a career as a NASA astronaut, Jeffrey A. Hoffman now works for CNN Travel.

④ Tim Alatorre thinks that those who doubt that space tourism will be successful will just have to be patient.

Ⅷ 次の英文を読み(39)～(44)の設問に答えなさい。文章は，それぞれ数段落をまとめた5つのブロックに分けられており，各ブロックの先頭には番号が付してあります。なお，＊印のついた語句には注があります。(30点)

［Ⅰ］ The spring allergy season may kick off earlier and last several weeks longer by the end of the century thanks to climate change, a new analysis suggests.

Scientists at the University of Michigan used computer models to simulate how changing weather conditions and carbon dioxide levels will affect pollen* emissions for common trees, weeds, and grasses across the United States. They found that the timing and duration of the spring and fall pollen seasons will shift by the end of the century, leading to substantial increases in the amount of pollen released annually.

The findings suggest that longer and more intense pollen seasons in the country will worsen asthma* and hay fever*, which currently affects an estimated 10 to 30 percent of the world's population, the team reported in *Nature Communications*.

"This study can be a starting point for future investigations into the consequences of climate change on pollen emissions and also the subsequent health impacts," says Yingxiao Zhang, an atmospheric scientist who co-authored the paper.

［Ⅱ］ Previous studies have indicated that pollen seasons are sensitive to climate change. However, these observations have tended to be limited to small areas, span short periods of time, or include only a few plant species. "We don't have a ton of pollen data within the United States," says Allison Steiner, the paper's other co-author.

To shed more light on what we can expect from future allergy seasons, she and Zhang investigated when, where, and how much pollen will be released over the continental United States. "This kind of information could potentially inform allergy sufferers in doing health and medication planning," Steiner says.

The researchers used a computer model developed by the American Academy of Allergy, Asthma and Immunology to simulate emissions from 13 of the most common groups of pollen-producing plants in the U.S. under two greenhouse gas emissions scenarios. The team compared their projections for the period from 2081 to 2100 with historical observations from 1995 to 2014.

[Ⅲ] Zhang and Steiner explored how temperature, precipitation*, and carbon dioxide concentration could shape future pollen seasons. Warmer conditions and elevated carbon dioxide levels can encourage plants to grow and produce more pollen, while rainfall can sometimes wash pollen away.

The team found that warmer temperatures could shift the start of spring pollen season between 10 to 40 days earlier and the summer-to-fall pollen season for weeds and grasses five to 15 days later. Under a scenario in which greenhouse gas emissions continue without any decrease, pollen seasons will last up to 19 days longer, while a more moderate emissions scenario would lengthen the season by up to 10 days.

Rising temperatures could also lead to 16 to 40 percent more pollen released annually. When the researchers included the potential effects of carbon dioxide, which may increase dramatically later this century, annual pollen emissions more than doubled. However, information about how this gas influences pollen production is relatively scarce and mainly comes from laboratory experiments on small numbers of plants.

[Ⅳ] "Temperature plays a main role for the pollen season change; it kind of extends the flowering season," Zhang says. And more blooming means more pollen. "Currently we are thinking that carbon dioxide might become very important in the future, but it's very uncertain."

She and Steiner also examined how botanical* communities might change as global warming renders different areas more or less hospitable to plants such as ragweed* and oak. They concluded that these shifts in vegetation cover* may worsen pollen seasons in some areas but they will probably have a smaller impact than temperature or carbon dioxide.

"In general the northern latitudes tend to see more warming, and so we see the bigger pollen season advances in those latitudes," Steiner says.

In the future, the estimates she and Zhang developed could be improved by gathering more information about how climatic variables such as carbon dioxide and droughts impact pollen-producing plants, she says.

［Ⅴ］ Another key question is how carbon dioxide and temperature could cause flowers to produce pollen that humans are more sensitive to, says Lewis Ziska, an associate professor of environmental health sciences at the Columbia University Irving Medical Center who wasn't involved with the research. There's some evidence that increasing carbon dioxide levels can alter the proteins on the surface of pollen grains in ways that make them more powerful allergens*.

Still, the new findings are "very consistent" with what Ziska and his colleagues have observed with atmospheric conditions and pollen production.

"They're an important confirmation, particularly in the context of future climate," he says. "They provide a very detailed assessment of the scope of the change with respect to plant-based allergies."

Although many uncertainties remain about how future allergy seasons will turn out under climate change, Steiner says, all the evidence indicates that we can expect significant changes in the timing and intensity of pollen production.

"We do still have control over the direction of what happens by 2100, and cutting emissions is going to be a key factor in reducing carbon dioxide concentrations and potentially weakening some of this influence on pollen," she says.

【注】 pollen：花粉　asthma：喘息　hay fever：花粉症
precipitation：降水量　botanical：植物の
ragweed：ブタクサ（北米原産のキク科の植物）
vegetation cover：植物の生育域
allergen：アレルゲン（アレルギーの原因物質）

出典追記：Climate change is pumping more pollen into allergy season, Popular Science on March 16, 2022 by Kate Baggaley

(39)〜(43)：それぞれ指定したブロックの内容に照らしてもっとも適切なものを①〜④の中から一つ選び，その番号をマーク解答用紙にマークしなさい。

(39) ブロックⅠ

① According to a study, annual pollen emissions are likely to increase by the end of this century.

② By the end of this century, the spring allergy season will begin earlier, but the duration will remain unchanged.

③ Scientists at the University of Michigan simulated how changes in climate and carbon dioxide levels affect plant lifespans.

④ Ten to 30 percent of the population of the United States currently suffers from asthma and hay fever.

(40) ブロックⅡ

① Past studies on pollen have been limited in terms of region and time period, but have been quite comprehensive in terms of plant species.

② Researchers studied when, where, and in what quantities pollen is released throughout the United States, including Hawaii and Alaska.

③ The researchers simulated the pollen emissions of 13 plant species, ranging from common to quite rare.

④ Researchers compared historical data with future estimates for pollen emissions.

(41) ブロックⅢ

① Warmer temperatures, increased rainfall, and elevated carbon dioxide levels are clearly all linked to the increase of pollen release.

② As temperatures rise, the summer-to-fall pollen season might be delayed by five to 15 days.

③ Even with lower carbon dioxide emissions, pollen season could be up to 19 days longer.

④ It is certain that carbon dioxide emissions will increase significantly, and pollen emissions will more than double by the end of this century.

(42)　ブロックⅣ

①　The role of carbon dioxide in seasonal changes in pollen is not yet known with certainty.

②　When the areas in which certain plants grow are altered by rising temperatures, its effect on pollen release will be greater than the temperature rise itself.

③　The effects of global warming are likely to be more serious in the southern latitudes than in the northern latitudes.

④　We have already gathered enough information on the factors that influence climate, such as carbon dioxide and droughts.

(43)　ブロックⅤ

①　Increasing carbon dioxide may affect the proteins on the surface of pollen.

②　Major differences are also found between various plant-based allergy data.

③　The relationship between climate change and allergy seasons in the future can be predicted correctly.

④　It is too late for humans to change what will happen by the end of the 21st century with respect to climate.

(44)　ブロックⅤの中の下線部を和訳し，記述解答用紙に記入しなさい。

Ⅸ　次の日本文とほぼ同じ意味になるように，空所に語句を補って英文を完成させなさい。なお，［　　　］の中には1語のみ，（　　　　　）の中には3～5語を入れること。答えは，記述解答用紙の該当する欄に記入しなさい。(10点)

(45)　その問題にもっと注意が払われるべきだということを彼に納得させるのは大変だった。

I had great ［　　　］ in ［　　　］ him that (　　　　　　　) paid to the problem.

日本史

（60分）

I 次の文章〔A〕，〔B〕と史料〔C〕（原文から仮名づかい，句読点を加える等適宜修正している）について，下記の設問に答えなさい。（20点）

〔A〕

近年の研究では，紀元前8世紀①ころまでには，朝鮮半島から九州北部に水田耕作を伴う農耕文化が伝わったとされることが多くなった。そして，日本列島ではこの大陸由来の農耕文化を基盤としつつ，灌漑水田耕作を基礎とする新たな農耕文化が形成された。稲作が始まり，新しく作られるようになった弥生土器を用いる時代とその文化を，弥生時代②・弥生文化という。ただ，稲作の広がりには時間がかかるため，弥生時代の始まりについては，稲作の九州北部への到来時とする説や，稲作の北限である東北北部で稲作が始まった③時期とする説などに分かれている。また，弥生文化の特徴である環濠集落や青銅製祭祀具は利根川以東にはほとんど伝わっておらず，このような東日本の状況を西日本の弥生文化と同一の文化とみなしてもいいのかなども現在専門家の間で議論されている。

問1 下線部①に先立つ時期に関する記述として正しい組み合わせを1つ選び，その記号をマークしなさい。

a 地質年代の第四紀完新世に至って，はじめて人類は日本列島に到達した。

b 群馬県の岩宿遺跡で関東ローム層から打製石器が発見され，日本列島に旧石器時代の文化が存在することが明らかとなった。

c 縄文時代になると，東日本にはシイなどの照葉樹林が，西日本にはブナやナラなどの落葉広葉樹林が広がるようになり，現在とほぼ同じ植生になった。

d 旧石器時代の終わりころには，おおむね長さ4cm以下の細石器とよばれる小石器を，木や骨で作った軸の側縁の溝に何本か埋め込んで用いるようになった。

ア a・b

イ a・c

ウ　a・d

エ　b・c

オ　b・d

カ　c・d

問2　下線部②に関する記述として正しい組み合わせを1つ選び，その記号をマークしなさい。

a　弥生時代の稲作では，鉄器や青銅器は使われなかった。

b　弥生時代，木材の加工にはやりがんな（鉇）が使われた。

c　弥生時代，死者を葬るためには木棺・箱式石棺のほか，甕棺や壺棺などの土器棺も用いられた。

d　弥生時代には稲作が広まり食料が安定して確保できるようになった結果，狩猟や漁労はおこなわれなくなった。

ア　a・b

イ　a・c

ウ　a・d

エ　b・c

オ　b・d

カ　c・d

問3　下線部③について，このことを証明した遺跡を1つ選び，その記号をマークしなさい。

ア　板付遺跡

イ　垂柳遺跡

ウ　菜畑遺跡

エ　三内丸山遺跡

オ　唐古・鍵遺跡

〔B〕

承久の乱④後，幕府は後鳥羽・土御門・順徳⑤の3上皇を配流し，後鳥羽が即位させた幼児に代えて後鳥羽の兄の子を天皇とした。また後鳥羽の近臣や院方についた武士のなかには処刑されたものも多く出た。そして，彼らの所領3000か所余りは没収され，多数の東国御家人がその地頭に任じられ，西国に移住した。

さらに，朝廷と幕府の力関係は大きく変わった。幕府は朝廷にたいして圧倒的な優位に立った。朝廷では乱後に鎌倉幕府の将軍となった九条頼経の父九条道家が主導権を握り，外孫である四条天皇を皇位につけ自らは朝廷と幕府の取次役となって権勢をふるった。四条天皇が若くして亡くなると，幕府の意向をうけて土御門天皇の子の後嵯峨天皇が即位した。のちに後嵯峨が譲位して院政を始めると，関東申次には道家に代えて天皇の外戚の［ 1 ］氏を指名し，幕府でも将軍は藤原氏出身の将軍から後嵯峨の皇子に交代した。こうして，幕府が支持する後嵯峨院政のもとで，彼の皇子が天皇と将軍になり，その間を外戚が取り次ぐという関係になり，⑥朝廷と幕府の関係は安定した。

問4　下線部④について，この戦乱以前の日本国内での戦乱に関する記述として正しい組み合わせを1つ選び，その記号をマークしなさい。

a　源頼信は，上総でおこった平忠常の乱を鎮圧して，これ以後源氏が東国に影響力を持つようになった。

b　源頼義は子の義家と協力して，東北で相次いでおこった前九年合戦・後三年合戦をしずめ，それをきっかけに源氏と東国武士団のつながりはより深まった。

c　源義家の子の義親が西国で反乱をおこすと，平忠盛は瀬戸内海の武士を組織して鎮圧し，平氏が西国に基盤を持つきっかけをつくった。

d　北条義時は，侍所の長官であった和田義盛を倒し，侍所と政所の長官を兼任して鎌倉幕府内の地位を固めた。

ア　a・b
イ　a・c
ウ　a・d
エ　b・c
オ　b・d
カ　c・d

問5　下線部⑤について，3人の上皇の配流先の組み合わせとして正しいものを1つ選び，その記号をマークしなさい。

ア　後鳥羽―佐渡　　土御門―土佐（のちに阿波）　　順徳―隠岐
イ　後鳥羽―佐渡　　土御門―隠岐　　順徳―土佐（のちに阿波）

ウ　後鳥羽―隠岐　　土御門―土佐（のちに阿波）　　順徳―佐渡

エ　後鳥羽―隠岐　　土御門―佐渡　　順徳―土佐（のちに阿波）

オ　後鳥羽―土佐（のちに阿波）　　土御門―隠岐　　順徳―佐渡

カ　後鳥羽―土佐（のちに阿波）　　土御門―佐渡　　順徳―隠岐

問6　文章中の空欄 [1] について，このとき天皇の外戚となって幕府との協力関係のなかで朝廷における地位を確立したこの家は，近代になって著名な政治家を出した。その人物を1人選び，その記号をマークしなさい。

ア　近衛文麿

イ　三条実美

ウ　若槻礼次郎

エ　西園寺公望

オ　鳩山一郎

問7　下線部⑥について，これ以降の朝廷と幕府の関係に関する記述として正しい組み合わせを1つ選び，その記号をマークしなさい。

a　後嵯峨天皇が亡くなると，天皇家は持明院統と大覚寺統に分かれ，皇位継承をめぐってたびたび対立し，ともに鎌倉幕府に働きかけて優位に立とうとした。その過程で天皇家領荘園群は分割され，八条院領は持明院統に，長講堂領は大覚寺統に，それぞれ伝えられた。

b　後醍醐天皇は大覚寺統から出て皇位についた。その大覚寺統からは鎌倉幕府の将軍は出ていない。

c　後醍醐天皇の政治に不満を持っていた足利尊氏は，北条高時の遺児時行が反乱をおこすと鎌倉に向かい，ともに後醍醐天皇に反旗を翻したが，のちに両者は対立し尊氏は時行を倒した。

d　足利義満は，南朝側と交渉して南朝の後亀山天皇が北朝の後小松天皇に譲位する形で南北朝の合一を実現したのち，将軍職を子の義持に譲った。

ア　a・b

イ　a・c

ウ　a・d

エ　b・c

オ b・d

カ c・d

〔C〕

太政官符す応に健児を差すべき事

大和国卅人 河内国卅人 和泉国廿人……

常陸国二百人 近江国二百人……

以前，右大臣の宣を被るに偁く，勅を奉るに，今諸国の兵士，辺要の地を除くの外，皆停廃に従え。其の兵庫・鈴蔵及び国府等の類は，宜しく健児を差して以て守衛に充つべし。宜しく［ 2 ］の子弟を簡び差して，番を作りて守らしむべし。

［ 3 ］十一年六月十四日

問8 この史料から直接読み取れることとして正しい組み合わせを1つ選び，その記号をマークしなさい。

a 健児は都に近い国に多く配置されている。

b 健児は諸国の国府のほか兵庫津や鈴鹿関を守るためにおかれた。

c この命令は右大臣が天皇の意思をうけて発したものである。

d この命令によっても陸奥や出羽の兵士は廃止されなかった。

ア a・b

イ a・c

ウ a・d

エ b・c

オ b・d

カ c・d

問9 空欄［ 2 ］にあてはまる語句を1つ選び，その記号をマークしなさい。

ア 国司

イ 郡司

ウ 郷司

エ 国造

オ 県主

問10 空欄 [3] にあてはまる年号の名を持つ寺院が当時の都の近くにある。その寺院を創建した人物を1人選び，その記号をマークしなさい。

ア 最澄

イ 空海

ウ 円仁

エ 円珍

オ 役小角

Ⅱ 次の文章〔A〕および史料〔B〕(原文から漢字や仮名づかい，句読点を加える等適宜修正している）を読み，下記の設問に答えなさい。(30点)

〔A〕

18世紀後半にイギリスで始まった産業革命の余波は，次第に東アジアにまで到達し，日本でも，19世紀に入ると，いわゆる鎖国体制を揺るがす事態が頻発する①。幕府は，無二念打払令を出して，異国船を撃退するよう命じ，鎖国政策を批判した洋学者グループを弾圧②するなどして，鎖国体制を維持しようとした。

それでも，1840年に起こったアヘン戦争のインパクトは，それまでの幕府の方針を転換させるに十分であった。1841年には，江戸郊外の徳丸ガ原（現在の東京都板橋区）で，西洋砲術の演練が行われ③，対外防備も強化されていった④。

こうした幕府の動きに対して，雄藩の動き，たとえば，佐賀藩の動きは注目に値する。第二次世界大戦後，『竜馬がゆく』や『坂の上の雲』など，多くの歴史小説を書いた [1] も，その短編小説『アームストロング砲』の冒頭で，「幕末，佐賀藩ほどモダンな藩はない。軍隊の制度も兵器も，ほとんど西欧の二流国なみに近代化されていたし，その工業能力も，アジアでもっともすぐれた『国』であったことはたしかである」⑤と評価していた。

1850年，他に先がけて反射炉を築造したこの佐賀藩のような雄藩の動きを伏線として，ペリー来航⑥と日米和親条約の締結による開国⑦は，幕府権力の弱体化を決定づける契機⑧となった。

問1 下線部①に関連して，次の文X～Zについて，その正誤の組み合わせとして正しいものを1つ選び，その記号をマークしなさい。

X—異国船打払令が発せられる前，ロシア使節ラクスマンが入港許可証をもって長崎に来航し，通商を要求したが，幕府は追い返した。

Y—モリソン号事件の後，ロシア軍艦長プチャーチンが箱館・松前で監禁されたが，その後釈放され，ロシアとの関係が改善した。

Z—天保の薪水給与令が発せられた後，アメリカ東インド艦隊司令長官ビッドルが浦賀に来航し，通商を要求したが，幕府は追い返した。

ア　X—正　Y—正　Z—正
イ　X—正　Y—正　Z—誤
ウ　X—正　Y—誤　Z—正
エ　X—正　Y—誤　Z—誤
オ　X—誤　Y—正　Z—正
カ　X—誤　Y—正　Z—誤
キ　X—誤　Y—誤　Z—正
ク　X—誤　Y—誤　Z—誤

問2　下線部②は，いわゆる蛮社の獄といわれる出来事である。このとき処罰された人物は誰か。語群〔i〕から1つ選び，その記号をマークしなさい。また，その処罰された人物が著した著書名を語群〔ii〕から1つ選び，その記号をマークしなさい。

語群〔i〕
ア　海保青陵
イ　高野長英
ウ　志筑忠雄
エ　本多利明
オ　佐藤信淵

語群〔ii〕
ア　『暦象新書』
イ　『稽古談』
ウ　『慎機論』

エ　『戊戌夢物語』

オ　『経世秘策』

問3　下線部③を実施した人物は誰か。正しいものを1つ選び，その記号をマークしなさい。

ア　高橋至時

イ　二宮尊徳

ウ　高島秋帆

エ　勝海舟

オ　高橋景保

問4　下線部④に関連して，対外防備の強化および幕府の財政基盤の強化のために行われた施策によって，当時の老中が失脚する大きな要因になったが，その施策としてもっとも適当なものを1つ選び，その記号をマークしなさい。

ア　旧里帰農令

イ　株仲間解散令

ウ　上知令

エ　違勅調印

オ　棄捐令

問5　空欄［　1　］にあてはまる作家として正しいものを1つ選び，その記号をマークしなさい。

ア　司馬遼太郎

イ　中里介山

ウ　徳永直

エ　小林多喜二

オ　芥川龍之介

問6　下線部⑤の評価をもたらした人物としてふさわしいのは誰か。もっとも適当なものを1つ選び，その記号をマークしなさい。

ア　吉田松陰

イ　調所広郷

ウ　島津斉彬

エ　村田清風

オ　鍋島直正

問7　下線部⑥に関連して，ペリーを派遣し，開国を要求した当時のアメリカ大統領は誰か。正しいものを1つ選び，その記号をマークしなさい。

ア　ウィルソン

イ　セオドア・ローズベルト

ウ　トルーマン

エ　フィルモア

オ　タフト

問8　下線部⑦に関連して，このときの開港場となった下田はどこか。該当する地図上の場所を1つ選び，その記号をマークしなさい。

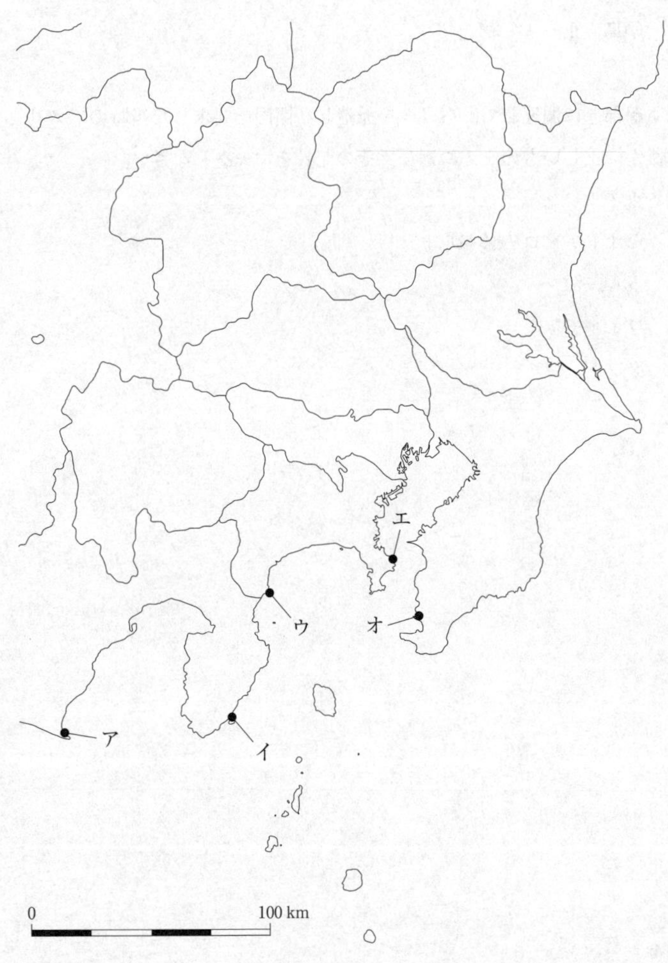

問9　下線部⑧に関連して，歴史を考える際に，各時代の特徴を捉えるために，時期を区分することがある。江戸時代に発行された歴史書『読史余論』には，「日本の天下の大勢は，九度変化して武家の治世となり，武家の治世がまた五度変化して，当代にいたったこと」が述べられている。この本の著者は誰か。語群〔ｉ〕から1つ選び，その記号をマークしなさい。また，この本を参考に，下の表を完成

させるとき，BとDとHに入るものを，語群〔ii〕から1つずつ選び，その記号をマークしなさい。なお，A～Jの空欄には，語群〔ii〕のすべての選択肢が入る。

公家の時代	武家の時代	出来事
1		A
2		B
3		C
4		D
5		白河上皇，院政を始める
6	1	E
7	2	F
8		G
9	3	H
	4	I
	5	J

語群〔i〕

ア　林羅山

イ　井原西鶴

ウ　新井白石

エ　熊沢蕃山

オ　太宰春台

語群〔ii〕

ア　後醍醐天皇，親政をおこなう

イ　安和の変で，源高明が左遷される

ウ　徳川家康，征夷大将軍となる

エ　後三条天皇，親政をおこなう

オ　織田信長，将軍を追放する

カ　藤原良房，摂政となる

キ　源頼朝，征夷大将軍となる

ク　藤原基経，関白となる

ケ　足利尊氏，征夷大将軍となる

コ　北条時政，執権となる

〔B〕

一橋の一門⑨は日本で一番豊かで力があるから，もし各自が結束して行動するあてがあれば，一門に対抗しているこのてごわい大名連合に対してさえ太刀打ちできるだろう，という。しかし，新しい評議会⑩の顔ぶれを見ると，徳川一門の親族のうち，越前と尾張の2人がこの評議会に加わっていて，たぶん新政権と親しくしているようなので，結束という必須条件が欠けているように見える。（中略）長州と大君の最近の戦争⑪を見れば，一橋が大名連合に勝てるとはとても思えない。孤立した長州に打ち勝てなかった⑫のに，薩摩や土佐のような強力な諸侯と同盟した長州にどうして勝つことができよう。（「ノース・チャイナ・ヘラルド（1868年2月15日）」『外国新聞に見る日本』第一巻）

問10　下線部⑨に関連して，いわゆる安政の大獄で多く処罰された一橋派に含まれないのは誰か。正しいものを1つ選び，その記号をマークしなさい。

ア　徳川斉昭

イ　山内豊信

ウ　橋本左内

エ　松平慶永

オ　徳川慶福

問11　下線部⑩は何か。もっとも適当なものを1つ選び，その記号をマークしなさい。

ア　帝国議会

イ　小御所会議

ウ　評定所

エ　大阪会議

オ　元老院

問12　下線部⑪をめぐる出来事a～cを古い順に並べたとき，その順序として正しいものを1つ選び，その記号をマークしなさい。

a 鳥羽・伏見の戦い

b 奥羽越列藩同盟の結成

c 大政奉還

ア a—b—c

イ a—c—b

ウ b—a—c

エ b—c—a

オ c—a—b

カ c—b—a

問13 下線部⑫は具体的に何を指しているか。もっとも適当なものを1つ選び，その記号をマークしなさい。

ア 第二次長州征討

イ 長州藩外国船砲撃事件

ウ 四国艦隊下関砲撃事件

エ 禁門の変

オ 八月十八日の政変

Ⅲ　次の文章を読み，下記の設問に答えなさい。(20 点)

我が国の<u>国勢調査</u>①が始まる約 50 年前，明治政府ができて間もない頃，<u>太政官正院</u>②に<u>杉亨二</u>③という役人がいた。杉は，<u>緒方洪庵が開いた私塾</u>④に学び，その後，勝海舟と出会い，勝の私塾の塾長にもなる。1869 年に杉は「家別表」という個票を用いた人口調査，いわゆる「<u>駿河国</u>⑤人別調」を実施したが，一部地域での調査と集計にとどまった。その後，杉は政府からの予算も得て 1879 年 12 月 31 日に「<u>甲斐国</u>⑥現在人別調」を実施して，これがのちの国勢調査の足がかりとなった。

「国勢調査」という言葉は，国の勢いを調べるのではなく，国の情勢を調べて知ることである。「国勢」という言葉を用いて統計の重要性を訴え，「太政官統計院」の創設について建議をした<u>大隈重信</u>⑦は，自ら初代統計院長に就任した。

1902 年に<u>第 1 次桂太郎内閣</u>⑧によって「国勢調査ニ関スル法律」が定められ，1905 年に第 1 回国勢調査を行う予定であったが，その前年に日露戦争が始まり，莫大な予算が必要な国勢調査は中止された。その後，1915 年に実施が計画された国勢調査も，第一次世界大戦により実施できなかった。

1917 年，内閣統計局長，牛塚虎太郎が，時の内閣総理大臣，<u>寺内正毅</u>⑨に「国勢調査実施ニ関スル件」の意見書を出した。同年 7 月，牛塚らの尽力により，「国勢調査施行ニ関スル建議案」が衆議院で可決され，予算も組まれて 1920 年の実施が決定した。国勢調査に人生を懸けた杉亨二が亡くなったのは，その調査の予算案が公表された日であったという。また内閣総理大臣として国勢院を設立し，第 1 回国勢調査を実施した<u>原敬</u>⑩は，杉の設立した東京統計協会の会員でもあった。

出所：総務省統計局（2019 年）『国勢調査 100 年のあゆみ』に加筆をして作成。

問1　下線部①に基づいて日本の人口の推移を図1に示した。以下の(1)と(2)に答えなさい。

図1　日本の人口の推移

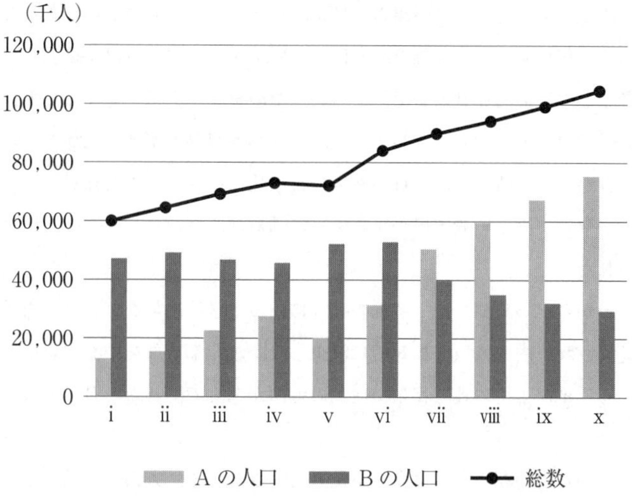

(千人)
120,000
100,000
80,000
60,000
40,000
20,000
0
i　ii　iii　iv　v　vi　vii　viii　ix　x

Aの人口　Bの人口　総数

出所：総務省統計局『国勢調査』(ただし1945年は1945年11月1日現在の人口調査）より作成。
注：横軸のⅰ～ⅹには，西暦年数の末尾が0または5である年の年次が時系列で順次該当する。

(1)　図1における凡例AとBにそれぞれ該当する行政区分と横軸のviに該当する年次の組み合わせとして正しいものを1つ選び，その記号をマークしなさい。

ア　A―郡部　B―市部　vi―1940年
イ　A―市部　B―郡部　vi―1940年
ウ　A―郡部　B―市部　vi―1945年
エ　A―市部　B―郡部　vi―1945年
オ　A―郡部　B―市部　vi―1950年
カ　A―市部　B―郡部　vi―1950年

(2)　図1の各時期における記述として**誤っているもの**を1つ選び，その記号をマークしなさい。

ア　ⅰからⅱの時期に官営八幡製鉄所が設立されるなどいくつかの工業中心地が形成され，Aへの人口集中が進んだ。また同時期に関東大震災により大量の死者が発生したが，すぐに出生率が上昇したこともあり人口全体の減少とはならなかった。

イ　ⅱからⅲの時期に金輸出の再禁止，そして円の金兌換が停止されて管理通貨制度へ移行すると，大幅な円安によって綿製品などの輸出が拡大し，また軍事費などの積極的な財政支出がとられたため重化学工業も発達して大都市における労働力需要が増大した結果，BからAへ人口移動が進んだ。

ウ　ⅲからⅳの時期には，日中戦争の長期化に伴い，国家総動員法に基づく国民徴用令によって一般国民が軍需工場に動員されたため，Aへの人口集中が強められた。

エ　ⅳからⅴの時期では，戦線の拡大に伴って学徒出陣など青壮年男子が軍隊に動員され，内地人口が相対的に減少した。また都市部を中心に空襲が激化したため，軍需工場の地方移転や住民の疎開が進んで，AからBへの人口移動が生じた。

オ　ⅶからの時期以降には食料不足も解消され始め，人口も順調に増大した。また太平洋側を中心に石油化学コンビナートなどの工場建設が進んで太平洋ベルト地帯が出現し，BからAへの人口移動が激しくなった。

問2　下線部②に関連して，日本の中央官制の記述として**誤っているもの**を1つ選び，その記号をマークしなさい。

ア　王政復古の大号令により総裁・議定・参与の三職制が採用されたのち，1868年の政体書によって三権分立による太政官制とされた。

イ　版籍奉還後，大宝令の形式を復活させて神祇官と太政官の二官制とし，さらに太政官のもとに各省が置かれた。

ウ　廃藩置県後，太政官が正院，左院，右院の三院に分けられ，正院のもとに各省が置かれた。太政官の正院は政治の最高機関で，太政大臣，左大臣，右大臣の3大臣と参議で構成された。左院は正院の諮問にこたえ，右院は各省の卿や大輔を集めて省務を協議した。

エ　薩摩藩や長州藩を中心に土佐藩や肥前藩を加えた4藩出身者達が，参議や各省の卿や大輔となって実権を握り，のちの藩閥政府の基礎となった。

オ　神祇官は，政体書では行政官の下に置かれていたが，版籍奉還後の太政官制では祭政一致により太政官の上位に置かれ，さらに神道国教化が進展して，廃藩置県後は神祇官から神祇省に格上げされた。

問3　下線部③は，英語のStatisticsに「統計」という訳語を当てるべきかが論争されたとき，「寸多知寸知久（スタチスチク）」を用いることなどを主張した。また下線部③とは対立する形で論争した当事者の一人で，軍医でもあり小説家でもあった人物が著した作品名を1つ選び，その記号をマークしなさい。

ア　『蟹工船』

イ　『金色夜叉』

ウ　『破戒』

エ　『渋江抽斎』

オ　『浮雲』

問4　下線部④の名称を1つ選び，その記号をマークしなさい。

ア　鳴滝塾

イ　適々斎塾

ウ　咸宜園

エ　松下村塾

オ　芝蘭堂

問5　下線部⑤と下線部⑥が該当する現在の県名として正しいものをそれぞれ1つずつ選び，その記号をマークしなさい。

ア　茨城県　　イ　栃木県　　ウ　群馬県　　エ　埼玉県

オ　長野県　　カ　山梨県　　キ　静岡県　　ク　神奈川県

問6　下線部⑦に関する記述として**誤っているもの**を1つ選び，その記号をマークしなさい。

ア　開拓使官有物払下げ事件で激化した政府批判の世論に関係があるとみられて罷免された。

イ　イギリス流の議院内閣制を主張する立憲改進党を結成し，その初代党首となった。

ウ　外務大臣として不平等条約改正の交渉にあたっていたが，外国人判事の任用を認める条約改正に不満を持った対外硬派組織の活動家によって重傷を負わせられた。

エ　第1次大隈内閣は，陸軍大臣と海軍大臣を除くすべての大臣が憲政党員によって構成される最初の政党内閣であったため安定し，2年余り続いた。

オ　第2次大隈内閣のときに第一次世界大戦が勃発した。日本は日英同盟協約ならびに日露協約の関係で，三国協商の国の側に立って参戦した。

問7　下線部⑧に関する記述として**誤っているもの**を1つ選び，その記号をマークしなさい。

ア　長州閥で山県有朋と関係の深い桂太郎と，立憲政友会の西園寺公望によって，第1次桂内閣から10年以上，交互に政権が担当された。

イ　日露協商論に沿って日英同盟は結ばず，ロシアに満洲経営の自由を認めるかわりに，日本は韓国における優越権を獲得した。

ウ　小村寿太郎を日本全権としてポーツマス条約に調印した。その結果，韓国に対する日本の指導・監督権をロシアに認めさせることができた。

エ　日比谷で開かれたポーツマス条約による講和反対の国民大会が暴動化したため，政府は戒厳令をしいた。

オ　日露戦争後，アメリカとイギリスに日本の韓国保護国化を承認させたことを背景にして，第2次日韓協約を結び，韓国の外交権を奪った。

問8　下線部⑨に関する記述として**誤っているもの**を1つ選び，その記号をマークしなさい。

ア　併合した韓国に朝鮮総督府が設置され，寺内正毅がその初代総督に任命された。

イ　寺内内閣は，辛亥革命後に袁世凱を継いだ段祺瑞へ西原亀三を特使として派遣し，日本の権益確保を図って段政権へ莫大な経済借款を与えた。

ウ　寺内内閣が派遣した石井菊次郎とアメリカ側の国務長官ロバート・ランシングとの間で公文が交わされ，赤道以北南洋諸島における日本の特殊利益が認められた。

エ　アメリカによるチェコスロヴァキア軍救援の共同出兵という形で，寺内内閣はシベリアと北満洲への派兵を決めた。

オ　シベリア出兵を見込んで米の投機買いが横行し，米価が高騰した。これに反発した民衆らが米商人などを襲撃する暴動が起き，その責任を追及されて寺内内閣は総辞職した。

問9　下線部⑩に関する記述として**誤っているもの**を1つ選び，その記号をマークしなさい。

ア　華族ではなく衆議院に議席をもつ内閣総理大臣として「平民宰相」と呼ばれた。

イ　原敬内閣は選挙法を改正して小選挙区制としたが，積極政策も裏目に出て，原が総裁を務める立憲政友会は1920年の総選挙で大敗した。

ウ　原敬内閣は大学令を制定して，それまで認められた帝国大学のほかに公立・私立大学（中央大学など）や単科大学の設置を認可して高等教育機関を拡充した。

エ　原敬内閣は第一次世界大戦後の新たな国際体制の構築のためにパリ講和会議に代表団を送り，ヴェルサイユ条約の締結に至った。

オ　原敬内閣は加藤友三郎らを首席全権としてワシントン会議に派遣し，後継の高橋是清内閣のときに四カ国条約，九カ国条約，ワシントン海軍軍縮条約が締結された。

Ⅳ　次の史料〔A〕～〔E〕(原文から漢字や仮名づかい，句読点を加える等適宜修正している。また漢数字を算用数字にしたところもある) を読み，下記の設問に答えなさい。(30点)

〔A〕

1　日本国と［ 1 ］社会主義共和国連邦との間の戦争状態は，この宣言が効力を生ずる日に終了し，両国の間に平和及び友好善隣関係が回復される。

4　［ 1 ］社会主義共和国連邦は，［ 2 ］への加入に関する日本国の申請を支持するものとする。

9　日本国及び［ 1 ］社会主義共和国連邦は，両国間に正常な外交関係が回復された後，［ 3 ］の締結に関する交渉を継続することに同意する。

［ 1 ］社会主義共和国連邦は，日本国の要望にこたえ，かつ日本国の利益を考慮して，［ 4 ］及び［ 5 ］を日本国に引き渡すことに同意する。ただし，これらの諸島は，日本国と［ 1 ］社会主義共和国連邦との間の［ 3 ］が締結された後に現実に引き渡されるものとする。

〔B〕

(1)　極力経費の節減をはかり，また必要であり，かつ適当なりと考えられる手段を最大限度に講じて真に総予算の均衡をはかること。

(2)　徴税計画を促進強化し，脱税者に対する刑事訴追を迅速広範囲かつ強力に行うこと。

(3)　信用の拡張は日本の経済復興に寄与するための計画に対するほかは厳重制限されていることを保証すること。

(4)　賃金安定実現のため効果的な計画を立てること。

(5)　現在の物価統制を強化し，必要の場合はその範囲を拡張すること。

(6)　外国貿易統制事務を改善し，また現在の外国為替統制を強化し，これらの機能を日本側機関に引継いで差支えなきにいたるように意を用いること。

(7)　とくに出来るだけ輸出を増加する見地より現在の資材割当配給制度を一そう効果的に行うこと。

(8)　一切の重要国産原料，および製品の増産をはかること。

(9)　食糧集荷計画を一そう効果的に行うこと。

〔C〕

(1)　計画の目的

国民所得倍増計画は，速やかに国民総生産を倍増して，雇用の増大による完全雇用の達成をはかり，国民の生活水準を大幅に引き上げることを目的とするものでなければならない。この場合とくに農業と非農業間，大企業と中小企業間，地域相互間ならびに所得階層間に存在する生活上および所得上の［ 6 ］の是正につとめ，もって国民経済と国民生活の均衡ある発展を期さなければならない。

(2)　計画の目標

国民所得倍増計画は，今後［ 7 ］年以内に国民総生産26兆円（33年度価格）に到達することを目標とするが，これを達成するため，計画の前半期において，技術革新の急速な進展，豊富な労働力の存在など成長を支える極めて強い要因の存在にかんがみ，適切な政策の運営と国民各位の協力により計画当初3カ年について35年度［ 8 ］兆6,000億円（33年度価格［ 8 ］兆円）から年平均9％の経済成長を達成し，昭和38年度に17兆6,000億円（35年度価格）の実現を期する。

〔D〕

十　吾等ハ日本人ヲ民族トシテ奴隷化セントシ，又ハ国民トシテ滅亡セシメントスルノ意図ヲ有スルモノニ非サルモ，吾等ノ俘虜ヲ虐待セル者ヲ含ム一切ノ戦争犯罪人ニ対シテハ，厳重ナル処罰ヲ加ヘラルヘシ。日本国政府ハ日本国国民ノ間ニ於ケル民主主義的傾向ノ復活強化(①)ニ対スル一切ノ障礙ヲ除去スヘシ。言論，宗教及思想ノ自由並ニ基本的人権ノ尊重ハ確立セラルヘシ

十二　前記諸目的カ達成セラレ，且日本国国民ノ自由ニ表明セル意思ニ従ヒ，平和的傾向ヲ有シ且責任アル政府カ樹立セラルルニ於テハ連合国ノ占領軍ハ直ニ日本国ヨリ撤収セラルヘシ(②)

〔E〕

戦後日本経済の回復の速やかさには誠に万人の意表外にでるものがあった。それは日本国民の勤勉な努力によって培われ，世界情勢の好都合な発展(③)によって育まれた。

しかし敗戦によって落ち込んだ谷が深かったという事実そのものが，その谷からはい上がるスピードを速やからしめたという事情も忘れることはできない。経済の浮揚力には事欠かなかった。経済政策としては，ただ浮き揚がる過程で国際収支の悪化や

インフレの壁に突き当たるのを避けることに努めれば良かった。消費者は常にもっと多く物を買おうと心掛け，企業者は常にもっと多くを投資しようと待ち構えていた。いまや経済の回復による浮揚力はほぼ使い尽くされた。なるほど，貧乏な日本のこと故，世界の他の国々に比べれば，消費や投資の潜在需要はまだ高いかもしれないが，戦後の一時期に比べれば，その欲望の熾烈さは明らかに減少した。もはや［ 9 ］ではない。我々はいまや異なった事態に当面しようとしている。回復を通じての成長は終わった。今後の成長は近代化によって支えられる。そして近代化の進歩も速やかにしてかつ安定的な経済の成長によって初めて可能となるのである。

問1　史料〔A〕の空欄［ 1 ］～［ 3 ］にあてはまる語句の組み合わせとして正しいものを1つ選び，その記号をマークしなさい。

	［ 1 ］	［ 2 ］	［ 3 ］
ア	ロシア	国際連盟	修好条約
イ	ソヴィエト	国際連合	通商条約
ウ	ロシア	北大西洋条約機構	平和条約
エ	ソヴィエト	国際連合	平和条約
オ	ロシア	国際連合	通商条約
カ	ソヴィエト	北大西洋条約機構	修好条約

問2　史料〔A〕の空欄 4 および 5 の位置を地図上で正しく表している組み合わせを1つ選び，その記号をマークしなさい。

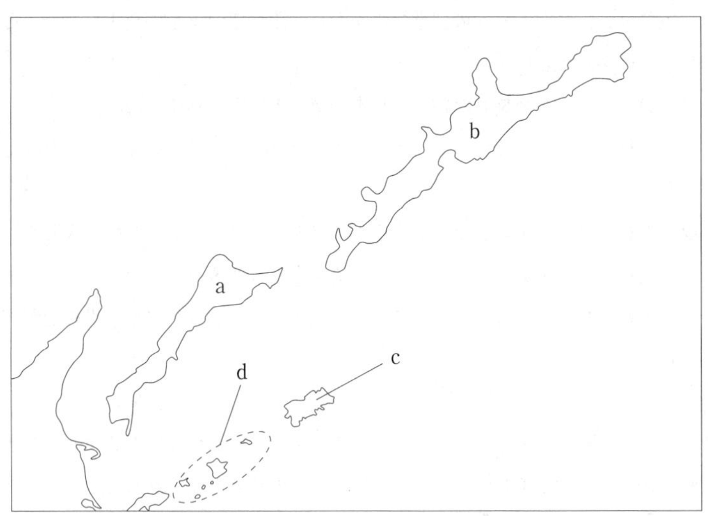

	4	5
ア	a	b
イ	b	c
ウ	d	c
エ	d	a
オ	c	a
カ	b	d

問3　史料〔B〕はGHQが当時の内閣に対して指令したものだが，その内閣を1つ選び，その記号をマークしなさい。

ア　第1次吉田茂内閣　　イ　第2次吉田茂内閣　　ウ　幣原喜重郎内閣
エ　片山哲・芦田均内閣　　オ　鳩山一郎内閣

問4　史料〔B〕を実施するために，日本に派遣された銀行家の名前を1つ選び，その記号をマークしなさい。

ア　ドッジ　　イ　シャウプ　　ウ　マッカーサー　　エ　ケナン
オ　ダレス

問5　史料〔B〕に関する次の文章のなかから，**誤っているもの**を1つ選び，その記号をマークしなさい。

ア　史料〔B〕を実施した結果，日本経済は不況が深刻化した。

イ　史料〔B〕を実施する過程で，1ドル＝360円の単一為替レートが設定された。

ウ　史料〔B〕を実施した結果，日本経済のインフレーションは収束した。

エ　史料〔B〕を実施する過程で，傾斜生産方式が導入された。

オ　史料〔B〕を実施する過程で税制の大改革が行われ，累進所得税制が採用された。

問6　史料〔C〕の空欄 [6] および [7] にあてはまる語句および数字の組み合わせとして正しいものを1つ選び，その記号をマークしなさい。

	6	7
ア	格差	5
イ	格差	10
ウ	格差	20
エ	貧困	5
オ	貧困	10
カ	貧困	20

問7　史料〔C〕の空欄 [8] にあてはまる数字を1つ選び，その記号をマークしなさい。

ア　52　　イ　104　　ウ　13　　エ　10　　オ　26

問8　史料〔C〕の構想が発表された当時の日本経済の状況を表す語句を1つ選び，その記号をマークしなさい。

ア　神武景気　　イ　岩戸景気　　ウ　いざなぎ景気
エ　オリンピック景気　　オ　バブル経済

問9 史料〔D〕の文章の名称を1つ選び，その記号をマークしなさい。

ア ポツダム宣言 イ 日本国憲法 ウ カイロ宣言

エ ヤルタ協定 オ 二十一カ条の要求

問10 史料〔D〕の下線部①について，戦後の民主化政策としてGHQが主導して，実施されたものをすべて選び，その記号をマークしなさい。

ア 農地改革

イ 公害対策基本法の制定

ウ 婦人参政権獲得期成同盟会の結成

エ 労働組合法の制定

オ 財閥解体

問11 史料〔D〕の下線部②について，連合国の占領軍が日本から撤収し，日本が独立国として主権を回復した年を1つ選び，その記号をマークしなさい。

ア 1948年 イ 1949年 ウ 1950年 エ 1951年

オ 1952年

問12 史料〔E〕の下線部③について，もっとも関係の深い内容を1つ選び，その記号をマークしなさい。

ア 辛亥革命 イ 朝鮮戦争 ウ ベトナム戦争

エ ベルリンの壁崩壊 オ キューバ危機

問13 史料〔E〕の空欄 [9] にあてはまる語句を1つ選び，その記号をマークしなさい。

ア 「敗戦国」 イ 「後進国」 ウ 「発展途上国」

エ 「戦後」 オ 「大日本帝国」

問14 史料〔E〕の文章が公表されたあたりから，日本経済は高度経済成長期に突入した。次の説明文のなかから日本経済の高度経済成長期の説明として**誤っているもの**を1つ選び，その記号をマークしなさい。

ア 日本経済の産業構造は高度化し，第一次産業の比率が低くなり，第二次産業，第三次産業の比率が高まった。

イ　個人所得の増大や都市化の進展によって，大衆消費社会が形成された。

ウ　自家用乗用車（マイカー）の普及によって，自動車が交通手段の主力となった。

エ　科学技術が発達し，朝永振一郎がノーベル物理学賞を受賞した。

オ　地球温暖化が深刻化し，京都で開催された気候変動枠組条約締約国会議で京都議定書が採択され，先進国の温室効果ガス排出削減目標が定められた。

問15　史料〔A〕から〔E〕を時代の**新しい順**に並べた場合に，4番目に来るものを1つ選び，その記号をマークしなさい。

ア　史料〔A〕　イ　史料〔B〕　ウ　史料〔C〕

エ　史料〔D〕　オ　史料〔E〕

世界史

(60分)

I 以下の文章を読み，設問に答えなさい。(50点)

19世紀のイギリス①は国際経済の中心であった。だが，ドイツ帝国成立後のドイツと南北戦争②後のアメリカは重化学工業の分野で発展を遂げ，19世紀末から第一次世界大戦前に工業生産の面でイギリスを抜き去った。

第一次世界大戦の開戦後，イギリス海軍はドイツに対する海上封鎖を行い，中立国③に対しても臨検を実施して敵国向けの物資を輸送した船舶を拿捕した。ドイツによる無制限潜水艦攻撃は，その対抗措置である。大戦中は世界規模で戦闘が行われ，日英同盟によって連合国側で参戦した日本も，中国に対して二十一か条の要求④を出し，中国においてドイツがもっていた権益を日本に譲渡させた。

第一次世界大戦は，19世紀以来のグローバル化の流れ⑤の後退，イギリスからアメリカへの国際経済の中心国の移行，ソ連の成立⑥および日本や中国の工業化をもたらしたという側面をもつ。特に，日本はこの大戦中にアジア地域への輸出を減らしたヨーロッパ諸国の穴埋めをする形でアジア向けの輸出を増やした。日本はまたアメリカへの生糸輸出も増大させた。他方，ヨーロッパから中国や日本への輸入が困難になった。そのため，中国では従来の輸入品を代替する形で工業化が進み⑦，日本では重化学工業化が進展した。

第一次世界大戦後の各国は，貿易を行うための基本条件である通貨の安定のために次々に金本位制に復帰した。他方では，ドイツの賠償金支払いの遅れに不満を抱いたフランスがルール工業地帯⑧を占領し，その後のドイツで極端なインフレーションが発生した。しかし，ドーズ案⑨によってルール問題は解決された。

賠償問題の先行きに一定の見通しがついたことは，ドイツ経済の復興とヨーロッパ経済の安定を可能にした。他方，重化学工業が発展し，自動車などへの需要が旺盛であったアメリカは「黄金の20年代」⑩を謳歌していた。その結果，各国にとって輸出先としてのアメリカ市場の重要性が高まっていく。

欧米経済のこうした状況は一次産品への需要を増加させ，ラテンアメリカからの一次産品輸出が増加した。例えば，⑪（　A　）のコーヒー，（　B　）の硝石，（　C　）の石油，（　D　）の牛肉が挙げられる。その結果，ラテンアメリカ諸国の貿易収支は黒字化した。しかし，その多くは以前からこれらの国々に多額の証券投資をしていたイギリスに対する配当や利子の支払いに充てられ，それでも賄えない分はアメリカからの資金流入によって補われた。

1920年代に復活しつつあったグローバル化への流れを一気に逆流させたのが世界恐慌である。震源地となったアメリカ経済の崩壊は，資本の輸出減少と財貨の輸入減少によって，他の諸国の経済にも波及した。アメリカ資本の引きあげはドイツを経済・金融危機に陥れ，⑫フーヴァー=モラトリアムの宣言も効果がなかった。このため，ドイツは資本流出を食い止めるために金本位制から離脱した。またドイツが自国内のイギリス資産を凍結したことにより，金融危機はイギリスにも波及した。⑬世界恐慌後に輸出とラテンアメリカ諸国からの投資収益の減少をこうむっていたイギリスは，金融危機に伴う資本流出に耐え切れず，ドイツと同様に金本位制から離脱した。

その後，多くの国々が金本位制から離脱し，各国は為替レートを自国通貨安の方向へ誘導して輸出の拡大を目指すようになる。しかし，保護貿易政策の実施などもあり，世界恐慌後の世界の貿易規模は縮小の一途を辿った。⑭ニューディール政策に代表されるように，政府介入によって不況を乗り切ろうとする動きもみられた。

通貨の混乱と貿易の縮小が第二次世界大戦を招いたという反省のもとに，⑮戦後の国際経済秩序が構築された。その核心は，ドルを中心とした国際通貨システムと自由貿易体制である。それに向けた動きは，第二次世界大戦中から始まっていた。国際通貨システムに関しては，ドルと金の交換を保証しつつ，各国の通貨は固定相場制によりドルを通じて金とリンクする形がとられた。自由貿易体制に関しては，⑯関税のような貿易障壁を撤廃していくための協定が締結された。ソ連を中心とする社会主義諸国は別として，日本を含むいわゆる西側の資本主義諸国はこのような経済秩序のもとで戦後の発展を遂げたのである。

しかし，この体制は1970年代初頭に転機を迎えた。⑰ベトナム戦争や社会保障費の増大に加え，西ヨーロッパや日本の経済発展により，アメリカの財政および貿易収支は悪化していた。これを受けた⑱ニクソン大統領の措置は世界に衝撃を与え，1973年には先進諸国の通貨が変動相場制に移行して現在に至っている。

問1　下線部①に関連して，歴史の古い順に並べた時に**2番目**と**4番目**にくるものを選び，マーク解答用紙にマークしなさい。

ア．穀物法が廃止された。

イ．カニング外相がラテンアメリカ諸国の独立を容認した。

ウ．東インド会社の中国貿易独占権が廃止された。

エ．第1回選挙法改正が行われた。

オ．航海法が廃止された。

問2　下線部②に関連して，**正しいものをすべて**選び，マーク解答用紙にマークしなさい。

ア．北部は自由貿易政策を求めた。

イ．南部は保護貿易政策を求めた。

ウ．北部は連邦政府の強化を主張した。

エ．南部は州権主義を主張した。

オ．北部はアメリカ連合国を結成した。

問3　下線部③に関連して，第一次世界大戦の中立国を**1つ**選び，マーク解答用紙にマークしなさい。

ア．イタリア

イ．スペイン

ウ．オスマン帝国

エ．ポルトガル

オ．ブルガリア

問4　下線部④に関連して，以下の二十一か条の要求（一部要約）の空欄（　A　）と（　B　）に入る語句の組み合わせとして**正しいものを1つ**選び，マーク解答用紙にマークしなさい。

一，ドイツが（　A　）半島にもっている権利を，日本がドイツからひきついだ場合，中国政府はそれを認めること。

一，日本の（　B　）の租借の期限，南満洲鉄道と安奉線の利権の期限を99か年延長すること。

ア．A：遼東，B：旅順・大連

イ．A：九竜，B：広州湾

ウ．A：山東，B：威海衛

エ．A：九竜，B：威海衛

オ．A：山東，B：旅順・大連

問5　下線部⑤に関連して，**誤っているものを1つ**選び，マーク解答用紙にマークしなさい。

ア．1860年代にイギリスと北アメリカをつなぐ大西洋横断海底ケーブルが実用化された。

イ．アメリカ人フルトンが蒸気船を試作・実用化した。

ウ．1890年代に建設が始まったシベリア鉄道は，ロシアの東アジア進出の手段にもなった。

エ．アメリカ大陸横断鉄道の建設では，クーリーと呼ばれる中国人移民が重要な労働力となった。

オ．1820年代にイギリス人ダービーが蒸気機関車を実用化した。

問6　下線部⑥に関連して，以下を歴史の古い順に並べた時に**2番目**と**4番目**にくるものを選び，マーク解答用紙にマークしなさい。

ア．新経済政策（ネップ）が実施された。

イ．レーニンが亡命先のスイスから帰国した。

ウ．平和に関する布告が採択された。

エ．皇帝ニコライ2世が退位してロマノフ朝が消滅した。

オ．対ソ干渉戦争が開始された。

問7　下線部⑦に関連して，第一次世界大戦中に中国で発展した産業を**1つ**選び，マーク解答用紙にマークしなさい。

ア．造船業

イ．石油化学工業

ウ．紡績業

エ．製紙業

オ．自動車業

問8　下線部⑧に関連して，フランスとともにルール工業地帯を占領した国を**1つ**選び，マーク解答用紙にマークしなさい。

ア．ベルギー

イ．オランダ

ウ．ルクセンブルク

エ．イタリア

オ．デンマーク

問9　下線部⑨に関連して，**正しいものを1つ**選び，マーク解答用紙にマークしなさい。

ア．この案は，イギリスによって提案された。

イ．この案では，ドイツの当初の賠償額自体は減額されなかった。

ウ．この案によって，ドイツからのアメリカ資本の流出を招いた。

エ．問題解決に至らなかったヤング案に続いて，この案が作成された。

オ．ミッテランはこの案の一部修正を求めた。

問10　下線部⑩に関連して，1920年代のアメリカに関して**誤っているものをすべて**選び，マーク解答用紙にマークしなさい。

ア．女性の選挙権が認められた。

イ．富裕層に加えて労働者もラジオ・冷蔵庫・洗濯機を購入できるようになった。

ウ．ハーディング，クーリッジ，フーヴァーという民主党政権が続いた。

エ．経済界と政治家が癒着して「金ぴか時代」と揶揄されることもあった。

オ．映画・ジャズ・プロ野球のような新しい文化が誕生した。

問11　下線部⑪に関連して，空欄（　A　）から（　D　）に入る国名の組み合わせとして**正しいものを1つ**選び，マーク解答用紙にマークしなさい。

ア．A：アルゼンチン，B：ブラジル，C：ベネズエラ，D：チリ

イ．A：チリ，B：ベネズエラ，C：ブラジル，D：アルゼンチン

ウ．A：ベネズエラ，B：チリ，C：アルゼンチン，D：ブラジル

エ．A：ブラジル，B：チリ，C：ベネズエラ，D：アルゼンチン

オ．A：アルゼンチン，B：ブラジル，C：チリ，D：ベネズエラ

問12　下線部⑫に関連して，フーヴァー=モラトリアムの宣言と同じ年に起こった出来事を**1つ**選び，マーク解答用紙にマークしなさい。

ア．ヒトラーが首相に任命された。

イ．中国の国民政府が全国統一の通貨（法幣）制度を打ち立てた。

ウ．国王の指示によってムッソリーニが首相に任命された。

エ．日本が柳条湖で鉄道を爆破し，それを中国が起こしたと主張して満州を占領した。

オ．ソ連で第1次五か年計画が開始された。

問13　下線部⑬に関連して，世界恐慌後のイギリスで起こった出来事ではないものを**すべて**選び，マーク解答用紙にマークしなさい。

ア．イギリス連邦内においてスターリング（ポンド）=ブロックが結成された。

イ．バルフォア宣言を出してシオニズムを援助する姿勢を示した。

ウ．第5回選挙法改正によって21歳以上の男女に選挙権が認められた。

エ．ネヴィル=チェンバレン首相がドイツに対して宥和政策をとった。

オ．マクドナルド首相が失業保険の削減を提案したが，結果的に内閣総辞職につながった。

問14　下線部⑭に関連して，**誤っているものをすべて**選び，マーク解答用紙にマークしなさい。

ア．ワグナー法によって外国商品の輸入を制限し，国内市場を保護した。

イ．全国産業復興法によって企業による価格の規制・協定を公認した。

ウ．テネシー川流域開発公社のような公共事業によって失業者の救済を試みた。

エ．フランクリン=ローズヴェルト政権のもとで実施された。

オ．農業調整法によって農民に補償金を支払い，生産を制限させた。

問15　下線部⑮に関連して，国際通貨基金と国際復興開発銀行の設立が合意された会議が行われた地名を**1つ**選び，マーク解答用紙にマークしなさい。

ア．サン=ステファノ

イ．カトー=カンブレジ

ウ．ブレスト=リトフスク

エ．ブレトン=ウッズ

オ．サン=ジェルマン

問16　下線部⑯に関連して，第二次世界大戦後の国際貿易・国際金融に関して**誤っているものをすべて**選び，マーク解答用紙にマークしなさい。

ア．1990年代前半にアメリカとカナダの二国間で北米自由貿易協定（NAFTA）が結ばれた。

イ．世界貿易機関（WTO）の発足後には，金融・知的所有権・サービス取引の面での自由化が議論された。

ウ．1980年代末に貿易・投資の自由化を目指してアジア太平洋経済協力会議（APEC）が結成された。

エ．1990年代後半に韓国のウォンの暴落をきっかけとしてアジア通貨・金融危機が起こった。

オ．2000年代後半にアメリカのサブプライム問題をきっかけとして世界金融危機が起こった。

問17　下線部⑰に関連して，**誤っているものを1つ**選び，マーク解答用紙にマークしなさい。

ア．南ベトナム解放民族戦線に対抗するために，アメリカのカーター政権は本格的な軍事援助を開始した。

イ．日本では沖縄の米軍基地がベトナム戦争に利用されていたことへの批判が高まり，その後，沖縄返還が実現した。

ウ．ゴ=ディン=ジェム政権の独裁が強まる状況下において，南ベトナム解放民族戦線が組織された。

エ．南ベトナム解放民族戦線は，ベトナム民主共和国（北ベトナム）と結んでゲリラ戦を展開した。

オ．アメリカのジョンソン政権は北ベトナムへの爆撃に踏み切るとともに，南ベトナムに地上兵力を派遣した。

問18　下線部⑱に関連して，**誤っているものを1つ**選び，マーク解答用紙にマークしなさい。

ア．ウォーターゲート事件が発覚して辞任に追い込まれた。

イ．南ベトナムからのアメリカ兵の撤退を実現させた。

ウ．戦略兵器制限交渉によってソ連との関係改善をはかった。

エ．訪中により鄧小平との間で米中の国交正常化に合意した。

オ．金とドルの兌換の停止を宣言した。

Ⅱ　以下の文章を読み，設問に答えなさい。(26点)

中国の人口は各種の要因によって歴史的に増減を繰り返してきた。秦の統一①以後人口は増加し，前漢のピーク時にはおよそ6000万人を数えた。その後前漢末に減少し，後漢には再び前漢時代とほぼ同じ数に持ち直した。中国の人口はこの後，後漢末の戦乱によって激減し，漢代の水準に回復するのは唐の玄宗期のことである②。唐代の人口は王朝中期の大規模な反乱をきっかけに減少に転じたが，乱の平定後は持ち直していることがわかっている。次いで唐末から五代の戦乱で再び減少した人口は，宋代に迎えた平和の中で大きく増加した。人口増加の傾向はモンゴル帝国③の時代まで持続し，唐代の倍近い数に達したと推計されている。その人口は元末の戦乱により減少するが，明の建国後は回復基調に入り宋元の水準を越えた。明代の人口は最大で1億6000万人という推計値がある。これがまた大きく減少するのが明清交代の時期である。ここで1億弱にまで減った人口は，清朝の統治が安定した後に爆発的な増加を見せた。清末の人口はおよそ4億と推計されている。そこからわずか150年を経た現在の中華人民共和国④が14億もの人口をかかえていることは周知の通りである。

以上を見れば，中国の人口の増減は王朝交代のサイクルとほぼ軌を一にしているといってよい。つまり王朝の安定した平和な時期には人口は増加するが，戦乱や災害の頻発する王朝末期には減少する⑤のである。しかし中国史において注目すべきは，その人口増減のサイクルを経るに従って人口規模そのものが大きくなっているという点であろう。

その第1のサイクルは後漢末までの期間であり，灌漑水利を通じた華北の開発の時期である。畜力の利用や農具の改良などにより，多くの人口を養えるようになった結果といってよい。

続く第2のサイクルは魏晋南北朝から唐末までの期間である。⑥魏の建国から唐の滅亡までの時期は地球上の他の地域でも概して動乱の多い時代であり，その原因が地球の寒冷化にあることもすでに指摘されている。中国も例外ではなく，既存の生産方式だけでは人口規模を維持できなくなった。そこでの活路は温暖な江南の開発であり，唐代において漢代と同規模の人口を回復できたのも江南の存在抜きには考えられない。

第3のサイクルは宋元である。唐から宋への交代により経済も大きく変貌した。例えば唐以前の人民支配と財政運営は労働力を直接に徴発することが基礎にあった。軍事力をまかなう各種の兵役はその典型である。しかし唐代後半になって募兵制に改められると，職業的な傭兵を財政で養うという体制に移行した。これは宋代に完成する制度である。また⑦大きな技術革新もこの時期に起こった。木材から石炭への燃料の転換，銅・鉄の大量生産，磁器や茶のような特産品の開発などがあいまって，中国内外の商業の発達を促した。貨幣経済もそれに伴って盛行したが，政府が経済規模に対して十分な銅銭を鋳造しえなかったために紙幣の流通が促された。しかし人口増加の傾向は10世紀以来温暖だった地球の気候が再び寒冷化するという14世紀の危機によって終焉を迎える。

第4のサイクルは明清である。⑧明清の経済の特徴は，大航海時代とヨーロッパ世界の拡大による海外からの需要に応じた江南の産業構造の転換にある。人口が清末には4億にまで達したことは，その富の飛躍的な増大を物語る。しかし人口が増加しすぎて社会と経済の許容量を超過すれば環境破壊や人口の流出，社会の不安定化は免れない。西南部の山岳地帯で行われた焼き畑に代表される略奪的な農業や東北部の森林伐採による農地拡大，東南アジア・南北アメリカへの移民，貴州・広西・雲南への植民，⑨清末の各種の動乱はその典型である。

要するに新たな土地・物産や産業の開発，交易の拡大によってより多くの富が生産できるようになれば人口が増える。しかし社会が養いうる限界を超えるとそのたびに貧困・疫病・災害・戦乱により死亡率が急上昇し，最終的には経済や社会の許容量に見合う人口規模に調整される。中国は常に潜在的な収容能力を上回る規模の人口増加に直面してきたといえるだろう。

問1　下線部①に関連して，秦の統一以前の時代について述べた文として**正しいものを1つ**選び，マーク解答用紙にマークしなさい。

ア．前5000年ごろには長江中流域で彩陶を特色とする仰韶文化が成立した。

イ．殷が直接支配していたのは都の周囲に限られ，邑の連合体という性格が強かった。

ウ．重税による民衆の反乱によって都を鎬京から洛邑に移した後，周の勢力は衰えた。

エ．諸国を主導する権力を握り盟約の儀式を開くような有力な王は覇者と呼ばれた。

オ．諸子百家の中で後世に最大の影響を与えたのは戦国時代末期の孔子を祖とする儒家である。

問2　下線部②に関連して，後漢の滅亡から唐の玄宗の時代までおよそ何年か，最も適当な数を**1つ**選び，マーク解答用紙にマークしなさい。

ア．100

イ．300

ウ．500

エ．700

オ．900

問3　下線部③に関連して，この国について述べた文として**誤っているものを1つ**選び，マーク解答用紙にマークしなさい。

ア．チンギス=ハンはホラズム=シャー朝を滅ぼした実績により，クリルタイで大ハンに推戴された。

イ．オゴタイは中国征服を進め，金を滅ぼすことに成功した。

ウ．モンケはフラグに西アジア遠征を命じ，フラグはアッバース朝を滅ぼした。

エ．フビライは大都に都を置き，ついで南宋を滅ぼすことに成功した。

オ．ヨーロッパではモンゴルへの関心が高まり，プラノ=カルピニやルブルックが派遣された。

問4　下線部④に関連して，この国について述べた文として**正しいものをすべて**選び，マーク解答用紙にマークしなさい。

ア．胡錦濤が総書記の時代にイギリスから香港が，ポルトガルからマカオが返還された。

イ．劉少奇は大躍進の失敗後に経済再建を進めたが，プロレタリア文化大革命で失脚した。

ウ．鄧小平は四つの現代化を掲げて改革を進めたが，ソ連との間に中ソ論争を引き起こした。

エ．江沢民は天安門事件において民主化運動に同情的な姿勢を示したため失脚した。

オ．周恩来は田中角栄との間で日中共同宣言を調印し，日中国交正常化を実現した。

問5　下線部⑤に関連して，以下の中国の戦乱を古い順に並べた時に**2番目**と**4番目**に来るものを選び，マーク解答用紙にマークしなさい。

ア．黄巾の乱

イ．黄巣の乱

ウ．安史の乱

エ．八王の乱

オ．赤眉の乱

問6　下線部⑥に関連して，この時期の戦乱に**属さないものを1つ**選び，マーク解答用紙にマークしなさい。

ア．カタラウヌムの戦い

イ．トゥール・ポワティエ間の戦い

ウ．ヘイスティングズの戦い

エ．ニハーヴァンドの戦い

オ．白村江の戦い

問7　下線部⑦に関連して，科学技術の歴史について述べた文として**誤っているものを1つ**選び，マーク解答用紙にマークしなさい。

ア．製紙法は唐代にイスラーム世界へ伝えられたといわれている。

イ．高麗では世界で初めて金属活字が使用された。

ウ．エラトステネスは地球の周囲の長さを計測した。

エ．ローマではコロッセウム，ムセイオンといったものが建てられた。

オ．マテオ=リッチは徐光啓とともにエウクレイデスの『幾何学原本』を漢訳した。

問8　下線部⑧に関連して，明清の社会や経済について述べた文として**正しいものをすべて**選び，マーク解答用紙にマークしなさい。

ア．明代には米穀の主要な生産地が現代でいう河北・河南省から湖北・湖南省に移り「湖広熟すれば天下足る」と称された。

イ．永楽帝が命じた鄭和の大航海に対する東南アジア諸国の反発から朝貢貿易が衰退した。

ウ．乾隆帝はヨーロッパとの貿易について，広州港の公行と呼ばれる特許商人を介したものだけを許可した。

エ．明清では茶や陶磁器がアメリカ大陸やヨーロッパに輸出され，対価として銀が大量に流入した。

オ．清朝では台湾に拠る鄭成功に対抗するため，遷界令をしいて山東省を中心に沿岸の住民をすべて内陸に移した。

問9　下線部⑨に関連して，清末の反乱や戦争について述べた文として**誤っているものをすべて**選び，マーク解答用紙にマークしなさい。

ア．イギリスはアヘン戦争後の南京条約で清朝から香港島を99年間租借した。

イ．義和団事件では日本とロシアを主力とする連合軍が北京を占領した。

ウ．洪秀全の率いる太平天国は滅満興漢をかかげ清朝の打倒を目指した。

エ．フランスは清仏戦争後の天津条約でベトナムに対する保護権を清朝に認めさせた。

オ．日本が日清戦争後の下関条約で得た領土と賠償金は三国干渉により清に返還された。

Ⅲ 以下の文章を読み，設問に答えなさい。(24点)

ソグド人がその故郷であるソグディアナ①を離れ，中国に向けて交易活動を本格的に展開したのは後漢のころからだと考えられる。彼らは，その南方にいたインド人たちが1世紀頃に東方への交易活動を展開するのにあわせ，インド人と共に，あるいはインド人に先導されて東方へ来ていたようだ。

現代のアフガニスタンで興りインド②に進出したクシャーナ朝がローマや漢との中継交易で栄えるのもちょうどこの頃からである。ソグド人の中国進出は，国際交易の活発化したこの時代の波に乗って始まった。例えばエジプト在住のギリシャ商人の見聞録である『エリュトゥラー海案内記』には，当時中国方面からの主要な交易ルートとして，バクトリアの都を経てインド西海岸の港町に至る行程が記されている。

その後もソグド人の活動は唐代まで継続した。しかし後漢の滅亡前後にユーラシア全域で遊牧民・牧畜民③が農耕定住地帯への大規模な移動を開始すると，中国本土も大きく揺さぶられ，同時にソグド人の活動も停滞したようにみえる。再び彼らが勢いづくようになるのは5世紀になってからであり，この時期には彼らのコロニーは中国本土のみにとどまらず，北方のステップ地域にまで広がった。この背景には強力なエフタルが成立したという事情がある。またこの時期の中国では北魏が華北一帯に支配を確立し，エフタルとの間に使節の往来があった。続く6世紀④には突厥が興り，エフタルをササン朝ペルシアと挟撃して破った。突厥の勢力は東はモンゴリアから西はソグディアナを越えて現代のアフガニスタンにまで拡大した。

5世紀より続く遊牧勢力の台頭は先述の通りソグド人を北方のステップ地域に導いたが，ソグド人は遊牧諸集団のリーダーたちと提携する形でキャラヴァンを諸国に送り込み，積極的に交易活動を進めた⑤。こうしたソグド人の活動も遊牧国家の隆盛を支えただろう。

唐が成立すると，遊牧勢力とソグド人との提携に楔を打ち込むべく，莫大な経費を投じて軍隊を中央アジア⑥に駐留させ唐の勢力下においた。その結果，ソグド人の交易活動は唐の管理下に置かれるようになった。キャラヴァンの編成は，唐の中央アジア支配を確保するために唐によってコントロールされた。例えば唐は特定のオアシスを中心に屯田による開拓を積極的に進め，そこで生まれた余剰穀物を，商人を通じて他のオアシス都市に流通させるよう仕組んでいるのである。

また7世紀初頭までユーラシア東部の広域交易はほぼソグド人に独占されていたが，

唐が中央アジアを支配した時代には漢人の商人が中央アジアに進出してくるようになった。唐は彼らに毎年大量の絹布を軍需物資として運搬させたが，このことはそれまで⑦西アジアの銀貨が流通する経済圏に含まれていた中央アジアを，唐の絹や銅銭が流通する東アジアの経済圏に包含することにつながった。しかし中央アジア支配が唐の大きな財政負担となったことは間違いなく，商人たちの活動が直接に唐の国庫を潤したわけではなかった。唐にすれば，ソグド人に依存した遊牧国家の交易活動に打撃を与える一方で，ソグド人を中国内地に誘導して⑧最新の技術・文化・情報を掌握することに意義があったのだろう。

問 1　下線部①に関連して，ソグディアナのおおよその位置として最も近いものを以下の図から **1 つ**選び，マーク解答用紙にマークしなさい。

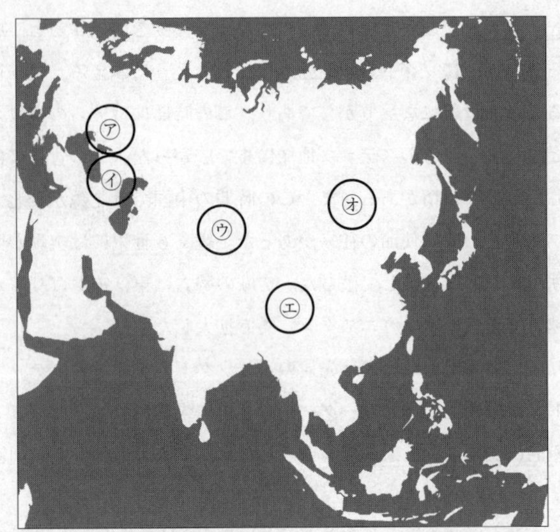

問 2　下線部②に関連して，以下のインドの歴史について述べた文(a)～(e)を時代順に並べたときに**正しいものを 1 つ**選び，マーク解答用紙にマークしなさい。

(a)　ムガル帝国のアクバルが北インドのほぼ全域を領土とした。

(b)　イギリス東インド会社がプラッシーの戦いでベンガル太守の軍をやぶった。

(c)　インド航路を開いたポルトガルがゴアを獲得した。

(d) シヴァージーがデカン高原でマラーター王国を建てた。

(e) シパーヒーの反乱をきっかけとしてインド大反乱がおこった。

ア．(c)→(a)→(d)→(b)→(e)

イ．(c)→(b)→(a)→(d)→(e)

ウ．(c)→(d)→(b)→(a)→(e)

エ．(a)→(c)→(d)→(b)→(e)

オ．(a)→(b)→(c)→(d)→(e)

カ．(a)→(d)→(b)→(c)→(e)

問3　下線部③に関連して，以下の遊牧民についての記述を古い順に並べた時に**2番目と4番目**に来るものを1つ選び，マーク解答用紙にマークしなさい。

ア．匈奴の冒頓単于は月氏を攻撃して中央アジアのオアシス諸都市を支配下におさめた。

イ．スキタイは南ロシアの草原地帯を支配してアケメネス朝と戦った。

ウ．ウイグルは東突厥を滅ぼして中国を圧迫したが，キルギスに滅ぼされた。

エ．フン人がアッティラのもとで最盛期を迎えた。

オ．匈奴が永嘉の乱で洛陽を陥落させて西晋を滅ぼした。

問4　下線部④に関連して，この時期の出来事ではないものを**すべて**選び，マーク解答用紙にマークしなさい。

ア．北周に代わって隋を建国した楊堅が陳を滅ぼして南北中国を統一した。

イ．ムハンマドが唯一神アッラーの教えを説き始めた。

ウ．東ローマ帝国がユスティニアヌス帝のもとで最盛期を迎えた。

エ．聖ベネディクトゥスがモンテ=カッシーノに修道院を建てた。

オ．グプタ朝のチャンドラグプタ2世が北インドの大半を支配した。

問5　下線部⑤に関連して，世界の交易について述べた文として**正しいものを1つ**選び，マーク解答用紙にマークしなさい。

ア．明末には薬用人参や毛皮の交易の利権を巡る争いの中からヌルハチが頭角を現して建国し，国号を清とした。

イ．商業革命により，アントウェルペンやアウクスブルクが国際商業の中心の一つとなった。

ウ．スペインはアメリカ大陸の銀をアカプルコからマカオに運び，中国の物産と交換するアカプルコ貿易を行った。

エ．江戸幕府は当初朱印船による貿易を促進したが，後に鎖国政策に転じ，オランダ船と中国船のみに長崎への来航を許した。

オ．ジェノヴァは東地中海での交易拡大のため，第4回十字軍にコンスタンティノープルを占領させた。

問6　下線部⑥に関連して，この地域の歴史について述べた文として**誤っているものを1つ**選び，マーク解答用紙にマークしなさい。

ア．ロシアは19世紀後半には南下政策によってコーカンド=ハン国を併合した。

イ．乾隆帝はジュンガルを平定して東トルキスタンを支配下に置き，新疆と名付けた。

ウ．イギリスは第二次アフガン戦争でアフガニスタンを英領インドに併合した。

エ．カシミール地方の帰属をめぐってインドとパキスタンはしばしば軍事衝突を起こした。

オ．イラン系のサーマーン朝では支配下にあったトルコ人のイスラーム化が進んだ。

問7　下線部⑦に関連して，西アジアの社会・経済について述べた文として**正しいものを1つ**選び，マーク解答用紙にマークしなさい。

ア．マムルーク朝では軍人に対し，給料の代わりに農地などからの徴税権を与えるイクター制が創始された。

イ．カージャール朝ではイギリスが得たタバコ葉の利権に抗議してタバコ=ボイコット運動が起きた。

ウ．ウマイヤ朝では被征服民に対してハラージュとワクフが課せられた。

エ．サファヴィー朝ではオランダ人が拠点としていたペルシア湾のホルムズ島を海上交易のために征服した。

オ．オスマン帝国ではティマール制（軍事封土制）が確立したため徴税を請け負う地方豪族が台頭した。

問8 下線部⑧に関連して，近代の科学技術や文化について人物と業績の組み合わせが**異なるものをすべて**選び，マーク解答用紙にマークしなさい。

ア．トルストイ：『戦争と平和』

イ．エディソン：映画の発明

ウ．メンデル：遺伝の法則の発見

エ．マルサス：史的唯物論の確立

オ．ランケ：近代経済学の祖

政治・経済

（60分）

Ⅰ　次の文章を読んで，設問に答えなさい。なお，解答にあたっては，記述解答用紙を用いなさい。（40点）

日本国憲法において，「行政権は，内閣に属する」（第65条）と定められ，広範囲にわたり行政を行う権限を内閣に与えている。さらに，内閣の長である「内閣総理大臣は，国会議員の中から国会の議決で，これを指名」（第67条1項）され，「内閣は，行政権の行使について，国会に対し連帯して［①］を負ふ」（第66条3項）とされる。このように，国民の代表者によって構成される国会の信任に基づき，また国会に対し連帯して［①］を負う内閣制度は，［②］内閣制または［①］内閣制と呼ばれる。

内閣は，国会の信任を基盤として成立しているので，衆議院において，内閣不信任決議案が可決または信任決議案が否決された場合，日本国憲法第［③］条により，［④］日以内に衆議院を解散するか，内閣が総辞職することが定められている。このほかに，日本国憲法第［⑤］条3号が定める，［⑥］の国事行為への助言と承認を根拠として，不信任決議案の可決または信任決議案の否決がなくても，内閣は自らの判断で衆議院を解散できる。

内閣の長である内閣総理大臣は，国務大臣(a)の任命・罷免の権限を有する。ただし，国務大臣の過半数は国会議員でなければならない（第68条1項）。また，内閣総理大臣および国務大臣は，［⑦］でなければならない（第66条2項）。このようにして構成される内閣の職務は，［⑧］に諮って行われる。なお，すべての国務大臣から同意が得られることがはっきりしている場合，持ち回り［⑧］が慣行とされている。

内閣総理大臣は，行政の最高責任者であるが，国の行政事務を担当する行政機関は，府，省，庁，委員会などからなり，主要機関の最高責任者には国務大臣が就く(b)。行政機関のうち，行政委員会は，中立性や専門性などの確保を目的として，内閣から独立した合議制の機関である。具体的には，政治的中立を必要とする分野[c]，利害関係の調整をする必要がある分野[d]，技術的専門知識を必要とする分野[e]などに設けられている。このような国の行政機関は組織変更がなされてきた。例えば，中央省庁等改革関連法に基づいて，2001年に1府22省庁から1府 ⑨ 省庁に再編された[f]。さらに，業務の効率化や透明性の向上を目的として， ⑩ が設置された。この組織は，職員が公務員である造幣局などや職員が非公務員であるものからなる。

省庁再編などの背景として，行政機能が拡大して行政国家化の進行[g]につれて生じた，業務の非効率化，経費の肥大化などの問題がある。そのため，1960年代以降，行政の効率化などをめざす行政改革の取組がなされてきた。例えば，1981年に設置された第二次臨時行政調査会の答申を踏まえて，3つの公社[h]が民営化された。さらに，2000年代になると，日本道路公団や日本郵政公社などが民営化された。一方，公務員制度改革も進められ，2014年には，省庁ごとに行われてきた国家公務員の幹部職員人事の一元化などをめざして，内閣官房内に部局が設置された[i]。

問1　文中の空欄 ① ～ ⑩ にあてはまる適切な語句または数字を解答欄に記入しなさい。ただし，同じ番号の空欄には，同じ語句または数字が入る。

問2　下線部aに関して，内閣総理大臣が任命する国務大臣の数は法律によって規定されている。その法律は何か，解答欄に記入しなさい。

問3　下線部bに関して，各府省における，大臣，副大臣とともに政務三役を構成する官職は何か，解答欄に記入しなさい。

問4　下線部cに関して，内閣府の外局で，警察庁を管理する行政委員会は何か，解答欄に記入しなさい。

問5　下線部dに関して，厚生労働省の外局である行政委員会は何か，解答欄に記入しなさい。

問6　下線部eに関して，環境省の外局である行政委員会は何か，解答欄に記入しなさい。

問7　下線部fに関して，2001年の省庁再編以降も，庁は廃止されたり，新設されたりしている。2012年に，期限を区切って内閣に設置された庁は何か，解答欄に記入しなさい。

問8　下線部gに関して，行政国家とは対照的に，最小限度必要な治安維持と国防を任務とする国家を批判するために，ドイツの社会主義者ラッサールが用いた言葉は何か，解答欄に記入しなさい。

問9　下線部hに関して，三公社のうち，2つの公社が1985年に民営化された。それらは何か，正式名称で解答欄に記入しなさい。

問10　下線部iに関して，内閣官房内に設置された部局は何か，解答欄に記入しなさい。

Ⅱ　次の文章を読んで，設問に答えなさい。なお，解答にあたっては，記述解答用紙を用いなさい。(30点)

市場とは，売り手である供給者と買い手である需要者が，価格を介して財やサービスの取引を行う場所である。特に，売り手も買い手も多数存在しており，財の同質性・情報の完全性・参入退出の自由を満たしている市場を，［①］市場という。価格には需給を調整する自動調節機能があり，超過［②］が発生している場合，需要と供給が一致するまで価格は下落し，超過［③］が発生している場合，需要と供給が一致するまで価格は上昇する。［①］市場では，価格の自動調節機能を通じて効率的な配分が達成されるが，このメカニズムが十分に機能しないことを［④］という。

需給が一致したときの均衡価格と均衡数量は，需要曲線と供給曲線の交点にあたる均衡点で表すことができる（以下では縦軸が価格を表し，横軸が数量を表すグラフを想定する)。価格や数量以外の要因が変化すると，需要曲線と供給曲線は左右にシフトするため，均衡価格と均衡数量も変化する。例えば，一般的な商品を考えると，人口が減少すると，価格が変わらなくても買いたいと思う人が減るため，需要曲線は

[(i)] へシフトする。また，生産性が上昇すると，同じ価格で以前よりも多く供給可能となるため，供給曲線は [(ii)] へシフトする。

市場で取引される財やサービスは多岐に及んでおり，例えば小麦市場や株式市場など，取引される財やサービスの名前をつけて，各市場を区別して呼ぶ。以下では労働力が取引される労働市場について考えよう。労働市場では，一般に供給者は [(iii)] であり，需要者は [(iv)] である。価格は賃金を表す。労働市場においても [①] 下では価格の自動調節機能が働き，需給の調整が行われる。例えば，図1において，賃金が P_1 のとき，超過 [②] が発生しており， [(v)] が発生している。一方で，賃金が P_2 のとき，超過 [③] が発生しており， [(vi)] が発生している。このような状況においては，需給が一致するまで賃金は変化する。

それでは，労働市場において需要曲線と供給曲線はどのような場合に変動するだろうか。はじめに供給側に着目してみよう。例えば近年の日本では，少子高齢化に伴う将来の労働力不足が懸念されてきた。<u>労働人口の減少は，同一賃金でも供給される労働量を変化させるため，供給曲線をシフトさせる要因となる。</u>[a] 労働力不足への対策として，<u>女性や高齢者らの労働参加促進が取り組まれている。</u>[b] また，日本の一般労働者の労働時間は歴史的に長く，過労死やサービス残業が問題視されてきた。2018年には長時間労働の是正などを目指した [⑤] 関連法が制定され，労働環境の改善への取り組みが行われている。<u>こうした働く意欲の向上をもたらす取り組みも，供給曲線をシフトさせる要因となる。</u>[c] 最後に，需要側に目を向けよう。近年では，人口知能やロボット等の発達により生産の自動化が進み，これらの新しい生産技術が労働力に取って替わる（つまり代替する）のではないかと懸念が高まっている。このような現象は近年に限ったことではなく，19世紀前半のイギリスにおいては，機械に仕事を奪われることを恐れた労働者が [⑥] 運動という機械打ち壊し運動を行った。<u>こうした新しい生産技術は雇用主が雇う必要のある労働量を変化させるため，需要曲線をシフトさせる要因となる。</u>[d]

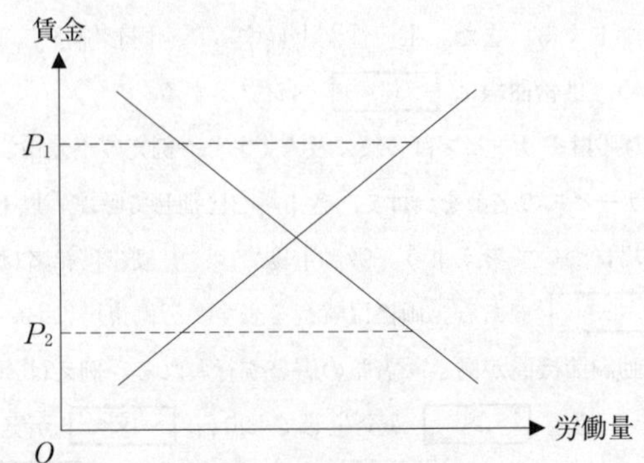

2つの実線は労働の需要曲線と供給曲線のいずれかを示している。

図1

問1　文中の空欄 ① ～ ⑥ にあてはまる適切な語句を解答欄に記入しなさい。空欄 ② と ③ には，「需要」と「供給」のいずれかを記入しなさい。ただし，同じ番号の空欄には同じ語句が入る。

問2　文中の空欄 (i) と (ii) にあてはまる適切な語句の組み合わせを，次の4つの選択肢A～Dのなかから1つ選び解答欄に記入しなさい。

A.(i) 左　(ii) 右
B.(i) 左　(ii) 左
C.(i) 右　(ii) 右
D.(i) 右　(ii) 左

問3　文中の空欄 (iii) ～ (vi) にあてはまる適切な語句の組み合わせを，次の4つの選択肢A～Dのなかから1つ選び解答欄に記入しなさい。

A.(iii) 企業　(iv) 家計　(v) 失業　(vi) 人手不足
B.(iii) 家計　(iv) 企業　(v) 失業　(vi) 人手不足
C.(iii) 企業　(iv) 家計　(v) 人手不足　(vi) 失業
D.(iii) 家計　(iv) 企業　(v) 人手不足　(vi) 失業

問4　下線部aの通り，労働人口の減少によって供給曲線がシフトした結果，新たな均衡点として最も適切なものを，図の4つの選択肢A～Dのなかから1つ選び解答欄に記入しなさい。

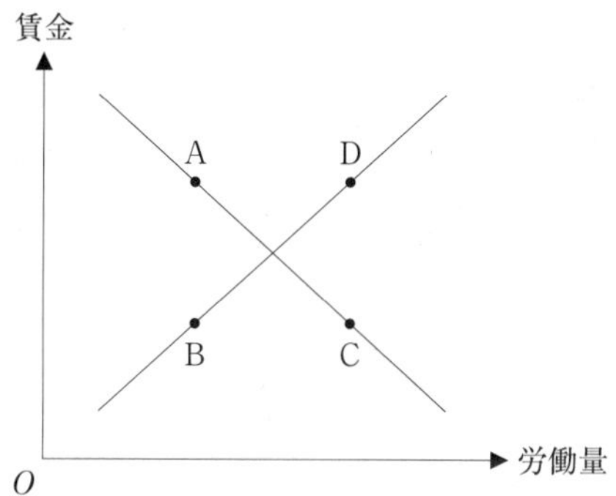

問5　下線部bに関連して，女性が社会進出しやすい環境を整えるため，1985年に制定された職場における性別による差別を禁止した法律の名前を解答欄に記入しなさい。

問6　下線部cの通り，労働意欲の向上によって供給曲線がシフトした結果，新たな均衡点として最も適切なものを，図の4つの選択肢A～Dのなかから1つ選び解答欄に記入しなさい。

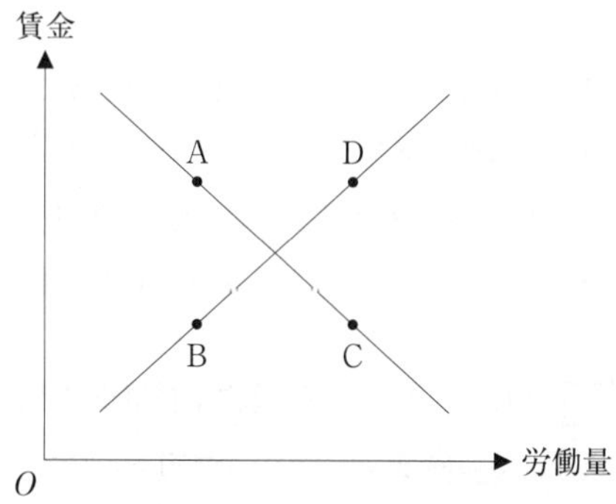

問7　下線部dの通り，新しい生産技術の登場によって需要曲線がシフトした結果，

新たな均衡点として最も適切なものを，図の4つの選択肢A～Dのなかから1つ選び解答欄に記入しなさい。ただしここでは，新しい生産技術は労働力を補い生産性を向上させることなく，代替だけ行うものとする。

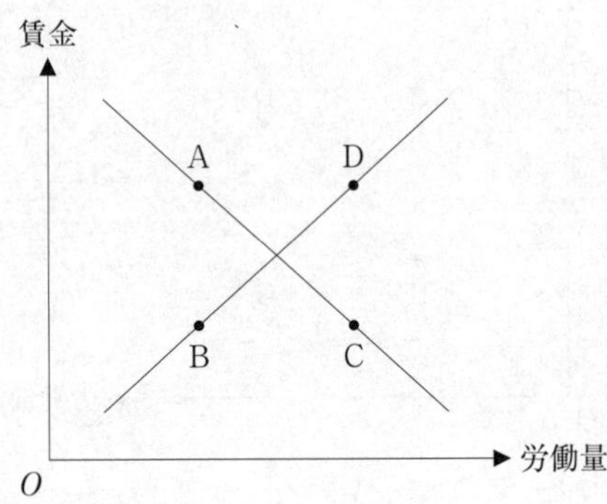

Ⅲ　次の文章を読んで，設問に答えなさい。なお，解答にあたっては，マーク解答用紙を用いなさい。(30点)

市場が有効に機能するためには，市場で自由な競争が行われ，市場への参入と市場からの退出が自由であることなどの条件が必要である。しかしながら，現実には，市場が有効に機能しない現象がみられる。市場を有効に機能させない財・サービスの例として次のようなものがある。

その財・サービスは，ある人が消費しても，他の人の消費できる量が減ることなく，多くの人が同時に消費できる性質をもつ。そのような性質は［　①　］とよばれる。また特定の人の消費を妨げることができないという性質をもつ。そのような性質は［　②　］とよばれる。そのような2つの性質をもつ財・サービスは一般的に<u>公共財</u>(a)とよばれている。

公共財は，［　②　］の性質があるので，費用を負担せずに利用する人が存在してしまうという問題があり，<u>その問題</u>(b)のせいで，公共財を市場で供給すると過少になる。

例えば，ある公共サービスXがあった場合，そのサービスを供給するための費用が10万円かかるとし，そのサービスを受ける人が500人いたとする。そのサービスを受ける人たちの中で，400人がその便益を1000円であると評価し，100人が0円であると評価したとする。そのサービスを受ける人たちの評価の合計がその費用以上であるならば，そのサービスXを供給するとする。この場合，評価の合計は［③］円で費用が10万円であるので，評価の合計と費用の差は［④］円となる。したがって，この公共サービスは供給されることになる。各人の評価の値を自己申告してもらい，c<u>その値に基づいて費用を負担</u>してもらった場合，d<u>公共財の上記の性質から誰も正しい評価額を申告しない方が得である</u>。また，1000円の評価額の人たちに300円の支払いを求めた場合，1人あたり［⑤］円の得となるが，1000円の評価額の人たちは0円と申告した方がより高い［⑥］円の得となるので，この場合も誰も正しい評価額を申告しなくなり，このサービスは供給されなくなってしまう。

しかしながら，そのような性質をもつ財・サービスの中には，社会的に必要な財・サービスが存在する。そこで，一般的には［⑦］が公共財を供給する。このような［⑦］の経済活動を財政政策という。

財政政策の中には，公共財の他に，所得格差を是正するような［⑧］や，景気の過熱や冷え込みを抑えるため，［⑦］が公共投資や増減税を行って裁量的に総需要を管理する［⑨］がある。e<u>景気の調整や物価の安定というような複数の政策目標を同時に達成するためには，財政政策だけでは不十分で金融政策などの各種政策をうまく組み合わせる</u>ことがあるが，このように複数の政策を組み合わせることを［⑩］とよぶことがある。

問1　文中の空欄［①］にあてはまる適切なものを，次の4つの選択肢A～Dのなかから1つ選びマーク解答用紙にマークしなさい。

A．非競合性

B．非整合性

C．非最適性

D．非排除性

問2　文中の空欄［②］にあてはまる適切なものを，次の4つの選択肢A～Dのなかから1つ選びマーク解答用紙にマークしなさい。

A．非整合性

B．非競合性

C．非排除性

D．非最適性

問3　文中の空欄 ③ にあてはまる適切なものを，次の4つの選択肢A～Dのなかから1つ選びマーク解答用紙にマークしなさい。

A．10万

B．20万

C．30万

D．40万

問4　文中の空欄 ④ にあてはまる適切なものを，次の4つの選択肢A～Dのなかから1つ選びマーク解答用紙にマークしなさい。

A．10万

B．25万

C．30万

D．35万

問5　文中の空欄 ⑤ にあてはまる適切なものを，次の4つの選択肢A～Dのなかから1つ選びマーク解答用紙にマークしなさい。

A．350

B．400

C．550

D．700

問6　文中の空欄 ⑥ にあてはまる適切なものを，次の4つの選択肢A～Dのなかから1つ選びマーク解答用紙にマークしなさい。

A．800

B．850

C．900

D．1000

問7　文中の空欄 ⑦ にあてはまる適切なものを，次の4つの選択肢A～Dのなかから1つ選びマーク解答用紙にマークしなさい。

A．政府

B．商社

C．メーカー

D．銀行

問8 文中の空欄 ⑧ にあてはまる適切なものを，次の4つの選択肢A～Dのなかから1つ選びマーク解答用紙にマークしなさい。

A．所得の再分配政策

B．所得の再安定化政策

C．所得の再調整政策

D．所得の再拡大政策

問9 文中の空欄 ⑨ にあてはまる適切なものを，次の4つの選択肢A～Dのなかから1つ選びマーク解答用紙にマークしなさい。

A．ポリシー・ミックス

B．フィスカル・ポリシー

C．パブリック・ポリシー

D．マネタリー・ポリシー

問10 文中の空欄 ⑩ にあてはまる適切なものを，次の4つの選択肢A～Dのなかから1つ選びマーク解答用紙にマークしなさい。

A．ポリシー・ミックス

B．フィスカル・ポリシー

C．パブリック・ポリシー

D．マネタリー・ポリシー

問11 下線部aに関連して，公共財の2つの性質を満たす財・サービスとして<u>適切でないものを</u>，次の4つの選択肢A～Dのなかから1つ選びマーク解答用紙にマークしなさい。

A．国防

B．灯台

C．一般道路

D．図書館

問12　下線部 b に関連して，一般的にそのような問題の呼称として適切なものを，次の４つの選択肢Ａ～Ｄのなかから１つ選びマーク解答用紙にマークしなさい。

A．逆選択問題

B．隠された行動問題

C．ただ乗り問題

D．二律背反問題

問13　下線部 c に関連して，その財・サービスから利益を受ける人が費用を負担する原則の名称として適切なものを，次の４つの選択肢Ａ～Ｄのなかから１つ選びマーク解答用紙にマークしなさい。

A．応能負担の原則

B．衡平負担の原則

C．平等負担の原則

D．応益負担の原則

問14　下線部 d に関連して，売り手と買い手でもっている情報が異なることの名称として適切なものを，次の４つの選択肢Ａ～Ｄのなかから１つ選びマーク解答用紙にマークしなさい。

A．情報の多様性

B．情報の多価性

C．情報の非対称性

D．情報の異質性

問15　下線部 e に関連して，『雇用・利子および貨幣の一般理論』の著者として適切な人物を，次の４つの選択肢Ａ～Ｄのなかから１つ選びマーク解答用紙にマークしなさい。

A．フリードマン

B．ケインズ

C．マルクス

D．アダム・スミス

数学

（60 分）

（注）　満点が 100 点となる配点表示になっていますが，学部別選抜大学入学共通テスト併用方式の満点は 150 点となります。

I　次の各問いに答えよ。答えは結果のみ解答欄に記入せよ。なお，答えが分数になる場合は既約分数で答えよ。（36 点）

(1)　整式 x^3+ax^2+bx-3 が x^2+x-6 で割り切れるとき，定数 a，b の値を求めよ。

(2)　E, C, O, N, O, M, I, C, S の 9 文字を並べ替えて作ることのできる文字列の個数は，C, O, M, M, E, R, C, E の 8 文字を並べ替えて作ることのできる文字列の個数と比べて何倍あるか。

(3)　$0 \leqq x \leqq \dfrac{\pi}{2}$ のとき，次の関数が最大となる x の値を求めよ。

$$y=\sin^2 2x+2\cos^2 x$$

(4)　次の 3 つの数 A, B, C を小さい方から順に並べよ。（答えは A, B, C を使って書くこと。）

$$A=\frac{1}{2}\log_2\left(\frac{1}{2}\right),\quad B=\frac{1}{3}\log_2\left(\frac{1}{3}\right),\quad C=\frac{1}{6}\log_2\left(\frac{1}{6}\right)$$

(5)　2 つのベクトル $\vec{a}, \vec{b}$ について，$\vec{a}+\vec{b}=(3,4)$, $\vec{a}-\vec{b}=(1,2)$ であるとき，$|2\vec{a}-3\vec{b}|$ の値を求めよ。

(6)　次の定積分の値を求めよ。

$$\int_0^4 |x^2-2x-3|\,dx$$

II　正の整数 a を入力すると 0 以上 a 以下の整数のどれか 1 つを等しい確率で出力する装置がある。この装置に $a = 10$ を入力する操作を n 回繰り返す。出力された n 個の整数の和が偶数となる確率を p_n，奇数となる確率を q_n とするとき，以下の問いに答えよ。(32 点)

(1)　p_1，q_1 を求めよ。答えは既約分数にし，結果のみ解答欄に記入せよ。

(2)　p_{n+1} を p_n，q_n を用いて表せ。

(3)　p_n を n の式で表せ。

III　O を原点とする座標空間内に点 $\mathrm{A}(a, 0, 0)$，$\mathrm{B}(0, b, 0)$ と線分 AB 上を動く点 P がある。ただし，a，b は正の定数とする。P を通り x 軸に垂直な直線と x 軸との交点を Q，P を通り y 軸に垂直な直線と y 軸との交点を R とする。長方形 OQPR を底面とし，高さが OQ の長さに等しい直方体の体積を V とおく。P の座標を $\mathrm{P}(x, y, 0)$ とするとき，以下の問いに答えよ。(32 点)

(1)　y を x を用いて表せ。

(2)　V を x を用いて表せ。

(3)　P が線分 AB 上を動くとき，V の最大値を求めよ。また，そのときの P の座標を求めよ。

C　趣向のしかたは特殊なものであって
D　茶の湯の趣味とは違う分野において
E　執心する風雅の世界は格別なもので

〔問四〕　傍線(7)「花色衣」とはどのようなことの比喩か。もっとも適当なものを左の中から選び、符号で答えなさい。

A　倹約とは無縁な服装
B　実を結ばない空疎さ
C　浮ついて華美な様子
D　不正を許容する世相
E　流行へのとまどい

〔問五〕　傍線(8)「いかなるいとまおはしましてこの道にさへおりたちたまひけん。」の解釈としてもっとも適当なものを左の中から選び、符号で答えなさい。

A　どんなに暇がおありになったところでこの道にまで踏み込むことはありえません。
B　いつ公的な仕事からお離れになって普通の生活にもお親しみになったのだろうか。
C　どのような期間を修練にお当てになって政治の道をもお究めになったのだろうか。
D　どれくらいのゆとりがおありになって歌道にまで手をお染めになったのだろうか。
E　あらゆる時間を費やしなさって自分の信じる道にまでお進みになったのだろう。

〔問六〕　傍線(9)「すきのかたはことなるものにて」の解釈としてもっとも適当なものを左の中から選び、符号で答えなさい。

A　好みの詠み方は他と異なっていても
B　得意な手法はそれぞれ個別であって

(4)「をさをさ」
A　めったに
B　おとなげ
C　しっかり
D　まさか

〔問二〕次のア～エについて、傍線(5)「荻の葉の身にしむよりも」の歌についての説明として正しいものにはA、正しくないものにはBの符号で答えなさい。

ア　いち早く赤く色づいて秋の到来を告げる荻の葉はその華やかさを詠むことが和歌の約束である。
イ　咲き誇っていた桜が春風に吹かれて静かに花を散らしていく夕暮れの寂しさを主題としている。
ウ　「花にこゑなき」とは、美しい女性の形容「もの言う花」という表現を踏まえたものである。
エ　「身にしむ」とは、荻の葉を吹き渡る秋風の音を聞いて寂しさがつのることを表現している。

〔問三〕傍線(6)「より」の説明としてもっとも適当なものを左の中から選び、符号で答えなさい。

A　空間や時間の起点を示す。
B　即時であることを示す。
C　動作の手段を示す。
D　比較の基準を示す。
E　原因や理由を示す。

〔問二〕 傍線⑴「はたらきのかなはぬ」・⑵「言問ひ」・⑶「かどひ」・⑷「をさをさ」の意味としてもっとも適当なものを、それぞれ左の各群の中から選び、符号で答えなさい。

⑴ 「はたらきのかなはぬ」

A 意味がはっきりしない
B 敬語が適切ではない
C 活用が正しくない
D 表現力に乏しい

⑵ 「言問ひ」

A 結婚を申し込むこと
B あいさつをすること
C 会話をすること
D 質問をすること

⑶ 「かどひ」

A かすめ取り
B ごまかし
C 黙認し
D 誇張し

そもそもこの少将の君よ、後の世にはありがたき賢相におはしまして、久しく天の下の政まうしたまひ、奢りをしぞけ弊をはぶき、人の心の(7)花色衣をまめなるかたに染めあらためさせたまへりしみいさをは、今もたれかは仰がざらん。(8)いかなるいとまおはしましてこの道にさへおりたちたまひけん。

心あてに見しゆふがほの花ちりてたづねぞわぶるたそかれの宿

と詠みたまへりしより、待宵の侍従、夜比の正広などのふることをためしにて、たそかれの少将とあだ名付けまゐらせしは、口さがなき京わらんべのしわざなるべし。さしも世のかためとおはしまし君なれど、(9)すきのかたはことなるものにて、さる歌詠みどもと同じやうに言ひはやされたまへるもいとをかし。ただしゆふがほよりは荻の葉ぞたけも高く意も深ければ、おなじくはゆふぐれの少将とぞ言ひ替へたてまつらまほしき。

（近藤芳樹『寄居歌談』による）

注　抄物……注釈書。　白川少将……松平定信。「花月百首」はその家集。

後鳥羽のみかどの水無瀬川の御製……見わたせば山もとかすむ水無瀬川夕べは秋となに思ひけむ（新古今和歌集）。

宝徳三年の百番歌合……宝徳三年（西暦一四五一年）八月十一日、祐雅判で行われた歌合。

奪体換骨……換骨奪胎（既存の作品を利用して独自の作品を作ること）と同じ。

待宵の侍従……「待つ宵のふけゆく鐘のこゑきけばあかぬ別れの鳥は物かは」という即吟が有名になり大宮小侍従は待宵の小侍従と呼ばれるようになったという話が残る。

夜比の正広……室町時代の歌僧正広は代表作「小簾のとにひとりや月の更けぬらん日比の袖の涙たづねて」から「日比の正広」と呼ばれていたが、それをもじって「夜比の正広」と戯れたという話が残る。

三　次の文章を読んで、後の問に答えなさい。（30点）

古き人の言の葉には、てにをはのたがへりと見ゆるも、(1)はたらきのかなはぬとおぼゆるもいと少なし。八代集さばかりおほかる歌どもなるを、わづかにひとつふたつならではなきにても知るべし。万葉にはかへりていかにぞや聞こゆる、ここかしこに見ゆ。さるは写し誤りなどにやあらん。近ごろにいたりても、常の(2)言問ひはさすがにさとびながらも、てにをは、はたらきともにととのへるは、をさなき時より言ひなれたればなるべし。歌は、乱れ世の後いたく衰へて、詠む人も少なくなりはてしかば、たまさかに一首ひねり出（い）だすとても、あまたの抄物をくりかへしつつ、ここの趣きを(3)かどひ、かしこの詞（ことば）を盗まんとするほどに、おのが心よりおこれるは(4)をさをさなくて、ことごとく古人の借り物なるからに、うち合はぬてにをは、はたらきの出でくるもことわりぞかし。常の言問ひとて歌とて、何の異なるけぢめかあるべき。みな心よりおこりてのんどをへ、口に出づる言の葉にこそあれ。さればおこたらずたしなみて、花につけ月につけ、情けをはこばし詠みならはば、いつとなく常の言問ひと同じやうになりぬべくこそ。

白川少将の君の花月百首の中に落花、

(5)荻（をぎ）の葉の身にしむよりも春風の花にこゑなきゆふぐれの庭

春のゆふべの物さびしきさまを、いとめづらしくのたまひおふせたり。後鳥羽（ごとば）のみかどの水無瀬（みなせ）川の御製（ぎよせい）などをはじめ、秋のゆふべよりも、春のゆふべをあはれなるさまに詠めるも代々の集どもに少なからねど、これはことにめでたければ抜き出だしつ。

宝徳三年の百番歌合（あはせ）に式部卿（きやう）宮の、

秋風の音聞く(6)よりも荻の葉のみるめさびしきゆふぐれの雨

と詠みたまへるを見て思ひよらせたまへるや。さらばいはゆる奪体換骨にぞあるべき。またはおのづから似かよへるにや。

A　狂気を主題とした詩を書くことで芸術では理性より狂気のほうが本質的だと示した。
B　狂気を解放する社会運動により社会から排除された狂気をふたたび人目に触れさせた。
C　理性では乗り越えられない狂気の存在を狂人の振る舞いをすることによって示した。
D　理性の裏面を考察することで社会から排除された狂気をふたたび人目に触れさせた。
E　理性によって乗り越えることが不可能な狂気の存在を己自身と作品で全面的に示した。

〔問五〕　傍線(5)「フロイトにおける真理」とあるが、本文中でこの真理はどのようなものとされているか。もっとも適当なものを左の中から選び、符号で答えなさい。

A　狂気のなかではなく平凡で些細な表象の限界において裂け目として出現する真理。
B　「正常」から疎外された統合失調症のような狂気のなかに出現する狂った真理。
C　近代的自己の裏面にあって理性や自我の側に回収されることが可能な真理。
D　平凡で些細な表象においてこそあらわれる理性と狂気の関係という真理。
E　統合失調症の症状ではなくヒステリーや強迫神経症の症状に関する真理。

うとするのだから、狂気を抑え込む「統覚」の機能があるはずだと論証した。

C　〈私〉は自我障害のような狂気の可能性から逃れるために、「私は考える」がすべての表象にともなうように努力するのだから、狂気を抑え込む「統覚」の機能があるはずだと論証した。

D　「私のもの」というラベルが貼られていない表象が〈私〉の頭にあれば〈私〉の精神が分裂してしまうので、人間の「正常」な認識には感性を統合する「統覚」の機能があるはずだと論証した。

E　「私のもの」というラベルが貼られている表象が〈私〉の頭にないと〈私〉の精神が分裂してしまうので、人間の「正常」な認識には感性を統合する「統覚」の機能があるはずだと論証した。

〔問三〕　傍線(3)「ヘーゲルの哲学」とあるが、本文中でこの哲学は狂気との関連においてどのようなものとされているか。もっとも適当なものを左の中から選び、符号で答えなさい。

A　狂気を理性の本質を示すものとみなして狂気が示す矛盾をそのまま受け入れる哲学。

B　狂気を依然として現存する理性のなかでの矛盾とみなして否定し退けようとする哲学。

C　近代人はそう遠くない未来に精神の傷としての狂気を取り除くことができるとする哲学。

D　理性の喪失としての狂気を残存する理性によって傷痕をとどめることなく癒そうとする哲学。

E　理性のなかにまだ現存する矛盾としての狂気を弁証法的な運動により乗り越えようとする哲学。

〔問四〕　傍線(4)「この狂気の詩人」とあるが、本文中でヘルダーリン自身は狂気に関して何をしたとされているか。もっとも適当なものを左の中から選び、符号で答えなさい。

ヘーゲル……ドイツの哲学者（一七七〇～一八三一）。　フーコー……フランスの哲学者（一九二六～一九八四）。

ジル・ドゥルーズ……フランスの哲学者（一九二五～一九九五）。　フィヒテ……ドイツの哲学者（一七六二～一八一四）。　ヘルダーリン……ドイツの詩人（一七七〇～一八四三）。　エクリチュール……書くこと、書かれたもの。

フロイト……オーストリアの精神科医（一八五六～一九三九）。

〔問一〕　傍線(1)「デカルトの「コギト」」とあるが、本文中でこのコギトはどのようなものとされているか。もっとも適当なものを左の中から選び、符号で答えなさい。

A　非理性という悪霊がなくなってしまわないと、理性が存在しえないということを示すもの。

B　非理性という悪霊につきまとわれている可能性に、誤認によって絶えず苛まれてしまっているもの。

C　非理性という悪霊を排除することによって、近代的で理性的な主体を確実なものとして立ち上げるもの。

D　非理性という悪霊に取り憑かれながらも、理性をその狂気から切り離して純化することを可能にするもの。

E　非理性という悪霊に取り憑かれているのではないかという疑いを、〈私〉の確実性の根拠に据えようとするもの。

〔問二〕　傍線(2)「「統覚」の機能」とあるが、本文中でカントはこの機能の存在をどのように論証したとされているか。もっとも適当なものを左の中から選び、符号で答えなさい。

A　〈私〉は自我障害のような狂気の可能性を恐れて、「私は考える」という理性の働きにより「正常」な認識を保とうとするのだから、狂気を抑え込む「統覚」の機能があるはずだと論証した。

B　〈私〉は自我障害のような狂気の可能性から出発して、「私は考える」という理性の働きにより「正常」な認識に至ろに狂った真理を出現させようとするのではなく、むしろより平凡で些細な現象（たとえば、「夢」や、言い間違いや度忘れをはじめとする「失錯行為」、笑いを生み出すような「機知」、そして生活の苦痛を生み出すけれども理性を毀損することのない神経症の「症状」）にみられる言語の運動のなかに真理を出現させようとした点にあるのだ。

それゆえ、(5)フロイトにおける真理は、単に近代的自己の裏面にあるものとしての狂気によって提示され、ともすれば理性や自我の側に回収されるようなものではなく、むしろ、表象可能性の限界において、己自身をどこまでも執拗に示しつづける裂け目としてあらわれるものとなるだろう。周知のとおり、フロイトは、『夢解釈』、『日常生活の精神病理学』、『機知――その無意識との関係』、『ヒステリー研究』といった初期の著作において、それぞれ夢、失錯行為、機知、症状を論じる際に、言葉遊びにも似た言語の運動に例外なく注目している。たとえば、ある女性が抱いていた、会食の場に「ちゃんとrecht登場することAuftreten」ができないかもしれないという不安が、本人も知らないうちに「右のrecht足を踏み出すことAuftreten」への恐怖へと転化され、このような言語の戯れが「右足の激痛」という身体症状を生み出すという症状形成のメカニズムがそれにあたる。そして、フロイトを注意深く読むならば、それらの言語の運動のうちのもっとも意義深い事例は、裂け目としての真理、「表象不可能なもの」としての真理をめぐって展開されているのである。

（松本卓也『享楽社会論　現代ラカン派の展開』による）

注　ジャック・デリダ……フランスの哲学者（一九三〇～二〇〇四）。　デカルト……フランスの哲学者（一五九六～一六五〇）。　コギト……「私は考える」という自己意識。　カント……ドイツの哲学者（一七二四～一八〇四）。　超越論的……先験的。経験に先立ち経験を可能にしているものの形容。　統覚……感性的直観を自己意識として統合し統一する作用。　弁証法……揚棄に基づく思考法。揚棄とは矛盾する二つの概念をより高次の段階で統一すること。

学の創始を印付ける、「狂人の大解放」を行った人物である——は、狂気のなかにはいまだ理性的な部分が残っているとする「部分狂気」という考えにもとづき、残存する理性によって狂気を乗り越えることを自身の治療技法の基礎として位置づけた。つまり、ヘーゲルとピネルにあっては、狂気とは理性の喪失ではなく、むしろ理性に対する否定性、すなわち「依然として現存する理性のなかでの矛盾」にすぎない。それゆえ、狂気とは理性の本質を示すものにほかならないことになり、さらには狂気を揚棄することも可能になるのである。こうして、フーコーが近代精神医学に見出した人間と狂気とのあいだのきわめて独特な関係が、一九世紀以降の狂気観を支配することになる。

だが、ヘーゲルの目論見とは反対に、狂気は理性に回収されることを拒んだようである。『差異と反復』におけるある印象的なパッセージのなかでジル・ドゥルーズが示唆しているように、カントの哲学のなかにみられた近代的自己の危機——カント以降、とりわけフィヒテやヘーゲルによって閉じられてしまったあの危機——を開いたのは、ヘーゲルの同級生であり親友でもあったヘルダーリンであった。(4)<u>この狂気の詩人</u>は、理性によって乗り越えることが不可能な狂気の存在を、己の身体とエクリチュールにおいて全面的に証言し、狂気をふたたび触知可能なものとした異例の人物である。フーコーによれば、ヘルダーリンのような「狂気の文学」の登場は、一七世紀以降のヨーロッパで行われてきた「狂人の監禁」という原理的選択が、いわば「排除されたものの回帰」のように再来してきたものなのである。

さて、フロイトもまた、このような人間と狂気のあいだの独特の関係が可能になった時代を生きた人物である。だが彼は、狂気のなかに見まごうことのないような仕方で提示された理性の裏面を直接取り扱おうとはしなかった。狂気にヘルダーリン——彼の狂気は精神病、すなわち統合失調症であった——のように性急に接近するのではなく、より穏当な症状を呈するヒステリーや強迫神経症といった神経症を介して、いわば理性のなかに垣間見える裂け目にねばりづよく接近しようとしたことが、フロイトの革命であった。言い換えるならば、彼の新しさは、精神医学のように狂気を疎外し、その疎外形態としての狂気のなかでなければ、じぶんに意識されている表象を有するのと、おなじだけさまざまに色づけられて、あいことなった自己を私はもつことになるだろう（…）。

パラフレーズしておこう。人間の「正常」な認識は、頭のなかに湧き上がるあらゆる表象に「私のもの」というラベルを貼ることによって成立している。たとえば、〈私〉が頭のなかで考えた言葉あるいは〈私〉に生じた感情や空想は、すべて〈私〉が考えたもの（＝私のもの）である。では、もし、「私のもの」というラベルが貼られていない表象があったとすれば、どうなるだろうか。そのとき、私の頭のなかでは、誰か別の人が考え、話す――つまりは、幻聴や考想吹入のような自我障害が生じる――ということになり、さらには〈私〉そのものの精神が分裂することになってしまうにちがいない。そうカントは主張しているのである。だとすれば、狂気ではない私たち人間の「正常」な認識には、狂気を抑え込む「統覚」というメカニズムが備わっているはずである。このように論証を進めるカントもまた、狂気の可能性から出発して人間の真理を獲得しようとする弁証法的な運動に依拠していたと言えるだろう。この意味で、カントが「脳病試論」や『実用的見地における人間学』のなかで狂気に興味をもち、その分類を試みたことは一種の理論的必然でもあった。カントが見いだしたものが近代的自己の構造であったとするならば、その構造の発見は、近代的自己を確固たるものとすることを可能にするとともに、その自己なるものが故障しうること、狂いうることをその構造的必然として抱え込んでいることを同時に抉りだしてしまったのである。

(3)ヘーゲルの哲学は、デカルトの「コギト」に取り憑いていた狂気、そしてカントの「統覚」の裏面に潜んでいた狂気を、弁証法的な運動によって乗り越えようとするものであったと言える。彼は、「精神の傷（＝狂気）というものは、傷痕をとどめることなしに癒えるものである」と考えた。近代人の理性は、そう遠くない未来に、狂気を克服することができる。ヘーゲルの体系はそのような確信を可能にした。ちょうど同じ時期に、彼よりやや年長の医師フィリップ・ピネル――彼こそは、近代精神医

オ　浅薄な多様性推進策に問題があることは、様々な組織や企業の事例を検討することによってすでに社会の共通認識となっており、今やその限界を乗り越える方策を具体的に考える段階にある。

二　次の文章を読んで、後の問に答えなさい。（20点）

ジャック・デリダが指摘しているように、(1)デカルトの「コギト」は、非理性（悪霊）を排除することによって近代的で理性的な主体を確実なものとして立ち上げるものであったというよりも、非理性につきまとわれている可能性に絶えず苛まれているものであった。言い換えれば、「コギト」とは、亡霊のような非理性の取り憑きを自覚し、むしろそのこと（「われ疑う」）を〈私〉の確実性の根拠に据えようとするものであった。つまり、〈私〉は非理性（悪霊）を排除することができないがゆえに――実際、彼は『省察』のなかでメランコリー性の狂気の事例を参照している――存在しうるのであり、「コギト」は人間の理性を狂気から切り離して純化することを可能にするどころか、理性が狂気なくしては存在しえないことを示すものですらあったのである。カントもまた、『純粋理性批判』のなかで感性を統合する超越論的な(2)「統覚」の機能について検討する際に、精神医学者ならば統合失調症の幻覚や自我障害と呼びたくなるような狂気の現象を次のように参照している。

> 「私は考える」が、私の表象のすべてにともなうことが可能でなければならない。そうでなければ、まったく思考されることのできないものが私に表象されることになるからである。（…）ある直観において与えられている多様な表象は、それが総じてひとつの自己意識にぞくするのでなければ、総体として私の表象であることにはならないだろうからである。（…）そう

ことで、あらゆる差別や不平等の解消という難題を引き受けて試行錯誤すること。

C　多様性推進策の効果と限界を検討し、差別や不平等に直面する当事者や支援者の経験談を傾聴するなどして、社会の制度や構造に内在する諸問題を解明し、課題の解決に一つずつ取り組んでいくこと。

D　多様性推進策を実施している様々な組織が、批判的視点を備えた研究者たちと対話を重ね、今後の取り組みのあり方や、多様性という語が抱える矛盾を克服するような新たなビジョンを模索すること。

E　様々な立場の組織が集まり、「多様性と調和」というビジョンの持つ否定的な効果や見落とされやすい問題点について批判的に検討しながら、多様性奨励の実践はどうあるべきか真剣に議論すること。

〔問七〕　次のア～オのうち、本文の趣旨と合致しているものに対してはA、合致していないものに対してはBの符号で答えなさい。

ア　コロナ禍により世界各地で格差の存在があぶり出され、BLM抗議運動の高まりを契機として、制度的な人種差別や構造化された不平等を解消する取り組みが不可逆的に進行している。

イ　不平等や差別をもたらす差異には、ジェンダー、障害、エスニシティ、年齢、宗教、社会経済的背景など様々なものがあり、いずれの課題も取りこぼさずに解決することが理想である。

ウ　多様性の推進は、社会に調和をもたらすだけでなく文化や経済の観点でも利益があるが、差異をめぐる不平等や差別を解消する取り組みは、社会を分断する恐れがあり、様々な不利益を生む。

エ　多様性奨励の取り組みは、表面的な理解で進めるのでは不十分だが、差別や不平等が存在していることを直視し、多様性を構成する差異自体も多岐に渡ることに留意すれば、意義がある。

〔問五〕　傍線(8)「見落とされている根源的な問題」とあるが、筆者はどのような例を挙げているか。もっとも適当なものを左の中から選び、符号で答えなさい。

A　多様性の実現を目指すというが、日本には移民とその子孫、先住民など多様な出自や複合的な文化背景を持った人たちがすでに暮らしており、そこには過去も現在も不平等や差別があるという問題。

B　日本では、外国人材の雇用促進が高度な技能や資格を有する場合に限られており、技能を学びたい人の登用には積極的でないため、外国人材への対応をめぐる新たな差別が生まれているという問題。

C　オリンピック・パラリンピック競技大会において、組織委員会では女性が活躍し、ジェンダー平等推進の理念が掲げられたが、大会ビジョンは建前だけで、実際には男性中心の大会であったという問題。

D　BLM運動を支援したり参加したりした人々が日本にもいたが、日本にはアメリカのような人種差別は存在しないのだから、そもそも日本人は運動の当事者にはなり得ないはずだという問題。

E　性的マイノリティの人たちを社会的に承認し、従来は認められていなかった権利を付与する自治体はあるものの、それではむしろ性的マジョリティにとって不利益が生じかねないという問題。

〔問六〕　傍線(10)「多様性と対話していくこと」とあるが、その説明としてもっとも適当なものを左の中から選び、符号で答えなさい。

A　ジェンダー、LGBT／SOGI、障害、人種、エスニシティ、年齢、宗教に関する差別を禁ずる包括的な反差別法が制定されていないことを認識し、あらゆる差別や不平等の解消を目指すこと。

B　差異の包摂と排除の仕組みを真剣に分析し、世界各国で採用されてきた多様性推進策の効果と限界の両面を検証するい場合が多いが、文化的差異は積極的に受け入れるから。

D　多様性の奨励は経済的な生産性と結び付けられており、必ずしも生産性を向上させるものではないと見なされる文化的差異の受容は、最大効率化の観点から制約を受けるから。

E　多文化主義へのバックラッシュが起き、食べ物やファッション、音楽、ダンスといった文化的差異の移入が既存の力関係を覆す可能性が認識され、危機感を持つ人が増えるから。

〔問四〕　傍線(6)「この陥穽」とあるが、その説明としてもっとも適当なものを左の中から選び、符号で答えなさい。

A　D&Iの背景にBLMの問題があることは隠されているため、D&Iに魅力を感じて集まった人はBLMへと巧妙に誘導されてしまうという落とし穴。

B　差異や不平等の現実を直視することは社会を分断する脅威になるという意識が原因で、様々な問題を不可避的に無視してしまうという落とし穴。

C　管理経営や市場などの観点から多様性推進を語るうちに、社会的不平等の解消に向けた取り組みに潜むリスクを忘れてしまうという落とし穴。

D　多様性の推進という語の肯定的な印象に惑わされ、多様性を構成する差異が差別構造や格差のなかにあることを見失ってしまうという落とし穴。

E　不平等是正や反人種主義などの理念を隠して多様性という語が使われるため、気づかないうちにそうした課題に取り組まされてしまうという落とし穴。

A　ビジネスにおけるダイバーシティへの配慮という目標が設定されることにより、公権力が行った人種差別に対する抗議を人々がすっかり忘れてしまったという問題。

B　D&IがBLMの隠れ蓑になることで、真正面から取り組むべき人種差別の問題がぼやかされ、その撤廃という課題がいつまでも先送りにされてしまうという問題。

C　多国間での人の移動が活発化し社会の多様性がさらに複雑な様相を呈するなか、差異を持つ集団の過度な受け入れは社会の分断につながるとして危険視されるという問題。

D　多様性を形作る様々な差異は、植民地主義の歴史と近代の「国民」構築での包摂と排除の力学のなかで、常に不平等や差別と結び付けられてきたという問題。

E　多様性を尊重すべきだという考えは浸透したが、特定の差異を持つ人が特定の目的のために活用されるだけで、構造化された不平等や差別は解消されていないという問題。

〔問三〕　傍線(3)「多様性／ダイバーシティの奨励・推進が文化差異の管理や封じ込めと結び付いている」とあるが、その理由としてもっとも適当なものを左の中から選び、符号で答えなさい。

A　社会を動かす多数派の人々は、社会の支配的な規範と価値を移民やエスニックマイノリティにも共有させようとする傾向があり、文化的差異が流入してくることを許容しないから。

B　社会の中心的存在である多数派の人々は、消費の対象にできる文化的差異は受け入れるが、既存の力関係を覆し自らの特権をおびやかす可能性のある差異は排除するから。

C　多様性／ダイバーシティを推進する言説は、理想を掲げるだけで既存の社会構造や制度の変革に向けた実践を伴わな

〔問一〕 傍線(1)(4)(5)(7)(9)に相当する漢字を含むものを左の各群のA～Dの中から選び、それぞれ符号で答えなさい。

(1) ケイショウ
A ケイガイ化が懸念される　B ケイキが悪化する
C 何度もケイコクする　D ケイソウ中の事件

(4) レイク
A 深窓のレイジョウ　B 容姿タンレイ
C レイギ作法を学ぶ　D レイテツな判断

(5) コウケイ
A イッコウを要する　B テイコウを続ける
C 敵陣をコウリャクする　D コウハツのメーカー

(7) ゾクセイ
A ツウゾク的な考え　B 人気ドラマのゾクヘン
C 組織にキゾクする　D カゾク写真を撮る

(9) トウカン
A カンワ休題　B 彼の演奏はアッカンだった
C カンミンの人材交流　D 部品をコウカンする

〔問二〕 傍線(2)「現在の多様性の問題」とあるが、その説明としてもっとも適当なものを左の中から選び、符号で答えなさい。

いるのかにも目を向ける必要はないのだろうか。東京オリンピック・パラリンピック競技大会組織委員会は女性の新会長のもとで女性理事の割合を増やし、ジェンダー平等推進チームを立ち上げたが、大会ビジョンの「多様性と調和」で言及されている「肌の色、人種、性的指向、宗教」などに関する差別・不平等の是正についても積極的に発信し取り組むべきではないか。国連の人権諸機関から求められているジェンダー、LGBT／SOGI、障害、人種、エスニシティ、年齢、宗教に関する差別を禁止する包括的な反差別法の制定に着手せず、多様性をめぐる差別・不平等の問題と人権の保障に取り組む政策が発展していない日本では、すべての多様性／ダイバーシティ推進の取り組みはこの現状を注視し、ともに手を携えて変革していくことを目指して声を上げるべきではないのか。

こうした批判的検討は、多様性／ダイバーシティという言葉を使わないことや、それを奨励する取り組みをやめることを提起するものではない。批判はやみくもに否定することではないし、肯定と相容(あいい)れないものでもない。多様性／ダイバーシティの奨励をより建設的に前進させるためにも、多様性の包含をめぐる問題に真摯に向き合い、様々な経験に目を向け耳を傾けて、構造化・制度化された差別・不平等の複雑な作用を理解して、それを乗り越えていく方途を考え続けること、つまり、(10)多様性と対話していくことが必要不可欠なのである。

（岩渕功一「多様性との対話」〈岩渕功一編『多様性との対話』所収〉による）

注　アクティビスト……活動家。

　　多様性／ダイバーシティ……本文の筆者は、英語の diversity の日本語訳として、企業・組織による推進に関係する場合は「多様性／ダイバーシティ」を用い、より広い文脈で用いる場合は単に「多様性」としている。

　　バックラッシュ……進歩的とされる政策や社会現象に対する反動、揺り戻し。

た人々はそれをわがこととして受け止めて国内の差別解消やヘイトスピーチ反対を訴えていたが、その一方で、日本にはアメリカのような人種差別はない、自分とは関係ないという声も多く聞かれたし、D&Iを展開する企業の反応も概して鈍かった。日本の現状は人種差別解消とD&Iの混同というよりは、それ以前の問題として、差別が日常的に存在していて、それがいかに深刻な問題であるかという認識が社会で共有されていないといえるだろう。

政府・自治体・教育機関などの公的組織や民間企業・NGOの多様性／ダイバーシティの奨励実践をより平等で包含的な社会の構築に向けて展開するためには、(8)見落とされている根源的な問題について批判的に検討する必要がある。まずは、多様性をこれから奨励すべきものとしてではなく、常にすでに日本社会に存在してきたものと認識して、様々な差異をめぐる構造化・制度化された不平等や差別の歴史と現状をしっかりと理解する必要がある。そのうえで、誰のどのような差異がそこには含まれていないのか、様々な差異とそれをめぐる差別・不平等が日本社会に存在してきたことが見失われていないのかを考察して、どのような包摂と排除の力学が作動しているのかを検討することが求められるだろう。

多様性／ダイバーシティの奨励が目指すべきものとして語られるとき、多様な出自や複合的な文化背景を持った人々が日本社会をともに構成してきたことが忘れられてはいないか。日本で暮らすエスニックマイノリティ、移民とその子孫、先住民など多様な出自や文化背景を持った人々を不可視にしてはいないか。入国管理として法務省が公表する数字は日本に居住する「外国人（外国籍保有者）」に限定されていて、日本社会や企業に貢献していると一部の外国籍市民、エスニックマイノリティ、〈ハーフ／ミックス〉の人たちがもてはやされるが、その人たちが日常的に直面する差別や偏見の問題は(9)トウカンに付されていないのか。有能な外国人材の活用が進められる一方で、多くの外国人労働者や技能実習生の扱いはどうなっているのか。自治体が制定した同性パートナーシップ条例が多くのLGBT／SOGIに関する性的マイノリティの人たちを社会的に承認してエンパワーしていることは肯定的に評価されるべきだが、その自治体がほかの多様性をめぐる不平等や人権の問題にどのように取り組んですると肯定的に語られるなかで、制度化・構造化された不平等、格差、差別の問題をコウケイに追いやり、その問題の解消に継続して取り組んでいく必要が見失われてしまいがちになる。冒頭で紹介したBLMがD&Iにすり替えられてしまう状況への危惧は、まさに(6)この陥穽(かんせい)を言い表したものである。

日本でも、ジェンダー、LGBT／SOGI、障害、年齢、国籍などの多様性／ダイバーシティを積極的に活用し奨励することは社会を豊かにし、企業の創造性とイノベーションを高めるとして、多様性／ダイバーシティが肯定的に語られ推進されるようになった。経済産業省は二〇一八年に「ダイバーシティ2.0行動ガイドライン」を発表して、「多様な(7)ゾクセイの違いを活かし、個々の人材の能力を最大限引き出すことにより、付加価値を生み出し続ける企業を目指して、全社的かつ継続的に進めていく経営上の取り組み」を促すべく、女性やグローバル人材たる優秀な外国人材の登用をさらに進めるよう提唱した。

多様性／ダイバーシティ推進にどのような問題と限界があるのかは、個々の組織や企業の事例を丁寧に検討しなければならない。多様性／ダイバーシティ推進の動きは日本社会の文脈では様々な差異を持った人々の存在をこれまで以上に可視化しているし、差別・不平等に苦しむ人たちを力づけ、その解消に取り組む実践を伴っている場合もあるだろう。多様性／ダイバーシティ推進の動きが、その肯定的な響きのために、より多くの人々が差別の問題に向き合うきっかけになることもあるだろうし、不平等や差別解消の取り組みの歴史と展望に注視して多様性／ダイバーシティ推進について考える試みが、多様性／ダイバーシティを掲げて企業が開催する研修会やシンポジウムでなされてもいる。とはいえ、様々な差異をめぐる差別や不平等を解消する取り組みと関わらないまま多様性／ダイバーシティが肯定的なものとして奨励されがちなのは、日本も決して例外ではない。東京オリンピック・パラリンピック競技大会組織委員会前会長の〈女性蔑視〉発言に女性をはじめ多くの市民や企業が抗議をして会長を辞任に追い込んだことは男女平等に関する意識の高まりを示したが、その根底にあるのは日本社会の現実が女性活躍社会や「多様性と調和」のスローガンと大きく乖離(かいり)していることへの憤りである。また、日本でBLM運動を支援したり参加したりし様性／ダイバーシティ推進は経済的な生産性を向上させる人的資源の管理として促進されるようになった。高度な技能や資格を有する人材の受け入れを促進する選別的な移民政策が採用され、ビジネス界では組織や経済活動のイノベーションや創造性向上にとって職場の多様性／ダイバーシティを奨励してそれを生かすことが有益だと強調されＤ＆Ｉ戦略が推し進められる。多様性／ダイバーシティは社会に「問題」を引き起こさず、経済的にも有益だと評価される一方、経済的に有益と評価される個人の資質・能力と結び付けられるエスニシティや人種化された差異をめぐる差別・不平等の問題とその取り組みは(5)コウケイ化されてしまいがちになる。

　多様性／ダイバーシティ推進は、企業や大学などの組織体のブランド戦略としても積極的に取り入れられている。大学での多様性／ダイバーシティ推進について考察したサラ・アーメッドは、肯定的な響きを持つ多様性／ダイバーシティが目指す理念として標榜（ひょうぼう）されることで、組織での不平等や人種差別の取り組みが後退してしまうことを指摘する。不平等是正や反人種主義など挑戦的で居心地を悪くさせる理念とは異なり、組織や社会を豊かにするという多様性／ダイバーシティの肯定的な意味合いは人々をより前向きに心地よくその課題に取り組むことを促す。しかし、それと引き換えに、多様性をめぐる問題は「すべての差異を大切にする」といった心地よい「ハッピートーク」として語られがちになり、既存の差別構造に異議を申し立てたり、差別による格差と分断を問題視したりするのではなく、あたかもそうした問題はすでに解決されて、もはや存在していないような平等幻想を作り出すことに寄与する。多様性／ダイバーシティは組織の肯定的で明るいイメージを提供するが、それは組織内部の不平等の存在を隠蔽し再生産させてしまってもいるのである。

　このように、多様性／ダイバーシティは文化的にも経済的にも有益で、生産的で、調和的で、気分をよくする肯定的なものとして語られ、差異や多様性をめぐる不平等・差別の取り組みは脅威的で、分断的で、否定的なものとして切り離される。多様性／ダイバーシティ推進が三つのＭ（merit, market, management＝メリット、市場、管理経営）の観点から社会や組織を豊かに推進をうたうなか、はたして構造化された不平等や差別の解消に向けた取り組みはどのようになされているのだろうか。実際には特定の差異を有した人を社会や企業・組織の特定の目的のために活用することが目指されることで、多様性／ダイバーシティの奨励・推進はその取り組みと切り離されてしまってはいないだろうか。

(3)多様性／ダイバーシティの奨励・推進が文化差異の管理や封じ込めと結び付いていることは、英語圏で多く論じられてきた。表層的な多文化主義を批判する議論では、多様性／ダイバーシティを奨励し推進する言説は差別構造の変革に向けた実践を伴わない美辞(4)レイクで終わる場合が少なくないだけでなく、実際には差異をめぐる新たな包摂と排除の力学を作動させて、受け入れやすい差異を選別化して管理する手法と結び付いていることが指摘されてきた。多様性／ダイバーシティは食べ物やファッション、音楽、ダンスなどの社会の中心に位置するマジョリティにとって都合よく消費できる文化差異と結び付けて奨励される。そうした〈エスニック〉文化は社会を豊かにするものとして寛容されるが、その受け入れは既存の権力構造に挑戦したり、中心と周縁の不平等な関係性を変革したりすることから遮断されている。

社会を豊かにするものとしての多様性奨励は、経済的な生産性とも強く結び付けられるようにもなる。二〇〇一年の九・一一アメリカ同時多発テロ事件以降、集団的な差異の過度な受け入れは社会を分断するとして多文化主義へのバックラッシュがいっそう高まるとともに、移民やエスニックマイノリティを、社会の支配的な規範と価値を共有する役立つ個人として社会に統合させる政策が進展した。そのなかで多様性／ダイバーシティは差異に代わってより積極的に語られるようになる。トーマス・ハイランド・エリクセンは二十一世紀以降ヨーロッパで顕著になった多様性／ダイバーシティと差異についての語られ方を比較しながら、差異はエスニック集団と結び付けられて社会の統合や経済利益を損ねるものとして否定的に考えられるようになったのに対して、多様性／ダイバーシティが経済的に利益をもたらす個人化された価値観や能力と結び付けられて肯定的に使われるようになったと指摘する。この変化は市場の自由競争によって経済の最大効率化を目指す新自由主義の浸透が推し進めてもいて、多て、日本を含めた多くの地域では、その動きは収束したように見える。さらには、人種差別解消に向けて取り組もうとした企業の動きも徐々に「より心地よい話題へとトーンダウン」していることが指摘されている。ロンドンの広告会社の黒人女性のグローバル人事ディレクターは、ＢＬＭはダイバーシティ＆インクルージョン（以下、Ｄ＆Ｉと略記）の観点から語られるようになり、制度的な人種差別や不平等解消への取り組みが、企業のダイバーシティの配慮と活用へとすり替えられてしまっているとケイショウを鳴らす。企業にとって「人種差別の問題はビジネスにおける最後のタブー」であり続けていて、Ｄ＆Ｉが「ＢＬＭの（あるいは人種に関するあらゆるムーブメントの）隠れ蓑(みの)」になることで、真正面から取り組むべき人種差別の問題がぼやかされ、その撤廃という課題はまたしても先送りにされてしまうというのだ。

Ｄ＆Ｉが人種差別解消に向けた取り組みと切り離されているという指摘は、現在の多様性の問題を考える上で示唆的である。多様性の時代だといわれている。いうまでもなく、ジェンダー、ＬＧＢＴ／ＳＯＧＩ（性的志向と性自認）、障害、エスニシティ／人種、宗教、社会経済的な背景、年齢などに関する多様性は常に存在し続けてきたし、どのような社会も多様性に満ちている。個人の価値観が多様になり、国境を超える人の流動が活発になることで社会の多様性がより複雑化するなか、多様性／ダイバーシティを尊重して受け入れることは社会や企業・組織を豊かにすると肯定的に考えられるようになっている。しかし、多様性を形作る様々な差異は、植民地主義の歴史と近代の「国民」構築での包摂と排除・周縁化の力学のなかで、不平等・格差・差別と結び付けられてきたことはあらためて強調されるべきだろう。それに抗うべく、公民権運動、機会の平等の保障、人種差別撤廃、抑圧されてきた差異の可視化と権利擁護、アイデンティティをめぐる承認と再配分を要求する運動が高まってきた。現状は様々な差異を平等に包含する社会の実現にはいまだ程遠く、あらゆる差別、不平等、周縁化、生きづらさの問題に正面から向き合い、多様性の平等な包含に向けた取り組みを続けることが不可欠である。様々な企業、国際組織、政府・自治体、教育機関、ＮＧＯ／ＮＰＯが多様性／ダイバーシティを尊重して受け入れて生かすことが組織・社会にとって重要だとしてその奨励・

国語

（六〇分）

一　次の文章を読んで、後の問に答えなさい。（50点）

　コロナ禍は世界各地で格差が拡大していることをあらためて明らかにした。自分自身も含めてコロナ感染の脅威から逃れてステイホームできる人たちがいるのに対して、コロナによって職を奪われた人たち、コロナに感染する確率が高い生活を余儀なくされている人たち、脅威と向き合いながらも働かざるをえない人たちがいる。そのさなかで起きた警察官による黒人系アメリカ人の暴行死は、アメリカのＢＬＭ（Black Lives Matter）抗議運動のさらなる高まりとその世界への波及を引き起こした。日本を含めたＢＬＭ抗議運動の国境を超えた広がりは人種差別に抗う（あらが）アクティビストにとどまらず、これまで以上に多くの背景を持つ人たち、コミュニティ、企業を巻き込んで展開され、アメリカだけではなく世界各地での人種差別の実態があらためて注目された。この高まりにはそれぞれの社会的文脈での複合的な要因があるだろうが、コロナ禍によって格差や差別の存在があらためて可視化され、必ずしも当事者ではない多くの人たちがその深刻さをこれまで以上に自分に関わることとして真剣に受け止めて抗議するようになったといえるだろう。

　このうねりがどれくらい持続するのか、さらに発展して社会を変える原動力になるかはわからない。実際に時間がたつにつれ

解答編

英語

I

解答 (1)—② (2)—③ (3)—④ (4)—① (5)—②

◀解　説▶

(1)「彼らは，彼の発言が深刻な問題を引き起こすことを恐れた」

give rise to ～ は「～を生じさせる，引き起こす」の意味。したがって，ここでは「結果が～になる」の意味の② result in がほぼ同じ意味である。① make over「～を作り直す」 ③ set aside「～をわきに置く，取りのけておく」 ④ break through「～を突破する」

(2)「ある調査は，火事の原因は廃棄物の不適切な処理であるとの結論を下した」

disposal は「(不要なものの) 廃棄，処分」の意味。したがって，「捨てる」の意味の句動詞 throw away の動名詞である③ throwing away がほぼ同じ意味である。① fire off「(弾丸など) を発射する」 ② light up「～に点灯する，点火する」 ④ spark out「火花を散らす」

(3)「弟は，医者たちが素早く行動しなければ，脳に取り返しのつかない損傷を被るだろう」

irreversible は「不可逆の，取り返しのつかない」の意味。したがって，選択肢の中では「永久的な」の意味の④ permanent がほぼ同じ意味である。① irresponsible「無責任な」 ② regular「規則的な」 ③ unimaginable「想像できない」

(4)「あなたの意見が彼女の神経にさわるのも当然だ」

get on *one's* nerves は「～の神経にさわる，～をいらいらさせる」の意味のイディオム。したがって，① irritate her が同義である。② disappoint「失望させる」 ③ impress「感心させる」 ④ satisfy「満足させる」

(5)「この方法のメリットは他よりも重要だ」

② outweigh が正解。outweigh は，元は「〜より（重さが）重い」の意味であるが，そこから「(価値・重要性などが)〜よりまさる，〜よりも重要である」の意味でも用いられる。① proceed「前進する，続行する」③ supervise「〜を監督する」 ④ highlight「〜に光を当てる，〜を目立たせる」

II　解答　(6)—③　(7)—③　(8)—①　(9)—④　(10)—②

◀解　説▶

(6)空所は「使った」に当たるところで，spend の正しい形が求められている。空所直前の述語動詞 regret は目的語に動名詞をとって「〜したことを後悔する」の意味で用いられる。単純動名詞の場合は regret より1つ古い時制を表す。したがって，③ spending が正解。

(7)空所直後の economy が空所の修飾を受けて「不景気」の意味を表している。したがって，「弱い経済」となる③ weak が正解である。① small は「規模の小さな経済」の意味となる。

(8)空所は「川の方角に」の助詞「に」に当たる語である。direction を伴って「〜の方向に」を表す前置詞は① in である。

(9)空所は，to the (　　) that 〜で「〜という趣旨の」となるところである。④ effect は「効果，影響」の意味で用いられることが多いが，このような用い方もあるので注意したい。② content「内容」が紛らわしいが，この形と意味では用いない。③ conclusion「結論」

(10)文尾の more に注意。② couldn't を選ぶと，「(これ以上）賛成できない（ほどに，賛成である)」，すなわち「大賛成」の意味となり，これが正解である。なお，ここで過去時制になっているのは，「たとえ賛成しようとしても」の仮定を含意している仮定法過去時制である。

III　解答　(11)—①　(12)—③　(13)—①　(14)—④　(15)—②

◀解　説▶

(11)「この記事の著者は，学者というよりはジャーナリストだ」

比較級を用いて「*B*よりもむしろ*A*である」を表す more *A* than *B* が，原級を用いた構文に書き換えられている。したがって，not so much *B* as *A* で「*A*であるほどは*B*ではない」となる① much が正解。

⑿「私はその業界については何も知らない」

「～について何も知らない」を表す not have any idea about ～ の言い換えが求められている。③ first を選ぶと，not know the first thing about ～「～について基本的なことも知らない」の意味となり，ほぼ同義である。

⒀「オンラインでの教育が教室での勉強に代わりうるものとして受け入れられつつある」

空所は「代わりうるもの，代用品」の意味の substitute の同義語が求められている。したがって，① alternative が正解。② accomplishment「達成，成就」 ③ allowance「容認，割り当て」 ④ acquaintance「知人」 なお，study in the classroom が空所の文では face-to-face study に言い換えられている。

⒁「私たちは，その船がすぐに沈むだろうと，正しく予測した」

空所は「予測する」の意味の predict の同義語が求められている。したがって，④ anticipate が正解。① generate「発生させる」 ② investigate「調査する」 ③ dictate「口述する」 なお，sink quickly が空所の文では the rapid loss of the ship に言い換えられている。

⒂「彼らは，結局同じ国籍の人と付き合うようになった」

「結局～するようになる」を表す eventually come to *do* の言い換えが求められている。② wound を選ぶと，wind up *doing* で end up *doing* と同じ意味のイディオムとなり適当である。

Ⅳ **解答**

（3番目・5番目の順に）⒃―⑥・②　⒄―②・③　⒅―⑤・①　⒆―③・⑤　⒇―⑥・④

◀解　説▶

⒃ (She awoke) to find her name reported in (every newspaper.)

日本文の「～が報道されていた」の英語での表現を求めて語群を探ると find が見つかる。そこから find をＯＣを伴う構文で用いることを読み取る。するとＯＣとして her name reported の連結が得られる。to は to findの不定詞としてShe awokeの後に続けると結果を表す副詞的用法となる。inが語群の後に与えられているevery newspaperの前に来ることは容易にわかるだろう。

⒄ (Nancy identified the young man) as the one who had solved (the difficult problem posed by the professor.)

「〜だとわかった」の述語動詞にidentifiedが用いられていることがポイント。identifyは，*A* as *B*を伴って「*A*を*B*と特定する，確認する」の意味で用いられる。語群の中にwhoがあるので，これを関係代名詞とすれば，who had solved the difficult problemの節を作ることができる。残る語群からこの節の先行詞はthe oneであることがわかる。

⒅ (There is) no dispute that the claim turned out (to be true.)

語群にturnedとoutがあること，文尾にto be 〜が与えられているところから，turned out to be true「本当だとわかる」の連結が得られる。すると，この述部の主語はthe claimとなることが自然に導かれる。残る語群からthatは同格節を導く接続詞としてthe claim 〜の節の前，dispute「議論，反論」の後に置いてdisputeの同格節とする。disputeとclaim「主張」を混同しないこと。

⒆ (I have decided to meet with a professor,) whose research is focused on the (application of AI technology.)

日本文の「〜したのは…しているからだ」から，強調構文と推測し，また理由を表すのにwhyやreasonを求めたくなるが，語群からは別のアプローチが求められている。語群の中に理由を表す語句が見当たらないので，代用となる表現を探ると，関係代名詞と考えられるwhoseがある。そこで，この関係代名詞を非制限用法で用いることによって先行詞のa professorの補足説明とし，「教授に会うことにした」理由とする。whoseは所有格であるから，後に続く語は名詞として用いることのできるresearchに限定される。

⒇ (I'm not sure, but) rumor has it that the company will (release some new products soon.)

「噂では〜するそうだ」を表現するのにrumorをどう用いるのかがポイントであるが，その前に，決定できるところから決定していく。まず，語群からhasが述語動詞と決定される。また語群の後のrelease「発表（する)」は後に名詞句の some new products を伴っているので，動詞として用いられていることがわかる。すると語群の will は release の直前となる。続いて，その主語は the company か it になることが推測できる。残るのは，has の主語と that の用い方である。rumor has it that ～ で「噂では～らしい」の意味を表すセットフレーズとなる。これを知らないと難しい問題である。

V　解答　(21)―②　(22)―④　(23)―③　(24)―③　(25)―①

◆全　訳◆

≪英国の立憲民主制≫

グレートブリテン及び北アイルランド連合王国は，政治的には，通常，立憲君主制による議会制民主主義と説明される。議会制民主主義とは国民による統御もしくは主権のことである。議会制民主主義においては，国民は議会――人が発言する場所を意味する――を使うことをとおして支配力を行使する。

英国議会は，連合王国において最高レベルの権力である。実際，英国政府は，議会の同意によって統治することが許されているのみである。議会は，２つの個別の立法集団からなる。すなわち，下院と上院である。下院がより重要である。下院は上院の決定を覆すことができるからである。下院議員はすべて，少なくとも５年ごとに英国国民の無記名投票による選挙で選ばれる。

英国では，君主，現在はチャールズ３世，は国家の長であるが，連合王国の憲法に従わなければならない。他の多くの国と異なり，英国では，憲法であるところの文書は１つもない。イギリスには憲法がないと言う人もいるが，実際は，個々に多くの法律や慣習があり，それらが連動して君主や政府，政治家の権力を制御している。君主は，英国議会の長であり議会によるすべての立法を承認しなければならない。これは成文化された規則ではないが，1708年以来，これを拒んだ君主はいない。また，君主は778人の上院議員を首相の進言に従って任命する。首相は，通常，下院の最大政党の長である。議会は，だれが次の君主になるかをコントロールする規則を決定し，君主の権力を変更し，あるいは君主を追放しさえする力を持っている。

◀解 説▶

⑵1 In a parliamentary democracy, … で始まる空所の文は，「議会制民主主義」についての記述である。空所は，the people「国民，民衆」を主語とし their control「国民の支配（力）」を目的語とする他動詞である。したがって，「（権力などを）行使する」の意味で用いる② exercise が正解。① abolish「廃止する」 ③ diminish「減少させる」 ④ remove「除去する」

⑵2空所の段はイギリスの議会についての説明で，空所の文はイギリス議会の権限について書いている。空所のある with 句は，直前の動詞 govern「統治する」を修飾している。したがって，「同意」の意味の④ consent を選ぶと，… is only allowed to govern with the consent of parliament で「（英国政府は）議会の同意によって統治することが許されているのみである」となり，適当である。① criticism「批判」 ② absence「不在」 ③ imagination「想像（力）」

⑵3空所の後に five years が続いているところから，数詞，other，few などを伴う名詞句の前において「～ごとに」の意味を表す③ every を正解とする。every を選ぶと elected by … every five years で「（下院議員はすべて）5年ごとに…によって選挙で選ばれる」となり，適当である。secret ballot「無記名投票」

⑵4空所の文と次の第3文（Some people say that …）は，イギリスの憲法について書いている。その第3文には「イギリスには憲法（constitution）がないと言う人もいる」とある。この文脈から考えて，③ document「文書」を正解として，there is no single document that is the constitution. で「憲法であるところの文書が1つもない」とする。

⑵5空所の文は，Parliament has the power で文の主語，動詞，目的語が完結している。後の to decide …，to change …，to remove … の3つの不定詞句は the power を修飾する形容詞句である。to decide … の不定詞句はカンマの前の the next monarch までである。以上を前提に，空所の後の control の品詞を考えると，who becomes the next monarch という名詞節を伴っているところから，これを目的語とする他動詞であると考えられる。すると，空所を直前の the rules を先行詞とする関係代名詞とし

て control の主語とするのが適当である。したがって，① which が正解。

Ⅵ 解答 ㉖―④ ㉗―③ ㉘―③ ㉙―④ ㉚―④

◆全 訳◆

㉖A：今日，やっぱり友だちと会うつもり？
B：うん，お母さん。10時半に会う予定だよ。だから急がないと遅れてしまうよ。
A：でも，今まだ9時半よ。どこで会う予定？
B：ウェットランズ自然保護区のボートセンターで。
A：それは遠いわね！ どうやって行くつもり？
B：25番のバス。だいたい40分ぐらいかかる。後5分でバスが来るんだ。だから急いで行かないと。
A：トラベルパスといくらかお金は持った？
B：うん，うん。あれっ！ 財布，どこにいったんだ？

㉗A：ねえ，お父さん。悲しそうな顔をしてるね。どうかしたの？
B：そう，ピーター。ちょうど今までお店の会計を調べていたんだけどね。とても厳しい状況でね，これからもよくなるとは思えないんだ。お店を閉めないといけないかもしれないと思うんだよ。
A：えっ？ そんなことできないよ。スミス・アンド・サンズはもう150年近くも営業してきたんだよ。決してこの商売を売ったりやめたりしないし，いつかこの店はボクのものになるって言ってたじゃない。
B：わかってるよ，でももうほとんどお客がいないんだ。近頃じゃだれも万年筆なんて買いたいと思わないし，欲しいと思ったってネットで買い物をするんだ。もう3週間も誰1人お客が来ないんだ。
A：うーん，物事を急がないようにしようよ，お父さん。たぶん，何か今風にできるよ。ウェブサイトを立ち上げてネットで売ったり，何か違うものを売ったりできるかもしれない。大事なことは，あきらめないことだよ。
B：そうだね，わかった。でも，もう一度銀行と話さないといけなくなる。

A：何でそうするの？

B：すぐにもっとお金を借りないといけなくなるだろう。生き残ろうとすれば銀行の財政援助が必要になるだろう。

(28)A：疲れているようだね。昨日の晩は，遅かったのかい？

B：まあそうだね。今朝の4時まで床につけなかった。

A：どうして？ 何をしていたの？ 勉強？

B：『テンタクル・テスト』っていうシリーズをネットで見ていたんだ。どうしても止められなかったよ。

A：でも，何で？ 今朝は授業でテストがあるって，忘れていたのかい？

B：いや，もちろん知っていたさ。けど，そのショーは本当によくできていたんだ。次に何が起こるのか知りたくて，どうしても見てしまうんだ。

A：あのね，次に何が起こるのか，ボクにはわかっているよ。

B：何だって？

A：キミが試験に落ちるってことさ。

(29)A：明日，映画に行こうと思ってるんだ。近ごろ何かおすすめしたいようなのを見たかい？

B：いや，確かにこの間，映画に行ったけど，ちっともおもしろくなかったよ。

A：えっ，ほんと？ 映画は何だったの？

B：見たのは『ジョニー・デンジャラス3』。正直言って見なきゃよかった。

A：それは驚きだね。最初の2本は見たけど，とてもいいと思ったよ。

B：うん，ボクもそうだよ。でも，この最新作はわざわざ見に行かないね。

A：教えてくれてありがとう。どこがよくなかったの？

B：何もかもだよ，本当に。演技はぎこちないし，話もひどかった。しかも，とてもじゃないけど長すぎだよ！

(30)A：すみません，お巡りさん。助けていただけないかしら。かわいいフィフィが迷子になったんです。探すのを手伝ってもらえませんか？

B：ええ，はい，もちろんです，奥さん。見た感じはどんなですか？

A：えーっとね，とても小さくて，本当にかわいいんです。ショートヘアで5歳ぐらいです。

B：つまり，ショートヘアで小さいんですね。それで，髪の色は？

A：ええ，一面黒で，1カ所だけ胸に小さな白いぶちがあります。

B：それで，最後にフィフィを見たのはいつ，どこですか？　この通りのここですか，それともどこかこの近くですか？

A：いいえ，彼女を外に出したことはありません。死んだ動物を彼女が家に持って入るのが嫌なんです。最後に見たのはキッチンで，今朝，仕事に出かける前です。

B：つまり，あなたは，仕事に行っている間，5歳の子を1日中1人で家においておいた，ということなんですね？

A：私の子？　いいえ，フィフィは私のネコです。

◀解　説▶

対話を1往復か2往復読んで話題がつかめたら，選択肢に目を通し，次に空所の文とその前の文を読むのがよい。それで正解の推測がつくこともある。さらに文脈の理解が必要な場合は最初から読んでいく。その過程で会話と不一致な選択肢が見つかることも多い。

(26)母親（A）と子ども（B）の会話である。空所に対するBの Where's my wallet? との応答から考えて，Bがトラベルパスとお金を持っているかを確認する④ Have you got your travel pass and some money? が正解となる。Bの行き先の the Wetlands Nature Reserve（Bの2つ目の会話）と，そこまでバスで40分かかる（空所の前のBの会話）という会話の流れとも合致する。

(27)お店を経営している父（B）とその子ども（A）の会話である。最初の応答から，お店の経営が厳しく，父は店をたたもうと思っている，という状況を読み取る。この文脈と空所の後の If we're going to survive, we will need financial help from the bank. から，銀行からお金を借りる必要があると説明する③ We're going to need to borrow more money soon. が正解となる。空所の会話の1つ前のBの but I'm going to have to talk to the bank again. とも合致する。financial help「財政支援」

(28)夜更かしをしたらしいBと友人Aの会話。空所に対してBは What's that? と聞き返している。これは，相手の言葉が聞き取れなかったり，意味がわからなかったりするときの表現である。また，空所はBのI just had to keep watching to find out what was going to happen next. に対する応答である。これは夜更かしの原因である *Tentacle Test* をネットで見ていたときの様子を述べたもので，「次の展開が知りたくて見続けた」と言っている。③ Well, I have an idea what's going to happen next. を選ぶと，直前のBの言葉をそのまま使ってBに「謎をかける」ことになる。案の定，BがWhat's that? と聞き返して，最後に，夜更かしの結果として「試験に落ちることになる」と警告することになり，適当である。この選択肢は，現在時制での発言であることに注意。2人が話しているこれから先のことを言っている。have a late night は「夜更かしをする，寝るのが遅くなる」の意味の定型句。

(29)映画に行く予定のAがBに最近見た映画のことを訊ねている。最初のやり取りで，Bは，(I) didn't think it was any good と言っているので，否定的な感想を持っていることがわかる。空所は，その流れを受けてのBの but I wouldn't bother going to see this latest one「でも，この最新作（＝最近見た映画）はわざわざ見に行かない」に続くものである。以上から，映画がつまらなかった理由を訊ねることになる④ What was wrong with it? が正解となる。空所に対するBの応答の Everything really. とも合致する。bother *doing*「(否定文で) わざわざ～する」

(30) my little Fifi が迷子になったと，Aが officer「巡査」のBに助けを求めている。最初のやり取りでBが What does she look like? と Fifi の外見を訊ね，続く2つ目と3つ目の往復でAが説明しBが確認する。空所はその3つ目の対話のBの会話にある。その会話で空所に続けてBは，Was it here on this street or somewhere nearby? と訊ねている。以上の流れを踏まえて，このitの指すものを求めて選択肢を探ると（空所までの会話には該当するものがない），指す「物」はどの選択肢にもなく，空所全体を漠然と受けていると考えられる。すると，この質問と意味をなすつながりを作るのは④ And where and when did you last see Fifi? である。なお，最後のやりとりで Fifi は子どもではなくネコだとわかる。

VII 解答

(31)—③ (32)—① (33)—② (34)—② (35)—④ (36)—③
(37)—② (38)—④

◆全 訳◆

≪宇宙旅行の現在≫

［Ⅰ］ おしゃれなホテルの部屋で太陽系を眺めながら目を覚ます，これが未来の旅行の姿なのかもしれない。少なくとも宇宙企業のオービタル・アセンブリー社が未来の旅行に関して何か言うとしたらそうなるだろう。合衆国を拠点とするこの企業は，宇宙ホテルというアイディアに向けての新しい情報と構想を明らかにした。その企画は2019年以来軌道を回り続けている。もともとは，カリフォルニアの企業のゲートウェイ・ファウンデイション社によって口火が切られたのだが――そのときは，フォン=ブラウン・ステイションと呼ばれていた――，この未来的な構想は，回転しながら地球を周回する車輪を構成するエレベーターシャフトでつながれた7つのユニットからなる。この計画は，今ではオービタル・アセンブリー・コーポレーションによって運営されている。この会社は，ゲートウェイとのつながりを切った宇宙建設会社である。オービタル・アセンブリー社は，今は，旅行客用の宿泊設備を持った宇宙ステーションを1つではなく2つ打ち上げることを目指している。名称は変更されたが最初の設計であるボイジャーステーションは，今では400人収容を予定し，2027年に開業する予定である。一方，新しい構想のパイオニアステーションは，28人を収容するが，わずか3年後には稼働するだろう。

［Ⅱ］ オービタル・アセンブリー社によれば，目標は，宇宙の「ビジネスパーク」，すなわち旅行客にとってそうであるようにオフィスの拠点にもなる施設の運営である。宇宙旅行は，今までになく身近なものになった――億万長者であるヴァージングループの創設者のリチャード=ブランソンは，昨年，彼の会社であるヴァージン・ギャラクティック社を率いて宇宙へと旅立った。一方，『スタートレック』の俳優ウィリアム=シャトナーは，ブルーオリジンと呼ばれる会社による短期旅行によって，宇宙に行った最高齢者となった。しかし，なおどの旅行にもほとんど信じられないほどの料金が付随する。だから，我々の多くがこちらの世界で得る年次休暇をこれに費やすことを実際に想像することは困難である。

オービタル・アセンブリー社の最高執行責任者であるティム=アラトー

レは，この障害は宇宙観光旅行が軌道に乗るにつれ解消するだろうと考えている。「目標は常に，大勢の人間が宇宙に住み，そこで働き，うまくやっていけるようにすることでした」と，アラトーレは新しいインタビューで CNN トラベル社に語っている。アラトーレによれば，新しい構想であるパイオニアステーションの魅力は，規模を小さくすれば到達が早くなるということだ。「そうすることで，より早くより大規模に宇宙体験を開始してもらう機会が得られるでしょう」と語る。オフィス空間と研究施設もまた，パイオニアステーションとボイジャーステーションの両方で貸し出されるだろう。これは，アラトーレ曰く，オービタル・アセンブリー社にとって「ウィン・ウィンの関係」である。たくさんある社の短期目標は資金しだいだからである。

［Ⅲ］ オービタル・アセンブリー社は，両ステーションを回転しながら地球を周回する車輪のようなものとして想像している。CNN トラベル社との 2019 年のインタビューで，アラトーレは，ボイジャーステーションの物理学を，水の入った回転するバケツのように働くものだと説明する。「このステーションは回転し，ステーション内にある物をステーションの外縁に向けて押しつけるのです。水の入ったバケツを振り回すのと同じようなものです――水はバケツの内部に押しやられ中に入ったままです」と，彼は言う。ステーションの中心付近では人工の重力はないが，ステーションの外側に下りていくにつれて重力感は増していく。

この物理学は変わっていないと，アラトーレはもっと最近になって語っている。しかし，と彼は説明する。パイオニアステーションが小型化するにしたがって，重力レベルは異なってくるだろう。シャワーや座って飲食できることのような，彼の言うところの人工重力の「快適さ」も得られるだろう――しかし，重力の少ない宇宙では，もっとおもしろい宇宙ならではの楽しみがあるだろう。両ステーションの内装のイラストは，ここ地球の高級ホテルに似た内装を示している。ただ，この世ならぬ眺めがいくつか付いているだけである。アラトーレは，建築を学んだ経歴があるので，以前にこう言ったことがある。ホテルのデザインはスタンリー=キューブリックの『2001 年宇宙の旅』から直接の影響を受けている――「それは，やってはいけないことの青写真とでも言えるもので，スタンリー=キューブリックの目的は技術と人間の境界線をはっきりさせることだったと私は考えています。それで意図的にステーションと宇宙船をとても清潔で地球外的なものにしたのです」

［Ⅳ］　宇宙ホテルの元々の名前であるフォン=ブラウン・ステーションが選ばれたのは，その構想がワーナー=フォン=ブラウンによる60年前のデザインにインスピレーションを受けたものであったからだ。彼は，最初はドイツ，後に合衆国でロケット工学のパイオニアとなった航空宇宙エンジニアである。ドイツに住んでいた間，フォン=ブラウンはナチのロケット開発計画に関わった。それで，宇宙ホテルに彼にちなんだ名前をつけることは，論争を招く選択だった。「ステーションが彼に実際のところ関係しているわけではありません。彼の設計に基づいており，私たちは彼の科学と宇宙への貢献に対して好意を持ったのです」と，すでにこの会社とは関わりを持っていないが，オービタル・アセンブリー社の前CEOであるジョン=ブリンコウは，CNNトラベル社との2021年のインタビューで語った。「しかし，いいですか，ボイジャーステーションはそれを越えるものです。それは未来のものなのです。だから，私たちは，そのような付属物の付かない名前が欲しかったのです」

昨年1年間で，宇宙小旅行は普及した。ヴァージン・ギャラクティック社，ブルーオリジン社そしてイーロン=マスクの会社であるスペースX社が旅行を企画したのである。アラトーレによれば，彼のチームは，協力関係について，宇宙産業に関係する「ほとんど全員と話した」。「しかし，これらの企業全社に欠けていた1つのことは，目的地でした，そうですよね？」と，アラトーレは語る。「たとえば，グランド・キャニオンを見に行きたいと思って，そこを通り過ぎてそのまま家に帰るようなものです」

過去において，インターナショナル宇宙ステーション（ISS）が旅行者を迎えたことがあった。その中には2001年の世界初の宇宙旅行者デニス=ティトがいる。しかし，アラトーレが示唆するように，ISSは第一に作業と研究の場所であり，オービタル・アセンブリー社の宇宙ホテルはそれとは違う役割を果たすものである。「あなたが工場へ行ったり，研究施設に行ったりするのとは違ったものになるでしょう。そうではなくて，夢のSFの世界にいるように感じるはずです。いたるところに電線が張り巡らされているわけではありません。くつろぐことのできる心地よい空間なのです」と，彼は言う。

［V］　億万長者たちがお金を宇宙につぎ込むにつれて，宇宙観光旅行に対する反対も増えた。そのお金を地球のために使った方がいいのではないかと言い出す人が増えたのである。この批判に応えて，アラトーレは指摘する。「生活を一変させるような多くの技術」が宇宙探索から生まれたのである。GPSのように。さらに，アラトーレは宇宙に住むことは「持続可能な社会」を創造することにもなるだろうと主張する。

「このような閉じた循環系は文化や，資源の利用についての考え方を変革するでしょう」と，彼は言う。「我々にとっての環境は地球だけではありません。全太陽系なのです。そして，そこには，膨大な資源があります。このような資源を利用し資本を投じ始めれば，それがここ地球上での生活水準を変え，向上させるでしょう」

宇宙への切符の値段は目下のところ確かに非常に高額であるという事実にもかかわらず，アラトーレによれば，宇宙観光旅行の対象は億万長者だけではない。「私たちは，宇宙に富裕層だけでなく，だれでも行けるようにするために，できるだけのことをやっているところです」と，彼は言う。アラトーレによれば，宇宙コミュニティの創造に立ちはだかる障害は，費用の他にもある。すなわち，どれだけの人工重力が必要かを算出し，宇宙放射線被爆を取り巻く現行のガイドラインをかじ取りしながら進めていくことである。しかし，旅行者は，2，3週間以上も滞在するわけではないので，これは訪問者に強い影響を与えるものではなく，むしろステーションで働く者にとっての問題だろうと，アラトーレは示唆する。

［VI］　元NASAの宇宙飛行士で今はMITの航空宇宙力学部で働いているジェフリー=A.ホフマンは，宇宙観光旅行にとっての大きな障害は安全性への不安だろうと，CNNトラベル社に昨年語っている。しかしホフマンは，飛行機旅行同様，安全の記録を持続させることが，たとえ事故の危険性は存続するとしても，この構想を進展させるだろうと示唆する。「もっともっと多くの人にとって宇宙滞在経験が可能になり，願わくは，この惑星との関係に対して新しい感覚を持ち帰ってくれたらと考えると興奮します」とホフマンは語る。彼によれば，口コミ効果もまたカギとなるだろう。

「最初の宇宙旅行者が帰還しその経験を語るとき，人に聞かせないようにすることはないでしょう」と，彼は言う。同時に，アラトーレは，宇宙観光旅行はまだ始まったばかりだと考えている。「批判する人，疑っている人に対していつも私が言ってきたことはこうです。『時間を下さい』それは実現しつつあります。一晩では起きません。少しだけ待ってください，そうすれば，今私たちが前進しながら行っていることをお見せしましょう。その後で判断して下さい」

◀解　説▶

⑶1下線部の alien は，第一義は「外国（人）の」の意味だが，そこから「なじみがない」の意味でも用いられる。ここでは後者の意味である。したがって，③ unfamiliar が同義となる。文脈から考えると，ここはスタンリー=キューブリックの映画『2001年宇宙の旅』についての記述で，「私（＝ティム=アラトーレ）」は，「スタンリー=キューブリックの目的は技術と人間の境界線をはっきりさせること」であり，「それで意図的にステーションと宇宙船を非常に清潔で alien なものにした」との意見を述べている。ステーションや宇宙船と人間の間にはっきりとした「境界線」があるとすると，ステーションや宇宙船は人間からすれば unfamiliar なものとするのが妥当である。① domestic「家庭的な，国内の」 ② monstrous「怪物のような」 ④ wild「野性の，荒々しい」

⑶2下線部の capitalize on は，「～に資本を投じる」の意味である。文脈から考えると，下線の文では，「そこ（太陽系）には，膨大な資源がある」と書かれ，それに続いて「このような資源を利用し capitalize on する」とある。すると，選択肢の中で下線部に当てはめてこの文脈に合致するのは「～を活用する」の意味の① take advantage of のみである。「資本を投じる」ことは「活用する」ことに他ならない。② make up for「～を補う，埋め合わせる」 ③ do away with「～を処分する，廃止する」 ④ keep up with「～に遅れずについていく」

⑶3～⑶8の内容真偽問題は，解答を始める前に，各ブロックのパラグラフリーディングを行い，ブロックの大意を把握しておくこと。次に4つの選択肢に目を通す。文脈が理解できていればブロック全体を読まなくても真偽の判断ができる，あるいは，常識に照らして推測できる場合も多い。また，断定的な表現（⑶7の③ certainly，only，⑶8の① never など）を含む場合は不一致となる場合が多いので，それら以外の選択肢をまず検討すると効率的だろう。選択肢と本文を照合する際にはスキャニングが有効にな

る。パラグラフリーディングとスキャニングについては「傾向と対策」参照。

(33)② One company is currently involved in the development of two space stations. がブロックⅠ最終文（Orbital Assembly is now …）に一致。本文では，is now aiming to ～「今は～を目指している」，launch「(ロケットなどを) 打ち上げる」と具体的に書かれているが，選択肢では is currently involved in「～に関わっている」，the development of ～「～の開発」と一般的な表現に言い換えられている。

選択肢を見渡すと，①と③が Two companies are … となっており，②と④が One company is … となっている。第 1 文にオービタル・アセンブリー社の名前が，第 3 文（Originally premiered by …）にゲートウェイ・ファウンデイション社の名前が見えるが，次の第 4 文に The project is now being run by Orbital Assembly Corporation（＝オービタル・アセンブリー社），…とあるので②と④が候補となる。また，①と②が … of two space stations，③と④が of one space station となっている。最終文（Orbital Assembly is …）から two space stations が正しい。

(34)② The main barrier to space tourism is the extremely high cost of any trip into space. がブロックⅡ第 1 段最終文（But there's still …）に一致。a pretty unbelievable fee attached to any space trip「ほとんど信じられないほどの料金が付随する」とある。a pretty unbelievable fee が選択肢では the extremely high cost に言い換えられている。

①は Richard Branson と William Shatner に注目して同ブロックをスキャニングする。すると，同ブロック第 1 段第 2 文（Space tourism seems …）の後半 while 節に William Shatner became the oldest person in space … とあり，不一致とわかる。③は同ブロック第 2 段第 2 文（“The goal has …），もしくは常識から判断しても，不一致とわかる。④は Orbital Assembly に注目する。すると，同ブロック第 2 段最終文（This, said Alatorre, …）に as a lot of its short-term goals are funding-dependent「多くの短期目標は資金しだいですから」とあり，まだ raising the money には成功していないことになる。

(35)④ The designers of Voyager Station have tried to avoid the atmosphere of the space station in a film by Stanley Kubrick. が一致。

Stanley Kubrick の名前はブロックⅢ第2段第5・6文（Alatorre, who has … clean and alien."）に見つかる。その第5文に，オービタル・アセンブリー社の最高執行責任者であるティム=アラトーレ（ブロックⅡ第2段第1文（Tim Alatorre, Orbital …）参照）の意見として，Stanley Kubrick の映画に関して almost a blueprint of what not to do「やってはいけないことの青写真（設計図面）」の一節がある。したがって，「ボイジャーステーションの設計者は映画の雰囲気を避けようとしている」と言える。①は同ブロック第1段第3文（"The station rotates …），②は第1段最終文（Near the center …），③は第2段第3文（There will still …）から，不一致と判断できるだろう。atmosphere「雰囲気」

(36)③ The problem with the companies offering space flights now is that they return to Earth without reaching a destination in space. が一致。ブロックⅣ第2段第3・4文（But the one thing that … right back home."）に「これらの（旅行）会社に欠けているものは目的地だ」「グランド・キャニオンを見に行きたいと思って，そこを通り過ぎてそのまま家に帰るようなものだ」とある。すなわち，選択肢にある「目的地に到着せずに地球に帰還する」ことと同義である。

①は同ブロック第1段最終文（And we want …）より，ホテルの名前を変えたのは，付属物の付いていない名前を欲したからなので，不一致。なお，第1段第2文（While living in …）にあるように，宇宙ホテルにフォン=ブラウンにちなんだ名前をつけることが論争を招いた理由は，彼がナチのロケット開発に関わっていたからである。abandon「断念する」②は 60 years old とあるのが，第1段第1文（The space hotel's …）によればフォン=ブラウンの年齢ではなく，設計されてからの年数の記述である。④は同ブロック第3段に不一致。第2文（But Alatorre suggests …）の Orbital Assembly's space hotel が，選択肢では Voyager Station に言い換えられているが，同段第3文以下（"It's not going …）には，オービタル・アセンブリー社の宇宙ステーションは，「作業と研究の場所」という従来の役割とは異なる役割を持っていることが書かれている。

(37)② One of the dangers of space travel that will need to be dealt with is the problem of exposure to radiation. が一致。exposure to radiation「放射線被爆」に注目すると，ブロックⅤ最終段第3文（As well as cost, …）に記述がある。そこに，obstacles to creating a space community「宇宙コミュニティの創造に立ちはだかる障害」の例として navigating current guidelines surrounding space radiation exposure「宇宙放射線被爆を取り巻く現行のガイドラインのかじ取りをしながら進めること」があげられており，「放射線被爆」が選択肢にあるように「取り扱うべき危険性の 1 つ」と言える。

①は Tim Alatorre に注目すると，同ブロック第 1 段第 2 文（In response to this criticism, …）に記述があり不一致。同文では，宇宙探索の結果としての life-changing technologies を肯定的にとらえているが，選択肢は逆である。be concerned that ～「～を懸念する」 ③はパラグラフリーディングができていれば，同ブロック最終段第 1 文（Despite the fact …）に不一致とわかる。④は Tim Alatorre に注目する。すると，同ブロック第 2 段最終文（And there's so many resources …）に … that's going to change and improve the standard of living here on Earth とあり，不一致とわかる。ここでの that は同文前半の「全太陽系の資源を利用しそれに資本を投じること」を指している。

(38)④ Tim Alatorre thinks that those who doubt that space tourism will be successful will just have to be patient. が一致。Tim Alatorre に注目すると，ブロックⅥ最終段第 2 文（Alatorre, meanwhile, thinks …）に見つかる。この段には Tim Alatorre の言葉が引用されており，その第 3 文に Give us time, 第 4 文に It's going to happen, 第 5 文に It doesn't happen overnight, 最終文に，Just wait and … の言葉があり，それをまとめたのが選択肢の to be patient のフレーズである。

①は同ブロック第 1 段を参照する。第 2 文（But Hoffmann suggested …）に不一致とわかる。get the concept off the ground「その構想（＝パイオニアステーションとボイジャーステーションの構想）を発進させる」 ②は同ブロック第 2 段第 1 文（"When the first …）に不一致。not going to be able to keep people away「人を遠ざけておくことはできないだろう」とは，ここでは「宇宙旅行者の話を聞きに人が殺到するだろう」の意味である。宇宙旅行そのものに殺到するわけではないため，不一致。③は同ブロック第 1 段第 1 文（Jeffrey A. Hoffman …）に不一致。

Ⅷ 解答

⑶⑼—① ⑷⑽—④ ⑷⑴—② ⑷⑵—① ⑷⑶—①
⑷⑷全訳下線部参照。

◆全 訳◆

≪気候変動と花粉症≫

［Ⅰ］ 新しい分析の示すところでは，気候変動によって，今世紀の終わりまでには，春のアレルギーシーズンの始まりが早くなり，今より数週間長く続くようになるだろう。

ミシガン大学の研究者たちが，コンピューターモデルを使って，気象状況の変化と二酸化炭素のレベルが花粉の放出に与える影響のシミュレーション調査を，合衆国全土に普通に見られる樹木，雑草，牧草に関して行った。そこでわかったことは，春秋の花粉のシーズンの時期と期間が，今世紀の終わりまでには変化し，結果的に年間の花粉放出量は実質的に増加するだろうということであった。

この調査結果によれば，この国で花粉のシーズンが長く激甚になればなるほど，現在世界の人口の推定10から30パーセントに影響を与えている喘息や花粉症を悪化させるだろうと，このチームは『ネイチャー=コミュニケーション』誌で報じている。

「この研究は，気候変動が花粉の放出に与える影響とさらにそれが連鎖的に健康に与える影響を将来的に調査するための出発点になりえます」と，大気科学者でこの論文の共著者であるインシャオ=チャンは言う。

［Ⅱ］ 先行研究によれば，花粉シーズンは気候変動に敏感である。しかし，その観察は狭い地域に限定されたり，期間が短かったり，数種の植物しか対象となっていなかったりする傾向があった。「合衆国内の花粉データを山ほど持っているわけではないのです」と，その論文のもう1人の共著者であるアリソン=シュタイナーは言う。

将来のアレルギーシーズンから予期されるものにもっと光を当てるために，彼女とチャンは，いつ，どこで，どれだけの花粉が合衆国本土全域で放出されるのかを調査した。「この種の情報は，アレルギー患者が健康・投薬の計画を立てる際の情報を将来的に提供できる可能性があります」と，シュタイナーは語る。

研究者たちは，米国アレルギー・喘息および免疫学学会が開発したコンピューターモデルを使用し，温室効果ガス排出の2つのシナリオの下で，合衆国の花粉生産植物の中でもっともよく見られる13のグループの花粉放出シミュレーションを行った。チームは，2081年から2100年までの間の予測を1995年から2014年までの歴史的観測結果と比較した。

［Ⅲ］　チャンとシュタイナーは，気温，降水量そして二酸化炭素の集中度が将来の花粉シーズンをどのように形作るのかを探った。より温暖な条件と二酸化炭素レベルの上昇が植物の生長と花粉生産を促進するが，一方降雨は花粉を洗い流すこともある。

チームの研究によれば，気温が上昇すると春の花粉シーズンが10日から40日早まり，夏から秋にかけての雑草と牧草による花粉のシーズンは5日から15日遅れることになるだろう。温室効果ガス排出が減少せずに継続するというシナリオの下では，花粉シーズンは19日，より長く続くことになるだろう。一方，もっと緩やかな温室効果ガス排出シナリオでは，花粉シーズンは10日まで延びるだろう。

気温の上昇は，年間で16から40パーセント，花粉の放出が増える結果につながる可能性もある。二酸化炭素は今世紀終盤には劇的に増加する可能性があるが，研究者たちがこの影響を含めると，年間の花粉の放出は2倍以上増加した。しかし，このガスが与える花粉の放出への影響に関する情報は比較的少なく，主に少数の植物による室内実験からのものである。

［Ⅳ］「花粉シーズンの変化については，気温が主な役割を果たしています。すなわち，開花シーズンを多少延ばすのです」とチャンは語る。そして，開花期間が延びるということは，花粉が増えるということである。「今のところ，私たちは，二酸化炭素が，将来においてとても重要になると考えていますが，たいへん不確かです」

地球温暖化により様々な地域においてブタクサやオークのような植物が多少なりとも住みやすくなるにしたがい，植生も変化するが，彼女とシュタイナーはその変わり方をも調査した。彼らの結論によれば，このような植物の生育域の変化は地域によっては花粉シーズンを悪化させる可能性があるが，おそらく気温や二酸化炭素よりも影響は少ないだろう。

「一般的に，北半球が温暖化する傾向があるので，これらの地域で花粉シーズンがより早まります」と，シュタイナーは言う。

将来的には，彼女とチャンが詳述した推定値は，二酸化炭素や干ばつなどの気候変数が花粉生産植物に与える影響に関する情報をさらに集めることによって改善されるだろう，と彼女は語っている。

［V］ もう1つのカギとなる疑問は，二酸化炭素と気温が，どのようにして，人間がより敏感になる花粉を花に出させるのか，というものである，と，コロンビア大学アーヴィング医療センターの環境衛生科学准教授であるルイス=ジスカは，この研究には関わっていないけれども，語っている。二酸化炭素レベルの上昇が，花粉粒表面のタンパク質を，より強力なアレルゲンを生成するように変化させる可能性があるという証拠もある。

さらに，この新しい発見は，ジスカと同僚が行った大気の条件と花粉生産に関する観察と「非常に一致」している。

「これらは重要な裏づけです。特に未来の気候という文脈から見るとね」と彼は言う。「この発見によって，植物が元となるアレルギーに関する変化の範囲を非常に詳しく評価することができます」

未来のアレルギーシーズンが気候変動の下でどのようになるかに関しては不確定要素がたくさん残ったままであるけれども，すべての証拠が示すのは，花粉生産の時期と激甚度において重要な変化があると予測できるということだ，とシュタイナーは言う。

「2100年までに起こることの方向性については，まだコントロールすることができます。そして，排出の削減が，二酸化炭素の濃縮を和らげ，花粉への影響をいくらかでも弱めるキー要素となるでしょう」と彼女は言う。

◀解　説▶

⑶9〜⑷3の内容真偽問題は，解答を始める前に，各ブロックのパラグラフリーディングを行い，ブロックの大意を把握しておくこと。次に4つの選択肢に目を通す。文脈が理解できていればブロック全体を読まなくても真偽の判断ができる，あるいは，常識に照らして推測できる場合も多い。また，断定的な表現を含む選択肢があれば不一致となる場合が多いので，それら以外の選択肢をまず検討すると効率的だろう。選択肢と本文を照合する際にはスキャニングが有効になる。パラグラフリーディングとスキャニングについては「傾向と対策」参照。

⑶9① According to a study, annual pollen emissions are likely to increase by the end of this century. がブロックⅠ第2段最終文（They found that the timing and …）の leading 以下に一致。選択肢の annual pollen emissions に注目する。the amount of pollen released が選択肢で

はpollen emissionsに,「1年間に」の意味の副詞annuallyが形容詞に書き換えられている。

②,③は,パラグラフリーディングができていれば,それぞれ同ブロック第1段第1文(The spring allergy…),第2段第1文(Scientists at the…)に不一致と判断できる。④は,第3段(The findings suggest…)によればthe United Statesがthe worldの間違い。

⑷④ Researchers compared historical data with future estimates for pollen emissions.がブロックⅡ最終段最終文(The team compared their projections for…)に一致。their projections for the period from 2081 to 2100が選択肢ではfuture estimatesに言い換えられている。projection「予想」 estimate「推定,見積もり」

①は,region, time period, plant speciesに注目する。quite comprehensive in terms of plant speciesが同ブロック第1段第2文(However, these observations…)にあるonly a few plant speciesに不一致。comprehensive「広範囲な」②は同ブロック第2段第1文(To shed more…)にover the continental United States「合衆国本土全域で」とあるのでHawaiiは含まれない。③は同ブロック最終段第1文(The researchers used…)によれば,13 plant species, ranging from common to quite rareではなく,13 of the most common groups of pollen-producing plantsである。

⑷② As temperatures rise, the summer-to-fall pollen season might be delayed by five to 15 days.がブロックⅢ第2段第1文(The team found…)に一致。この文のwarmer temperaturesが選択肢ではAs temperatures riseと副詞節に書き換えられている。さらに,(could shift) the summer-to-fall pollen season for weeds and grasses five to 15 days laterがdelay「～を遅らせる」の受動態で書き換えられている。

①は同ブロック第1段第2文(Warmer conditions and…)にwhile rainfall can sometimes wash pollen awayとあり,ここから降雨は花粉放出の増加とは結びつかないと推測できるので不一致。③にある19 days longerのフレーズは同ブロック第2段第2文(Under a scenario in which…)にもあるが,これは「もっと緩やかな温室効果ガス排出シナリオ」の下でのシミュレーションであるから不一致である。④が紛らわしい

が，more than double に注目すると，同ブロック最終段第2文（When the researchers …）に annual pollen emissions more than doubled のフレーズが見つかる。この文に carbon dioxide, which may increase dramatically later this century とあるが，助動詞 may が用いられており certain「確実」とは言えないので不一致である。なお，この句は独立分詞構文となっており，付帯状況を表している。

(42)① The role of carbon dioxide in seasonal changes in pollen is not yet known with certainty. が正解。carbon dioxide「二酸化炭素」の seasonal changes in pollen に果たす役割についてはブロックⅣ第1段最終文（"Currently we are thinking that …）に記述があるが，it's very uncertain と締めくくられている。選択肢では not yet known with certainty と書き換えられている。

②は，「気温の上昇による植物分布の変化が花粉放出に与える影響」について「気温の上昇そのものの影響より大きい」とあるが，ブロックⅣ第2段最終文（They concluded that …）には，そのことに触れて，… have a smaller impact than temperature or carbon dioxide とあり，不一致である。③は，latitude に注目すると，第3段（"In general the …）に不一致とわかる。latitude は「緯度」の意味で，northern / southern latitudes で「北／南半球」となる。④は We have already gathered enough information on … とあるが，同ブロック最終段第1文で，In the future, the estimates … could be improved by gathering more information about … と，さらなる情報の収集による将来的な改善の余地に言及しており，不一致となる。

(43)① Increasing carbon dioxide may affect the proteins on the surface of pollen. が一致。protein に注目すると，同ブロック第1段最終文（There's some evidence that …）に見つかる。この文の alter the proteins on the surface of pollen grains の alter「変化させる」が，選択肢では affect に言い換えられている。

②については，plant-based allergy data に注目すると，同ブロック第3段第2文（"They provide a very …）に見つかる。選択肢の形容詞 various が本文の the scope of the change「変化の範囲」に言及していると考えられる。選択肢では，そこに「大きな違いが見られる」としている

が，本文では They provide a very detailed assessment「たいへん詳細な評価が与えられている」としている。以上から，不一致と言える。④は，It is too late for humans to change … が，同ブロック最終段に We do still have control over the direction of … に不一致。

(44) cause *A* to *do*「*A* に～させる（原因となる）」 be sensitive to ～「～に敏感な」 比較級となっているのは，二酸化炭素と気温の影響を受ける前の花粉との比較が含意されているからである。that 以下は関係代名詞節で，先行詞は pollen，関係代名詞 that は節の最後の前置詞 to の目的語となっている。

IX 解答例

(45) (I had great) trouble / difficulty (in) persuading / convincing (him that) more attention should be (paid to the problem.)

◀解　説▶

「～するのは大変だ」は，書き出しに I had が与えられているところから，have trouble / difficulty (in) *doing* の定型句を用いる。

「納得させる」は，目的語に him that が与えられているところから，第 4 文型をとること，直接目的語に that 節をとることが要求されている。これに合致する動詞は persuade と convince である。前置詞 in の後なので動名詞となる。

「注意が払われるべきだ」は空所の直後に paid to the problem が与えられているところから，pay attention to (the problem) の定型句が受動態で用いられていることを読み取る。

❖講　評

2023 年度は，2022 年度と同様，大問 9 題の出題で，読解問題が長文 2 題と短めのものが 1 題出題された。その他は，文法・語彙 4 題，会話文 1 題，和文英訳 1 題の出題。記述式は，英文和訳が 1 問，空所補充形式の和文英訳が 1 問である。2 月 15 日実施分と同形式・同内容であった。

中心はⅦ，Ⅷの長文読解問題である。特筆すべきは英文の量である（Ⅶが 1,300 語，Ⅷが 850 語程度）。それに 2022 年度から出題されているⅤ（300語程度）と会話文の問題が加わって，全体で相当な量となる。Ⅶ，Ⅷの長文読解問題は語彙・構文が標準より高度，設問は標準的な難易度であった。設問は，選択式はブロック指定の4択式内容真偽が中心で，ほとんどは本文の大意把握ができていて，参照箇所が特定できれば正答できる。中では，Ⅷの(42)に紛らわしい選択肢があった。他に，Ⅶは同意表現の問題が，Ⅷは下線部和訳が加わる。同意表現の問題は語彙力よりは文脈の理解が問われる内容。下線部和訳は，語彙は平易，構文は標準といえる難易度だが，こなれた日本語に訳出するのには少し時間を要したかもしれない。本文の内容は，Ⅶが宇宙旅行の現在を扱った記事，Ⅷは気候変動と花粉症をテーマとする論説文である。Ⅴは語彙・構文，設問すべて標準よりは平易であった。

Ⅸの和文英訳は，語数指定のある短文の空所補充形式（3カ所）で，平易な出題である。標準的な語彙・語法の力があれば対処できるだろう。

文法・語彙問題も，Ⅳの語句整序問題を除いて平易な出題といえる。中では，Ⅰの(5)，Ⅱの(8)がやや高度，Ⅱの(9)が高度といえる。Ⅳの語句整序問題が全体的に高度で，特に(18)，(20)は難しかった。

Ⅵの会話文の問題（5問）は英文の量が多く，会話文特有の表現よりは文脈の理解が問われる内容であった。

全体的にみて，英文の量が多く，語彙・構文のレベルも高いので，標準より難といえる。長文読解問題では，設問を中心に本文を読み解く技術，速読力，時間配分が重要となる。

日本史

I 解答　問1．オ　問2．エ　問3．イ　問4．ウ　問5．ウ
問6．エ　問7．オ　問8．カ　問9．イ　問10．ア

◀解　説▶

≪原始～中世の農業・政治・軍事≫

問1．オが正解。b・d．正文。

a．誤文。旧石器時代の化石人骨は更新世の新人であり，浜北人や湊川人が著名である。

c．誤文。東日本では落葉広葉樹林が，西日本では照葉樹林が広がる。

問2．エが正解。b・c．正文。

a．誤文。弥生時代後期には，刃先が鉄製の農具が使用されている。

d．誤文。弥生時代になっても狩猟や漁労が行われていた。

問4．ウが正解。a・d．正文。

b．誤文。後三年合戦は源義家が清原氏の内紛に介入して制圧したものであり，源頼義は関わっていない。

c．誤文。源義親の乱を鎮圧したのは，平正盛である。

問6．難問。エが正解。九条道家にかわり関東申次に任命されたのは，西園寺公経であり，その子孫が西園寺公望である。関東申次に関して，教科書に言及されることも少なく，選択肢に同じ藤原氏である「近衛」文麿や「三条」実美がいることから，消去法での確定も困難である。

問7．やや難問。オが正解。b・d．正文。教科書の系図など，判断にはやや詳細な知識が必要となる。

a．誤文。八条院領は大覚寺統，長講堂領は持明院統の経済基盤となる。

c．誤文。足利尊氏は，北条時行の反乱である中先代の乱鎮圧のために鎌倉に下向し，北条時行を討伐した後に後醍醐天皇に反旗を翻した。

問8．史料〔C〕は健児の制に関する『類聚三代格』である。カが正解。

c．正文。「右大臣の宣を被るに偁く，勅を奉るに」の箇所から，右大臣が天皇の命令である勅を受けて出した命令であることがわかる。

d．正文。「今諸国の兵士，辺要の地を除くの外，皆停廃に従え」とあり，

東北や九州などの「辺要の地」の兵士は維持された。

a．誤文。「常陸国二百人」とあり，健児は都に近い国に多く配置されているとは言えない。

b．誤文。「兵庫」は武器庫，「鈴蔵」は駅鈴保管庫を指す。

問10．アが正解。史料〔C〕は延暦11（792）年に出されたもので，比叡山延暦寺を創建した最澄が該当する。

Ⅱ 解答

問1．キ 問2．〔i〕―イ 〔ii〕―エ
問3．ウ 問4．ウ 問5．ア 問6．オ 問7．エ
問8．イ 問9．〔i〕―ウ 〔ii〕B―ク D―エ H―ケ
問10．オ 問11．イ 問12．オ 問13．ア

◀解 説▶

≪江戸時代後期の外交≫

問1．キが正解。X．誤文。異国船打払令（1825年）が発令される前，1804年に入港許可書を持って長崎に来航したのはレザノフである。根室に来航したラクスマンと混同しないように注意したい。

Y．誤文。箱館・松前で監禁されたのはゴローウニンで，モリソン号事件（1837年）より前の出来事である。

Z．正文。異国船打払令を撤回して，1842年に天保の薪水給与令を発令した後，幕府は1846年に浦賀に来航したビッドルの通商要求を拒否した。

問2．〔i〕はイ，〔ii〕はエが正解。蛮社の獄で処罰された高野長英の著作は『戊戌夢物語』である。同じく蛮社の獄で処罰された渡辺崋山の著作『慎機論』と混同しないように注意したい。

問5．アが正解。「第二次世界大戦後」の「歴史小説」から，中間小説の作家である司馬遼太郎を選択する。

問6．オが正解。下線部の「佐賀藩」から藩主である鍋島直正を選択する。なお，吉田松陰と村田清風は長州藩，調所広郷と島津斉彬は薩摩藩の人物である。

問7．エが正解。ペリーが浦賀へ来航した時に日本に渡したのはアメリカ大統領フィルモアの国書である。ウィルソンは第一次世界大戦，セオドア=ローズベルトは日露戦争，トルーマンは第二次世界大戦，タフトは桂・タフト協定と関連する大統領である。

問 8．イが正解。下田は静岡県伊豆半島に所在する。幕末に登場する重要な場所については地図で確認しておきたい。なお，エは浦賀である。

問 9．〔ｉ〕はウ，〔ⅱ〕のＢはク，Ｄはエ，Ｈはケが正解。〔ⅱ〕については，カ．藤原良房の摂政就任（858 年）→ク．藤原基経の関白就任（884 年）→イ．安和の変（969 年）→エ．後三条親政の開始（1068 年）→白河院政の開始（1086 年）→キ．源頼朝の征夷大将軍就任（1192 年）→コ．北条時政の執権就任（1203 年）→ア．後醍醐親政の開始（1321 年）→ケ．足利尊氏の征夷大将軍就任（1338 年）→オ．織田信長による足利義昭追放（1573 年）→ウ．徳川家康の征夷大将軍就任（1603 年）である。

問 11．イが正解。明治元年にあたる 1868 年の「新しい評議会」とは小御所会議を指す。第一回帝国議会は 1890 年に召集，評定所は江戸幕府の機関，大阪会議の開催とそれによる元老院の設置は 1875 年であることから消去法でも解答できる。

問 12．オが正解。ｃ．大政奉還（1867 年）→ａ．鳥羽・伏見の戦い（1868 年 1 月）→ｂ．奥羽越列藩同盟の結成（1868 年 5 月）の順である。戊辰戦争の推移を踏まえて解答したい。

問 13．アが正解。幕府が「孤立した長州に打ち勝てなかった」戦いは，第二次長州征討である。将軍徳川家茂の死去により戦闘が中止された。長州藩外国船砲撃事件は長州藩による攘夷運動で，その結果四国艦隊下関砲撃事件で長州藩は被害を受ける。また，禁門の変，八月十八日の政変では長州藩勢力は敗北・衰退する。

Ⅲ　解答

問 1．⑴―カ　⑵―ア　問 2．オ

問 3．エ　問 4．イ

問 5．⑤―キ　⑥―カ　問 6．エ　問 7．イ　問 8．ウ　問 9．イ

◀解　説▶

≪近代の国勢調査≫

問 1．⑴カが正解。図 1 の棒グラフより，ⅵまではＢに比べてＡの人口が少なかったのに対して，ⅶ以降は逆転してそのまま維持していることから，Ａが市部，Ｂが郡部と判断できる。また，図 1 の折れ線グラフより，ⅴの時期の人口が唯一減少しており，その理由を第二次世界大戦による人口減少とすることができることから，ⅴを 1945 年と断定できる。図 1 の注記

から，横軸は西暦年数の末尾が0または5である年の年次が時系列で順次該当することから，問われているviは1950年と判断できる。

(2)アが誤文。i～iiの時期は1925～30年に該当するが，八幡製鉄所の操業開始は1901年である。

なお，イのii～iiiの時期は1930～35年にあたり金輸出再禁止（1931年）に該当，ウのiii～ivの時期は1935～40年にあたり国民徴用令（1939年）に該当，エのiv～vの時期は1940～45年にあたり太平洋戦争（1941～45年）に該当，オのviiの時期（1955年）以降は高度経済成長期に該当する。

問2．オが誤文。神祇官から神祇省へは格下げである。なお，神祇省はその後，教部省となっていく。中央官制については，政体書，版籍奉還，廃藩置県を契機として改編されていくことに注意したい。

問3．エが正解。「軍医でもあり小説家でもあった人物」とのヒントから，森鷗外の『渋江抽斎』と判断したい。『蟹工船』は小林多喜二，『金色夜叉』は尾崎紅葉，『破戒』は島崎藤村，『浮雲』は二葉亭四迷の作品。

問6．エが誤文。第1次大隈重信内閣は，尾崎行雄文部大臣の共和演説などにより4カ月で瓦解した。なお，長期に渡り政権を維持した最初の本格的政党内閣は原敬内閣である。

問7．イが誤文。第1次桂太郎内閣は，1902年に日英同盟を結び対ロシア戦に備えた。

問8．ウが誤文。寺内正毅内閣で石井・ランシング協定が結ばれるが，その内容は中国の領土保全・門戸開放と日本は中国に特殊利益を持つことを認めるものである。日本へ赤道以北南洋諸島の特殊権益を認めたのはヴェルサイユ条約である。

問9．イが誤文。1920年の総選挙では，立憲政友会の積極政策や小選挙区制などの効果もあり，原敬の立憲政友会は圧勝した。

IV 解答

問1．エ　問2．ウ　問3．イ　問4．ア　問5．エ
問6．イ　問7．ウ　問8．イ　問9．ア
問10．ア・エ・オ　問11．オ　問12．イ　問13．エ
問14．オ　問15．イ

◀解　説▶

≪戦後日本の復興≫

史料〔A〕は日ソ共同宣言（1956年10月），史料〔B〕は経済安定九原則（1948年），史料〔C〕は所得倍増計画（1960年），史料〔D〕はポツダム宣言（1945年），史料〔E〕は経済白書（1956年7月）である。

問2．ウが正解。4には歯舞群島（d），5には色丹島（c）が入る。なお，aは国後島，bは択捉島である。

問3・問4．問3はイ，問4はアが正解。第2次吉田茂内閣は，デトロイト銀行頭取のドッジの指示に基づいてGHQによる指令の経済安定九原則を実施した。

問5．エが誤文。復興に関わって資材・資金の投入に優先順位をつける傾斜生産方式は，第1次吉田茂内閣の時の1947年に採用された。接近した年号の正誤判定を必要とするが，イの単一為替レートの設定，オのシャウプ勧告，ア・ウのインフレ収束からのデフレなど，他の選択肢は基本事項であるため消去法でも解答を確定できる。

問6．やや難問。イが正解。史料〔C〕に「農業と非農業間，大企業と中小企業間」などの「所得上の［ 6 ］の是正」とあるので，6には格差が該当する。また，所得倍増計画は10年計画である。

問7．ウが正解。年平均9％の経済成長の結果，3カ年で17兆6000億円を目標値としていることから，空欄8には13が該当する。

問8．イが正解。池田隼人内閣が成立して所得倍増計画を立てた時の日本経済は，岩戸景気の状況であった。池田内閣後半期のオリンピック景気と混同しないように注意したい。なお，神武景気（鳩山一郎内閣）→岩戸景気（岸信介内閣・池田内閣）→オリンピック景気（池田内閣）→いざなぎ景気（佐藤栄作内閣）の順に，高度経済成長期の好景気は推移する。バブル経済は1986～91年の好景気。

問10．ア・エ・オが正解。GHQが行った民主化政策の内容，つまり日本が占領下に置かれた時期（1945～52年）の政策を選ぶ。イの公害対策基本法の制定は1967年の高度経済成長期，ウの婦人参政権獲得期成同盟会の結成は1924年の大正期にあたる。GHQによる五大改革指令である婦人参政権の付与と混同しないように注意したい。なお，農地改革と財閥解体は経済機構の民主化，労働組合法の制定は労働組合の結成奨励であり，五大改革指令に基づく。

問11．オが正解。日本が独立国として主権を回復した年，つまりサンフランシスコ平和条約が発効したのは1952年である。条約締結の1951年と混同しないように注意しよう。独立国となってIMFや世界銀行に加盟できた1952年を想起して確定できる。

問12．イが正解。「戦後日本経済の回復」に関わる「世界情勢」は朝鮮戦争を指す。朝鮮戦争による特需景気により日本経済は復興したことを踏まえて判断したい。

問14．オが誤文。京都議定書が採択されたのは1997年であり，当時は平成不況下であった。

問15．イが正解。各史料の年代については，大問Ⅳ解説の冒頭を参照。なお，日ソ共同宣言と経済白書は同年の事柄であるが，「新しい順に並べ」るため判断は不要である。

❖講　評

Ⅰ　原始から中世までの農業・政治・軍事をテーマとする。正誤問題が多く，教科書レベルの知識での判断が可能な問題が多いため，落ち着いて解答したい。なお，問6の西園寺公望に関する出題は難度が高い。

Ⅱ　江戸時代後期の外交をテーマとする。地図問題を含めて教科書レベルの知識や消去法での解答が可能な出題が多い。問9の年表問題，問12の戊辰戦争の配列問題は，歴史の流れを踏まえることで，詳細な年号知識がなくても対応できる。問11・問13は史料を丁寧に読んで内容を理解できれば解答は比較的容易である。

Ⅲ　近代の国勢調査をテーマとする。問1のグラフの問題は，グラフから法則性を読み取り，既習事実を踏まえることができれば解答できる。また選択問題は正誤判断ポイントが明確な出題が多い。問3の森鷗外を選択する問題は，設問を丁寧に読み，選択肢をヒントとして解答したい。

Ⅳ　基本的な史料から戦後日本の復興をテーマとする。問7・問12は史料を丁寧に読んで判断したい。また，問10・問11・問15はケアレスミスしやすい設問である。そして，問2の北方四島の場所を地図上で答える出題など，現代史にも目を配る必要がある。

世界史

I **解答** 問1．2番目：エ　4番目：ア
問2．ウ・エ　問3．イ　問4．オ
問5．オ　問6．2番目：イ　4番目：オ　問7．ウ　問8．ア
問9．イ　問10．ウ・エ　問11．エ　問12．エ　問13．イ・ウ
問14．ア　問15．エ　問16．ア・エ　問17．ア　問18．エ

◀解　説▶

≪19世紀以降の世界経済≫

問1．ア．穀物法の廃止は1846年。

イ．カニング外相がラテンアメリカ諸国の独立を認めたいわゆる"カニング外交"は1822～27年にかけてのこと。

ウ．東インド会社の中国に対する貿易独占権廃止が決定したのは1833年で，翌34年に実施された。

エ．第1回選挙法改正は1832年のこと。

オ．航海法は1849年に廃止された。これによりイギリスの自由主義貿易体制が確立する。

したがって，古いほうから並べると，イ→エ→ウ→ア→オの順となり，2番目はエ，4番目はアとなる。

問2．ア・イ．誤文。北部はイギリス製品との対抗上，保護貿易政策を求め，南部はイギリスへの綿花輸出が進んでいたことから自由貿易政策を求めた。

オ．誤文。南部は合衆国を離脱し，アメリカ連合国を結成した。

問5．オ．誤文。1820年代に蒸気機関車を実用化したのはイギリス人のスティーヴンソンである。ダービーは，親子でコークス製鉄法を確立した。

問6．ア．対ソ干渉戦争を乗り切るために行われた戦時共産主義の失敗を受け，新経済政策（ネップ）が1921年から開始された。

イ．レーニンが亡命先のスイスから列車で帰国したのは，二月革命後の1917年の4月のことである。なお二月革命の「二月」はロシア暦での2月で，グレゴリウス暦では3月にあたる。

ウ．平和に関する布告の採択は，十月革命後の1917年11月。
エ．ニコライ2世が退位しロマノフ朝が消滅したのが二月革命で，1917年3月のこと。
オ．対ソ干渉戦争は1918年，革命政府がブレスト=リトフスク条約を結び大戦から離脱したことをきっかけに始まった。
したがって，古いほうから並べると，エ→イ→ウ→オ→アの順となり，2番目はイ，4番目はオとなる。
問7．難問。第一次世界大戦中，中国では民族資本家によって紡績業が進展した。詳細な内容である。
問9．ア．誤文。ドーズ案を提案したのはイギリスではなくアメリカ。
ウ．誤文。ドーズ案によってアメリカ資本のドイツ流入が進み，ドイツの戦後復興が進んだ。
エ．誤文。ドーズ案は1924年に出され実行された。ヤング案は1929年に出された賠償削減案である。
オ．誤文。ミッテランは1981年から95年まで第五共和政のフランスで大統領を務めた人物である。
問10．ウ．誤文。ハーディング，クーリッジ，フーヴァーはいずれも共和党所属の大統領。
エ．誤文。「金ぴか時代」は1865年の南北戦争終結後，アメリカ合衆国で資本主義が急速に発展をとげた19世紀後半の時代をいう。
問11．やや難問。コーヒー・硝石・石油・牛肉の輸出国を，それぞれアルゼンチン・ブラジル・ベネズエラ・チリの中から選択する。詳細な内容であるが，ブラジルはコーヒーが有名，石油はベネズエラで多く産出されるという地理の知識があればエが選択できよう。
問12．フーヴァー=モラトリアムは1931年に出された。
ア．ヒトラーが首相に任命されたのは1933年。
イ．中国の国民政府が法幣制度を採用し通貨を統一したのは1935年。
ウ．ムッソリーニは1922年にローマ進軍を実行し，国王から組閣指示を受けて首相となった。
エ．日本が柳条湖事件を起こして満州を占領したのは1931年のこと。
オ．ソ連の第一次五か年計画は1928年に開始された。
したがって，正解はエである。

問 13．イ．誤り。バルフォア宣言が出されたのは，第一次世界大戦中の1917 年である。

ウ．誤り。21 歳以上の男女に選挙権が与えられた第 5 回選挙法改正は1928 年に行われた。

問 14．ア．誤文。ワグナー法は，労働者の団結権・団体交渉権を認めた法律である。

問 16．ア．誤文。1992 年に締結された北米自由貿易協定（NAFTA）は，アメリカ，カナダ，メキシコの 3 カ国間で成立した。

エ．誤文。1990 年代後半のアジア通貨・金融危機のきっかけはタイのバーツの暴落である。

問 17．ア．誤文。南ベトナム解放民族戦線に対抗するために，アメリカのケネディ政権がベトナム共和国への本格的な軍事支援を開始した。

問 18．エ．誤文。ニクソン大統領の訪中により，毛沢東との間で米中の国交正常化が合意された。

II　解答

問 1．イ　問 2．ウ　問 3．ア　問 4．イ・オ
問 5．2 番目：ア　4 番目：ウ　問 6．ウ
問 7．エ　問 8．ウ・エ　問 9．ア・オ

◀解　説▶

≪中国史における人口増減≫

問 1．ア．誤文。仰韶文化は，前 5000 年ごろに黄河中流域で成立した。

ウ．誤文。周が都を鎬京から洛邑に移したのは，異民族の犬戎の侵入を受けたからとされる。

エ．誤文。やや難。覇者とは，周王室の権威が衰える中で諸侯を主導する権力を握り，盟約の儀式を開いた有力諸侯のことをいう。王を名乗れるのは周王のみである。ただし，楚の荘王のように王を自称した諸侯も次第に現れた。

オ．誤文。儒家を開いた孔子は春秋時代末期の人（前 551 年頃～前 479 年）。戦国時代は前 403～前 221 年である。

問 4．ア．誤文。やや難。イギリスの香港返還およびポルトガルのマカオ返還の際の総書記は江沢民である。

ウ．誤文。鄧小平は四つの現代化を掲げて改革開放を推進したが，中ソ論

争（中ソ対立）は，フルシチョフのスターリン批判（1956年）を毛沢東が痛罵したことから起こった。鄧小平が引き起こしたのではない。

エ．誤文。やや難。天安門事件で責任を問われて失脚したのは趙紫陽。事件後に総書記に就任したのが江沢民である。

問5．アの黄巾の乱勃発は184年，イの黄巣の乱勃発は875年，ウの安史の乱勃発は755年，エの八王の乱勃発は290年，オの赤眉の乱勃発は18年。したがって，オ→ア→エ→ウ→イとなり2番目はア，4番目はウとなる。

問7．エ．誤文。ムセイオンは，ローマではなくエジプトのアレクサンドリアに建設された王立研究所である。

問8．ア．誤文。明代には，米穀の主要産地が長江下流域の江蘇省・浙江省から長江中流域の湖北省・湖南省に移った。

イ．誤文。永楽帝の命で行われた鄭和の大航海により，東南アジア諸国の朝貢貿易は促進された。

オ．誤文。清朝が台湾に拠る鄭成功勢力を孤立させるべく出した遷界令は，広東・福建の沿岸住民を内陸に移住させるものであった。

問9．ア．誤文。イギリスは南京条約で香港島を清から割譲された。

オ．誤文。日本が下関条約で得た領土のうち，遼東半島のみが三国干渉で清に返還された。賠償金2億両は返還せず，さらに半島返還の代償として3000万両を日本は獲得した。

Ⅲ　解答

問1．ウ　問2．ア

問3．2番目：ア　4番目：エ

問4．イ・オ　問5．エ　問6．ウ　問7．イ　問8．エ・オ

◀解　説▶

≪ソグド人の歴史≫

問2．(a)ムガル帝国のアクバル大帝が北インド全域を征服したのは16世紀後半。

(b)イギリス東インド会社がプラッシーの戦いに勝利したのは1757年。

(c)ポルトガルのゴア獲得は1510年のこと。

(d)シヴァージーがデカン高原にマラーター王国を樹立するのは17世紀の中頃。

(e)インド大反乱の引き金となったシパーヒーの反乱は 1857 年に勃発。

したがって，(c)→(a)→(d)→(b)→(e)となりアが正解。

問 3．ア．匈奴の冒頓単于が中央アジアを支配下におくまでに勢力を拡大したのは前 2 世紀前半。

イ．南ロシアに割拠したスキタイがアケメネス朝と争ったのは前 6 世紀頃。

ウ．ウイグルが東突厥を滅ぼし中国を圧迫したのは 8 世紀のことで，キルギスの攻撃で滅亡するのは 9 世紀。

エ．フン人がアッティラ大王の下で全盛期を迎えるのは 5 世紀半ば。

オ．匈奴が西晋を滅亡させたのは 316 年（4 世紀）。

したがって，イ→ア→オ→エ→ウとなり 2 番目はア，4 番目はエとなる。

問 4．イ．誤り。ムハンマドが唯一神アッラーの教えを説き始めたのは，7 世紀の前半である。

オ．誤り。グプタ朝のチャンドラグプタ 2 世が北インドの大半を支配したのは，4 世紀末頃のことである。

問 5．ア．誤文。国号を清としたのはホンタイジである。建国者ヌルハチは国号を後金（金）とした。

イ．誤文。商業革命によって国際商業の中心となったのはアントウェルペンやリスボンなど大西洋岸の都市である。南ドイツのアウクスブルクは国際商業の中心から外れた。

ウ．誤文。スペインはアカプルコからフィリピンのマニラに南アメリカ産の銀を運び，中国の物産を取引した。

オ．誤文。第 4 回十字軍にコンスタンティノープルを占領させたのはジェノヴァではなくヴェネツィアである。

問 6．ウ．誤文。イギリスは第二次アフガン戦争でアフガニスタンを保護国とした。英領インドに併合したわけではない。

問 7．ア．誤文。土地の徴税権を軍人に与えるイクター制を創始したのは，ブワイフ朝である。

ウ．誤文。ウマイヤ朝で被征服民に課せられたのは，地租のハラージュと人頭税のジズヤである。ワクフとは財産寄進制度のことである。

エ．誤文。サファヴィー朝が海上交易のために征服したホルムズ島を拠点としていたのは，オランダではなくポルトガルである。

オ．誤文。オスマン帝国のティマール制は，シパーヒーというトルコ人騎兵に土地の徴税権を与える制度。徴税請負制ではない。

問8．エ．誤り。マルサスは『人口論』などを著したイギリスの古典派経済学者。史的唯物論を確立したのはマルクスである。

オ．誤り。ランケは，厳密な史料批判から史実を科学的に追究する近代歴史学の基礎を確立したドイツの歴史学者である。

❖講　評

Ⅰ　19世紀以降の国際経済に関するリード文から，主に欧米の歴史について問われている。問7は教科書に詳細な記述がなく難問。問11は地理分野的な知識も必要でやや難度が高い。形式も，過不足なくすべて選ぶ問題が5問，古い順に並べた場合の2番目と4番目を問う問題が2問あり，難易度を上げている。ただ，他の問題は教科書レベルの問題なので，取りこぼさないようにしたい。

Ⅱ　テーマは中国史における人口増減。主に中国史，アジア史から出題されている。問4は中国現代史でしかも内容も詳細。しかし他は基本的な問題といえる。

Ⅲ　ソグド人の歴史に関するリード文から古今東西様々な内容が問われている。Ⅰ・Ⅱに比べ全体的に難度が高い。ここでの出来不出来が得点を左右したと思われる。

2023年度は短文論述がなくなり，すべてマークセンス方式となった。とはいえ，中央大学の特徴である過不足なく選ぶ問題が多く，難度は高い。対策としては，教科書精読を基本に脚注部分も隅々まで目を通すこと，用語集や図説の説明までしっかり読み込むことが肝要である。

政治・経済

I 解答

問1．①責任 ②議院 ③69 ④10 ⑤7 ⑥天皇 ⑦文民 ⑧閣議 ⑨12 ⑩独立行政法人

問2．内閣法 問3．大臣政務官 問4．国家公安委員会

問5．中央労働委員会 問6．原子力規制委員会 問7．復興庁

問8．夜警国家 問9．日本電信電話公社・日本専売公社

問10．内閣人事局

◀解 説▶

≪内 閣≫

問1．③・⑤衆議院の解散には，大きく分けて憲法第7条に基づく解散（7条解散）と憲法第69条に基づく解散（69条解散）の2つがある。

⑨2001年の中央省庁再編によって，1府12省庁に再編された。

問2．現在の内閣法は，国務大臣の数を16人以内（ただし特別に必要がある場合については19人以内）と規定している。

問3．各府省の最高責任者としての大臣と大臣を補佐する副大臣・大臣政務官を総称して政務三役と呼ぶ。

問4．国家公安委員会は，内閣府の外局で，警察庁を管理する行政委員会である。外局とは各府省に置かれ，特殊な事務や独立性の高い事務を行う組織を指す。

問7．復興庁は2011年の東日本大震災の復興事業を実施する組織として2012年2月10日に設置され，震災発生から10年となる2021年3月末で廃止される予定だったが法改正により2031年3月末までと延長された。

問8．ラッサールは最小限度必要な治安維持と国防のみを任務とする国家を夜警国家と呼んで批判し，国家による労働者への援助の必要性を主張した。

問9．三公社のうち，日本電信電話公社と日本専売公社は1985年に民営化され，日本国有鉄道は1987年に民営化された。

問10．内閣人事局は国家公務員の人事一元化などを目指す組織として，2014年5月30日に内閣官房内に設置された。

Ⅱ 解答

問1．①完全競争　②供給　③需要　④市場の失敗
⑤働き方改革　⑥ラッダイト

問2．A　問3．B　問4．A　問5．男女雇用機会均等法
問6．C　問7．B

◀解　説▶

≪市　場≫

問1．①多数の売り手と買い手の存在，財の同質性，情報の完全性，参入退出の自由を満たす完全競争市場においては，価格の自動調節機能を通じた効率的な配分が達成される。
②・③価格の自動調節機能によって，超過供給が発生すると価格が下落し，超過需要が発生すると価格は上昇する。
⑤働き方改革関連法は長時間労働の是正などを目指して2018年に制定された。

問2．Aが正解。人口減は需要曲線を左にシフトさせる。また生産性の上昇は供給曲線を右へシフトさせる。

問3．Bが正解。労働市場では，労働力の供給者は家計であり，需要者は企業である。次に図1において，右下がりの直線が需要曲線，右上がりの直線が供給曲線である。賃金がP_1のとき，需要曲線より供給曲線の労働量の方が多いことから，超過供給すなわち労働力が余っているので失業が発生している。一方で，賃金がP_2のとき，供給曲線より需要曲線の労働量の方が多いことから，超過需要すなわち人手不足が発生している。

問4．労働人口の減少は，同一賃金において供給される労働量を減少させるため，供給曲線は左にシフトする。よって新たな均衡点はAとなる。

問6．労働意欲の向上は，同一賃金において供給される労働量を増加させるため，供給曲線は右にシフトする。よって新たな均衡点はCとなる。

問7．新しい生産技術の登場は，労働力を代替することで同一賃金において需要される労働量を減少させるため，需要曲線は左にシフトする。よって新たな均衡点はBとなる。

Ⅲ 解答

問1．A　問2．C　問3．D　問4．C　問5．D
問6．D　問7．A　問8．A　問9．B　問10．A
問11．D　問12．C　問13．D　問14．C　問15．B

◀解 説▶

≪公共財≫

問1・問2．公共財は，非競合性と非排除性という2つの性質をもつ財・サービスである。

問3．Dが正解。公共サービスXの便益を400人が1000円，100人が0円と評価したため，評価の合計は400×1000＋100×0＝40万円となる。

問4．Cが正解。公共サービスXの評価の合計が40万円，費用が10万円であることから，その差は40－10＝30万円となる。

問5．Dが正解。1000円の評価額の人たちに300円の支払いを求めた場合，1人当たり1000－300＝700円の得となる。

問6．Dが正解。1000円の評価額の人たちが0円と申告した場合，1人当たり1000－0＝1000円の得となる。

問7．Aが正解。市場の失敗による公共財の過少供給に対して，一般的には政府が公共財を供給することで対応する。この政府の経済活動を財政政策という。

問8．Aが正解。「所得格差を是正するような」から判断する。一般に財政政策は，資源配分の調整，所得の再分配，景気の調整を目的とする。

問9．Bが正解。公共投資や増減税を通じた裁量的な総需要管理によって景気の調整を行う財政政策をフィスカル・ポリシーという。

問10．Aが正解。財政政策と金融政策などの複数の政策を組み合わせることをポリシー・ミックスという。

問11．Dが正解。図書館は非競合性と排除性をもつクラブ財として他と区別される。

問12．Cが正解。「公共財は，非排除性の性質があるので，費用を負担せずに利用する人が存在してしまうという問題」は，ただ乗り（フリーライダー）問題と呼称される。

問13．Dが正解。4つの選択肢の中で一般に用いられる表現は「応能負担の原則」と「応益負担の原則」だが，「財・サービスから利益を受ける人が費用を負担する原則」を指すのは応益負担の原則であり，応能負担の原則とは個人の担税能力に応じて租税を負担するという租税原則である。

問14．Cが正解。売り手と買い手でもっている情報が異なることを情報の非対称性といい，市場の失敗の原因の1つである。

❖講　評

Ⅰ　内閣について出題された。行政委員会の名称を答えさせる問4や問5などでは，資料集を活用してやや詳細な知識を十分に身につけているかが問われている。問1の空欄補充における衆議院解散の2つのパターンなど，教科書レベルの基礎的な知識を問う問題も出題された。

Ⅱ　市場について出題された。単なる知識問題は少なく，需要供給曲線のグラフを設問の条件に基づいて動かし，正解を導く力が問われている。

Ⅲ　公共財について出題された。問3から問6では平易ではあるものの計算問題が出題された。他の問題については教科書レベルの基礎的な知識が問われている。

2023年度も，おおむね例年と変わりない難易度だったといえるだろう。

数学

I 解答

(1) $a=\dfrac{3}{2}$，$b=-\dfrac{11}{2}$　(2) 18倍　(3) $\dfrac{\pi}{6}$

(4) $B<A<C$　(5) $\sqrt{10}$　(6) $\dfrac{34}{3}$

◀解　説▶

≪小問6問≫

(1)　$f(x)=x^3+ax^2+bx-3$ とおく。$x^2+x-6=(x+3)(x-2)$ であるから $f(x)$ が $(x+3)(x-2)$ で割り切れるとき，因数定理より

$$f(-3)=0,\ f(2)=0$$

が成り立つ。

このとき，$f(-3)=9a-3b-30$，$f(2)=4a+2b+5$ であるから

$$3a-b=10,\ 4a+2b=-5$$

これを連立して解くと

$$a=\frac{3}{2},\ b=-\frac{11}{2}$$

を得る。

(2)　C，C，O，O，E，I，M，N，Sの9文字を1列に並べる順列の数を X，C，C，E，E，M，M，O，Rの8文字を1列に並べる順列の数を Y とするとき

$$\frac{X}{Y}=\frac{\dfrac{9!}{2!\cdot 2!}}{\dfrac{8!}{2!\cdot 2!\cdot 2!}}=18$$

よって，X は Y の18倍である。

(3)　$t=\cos 2x$ とおくと

$$\sin^2 2x=1-\cos^2 2x=1-t^2,\ 2\cos^2 x=1+\cos 2x=1+t$$

であるから

$$y=(1-t^2)+1+t=-t^2+t+2=-\left(t-\frac{1}{2}\right)^2+\frac{9}{4}$$

と表せる。

ここで，$0 \leqq x \leqq \dfrac{\pi}{2}$ より $0 \leqq 2x \leqq \pi$ であるから　　$-1 \leqq \cos 2x \leqq 1$

したがって，$-1 \leqq t \leqq 1$ において y は $t=\cos 2x=\dfrac{1}{2}$ のとき最大となる。

よって，求める x の値は　　$2x=\dfrac{\pi}{3}$

すなわち　　$x=\dfrac{\pi}{6}$

(4)　　$A=\dfrac{1}{2}\log_2\left(\dfrac{1}{2}\right)=\dfrac{1}{2}\times\dfrac{1}{3}\log_2\left(\dfrac{1}{2}\right)^3=\dfrac{1}{6}\log_2\dfrac{1}{8},$

$B=\dfrac{1}{3}\log_2\left(\dfrac{1}{3}\right)=\dfrac{1}{3}\times\dfrac{1}{2}\log_2\left(\dfrac{1}{3}\right)^2=\dfrac{1}{6}\log_2\dfrac{1}{9}$

である。底が1より大きいから

$\dfrac{1}{9}<\dfrac{1}{8}<\dfrac{1}{6}$ のとき　　$\log_2\dfrac{1}{9}<\log_2\dfrac{1}{8}<\log_2\dfrac{1}{6}$

よって　　$B<A<C$

(5)　　$\vec{a}+\vec{b}=(3,\ 4)$　……①，$\vec{a}-\vec{b}=(1,\ 2)$　……②

とおく。このとき

①＋② より　　$2\vec{a}=(4,\ 6)$

ゆえに　　$\vec{a}=(2,\ 3)$

①－② より　　$2\vec{b}=(2,\ 2)$

ゆえに　　$\vec{b}=(1,\ 1)$

したがって　　$2\vec{a}-3\vec{b}=2(2,\ 3)-3(1,\ 1)=(1,\ 3)$

よって　　$|2\vec{a}-3\vec{b}|=\sqrt{1^2+3^2}=\sqrt{10}$

(6)　$x^2-2x-3=(x+1)(x-3)$ より，$0 \leqq x \leqq 4$ において

$$|(x+1)(x-3)|=\begin{cases}(x+1)(x-3) & (3 \leqq x \leqq 4)\\ -(x+1)(x-3) & (0 \leqq x \leqq 3)\end{cases}$$

よって

$$\int_0^4 |x^2-2x-3|\,dx=-\int_0^3 (x^2-2x-3)\,dx+\int_3^4 (x^2-2x-3)\,dx$$

$$=-\left[\frac{x^3}{3}-x^2-3x\right]_0^3+\left[\frac{x^3}{3}-x^2-3x\right]_3^4$$

$$=\frac{34}{3}$$

II **解答** (1)　$p_1=\frac{6}{11}$, $q_1=\frac{5}{11}$

(2)　$n+1$ 個の整数の和が偶数となるのは，n 個の整数の和が偶数であるとき，$n+1$ 回目に偶数が出力される場合，または，n 個の整数の和が奇数であるとき，$n+1$ 回目に奇数が出力される場合である。

よって，その確率 p_{n+1} を p_n と q_n で表すと

$$p_{n+1}=\frac{6}{11}p_n+\frac{5}{11}q_n \quad \cdots\cdots (\text{答})$$

(3)　n 個の整数の和は偶数または奇数のどちらかであるから，つねに

$$p_n+q_n=1$$

が成り立つ。これと(2)の結果を用いて

$$p_{n+1}=\frac{6}{11}p_n+\frac{5}{11}(1-p_n)=\frac{1}{11}p_n+\frac{5}{11}$$

このとき　$p_{n+1}-\frac{1}{2}=\frac{1}{11}\left(p_n-\frac{1}{2}\right)$, $p_1-\frac{1}{2}=\frac{6}{11}-\frac{1}{2}=\frac{1}{22}$

ゆえに，数列 $\left\{p_n-\frac{1}{2}\right\}$ は，初項 $\frac{1}{22}$，公比 $\frac{1}{11}$ の等比数列であるから

$$p_n-\frac{1}{2}=\frac{1}{22}\left(\frac{1}{11}\right)^{n-1}=\frac{1}{2}\cdot\frac{1}{11^n}$$

よって　$p_n=\frac{1}{2}\left(1+\frac{1}{11^n}\right)$ $\cdots\cdots$(答)

◀解　説▶

≪独立試行の反復と確率，漸化式，数列の一般項≫

2022年度の2月15日実施分にも同じタイプの問題が出題されていた。

(1)　$a=10$ であるとき，出力される整数は0から10までの11通りであるから，1回の操作で出力された整数が偶数である確率は $\frac{6}{11}$，また，奇数である確率は $\frac{5}{11}$ である。よって，1回目の操作で出力された整数の和が偶数になる確率 p_1 と奇数になる確率 q_1 は

$$p_1=\frac{6}{11},\quad q_1=\frac{5}{11}$$

(2) p_{n+1} は，解答のように n 個の整数の和が偶数，かつ，$n+1$ 回目に偶数が出力される事象，または，n 個の整数の和が奇数，かつ，$n+1$ 回目に奇数が出力される事象という互いに排反な2つの事象の和で求められる。

(3) $p_n+q_n=1$ （$n=1,\ 2,\ 3,\ \cdots$）に気付けば，$q_n=1-p_n$ として(2)の結果を用いて q_n を消去し p_{n+1} と p_n の基本的な2項間漸化式を作って一般項を求める基本的な問題である。

III 解答

(1) $a>0,\ b>0$ であるから，2点 $\mathrm{A}(a,\ 0,\ 0)$，$\mathrm{B}(0,\ b,\ 0)$ を通る直線の方程式は

$$\frac{x}{a}+\frac{y}{b}=1,\ z=0$$

と表される。したがって，この直線上に点 $\mathrm{P}(x,\ y,\ 0)$ があるとき，点Pの y 座標 y を x 座標 x で表すと

$$y=b\left(1-\frac{x}{a}\right) \quad \cdots\cdots(答)$$

(2) $\mathrm{P}(x,\ y,\ 0)$ より $\mathrm{Q}(x,\ 0,\ 0)$，$\mathrm{R}(0,\ y,\ 0)$ である。また，Pは線分AB上の点であるから，$x\geqq 0$，$y\geqq 0$ である。このとき

$$1-\frac{x}{a}\geqq 0$$

ゆえに　$0\leqq x\leqq a$

また，与えられた条件から，長方形OQPRを底面にもつ直方体の高さは x である。よって，V を x で表すと

$$V=x^2y=x^2\cdot b\left(1-\frac{x}{a}\right)=\frac{b}{a}(-x^3+ax^2) \quad (0\leqq x\leqq a) \quad \cdots\cdots(答)$$

(3) $0\leqq x\leqq a$ において，$f(x)=-x^3+ax^2$ とおくと

$$f'(x)=-3x^2+2ax=-3x\left(x-\frac{2a}{3}\right)$$

であるから，関数 $f(x)$ の増減は右の表のようになる。したがって，$f(x)$ は $x=\frac{2a}{3}$ で極大かつ最大となる。

x	0	$\cdots$	$\frac{2a}{3}$	$\cdots$	a
$f'(x)$	0	$+$	0	$-$	$-$
$f(x)$		↗	極大	↘	

このとき $V=\frac{b}{a}f(x)$ より，V の最大値は

$$V=\frac{b}{a}f\left(\frac{2a}{3}\right)=\frac{b}{a}\cdot\frac{4a^3}{27}=\frac{4a^2b}{27}$$

である。

また，$x=\frac{2a}{3}$ のとき，Pの y 座標は　$y=b\left(1-\frac{1}{a}\cdot\frac{2a}{3}\right)=\frac{b}{3}$

よって，V の最大値と，そのときの点Pの座標は

$$V=\frac{4a^2b}{27},\ \mathrm{P}\left(\frac{2a}{3},\ \frac{b}{3},\ 0\right)\quad\cdots\cdots(答)$$

◀解　説▶

≪空間座標，直方体の体積，微分法，体積の最大・最小≫

(1)　空間上の２点A，Bを通る直線とはいっても，本質は xy 平面上の２点 $\mathrm{A}(a,\ 0)$，$\mathrm{B}(0,\ b)$ を通る直線の方程式の考察である。

(2)　３辺の長さが x，x，$b\left(1-\frac{x}{a}\right)$ である直方体の体積を求めればよい。

(3)　３次関数の最大値を求める基本問題。ケアレスミスには注意しておきたい。

❖講　評

例年通り大問３題の出題で，Ⅰが小問集合，ⅡとⅢが記述問題となっている。

Ⅰ　６つの小問からなり，すべて基本的な問題。どの問題も教科書傍用問題集や入試演習書で類似問題の演習経験があるだろう。ケアレスミスが許されない問題が並んでいる。(4)の対数の大小比較，(6)の絶対値を含む定積分計算での苦手意識がないようにしておきたい。

Ⅱ　確率と数列の漸化式の融合問題。入試問題としては頻出問題であり，類似問題の演習経験があるかないかで差が出る問題といえる。

Ⅲ　微分法の応用問題で，直方体の体積の最大値を求める問題である。設問は空間座標で与えられているが，実質 xy 平面座標で考察できる問題である。

どの問題も難問というような問題はなく，学力の差がしっかり見て取れる内容である。

三は『寄居歌談』からの出題。江戸時代後期～明治初期に活躍した近藤芳樹による歌論書である。本文は、前半は、和歌の中心は詠む人の感動であることが述べられ、後半は、白川少将の和歌の内容や少将自身の人柄の素晴らしさが述べられている。設問はおおむね標準的で、基本的な古文単語の知識や文法事項の知識があれば、正解に到達することは難しくない。〔問三〕は、基本的な文法事項の知識と文脈とを合わせて考えることが必要で、やや難。〔問五〕・〔問六〕も、知識をふまえて選択肢を吟味する必要がある。とはいえ総じて標準レベルである。

あるから、反対の意味が正解となるので、Cが正解である。

〔問五〕「いかなる」は〝どうだ。どのようだ〟の意のナリ活用の形容動詞「いかなり」の連体形、「いとま」は〝暇。休み。辞任。別れ〟の意の名詞、「おはしまし」は〝いらっしゃる（「あり」の尊敬語）〟の意のサ行四段動詞「おはします」の連用形である。次に「この道」とは、ここまでの話を考えても〝歌道〟の意であり、「おりたち」は〝降りて（低い所に）立つ。身を入れる〟の意のタ行四段動詞「おりたつ」の連用形であるから、正解はDである。

〔問六〕「すき」は〝色好み。風雅の道〟の意の名詞。「ことなる」は〝違っている。格別だ〟の意のナリ活用の形容動詞「ことなり」の連体形であるので、正解はEである。

❖講　評

大問三題で、一と二が現代文、三が古文の構成。試験時間は六十分。

一は岩渕功一「多様性との対話」からの出題。ダイバーシティ推進がもたらす副作用、あるいはそれが「見えなくするもの」に焦点を当て、その取り組みを批判的に検証した評論である。設問は、〔問一〕から〔問五〕まではいずれも標準的なレベルである。〔問六〕は、傍線部の直前の「つまり」に着目し、その前を読むと正解の根拠が述べられている。標準からやや難である。〔問七〕は、本文に即し、根拠を見出しながら、選択肢を吟味する必要がある。標準からやや難である。総じて標準レベルである。

二は松本卓也『享楽社会論――現代ラカン派の展開』からの出題。現代ラカン派の理論を紹介するとともに、うつ、自閉症、ヘイトスピーチといった、臨床や政治社会における広範な事象に応用し分析を試みた評論である。設問は総じて標準的であるが、〔問一〕は標準からやや難である。傍線部の後の内容に目を向けると正解を見出すことができる。〔問三〕は、傍線部のある段落に正解の根拠が述べられているが、標準からやや難である。

の世界は格別なもので、あのような歌人たちと同じように言い立てられなさったのもたいそう面白い。ただし夕顔よりは荻の葉は高さも高く意趣も深いので、同じように夕暮れの少将と言い替え申し上げたかった。

◀解　説▶

〔問一〕 (1)の「はたらき」は〝活動。機能。効果〟の意の名詞であり、「かなはぬ」は〝匹敵する。つりあう〟の意のハ行四段動詞「かなふ」の未然形「かなは」に、打消の助動詞「ず」の連体形「ぬ」が接続したものである。また、「てにをはのたがへり」と「はたらきのかなはぬ」が対になっていることからも、正解はCである。

(2)の「言問ひ」は〝物を言い交わすこと。語り合うこと〟の意の名詞であり、ここでは「てにをは」や「はたらき」と対比されているので、正解はCである。

(3)は、「かどひ」は〝欺いて誘う。かどわかす〟の意のハ行四段動詞「かどふ」の連用形である。また、「ここの」「趣きを」「かどひ」と「かしこの」「詞を」「盗まん」が対になっていることからも、正解はAである。

(4)の「をさをさ」は〝（多くは下に打消の語を伴って）めったに（～ない）〟の意の副詞である。正解はAである。

〔問二〕 アは「いち早く赤く色づいて秋の到来を告げる」の部分と「和歌の約束」は、正しくない。ウは「美しい女性の形容『もの言う花』という表現」が正しくない。

〔問三〕 格助詞「より」には、①動作の起点、②経過する場所、③手段・方法、④原因・理由、⑤比較の基準、⑥即時の用法がある。「秋風の音」を「聞く」ことと「荻の葉のみるめさびしき」ことの関係を考えると、この歌は、〝秋風（に吹かれて荻が立てる葉擦れ）の音を聞くことよりも、荻の葉の見た目が寂しく感じられる〟という意味であるから、正解はDである。「荻の葉の」の歌が、「秋風の」の歌から考えついたのだろうか、という内容があることから、「荻の葉の」の歌の「より」の意味とあわせて考えるとよい。

〔問四〕 傍線部に続く部分に「まめやかなるかたに染めあらためさせたまへり」とあり、「まめなる」は〝誠実だ。実用的だ。勤勉だ。健康だ〟の意のナリ活用の形容動詞「まめなり」の連体形であり、それに『染めあらため』るわけでるから、合わないてにをは、活用が出てくることも当然であろう。普段の会話でも和歌でも、どうして何か違いがあるだろうか。どれも心から生まれてのどを通り、口から出る言葉なのである。だから怠けることなく練習して、花を見ても月を見ても、情感を取り入れ詠み習うならば、いつとはなく普段の会話と同じように（和歌が詠めるように）なるであろう。

白川少将の君の『花月百首』（という歌集）の中に「落花」（という題で）、

荻の葉（を吹き渡る秋風）が身にしむ（寂しさ）よりも、春風（に吹かれる中）の桜花（が散っていく様子）に声すら失われる夕暮れの庭であることよ

春の夕べの物寂しい様子を、たいそうすばらしくお詠みになっている。後鳥羽帝の「水無瀬川」の御製の和歌などをはじめ、「秋の夕べ」よりも、「春の夕べ」をしみじみと心引かれるように詠んでいるのも代々の歌集に少なくはないけれども、この歌はとくに素晴らしいので抜き出したのである。宝徳三年の百番歌合で式部卿宮が、

秋風（に吹かれて荻が立てる葉擦れ）の音を聞くことよりも荻の葉の見た目が寂しく感じられ、（その中を）夕暮れの雨が降っている

とお詠みになられたのを見て考えつかれたのであろうか。そうであるならいわゆる換骨奪胎であるだろう。または自然と似たのであろうか。

そもそもこの少将の君は、後世には滅多にいない賢明な宰相でいらっしゃって、長い間天下の政治をしてさしあげなさって、分を過ぎた贅沢を退けよくない習慣を省き、人の心の花の色の衣（＝浮わついて華美な様子）を誠実な様子に染め改めなさったお手柄は、今も誰か敬わないことがあろうか（いや、誰もが敬うだろう）。どれくらいのゆとりがおありになってこの歌道にまで手をお染めになったのだろうか。

あて推量に見た夕顔の花が散って尋ねにくくなるように訪れにくくなっている黄昏時の宿

とお詠みになって以来、待宵の侍従、夜比の正広などの故事を例にして、たそかれの少将とあだ名を付け申し上げたのは、口が悪い京の子どもたちのやったことであろう。あれほど世の中の守護でいらっしゃった君であるけれど、執心する風雅

った真理を出現させようとするのではなく、むしろより平凡で些細な現象……にみられる言語の運動のなかに真理を出現させようとした」とあるので、正解はAである。Bは「狂気のなかに出現する狂った心理」、Cは「理性や自我の側に回収されることが可能」、Dは「おいてこそあらわれる」、Eは「症状に関する」の部分が不適当である。

三

出典 近藤芳樹『寄居歌談』

解答

〔問一〕 (1)―C (2)―C (3)―A (4)―A

〔問二〕 ア―B イ―A ウ―B エ―A

〔問三〕 D

〔問四〕 C

〔問五〕 D

〔問六〕 E

◆全 訳◆

昔の人の言葉には、てにをはが間違っているとみられるものも、活用が正しくないと思われるものもたいそう少ない。八代集のようにあれほど多い歌であっても、（言葉の間違いは）わずかに一つ二つ以外にはないことからも（これを）知ることができる。『万葉集』では逆にどうであろうかと耳に入るのは、あちらこちらに（間違いが）みられる。それはきっと写し間違いなどのためであろうか。最近になっても、普段の会話はそうはいっても田舎じみていても、てにをは、活用ともに整っているのは、幼いときから言い慣れているからであろう。和歌は、乱世の後たいそう衰えて、詠む人も少なくなってしまったので、たまたま一首ひねり出すとしても、たくさんの注釈書を何度も読み返し、ここの趣をかすめ取り、あそこの言葉を盗もうとするうちに、自分の心から生み出されるものはほとんどなくて、どれもこれも古人の借り物であとしたのである。

動によって乗り越えようとした。フロイトは、より平凡で些細な現象に見られる言語の運動のなかに心理を出現させよう

む「統覚」というメカニズムが備わっているはずであると考えていた。続いて、ヘーゲルはこうした狂気を弁証法的な運

▲解　説▼

〔問一〕　傍線部の二行後に「亡霊のような非理性の取り憑きを自覚し、むしろそのこと（「われ疑う」）を〈私〉の確実性の根拠に据えようとするものであった」とあるので、正解はEである。Aは「なくなってしまわないと」、Bは「誤認によって」、Cは「排除することによって」、Dは「理性をその狂気から切り離して」の部分が不適当である。

〔問二〕　引用文の直後の段落に、〈人間の「正常」な認識は、頭の中に湧き上がる表象に「私のもの」というラベルを貼る〉、〈もしそうではない表象があれば、精神が分裂することになってしまう〉という内容があることから、正解はDである。AとBは「『私は考える』という理性の働きにより」が不適当、Cは「努力する」が本文にない、Eは「表象が……ないと」という仮定が誤りである。

〔問三〕　傍線部の六行後に「狂気とは理性の喪失ではなく、むしろ理性に対する否定性、すなわち『依然として現存する理性のなかでの矛盾』にすぎない。それゆえ、狂気とは理性の本質を示すものにほかならないことになり、さらには狂気を揚棄することも可能になるのである」とあるので、正解はEである。Aは「そのまま受け入れる」、Bは「否定し退けようとする」、Cは「取り除く」、Dは「理性の喪失として」の部分が不適当である。

〔問四〕　傍線部に続く部分で、ヘルダーリンについて「理性によって乗り越えることが不可能な狂気の存在を、己の身体とエリクチュールにおいて全面的に証言し、狂気をふたたび触知可能なものとした異例の人物」と述べられているので、正解はEである。Aは「狂気のほうが本質的」、Bは「社会運動により」、Dは「理性の裏面を考察することで」の部分が不適当である。Cは「狂人の振る舞い」だけでは不十分である。

〔問五〕　傍線部の直前の四行に「彼の新しさは、精神医学のように狂気を疎外し、その疎外形態としての狂気のなかに狂

「世界各国で採用されてきた多様性推進策の効果と限界の両面を検証することで」、Dは「研究者たちと対話を重ね」、Eは「批判的に検討しながら」の部分が不適当である。

〔問七〕 アは「不可逆的に進行している」とあるが、第二段落に「このうねりがどれくらい持続するのか、さらに発展して社会を変える原動力になるかはわからない」とあるように、本文とは合致していない。イは最終段落の内容と合致している。ウは第九段落にあるように「差別が日常的に存在していて、それがいかに深刻な問題であるかという認識が社会で共有されていない」という問題はあるが、「社会を分断する恐れがあり、様々な不利益を生む」というのは言いすぎであるので、本文とは合致していない。エは第十段落の内容と合致している。オは「すでに社会の共通認識となっており」とあるが、第十一段落で、筆者がくりかえし「……てはいないか」と問題点をあげていることからも分かるように、とても「共通認識となって」いるとはいえないので、本文とは合致していない。

二

出典　松本卓也『享楽社会論――現代ラカン派の展開』＜第Ⅰ部　理論　第一章　現代ラカン派の見取り図――ジャック＝アラン・ミレールの議論を中心に＞（人文書院）

解答

〔問一〕 E

〔問二〕 D

〔問三〕 E

〔問四〕 E

〔問五〕 A

◆要　旨◆

デカルトの「コギト」は、亡霊のような非理性の取り憑きを自覚し、むしろそのこと（「われ疑う」）を〈私〉の確実性の根拠に据えようとするものであった。次に、カントは、狂気ではない私たち人間の「正常」な認識には、狂気を抑え込

▲解　説▼

〔問二〕第三段落の終わりに「ダイバーシティを尊重して受け入れて生かすことが組織・社会にとって重要だとしてその奨励・推進をうたうなか」「特定の差異を有した人を社会や企業・組織の特定の目的のために活用することが目指されることで」「構造化された不平等や差別の解消に向けた取り組みはどのようになされているのだろうか」とあるので、正解はEである。

〔問三〕「奨励・推進」と「管理や封じ込め」の両方について説明することが必要である。傍線部の段落に「マジョリティによって都合よく消費できる文化差異と結び付けて奨励される」、また次の段落に「集団的な差異の過度な受け入れは社会を分断するとして……社会に統合させる」とあることから、正解はBである。

〔問四〕傍線部には「この」という指示語があるので、傍線部の前を見ると「多様性／ダイバーシティは文化的にも経済的にも有益で、生産的で、調和的で、気分をよくする肯定的なものとして語られ」「多様性／ダイバーシティ推進が三つのMの観点から社会や組織を豊かにすると肯定的に語られるなかで、制度化・構造化された不平等、格差、差別の問題をコウケイに追いやり、その問題の解消に継続して取り組んでいく必要が見失われてしまいがちになる」とあるので、正解はDである。

〔問五〕傍線部の次の文に「多様性をこれから奨励すべきものとしてではなく、常にすでに日本社会に存在してきたものと認識して、様々な差異をめぐる構造化・制度化された不平等や差別の歴史と現状をしっかりと理解する必要がある」と述べられているので、正解はAである。Bは「高度な技能や資格を有する場合に限られており」、Cは「ジェンダー平等推進の理念が掲げられた」、Dは「日本にはアメリカのような人種差別は存在しない」、Eは「性的マジョリティにとって不利益が生じかねない」の部分が不適当である。

〔問六〕直前に「つまり」とあることから、傍線部の直前に着目すると、「多様性／ダイバーシティの奨励を……考え続けること」とあり、それに合致するCが正解。Aは「包括的な反差別法が制定されていないことを認識し」、Bは

国語

一

出典　岩渕功一「多様性との対話」（岩渕功一編著『多様性との対話――ダイバーシティ推進が見えなくするもの』青弓社）

解答

〔問一〕(1)―C　(4)―B　(5)―D　(7)―C　(9)―A
〔問二〕E
〔問三〕B
〔問四〕D
〔問五〕A
〔問六〕C
〔問七〕ア―B　イ―A　ウ―B　エ―A　オ―B

◆要　旨◆

アメリカで起きたBLM（ブラック・ライブズ・マター）抗議運動が提起した制度的な人種差別の問題は、世界に拡がる中で、企業によるダイバーシティの配慮と活用へとすり替えられてしまっている現実がある。ダイバーシティをめぐる研究では、ダイバーシティの奨励が構造的な差別や不平等・格差を不可視化させる効果をもつことが指摘されている。こうした批判的検討を取り入れ、構造化・制度化された差別・不平等の複雑な作用を理解して、それを乗り越えていく方途を考え続けることが必要不可欠なのである。

■一般方式・英語外部試験利用方式・共通テスト併用方式：経済学部2月15日実施分

経済学科，国際経済学科

▶試験科目・配点

〔一般方式〕

教　科	科　　　　目	配　点
外国語	コミュニケーション英語Ⅰ・Ⅱ・Ⅲ，英語表現Ⅰ・Ⅱ	150点
選　択	日本史Ｂ，世界史Ｂ，政治・経済，「数学Ⅰ・Ⅱ・Ａ・Ｂ」から１科目選択	100点
国　語	国語総合（漢文を除く）	100点

▶備　考

- 「数学Ｂ」は「数列，ベクトル」から出題する。
- 「地理歴史・公民」と「数学」の両方を受験した場合は，高得点の１教科の得点を合否判定に使用する。

〔英語外部試験利用方式〕

一般方式の「国語」および「地理歴史・公民」または「数学」の得点（200点満点）と各検定試験のスコアを換算した得点（150点満点）を合計して合否を判定する。

〔共通テスト併用方式〕

大学入学共通テストの得点（２教科２科目，200点満点）と一般方式の「数学」の得点（150点満点に換算）を合計して合否を判定する。

英語

（90 分）

I 次の各英文の下線部について，もっとも意味が近いものを①～④の中から一つずつ選び，その番号をマーク解答用紙にマークしなさい。（10 点）

(1) Union members voted to cease strike action last week.

① stop ② start ③ resume ④ continue

(2) Sending data in an email is about as secure as sending it on a postcard through the mail.

① sensible ② fixed ③ safe ④ confident

(3) If you're blindfolded, your hearing becomes more acute.

① sharper ② more normal

③ worse ④ more important

(4) Suddenly a man broke in while we were discussing the matter.

① disappeared ② fell down

③ started shouting ④ interrupted

(5) Despite being allies during the war, they grew increasingly suspicious of one another.

① enemies ② investors ③ friends ④ foes

Ⅱ 次の各日本文と英文がほぼ同じ意味になるように，空所に入るもっとも適切なものを①～④の中から一つずつ選び，その番号をマーク解答用紙にマークしなさい。

(10点)

(6) 政府に取り組んでもらわねばならない課題がいくつもあります。

We have a number of problems we must (　　　　) the government to address.

① let　② make　③ have　④ get

(7) 彼は，小さな贅沢さえできないほど貧しい人々の擁護者だった。

He was an advocate for people who were too poor to (　　　　) a few small luxuries.

① afford　② grow　③ distinguish　④ apply

(8) 私の叔父がその外国人と仲が良かったのをご存知ですか。

Did you know my uncle was on good (　　　　) with that foreigner?

① sense　② terms　③ relations　④ friendship

(9) 息子が突然婚約を発表した時，彼女は仰天した。

She was (　　　　) by surprise when her son suddenly announced his engagement.

① owned　② occupied　③ taken　④ made

(10) それは決して簡単なことではないということはわかっています。

I know it's no (　　　　) in the park.

① room　② sound　③ walk　④ cost

Ⅲ 次の各組の英文がほぼ同じ意味になるように，空所に入るもっとも適切なものを①～④の中から一つずつ選び，その番号をマーク解答用紙にマークしなさい。(10点)

⑾ He sometimes goes back to his hometown to see his parents.

He goes back to his hometown to see his parents once in a (　　　).

① while　② duration　③ season　④ term

⑿ He tried very hard to avoid the traffic congestion.

He (　　　) pains to avoid the traffic congestion.

① paid　② made　③ took　④ gave

⒀ Why don't we have a birthday party for our nephew next week?

What do you (　　　) a birthday party for our nephew next week?

① say to　② present at　③ insist on　④ make up

⒁ The app is valuable because you can acquire so much information from it.

The app is valuable for the (　　　) of information it can provide.

① money　② wealth　③ number　④ enough

⒂ An unexpected consequence of the pandemic was a fall in the number of influenza cases.

A decrease in influenza infections as a result of the pandemic was not (　　　).

① prevented　② interpreted　③ reported　④ foreseen

Ⅳ 次の各日本文とほぼ同じ意味になるように，かっこ内の語を並べ替えてもっとも自然な英文を完成させるとき，かっこの中で3番目と5番目にくるものを選び，その番号をマーク解答用紙にマークしなさい。(20点)

⒃ トロントからローマに飛ぶときは，ロンドンのヒースロー空港で乗り換えなければならなかった。

When we flew from Toronto to Rome, we (① transfer ② choice ③ no ④ to ⑤ had ⑥ but) at London's Heathrow Airport.

⒄ 彼女は有名な映画俳優とそのレストランを訪れているところを見つかった。

She was (① a ② caught ③ with ④ famous ⑤ visiting ⑥ the restaurant) movie actor.

⒅ 市長候補は教育が優先事項のひとつとなるよう提案した。

The candidate for mayor suggested (① education ② made ③ be ④ that ⑤ of ⑥ one) our priorities.

⒆ 批判されたことを彼女が気にしているようには，私は感じなかった。

I (① no ② worrying ③ of ④ her ⑤ hint ⑥ saw) about being criticized.

⒇ 彼が出演するほとんどどんな映画も，確実に大成功を収めた。

Almost (① in ② appeared ③ any ④ was ⑤ he ⑥ movie) sure to be a great success.

V 次の英文の意味が通るように，(21)～(25)の空所に入るもっとも適切なものを①～④の中から一つずつ選び，その番号をマーク解答用紙にマークしなさい。なお，* 印のついた語句には注があります。(10点)

As the name implies, a zero-waste lifestyle is a way of living that (　21　) as little waste as possible. And it's not just something universities, cities, and states are increasingly committing to — it's an achievable mission for individuals and families, too. At this level, zero-waste means buying fewer single-use products and repurposing reusable items as often as you can, all with the goal of throwing less garbage into overflowing landfills*.

People throw away their weight in garbage every month, and in addition to creating environmental and public health issues, we're (　22　) out of room to dispose of it. Throwing plastic in the recycle bin isn't an ideal solution, either. In 2018, we recycled only 8.7 percent of plastics, (　23　) in a large part to non-recyclable items contaminating the process.

From a practical standpoint, zero-waste living includes compost bins* for food scraps, reusable silicone bags instead of disposable zip-tops, glass jars instead of plastic containers, and buying food from bulk bins or in cardboard packaging.

It's easier to achieve a zero-waste lifestyle if you think of products in a circular way instead of in the typical linear manner of buy-use-trash-repeat. When you're at the store, ask yourself if you can use (　24　) you're purchasing just once or if you'll be able to reuse it and recycle it. For example, you can repurpose a glass jar and even if you don't have alternative uses for it, it can be recycled indefinitely. A plastic bag, on the other hand, is difficult to recycle and will promptly (　25　) up in a landfill or in waterways.

【注】landfills：埋め立てごみ処理地　　compost bins：堆肥貯蔵容器

(21) ① prevents　② enlarges　③ reduces　④ produces

(22) ① making　② missing　③ losing　④ running

(23) ① according　② due　③ up　④ because

出典追記：How to go zero-waste at the grocery store, Popular Science on April 18, 2022 by Alisha McDarris

(24) ① what ② when ③ which ④ where

(25) ① keep ② get ③ end ④ catch

Ⅵ 次の各組の会話文において，空所に入るもっとも適切なものを①～④の中から一つずつ選び，その番号をマーク解答用紙にマークしなさい。(20 点)

(26)

A: Just look at the state of this room. It's high time you cleaned it up.

B: But mom, I'm busy right now. I'm looking for my socks.

A: If you put your socks and other clothes in the wardrobe where they belong instead of throwing everything on the floor, you'd be able to find them easily.

B: All right, I know. But I never have enough time for that.

A: Look there! Under the bed. Aren't those some socks? Hang on, what's that?

B: What's what? Oh, so that's where that pizza went.

A: What is a slice of pizza doing under your bed? (　　　　　)

B: I don't remember exactly. Only a few days, I guess.

① Why has it gone green and furry?

② How long do you think that has been there?

③ Shall we heat it up and have it for dinner tonight?

④ Can't you put your unfinished meals in the wardrobe, too?

(27)

A: Excuse me. Would you happen to know how to get to the Magic Lantern Cinema?

B: The Magic Lantern Cinema? That's easy.

A: Great! Which way is it?

B: Now, let me see. Ah, yes! You should walk down this street to the intersection and turn left.

A: I see. And after that?

B: Then you'll be on Quality Street and you'll need to keep going for three blocks. You'll see Quarry Bank on your left, and the cinema is just opposite the bank.

A: That sounds easy enough. Thank you so much for your help.

B: You're welcome, but why do you want to go there? (　　　　　)

① It's a really wonderful place to watch a movie.

② I'll tell you how to find it if you like.

③ It's the only cinema in this town.

④ I think it's closed today.

(28)

A: Good afternoon, sir. Welcome to the Magic Lantern Cinema.

B: Hello. Can I have a ticket for the next screening of *Johnny Dangerous 3*, please?

A: Certainly, sir. The next show is at five o'clock and the ticket is 10 dollars.

B: That's fine. (　　　　　) Are the seats reserved?

A: No, sir. You can sit wherever you like. Here's your ticket and your change.

B: Thanks! Now, where can I get some popcorn and a cola?

A: The food and drink counter is just inside the lobby, sir.

B: Great! I think I'm all set.

① Here's a 20-dollar bill.

② Maybe I'll come back tomorrow.

③ Here you are, but I only have five dollars.

④ I'm not going to pay that much to see a movie.

(29)

A: Hello? Kevin! Didn't you hear me calling you to come and eat dinner? Why didn't you come downstairs?

B: Sorry, mom. I didn't hear you calling me. I was just having a short nap because I was really tired.

A: Hmm. What have you really been up to all this time? Have you finished your homework?

B: Sure. Most of it anyway. I've just got math, science and social studies left to do.

A: That sounds like it's all of your homework! Have you done any of it or have you just been playing computer games again for the last two hours?

B: Computer games? Of course not. Honestly, I was studying the whole time, except for when I lay down on the bed.

A: (　　　　) You can just get on and finish your homework.

B: Aww, mom!

① You had better help me cook dinner.

② You had better go back to bed if you're so tired.

③ After dinner, there'll be no TV or movie for you.

④ Well, after dinner, we can all play computer games together.

(30)

A: Hey, Robert, I have to tell you about an amazing program I saw on TV last night.

B: Oh, really? What was it about?

A: It was about how they think that the Pyramids in Egypt were actually built by aliens.

B: Don't tell me you've been watching the Mystery Channel again.

A: Yes, but they presented some very compelling evidence, and it seems that aliens visiting Earth is the only possible explanation for how the Pyramids were built.

B: Let's hear it then. What kind of evidence? I enjoy a laugh on a Monday morning.

A: Well, I can't remember all of it now, but for example, did you know that one of the geographical coordinates of the Great Pyramid is the same number as the speed of light in meters per second? Only an advanced species like aliens from another planet would have known that.

B: Oh, please! I have heard that claim before. (　　　　) For one thing, the meter wasn't invented until the 18th century. Why do you believe these so-called experts on TV?

① And that does sound about right.
② I have never heard that, though.
③ I suppose it could be true.
④ It's complete nonsense.

Ⅶ 次の英文を読み(31)～(38)の設問に答えなさい。文章は，それぞれ数段落をまとめた6つのブロックに分けられており，各ブロックの先頭には番号が付してあります。なお，＊印のついた語句には注があります。(30点)

[Ⅰ] Each year on April 22, people around the globe come together to honor and conserve their shared home: Earth. Known as Earth Day, the holiday got its start in the United States in 1970 with what was originally advertised as a teach-in* on college campuses. It has since evolved into a global celebration of the environmental movement's achievements — and a reminder of the work yet to be done.

Concern for the environment long pre-existed Earth Day's founding. Between the 14th and 16th centuries, people worried that pollution and general dirty conditions contributed to plague epidemics, while soil conservation methods can also be traced to China, India, and Peru as far back as 2,000 years ago.

But the same wave of activism that led to the creation of Earth Day also signaled the start of a new age of environmental legislation — one that saw the passage of the Clean Air Act and Clean Water Act, as well as the creation of the Environmental Protection Agency. Here's how Earth Day came to be a holiday — and why activists hope it will continue to shape a more sustainable future.

[Ⅱ] The 1960s was a decade of environmental awakening for much of the United States. Most Americans were introduced to the effects of air pollution in 1962, when naturalist and former marine biologist Rachel Carson published *Silent Spring*. In the influential book, Carson carefully documented how DDT, a then-widespread pesticide*, entered the food chain and caused cancer and genetic damage in humans and animals.

Silent Spring was an instant bestseller, causing people to question modern technology's impact on the environment, while setting the stage for the environmental movement to accelerate. But it would take another eight years before actual environmental regulation passed into law.

One of the original leaders of the environmental movement was the father of Earth Day, former Democratic Senator* Gaylord Nelson from Wisconsin. A devoted progressive and wilderness lover, Nelson made it his priority to pass environmental legislation like the 1964 Wilderness Act, which safeguarded federal land, and the 1968 Wild and Scenic Rivers Act, which established a process for protecting free-flowing rivers.

Then, in January 1969, a devastating oil spill in Santa Barbara, California, inspired Nelson to lead a new grassroots approach to the environmental movement. The oil spill, which killed thousands of birds and stained beaches along the California coast, was the largest the U.S. had seen at the time and remains the worst in California's history.

Encouraged by the energy of students participating in anti-war protests, Nelson set out to shock people into taking the same kind of action on behalf of (A) the environment. He promoted an idea for a teach-in — dedicated discussions between faculty and students about the environment. He selected April 22, 1970, a date between Spring Break and final exams, to allow for maximum student participation. [Ⅲ] Nelson recruited Pete McCloskey, a California Republican representative, and Denis Hayes, a young activist, to help organize the sit-in*. Soon, the effort ballooned into what is now called the Earth Day protest. By April 22, interest had grown so much that 20 million Americans at 2,000 colleges and universities and 10,000 elementary schools participated in the first Earth Day through demonstrations, cleaning up rivers, and more.

Polls from the time showed that concern for the environment had become a leading issue in public opinion — with air and water pollution even perceived as more important than issues of race and crime. In a 1971 poll, 78 percent of Americans indicated they would be willing to pay to clean up their air and water.

"The reason Earth Day worked is that it organized itself," Nelson told the *New York Times*. "The idea was out there and everybody grabbed it. I wanted a demonstration by so many people that politicians would say, 'Holy cow*, people care about this.'"

While Nelson led the charge, the wave of public support for environmental legislation had generated widespread support in Congress and the White House. The momentum of the first Earth Day protest carried throughout the year — and amounted to some of the strongest environmental legislation to date.

[Ⅳ] By the end of 1970, President Richard Nixon signed into law the National Environmental Policy Act, the Occupational Safety and Health Act, and the Clean Air Act, which respectively created the basis for government agencies to assess the environmental impact of their actions, set health and safety standards in workplaces, and allowed regulation of air emissions.

To more effectively supervise and unify all environmental regulations, Nixon created the United States Environmental Protection Agency — which was established just eight months after the first Earth Day.

Concern for protecting the environment continued throughout the 1970s as Congress passed the Clean Water Act, regulating pollutant discharges in U.S. waters, the Endangered Species Act, protecting wildlife from extinction, and other acts regulating pesticides.

Nelson was at the center of most of these major environmental laws, specifically the Clean Air and Water Acts and the Endangered Species Act. He expanded his environmental activism and became a principal sponsor for laws that preserved the Appalachian Trail*, established fuel efficiency standards, and banned DDT.

[Ⅴ] Just 10 years after the first Earth Day, Nelson wrote in the *EPA Journal* that predictions of the end of the golden era of environmentalism were premature and inaccurate.

"To anyone who has paid attention, it is clear that the environmental movement now is far stronger, far better led, far better informed, and far more influential than it was 10 years ago. Its strength grows each year because public knowledge and understanding grow each year," Nelson wrote.

The Earth Day movement went global for its 20th anniversary: Hayes organized a campaign that involved 200 million people in order to boost environmental issues and promote recycling through meetings and other events. This led to a 1992 United Nations conference in Brazil focused on the environment, called the "Earth Summit," signaling a more serious effort from global governing bodies towards sustainability.

A few years later, Nelson's contributions to the environment were honored in the form of a Presidential Medal of Freedom in 1995. Nelson continued to lead environmental activism in the new millennium, but this time he focused on the latest priorities: global warming and clean energy.

[Ⅵ] Since its original conception as a teach-in, Earth Day has become a global phenomenon leading not only to protests and legislation, but also to volunteering and cleaning up the environment. The holiday now largely focuses on combating climate change. Its official site — which is managed by Environmental Action Inc., the current name of the group that organized the first Earth Day — cites "climate change deniers" and "oil lobbyists" as two of the biggest hurdles for the modern movement.

Climate change continues to <u>stir</u>(B) debate as Earth experiences a rise in the frequency of wildfires, extreme storms, and harsh weather, which also has increased the number of displaced communities. The UN's Intergovernmental Panel on Climate Change recently published a report urging immediate action to slow the effects of climate change, warning of severe health consequences and worsening social injustice.

While scientists try to protect nature to help slow the effects of climate change, activists continue to raise the alarm. Young people in particular are leading the charge both on college campuses and in the international sphere through prominent voices like Greta Thunberg.

"I don't want your hope, I don't want you to be hopeful," Thunberg famously said at the 2019 World Economic Forum in Davos, Switzerland. "I want you to panic and act as if the house was on fire."

【注】teach-in：学内討論会 pesticide：殺虫剤 Senator：上院議員
sit-in：座り込み抗議 Holy cow：なんてこった
Appalachian Trail：北米東部のアパラチア山脈にある自然歩道

(31) ブロックⅡの下線部(A) on behalf of の，この文脈での意味としてもっとも適切なものを①～④の中から一つ選び，その番号をマーク解答用紙にマークしなさい。

① in place of
② for the benefit of
③ as a member of
④ instead of

(32) ブロックⅥの下線部(B) stir の，この文脈での意味としてもっとも適切なものを①～④の中から一つ選び，その番号をマーク解答用紙にマークしなさい。

① solve
② provoke
③ calm down
④ confuse

(33)～(38)：それぞれ指定したブロックの内容に照らしてもっとも適切なものを①～④の中から一つずつ選び，その番号をマーク解答用紙にマークしなさい。

(33) ブロックⅠ

① A teach-in was unable to be held on campus at first because Earth Day was a holiday.
② Earth Day is a holiday solely to recall and celebrate the environmental movement's achievements.
③ It appears that soil conservation was not practiced in China, India and Peru

出典追記：Emily Martin, How the first Earth Day ushered in a golden age of activism, National Geographic

2,000 years ago.

④ Activists hope Earth Day will help us have a more sustainable future.

(34) ブロックⅡ

① Rachel Carson's publication of *Silent Spring* made a great many Americans aware of the effects of air pollution.

② It took eight years for *Silent Spring* to become a bestseller, but environmental regulation became law immediately.

③ The oil spill in California in January 1969 wasn't the biggest ever observed in U.S. history when it occurred.

④ Gaylord Nelson suggested holding a teach-in exclusively among students to discuss the environment.

(35) ブロックⅢ

① The effort to develop the Earth Day protests was the work of Nelson alone.

② Polls from the early 1970s showed that environmental concerns were considered more important than race and crime issues.

③ Politicians would take it for granted that people cared about the demonstration that Nelson had organized.

④ Despite Earth Day, Congress did not pass strong environmental legislation.

(36) ブロックⅣ

① By the end of 1970, government agencies regulated air emissions through the National Environmental Policy Act.

② Eight months after the first Earth Day, the U.S. Environmental Protection Agency was established.

③ In the 1970s, interest in Congress in environmental protection declined.

④ By the end of 1970, Nelson was no longer considered one of the key players in major environmental laws.

(37) ブロックV

① Ten years after the first Earth Day, Nelson inaccurately predicted the end of environmentalism.

② Nelson wrote that there had been no progress in the development of people's knowledge and understanding of the environment.

③ Hayes' campaign was an obstacle to the 1992 Earth Summit.

④ In the 2000s, Nelson turned his main attention to the issues of global warming and clean energy.

(38) ブロックVI

① Environmental Action Inc. claims that those who deny climate change are one of the biggest contributors to the modern Earth Day movement.

② The number of wildfires caused by climate change has not changed much in recent years.

③ Scientists try to care for nature in order to delay the negative effects of climate change.

④ Greta Thunberg wanted people to be optimistic about environmental issues.

Ⅷ　次の英文を読み(39)〜(44)の設問に答えなさい。文章は，それぞれ数段落をまとめた5つのブロックに分けられており，各ブロックの先頭には番号が付してあります。なお，＊印のついた語句には英文のあとに注があります。(30点)

[Ⅰ] The current global population of dogs is about one billion, making dogs one of the most abundant mammals on the planet. Comparing dog population estimates to those for wolves — there are an estimated 300,000 wolves worldwide — shows just how successful dogs have been.

The billion or so dogs on the planet live in a wide variety of ecosystems* and have diverse strategies for survival. Dogs can be found on every continent and in nearly every habitable* ecosystem — and even in a few that aren't especially habitable.

[Ⅱ] Where there are dogs, there are also, almost without exception, people. Humans influence the global presence and survival of dogs in direct and indirect ways. People often bring dogs with them to parts of the world where dogs otherwise would not live. And people help dogs take over certain areas in numbers that far exceed the natural constraints of the ecosystem. Some dogs are given a great deal of direct help from humans: they have a particular human or human family from whom they receive targeted affection, food, shelter, and medical care.

Other dogs don't have primary guardians, but still benefit from the presence of humans by having ample and readily available sources of food, in the form of handouts or garbage and other human waste. The fact that dogs live where there are humans and rely heavily on anthropogenic (human generated) resources does not necessarily mean that dogs *must* have humans to survive, just that they usually do.

Population trends for dogs and humans seem to have followed similar paths, with both species experiencing explosive growth over the past century. Right now, a conservative estimate would put the ratio of dogs to people at roughly one dog for every 10 people.

[Ⅲ] The geographic distribution of dogs is poorly understood and data are incomplete. The one billion dogs around the world are not uniformly distributed. Some countries are far more "dog dense" per person than others. For example, the U.S. averages one dog for every 4.48 people, while Saudi Arabia has one dog for every 769.23 people. These huge differences in density of dogs may reflect the popularity of pet-keeping practices, cultural attitudes toward dogs, the density of human populations, or some combination of these and other unidentified factors.

The U.S. has an estimated 83 million dogs. The unspoken assumption in this figure is that these 83 million dogs are "pets." But the figure of 83 million pet dogs is not an accurate description. These 83 million dogs are not all homed or are only homed some of the time and may be free-ranging at other times. Many are locked in or move in and out of homes and on and off the streets. The number of feral* dogs living in the U.S. is unknown. Density of dogs varies not only between countries, but also within. Populations of dogs around the world are concentrated in and around urban areas that are densely populated by humans.

[Ⅳ] In a posthuman* world, the geographic distribution of dogs will inevitably shift, and redistributions will occur. Some environments are workable for dogs only because there is support from humans and there will be significant losses for dogs left to survive in these places. Posthuman dogs trying to survive in once-urban environments will face different challenges than those trying to survive in areas that have been less intensively governed by humans. Their challenges will not necessarily be harder or easier, just different. <u>How densely dogs are concentrated and how much human contact dogs have had will also influence prospects for survival.</u> Dog-dense areas may provide the advantages of a diverse gene pool and ample opportunities for social interactions, cooperation, and reproduction*. In densely populated areas, dogs may experience greater competition for resources and higher levels of conflict between different species. They may also have to deal with higher levels of transmittable diseases.

While it's very difficult to know how many dogs there are in the world and where they live, it is perhaps even more challenging to get a handle on the diversity of their living arrangements. Several sources put the number of free-ranging dogs living mainly or entirely on their own at around 80 percent, while about 20 percent of the world's dogs live as "pets," whom we will mainly refer to as homed dogs. To match these percentages with our global population estimates, then there are about 720 million free-ranging dogs (including stray, street, village, privately owned but free-running, and feral) and about 180 million homed dogs.

[V] When asked, "What is the dog's natural habitat*?" many people — scholars and dog guardians alike — answer the question with "The human home, of course." But as we have just noted, not all dogs live in homes and, in fact, most dogs are not "homed." A more accurate description of dogs' living arrangement is offered by Darcy Morey, who, in his authoritative book on the domestication of dogs, describes dogs as masters of "a new ecological niche*, a domestic association with people." Similarly, Per Jensen writes in *The Behavioural Biology of Dogs*, "It has become increasingly obvious that for dogs the most fundamental aspect of the niche is ourselves. One might therefore say that dogs have come to occupy the ecological niche of living with humans."

Morey and Jensen both point to the critical role of humans in the lives of dogs. And dogs do, of course, occupy niches that overlap significantly with humans, particularly in capitalizing on anthropogenic food supplies. But dogs overlap with humans in many ways, and there are many levels of dependence on humans. Some dogs have high levels of directed or intentional care from humans, relying on people for everything from access to water and food to the opportunity to empty their bladders* and bowels*. Other dogs live without any direct human help, depending on humans indirectly and only as sources of food. It may be more useful, then, to explore dogs' ecological *niches*.

【注】ecosystems：生態系　habitable：生息に適した　feral：野生化した
posthuman：人類がいなくなった後の　reproduction：繁殖
habitat：生息地　niche：適所　bladders：膀胱　bowels：腸

(39)〜(43)：それぞれ指定したブロックの内容に照らしてもっとも適切なものを①〜④の中から一つ選び，その番号をマーク解答用紙にマークしなさい。

出典追記：A Dog's World by Jessica Pierce and Marc Bekoff, Princeton University Press

⑶9 ブロックⅠ

① The large population of dogs is due to the fact that all of them live in habitable areas.

② Both dogs and wolves are similarly abundant mammals on the planet.

③ Dogs have a smaller population than wolves because they live in a wide variety of ecosystems and do not have diverse strategies for survival.

④ The ratio of wolves to dogs is three to 10,000.

⑷0 ブロックⅡ

① It can be concluded that dogs will always need humans to survive.

② The dog population is estimated to be at most 10 percent of the human population.

③ Garbage and human waste are examples of the indirect human influences on dogs.

④ Where there are dogs, there are humans without exception, because all of them are directly influenced by humans.

⑷1 ブロックⅢ

① Data show that dog density in Saudi Arabia is higher than that in the United States.

② Being a dog in America does not necessarily mean being a pet.

③ The distribution of dog density is related only to the popularity of pet-keeping practices.

④ The number of feral dogs living in the U.S. has been counted accurately.

⑷2 ブロックⅣ

① In a world without humans, the challenges faced by dogs living in a once-urban environment may be different, not necessarily tougher or easier than those of dogs living in an area that had less human influence.

② In areas with high dog densities, there are advantages such as a diverse gene pool, a high rate of infectious diseases and greater competition for resources.

③ While it is difficult to know how many dogs there are in the world and where they live, the diversity of their living environments may be easier to determine.

④ Even if dogs are running freely, but privately owned, they are considered to be homed dogs.

(43) ブロックV

① Morey and Jensen, in their co-authored book, offer an accurate description of dogs' living arrangements, describing dogs as masters of the new ecological niche of living with humans.

② Both Morey and Jensen mention the critical role of dogs in human lives.

③ Dogs overlap significantly with humans, but the level of dependence on humans does not vary.

④ Some dogs depend on humans not only for food and drink, but also for toilet care.

(44) ブロックⅣの中の下線部を和訳し，記述解答用紙に記入しなさい。

Ⅸ 次の日本文とほぼ同じ意味になるように，空所に語句を補って英文を完成させなさい。なお，[ ] の中には1語のみ，(　　　) の中には3～5語を入れること。答えは，記述解答用紙の該当する欄に記入しなさい。(10点)

(45) 経済学のどの分野を専攻するにしても，これらの古典的な著作は読む価値がある。

No [ ] what field of economics you [ ] in, (　　　) these classic works.

日本史

（60分）

Ⅰ　次の文章〔A〕,〔B〕と史料〔C〕（原文から仮名づかい，句読点を加える等適宜修正している）について，下記の設問に答えなさい。（20点）

〔A〕

中国の前漢時代から日本列島の状況が中国側の記録に残るようになる。『漢書』①地理志によれば，倭の社会はいくつかの小国からなり，漢が朝鮮半島においた出先機関に定期的に使者を送っていたようである。『後漢書』東夷伝②には，１～２世紀の倭とよばれた地域の王たちが，使者を派遣していたようすが記されている。また，いわゆる「魏志倭人伝」③には，３世紀の倭の情勢④が詳しく記されている。

問１　下線部①・②について，これらの史書から知ることができる日本列島（倭）のようすやその使者の動きに関する記述として**誤っているもの**を１つ選び，その記号をマークしなさい。

ア　『漢書』地理志によると，紀元前後の日本列島（倭）からの使者は帯方郡に向かっていた。

イ　『漢書』地理志には，紀元前後の倭人の社会は百余国に分かれていたとある。

ウ　『後漢書』東夷伝によると，倭の奴国の使者は後漢の都の洛陽に赴いている。

エ　『後漢書』東夷伝によると，光武帝は倭の奴国の王に印を与えた。現在の福岡県志賀島で江戸時代に発見された金印が，その印だとされている。

オ　『後漢書』東夷伝には，２世紀前半に倭国王が「生口」160人を献上したとある。この「生口」は奴隷と考える説が有力である。

問２　下線部③について，いわゆる「魏志倭人伝」は，『三国志』に収められている。その「三国」の１つの魏を滅ぼし，さらに三国時代を終わらせた王朝を１つ選び，その記号をマークしなさい。

ア　蜀
イ　呉
ウ　晋
エ　宋
オ　梁

問3　下線部④について，いわゆる「魏志倭人伝」から知ることができる邪馬台国に関する記述として正しい組み合わせを1つ選び，その記号をマークしなさい。

a　邪馬台国には，大人と下戸などの身分差はあったが，奴隷はいなかった。
b　邪馬台国の女王卑弥呼には夫がいて，その夫が政治を補佐していた。
c　卑弥呼が亡くなると，大きな墳墓が造られ，多くの人が殉葬された。
d　卑弥呼の死後，男子の王が即位したが戦乱が起こったため，卑弥呼の一族の壱与（台与）が王となった。

ア　a・b
イ　a・c
ウ　a・d
エ　b・c
オ　b・d
カ　c・d

〔B〕

7～9世紀の日本（倭国）は，ほぼ20年に1度の頻度で大規模な遣唐使⑤を派遣した。日本は唐の冊封は受けなかったが，遣唐使は唐によって朝貢の使者とみなされ，使者は正月の朝賀に参列し，皇帝を祝賀した。彼らは高級織物や銀器・楽器などの工芸品だけでなく，儒教や仏教，法律など多くの書物や知識を伝え，律令国家の発展に大きく寄与した。

室町時代⑥になると，隋・唐の時代とは異なり中国皇帝の冊封を受けるようになった。貿易の利益を求めた足利義満が明皇帝の冊封を受け入れ，臣下が朝貢する形で日明間の国交を建てた。日本側が明に朝貢する際に，「日本国王」が派遣した正式な使者であることを証明するために「勘合」という書類⑦が用いられることから，この朝貢の機会を用いて行われる貿易を「勘合貿易」とよぶこともある。

問4　下線部⑤に関する記述として正しい組み合わせを1つ選び，その記号をマークしなさい。

a　第1回の遣唐使派遣をうけて，裴世清が来日した。

b　8・9世紀の遣唐使は通常4隻を1つの船団とし，1隻あたり100人余りが乗り込んだ。

c　遣唐使の航路は7世紀には北路とよばれる朝鮮半島西岸沿いの航路がとられたが，朝鮮半島の国との関係悪化にともない，五島列島から渡海する航路や，南西諸島を経由する航路がとられるようになった。

d　遣唐使は894年に菅原道真の建議で廃止されたとしているが，実際には，対外関係の悪化や唐の衰退などの事情もあり，平安時代の初期から日本と唐や朝鮮半島との往来は途絶えていた。

ア　a・b

イ　a・c

ウ　a・d

エ　b・c

オ　b・d

カ　c・d

問5　下線部⑥について，室町幕府は明から冊封を受ける前に中国大陸に貿易船を派遣していた。その貿易船はある寺院を造営するために派遣されたものであった。その寺院の造営を室町幕府将軍に勧めた人物を1人選び，その記号をマークしなさい。

ア　夢窓疎石

イ　春屋妙葩

ウ　絶海中津

エ　義堂周信

オ　無学祖元

問6　下線部⑥について，室町幕府は朝鮮や琉球とも外交関係を持ち，北方とも貿易を行った。室町時代のそれらの国・地域との関係に関する記述として正しい組み合わせを1つ選び，その記号をマークしなさい。

a　日本の朝鮮からの輸入品として，大蔵経や木綿があげられる。

b　室町幕府は，朝鮮との外交の実務を担当していた対馬の宗氏が日朝間の外交文書を改竄していたことを知り，幕府自らが朝鮮と交渉して己酉約条を結んだ。

c　琉球王国は中国への朝貢貿易のために，日本や朝鮮だけではなく，現在のベトナム・タイ・マレーシア・インドネシアにあった諸国家ともさかんに貿易を行った。

d　コシャマインを中心とするアイヌの和人に対する蜂起を鎮圧した蠣崎氏は，松前と改姓し，アイヌとの独占的な交易を幕府に認められた。

ア　a・b

イ　a・c

ウ　a・d

エ　b・c

オ　b・d

カ　c・d

問7　下線部⑦について，貿易船を派遣するにあたっては，明から発給された勘合のほかにもさまざまな書類が必要となる。その書類は京都五山の禅僧が作成したが，その際の参考資料として作成された書物を1つ選び，その記号をマークしなさい。

ア　『本朝通鑑』

イ　『立正安国論』

ウ　『元亨釈書』

エ　『蔭凉軒日録』

オ　『善隣国宝記』

〔C〕

上天の眷命せる大蒙古国皇帝，書を日本国王に奉る。朕惟うに，古より小国の君は境土相接すれば，尚お講信修睦に務む，況んや我が祖宗，天の明命を受け，区夏を奄有す。遐方異域の威を畏れ徳に懐く者，悉く数うべからず。……［　　　］は朕の東藩なり。日本は［　　　］に密邇し，開国以来，亦時として中国に通ぜり。朕が躬に至りては，一乗の使も以て和好を通ずること無し。尚お王の国これを知ること未だ審(つまびらか)ならざるを恐る。故に特に使を遣わし，書を持して朕が志を布告せしむ。冀(ねが)わくば今より以往，問を通じ好(よしみ)を結び，以て相(とも)に親睦せん。且つ聖人は四海(しかい)を以て家と為す。相に通好せざるは，豈(あ)に一家の理ならんや。兵を用うるに至りては，夫(そ)れ孰(たれ)か好む所ならん。王其(そ)れこれを図(はか)れ。不宣(ふせん)。

至元三年八月　日

問8　史料〔C〕に関する記述として正しい組み合わせを1つ選び，その記号をマークしなさい。

a　史料〔C〕のなかで，大蒙古国皇帝の先祖が天命を受けて中華の支配者となったことが述べられている。

b　史料〔C〕のなかで，大蒙古国皇帝は，開国以来日本に使者をたびたび送ってきたと述べている。

c　史料〔C〕のなかで，大蒙古国皇帝は兵を用いるのは好ましくないと述べている。

d　史料〔C〕は元の皇帝フビライが鎌倉幕府の鎮西探題に送ったものである。

ア　a・b
イ　a・c
ウ　a・d
エ　b・c
オ　b・d
カ　c・d

問9　空欄にあてはまる国名を1つ選び，その記号をマークしなさい。

ア　新羅
イ　百済
ウ　高句麗
エ　高麗
オ　朝鮮

問10　(設問省略)

Ⅱ 次の文章を読み，下記の設問に答えなさい。(20点)

戦国大名が行っていた関所の撤廃を征服地に広く実施した織田信長は，1577年に［ a ］城下町に楽市令を出して，商工業者に自由な営業活動を認めた。

その後，江戸幕府により，江戸・大坂・京都を中心に，各地の城下町を結ぶ全国的な街道網として，五街道①とそれにつながる脇街道がつくられた。五街道は道中奉行の支配下にあって，各所に関所や渡しがおかれた②。通信機関としては，飛脚の制③が整った。

一方，年貢米など大量の物資を大坂や江戸に運ぶため，各地方で河川が整備されて河川舟運④が発達し，並行して全国的な海上交通網⑤も発達した。

明治維新後も，政府は富国強兵をめざして殖産興業に力を注ぐなかで，関所や宿駅・助郷制度などの封建的諸制度の撤廃につとめ，交通が発達した。そして，1872年には，［ b ］人の［ c ］の技術指導の下，［ d ］駅と［ e ］駅間に鉄道が敷設された。

問1 空欄［ a ］にあてはまる地名として正しいものを1つ選び，その記号をマークしなさい。

ア 春日山

イ 伏見

ウ 安土

エ 平戸

オ 姫路

問2 下線部①として正しいものをすべて選び，その記号をマークしなさい。

ア 甲州道中

イ 中国街道

ウ 北国街道

エ 東山道

オ 奥州道中

問3　下線部②について，地図〔A〕にある関所の組み合わせとしてもっとも適切なものを1つ選び，その記号をマークしなさい。

〔A〕

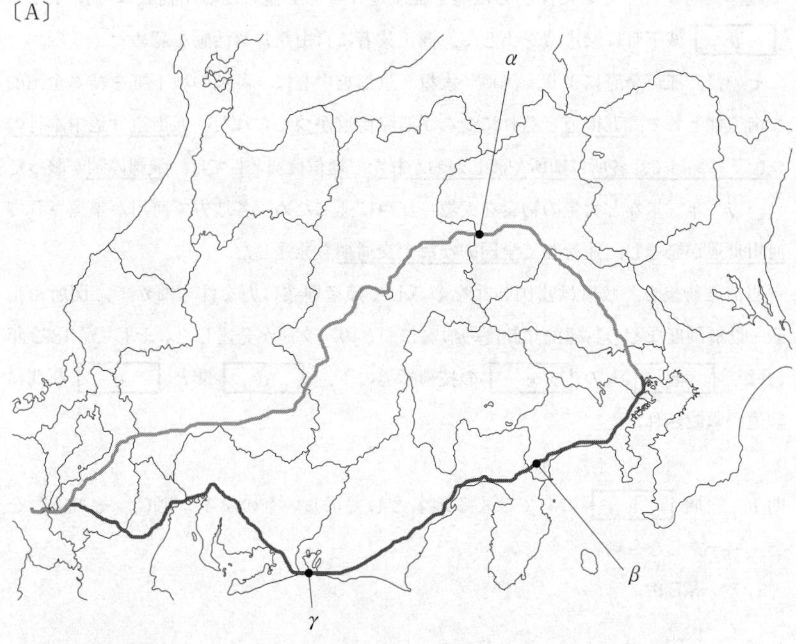

ア　α新居　　β箱根　　γ碓氷

イ　α碓氷　　β箱根　　γ新居

ウ　α木曽福島　　β箱根　　γ碓氷

エ　α木曽福島　　β小仏　　γ碓氷

オ　α碓氷　　β木曽福島　　γ新居

問4　下線部③に関する説明として正しいものを1つ選び，その記号をマークしなさい。

ア　民間営業の飛脚を伝馬役とよぶ。

イ　大名が江戸と国元間においた飛脚を中馬とよぶ。

ウ　幕府公用の文書を運ぶ飛脚を継飛脚とよぶ。

エ　寛永年間には酒田の商人が営業する飛脚問屋が成立した。

オ　町飛脚のなかでも，東海道を走り，月に3往復する町飛脚は助郷役とよばれた。

問5　下線部④に関する説明として正しいものを2つ選び，その記号をマークしなさい。

ア　利根川はもともと相模湾に注ぐ川であったが，大工事の末に横浜方面に流路を変更し，江戸川と結びつける利根川東遷事業が行われた。

イ　陸上交通と河川交通の結節点には河岸とよばれる港町が各地につくられた。

ウ　京都の商人である角倉了以が鴨川と富士川を整備した。

エ　浅瀬でも航行できる弁財船が利用されて，内陸部への舟運が整備された。

オ　芦ノ湖を水源とする箱根用水の開削によって，周辺の舟運が発展した。

問6　下線部⑤に関する説明として正しいものをすべて選び，その記号をマークしなさい。

ア　17世紀前半に北前船などの大型の帆船が江戸へ多様な商品を運送しはじめた。

イ　江戸の商人である河村瑞賢が，富山を起点として江戸に至る海運ルートを整備した。

ウ　近世後期になると，多種類の荷物をのせる菱垣廻船は，荷役に時間を要するなどの理由から衰退した。

エ　18世紀前半には，みそ・醤油専用の樽廻船が新たに運航をはじめた。

オ　18世紀末頃から，尾張の内海船など遠隔地を結ぶ廻船が各地で発達した。

問7　空欄 b と c にあてはまる国名と人名の組み合わせとして正しいものを1つ選び，その記号をマークしなさい。

ア　bアメリカ　cフェノロサ

イ　bアメリカ　cコンドル

ウ　bフランス　cルソー

エ　bフランス　cロッシュ

オ　bイギリス　cパークス

カ　bイギリス　cモレル

問8 空欄 [d] と [e] にあてはまる地名の組み合わせとして正しいものを1つ選び，その記号をマークしなさい。

ア d大阪 e京都

イ d大阪 e神戸

ウ d新橋 e川崎

エ d新橋 e横浜

オ d東京 e上野

カ d東京 e品川

Ⅲ 次の文章を読み，下記の設問に答えなさい。(30点)

18世紀中にイギリスで実用化された蒸気機関は，蒸気船や蒸気機関車の発明を促し，こうした技術革新は世界中に大きな影響をもたらした。日本で庶民を含めた多くの人々がそういった海外発の新技術の実物を目にし，衝撃を受けたのは [1] 時だった。

徳川幕府は①長崎に造船所を建て工作機械を輸入して最新の造船技術導入に努めたが，幕末の間に日本の技術が世界に追いつくことはなかった。明治政府が幕府に代わって政権を握ると，政府は富国強兵政策を打ち出し，いっそう②外国からの技術導入と国内産業の振興に努めた。

そうした政策の一環として，国内の鉄道建設があった。1872年には明治政府は日本初の鉄道を敷設し，その後も新規路線を続々と建造していった。こうした③鉄道網の開発は日本国内の流通事情を江戸時代から一変させ，また日本経済を地方部に至るまで世界と結びつけた。しかしながら鉄道建設には莫大な費用がかかったため，④西南戦争後には政府は財政資金による鉄道建設だけでなく，民間資本による鉄道建設を奨励する方針に転換していく。その中でまず設立された民間鉄道会社こそ [2] であった。⑤[2] をはじめとした民間鉄道会社は政府からの様々な形の支援を受けながら，日本各地に鉄道を建設し，地域経済を振興していった。

国内の交通網が鉄道によって一変する一方で，幕末の開港以来ほとんど外国企業によって担われていた日本の対外貿易のための国際海運業もまた，1880年代には [3] と半官半民の [4] の2社の低価格競争によって日本企業中心に担われるようになった。⑥その後の日本商社の発展と合わせ，こうした海運業の発達は，日本国内の他産業の成長にも大きな影響を与えた。その他にも19世紀末の日本ではいくつかの新たな技術や制度の導入が，日本全国を繋げ，更には世界へと繋げる役割を果たした⑦。

もっとも日露戦争の後，日本政府は鉄道の国有化を決断した⑧。こうした日本政府の政策変更の背景には，幹線鉄道の運用は民間の経済発展に貢献するだけでなく，軍事的にも利点があるという理由があった。鉄道経営の軍事的側面は，日本政府の国内の幹線鉄道の国有化の際に留まらず，南満洲鉄道株式会社の設立に見られるような対外投資の際においても見られた。

問1 空欄 [1] にあてはまる文章としてもっともふさわしいものを1つ選び，その記号をマークしなさい。

ア 1842年にアヘン戦争で清が敗北したことがオランダ風説書に書かれた

イ 1792年にロシアのラクスマンが根室に来航した

ウ 1853年にアメリカのペリーが浦賀に来航した

エ 1821年に伊能忠敬による日本全土の地図が完成した

オ 1865年に長州戦争が起こった

問2 下線部①についての記述として正しいものを1つ選び，その記号をマークしなさい。

ア 勝海舟が日米修好通商条約批准のためにアメリカに渡航する際に乗り込んだ咸臨丸は，この長崎の造船所で建造されたものであった。

イ この造船所は1887年に薩摩藩出身である川崎正蔵に払い下げられ，更なる技術育成に努めていった結果，1900年代には当時の世界水準の技術レベルに達し，民間船舶だけでなく戦艦武蔵のような数多くの軍艦を建造した。

ウ 当時，開港で開かれた居留地の各地に外国人による大規模な造船所の建設が相次ぎ，幕府はこれに対抗すると共に技術を学んだ。

エ 明治に入って官営になったこの造船所は三菱に払い下げられ，三菱長崎造船所として21世紀になっても稼働している。

オ 当時，幕府だけでなく有力各藩も海外の新技術の導入に努め，多くの留学生が海外に渡航し，その経験を活かして建てられた鹿児島紡績所などは大きく成功し利益を出した。

問3　下線部②についての記述として**誤っているもの**を1つ選び，その記号をマークしなさい。

ア　大蔵官僚であった渋沢栄一は殖産興業に尽力し，1882年には華族および政府出資を取り付けて大阪紡績会社を設立し，日本に機械制紡績業を根付かせた。

イ　1872年には群馬県に製糸業の官営模範工場が開設され，フランス人技師が器械製糸の技術指導のために招聘(へい)された。

ウ　1851年にロンドンで万国博覧会が開かれたのを機に，他国や自国の産物や新技術を知るための博覧会を開催することに世界的に注目が集まっていた。そうした影響から，日本でも大久保利通の提唱により，1877年に初の内国勧業博覧会が開かれ，その後第5回まで開催された。

エ　工部大学校や札幌農学校，東京大学といった国立の高等教育機関には，クラークやモースのような外国人教師が多く雇われ，最新の学術知識を日本人学生に教授すると共に彼ら自身が日本で新たな研究を行った。

オ　軽工業の分野では飛び杼のような海外からの新技術導入だけでなく，ガラ紡の発明や座繰製糸の改良といった国内産の新技術の発達も見られた。

問4　下線部③に関連して，1890年と1910年における日本の主な輸出品を示した図1を参考にしながら，以下の問に答えなさい。

図1　日本の輸出品目内訳

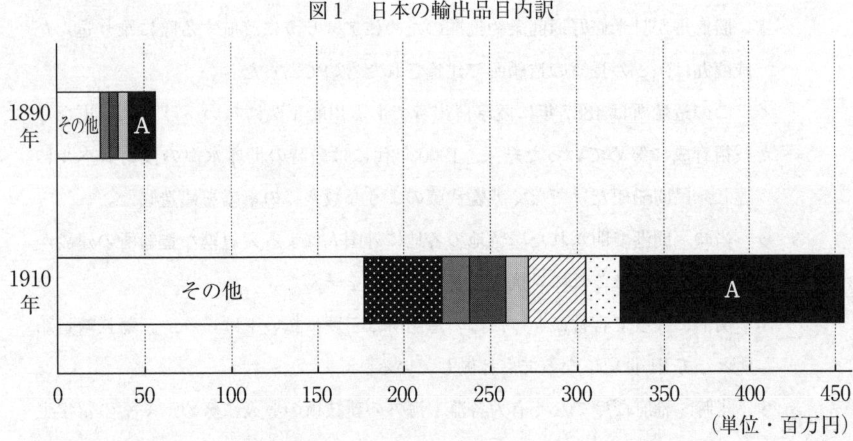

出所：総務省『日本長期統計総覧』3巻より作成。

⑴　Ａの品目として正しいものを次の語群から１つ選び，その記号をマークしなさい。

⑵　1890年の輸出品で，Ａ以外に日本が主に輸出品としていた品目を次の語群から３つ選び，その記号をマークしなさい。

語群

ア　綿糸

イ　石炭

ウ　茶

エ　生糸

オ　陶磁器

カ　綿織物

キ　銅

ク　鉄

ケ　絹織物

⑶　日本がこの時期に大きくＡの輸出を伸ばした理由を正しく説明しているものを１つ選び，その記号をマークしなさい。

ア　大阪や東京など主要な開港場に近い大都市にＡの製造のための大工場が建てられ，そこで生産されたＡが国内の需要を満たすと共にアジア市場に輸出されていったため。

イ　三井などの財閥が明治政府から関連施設の払下げを受け，Ａの生産のために追加して大規模な設備投資を行った結果として生産力が向上し，それが財閥の鉄道路線と商社を通じて各国に販売されていったため。

ウ　鉄道路線の開通に伴って沿線の地方部に多くのＡの製造のための工場が建てられ，そこで生産されたＡが横浜港からアメリカに大量に輸出される貿易ルートが確立したため。

エ　鉄道の開通に伴って海外から様々な最先端技術が日本国内に導入され，Ａの生産のために株式会社制度の利用で最新鋭の工場が鉄道のターミナル駅周辺に建てられたため。

オ　Ａの生産のために必要な原料が開港場から多くもたらされ，従来の廻船問屋に代わって鉄道網がその大量輸送を安価に可能にしていったため。

問5　下線部③に関連して，⑴1885年と1913年の日本の輸入品の中で1位を占めた品目の組み合わせとして正しいものを1つ選び，その記号をマークしなさい。また，⑵その変化の理由を正しく説明しているものを1つ選び，その記号をマークしなさい。

⑴　1885年—1913年

ア　綿糸—綿織物

イ　綿糸—綿花

ウ　機械—鉄類

エ　機械—米

オ　綿織物—綿糸

⑵　輸入品1位の品目の変化の理由

ア　日本国内での工業の発達に伴い，農家が減少して労働者が増え，食料が足りなくなったため。

イ　日本国内での綿織物工業の発達に伴い，原料が必要になったため。

ウ　日本国内での重工業の発達に伴い，原料が必要になったため。

エ　日本国内での機械制紡績業の発達に伴い，原料が必要になったため。

オ　日本国内での工業の発達に伴い，労働者が増え，衣服が足りなくなったため。

問6　下線部④の事件に深く関わりその際に死亡した人物を1人選び，その記号をマークしなさい。

ア　松方正義

イ　榎本武揚

ウ　大久保利通

エ　西郷隆盛

オ　山県有朋

問7　空欄 [2] にあてはまる語句として正しいものを1つ選び，その記号をマークしなさい。

ア　九州鉄道会社

イ　共同運輸会社

ウ　山陽鉄道会社

エ　東洋拓殖会社

オ　日本鉄道会社

問8　下線部⑤についての記述として正しいものを1つ選び，その記号をマークしなさい。

ア　空欄［2］の出資者の多くは華族，すなわち江戸時代の大名家や公家たちであり，明治政府がこの会社の設立と経営利益を手厚く保護したのは，これら「皇室の藩屏（はんぺい）」たるべき層が没落しないようにという意図もこめられていた。

イ　空欄［2］の出資者の多くは士族であり，明治政府がこの会社の経営を手厚く保護したのは，西南戦争や紀尾井坂の変を経て，士族による民権運動の高まりに直面する中で士族の不満をなだめるためという士族授産政策的な面も含まれていた。

ウ　空欄［2］を含め当時設立された鉄道会社のほとんどは合名会社の形式を取っており，たとえ資金があっても誰でも出資者になれるようなものではなかった。

エ　空欄［2］を含め当時設立された鉄道会社の多くは株式会社形式であり，広く出資者を募ったが，実際に株式を購入した人々はほとんど東京の富裕層に限定されていた。

オ　鉄道会社の多くは株式会社形式を取っていたため，様々な人々が出資可能だったが，地域経済の振興に鉄道敷設が効果があることは長らく一般的に知られておらず，そのため地元の有力者が地元の鉄道建設に一役買うことはほとんどなかった。

問9　空欄［3］と［4］にあてはまる語句の組み合わせとして正しいものを1つ選び，その記号をマークしなさい。

	3	4
ア	三井	三菱
イ	三井	共同運輸会社
ウ	三菱	共同運輸会社
エ	三菱	三井
オ	三菱	日本鉄道会社

問10　下線部⑥についての記述として正しいものを1つ選び，その記号をマークしなさい。

ア　空欄 3 と 4 は最終的に明治政府の調停によって合併し，日本郵船会社が創設された。この会社は北米航路やボンベイ航路などの遠洋航路を手がけ，北米航路では綿糸を積んで行き，ボンベイ航路では繭を積んで帰って来た。

イ　三井物産などの商社は中国から大豆粕などの金肥の輸入も手がけ，北海道開拓に伴ってニシンを利用した肥料の移入なども進み，この時期の日本では農業においても生産性の発達が見られた。

ウ　空欄 3 と 4 の価格競争は日本近海の海運の価格を大きく押し下げたが，それによって2社共に経営に赤字を生じ，結局この2社はどちらも倒産した。倒産後，2社のスタッフが結集し，三菱財閥が資金を出して三菱汽船会社が設立された。

エ　空欄 3 と 4 は元々どちらも近世期から日本国内の海運業を担ってきた商人にルーツを持っている。この2社の経営統合によって創設された日本郵船会社は，政府の航海奨励法による補助金を得て，日本近海航路と遠洋航路のシェアを独占した。

オ　三井物産や三菱商事のような財閥系の商社の発達は，明治期の日本製品の輸出増加に大きく貢献した。とりわけ三井物産は自社グループの開発した機械類の輸出，三菱商事は自社グループの鉱山で採掘された石炭の輸出にそれぞれ大きな役割を果たした。

問11　下線部⑦についての記述として正しいものを1つ選び，その記号をマークしなさい。

ア　三菱郵便汽船会社が明治政府の郵便制度と提携することで，日本は1877年に万国郵便連合条約に加盟し，国際郵便を取り扱うことができるようになった。

イ　1871年に欧州の会社が長崎—上海間に海底ケーブルを敷設し，長崎の居留地の外国人にいち早く電信による国際通信を提供したが，これは日本人には使用が許されていなかったために，日本政府は独自に別ルートの海底ケーブルを他国まで敷設しなければならなかった。

ウ　明治政府の前島密は近世期の飛脚制度を引き継ぐことで，近代的な郵便制度を日本にもたらした。そのため，明治期の郵便制度は一部が民営であり，全国一律料金を適用できなかった。

エ 1871年に創業された日本の郵便制度は官営事業であり，その後この業務を担うことになった逓信省はやがて，電信（電報）や電話も取り扱うようになっていった。

オ 1869年に東京―横浜間に電信のためのケーブルが日本で初めて架設された。この5年後には東京―サンフランシスコ間の海底ケーブルが敷設され，北海道から九州までの国内通信が可能になる前にまず欧米との国際通信が可能となった。

問12 下線部⑧についての記述として正しいものを1つ選び，その記号をマークしなさい。

ア 1906年に鉄道国有化が決定されたものの，実際にはほとんどの民間鉄道会社は買収されることなく，日本の鉄道網の大半は民営であり続けた。

イ 1906年に鉄道国有化を政府が決断した時，日本国内の鉄道の営業キロ数は民営鉄道が官営を上回る，民営鉄道優勢の状態にあった。

ウ 1907年度までには鉄道国有化は事実上完了し，これにより日本政府は日本国内すべての鉄道網を手中に収めた。現在の日本にある私鉄は，第二次世界大戦後に鉄道経営が自由化されてから再独立したものである。

エ 1906年の鉄道国有化は，日露戦後恐慌の打撃を受けていた資本家に更なる経済的打撃を与え，彼らが進出しようとしていた重工業の発展にも影響が出た。

オ 1906年に日本政府が鉄道国有化を決断した時，官営鉄道の営業キロ数は民営鉄道を大きく上回っており，民間鉄道会社の買収はあくまで幹線鉄道の小規模な一部を回収するものでしかなかった。

Ⅳ　次の史料〔A〕～〔C〕(原文から漢字や，句読点を加える等適宜修正している)，および文章〔D〕を読み，下記の設問に答えなさい。(30 点)

史料〔A〕

第一条　大日本帝国ハ万世一系ノ天皇①之ヲ統治ス

第四条　天皇①ハ国ノ元首ニシテ統治権ヲ総攬シ此ノ憲法ノ条規ニ依リ之ヲ行フ

第十一条　天皇①ハ陸海軍ヲ［ a ］ス

第二十八条　日本［ b ］ハ安寧秩序ヲ妨ケス及［ b ］タルノ義務ニ背カサル限ニ於テ信教ノ［ c ］ヲ有ス

第二十九条　日本［ b ］ハ法律ノ範囲内ニ於テ言論著作印行集会及結社ノ［ c ］ヲ有ス

史料〔B〕

日本国民は，正当に選挙された国会における代表者を通じて行動し，われらとわれらの子孫のために，諸国民との協和による成果と，わが国全土にわたつて［ c ］のもたらす恵沢を確保し，政府の行為によつて再び戦争の惨禍が起ることのないやうにすることを決意し，ここに主権が［ d ］に存することを宣言し，この憲法を確定する。そもそも国政は，［ d ］の厳粛な信託によるものであつて，その権威は［ d ］に由来し，その権力は［ d ］の代表者がこれを行使し，その福利は［ d ］がこれを享受する。これは人類普遍の原理であり，この憲法は，かかる原理に基くものである。われらは，これに反する一切の憲法，法令及び詔勅を排除する。…

史料〔C〕

第一条　この法律は，［ e ］平和維持活動及び人道的な国際救援活動に対し適切かつ迅速な協力を行うため，国際平和協力業務実施計画及び国際平和協力業務実施要領の策定手続，国際平和協力隊の設置等について定めることにより，国際平和協力業務の実施体制を整備するとともに，これらの活動に対する物資協力のための措置等を講じ，もって我が国が［ e ］を中心とした国際平和のための努力に積極的に寄与することを目的とする。

問1　史料〔A〕～〔C〕の空欄 [a] ～ [e] にあてはまる語句を次のア～シの中からそれぞれ1つ選び，その記号をマークしなさい。

ア　人民	イ　保持	ウ　世界	エ　平等
オ　基本的人権	カ　国民	キ　自由	ク　統帥
ケ　国際連合	コ　臣民	サ　国際連盟	シ　統率

問2　史料〔A〕の解釈として，美濃部達吉が展開した下線部①に関する学説が政治問題化した。この問題についての記述として正しいものをすべて選び，その記号をマークしなさい。

ア　美濃部達吉が展開した学説は，北一輝が貴族院において反国体的だと非難したのをきっかけに，政治問題化した。

イ　美濃部達吉が展開した学説はいわば正統学説であったが，左翼などの強い攻撃を受けた。

ウ　美濃部達吉が展開した学説は，下線部①は国家の最高機関として憲法に従って統治権を行使すると説明するものであった。

エ　美濃部達吉は，東京帝国大学教授で，『憲法講話』を刊行し，自らの学説をとなえたことで，大正時代の初めに国民の政治的関心を高めた。

オ　岡田啓介内閣は，国体明徴声明を出して，美濃部達吉が展開した学説を認めた。

問3　史料〔B〕は日本国憲法の前文であるが，日本国憲法策定過程についての記述として**誤っているもの**を1つ選び，その記号をマークしなさい。

ア　1945年10月，東久邇宮稔彦内閣は，ＧＨＱから憲法の改正の指示を受け，憲法問題調査委員会を政府内に設置した。

イ　ＧＨＱから憲法改正の指示を受けて設置された憲法問題調査委員会は，天皇の統治権を認める改正試案を準備していた。

ウ　日本国憲法は，1946年11月3日に公布され，翌1947年5月3日に施行された。

エ　ＧＨＱは，憲法の改正草案を作成して日本政府に提示したが，ＧＨＱ案がそのまま憲法になったのではなく，政府案の作成や議会審議の過程で追加・修正がなされ，日本政府の希望も取り入れられた。

オ　日本国憲法の制定は，大日本帝国憲法を改正する手続きにより，衆議院と貴族院で修正可決されたのち，成立した。

問4　史料〔B〕に関連して，日本国憲法の条文として正しいものをすべて選び，その記号をマークしなさい。なお，選択肢ア～オは原文から漢字や仮名づかい，句読点を加える等適宜修正している。

ア　国民は，すべての基本的人権の享有を妨げられない。この憲法が国民に保障する基本的人権は，侵すことのできない永久の権利として，現在及び将来の国民に与へられる。

イ　日本国の安全に寄与し，並びに極東における国際の平和及び安全の維持に寄与するため，アメリカ合衆国は，その陸軍，空軍及び海軍が日本国において施設及び区域を使用することを許される。

ウ　天皇は陸海軍の編制及び常備兵額を定む。

エ　すべて国民は，健康で文化的な最低限度の生活を営む権利を有する。

オ　天皇は，日本国の象徴であり日本国民統合の象徴であつて，この地位は，主権の存する日本国民の総意に基く。

問5　史料〔B〕に関連して，日本国憲法と同年に施行あるいは公布された法律についての記述として正しいものをすべて選び，その記号をマークしなさい。

ア　警察法は，従来の中央集権的な体制の見直しがなされ，国家警察が廃止され自治体警察のみとなった。

イ　刑法の一部改正で不敬罪・姦通罪などが廃止された。

ウ　民法の改正により，家督相続制度にかえて財産の均分相続が定められた一方，戸主権の存続など，婚姻・家族関係における男性優位の諸規定は残された。

エ　都道府県知事と市町村長，ならびに教育委員の公選制を定めた地方自治法が成立した。

オ　刑事訴訟法は人権尊重の精神に基づき全面改定された。

問6　史料〔C〕は1992年に成立したＰＫＯ協力法だが，この法律に関する記述として正しいものを1つ選び，その記号をマークしなさい。

ア　1991年に開戦した戦争に，日本も国際貢献を迫られたが，日本国憲法に抵触する恐れがあることなどから資金援助は見送るかわりに，この法律を成立させた。

イ　アフガニスタン紛争に対してこの法律が制定され，海上自衛隊の艦船をインド洋に派遣して給油を行った。

ウ　イラク戦争の勃発後成立し，自衛隊が人道支援にあたった。

エ　クウェートに侵攻したイラクに対して，アメリカ軍を主力とする「多国籍軍」が，武力制裁を加えた戦争を契機に，日本に国際貢献を求める声が高まる中で成立した法律で，成立後自衛隊がカンボジアに派遣された。

オ　この法律の成立により自衛隊の海外派遣が可能になり，この法律に基づいてベトナム，イラク，シリアなどに派遣されている。

文章〔D〕

第二次世界大戦後，ＧＨＱは，寄生地主制②が日本経済の後進性を象徴し，軍国主義の温床となったとみて，日本政府に対し，農地改革③の実施を求めた。農地改革は，戦前来の日本の土地所有のあり方を根底から変化させた。

戦後の高度経済成長④は，農家所得の増大⑤をもたらしたが，日本の農村を大きく変貌させた。労働力が都市へと大量に流出した⑥農村では，過疎が問題になった。

問７　下線部②について，戦前の地主と小作農に関する記述として**誤っているもの**を１つ選び，その記号をマークしなさい。

ア　富国強兵政策の一環として取られた松方財政の影響を受けて，米価が下落した結果，農民の地租負担は著しく増加し，自作農の没落を促した。他方，大地主が耕作から離れて小作料の収入に依存する寄生地主となる動きが進んだ。

イ　小作料の支払いに苦しむ小作農は，子女を繊維産業などの工場に出稼ぎに出すなどして，家計を補った。

ウ　第一次世界大戦後の社会運動の勃興の中で，農村でも小作料の引き上げを求める農山漁村経済更生運動が活発に行われた。

エ　1931年には冷害による凶作の影響もあって，東北地方を中心に農家の困窮に拍車がかかり，欠食児童や女子の身売りが大きな社会問題となった。

オ　1940年代に経済統制が強まると，政府は食料不足の対策として，小作料の制限や生産者米価の優遇などの措置を取り，生産奨励をはかった結果，地主の取り分が縮小した。

問 8　下線部③に関する記述として正しいものをすべて選び，その記号をマークしなさい。

ア　1946 年に開始された第二次農地改革は，1950 年にはほぼ完了した。

イ　農地改革の実施によって，農業生産は急速に向上し，1955 年には前年比 3 倍を超える豊作となった。

ウ　不在地主の全貸付地と在村地主の土地のうち都道府県平均 3 町歩，北海道では 5 町歩を超える部分を国が強制的に買い上げて売り渡した。

エ　日本政府は第一次農地改革案を決定したが，地主制の解体が不徹底に終わる懸念が多く，ＧＨＱから勧告案が出された。

オ　農地の買収と売渡しにあたった農地委員会の構成員は，各市町村ごとに地主 5・自作農 2・小作農 3 の割合で選ばれた。

問 9　下線部③に関連して，図 1 (1)〜(3)は農地改革の結果について示している。これらの図から読み取れることとして**誤っているもの**を 1 つ選び，その番号をマークしなさい。

図 1　農地改革前後の変化

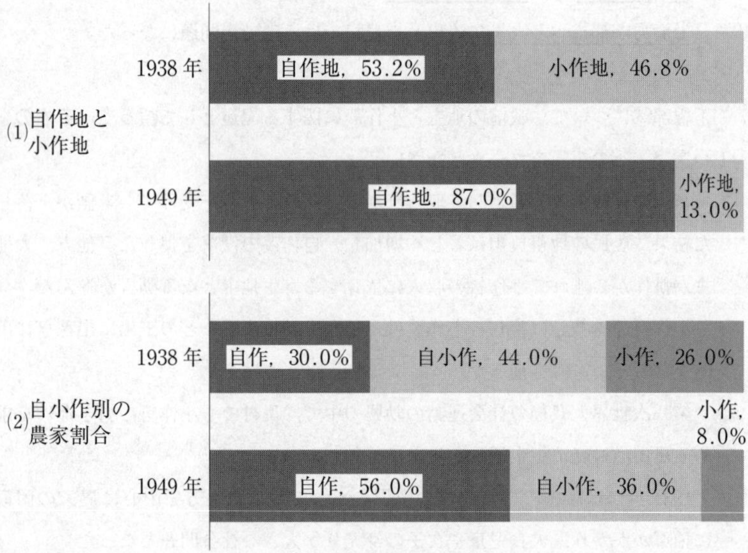

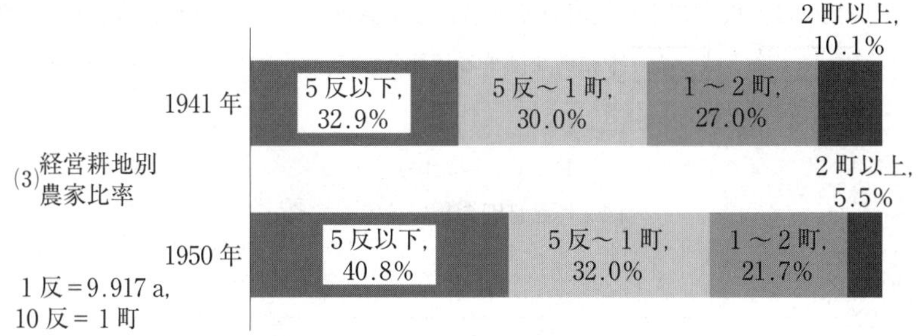

出所：「農林省統計調査局資料」より作成。

ア　戦前には3割だった自作農割合が，5割以上に増加した。

イ　零細経営を中心とする日本の農業構造が改善され，耕地が大規模化した。

ウ　自作農経営を創出するという農地改革の目的が達成された。

エ　多くの新しい自作農が生み出されたが，農家1戸あたりの耕地面積はより小規模になった。

オ　全農地の半分近くを占めていた小作地が1割程度までに減少し，戦前に大量の貸付地を持っていた地主の土地が失われた。

問10　下線部⑤について，1960年に，「所得倍増」をスローガンにした経済政策を展開した時の内閣総理大臣の名前を1つ選び，その記号をマークしなさい。

ア　岸信介

イ　田中角栄

ウ　池田勇人

エ　中曽根康弘

オ　吉田茂

問11　下線部⑥に関連して，下線部④の時期には，農村からの出稼ぎ労働者に支えられて交通インフラの建設が進んだ。この時期に建設された交通網について正しいものをすべて選び，その記号をマークしなさい。

ア　東名高速道路

イ　青函トンネル

ウ　関西国際空港

エ　東海道新幹線

オ　瀬戸大橋

問12　図 2 は，戦後日本の食料自給率の推移を品目別に示している。図中の空欄 [f] と [g] にあてはまる品目として正しい組み合わせを 1 つ選び，その記号をマークしなさい。

図 2　品目別食料自給率の推移

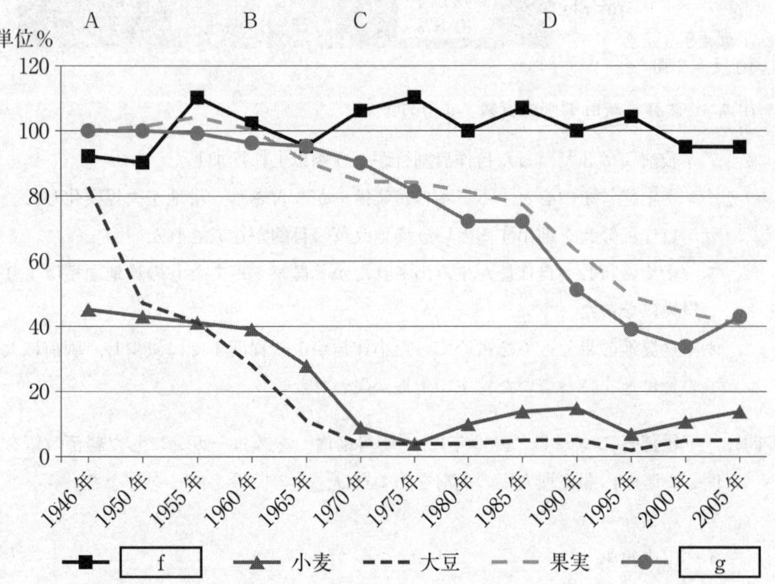

出所：三和良一・原朗『近現代日本経済史要覧』より作成。

	f	g
ア	米	砂糖類
イ	砂糖類	牛乳及び乳製品
ウ	米	牛乳及び乳製品
エ	砂糖類	牛肉
オ	米	牛肉

問13　図2に示されたA～Dに該当する時期に実施された出来事について，次の説明ⅰ～ⅳとの組み合わせとして正しいものを1つ選び，その記号をマークしなさい。

ⅰ．日本とアメリカの間で貿易摩擦が深刻化し，日本はアメリカに農産物の輸入自由化を迫られたため，一部品目の輸入が決定された。

ⅱ．深刻な食料難が続き，都市の人々は農村への買い出しや闇市で食料を調達するなどして飢えをしのぐような状況であったため，占領地行政救済資金による緊急食糧輸入が実施された。

ⅲ．農業基本法の制定により農業構造改善事業に多額の補助金が支給されたことから，化学肥料や農薬，農業機械の普及が進み，農業生産力の上昇がみられた。

ⅳ．生活の洋風化などで米の消費量が低下し，米の供給が過剰となったため，作付面積を強制的に制限する減反政策がはじまった。

	A	B	C	D
ア	ⅱ	ⅰ	ⅲ	ⅳ
イ	ⅱ	ⅲ	ⅰ	ⅳ
ウ	ⅱ	ⅲ	ⅳ	ⅰ
エ	ⅲ	ⅰ	ⅳ	ⅱ
オ	ⅲ	ⅱ	ⅳ	ⅰ

世界史

（60分）

Ⅰ　重商主義に関する以下の資料を読み，設問に答えなさい。（10点）

①そこでわが国の富と財宝を増加させるための通常の手段は外国貿易である。その場合，われわれはつねに次の原則を守らなければならない。すなわち，（　a　）という原則である。

商品貿易において貨幣を輸出することはわが国の財宝を増加させる一手段である。②この見解は一般の世間の考えとは全く反対であるから多くの人々にうけいれられるまでには多くの力強い論証を必要とするであろう。かれらは貨幣が少しでも国外にもちだされるのをみると，きびしく非難し，その上に次のように断言しさえする。すなわち，われわれはそれだけの財宝を全く失ってしまったとか，これはこの王国の賢者によって議会で制定され確認されて長く存続してきた法律にまさに違反するとか，また多くの国々が，いやそれに③貨幣の泉であるスペインさえも若干の場合を除いてその輸出を禁止しているとか，というようなことである。

『新訳　世界史史料・名言集』山川出版社

問1　下線部①に関連して，外国貿易に依拠した重商主義政策はフランスでも行われ，当時の財務総監の名前からコルベール主義とも呼ばれる。コルベール主義について，フランスで行われた政策として**正しいものを次から1つ**選び，マーク解答用紙にマークしなさい。

ア．王立マニュファクチュアの設立

イ．国内農業の奨励

ウ．航海法の制定

エ．植民地の解放

オ．国内商工業の抑圧

問2　下線部②に関連して，これは前文の「商品貿易において貨幣を輸出することはわが国の財宝を増加させる一手段」とすることへの「世間」の否定的反応を示すが，「世間」でそのような反応が起こるのはなぜか。その理由として**誤っているものを次から1つ**選び，マーク解答用紙にマークしなさい。

ア．当時の社会では，基本的に貨幣の輸入が推奨されるから。

イ．重商主義では，金・銀の獲得が目指されるから。

ウ．貿易差額によって利益を得るのは，当時の「世間」では，間違っていると考える人が多いから。

エ．一国の貨幣の蓄積を目指す重商主義の立場からすると貨幣の輸出は矛盾するように見えるから。

問3　下線部③に関連して，スペインが「貨幣の泉」と呼ばれた一因としては，16世紀にスペインの植民地で発見されたポトシ銀山による影響が考えられる。ポトシ銀山のようなラテンアメリカの銀に関して，それが世界各地におよぼした影響として**誤っているものを次から1つ**選び，マーク解答用紙にマークしなさい。

ア．固定額の地代収入で生活するヨーロッパの領主の境遇が良くなった。

イ．ヨーロッパで価格革命を引き起こした。

ウ．中国産の絹の購入に対する支払い手段として使用された。

エ．国際商業の中心地としてアントウェルペンが栄えた。

オ．アメリカ大陸の銀はマニラを経由して東アジア・東南アジアに流入した。

問4　空欄（　a　）には，重商主義の基本原則を表す文が入る。以下の（い)～(は）の文に関して，重商主義の基本原則として正しいものをR，誤っているものをWとしたとき，(い)～(は）の文とR・Wの**正しい組み合わせを次から1つ**選び，マーク解答用紙にマークしなさい。

(い)　年々われわれが消費する外国商品の価値額以下のものを外国人に売る

(ろ)　年々われわれが消費する外国商品の価値額と等しいものを外国人に売る

(は)　年々われわれが消費する外国商品の価値額以上のものを外国人に売る

ア．(い)＝R　(ろ)＝R　(は)＝W

イ．(い)＝R　(ろ)＝W　(は)＝R

ウ．(い)＝R　(ろ)＝W　(は)＝W

エ．(い)＝W　(ろ)＝R　(は)＝W

オ．(い)＝W　(ろ)＝R　(は)＝R

カ．(い)＝W　(ろ)＝W　(は)＝R

Ⅱ　フランス革命に関する以下の文章を読み，設問に答えなさい（引用文には，省略したり，改めたりしたところがある）。(40点)

①アメリカ独立戦争はフランスにも深甚な影響を及ぼさずにはおかなかった。ひとつには，民主主義の原理に則って建設された共和国の誕生は，伝統的な君主政を批判していた人々にとって大きな刺激であり，したがうべき模範でもあったからである。もうひとつには，②戦費は15億リーブル以上にも上り，財政は完全に破綻し，もはや最後の救済の手段を（　a　）に頼らざるをえなくなっていたからである。こうしたことから，アメリカ革命はフランス革命の生みの親であったと考えることができる。

1789年7月14日の朝，市民と無法者たちの入り混じった群衆が（　b　）牢獄――シャルル5世の時代にさかのぼるかつての要塞――に押しかけ，武器弾薬を要求した。ド・ローネー侯爵の指揮下で百名ほどの傷痍軍人が守備に当たっていた（　b　）牢獄は，数時間の包囲戦ののちに陥落した。

中央を震源とする衝撃は農民集団を過激な行動へと駆り立て，このようにして開始された民衆革命は，その反作用として中央の政治革命に新たな一歩を踏み出させることになった。

8月4日の夜，③2人の自由主義者の貴族が，領主権を自発的に放棄することによって農民の怒りを鎮めることを議会で提案した。すべての特権団体――聖職者，貴族，行政司法官，地方，都市，同業組合――の代表者たちは，互いに高邁な精神を競いあうかのように，次々とそれぞれの権利を放棄することを表明した。朝の3時まで続けられたこの日の会議が，感涙まじりの熱狂的な雰囲気のうちに終了したとき，④特権と不平等の上に成立していたかつてのフランス社会の骨組みは跡形もなく消滅していた。

このように下準備が完了していたので，議会は⑤『人権宣言』を採択することが可能となった。これは将来の憲法の前文となるものであり，主権在民，市民の平等，個人の自由，思想と表現の自由，私的所有の不可侵など，⑥18 世紀の哲学者たちの基本的な思想を法典化した，いわば一種の公教要理のごときものである。

（中略）

10 月 5 日，女たちの一団が，ペチコートをはいて女装した男たちの武装集団に率いられ，パンの要求を表向きの理由として，（　c　）に向かって行進を開始した。乱入を許した⑦議会は混乱のうちにすべての要求を採択している。（中略）ラファイエットがようやく国民衛兵を引き連れて到着し，暴徒たちを宮殿から追い出すことができた。しかし中庭に集まった群衆は，こんどは大声で国王がパリに来ることを要求した。⑧ルイ 16 世は王妃およびラファイエットとともにバルコニーに姿をあらわし，要求に応じる旨を告げている。その日の夜，下層階級の民衆の列に加わり，王一家は実質的に囚人となって（　c　）を離れ，テュイルリー宮殿に居を移した。

（中略）

多くの手なおしを経たのち，⑨1791 年 9 月にようやく採択された憲法からは，民衆に対するブルジョワの警戒心が明らかであった。

（中略）

行政権は国王のものとされたが，王はフランス国民の王とみなされ，国家の第一の僕(しもべ)であるとされた。王は議会の決定に対する裁可を拒否することができたが，この《拒否》はたんなる停止権にすぎなかった。王による文書にはすべて大臣の副署が必要とされ，大臣は文書の責任を負うものとされた。

こうした権力の分立――モンテスキューの政治思想の重要な一部分をなし，⑩アメリカ合衆国において採用された原理――を完全なものとするために，裁判官はすべての審級において選挙で選ばれることになった。

問 1　下線部①に関連して，アメリカ合衆国の正式な独立は 1783 年に結ばれた条約において認められたが，その条約名として**正しいものを次から 1 つ**選び，マーク解答用紙にマークしなさい。

ア．パリ条約

イ．ウェストファリア条約

ウ．サン=ジェルマン条約

エ．ティルジット条約

オ．ユトレヒト条約

問2 下線部②に関連して，アメリカ独立戦争への参戦を経てフランスの財政状況は悪化した。これに対して，国王ルイ16世は2人の改革派を起用して，特権身分に対する課税など財政の立て直しを試みた。この2人の改革派の人物の適切な組み合わせとして**正しいものを次から1つ**選び，マーク解答用紙にマークしなさい。

ア．テュルゴーとケネー

イ．テュルゴーとネッケル

ウ．ネッケルとケネー

エ．ケネーとリカード

オ．リカードとクロムウェル

問3 下線部③に関連して，以下の（い）～（は）は，1789年に議会が廃止した封建的特権を表すが，そのとき廃止された特権は，有償で廃止されたものと無償で廃止されたものにわけることができる。これに関して，各特権の廃止方法として「有償」,「無償」のいずれかを当てはめた時の適切な組み合わせとして**正しいものを次から1つ**選び，マーク解答用紙にマークしなさい。

（い） 封建地代（領主地代）

（ろ） 教会の十分の一税

（は） 領主裁判権

ア．(い)＝有償 (ろ)＝有償 (は)＝無償

イ．(い)＝有償 (ろ)＝無償 (は)＝有償

ウ．(い)＝有償 (ろ)＝無償 (は)＝無償

エ．(い)＝無償 (ろ)＝有償 (は)＝有償

オ．(い)＝無償 (ろ)＝有償 (は)＝無償

カ．(い)＝無償 (ろ)＝無償 (は)＝有償

問4 下線部④に関連して，フランス革命が一連の出来事を通じてフランス社会にもたらした意義として**正しいものを次から1つ**選び，マーク解答用紙にマークしなさい。

ア．旧制度（アンシャン=レジーム）が社会にもたらす影響を強くした。

イ．絶対王政こそが唯一の望ましい政治形態であることを示した。

ウ．革命の結果，聖職者による国家の統治を生み出した。

エ．身分・職業・地域などによってわけられていた人々を，国家と直接結びついた国民に変えようとした。

オ．貴族意識をもった市民が国家を構成する「貴族国家」が誕生した。

問5　下線部⑤に関連して，以下の（い）～（は）の文章は『人権宣言』の第1条から第3条のいずれかの内容を表す。各文章に第1条から第3条を当てはめた時の適切な組み合わせとして**正しいものを次から1つ**選び，マーク解答用紙にマークしなさい。

（い）　あらゆる政治的結合の目的は，人間のもつ絶対に取り消し不可能な自然権の保全にある。それらの権利とは，自由・所有権・安全および圧政への抵抗である。

（ろ）　人間は自由かつ権利において平等なものとしてうまれ，また，存在する。社会的な差別は，共同の利益に基づいてのみ，設けることができる。

（は）　あらゆる主権の根源は，本質的に国民のうちに存する。いかなる団体，いかなる個人も，その根源から明白に由来するのでない権威を，行使することはできない。

『詳説 世界史 B』山川出版社（2022年）

ア．(い)＝第1条　(ろ)＝第2条　(は)＝第3条

イ．(い)＝第1条　(ろ)＝第3条　(は)＝第2条

ウ．(い)＝第2条　(ろ)＝第1条　(は)＝第3条

エ．(い)＝第2条　(ろ)＝第3条　(は)＝第1条

オ．(い)＝第3条　(ろ)＝第1条　(は)＝第2条

カ．(い)＝第3条　(ろ)＝第2条　(は)＝第1条

問6　下線部⑥に関連して，18世紀のフランスの啓蒙思想家たちの著作物に**含まれないものを次から1つ**選び，マーク解答用紙にマークしなさい。

ア．『法の精神』

イ．『哲学書簡（イギリス便り）』

ウ．『諸国民の富（国富論）』

エ．『社会契約論』

オ．『人間不平等起源論』

問7　下線部⑦に関連して，フランス革命中，フランス国内の議会として以下の（い）～（は）の議会が存在した。それぞれの議会を歴史の古い順に並び替えた時の順序として**正しいものを次から1つ**選び，マーク解答用紙にマークしなさい。

（い）　国民公会

（ろ）　立法議会

（は）　国民議会

ア．（い）→（ろ）→（は）

イ．（い）→（は）→（ろ）

ウ．（ろ）→（い）→（は）

エ．（ろ）→（は）→（い）

オ．（は）→（ろ）→（い）

カ．（は）→（い）→（ろ）

問8　下線部⑧に関連して，ルイ16世は，急進共和主義のジャコバン派が力を増した際に処刑された。ルイ16世が革命広場で処刑された年月として**正しいものを次から1つ**選び，マーク解答用紙にマークしなさい。

ア．1792年8月

イ．1793年1月

ウ．1794年7月

エ．1799年11月

問9　下線部⑨に関連して，以下の（い）～（は）の出来事は，1791年9月以降に起こった出来事である。それぞれの出来事を歴史の古い順に並び替えた時の順序として**正しいものを次から1つ**選び，マーク解答用紙にマークしなさい。

(い)　ナポレオンによって，近代市民社会の原理をまとめたナポレオン法典が制定された。

(ろ)　ナポレオンは西南ドイツ諸国を保護下に置いてライン同盟を結成した。

(は)　フランスでは，革命の終結を求める穏健派の憲法制定により，総裁政府が成立した。

ア．(い) → (ろ) → (は)

イ．(い) → (は) → (ろ)

ウ．(ろ) → (い) → (は)

エ．(ろ) → (は) → (い)

オ．(は) → (ろ) → (い)

カ．(は) → (い) → (ろ)

問10　下線部⑩に関連して，アメリカ合衆国の三権分立は1787年につくられたアメリカ合衆国憲法に基づいている。アメリカ合衆国憲法について，その内容として**誤っているものを次から1つ**選び，マーク解答用紙にマークしなさい。

ア．立法権は連邦議会にある。

イ．行政権は大統領の率いる政府がにぎっている。

ウ．人民主権を基礎とした共和政を採用している。

エ．司法権は最高裁判所が行使する。

オ．地方政府の権限を強化する連邦主義を採用している。

問11　空欄（　a　）に入る言葉として**正しいものを次から1つ**選び，マーク解答用紙にマークしなさい。

ア．興中会

イ．平民会

ウ．民会

エ．三部会

オ．帝国議会

問12 空欄（ b ）に入る言葉として**正しいものを次から1つ**選び，マーク解答用紙にマークしなさい。

ア．ナント

イ．ルイジアナ

ウ．アルザス

エ．バスティーユ

オ．アンボイナ

問13 空欄（ c ）には，フランスでルイ14世時代に造られた有名な宮殿の名称が入るが，そのおおよその所在地として**正しいものを地図中のア〜オから1つ**選び，マーク解答用紙にマークしなさい。

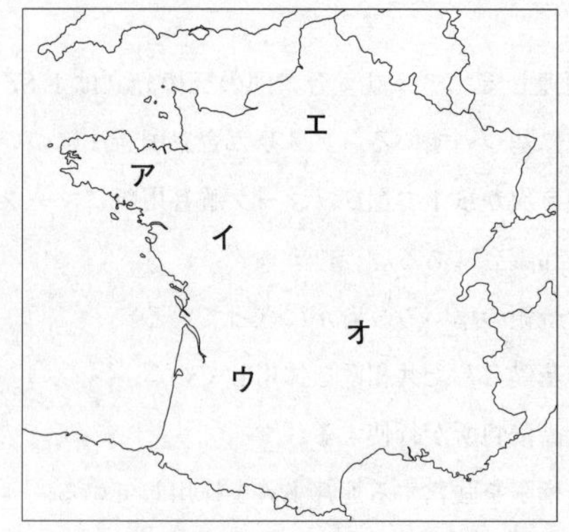

Ⅲ　以下の〔A〕～〔C〕はカイロ宣言・大西洋憲章・ヤルタ協定のいずれかの文書である。これらの文書を読み，設問に答えなさい（引用文には，省略したり，改めたりしたところがある）。(50点)

〔A〕

（中略）三大同盟国①は日本国の侵略を制止し，かつこれを罰するために，今次の戦争を遂行している。三国は自国のためになんらの利益を追求するものではなく，またなんらの領土的拡張の意図を持たない。三国の目的とするところは，日本国が1914年の第一次世界大戦の開始以後奪取または占領した太平洋上の一切の島嶼(しょ)を剥奪すること，および満洲，台湾および（　a　）のごとき，日本国が中国人より盗取した一切の領域を中華民国②に返還することにある。日本国はまた暴力および貪欲によって獲得した他の一切の領域から駆逐されることになるであろう。前記の三大国は朝鮮③人民の奴隷的状態に深く注意し，やがて朝鮮を自由にして独立のものとすることを固く決意している。以上の目的をもって三同盟国は，日本国と交戦中の連合国と協力して，日本国を無条件降伏せしめるに必要な重大にして長期にわたる行動を続行するであろう。

『新訳　世界史史料・名言集』山川出版社

〔B〕

三大国，すなわちソヴィエト連邦，アメリカ合衆国および英国の指導者は，ドイツが降伏し，かつ，欧州における戦争が終了した後2箇月または3箇月を経てソヴィエト連邦が，次のことを条件として，連合国に味方して日本国に対する戦争に参加すべきことを協定した。

1．外蒙古の現状が維持されること。

2．1904年の日本国の背信的攻撃によって侵害されたロシアの旧権利は次のとおり回復されること。

・樺太の南部及びこれに隣接するすべての諸島はソヴィエト連邦に返還されること。

・大連港におけるソヴィエト連邦の優先的利益を擁護し，同港が国際化されること，またソヴィエト社会主義共和国連邦の海軍基地としての（　b　）の租借権が回復されること。

・東清鉄道及び大連への出口を提供する南満洲鉄道は中ソ合弁会社の設立により共同に運営されること。ただし，ソヴィエト連邦の優先的利益は保障され，また中華民国は満洲における完全な主権を保持するものとする。

3．千島列島はソヴィエト連邦に引き渡されること。

前記の外蒙古並びに港および鉄道に関する協定は，蔣介石④総統の同意を得るものとする。大統領は，スターリン元帥⑤からの通知によって，以上の同意を得るための措置を執るものとする。三大国の首脳は以上のソヴィエト連邦の要求が，日本国が敗北した後に確実に満たされるべきことに合意した。

（後略）

〔C〕

アメリカ合衆国大統領⑥および連合王国総理大臣⑦は下記の共同宣言について合意をとげ，彼らが世界のより良き将来に対して抱く希望の基礎をなす両国の国家政策の共通原則を宣明することを正当と考える。

1．両国は，領土的拡張，またはその他のいかなる膨張をも欲しない。

2．両国は，関係国民の自由に表明された希望と合致しない領土的変更をみることを欲しない。

3．両国は，すべての民族に，彼らがその下に生活しようとする政府の形式を選ぶ権利を尊重する。両国は主権および自治を強奪されたものに主権および自治が返還されることを希望する。

4．両国は，その現存する義務を考慮して，経済的繁栄に必要な貿易と世界の原料の利用が，国の大小，勝者敗者を問わず，平等の条件で行われることを促進するのに努力するであろう⑧。

（中略）

6．ナチス⑨専制主義の最終的破壊ののちに，両国はすべての国民に自国の境界内で安全に居住する手段を供し，またすべての土地のすべての人々が恐怖と欠乏からの自由をもって生活をまっとうするような保障を確実ならしめる平和が樹立されることを希望する。

（中略）

8．両国は，すべての国家が，現実的および精神的理由から，武力使用の放棄に到達せねばならぬと信ずる。陸海空の軍備が国境外への侵略の脅威を与え，または与えうることのあるべき国により，陸海空の軍備が使用しつづけられたならば，将来の平和は維持されえないから，両国はいっそう広範にして恒久的な一般安全保障制度の設立⑩されるまで，このような国の武装解除は不可欠であると信ずる。両国はまた，平和を愛好する国民のために，圧倒的な軍事負担を軽減する他のすべての実際的措置を援助し，助長するであろう。

『新訳 世界史史料・名言集』山川出版社

問1 下線部①に関連して，この「三大同盟国」に**含まれないものを次からすべて**選び，マーク解答用紙にマークしなさい。

ア．イタリア

イ．アメリカ

ウ．フランス

エ．ソ連

オ．オランダ

カ．イギリス

問2 下線部②に関連して，建国時の中華民国の説明として**誤っているものを次からすべて**選び，マーク解答用紙にマークしなさい。

ア．「五族共和」を掲げて清朝の領土を継承しようとした。

イ．国会選挙が行われ，国民党が第一党となった。

ウ．立憲君主制への移行が行われた。

エ．中華民国臨時約法は議会の権限が大総統より強かった。

オ．学校教育制を設けて科挙を廃止した。

カ．袁世凱は国民党を弾圧し，国会の機能を停止した。

問3 同じく下線部②に関連して，中華民国期における地方政権であった中国共産党に関する記述として正しいものをR，誤っているものをWとしたとき，**正しい組み合わせを次から1つ**選び，マーク解答用紙にマークしなさい。

(い) 毛沢東を主席とする中華ソヴィエト共和国臨時政府を延安に樹立した。

(ろ) 国民政府の攻勢により長征をはじめ，瑞金に根拠地を定めた。

(は) 八・一宣言を出して，民族統一戦線の結成を訴えた。

ア．(い)＝W (ろ)＝W (は)＝R

イ．(い)＝W (ろ)＝R (は)＝W

ウ．(い)＝W (ろ)＝R (は)＝R

エ．(い)＝R (ろ)＝R (は)＝W

オ．(い)＝R (ろ)＝W (は)＝R

カ．(い)＝R (ろ)＝W (は)＝W

問4 下線部③に関連して，日本の朝鮮に対する植民地政策の記述として正しいものをR，誤っているものをWとしたとき，**正しい組み合わせを次から1つ**選び，マーク解答用紙にマークしなさい。

(い) 第2次日韓協約では韓国の外交権を奪って保護国化した。

(ろ) いわゆる「皇民化政策」が展開され，日本語の使用や「創氏改名」が強制された。

(は) 第二次世界大戦中は志願兵制度が維持された。

ア．(い)＝W (ろ)＝W (は)＝R

イ．(い)＝W (ろ)＝R (は)＝W

ウ．(い)＝W (ろ)＝R (は)＝R

エ．(い)＝R (ろ)＝R (は)＝W

オ．(い)＝R (ろ)＝W (は)＝R

カ．(い)＝R (ろ)＝W (は)＝W

問5 下線部④に関連して，蔣介石または国民政府の説明として**誤っているものを次からすべて**選び，マーク解答用紙にマークしなさい。

ア．国民革命軍を率い，北伐を行った。

イ．中国共産党を弾圧し，北京に国民政府を立てた。

ウ．西安事件では張作霖にとらえられ，中国共産党との内戦停止を説得された。

エ．日中戦争が起こると政府を広州に移して抗戦を続けた。

オ．イギリスとフランスの援助により通貨を統一することに成功した。

カ．第二次世界大戦中に不平等条約の改正に成功した。

問6　下線部⑤に関連して，スターリンに関する記述として**誤っているものを次からすべて**選び，マーク解答用紙にマークしなさい。

ア．トロツキーを追放して支配権を固めた。

イ．ネップにかわって社会主義経済の建設を目指す第1次五か年計画を開始した。

ウ．コルホーズやソフホーズによる強制的な工業の集団化を進めた。

エ．世界革命の必要性を主張して勢力を伸ばした。

オ．スターリン憲法を発布したが，民主的な規定はほとんど守られなかった。

カ．死去した後にブレジネフによって批判された。

問7　下線部⑥に関連して，この人物の外交の記述として正しいものをR，誤っているものをWとしたとき，**正しい組み合わせを次から1つ**選び，マーク解答用紙にマークしなさい。

(い)　善隣外交を展開し，東南アジア諸国に対する内政干渉を控えた。

(ろ)　承認を拒んできたソ連を承認した。

(は)　パナマ運河を完成させ，カリブ海と太平洋を直結するルートをおさえた。

ア．(い)＝W　(ろ)＝W　(は)＝R

イ．(い)＝W　(ろ)＝R　(は)＝W

ウ．(い)＝W　(ろ)＝R　(は)＝R

エ．(い)＝R　(ろ)＝R　(は)＝W

オ．(い)＝R　(ろ)＝W　(は)＝R

カ．(い)＝R　(ろ)＝W　(は)＝W

問8　下線部⑦に関連して，この人物として**正しいものを次から1つ**選び，マーク解答用紙にマークしなさい。

ア．アトリー

イ．マクドナルド

ウ．ロイド=ジョージ

エ．チャーチル

オ．ネヴィル=チェンバレン

カ．イーデン

問9　同じく下線部⑦に関連して，この国の記述として**誤っているものを次から1つ**選び，マーク解答用紙にマークしなさい。

ア．ビルマでスカルノが指導する農民運動が起こると，これを弾圧した。

イ．自由党が衰退していく中，保守党と労働党の二大政党時代になった。

ウ．北部のアルスター地方を除いてアイルランドに自治権を認めた。

エ．ウェストミンスター憲章により自治領に対して本国と対等の関係を認めた。

オ．カナダでオタワ連邦会議を開き，スターリング=ブロックを形成した。

カ．新インド統治法を制定し，インド各州の自治を認めた。

問10　下線部⑧に関連して，第二次世界大戦の後に設立され，自由貿易の原則に立った貿易秩序の形成が目指された機関の名称として**正しいものを次から1つ**選び，マーク解答用紙にマークしなさい。

ア．IMF

イ．WTO

ウ．GATT

エ．IBRD

オ．WHO

カ．ILO

問11　下線部⑨に関連して，ナチスの記述として**誤っているものを次からすべて**選び，マーク解答用紙にマークしなさい。

ア．学問・思想・言論などの市民的自由は厳しく統制された一方で，国民は娯楽の普及を支持した。

イ．ミュンヘン一揆に成功して台頭してきた。

ウ．現状に不満を持った農民や中間層の支持を集めた。

エ．国会議事堂放火事件を利用して共産党を弾圧した。

オ．多くの反対派やユダヤ人が親衛隊や秘密国家警察により迫害された。

カ．エーベルト大統領が死去すると，ヒトラーは大統領と首相をかねて総統となった。

問12　同じく下線部⑨に関連して，ナチス政権下のドイツの外交の記述として**誤っているものを次からすべて**選び，マーク解答用紙にマークしなさい。

ア．住民投票によってルール地方を編入した。

イ．徴兵制の復活と再軍備を宣言すると，イギリス・フランス・イタリアは抗議した。

ウ．イタリアや日本に先駆けて国際連盟を脱退した。

エ．仏ソ相互援助条約調印を理由にロカルノ条約を破棄してラインラントに軍を進駐させた。

オ．ミュンヘン会談ではチェコスロヴァキアのベーメン地方の割譲が認められた。

カ．ポーランドにはダンツィヒの返還を要求した。

問13　下線部⑩に関連して，冷戦期のNATOに含まれる国名として**誤っているものを次からすべて**選び，マーク解答用紙にマークしなさい。

ア．トルコ

イ．ギリシア

ウ．スイス

エ．イタリア

オ．フィンランド

カ．スウェーデン

問14　空欄（　a　）には，日清戦争後に日本が清と締結した条約の中で割譲された島の名称が入るが，この条約の名称と割譲された島の名称の組み合わせとして**正しいものを次から１つ**選び，マーク解答用紙にマークしなさい。

ア．下関条約－江華島

イ．下関条約－澎湖諸島

ウ．下関条約－海南島

エ．北京条約－江華島

オ．北京条約－澎湖諸島

カ．北京条約－海南島

問15　空欄（　b　）には，日露戦争後に日本がロシアと締結した条約の中で租借権を獲得した地域の名称が入るが，この地域の名称として**正しいものを次から1つ**選び，マーク解答用紙にマークしなさい。

ア．膠州湾

イ．九竜

ウ．済南

エ．長春

オ．上海

カ．旅順

問16　〔B〕の文書に関連して，第二次世界大戦後の中ソ関係の記述として正しいものをR，誤っているものをWとしたとき，**正しい組み合わせを次から1つ**選び，マーク解答用紙にマークしなさい。

(い)　中華人民共和国が成立すると，ソ連はこれを承認し，中ソ友好同盟相互援助条約を締結した。

(ろ)　中国はスターリン亡き後，ソ連と共に平和共存路線を取った。

(は)　中ソ論争が起こると，ソ連は技術者協定を破棄して技術者を中国から引き揚げさせた。

ア．(い)＝W　(ろ)＝W　(は)＝R

イ．(い)＝W　(ろ)＝R　(は)＝W

ウ．(い)＝W　(ろ)＝R　(は)＝R

エ．(い)＝R　(ろ)＝R　(は)＝W

オ．(い)＝R　(ろ)＝W　(は)＝R

カ．(い)＝R　(ろ)＝W　(は)＝W

問17　〔A〕～〔C〕の文書を時系列順に並べたとき，**正しいものを次から1つ**選び，マーク解答用紙にマークしなさい。

ア．〔A〕→〔B〕→〔C〕

イ．〔A〕→〔C〕→〔B〕

ウ．〔B〕→〔A〕→〔C〕

エ．〔B〕→〔C〕→〔A〕

オ．〔C〕→〔A〕→〔B〕

カ．〔C〕→〔B〕→〔A〕

政治・経済

（60分）

Ⅰ　次の文章を読んで，設問に答えなさい。なお，解答にあたっては記述解答用紙を用いなさい。(40点)

民主政治において，主権者である国民が自らの意思を政治に反映させるために，代表者を選ぶのが選挙である。民主主義の実現のためには，選挙が公正に行われなければならないが，選挙の原則としては，一定の年齢に達した国民すべてに選挙権・被選挙権を認めること[a]，選挙人の投票の価値を平等に扱うこと，各人の投票の自由を保障するために投票の秘密を守ること，などが挙げられる。

選挙によって代表を選出する方法は，1選挙区で1人を選出する小選挙区制と，1選挙区から複数人を選出する大選挙区制とに分けられる。その他にも各政党の得票数に応じて議席を配分する比例代表制がある。比例代表制は，当選人以外の者（落選者）に投じられた票である［　①　］が少なく，国民の多様な選択を議会に反映させることができるが，小党分立となりやすい[b]という特徴がある。

現在の日本の選挙制度は，1950年制定の公職選挙法を中心に運営されている。衆議院議員の選挙は，289議席を小選挙区制で選び，残りの176議席を全国11ブロックに分けて比例代表制で選ぶ形[c]となっている。比例代表制では，ブロックごとに人口比例で定められた定数を各政党の得票数に応じて［　②　］式で比例配分する。候補者は，小選挙区と比例代表の両方に立候補する重複立候補[d]が認められている。一方，参議院議員選挙では，全国を単位とする［　③　］式比例代表制と，原則都道府県が単位となる選挙区選出制が並立されている。

公職選挙法では，選挙運動における一定のルールを定めており，戸別訪問や法定文書以外のビラ配布などが選挙違反として禁止されている。また，選挙におけるインターネットの利用[e]として［　④　］年の参院選よりインターネット上での選挙運動が解禁された。選挙違反に対しては，会計責任者など立候補者と一定の関係にあるものが選挙違反で有罪となった場合，その立候補者が当選していても無効とする［　⑤　］が強化されている。

日本の選挙制度の問題点の1つに，1票の格差の問題がある。選挙において，選挙人の投票の価値を原則平等に扱うためには選挙区ごとの有権者数と議員定数との均衡が必要であり，選挙区ごとの投票価値の格差は一定内に収められなければならない。2011年最高裁は，2009年の衆院選における最大格差を違憲状態としている。f

日本の政党は，日常の政党活動を担う党員数が少なく，党費だけで政党を運営できないことも多いと言われており，資金面で，企業や圧力団体などの外部組織に依存している面がある。一方，行きすぎた政治献金へ頼りすぎては，政治腐敗に結びつくことも多い。そのため，政治資金規正法を改正し政治献金の制限を強化するとともに，1994年に制定された［⑥］法によって，政党活動にかかる費用の一部を国庫から交付することとなった。

2018年の［⑦］改正により，2022年4月から［⑦］上の成年年齢が18歳に引き下げられたが，選挙権年齢については，すでに公職選挙法の改正によって18歳以上に引き下げられている。国政選挙として初めて18歳以上の有権者が投票したのは［⑧］年7月10日の参議院議員通常選挙である。日本では，g若者の投票率が低く，それが大きな要因となり，政治において若者の意見が反映されず，高齢者向けの政策が重視され，若者に不利な政治になっているという指摘がある。このような状況はシルバーデモクラシーとも言われている。

政治的な問題や社会的な問題について多数の人々が共通に持っている最大公約数的な意見を［⑨］という。現代民主政治において，［⑨］の果たす役割は大きく，［⑨］調査の結果次第で政府が政策の軌道修正をすることもある。［⑨］の形成に重要な役割を果たしているのが新聞，テレビなどのマスメディアである。報道の中立性を保つことはマスメディア自らが実現するものであり，h報道の自立性を保つことは重要であり，報道内容に政府が影響力を行使することがあってはならない。他方，巨大化したマスメディアは政治に大きな影響力を持つようになってきており，マスメディアは立法・行政・司法の三権を監視するばかりでなく，マスメディア自体が［⑩］とも言われるほどの，過度の影響力を及ぼしているとの批判もある。i有権者はマスメディアに対して批判的な視点を忘れず，情報を活用することが求められる。

民主主義を有効に機能させるためには，国民は政治に対する無気力や無関心を捨て，参政権を行使することの重要性を改めて認識する必要がある。加えて，選挙以外の場でも様々な政治参加は可能であり，実際に行われている。利益団体などを通じた政治への働きかけや，民間非営利組織（ＮＰＯ）などの市民団体の活動のほか，$_{j}$インターネットを通じて政治的意見を表明するなども民主主義の活性化につながる。

問１　文中の空欄 ① ～ ⑩ にあてはまる適切な語句または数字を解答欄に記入しなさい。ただし，同じ番号の空欄には同じ語句または数字が入る。なお，年号は西暦で記入すること。

問２　下線部ａに関連して，身分や財産，性別などによって選挙権を制限する選挙制度に対して，一定の年齢に達したすべての者に選挙権，被選挙権の資格を与える選挙制度を現在では何選挙というか，解答欄に記入しなさい。

問３　下線部ｂに関連して，選挙で多数党となった政党が単独で政権を担当する単独政権に対して，複数の政党が政策を協定して組織する政権を何政権というか，解答欄に記入しなさい。

問４　下線部ｃに関連して，1994年に公職選挙法が改正され下線部のような制度となったが，この制度の名称を解答欄に記入しなさい。

〔解答欄〕　［　　　　　　制］

問５　下線部ｄに関連して，仮に，小選挙区において，落選した候補者の得票数が20000票，当選した候補の得票数が50000票だった場合，この候補者の惜敗率は何％になるか，適切な数値を解答欄に記入しなさい。

問６　下線部ｅに関連して，年齢や能力，経済的な環境等により，情報機器を使いこなせる人とそうでない人の間に生じる格差，または，地域によって高速なインターネットが利用できる地域とそうでない地域の格差を表すカタカナの語句を，解答欄に記入しなさい。

問7　下線部fに関連して，この判決で違憲状態と判断された1票の格差として適切な数値を，次の4つの選択肢A～Dのなかから1つ選び，解答欄に記入しなさい。

A．2.30倍

B．3.30倍

C．4.30倍

D．5.30倍

問8　下線部gに関連して，2021年10月31日に実施された衆議院議員総選挙において，最も年代別投票率が低かった20歳代の投票率として適切な数値を，次の4つの選択肢A～Dのなかから1つ選び，解答欄に記入しなさい。

A．16.50%

B．26.50%

C．36.50%

D．46.50%

問9　下線部hに関連して，1890年に帝国議会が開会した際に，傍聴取材を要求する記者たちが「議会出入り記者団」を結成したことに始まる組織で，現在では，中央官庁や地方自治体，業界団体などが大手の新聞やテレビ，地元の有力誌などの限られたメンバーだけに取材の便宜をはかる仕組みを何というか，解答欄に記入しなさい。

〔解答欄〕 [　　　　　　　　クラブ]

問10　下線部iに関連して，新聞や放送，インターネットなどの情報メディアを使いこなし，情報を正しく読み取り，選択し，利用する「能力」を表すカタカナの語句を，解答欄に記入しなさい。

問11　下線部jに関連して，2005年6月の行政手続法改正により法制化された制度で，行政機関が命令（政令や省令）などを制定する際に，その案についての意見，情報を広く人々から募集すること（あるいはその手続）を表すカタカナの名称を，解答欄に記入しなさい。

Ⅱ　次の文章を読んで，設問に答えなさい。なお，問1の解答にあたっては記述解答用紙を，問2～問6の解答にあたってはマーク解答用紙を用いなさい。(30点)

国際間の経済取引の受け取りと支払いには，通常，自国通貨と外国通貨を交換する必要が生じてくる。たとえば，財・サービスの輸出や外国からの借り入れの際には，受け取った外国通貨を国内で利用するため，自国通貨に交換する必要がある。一方，財・サービスの輸入や外国への貸し出しの際には，支払うための外国通貨を手に入れるために，自国通貨を外国通貨に交換することが必要となる。このように，$\underset{a}{\underline{\text{自国通貨と外国通貨を交換する取引を外国為替取引とよぶ}}}$。外国為替取引における自国通貨と外国通貨との交換比率が為替相場である。$\underset{b}{\underline{\text{円の為替相場は外国為替市場における需要と供給の関係によって決められている}}}$。このような為替相場制度のことを，［①］制とよぶ。なお，外国為替取引に対して，国内遠隔地むけの債権と債務を決済するしくみを［②］とよぶ。

現在の［①］制の下では，為替相場は外国為替市場における自国通貨と外国通貨の需要と供給の関係によって変動する。為替相場が変動した結果，外国通貨に対して円の価値が高くなる（円に対して外国通貨の価値が低くなる）ことを円高という。たとえば，1米ドル＝120円から1米ドル＝［③］円になれば，米ドルに対して5％の円高が進んだということになる。反対に，1米ドル＝［④］円から1米ドル＝100円になれば，米ドルに対して25％の円安が進んだということになる。

為替相場の変動要因としては，$\underset{c}{\underline{\text{各国の物価水準や金利水準，国際収支の動向などのファンダメンタルズ（経済の基礎的条件）が重要な役割を果たす}}}$。たとえば，日本の物価が下落すると，外国の財に対する日本の財の価格が相対的に低くなるので，輸出が増加し，輸入が減少する。輸出と輸入の差である純輸出の増加は，円の需要を［⑤］。この影響を受けて，円高が進む。

$\underset{d}{\underline{\text{物価水準の国際的な格差（内外価格差）から決まる理論上の為替相場を購買力平価という}}}$。物価水準は貿易を通じて現実の為替相場に影響を及ぼすため，長期的に見れば，現実の為替相場は購買力平価に近づくといわれる。

円高は輸出品の外国での価格を引き上げるので，海外市場での国産品の競争力が落ち，輸出が減少する。輸出の減少は企業の設備投資にも影響を与え，景気を後退させる。一方，円高は輸入品の自国での価格を引き下げ，輸入を促進させる。その結果，外国製品が国内市場で国産品と競合するとともに，輸入品価格の低下によって物価を下落させる効果をもたらす。また，円高は輸入原材料の価格を低下させることで，国内製品の生産費が下がる。この効果が強くはたらく場合は，国内の景気によい影響をもたらすことになる。1単位の輸出で何単位の輸入ができるかを示す指標を［⑥］とよぶ。仮に，円高が輸出価格指数に与える影響は限定的である一方，輸入価格指数を大きく引き下げるとすれば，円高は［⑥］を［⑦］。なお，日本の輸出入だからといって常に円建てでの決済が行われている訳ではない。e国際取引では様々な通貨が使われている点にも留意が必要である。

円高は，外国通貨に対する円の購買力を高めるため，海外投資を行いやすくする。しかし，為替相場の変動が大きくなると，海外資産の円建て（円表示）での価格も変動しやすくなる。このような為替変動リスクは海外投資の阻害要因となる。

通貨当局が外国為替市場で外国通貨を売買することで［⑧］を行い，為替相場の安定化や誘導を図ることがある。なお，日本で通貨当局と言う場合，中央銀行である［⑨］と，財務省を一括りにして指すことが多い。たとえば，円高を是正するために通貨当局が円売り米ドル買いを行えば，対外金融資産残高は増加する。このときの増加は，国際収支表には金融収支のうちの［⑩］のプラスとして記載される。

問1　文中の空欄［①］～［⑩］にあてはまる適切な語句または数字を記述解答用紙の解答欄に記入しなさい。ただし，同じ番号の空欄には同じ語句または数字が入る。なお，［⑤］には「増加させる」,「減少させる」,「変化させない」のいずれかを，［⑦］には「改善させる」,「悪化させる」,「変化させない」のいずれかを記入すること。

問2　下線部aに関連して，次の4つの選択肢A～Dのなかから，外国為替取引に関する正しい記述を1つ選び，マーク解答用紙にマークしなさい。

A．世界における輸出額と輸入額の合計は，概ね外国為替取引額に一致している。

B．為替相場がファンダメンタルズの変動以上に大きく変動することは稀である。

C．外国為替取引の大部分は，輸出入と直接関係のない，株式や不動産などの資産取引のためにされている。

D．外国為替の投機的取引とは，主に長期的な為替相場の変動から利益を得ようとする取引を指している。

問3　下線部bに関連して，次の4つの選択肢A～Dのなかから，近年の為替相場の動きに関する正しい記述を1つ選び，マーク解答用紙にマークしなさい。なお，以下の選択肢において円高，円安とは，それぞれ対米ドルでの円の増価，減価を指している。

A．2012年12月に発足した第2次安倍政権下では，大規模な金融引き締めによる急速な円安が進んだ。

B．2022年4月，日米の金利差拡大を受けた円高が進み，20年ぶりに1米ドル＝130円台を記録した。

C．2011年3月，日本では東日本大震災がおきた直後に円が1米ドル＝76円台となり，円の史上最高値（当時）を更新した。

D．2020年の新型コロナウイルス感染拡大を受け，同年2月末から3月初旬にかけて急速な円安が進んだ。

問4　下線部cに関連して，次の4つの選択肢A～Dのなかから，金利が為替相場に与える影響に関する正しい記述を1つ選び，マーク解答用紙にマークしなさい。

A．外国の金利が上昇すると，日本から外国に資金が流出する。そのため，円の需要が減少し，円安が進む。

B．外国の金利が上昇すると，外国から日本に資金が流入する。そのため，円の需要が増加し，円高が進む。

C．日本の金利が上昇すると，日本から外国に資金が流出する。そのため，円の需要が増加し，円高が進む。

D．日本の金利が下落すると，外国から日本に資金が流入する。そのため，円の需要が減少し，円安が進む。

問5　下線部dに関連して，次の4つの選択肢A～Dのなかから，購買力平価に関する正しい記述を1つ選び，マーク解答用紙にマークしなさい。

A．同質的なある財のアメリカでの価格が2米ドル，日本での価格が70円ならば，円建ての購買力平価は1米ドル＝140円となる。

B．同質的なある財のアメリカでの価格が3米ドル，日本での価格が300円ならば，円建ての購買力平価は1米ドル＝100円となる。

C．アメリカの物価下落は円建ての購買力平価を低下させる。

D．日本の物価上昇は円建ての購買力平価を低下させる。

問6　下線部eに関連して，次の4つの選択肢A～Dのなかから，国際取引に使われる通貨に関する正しい記述を1つ選び，マーク解答用紙にマークしなさい。

A．貿易での決済が米ドルで行われる場合，円安・米ドル高となると，日本からの輸出者の円建て受け取り額が減少する。

B．貿易での決済が米ドルで行われる場合，円高・米ドル安となると，日本の輸入者の円建て支払い額が減少する。

C．アメリカで米ドル投資を行った場合，将来的な円安・米ドル高は，円建ての将来的な収益を減少させる。

D．アメリカで米ドル投資を行った場合，将来的な円高・米ドル安は，米ドル建ての将来的な収益を減少させる。

Ⅲ　次の文章を読んで，設問に答えなさい。なお，解答にあたっては，マーク解答用紙を用いなさい。(30点)

1920年代におけるアメリカ経済の「永遠の繁栄」は，1929年10月24日のウォール街における［①］暴落とそれに続く信用不安の波及に端を発する大恐慌によって破たんした。大恐慌下においてアメリカの名目GDP(a)はおよそ半減し，失業率は最大で約25%（実に4人に1人が職に就けない状況）に達した。

この未曾有の大恐慌への対策として［②］大統領によって1933年から実施された市場経済への積極的な介入政策がいわゆる［③］政策である。その内容は多岐にわたり，銀行の安定化，［④］と通貨政策の変更(b)，銀行業務と証券業務の分離を定めたグラス・スティーガル法(c)の制定，産業ごとに組織化を行って一種のカルテルの形成を認めた［⑤］の制定，政府による過剰農産物の買い上げや作付制限により農産物価格の引き上げ(d)を目指した［⑥］の制定などで構成された。また，テネシー川流域の総合開発を担う［⑦］が設立され，アメリカにおいては異例であった大規模公共事業は［③］政策の象徴とみなされた。そのほか，若年労働者の雇用プログラムとしてCCC（市民資源保全団）が創設された。

アメリカ経済が回復傾向になっていた1935年には，自由競争の制限を意図していた［⑤］が最高裁判所から違憲判決を受けて廃止されるなか，主に未熟練労働者の失業救済事業を行ったWPA（雇用促進局）の設立，労働者の組織化を進めて賃金の増大をねらった通称 [⑧] の制定，失業者や生活困窮者などの社会的弱者に対する失業保険・公的扶助を制度化した [⑨] の制定などがなされた。1937年にはアメリカ経済は再び後退し，大恐慌からの最終的な回復は戦時体制への移行過程における軍需景気によって達成された。1944年には，大恐慌への対応が結果的に排他的なブロック経済(e)を招いて戦争の一因となったことについての反省から，戦後の国際経済体制の協定が [⑩] にて結ばれ，戦後アメリカはその圧倒的な経済力を背景に世界経済をけん引していくことになった。

問1　文中の空欄 [①] にあてはまる適切なものを，次の4つの選択肢A～Dのなかから1つ選び，マーク解答用紙にマークしなさい。

A．地価

B．金利

C．株価

D．ドル

問2　文中の空欄 [②] にあてはまる適切なものを，次の4つの選択肢A～Dのなかから1つ選び，マーク解答用紙にマークしなさい。

A．アイゼンハワー

B．フーヴァー

C．トルーマン

D．ローズヴェルト

問3　文中の空欄 [③] にあてはまる適切なものを，次の4つの選択肢A～Dのなかから1つ選び，マーク解答用紙にマークしなさい。

A．ニューリフォーム

B．ニューリリーフ

C．ニューリカバリー

D．ニューディール

問4　文中の空欄 [④] にあてはまる適切なものを，次の4つの選択肢A～Dのなかから1つ選び，マーク解答用紙にマークしなさい。

A．ドル本位制からの離脱

B．ドル本位制への復帰

C．金本位制からの離脱

D．金本位制への復帰

問5　文中の空欄 ⑤ にあてはまる適切なものを，次の4つの選択肢A～Dのなかから1つ選び，マーク解答用紙にマークしなさい。

A．全国産業組織法

B．全国産業復興法

C．全国産業保護法

D．全国産業発展法

問6　文中の空欄 ⑥ にあてはまる適切なものを，次の4つの選択肢A～Dのなかから1つ選び，マーク解答用紙にマークしなさい。

A．農業基本法

B．農業統制法

C．農業促進法

D．農業調整法

問7　文中の空欄 ⑦ にあてはまる適切なものを，次の4つの選択肢A～Dのなかから1つ選び，マーク解答用紙にマークしなさい。

A．ＴＶＡ

B．ＮＩＲＡ

C．ＡＡＡ

D．ＦＥＲＡ

問8　文中の空欄 ⑧ にあてはまる適切なものを，次の4つの選択肢A～Dのなかから1つ選び，マーク解答用紙にマークしなさい。

A．ワグナー法

B．タフト・ハートレー法

C．全国最低賃金法

D．公正労働基準法

問９　文中の空欄 ⑨ にあてはまる適切なものを，次の４つの選択肢Ａ～Ｄのなかから１つ選び，マーク解答用紙にマークしなさい。

Ａ．社会保障法

Ｂ．公的保険法

Ｃ．社会保健法

Ｄ．失業対策法

問10　文中の空欄 ⑩ にあてはまる適切なものを，次の４つの選択肢Ａ～Ｄのなかから１つ選び，マーク解答用紙にマークしなさい。

Ａ．スミソニアン

Ｂ．ブレトン・ウッズ

Ｃ．キングストン

Ｄ．オタワ

問11　下線部ａに関連して，ある年の名目ＧＤＰが基準年の550兆円から＋10％変化した一方で実質ＧＤＰは一定であったとすると，ＧＤＰデフレーターは基準年から何パーセント変化したことになるか，次の４つの選択肢Ａ～Ｄのなかから１つ選び，マーク解答用紙にマークしなさい。

Ａ．＋100％

Ｂ．＋10％

Ｃ．０％

Ｄ．－10％

問12　下線部ｂに関連して，このときアメリカが実施した通貨政策に前後してイギリスやフランスも同様の政策を実施したが，それらの政策の説明として適切なものを，次の４つの選択肢Ａ～Ｄのなかから１つ選び，マーク解答用紙にマークしなさい。

Ａ．各国は輸出の増加による景気回復をねらって自国通貨の切り上げを行った。

Ｂ．各国は輸入の増加による景気回復をねらって自国通貨の切り上げを行った。

Ｃ．各国は輸出の増加による景気回復をねらって自国通貨の切り下げを行った。

Ｄ．各国は輸入の増加による景気回復をねらって自国通貨の切り下げを行った。

問13　下線部ｃに関連して，1999年に銀行業務と証券業務の分離を定めた条項が廃止されたことがその後のサブプライムローン問題等を契機とする世界金融危機の一因とする見方があるが，サブプライムローン問題の説明として適切なものを，次の４つの選択肢Ａ～Ｄのなかから１つ選び，マーク解答用紙にマークしなさい。

Ａ．信用力が高い個人向け住宅ローンの証券化商品が不動産価格の上昇により不良債権化した。

Ｂ．信用力が低い個人向け住宅ローンの証券化商品が不動産価格の上昇により不良債権化した。

Ｃ．信用力が高い個人向け住宅ローンの証券化商品が不動産価格の下落により不良債権化した。

Ｄ．信用力が低い個人向け住宅ローンの証券化商品が不動産価格の下落により不良債権化した。

問14　下線部ｄに関連して，農産物市場は右下がりの需要曲線と右上がりの供給曲線をもつ完全競争市場であり，均衡点における価格と取引量がともに正であるとしたとき，必然的に価格上昇が帰結される政策の組み合わせとして適切なものを，次の４つの選択肢Ａ～Ｄのなかから１つ選び，マーク解答用紙にマークしなさい。

Ａ．需要を増加させる政策と供給を増加させる政策

Ｂ．需要を減少させる政策と供給を増加させる政策

Ｃ．需要を増加させる政策と供給を減少させる政策

Ｄ．需要を減少させる政策と供給を減少させる政策

問15　下線部ｅに関連して，イギリスが形成したブロック経済として適切なものを，次の４つの選択肢Ａ～Ｄのなかから１つ選び，マーク解答用紙にマークしなさい。

Ａ．スターリング・ブロック

Ｂ．マルク・ブロック

Ｃ．ルーブル・ブロック

Ｄ．フラン・ブロック

数学

（60 分）

（注）　満点が 100 点となる配点表示になっていますが，学部別選抜大学入学共通テスト併用方式の満点は 150 点となります。

I　次の各問いに答えよ。答えは結果のみ解答欄に記入せよ。なお，答えが分数になる場合は既約分数で答えよ。（36 点）

(1)　2023 は 17 で割り切れる。2023 の正の約数の個数を求めよ。

(2)　1 から 6 までの数字が 1 つずつ書かれた 6 枚のカードを 1 列に並べる。このとき両端に奇数がくるような並べ方は何通りあるか。

(3)　$0 \leqq x < 2\pi$ のとき，次の関数の最小値を求めよ。

$$y = \cos x - \sqrt{2}\sin\left(x - \frac{\pi}{4}\right)$$

(4)　次の方程式を解け。

$$\log_{10} x + \log_{10}(x - 9) = 1$$

(5)　初項 a，公比 r の等比数列の初項から第 n 項までの和を S_n とする。$S_3 = 9$，$S_6 = -63$ のとき，a と r の値を求めよ。ただし，a と r は実数とする。

(6)　次の等式を満たす関数 $f(x)$ を求めよ。

$$x\int_0^1 f(t)\,dt + 10 = f(x)$$

II　2 次方程式 $x^2-10x-10=0$ の 2 つの実数解のうち，大きい方を α，小さい方を β とし，自然数 n に対して $r_n=\alpha^n+\beta^n$ とおく。このとき，以下の問いに答えよ。(32 点)

(1) r_2 および r_3 の値を求めよ。答えは結果のみ解答欄に記入せよ。

(2) r_{n+2} を r_{n+1} と r_n を用いて表せ。

(3) α^{100} の整数部分の一の位と十の位を求めよ。

III　座標空間に原点を中心とする半径 2 の球面があり，この球面と平面 $z=a$ が交わってできる円に正三角形 BCD が内接している。ただし，a は $|a|<2$ を満たす定数である。点 A$(0,0,2)$ を頂点とし底面が △BCD である三角錐 ABCD の体積を V とするとき，以下の問いに答えよ。(32 点)

(1) $a=-1$ のとき，△BCD の面積を求めよ。

(2) V を a を用いて表せ。

(3) a の値が $|a|<2$ で変化するときの V の最大値を求めよ。また，そのときの a の値を求めよ。

〔問七〕　傍線(11)「ことわりにおきてはしからざることあり」というのはなぜか。もっとも適当なものを左の中から選び、符号で答えなさい。

A　思うことを口にまかせて詠むと品の無さが露呈してしまうから。

B　優れた歌とそうではない歌との違いは子どもでもわかるから。

C　巧拙の評価と作法が確立されている上、俗語を使えないから。

D　題詠のみにふけることはいにしえの道に外れる行為だから。

E　自由に詠む古代の人のような素直な心が失われているから。

〔問八〕　傍線(15)(16)(17)(19)の「これ」のうち、指示する内容の他と異なるものはどれか。左の中から選び、符号で答えなさい。

A　(15)　　B　(16)　　C　(17)　　D　(19)

⑿「しるければ」
A　歴然としているとしたら
B　はっきりしているので
C　指し示しているから
D　まざっているゆえ

⒁「そぞろに」
A　だらしなく
B　そわそわと
C　おおらかに
D　むやみに

〔問六〕　傍線⑹「心ざしここにあらん人」とはどのような人か。もっとも適当なものを左の中から選び、符号で答えなさい。
A　深い感動を歌で表現したいと思う人
B　いにしえの道を実践したいという人
C　道を究めようとする意志のない人
D　深淵（しんえん）な心を得たいと思っている人
E　気持ちの向かう方向が不安定な人

A　(7)　求むべし
B　(9)　ありぬべし
C　(10)　あるべし
D　(13)　いふべく
E　(18)　持つべし

〔問五〕　傍線(5)「あだなる」・(8)「ねもころなる」・(12)「しるければ」・(14)「そぞろに」の意味としてもっとも適当なものを、それぞれ左の各群の中から選び、符号で答えなさい。

(5)「あだなる」
A　なまめかしい
B　あてのない
C　実体のない
D　はかない

(8)「ねもころなる」
A　こまやかな
B　愛情深い
C　丁重な
D　切実な

〔問二〕　傍線(2)「題詠」とあるが、本文からこれはどのようなものと考えられるか。もっとも適当なものを左の中から選び、符号で答えなさい。

A　相手の歌から題を取り交互に歌を詠み続けていく文芸
B　出された題に対して誰が早く和歌を詠めるか競う遊び
C　提示された題を詞とした歌を添削させて上達する方法
D　漢詩の題名を織り込んだ和歌を次々に詠んでいく修練
E　あらかじめ設定された歌の題に即して和歌を詠む行為

〔問三〕　傍線(3)「なべてはさならぬやうに心得るともがら」とはどのような人たちのことを言っているか。もっとも適当なものを左の中から選び、符号で答えなさい。

A　おおかたの歌人が歌の本質的意義を忘れていることをわかっている人たち
B　歌のほとんどは感動に基づいて詠まれるものではないと思っている人たち
C　どんな場でも古代の歌の亜流にならないような詠みぶりを心掛ける人たち
D　すべて心ざしは直接表現されるものではないことを承知している人たち
E　題詠ばかり心掛けるべきではないことを常識として理解している人たち

〔問四〕　傍線(4)「見分くべき」の「べき」と同じ意味の「べし」が含まれているのは傍線(7)(9)(10)(13)(18)のうちどれか。左の中から選び、符号で答えなさい。

をわかち、おきてを設けられけるより、この道せばくなりて、思ふこと口にまかせて(13)いふべくもあらず。まいて今は世の常の詞歌によからぬを、なほいにしへにならひて(14)そぞろにしも詠まば、鳥追ひ狗(いぬ)走らす童(わらはべ)の口すさみにも異ならじ。これとても歌ならぬにはあらねど、まめなる所にもて出づべくもあらじ。されば題詠をもてあそぶことはいにしへの道にあらずといへども、今にして歌の趣を知り詞をも言ひなれんに、(15)これよりよきはなし。さるは(16)これが捨てがたき所なれど、(17)これをのみこととせんもまた道にあらずとまづ知りて心に(18)持つべし。しからざれば進むにしたがひて(19)これをあらたむることものうく、つひによからぬ歌詠みとなりて世を恥づるぞかし。

（富士谷御杖『歌袋』による）

注　詞・姿……『歌袋』の別の箇所に「こゑのあやを詞といふ」、「詞のさまを姿といふ」とある。

鳥追ひ狗走らす童の口すさみ……わらべ歌のこと。

〔問一〕傍線(1)「思ふことを見る物聞く物につけて言ひ出づるなり」をはじめ、この文章にはある古典からの引用が多くちりばめられているが、その作品は何か。左の中から選び、符号で答えなさい。

A　古今和歌集
B　源氏物語
C　枕草子
D　方丈記
E　徒然草

三　次の文章を読んで、後の問に答えなさい。（30点）

　いにしへの歌のむねとするところは、ただ心ざしを述ぶるにすぎず。いはゆる(1)思ふことを見る物聞く物につけて言ひ出（い）づるなり。歌のさまくさぐさありといへども、みな心をのぶるひとつにて、よろづの草木、鳥けだもののさま、月雪海山の景色をのみ言ひはてたるも、これをかしともあはれとも思ふ心より詠めれば、なほむねとするところに異なることなし。末の世の人、やうやうこれを忘れて、さかりに(2)題詠をもてあそぶよりこのかた、心ざしのことにあらはれたるをのみそれとして、(3)なべてはさならぬやうに心得るともがら、詞（ことば）をもととし、たねを心のほかに求めて詠める歌少なからず。それ歌の心とおのれが心と異なるは、いにしへの道にあらず。しかれども、いづれよりなれるも同じ歌にて、心のけぢめとてもさらに人の(4)見分くべきことならねど、歌はよく人の心をうつせるものにて、楽しみ身に過ぎ、憂（う）れへ心にあまりて詠める歌は、おのづから心も深く、あはれにも聞こゆるなり。もとより心に思ふこともなく、人にしたがひ、題に向かひ、(5)あだなる花を詞に求め、たねなき心ざしを姿にあらはせるは、さすがに心浅くて、涙落つばかりの歌は無きものぞかし。これしゐて作れるとおのれとなれるとのけぢめなり。いにしへより言へらく、その心深からでその深き心を詠まんはかたきことぞ。もし(6)心ざしここにあらん人は、世の中のあはれにも、をかしうも、うれはしくも、時につけたるありさまを、え念じすぐさでそぞろに歌の詠まれんことを(7)求むべし。歌ははかなきもののから、あめつちを動かし、鬼神をなだめ、よよのふるごとをたづね、国ぐにのありかたを知り、君を仰ぎ、人をなで、親子の中をむつび、いもせ友がきのあひだをやはらげ、思ひをやり、心を慰むたよりとなれるも、(8)ねもころなる心ざしをあらはすゆゑなり。かの憂れへずして苦しみ損ずるたぐひの歌にして、これらをたすけんや。かくては題詠はすまじきわざなり。

　姿詞はえらまでも(9)ありぬべしと思はん人(10)あるべし。もとより道はさることなれど、(11)ことわりにおきてはしからざることあり。上つ世は人の心すなほにして、思ふさまなることを歌に詠みけり。それが中によきわろきのおのづから(12)しるければ、やうやう品

B　好奇心をあおってページビューを増やすことを目的とし、正確さを考慮せずキャッチーな見出しをつけた情報群。

C　伝える内容の根拠となる出所や責任の所在が判然とせず、またどれがどの程度重要なのかが判別しがたい情報群。

D　真実のように見せかけた巧妙なフェイクニュースばかりが、脈絡もなく羅列されたインターネット上の情報群。

E　報道機関などの組織の後ろ盾のない個人が、中身を精査せずに自身にとって都合のよい内容を再発信した情報群。

〔問四〕　空欄⑷に入れるのにもっとも適当なものを左の中から選び、符号で答えなさい。

A　閉塞感　　B　同調圧力　　C　偏見　　D　トラウマ　　E　死角

〔問五〕　本文の趣旨と合致しているものとしてもっとも適当なものを左の中から選び、符号で答えなさい。

A　政府が発表する公式見解は、後世に検証され歴史として記録されるため、可能な限り事実に基づいた情報を発信することが義務づけられている。

B　メディアの誘導に流されず、あるべき事実を見きわめるためには、ときには一部の情報を遮断するなど強靱な態度で情報に接するべきである。

C　ディープフェイク技術というものは、虚偽の事実を流すことを目的として映像合成技術を用いてリアルな現実を作り出すために考案された。

D　マスメディアが報じる情報は、多くの専門家が確認しているため精度は高いが、誤報を出すこともあるので全面的に信頼しないほうがよい。

E　さまざまな媒体の情報に対して、たえず学習をしながら、偏見なくかつ批判精神をもって接する態度が今まで以上に求められることになる。

E　ファクトチェックやクロスチェックなど手続きを経ていても、情報の真実性は保証されないから。

〔問二〕　傍線(2)「情報として切り取られたものが事実になる」とあるが、その説明としてもっとも適当なものを左の中から選び、符号で答えなさい。

A　事実だとされる情報は実は状況を一面的に見たものに過ぎないが、それゆえに情報は事実のみならず、隠された真実を物語っているということ。

B　膨大に流れる情報の真偽をよく検証した上で最終的に真実だと判断され選択されたものが、事実として認定されているということ。

C　受け手は伝える者の思惑が潜んでいる情報にしか接することができない以上、正しそうだと見せることに成功した情報が事実とされるということ。

D　伝える者のさまざまな意図や主張、立場が含まれたものが情報であり、それら全ての要素を適切に組み合わせたものが事実とされるということ。

E　事実の範囲は無限に広がってしまうので事実は取捨選択されながら情報に変換されるが、適切な手続きを踏まえていれば事実とみなされるということ。

〔問三〕　傍線(3)「編集もされず優先順位もつけられていない情報」とはどういう情報か。その説明としてもっとも適当なものを左の中から選び、符号で答えなさい。

A　虚偽であるにもかかわらず事実であると信じさせることで、一定のユーザー層への影響力を維持するための情報群。

だひたすら自らが好きなことにフォーカスする態度。社会の矛盾に悩むこともなく、深く考えることもなく、自らの欲することに忠実に突き進む態度。それは愚かかもしれないが、こんな時代では最も「強靭」なのかもしれない。だが、それは同時に最も「脆弱」でもある。自らの欲望こそ誰かにつくられている可能性が高い上、自分の見たいものにだけフォーカスしている人ばかりになると、社会には［(4)］がどんどん拡がっていく。関心あることに目を奪われている間に、気がつけばあっという間に自分たちに不都合な状況が整うことも起こりうる。もし民主主義社会をうたうのであれば、主権を握る私たちが自らのことしか考えない愚かな主権者であることはとても危険なことだ。

ではどのような見方が正解なのだろうか。報道機関やウェブメディア、SNSなどのさまざまな情報をフラットに眺めること。どの情報が信頼に足るもので、どの情報が怪しいのかを精査する態度。そして何が正しくて、何が間違っているのかを自ら確かめようとする努力。そうした情報との向き合い方がこれまで以上に必要になる。そのためには、根気と忍耐力、そして能力を高めねばならないが、それが今の情報時代における真実の求め方の一つの方向性にも思える。

（ハナムラチカヒロ『まなざしの革命』による）

〔問一〕　傍線(1)「ある意味で全ての情報はフェイクニュースである」とあるが、その理由としてもっとも適当なものを左の中から選び、符号で答えなさい。

A　どんな情報の真偽も最終的には歴史が判断するため、報道した時点では真偽は分からないから。

B　伝える者の何らかの意図が紛れ込むのが情報であり、意図を持たない情報は考えられないから。

C　提示された情報の真偽は受け手の価値観によって決まるため、フェイクだとみなされうるから。

D　ディープフェイク技術によって、事実が起こったかどうか確かめることができなくなったから。

とをやめて、見たいものにだけ目を向けるようになる。そんな人々が多数を占めている社会はますます分断が進むか、逆に全体主義的な管理社会となる恐れがある。

今、私たちはメディアから流れてくる情報に対して、いくつか異なる見方を示し始めている。最も一般的だと思われる見方は、従来通り報道機関が報じる情報をそのまま受け入れることである。それが真実であろうとなかろうと、多くの人が共有している知識や認識、価値観を受け入れるのが常識的だと判断する人はまだまだ多い。だが「なぜその情報が発信されるのか」というそもそもの前提は見落とされがちだ。その情報が発信されること自体が、世論を誘導しようとしている可能性は常にある。メディアとは、元々の成立の経緯からしても中立的な立場ではなく、何かの意図を持って情報を報じる性質があるものだからだ。それに注意することもなく、流れてくる情報を多くの人が鵜呑みにすると、皆が一斉に間違えてしまう可能性が高まる。

ではその反対に、マスメディアの報道や政府の公式見解を片っ端から疑う見方はどうだろうか。メディアは操作されており、政府は嘘をついている。そんな態度で情報に接して、公式に報道されたことや多くの人が信じていることは受け入れずに、インターネットの中に真実を探そうとする。そういった懐疑的な態度を取る人は、以前と比べて増えている。だが、インターネットの中に真実があるとは限らないし、むしろ嘘に満ちている可能性の方が大きい。インターネットでは嘘が真実のフリをしても責任を問われることはない。それに一見、嘘のように見える真実は見落とされがちだ。(3)編集もされず優先順位もつけられていない情報が流れるインターネット空間では、自分で情報を集めて自分で編集せねばならない。だが見たい情報だけ追いかけていると、簡単に何かの方向へ誘導されてしまう。それは自らが批判する「マスメディアによって誘導されている人々」と大差ないことになる。

そんな中で何にも誘導されないような態度とは、そもそもたくさんの情報にまなざしを向けずに、何も知ろうとせず、何も考えようとしないことである。社会で何が起こっているかの全体像や、誰がどのような解釈をしているのかに関心を抱かない。た近年の人工知能（AI）の進展によって、映像合成技術が飛躍的に進展した。AIにディープラーニング（深層学習）を用いて、合成する画像の元を理解させた後に、アルゴリズムによってコンピューターグラフィックス（CG）のデータを生成させる。これによって、実写映像にCGを継ぎ目なく合成することが可能となった。こうした技術は、「ディープフェイク技術」と呼ばれる。

このディープフェイク技術は、映像だけでなく音声の再現も可能である。そうなるともはや実際に撮影されたものなのか、それとも加工された映像なのかの区別はほとんどつかない。ディープフェイク技術を使えば、その人が実際にしていない行為や言動まで捏造（ねつぞう）することが可能となる。つまり映像や音声という記録されたものが、もはや本人の言動や実際の状況を証明する証拠にはなりえないことを意味している。

私たちは毎日のようにテレビやユーチューブで映像を見ている。そんな日々目にする映像が、現実に起こっている事件の確たる証拠として、もはや説得力を持たない時代がすでに訪れているのだ。紛争地域で起こっている爆撃や、大規模な抗議デモが映し出された映像。誰かが悪事を働いている場面や、誰かの問題発言などのスクープ映像。かつてであれば、それが証拠になりえたかもしれない。だがそれが加工されたものではないと、どうやって見分けるというのだろうか。実際にその場所に立ち会わない限り、フェイク映像もリアルな映像も、同じ画面の中で映し出されている映像に過ぎないのである。こうした技術が、果たして政治的な目的や事件を捏造するために用いられていない、と言い切ることはできるだろうか。これからは証拠として見せられたものであっても、簡単に信用できなくなる社会が本格化する。

膨大に流れる情報に対して、それを受け止めて消化するための時間はあまりにも短い。だから私たちは情報の流れの速さ、出来事の多さにただ翻弄されて、ほとんど思考停止に陥っている。そうやって何を信じていいかわからなくなると、広い視野を持つことを放棄し、狭い範囲で自分の利害に関係する情報や、わかりやすい情報だけにフォーカスする。あるいは次第に考えるこをリードあるいはミスリードすることが可能となる。そして何より、取り上げられなかった出来事はなかったことになる。そんなさまざまな主張は、発信された時点ですでに挟み込まれている。

さらにたどると、「事実」として取り上げられた出来事が本当に起こったことなのかどうかを、どのように証明するのだろうか。出来事は確かめられない限りは単なる情報である。その発信源が本当に信頼に足るものであるという保証はどうやって得ればいいのだろうか。その出来事を誰が確認したのか。それはどのように確認されたのか。もし、そんな出来事がなかったと後で発覚したときには、事実と言われていたものがフェイクニュースになるのである。今は「事実が情報として切り取られる」のではなく、(2)「情報として切り取られたものが事実になる」ような正反対の社会である。そこでは、なおさら情報を伝える者の客観性と倫理観、そして情報を受け取る私たちの聡明(そうめい)さが大事になる。

一方で、一度疑いだすと、全てがフェイクニュースに見えるようになる。マスメディアやインターネットの情報だけではない。政府から発表される公式見解から研究者のデータに至るまで、その裏側に意図が潜んでいるのではないか、と勘ぐることになるだろう。そんな全てにおいて情報の信頼性が揺らいでいる時代に、一体何を信じればいいのだろうか。ファクトチェックをする団体は信じられるのだろうか。クロスチェックされた情報は信じられるのだろうか。この社会では正しいものは何もなく、「正しそうに見せる」ことに成功した情報だけが受け入れられる。情報の発信者は、自分の主張を信じてもらうために、客観を装うことで、私たちのものの見方を操作しようとするのだ。だからこそ、私たちはなおさら、何が実際に起こった「事実」で、どこからが伝える者の「主張」かを注意深く分けて見なければならない。

ところが、実際に自分が見た「事実」であっても、信じられるかどうかわからない社会がすでに実現している。この世界は、あらゆる情報がモニターの画像を通じてやってくる情報文明の段階に入っている。情報技術がさらに高度に洗練されていくほど、いくら注意したとしても、その情報がもはやファクトかフェイクかの見分けがつかない状況がこれまで以上に進むと思われる。

人間であることを認める行為や態度が文明、そうでないものが野蛮なのである。

エ　フロイトは生の欲動と破壊の欲動の闘いという図式で人間を描いたが、著者は破壊も愛情も等しく生の欲動に起因するものと捉え、文明と野蛮を分かつのはこの欲動の目的に達するための手段であるとした。

オ　人間は他者に自己同一化できる能力があり、他者の弱点や他者の欲望も知ることができるので、自分が享受したい利益や快楽に他者があずかることを拒絶して、他者を抹殺しなければならない。

二　次の文章を読んで、後の問に答えなさい。（20点）

そもそも流れてくる情報には「事実」と「主張」が一緒に溶け込んでいる。マスメディアであっても、ウェブメディアであっても、メディアはその性質上、何らかの見方のもとで情報を発信するものだからだ。だから誤解を恐れずに言うと、(1)ある意味で全ての情報はフェイクニュースである。情報は伝えられた時点ですでに意図が入っている。そして伝え方によってどのような演出も可能である。だから伝える者への信頼が怪しくなっているこの時代では特に、提示された情報をそのまま事実として素直に受け入れることはリスクを伴う。

例えば、市民のデモと警官隊の衝突が起こったとしよう。その一連の出来事のどこを切り取るのか。その段階ですでに演出が始まっている。ショッキングな部分を切り取るほうがニュースになりやすいのは言うまでもない。だが、それ以外の時間に何が起こっていたかによって、そのシーンの意味は変わる。その切り取られたシーンに肯定的な印象が加えられるのか、否定的な印象が添えられるのか。また、誰の視点から取り上げるのか。市民側が暴動を起こしている場面か、警官側が暴力を振るっている場面かで、伝わり方は正反対になる。取り上げ方で、印象を誇張するものと弱めるものを操作し、情報を受け取る者のまなざし

A　国家や民族といった集団の伝統をよく知り、先人たちの偉業をたたえ、その一員であることの誇りを持てないと、文明の恩恵にあずかれないから。

B　自分が属する集団が過去に犯した破壊的な行為を直視し、歴史を修正しようとする誘惑を克服しないと、他者とともに生きる価値観を共有できないから。

C　自分が属する集団の過去は集団を結びつける絆（きずな）の生成の歴史であり、そこで紡がれた物語はその集団の文明の精神的根幹をなすものだから。

D　共同体の伝統は歴史の中で築き上げられた構成員のコミュニケーションのコードであり、それを知らないと無礼な人間として共同体から拒絶されるから。

E　共同体が過去から築き上げた約束事を知ることは、集団内で共有される礼儀をわきまえることにほかならず、それによって他者も自分と同じく十全に人間であると認めることができるから。

〔問六〕　次のア～オのうち、本文の趣旨と合致しているものに対してはA、合致していないものに対してはBの符号で答えなさい。

ア　様々な文明はお互いに相容（い）れずに衝突する運命であり、そこで高度な文明にはじき飛ばされた文明は野蛮とみなされて弾圧され、高度な文明への怨念をため込んで暴発するリスクを抱える。

イ　破壊的な非人間性は博愛的な人間性とともに人間的な本質の表裏にして両軸であり、このことを認識してはじめて、人間は他者の人間性を踏みにじる野蛮な欲動を抑える可能性に気づくことができる。

ウ　文明と野蛮は歴史の特定の時代や地球上の特定の民族に当てはまるものではなく、時代と場所を問わず他者が十全に

E　哲学や芸術は破壊の欲動が真の人間性に反することを教え、他者が潜在的な敵ではないという考えへと人間の枠組みを拡大するから。

〔問四〕　傍線(5)「文明化への進展が取る形態は複数存在する」とあるが、その複数の形態を要約した次の文において空欄(ア)(イ)に入れるのにもっとも適当な本文中の言葉は何か。左の中から選び、それぞれ符号で答えなさい。

ここでいう主な形態は以下の通りである。ひとつは、自己および自己に密接に結びつく少数の人間だけを［(ア)］の住人としての「われわれ」として認め、それに含まれない者を潜在的な敵と見なす段階から抜け出し、「われわれ」の母数を徐々に拡大して、最終的にはすべての人類が共通の理想を共有する段階へと至る価値階梯の上昇である。次に、他者を理解するために、自分や自分が属する集団をあたかも外側から観察するようにして［(イ)］ができる能力を培うことである。そして最後に、特定の人々を優遇せず参加者を平等に扱う社会およびコミュニケーションの実現に向けて努力することで文明化は進展する。

A　価値階梯のもっとも下位　　B　孤立した縄張り　　C　上位の集団　　D　批判的判断

E　社会的交流　　F　論理的議論

〔問五〕　傍線(8)「文明という観念は過去についての知識を前提にしている」とあるが、それはなぜか。その理由としてもっとも適当なものを左の中から選び、符号で答えなさい。

〔問二〕　傍線(2)「われわれは思いやりから出た嘘のうちにとどまる」とあるが、ここでの意味の説明としてもっとも適当なものを左の中から選び、符号で答えなさい。

A　誰もが内に野蛮を秘めているものだが、教育や宗教によって人間性の価値を共有させることでそれを抑える。

B　たとえ非人間的な振る舞いをした人でも、心の底からの悪人はいないので、偏見を持たずに人間として接する。

C　人間性と非人間性が同じ起源を持つという不都合な真実を直視させるのは酷なので、あえて触れないようにする。

D　赤裸々に真実を語ることによって人を傷つけて恨みを買うよりも、虚偽であっても人間関係を和ませる社交術を選ぶ。

E　たとえ文化や出自が違っても同じ人間なのだから、同等の尊厳をもって接することで人間は理解し合えると信じる。

〔問三〕　傍線(4)「学者、哲学者、芸術家といった人々は、野蛮を後退させることに貢献している」とあるが、それはなぜか。その理由としてもっとも適当なものを左の中から選び、符号で答えなさい。

A　野蛮は他者に対する敵愾心に由来するので、哲学や芸術が示す普遍的な人間性に触れてその攻撃的な欲動を和らげる可能性があるから。

B　哲学的学問的真理は野蛮な行為を人間性の本質に反するものだと指摘し、芸術はそうした道徳的要請を象徴として直感的に提示するから。

C　文明がなければ哲学・学問・芸術は存在しないので、それに従事している人々は文明化に寄与することで野蛮に抗(あらが)うことになるから。

D　学問や芸術は人間の思考を拡大して、異なった生活様式を持つ他者を自分たちと同じ人間であると認めることができるように促すから。

旧体制（アンシャン・レジーム）……フランス革命以前の王制。

フロイト……オーストリアの精神科医（一八五六～一九三九）。

〔問二〕　傍線(1)(3)(6)(7)(9)に相当する漢字を含むものを、左の各群のA～Dの中から選び、それぞれ符号で答えなさい。

(1)　メンエキ
A　コストを下げてシュウエキを上げる　　B　エキビョウの平癒を神仏に祈願する
C　ボウエキ赤字が増加している　　D　シエキ動詞は助動詞ではない

(3)　シシツ
A　正しいシセイを保つことが上達の鍵だ　　B　返事のショウがない
C　今後の動向をチュウシする　　D　ブッシの輸送に鉄道を使う

(6)　シヒョウ
A　トウヒョウ率が低下している　　B　その文章にはヒョウキの揺れが見られる
C　交通ヒョウシキを見逃す　　D　ディフェンスにテイヒョウのある選手

(7)　シンタク
A　官僚と政治家がケッタクする　　B　サイタクの結果は開示されない
C　カンタク事業で耕地を広げる　　D　美しいコウタクのドレス

(9)　インペイ
A　ヘイコウ世界に転移する　　B　門の左右の白いソデベイが美しい
C　新体制においてキュウヘイを改める　　D　電磁波をシールドでシャヘイする

イトによれば、私たちはそのままではこの野蛮な欲動を自分自身に対してインペイ(9)する傾向があるため、これにとりわけ警戒しなければならない。「お伽噺（とぎばなし）を好むような人々は、人間には生まれながらに〈悪〉があり、攻撃と破壊、そして残酷な傾向があると聞かされても、耳を貸そうとしない。」

ここでフロイト流の解釈には別れを告げ、私としては自分の確信を繰り返すしかない。こうした破壊の行動はその起源を、われわれの愛情行為と同じ「生の欲動」のうちに持っている。両者の違いは、「当初の動機」のうちにも「追い求められる目的」のうちにもなく、「その目的に到達するために選ばれた手段」のうちに存する。私が抱く欠如の感情は私に注がれる愛によっても埋められるし、他者が私に示す全面的服従によっても埋められる。野蛮と文明は、最上位を競い合うふたつの力というより、ひとつの軸のふたつの極、人間の個々の行為の評価を可能にするふたつの道徳的範疇（はんちゅう）であるように思われる。これとは逆に、先に引用したロマン・ガリの考えにも賛同できる。文明の源泉、他者の人間性をこのように認めるという姿勢の源泉は、人間が子どもを生き延びさせるためにはその世話を長期にわたってしなければならず、人間の子どものほうはこうした世話に長期にわたって依存せねばならないという事実にある。他の動物種と異なり、人間の場合、子どもを保護し世話する期間は十年ほども続き、母親だけでなく父親もこれに携わる。自分より脆弱（ぜいじゃく）な存在に対して長きにわたって注意を向け続けるというこの実践は、間違いなく、文明の到来にとって必要な、他者に対する好意的な感情を開花させるのに好都合である。

（ツヴェタン・トドロフ著、大谷尚文・小野潮訳『野蛮への恐怖、文明への怨念』新評論による）

注　アベルとカイン……旧約聖書に登場する人類初の殺人を犯した兄と殺された弟。　ロマン・ガリ……フランスの作家・映画監督（一九一四～一九八〇）。　ジャン＝ジャック・ルソー……スイス生まれのフランスの思想家（一七一二～一七七八）。　カント……ドイツの哲学者（一七二四～一八〇四）。　ゲーテ……ドイツの作家（一七四九～一八三二）。

うがシンタク(7)の言葉、預言の言葉、神の言葉として伝えられる言葉よりも文明化されている。盲目的な信仰によって他者の言葉をその言葉だけで受け入れることは、言葉を発する者とそれを受け入れる者とが平等でない状態にあることを含意する。理性による吟味を経た後で他者の言葉を受け入れることは、言葉を発する者とそれを受け入れる者とを同じ次元に置く。したがって、前者の実践は後者の実践より野蛮である。

ひとつの共同体の内部では、その共同体でおこなわれている約束事や伝統に、よりよく通じている者がより文明化されている。というのもそうした知識は、それに通じた人間に、集団の他の構成員の身振りや態度について理解することを、したがって、自分が人間であると同様に彼らも人間だと見なすことを可能にするからである。(8)文明という観念は過去についての知識を前提にしている。それとは異なり、自分自身が理解できること、自分自身が表現できることの限界の内側にとどまり、他者と共有される約束事をわきまえない人間は、自分が属する小集団のなかだけで動き回り、そこから他者を排除するよう運命づけられる。野蛮人は、自己の現在とは異なった過去のうちに自らの姿を認めるのを拒む。一方、礼儀とは、他者とともに生きる生活の学習に他ならないが、これもまた文明への一歩である。「ポリセ」(policé)というフランス語の形容詞がかつては「礼儀正しい」という意味と「文明化された」という意味をふたつながら持っていたのは偶然ではない。

先に私は「野蛮な欲動」という表現を用い、この表現で他者の人間性を踏みにじる人間の能力を指し示そうとした。しかし実を言えば、私はこのような欲動が自律的な形で存在すると考えてはいない。よく知られているように、その最後期の著作でフロイトは個人の生活を、一方は文明の側に立ち、他方は野蛮の側に立つふたつの欲動が相争う闘技場のようなものとして示そうとした。「私の見るところ、今や、文化の進展の意味は、明確になってきた。文化は、人類という種において演じられたエロスと死の闘い、生の欲動と破壊の欲動の闘いをわれわれに示さねばならない」と彼は『文化への不満』(一九三〇)で書いている。攻撃性は「人間の原初的にして、自律的な欲動の素質である」、そして「この攻撃欲動は文明にとって最大の障害である」。フロ

　野蛮から文明へと歩みを進めるもうひとつの方法は、自分から自分の身を引き離し、まるで他者の目を通してであるかのように、あたかも自分を外側から見ることができるようになることである。すなわち、他者に対してだけでなく、自分に対しても批判的判断ができるようになることである。社会的交流においては、自分の見方をいつも特権的に扱うのを断念すれば、他者に近づける。ここでもまた、取るべき態度は、ありのままの自分を誇るよりも自己否定を好めということではない。そうした態度に陥れば、野蛮という語にせよ文明という語にせよ、これらの語は恒常的に個々の人間存在を形容するものではなく、単に彼らの状態、彼らの行為を形容するに過ぎないものであることを忘れてしまうことになるだろう。そうした状態、行為のあるものは誇りを抱かせるだろうし、また別のものは後悔の種になる。逆に、必要に応じて、自らに、また自らが属する共同体に、さらには自らが属する民族に、探るような視線を向けることができる能力を持てるならば、「われわれ」もまた野蛮な行為をなしうることを発見できるようになる点で有益である。

　文明へ歩みを進めるためのまた別の形は、自分の住む国の法律が、人種の別、宗教の別、性別に関わりなくすべての市民を平等に扱うようにすることである。逆に、合法的な特権によるものであるにせよ、人種隔離政策によるものであるにせよ、そのような差別を維持しようとする国々はより野蛮に近い。奴隷制度の実践もこれに類似する。自由を重んじる国家は専制よりも文明化されている。というのも、そのような国は同じ自由をすべての市民に保障するからである。民主制は旧体制（アンシャン・レジーム）より文明化されているし、特定の人種を旗頭にするいかなる国家より文明化されている——特定人種を優遇する国家は、特権を認める体制を維持し続けているからである。同じ理由で、しかしこれとは異なった領域で、魔術は科学よりも野蛮である。魔術は、これに通じている者と通じていない者とのあいだに、解消できない差異を前提とするのに対し、科学のほうは、観察と論理的議論によって進められ、それらには秘密はなく、誰もがそれを実践できるからだ。すべての参加者に等しい立場を保障する対話は、一方が自分の確信を述べ他方はそれを聞くだけの訓示よりも、文明化されたコミュニケーションの形態である。あるいは対話のほ現するひとつの手段を見ている。実を言えば、このような意味では、いかなる個人といえども、ましていかなる民族といえども、完全に「文明化」されたものではありえないだろう。個人、民族の文明化の程度はまちまちであらざるをえない。事態は「野蛮」についても同様である。文明は、そこに近づこうとしうる地平であり、野蛮は、そこから遠ざかろうと努力すべき底である。文明も野蛮も、個別の存在と完全に一体化することはない。野蛮であったり文明化されたものであったりするのは行為であり、態度であって、個人や民族ではない。

(5)文明化への進展が取る形態は複数存在する。そのひとつは、われわれが「われわれ」という語で示す集団の拡張である。亡くなった年に書いた「社交形成の諸段階」という短いテクストで、ゲーテは次のようにひとつの価値階梯(かいてい)を提示している。その価値階梯のもっとも下位の、野蛮にもっとも近い位置には、自分との親族関係にある個人しか知ることのない人間集団が見出(みいだ)される。このような記述は今日の古生物学者、先史学者がおこなうそれとさして隔たったものではない。起源において、人間集団はそれぞれ孤立した縄張りに住んでおり、そこではよそ者の存在は許されず、よそ者嫌いは厳格に守られている――見知らぬ人間はすべからく潜在的な敵である。こうした人間集団が自分たちとは別の人間集団に出会い、彼らと長続きする接触を打ち立てたときに、文明化への一歩が達成される。人間がさらに上位の集団である民族・地域・国家を形成するとき、さらに新たな一歩が達成される。最後に、人間が普遍性に達し、人類に属する他の構成員たちと共通の理想を発見し、たとえば彼らが「自国の文学とあらゆる外国文学を同等なものと見なす」用意ができたとき、最高度の文明化の段階が達成される。

ここでは、自己への閉じこもりが、他者に対して開かれた姿勢と対立させられている。自分たちの集団のみが本来的な人間だと思い込み、自らの経験の外にあるものは何であれ知ることを拒み、他者には何も提供しようとせず、自分がもともといた環境のうちにことさらに閉じこもったままでいようとすることは、野蛮を示す(6)シヒョウとなる。複数の人間集団、社会、人間の文化があることを認め、他者と対等の立場を自らのものにすることは文明の一部である。

いる。ジャン＝ジャック・ルソーはすでにそのことをはっきり見抜いていた。「善と悪は同じ源に発する」と彼は書いていた。そしてその源とは、他者とともに生きたいというわれわれが持つ捨て去れない欲求、他者に自己同一化できるというわれわれが持つ能力、すべての人間が同じ人類に属しているというわれわれが持つ感情である。この能力が、われわれに、自分の前にいる人間が見知らぬ人間であっても、その人間がわれわれの助けを必要と感じているときにわれわれにその人間を助けようとさせるのであり、その人間がわれわれとは違った人間であっても、その人間に対して、われわれと同等の尊厳を認めるようわれわれに促すのである。だが同時に、われわれが他者を拷問にかけるときに、あるいはわれわれが民族大虐殺の道に踏み込もうとするときに、われわれを導くのもこの同じ能力である。他者はわれわれと同様の存在である。彼らはわれわれと同じ弱点を持つ。彼らはわれわれと同じ財物を得たいと願っている。したがって、彼らを地上から抹殺せねばならない。

絶対的な内容を持った「野蛮」というひとつの項をわれわれは以上の考察によって手にしたが、その対蹠項(たいせきこう)についても同様であろう。どんな時代においても、またどんな場所においても、他者が十全に人間であることを認められる人々は文明化されている。文明化されるにはしたがって、ふたつの段階を経なければならない。第一の段階で、他者がわれわれとは異なった生活様式を有していることを発見する。第二の段階で、他者がわれわれと同様な人間であることを受け入れる。ここでは道徳的要請が知的次元に重なってくる。すなわち、それが個人的なものであれ、集団的なものであれ、他者が自分たちとは異なったアイデンティティを持つことを自分に身近な人々に理解させるのは、文明化の行為である。というのも、こうすることによって人間の枠組みを広げることになるからである。だから、(4)学者、哲学者、芸術家といった人々は、野蛮を後退させることに貢献している。とすれば、文明という観念は大きな部分において、カントが「共通感覚」と呼ぶもの、さらには「広げられた思考」と呼ぶもの、つまり少なくとも部分的には自己中心主義、あるいは自民族中心主義による変形を免れ、他者に特有の表象を考慮に入れた判断ができる能力と重なる。自分とはまったく異なった他者の立場に立つこうした能力に、カントは人間存在がその本来の性向を実

国語

（六〇分）

一　次の文章を読んで、後の問に答えなさい。（50点）

野蛮は人間存在の特徴に由来するものであって、そうした特徴が、ある日決定的に除去されると期待するのは幻想だと思われる。だからわれわれの考えでは、野蛮は古代であれ近代であれ、人間の歴史のある特定の時期に対応するものではないし、地球の表面を覆う諸民族のいかなる特定の部分に対応するものでもない。野蛮は他者のうちにあり、またわれわれのうちにある。いかなる民族も、またいかなる個人も、野蛮な行為をなす可能性に対して(1)メンエキができているわけではない。隣の洞窟にいる自分の同類を殺す先史時代の人間、アベルを殺害するカイン、自分の敵対者を拷問する現代の暴君——こうした人々は皆同じ「野蛮な欲動」に駆られているのであり、それは、われわれが享受したいと願うのと同じ喜びや利益に他者があずかるのをわれわれに拒絶させる、ひとを殺しかねない敵愾心（てきがいしん）に由来する。

ロマン・ガリのように以下のことを前提としないと、野蛮は非人間的だと言うことはできない。「この非人間的な側面は人間的なものの一部をなしている。非人間性が人間的なことであることを認めない限り、(2)われわれは思いやりから出た嘘（うそ）のうちにとどまることになろう。」おぞましい仕方で振る舞っても、人間は人間であることをまったくやめない。それどころか、人間の最良の(3)シシツと人間の最悪の欠陥、われわれが人間の「人間性」と呼ぶものと人間の「非人間性」と呼ぶものは同じ起源を持って

解答編

英語

I **解答** (1)—① (2)—③ (3)—① (4)—④ (5)—③

◀解　説▶

(1)「組合のメンバーは，先週，ストライキをやめるために投票を行った」

cease は「やめる」の意味の動詞である。したがって，① stop が同義である。③ resume「再開する」

(2)「E メールでデータを送ることは，郵便で葉書を送るのと同じぐらい安全である」

secure は「安全な」の意味の形容詞である。したがって，③ safe が同義である。① sensible「分別のある」 ② fixed「固定した，確固とした」 ④ confident「自信のある，～を確信している」

(3)「もし目隠しをされたら，聴覚はより鋭くなるだろう」

ここでの acute は「(感覚などが) 鋭敏な」の意味の形容詞である。したがって，正解は sharp の比較級の① sharper となる。blindfold の意味が正確にわからなくても blind「盲目の」からおおよその意味が推測できれば正解を得ることはできるだろう。

(4)「私たちがその件で議論していると，突然，男性が口をはさんできた」

ここでの break in は「(会話などに) 口をはさむ，割りこむ」の意味。選択肢の中では interrupt が同義である。よって，④ interrupted が正解。

(5)「戦争の間は同盟国であったにもかかわらず，それらの国は相互不信を増していった」

下線部の ally は「同盟国」の意味。したがって，選択肢の中では③ friends がもっとも近い意味を持っている。① enemy「敵」 ② investor「投資家」 ④ foe「敵」は，friends and foes「友と敵」の定型句でよく用いられる。

II　解答　(6)―④　(7)―①　(8)―②　(9)―③　(10)―③

◀解　説▶

(6)空所は「取り組んでもらわねばならない」の「〜してもらう」に当たるところである。空所の直後に「政府」が目的語として置かれ，その後に to address と to 不定詞が続いている。以上から，④ get が正解となる。残りの選択肢は，すべて原形不定詞をとる使役動詞である。get *A* to *do* は have *A* *do* と同義。address には他動詞で用いて「(問題・仕事などに本気で) 取りかかる，取り組む」の意味がある。

(7)空所は「小さな贅沢さえできないほど」の「できない」に当たるところである。英文は「…すぎて〜できない」を表す too … to *do* の構文が用いられている。したがって，否定はこの構文の中に含意されている。① afford が正解。afford は，afford (to have) a car「自動車を持つ余裕がある」のように用いられる。advocate「擁護する，賛同する」③ distinguish「区別する」　④ apply「応用する」

(8)② terms を選ぶと on good terms with 〜「〜と仲が良い」の意味のイディオムとなる。

(9)空所は「〜に仰天した」に当たるところである。③ taken が正解。take は，*A* take *B* by surprise で「*A*（物・事）が *B*（人）を驚かせる」の意味で用いられるが，ここでは受動態となっている。この文の場合 *A* は when 節となっている。② occupy「占領する」

(10)③ walk を選ぶと no walk in the park で「簡単ではない」の意味の定型句となる。見慣れないイディオムかもしれないが，直後の in the park から推測できるだろう。「公園での散歩」が「楽なこと」の暗喩となっている。

III　解答　(11)―①　(12)―③　(13)―①　(14)―②　(15)―④

◀解　説▶

(11)「彼は，時々両親に会うために帰省する」

sometimes の言い換えが求められている。① while を選ぶと once in a while で「時々」の意味のイディオムとなる。② duration「期間」　④

term「期間，任期」

⑿「彼は交通渋滞を避けようと一生懸命だった」

pains「労苦」を目的語としてともなって，tried very hard の言い換えとなる語が求められている。③ took を選んで，「～しようと努力する，精を出す」の意味の定型句 take pains to *do* を作る。

⒀「来週，甥の誕生パーティーをやったらどうか？」

Why don't we ～? は，「～したらどうか？」と提案を表す表現で，how about ～? や what about ～? とほぼ同じ意味である。この意味で他に what do you say to ～? があり，この定型句を作る① say to が正解となる，なおこの句の to は不定詞を作るのではなく前置詞である。

⒁「このアプリは，とてもたくさんの情報が得られるので価値がある」

理由を表す because 節が for 句に書き換えられている。空所を含む句が so much の言い換えになっていることに注意。②の wealth は「富，財産」の他に「豊富（さ）」の意味をも持ち，the / a wealth of ～ で「多量の～，多数の～」の意味の定型句として用いられる。やや難しい表現であるが，rich から類推することができるだろう。

⒂「パンデミックの意外な結果は，インフルエンザの患者数が減少したことである」

一見大幅な書き換えがなされているが，consequence「結果」が result，fall「下落，減少」が decrease を用いて言い換えられていることを理解する。すると問われているのは unexpected「意外な，予期しなかった」の言い換えであることがわかる。したがって，④ foreseen を選んで，was not foreseen で「予見されなかった」とする。① prevent「予防する」② interpret「解釈する」

Ⅳ **解答**

（3番目・5番目の順に）⒃―⑵・⑷　⒄―⑹・⑴
⒅―③・⑥　⒆―⑤・④　⒇―⑤・①

◀解　説▶

⒃ (When we flew from Toronto to Rome, we) had no choice but to transfer (at London's Heathrow Airport.)

まず語群から「乗り換える」には transfer を用いること，これが語群の最後にくることを読み取る。次に「～しなければならなかった」を考える。最初に考えつくのは had to の連結であるが，この場合 choice「選択（肢）」，no，but が余ってしまう。この 3 つの語句から，「～する以外に（選択肢が）ない」の意味の定型句の have no choice but to *do* を作る。

⒄ (She was) caught visiting the restaurant with a famous (movie actor.)

「～しているところを見つかった」の表現がポイントとなる。「*A* が～しているところを見つける」を表す catch *A doing* を受動態で用いる。この構文を知らなくても，語群から判断すると，文の述語動詞となる組み合わせは was caught と was visiting しかない。was caught となることは自明である。a famous が movie actor の直前に来ること，visiting が the restaurant の直前に来ることも明らかである。

⒅ (The candidate for mayor suggested) that education be made one of (our priorities.)

「～となるよう提案した」のところで，与えられている suggested の語法がポイント。suggest は目的語として that 節をとり，その that 節の中では述語動詞に助動詞 should をともなう，あるいは動詞の原形をとる（仮定法現在時制）。したがって選択肢から判断して，ここでの述語動詞は be made となる。

⒆ (I) saw no hint of her worrying (about being criticized.)

「私は感じなかった」の動詞を探ると，述語動詞の候補は saw しかない。次に，語群から，否定は no によって作られることがわかる。no は名詞に付く。そこから no hint，あるいは no worrying の連結候補が得られる。no worrying とすると hint の使いようがない。worrying の位置が語群外の about の直前となることは自明である。以上から，「（私は）感じなかった」は saw no hint of となることが導かれるだろう。

⒇ (Almost) any movie he appeared in was (sure to be a great success.)

「彼が出演するほとんどどんな映画」は関係代名詞を用いて表現することを読み取る。関係代名詞が語群にないところから，省略されていると判断する。any が movie につくことは明らかである。また文頭の almost は，all，every，no，any などをともなうので，Almost any movie の連結が得られる。関係詞節が he appeared となり，movie の直後にくることも明らかである。in が余っている。appear は自動詞なので先行詞の movie につながるためには前置詞の in が必要である。

V 解答 (21)―④ (22)―④ (23)―② (24)―① (25)―③

◆全 訳◆

≪廃棄物ゼロ社会≫

その名が示すように，廃棄物ゼロの生活スタイルは廃棄物をできるだけ出さないようにする生活スタイルである。そして，これは単に大学や市町や国がだんだんと力を入れて取り組み出していること，というだけのことではない――個人や家族にとっても達成可能な任務なのである。このレベルの廃棄物ゼロは，使い捨ての製品をできるだけ買わないこと，できるだけ他の目的に転用できる物を買うことであるが，これらすべては，あふれかけている埋め立て地へ行くゴミの量を減らすことを目的としている。

人は，その責任を毎月ゴミとして放棄している。そして，我々は，環境と公衆衛生の問題を生み出していることに加えて，ゴミを捨てる場所を使い果たしつつある。プラスチックをリサイクル箱に捨てるのも理想的な解決ではない。2018年には，プラスチックの8.7パーセントしかリサイクルされていなかった。その大部分はリサイクル過程を汚染しているリサイクル不能品のせいである。

実用的な観点から，廃棄物ゼロ生活としては，生ゴミ用の堆肥貯蔵容器，ジップトップ式使い捨て容器に代わる再使用可能シリコン袋，プラスチック容器に代わるガラスのビン，食料品を大箱からあるいは段ボールで買うことが含まれる。

典型的な「買う―使う―捨てる」を繰り返す直線的スタイルに代えて，循環型のスタイルで製品を考えれば，廃棄物ゼロの生活スタイルは達成しやすくなる。お店に行ったときに，買おうとしている物が1回しか使えない物なのか，もしくは再使用，再利用できる物なのかを自分に訊ねることだ。たとえば，ガラスのビンは多目的に利用することができるし，他の使用法が見つからなくても必ずリサイクルできる。他方，ビニール袋はリサイクルが難しく，結局は即座に埋立地や河川行きになってしまうのである。

◀解　説▶

(21)空所のある文は，本節のテーマである「廃棄物ゼロの生活スタイル」の提示であり，その簡略な説明になっている。選択肢がすべて他動詞であることから，空所直前の that は関係代名詞，直後の waste がその目的語と考えられる。この文の趣旨から考えて，that 節の意味は「廃棄物をできるだけ出さないようにする」となると考えられる。waste が little の修飾を受け，その little に不定冠詞の「a」が付いていないため，③ reduces「減らす」は正解とはならない。④ produces が正解。little waste が as ～ as possible 句の中に入っているため空所の目的語であることがわかりにくいので注意。① prevent「防ぐ」 ② enlarge「拡大する」

(22)空所のある第 2 段は，ゴミ社会の現実を提示している。空所の節の前にある in addition to 句に書かれている creating environmental and public health issues は，ゴミ問題の基本である。したがって，「それらに加えて」提示される空所の節は通常は気づきにくい問題が提示されていると考えられる。選択肢から判断して，空所は現在進行形を作っていると考えられる。空所の直後に out of 句が続いているところから，run out of ～ で「～を使い果たす，切らす」の意味となる④ running を正解として，we're running out of room to dispose of it で「ゴミを捨てる場所を使い果たしつつある」とする。

(23)空所以下ピリオドまでの句は副詞句となっている。また，空所直後の in a large part「おもに，ほとんど」は挿入句となっている。したがって，挿入句を挟んで空所と to との連結がポイントとなる。① according，② due，③ up が前置詞 to を伴って前置詞相当句となりうるが，② due を選ぶと due to ～ で「～のせいで」と原因を表す副詞句となり，due in a large part to non-recyclable items contaminating the process で，「大部分はリサイクル過程を汚染しているリサイクル不能品のせいで」と，プラスチックのリサイクルが進まない原因を述べることになり，適当である。

(24)空所の段は，「廃棄物ゼロの生活スタイル」の実現を目指すカギが書かれている。空所は ask の目的語を導く if 節の中にある。if 節は just once までである。すると，空所は直前の use の目的語となる名詞節を作りながら，その節の述語動詞である purchasing の目的語となっていることがわかる。以上から，先行詞を含む関係代名詞の① what が正解となる。すると if you can use what you're purchasing just once で,「買おうとしている物が1回しか使えない物かどうか」となり，適当である。

(25)空所は，直前の promptly「即座に，すぐに」を挟んで will を伴う動詞の原形である。直後に続く up との共起がポイント。それぞれの選択肢が作る定型句は以下のようになる。① keep up「維持する」 ② get up「起床する」 ③ end up「〜で終わる，結局は〜に行き着く」 ④ catch up「追い付く」 空所は and 以下の節の述語動詞となっている。したがって，③ end を正解として，(A plastic bag will) promptly end up in a landfill or in waterways で,「(捨てられたビニール袋は,) 結局は即座に埋立地や河川行きになってしまう」とする。

Ⅵ 解答 (26)—② (27)—④ (28)—① (29)—③ (30)—④

◆全 訳◆

(26)A：ちょっと，この部屋の状態を見てごらんなさい。片づける頃合いよ。

B：でも，ママ，今忙しいんだよ。ソックスを探してるんだ。

A：ソックスでも他の服でも，何でも床に放り出さないで，衣装ダンスの元のところに戻しておけば，簡単に見つけられるのよ。

B：そうそう，わかってるよ。でもそんなことしてるヒマがないんだ。

A：そこ，見なさい！ ベッドの下。あれはソックスじゃないの？ ちょっと待って，あれは何？

B：何が何だって？ あっ，あのピザはあそこにいってたのか。

A：ピザの切れはしがベッドの下で何をしているの？ どれぐらいあそこにあったと思ってるの？

B：ちゃんと覚えてないよ。ほんの2，3日だと思うよ。

(27)A：すみません。マジック・ランタン・シネマへはどうやっていけばいいのか，ご存知ですか？

B：マジック・ランタン・シネマですか？ 簡単ですよ。

A：よかった！ どちらのほうですか？

B：はい，ええと。ああ，そうだ！ この通りをまっすぐ交差点まで行って，左に曲がってください。

A：わかりました。その後は？

B：すると，クォリティストリートに出ますので，そのまま3ブロック行ってください。左手にクォリティ銀行が見えます。そうすれば映画館は，銀行の真向かいです。

A：簡単そうですね。ご親切にありがとうございます。

B：どういたしまして。でも，どうしてそこに行きたいのですか？ 今日は閉館だと思いますよ。

(28)A：こんにちは，お客様。マジック・ランタン・シネマへようこそ。

B：こんにちは。『ジョニー・デンジャラス3』の次の上映のチケットはありますか？

A：もちろんですよ。次の上映は5時からで，料金は10ドルです。

B：それで結構です。はい，20ドルです。席は予約ですか？

A：いいえ，どこでもお好きなところにお座りいただけます。はい，チケットとおつりです。

B：ありがとう！ ところで，ポップコーンとコーラはどこで買えますか？

A：食べ物と飲み物のカウンターはロビーを入ってすぐのところです。

B：よかった！ これで，準備はできました。

(29)A：いるの？ ケビン！ 晩ご飯を食べにきてと呼んだのに聞こえなかったの？ どうして下りてこなかったの？

B：ごめん，母さん。呼んでるのが聞こえなかったよ。ちょっとだけ居眠りをしてたんだ。とっても疲れてたんだ。

A：ふーん。今までずっと何をしていたの？ 宿題はすんだの？

B：もちろん。ほとんどすんだよ。数学と理科と社会が残ってるだけさ。

A：それって，宿題全部みたいだけど！ ちょっとだけでもやったの，それともこの2時間，またずっとコンピューターゲームをしていたの？

B：コンピューターゲーム？ もちろん違うよ。正直に言って，ずっと勉強していたさ，ベッドで横になっているとき以外は。

A：晩ご飯の後はテレビも映画もなしよ。さっさと宿題の続きをやってしまいなさい。

B：わー，母さん！

(30)A：やあ，ロバート，昨日の晩に見たすごいテレビ番組について，キミにどうしても話したいことがあるんだ。

B：えっ，ほんと？　何それ？

A：どうしてエジプトのピラミッドは本当はエイリアンが建てたと考えているかって話だよ。

B：また『ミステリーチャンネル』を見てたって言うんじゃないだろうね。

A：そのとおり。でも，とても説得力のある証拠をいくつも出していたんだ。だから，どうやってピラミッドが建てられたかを説明できるのはエイリアンが地球にやってきたという説だけみたいだよ。

B：それなら，聞こうじゃないか。どんな証拠なんだい？　月曜の朝には笑いがほしいね。

A：いや，もう全部は覚えていないけどね，たとえば，知ってたかい？大ピラミッドの地理座標の１つは，光の秒速と同じ数字なんだ。他の惑星から来たエイリアンのような進化した種しか知らないようなことだ。

B：えっ，頼むよ！　その話は前に聞いたことがあるよ。まったくのナンセンスだ。１つ例をあげると，メートル法は18世紀までは発明されていなかった。何であんな，いわゆるテレビエキスパートを信じるんだい？

◀解　説▶

やりとりを１つか２つ読んで話題がつかめたら，選択肢に目を通し，次に空所の文とその前後の文を読むのがよい。それで正解の推測がつくこともある。さらに文脈の理解が必要な場合は最初から読んでいく。その過程で会話と不一致な選択肢が見つかることも多い。

(26)散らかし屋の子ども（B）と母親（A）の会話である。空所は，AがBの部屋のベッドの下にa slice of pizzaを見つけたところである。空所の質問に対するBの応答は，I don't remember exactly. Only a few days, I guess.であり，答えの中心はOnly a few daysであるから，意味をなすつながりを作るのは期間を訊ねる② How long do you think that has been there?である。

(27)通行人（B）に（A）が映画館への道順を訊ねている。無事に行き方を説明してお礼を言われた後，最後に，Bがbut why do you want to go there? と訊ねた後に続くのが空所である。したがって，空所の内容は，それを知っていたら映画館へ行きたいとは思わないようなものであると考えられる。以上から④ I think it's closed today. が正解となる。

㉘映画館の受け付け（A）と客（B）との会話である。空所は，Aが映画の上映時間とチケットの料金を説明したのに対して，BがThat's fine.「それで結構です」と答えて続けて言うところである。この発言に対する応答の最後でAは Here's your ticket and your change. と，チケットとおつりを渡している。したがって，Bはチケット料金を支払っていることになる。以上から，20ドルをAに渡している① Here's a 20-dollar bill. が正解となる。チケット料金は10ドル（2つ目のAの発言）であるから，おつりを渡している状況と一致している。この Here's ～と③の Here you are. は，ともに相手に物を渡すときの常套句である。

㉙階上にいる子ども Kevin（B）を母親（A）が晩ご飯に呼んでいる。会話の最初にあるAの Hello と Didn't you hear me calling you to come … の call から，電話によるやりとりと勘違いしないこと。Hello は「おーい」と呼びかける間投詞，call は call *A* to *do* で「*A*（人）を～しなさいと呼ぶ」の意味である。この対話からAはBを晩ご飯に呼んでいることがわかる。したがって,「晩ご飯の支度を手伝う」ように言う①は不適当である。2往復目の対話から，Bは宿題をしていたはずだがしていなかったことがわかる。したがって,「晩ご飯の後でいっしょにコンピューターゲームをしよう」と誘う④は不適当となる。3往復目の対話からBは居眠りをしていたことがわかる。except for ～「～以外は」以上を受けて空所となる。空所の後で，Aは You can just get on and finish your homework.「さっさと宿題の続きをやってしまいなさい」と続けているので,「寝なさい」と言っている②は不適当である。ここでの助動詞 can は may と同じ「～してよい」と許可を表すが，ここでは皮肉を込めた表現となっている。get on and ～は「(やりかけていたことを中断した後で) また～し続ける」の意味のイディオム。以上から，③ After dinner, there'll be no TV or movie for you. が正解となる。次の文の just はこの there'll be no TV or movie を受けて「ただ～するだけ」と言っている。

㉚テレビで見た「とんでも科学」番組の「エジプトのピラミッドはエイリアンによって建設された」との説を真に受けて語るAとそれを一笑に付す

Bの会話。最初の2往復の会話から，その状況を理解する。空所の会話で，Bはその説を，I have heard that claim before. と相手にしない。空所の次の文は，For one thing, … と列挙を表す副詞句で始まっているところから，以下でその理由が語られることがわかる。したがって，空所はBがその説を否定していることをさらに明確にする発言になるのが妥当である。④ It's complete nonsense. 以外はすべて，テレビ番組の説を否定するものとは言えないため，不適当である。

Ⅶ　解答

⑶1—②　⑶2—②　⑶3—④　⑶4—①　⑶5—②　⑶6—②　⑶7—④　⑶8—③

◆全　訳◆

≪アースデイと環境保護運動の父，ゲイロード=ネルソン≫

［Ⅰ］　毎年，4月22日に，全世界の人が，共通の故郷である地球を称え守るために集まる。この祝日は，「アースデイ」として知られ，1970年に合衆国において，もともとは大学のティーチイン（＝学内討論会）として始まった。それ以来，環境保護運動の到達点を祝う催しへと——またその仕事がまだ完了していないことを喚起させてくれる行事へと——進化してきた。

環境への関心は，アースデイの創設にはるか先行するものである。14から16世紀にかけては，汚染と不潔な状況の偏在がペストの広がりの一因ではないかと懸念されていたし，土壌の保全法もまた，はるか2,000年前の中国，インド，ペルーにさかのぼることができる。

しかし，アースデイを興すことになったのと同じ波が，環境立法の新時代の始まり——すなわち，環境保護庁の創設のみならず，大気汚染防止法と水質浄化法の成立を見る時代——を告げる合図となったのである。このようにしてアースデイは祝日となった——そして，そういうわけで，活動家たちはアースデイがこれからもより持続可能な未来を形作り続けて欲しいと願うのである。

［Ⅱ］　1960年代は，合衆国の広範囲において環境意識の覚醒の10年となった。博物学者であり元は海洋生物学者であったレイチェル=カーソンが『沈黙の春』を出版した1962年は，ほとんどのアメリカ人に大気汚染の影響が知らしめられた年であった。この大きな影響力をもった書物におい

て，カーソンは，当時広く用いられていた殺虫剤であるDDTが食物連鎖の中に入り，ヒトと動物にガンや遺伝子の損傷を引き起こすことを注意深く記録した。

『沈黙の春』はたちまちベストセラーになり，近年の技術が環境に与える影響について人々に疑問を呈させ，環境保護運動が加速する舞台を整えた。しかし，現実に環境法が成立するには，まだもう8年かかることになるだろう。

環境保護運動の最初のリーダーの1人は，アースデイの父であり，ウィスコンシン選出の前民主党上院議員ゲイロード=ネルソンであった。熱心な進歩主義者で野生愛好家であったネルソンは，連邦政府の土地を保護した1964年の原生自然法や，自由流動河川を守る過程を確立した1968年の原生・景観河川法のような環境立法を成立させることを最優先事項としていた。

その後，1969年1月のカリフォルニア州サンタバーバラで起きた壊滅的な石油流出事件に促されて，ネルソンは，環境活動に向かって新しい草の根のアプローチをとるようになった。何千という鳥を殺し，カリフォルニア海岸の浜を汚染したこの石油流出は，当時合衆国が経験した最大のものであり，今もカリフォルニア史上最悪のものである。

ネルソンは，反戦抗議行動に参加した学生たちのエネルギーに励まされて，環境のために同じ行動をとらせようと人々にショックを与え始めた。ティーチイン――環境についての教授陣と学生間の熱心な討論――のアイディアは彼が発起したものである。彼は，最大限の学生が参加できるようにと，春休みと最終試験の間の1970年4月22日を選んだ。

［Ⅲ］　ネルソンは，カリフォルニアの共和党議員ピート=マクロスキーと若い活動家のデニス=ヘイズをスカウトして，座り込み抗議の組織を手伝わせた。すぐに，この取り組みは現在アースデイ抗議行動と呼ばれるものへと成長した。4月22日までに関心は大きく広がり，2,000のカレッジや大学，1万の小学校の，2,000万人のアメリカ人が，デモや河川の掃除などを通して最初のアースデイに参加した。

当時の世論調査は，環境への関心が世論のトップであったことを示している――大気と水の汚染が人種問題や犯罪よりも重要だと認識されていたのである。1971年の世論調査では，78パーセントのアメリカ国民が，空気と水をきれいにするためになら喜んでお金を出すとの意思を示した。

「アースデイがうまくいった理由は，それが自律的な組織であったことです」と，ネルソンは『ニューヨークタイムズ』に語っている。「このアイディアはすでにあって，誰もがそれをつかみとったのです。私は大勢が参加するデモにしたかった。政治家が『なんてこった，国民がこんなことに関心があるとは』と言うくらいにね」

ネルソンが抗議の先頭に立つ間，環境立法への国民からの支持の波は連邦議会とホワイトハウスの中に広い支持を生み出していた。最初のアースデイ抗議行動の勢いはその年中続いた――そして，今日までのもっとも強力な環境立法のいくつかへと結実したのである。

［Ⅳ］ 1970年末までには，リチャード=ニクソン大統領は，国家環境政策法，労働安全衛生法，大気浄化法の成立に署名した。これらの法律はそれぞれ，省庁が，その活動が環境に与える影響を評価し，職場の健康と安全の基準を定める基礎となり，排ガスの規制を可能にした。

すべての環境規制をより効果的に監督し統合するために，ニクソンはアメリカ合衆国環境保護庁を創設した――これは，最初のアースデイのわずか8カ月後に設立された。

環境保護への関心は，連邦議会が，合衆国の河川への汚染物質排出を規制する水質浄化法，野生生物を絶滅から守る絶滅危惧種保護法，その他殺虫剤を規制する法律を通した1970年代を通して持続した。

ネルソンは，これら主要な環境法のほとんど，特に水質・大気浄化法と絶滅危惧種保護法の中心にいた。彼は，環境保護活動を広げ，アパラチアントレイルを保護する法律の主要な後援者となり，燃料効率の基準を制定し，DDTを禁止した。

［Ⅴ］ 最初のアースデイのわずか10年後に，ネルソンは『EPAジャーナル』に，環境保護黄金時代は終わったという予測は時期尚早で不正確なものだ，と書いた。

「関心を持つものなら誰にとっても，現在の環境保護運動が，10年前よりも，はるかに強く，はるかによく指導され，はるかに見識があり，はるかに多くの影響力を持っていることは明らかだ。その力は毎年強さを増している。市民の知識と理解が毎年増しているからだ」とネルソンは書いている。

アースデイ運動は，20周年を迎えて世界的なものとなった。ヘイズは，集会や行事を通して環境問題への意識を高め，リサイクルを増進するために，2億人が参加するキャンペーンを組織した。これは，1992年にブラジルで開かれた「アースサミット」という環境に焦点を当てた国連の会議へと結実し，持続性に向けて世界の管理機関側のより真剣な取り組みを示す合図となった。

数年後，ネルソンの環境への貢献は，1995年に大統領自由勲章受賞という形で栄誉が称えられた。新世紀もネルソンは環境保護活動を引っ張り続けたが，そこでの彼の焦点は最新の優先事項，すなわち地球温暖化とクリーンエネルギーであった。

[Ⅵ] アースデイは，当初の構想はティーチインであったが，単に抗議や立法化だけに終わるのではなく，ボランティアや環境浄化活動へとつながる世界的な現象となった。この祝日は，今は気候変動に取り組むことに主に焦点を置いている。オフィシャルサイト――これは，最初のアースデイを組織したグループの現在の名前であるEnvironmental Action Inc.によって管理されている――は，近年の運動にとって最も高いハードルの2つとして，「気候変動を否定する人」や「オイルロビイスト」を挙げている。

山火事，激甚な暴風雨，過酷な気象の頻度が増すにつれ，気候変動は論争を呼び起こし続けている。これらの災害もまた，住む場所を奪われた地域共同体の数を増加させている。国連の気候変動に関する政府間パネルは，最近，気候変動の影響を遅らせるために，即座に行動を起こすように促すレポートを発表して，深刻な健康への影響と社会的不公正の悪化に警鐘を鳴らした。

科学者たちが，気候変動の影響を遅らせるのを助けるために自然保護に努める一方，活動家たちも警鐘を鳴らし続けている。特に若者たちは，グレタ=トゥーンベリのような華々しい発言をとおして，大学のキャンパスと国際舞台の両方で批判の先頭に立っている。

「あなたたちの希望はいらない，あなたたちに希望を持ってもらいたくない」と，スイスでの2019年ダボス世界経済フォーラムでトゥーンベリが言ったのは有名である。「あなたたちにはパニックになって家に火がついているかのようにふるまってほしいのです」

◀解　説▶

(31)下線部の on behalf of ～は，ここでは「～のために，～の利益になるように」の意味の前置詞相当句である。したがって，② for the benefit of が同義である。on behalf of ～には「～の代理として，～を代表して」の意味もある（その場合は① in place of と同義となる）が，その場合，taking the same kind of action on behalf of the environment で「環境の代理として同種の行動をとる」となり，意味をなさない。

(32)下線部の stir は，もともとは「～をかき回す，攪拌する」の意味で，そこから，「（人の心を）揺り動かす，（騒ぎ，論争などを）引き起こす」の意味でも用いられる。したがって，ここでは，② provoke がほぼ同義である。① solve「解決する」 ③ calm down「落ち着かせる」 ④ confuse「混乱させる」 意味上の主語は，文の主語である climate change である。目的語の debate との意味のつながりからも他の選択肢では意味をなさない。

(33)～(38)の内容真偽問題は，解答を始める前に，各ブロックのパラグラフリーディングを行う，第1段と最終段を読む，などでブロックの大意を把握しておくこと。次に4つの選択肢に目を通す。文脈が理解できていれば本文全体を読まなくても真偽の判断ができる，あるいは，常識に照らして判断できる選択肢や，断定的な表現（(33)の② solely，(34)の④ exclusively，(35)の① alone など）を含む場合は不一致となる場合が多いので，それら以外の選択肢をまず検討すると効率的だろう。選択肢と本文を照合する際にはスキャニングが有効になる。パラグラフリーディングとスキャニングについては「傾向と対策」参照。

(33)④ Activists hope Earth Day will help us have a more sustainable future. がブロックⅠ第3段最終文（Here's how Earth Day came …）に一致。Earth Day に注目して，ブロックⅠ第1段第2文（Known as Earth Day, …）などから Earth Day の概要をつかんでおくことで，④が正解であると推測できるだろう。また④の sustainable「持続可能な」に注目すると，容易に参照箇所を見つけることができる。help *A* *do*「*A* が～するのを助ける」 ①は同ブロック第1段第2文（Known as Earth …），②は第1段最終文（It has since …），③は第2段第2文（Between the 14th …）より，本文に不一致である。

(34)① Rachel Carson's publication of *Silent Spring* made a great many Americans aware of the effects of air pollution. が一致。Rachel Carson と *Silent Spring* に注目することによって，参照箇所のブロックⅡ第1段第2文（Most Americans were …）が得られる。ここの Most Americans were introduced to が，選択肢では *Silent Spring* を主語に made と aware を用いて書き換えられている。②は同ブロック第2段第1文（*Silent Spring* was …），③は第4段最終文（The oil spill …），④は第5段第2文（He promoted an …）に不一致である。

(35)② Polls from the early 1970s showed that environmental concerns were considered more important than race and crime issues. が一致。パラグラフリーディングができていれば，ブロックⅢ第2段第1文（Polls from the …）が参照箇所となることがわかるだろう。その文の with 句に，race「人種」，crime「犯罪」の語がある。ここの過去分詞 perceived が選択肢では considered に言い換えられている。poll「世論調査」

①はパラグラフリーディングから同ブロック第1段第1文（Nelson recruited Pete …）に不一致と容易にわかるだろう。recruit「(人を) 採用する」 ③は第3段最終文（I wanted a …）の「国民の関心がこれだけあるということに政治家が驚くほどの，大規模なデモにしたかった」という内容に不一致。take *A* for granted「*A* を当然のことと思う」 ④は第4段最終文（The momentum of …）に不一致。

(36)② Eight months after the first Earth Day, the U.S. Environmental Protection Agency was established. が一致。パラグラフリーディングができていれば，ブロックⅣ第2段（To more effectively …）に一致していることがわかるだろう。eight months と the U.S. Environmental Protection Agency に注目するとよい。①，③，④はそれぞれ，パラグラフリーディングから同ブロック第1段（By the end …），第3段（Concern for protecting …），最終段第1文（Nelson was at …）に不一致とわかる。

(37)④ In the 2000s, Nelson turned his main attention to the issues of global warming and clean energy. が一致。2000s と global warming and clean energy に注目すると，参照箇所となるブロックⅤ第4段最終文

（Nelson continued to …）が発見できる。in the new millennium「新世紀」が in the 2000s に，but this time he focused on が turned his main attention to を用いて言い換えられている。turn *A* to *B*「*A* を *B* に向ける」 ①は同ブロック第 1 段（Just 10 years …），②は第 2 段最終文（Its strength grows …），③は第 3 段最終文（This led to …）より，不一致である。

(38)③ Scientists try to care for nature in order to delay the negative effects of climate change. が一致。パラグラフリーディングができていれば，ブロックⅥ第 3 段第 1 文（While scientists try …）が参照箇所とわかる。同文の動詞 slow「遅らせる」が選択肢では delay に言い換えられている。テキストには negative に相当する語はないが，slow the effects の句の中に含意されていると考えてよい。climate change に注目すると，参照箇所の特定が容易だろう。①は同ブロック第 1 段最終文（Its official site …），②は第 2 段第 1 文（Climate change continues …），④は最終段（"I don't want …）より，不一致である。optimistic「楽観的な」

Ⅷ **解答**

(39)—④ (40)—③ (41)—② (42)—① (43)—④
(44)全訳下線部参照。

◆全 訳◆

≪イヌの生態と人との関係，その現在と未来≫

［Ⅰ］ 現在のイヌの全世界の個体数は，およそ 10 億であり，イヌは地球上でもっとも数の多い哺乳類の 1 つとなっている。イヌの推定個体数をオオカミ――全世界で 30 万頭と推定される――のそれと比較すると，イヌがいかに繁栄しているかが実によくわかる。

地球上の 10 億ほどのイヌが多種多様な生態系に住み，生存のために多用な戦略をとっている。イヌは，全ての大陸と，生存可能なほぼ全ての生態系に――そして，特別に生息に適しているわけでもない少数の生態系においてさえも――見いだされる。

［Ⅱ］ また，イヌのいるところにはほぼ例外なく人もいる。人間は，イヌが全地球的に存在し生存していることに，直接，間接の影響を与えている。人は，そうでなければ生息していないような地域にしばしばイヌを連れて行く。人のおかげで，イヌはある生態系の自然拘束をはるかに超える数と

なり，その地域を乗っ取る。中には，人間から直接に大量の援助を受けるイヌもいる。そのようなイヌは，自分に向けて愛情，食，住，医療ケアを与えてくれる特定の人，あるいは家族を持っている。

主たる保護者を持たないイヌもいるが，それでも施しやゴミその他の人的廃棄物の形でたっぷりと容易に手に入る食料源を持つことで，人間から利益を得ている。人間のいるところに住み，人起源の（人間が生み出した）資源に大きく依存しているという事実は，イヌが生存のために「必ずしも」人を持たなければならないということを意味するわけではない。普通はそうである，というだけである。

イヌと人の個体数の傾向は同じ道をたどってきたようである。どちらの種も前世紀に爆発的成長を経験している。今現在，イヌと人との割合は，控えめに見積もって，ざっと10人に1匹である。

［Ⅲ］　イヌの地理的な分布には不明なところが多く，データは不完全である。世界の10億匹のイヌは均一に分布しているわけではない。他国と比べて，1人あたりの「イヌの密度」がはるかに高い国がある。例えば，合衆国の平均は，4.48人ごとに1匹であるが，サウジアラビアは769.23人に1匹である。イヌの密度のこの大きな差は，ペットを飼う習慣の普及度，イヌに対する文化的態度，人口密度，あるいはこれらや他の未知の要因のいくつかの組み合わせを反映しているのかもしれない。

合衆国には，推定8,300万匹のイヌがいる。この数字の暗黙の想定は，これら8,300万匹のイヌは「ペット」であるというものだ。しかし，8,300万匹のペット犬という数字は正確な記述ではない。これらの8,300万匹は，そのすべてが家庭犬であるわけではなく，ある時間だけ家にいて後はおそらく自由行動であろう。多くは閉じ込められているか，家を出たり入ったり，通りに出たり通りから離れたりである。合衆国に生息する野生化したイヌの数は知られていない。イヌの密度は国によって異なるだけでなく，国内でも異なる。世界のイヌの個体数は人口密度の高い都市部かその周辺に集中している。

［Ⅳ］　人類がいなくなった後の世界では，イヌの地理的分布は変動が不可避となるだろうし，再分布が起こるだろう。人間からのサポートがあってこそイヌにとって住めるという環境もある。だから，そういう場所で生きていかざるをえなくなったイヌにとっては大きな損失が発生するだろう。

かつて都市であった環境で生きていこうとする人類がいなくなった後のイヌは，人間の支配がそれほど徹底していなかった地域で生きていこうとするイヌとはまた違う困難に直面するだろう。彼らの困難は，必ずしもより厳しいとか容易であるとかといったことではない，ただ異なるのだ。どれほどイヌの密度が高く，どれほど人間との接触をもってきたかということもまた，生存の見込みに影響するだろう。イヌ密度の高い地域は，遺伝子プールの多様性，社会的交流，協力，繁殖の機会の豊富さといった利益を提供するだろう。イヌが高密度に生息する地域では，イヌは，資源のためのより激しい競争と異なる種間でのより高レベルの争いを経験するだろう。さらに，より高レベルの伝染病にも対処しなければならないだろう。

世界にどれだけのイヌがいるか，そしてどこに住んでいるかを知ることはたいへん難しいが，その居住環境の多様さを把握することは，おそらくさらに困難である。いくつかの資料では，おもに，あるいは完全に独立して生きる自由行動のイヌの数をおよそ80パーセントとしており，世界のイヌの約20パーセントは「ペット」として生活している。我々は，これらのイヌをもっぱら家庭犬と呼んでいる。この比率を地球上の推定個体数と合わせると，およそ7億2千万の自由行動のイヌ（野良犬，街に住む犬，村に住む犬，個人に飼われてはいるが自由に動ける犬，そして野生の犬を含む）と，1億8千万の家庭犬がいる。

［V］「イヌの自然な生息地はどこですか？」と訊ねられたら，多くの人は――学者も犬の飼い主も同様に――その質問に「人間の家ですよ，もちろん」と答える。しかし，つい先ほど見たように，すべてのイヌが家に住んでいるわけではなく，事実，たいていのイヌは「家庭犬」ではない。イヌの生活環境のより正確な定義は，ダーシー=モリーが提供している。モリーは，イヌの家畜化に関する権威ある本の中で，イヌを「新しい生態的地位，すなわち人との家庭における関係」の主人であると説明している。

同様に，パー=イェンセンは，『イヌの行動生物学』の中で，こう書いている。「イヌにとって，生態的地位のもっとも基本的な側面は人間であるということがしだいに明らかになってきている。したがって，イヌは人間と生活するという生態的地位を占めるようになった，と言ってもいいだろう」

モリーとイェンセンは，ともにイヌの生活における人間の決定的な役割を指摘している。そして，イヌももちろん，人間と非常に重なる生態的地位を占めている。人間からの食糧供給を利用するという点では特にそうである。しかし，イヌが人間と重なる点はたくさんあり，人間に依存するレベルもたくさんある。中には，水と食料を得ることから膀胱と腸を空にする機会まで依存し，人間から高いレベルの直接的あるいは集中的ケアを受けているイヌもいる。間接的に食料源としてのみ人間に依存し，人間から直接の援助は受けずに生活しているイヌもいる。それゆえ，イヌの生態的「地位」を探ることがさらに有益となるだろう。

◀解　説▶

(39)～(43)の内容真偽問題は，解答を始める前に，各ブロックのパラグラフリーディングを行ってブロックの大意を把握しておくこと。次に4つの選択肢に目を通す。文脈が理解できていればブロック全体を読まなくても真偽の判断ができる，あるいは，常識に照らして推測できる場合も多い。また，断定的な表現（(39)の① all，(40)の① always，(41)の③ only など）を含む場合は不一致となる場合が多いので，それら以外の選択肢をまず検討すると効率的だろう。選択肢と本文を照合する際にはスキャニングが有効になる。パラグラフリーディングとスキャニングについては「傾向と対策」参照。

(39)④ The ratio of wolves to dogs is three to 10,000. が一致。パラグラフリーディングができていれば，ブロックⅠ第1段が参照箇所と分かる。ここにイヌの個体数はおよそ10億，オオカミの数は推定30万であると書かれている。したがって ratio「比率」は three to 10,000「3対10,000」となる。

①は同ブロック第2段最終文（Dogs can be …），②と③は第1段にそれぞれ矛盾する。

(40)③ Garbage and human waste are examples of the indirect human influences on dogs. が一致。パラグラフリーディングから，ブロックⅡ第2段第1文（Other dogs don't …）が参照箇所とわかるだろう。garbage と human waste に注目するとよい。選択肢の the indirect human influences on dogs は，本文の Other dogs don't have primary guardians「主たる保護者を持たないイヌもいる」への言及である。

①は同ブロック第2段最終文（The fact that …）に不一致。②は，

dog population と 10 percent に注目する。選択肢では at most「多くてせいぜい」となっているが，第3段最終文（Right now, a …）では roughly「ざっと，おおよそ」となっており，不一致である。④は，選択肢では are directly influenced となっているが，第1段第2文（Humans influence the …）では in direct and indirect ways となっているので，不一致となる。

(41)② Being a dog in America does not necessarily mean being a pet. が一致。pet に注目すると，ブロックⅢ第2段第2文（The unspoken assumption …）に見られる。この文に書かれている the unspoken assumption「（合衆国のイヌはすべてペットであるという）暗黙の想定」が事実であるかどうかは，次の2文を読んで判断する。第4文に These 83 million dogs are not all homed or …「これらの8,300万匹は，すべてが家庭犬というわけではない，…」とあることから，「すべてペットというわけではない」と考えられるので，本文に一致すると言える。

①は同ブロック第1段第4文（For example, the …），③は同段最終文（These huge differences …），④は第2段第6文（The number of …）に，それぞれ矛盾する。

(42)① In a world without humans, the challenges faced by dogs living in a once-urban environment may be different, not necessarily tougher or easier than those of dogs living in an area that had less human influence. が一致。参照箇所を見つけるには once-urban に注目するとよい。ブロックⅣ第1段第3文（Posthuman dogs trying …）に選択肢と同じ in once-urban environments の語句がある。この文の Posthuman「人類がいなくなった後の」が選択肢では In a world without humans に，less intensively governed by humans が had less human influence に言い換えられている。また，選択肢の not necessarily tougher or easier は，次の第4文（Their challenges will …）から取られている。

②は同ブロック第1段第6～8文（Dog-dense areas may … of transmittable diseases.）が参照箇所だが，a high rate of infectious diseases and greater competition for resources「高率の伝染病（の危険性）とよりきびしい資源の取り合い」が advantages「利点」の例になっているので，不一致。③は同ブロック第2段第1文（While it's very …），

④は同ブロック第2段第3文（To match these …）に不一致。

(43)④ Some dogs depend on humans not only for food and drink, but also for toilet care. が一致。

②はパラグラフリーディングからブロックV第2段第1文に不一致（ここでMoreyとJensenが主張しているのは，role of dogs in human livesではなくrole of humans in the lives of dogs）とわかるが，①，③，④はどれも紛らわしく，丁寧に検討する必要がある。①は，一見，同ブロック第1段第3文（A more accurate description of …）の能動態に見えるために注意を要する。選択肢のMorey and Jensen, in their co-authored bookがまちがい。2人がco-author「共著者」なのではなく，著者はMorey 1人である。living arrangement「生活環境」 ③は同ブロック第2段第3文にBut dogs overlap with humans in many ways, and there are many levels of dependence on humans. とあり，選択肢にthe level of dependence on humans does not varyとあるのはまちがい。正解となる④については，同ブロック第2段第4文（Some dogs have high levels of …）に，イヌが人間に依存している例として，the opportunity to empty their bladders and bowelsとある。「膀胱と腸を空にする機会」とは，選択肢にあるtoilet careのことである。

(44)主語は2つのhow節，述語動詞はwill (also) influenceである。ここでのinfluenceは他動詞である。denselyはdense「(密度が) 濃い」の副詞形。be concentrated「集中している」 How densely dogs are concentratedで，人間の人口密度にあたるイヌの個体数の密度に言及している。2つ目のhow節は主語がhuman contact，述語動詞がhave hadとなっている。prospects for survival「生存の見込み，可能性」

IX　解答例

(45)(No) matter (what field of economics you) major / specialize (in,) it is / it's worthwhile reading (these classic works.)

◀解　説▶

譲歩節の「どの（何の）～を…しても」を導く接続詞相当語句が問われている。空所を挟んでNoとwhatが与えられているところから，matterを補い，whateverと同等となるno matter whatとする。

「読む価値がある」は空所の後に「読む」の目的語の these classic works が与えられているので仮主語構文を用いる。「〜する価値がある」は worthwhile または worth を用いる。worthwhile を用いた場合は真の主語は不定詞も可。別解は次の2つである。

- it's worthwhile to read
- it's worth reading

❖講　評

2023年度は，2022年度と同様，大問9題の出題で，読解問題が長文2題と短めのものが1題出題された。その他は，文法・語彙4題，会話文1題，和文英訳1題の出題。記述式は，英文和訳が1問，空所補充形式の和文英訳が1問である。2月14日実施分と同形式・同内容であった。

中心はⅦ，Ⅷの長文読解問題である。特筆すべきは英文の量である（Ⅶが1,250語，Ⅷが1,000語程度）。それに2022年度から出題されているⅤ（250語程度）と会話文の問題が加わって，全体で相当な量となる。Ⅶ，Ⅷの長文読解問題は語彙・構文が標準より高度，設問は標準的な難易度であった。設問は，選択式はブロック指定の4択式内容真偽が中心で，ほとんどは本文の大意把握ができていて，参照箇所が特定できれば正答できる。中では，Ⅷの(40)，(43)に紛らわしい選択肢があった。他に，Ⅶは同意表現の問題が，Ⅷは下線部和訳が加わる。同意表現の問題は語彙力よりは文脈の理解が問われる内容。下線部和訳は語彙・構文ともに標準といえる難易度で，日本語への訳出にも問題はなかっただろう。本文の内容は，Ⅶがアースデイという環境保護活動の創始者のゲイロード=ネルソンを扱った記事，Ⅷはイヌの生態をテーマとした論説文である。Ⅴは語彙・構文，設問すべて標準よりは平易であった。

Ⅸの和文英訳は，語数指定のある短文の空所補充形式（3カ所）で，平易な出題である。標準的な語彙・語法の力があれば対処できるだろう。

文法・語彙問題も，Ⅳの語句整序問題を除いて平易な出題といえる。中では，Ⅲの(14)がやや高度であったといえる。Ⅳの語句整序問題が全体的に高度で，特に(16)，(19)は難しかった。

Ⅵの会話文の問題（5問）は英文の量が多く，会話文特有の表現よりは文脈の理解が問われる内容であった。

全体的にみて，英文の量が多く，語彙・構文のレベルも高いので，標準より難といえる。長文読解問題では，設問を中心に本文を読み解く技術，速読力，時間配分が重要となる。

日本史

I　解答

問1．ア　問2．ウ　問3．カ　問4．エ　問5．ア
問6．イ　問7．オ　問8．イ　問9．エ
問10．（設問省略）

◀解　説▶

≪古代・中世の対外関係≫

問1．アが誤文。『漢書』地理志に記載されている紀元前1世紀の日本列島の使者は，楽浪郡に向かっている。

問2．ウが正解。魏を滅ぼし，三国時代を終わらせた王朝は晋である。卑弥呼の後を継いだ壱与が晋に使者を派遣したことなどを想起して判断したい。

問3．カが正解。c・d．正文。

a．誤文。『魏志』倭人伝には卑弥呼とともに殉葬された「奴婢」の記載がある。

b．誤文。『魏志』倭人伝には，卑弥呼について「夫壻なし」とあり，「男弟」が政治を補佐していた。

問4．エが正解。b・c．正文。

a．誤文。裴世清の来日は，遣唐使ではなく第2回の遣隋使派遣を受けたものである。

d．誤文。9世紀には新羅や唐の商人が来航しており，唐や朝鮮半島との往来は遣唐使廃止前後も含めて継続されている。

問6．イが正解。a・c．正文。室町時代の外交関係を選ぶ。

b．誤文。己酉約条は1609年に対馬の宗氏と李氏朝鮮との間に締結された通交条約であり，17世紀の柳川一件によって対馬による外交文書改竄が露見して，対朝外交は江戸幕府の管理下のもと対馬が行うことになる。

d．誤文。近世に松前と改姓した蠣崎氏は，江戸幕府によってアイヌとの独占的な交易が認められた。

問7．やや難問。オが正解。『善隣国宝記』は室町中期までの中国・朝鮮との外交文書などをまとめたものである。なお，『蔭凉軒日録』も京都五

山の禅僧によるものだが，公用日記である。

問8．史料〔C〕は蒙古国牒状である。イが正解。

a．正文。大蒙古国皇帝の「祖宗」が「天の明命を受け」て，中華である「区夏」を支配したとある。

c．正文。「兵を用うるに至りては，夫れ孰か好む所ならん」とある。

b．誤文。「朕が躬に至りては，一乗の使も以て和好を通ずること無し」とあり，フビライの治世になって，日本が一度も大蒙古国に使者を派遣したことがないと述べている。

d．誤文。鎮西探題は蒙古襲来後に設置されたものである。蒙古国牒状を最初に受け取ったのは大宰府である。

問9．エが正解。元の時代の朝鮮の王朝は高麗である。朝鮮半島の三国時代（新羅・百済・高句麗)→新羅→高麗→朝鮮の推移は確認しておきたい。

Ⅱ　解答

問1．ウ　問2．ア・オ　問3．イ　問4．ウ
問5．イ・ウ　問6．ウ・オ　問7．カ　問8．エ

◀解　説▶

≪近世・近代の交通≫

問2．ア・オが正解。五街道は，東海道・中山道・ア．甲州道中・日光道中・オ．奥州道中である。

問3．イが正解。東海道と中山道の関所とその位置の組み合わせを選ぶ。東海道に設置された関所は箱根関と新居関である。なお，中山道の関所として碓氷関以外に木曽福島関もあるが，αの位置は碓氷関である。

問4．ウが正文。

ア・オ．誤文。伝馬役は公用交通に人馬を提供するもので，伝馬役の一種として助郷役がある。民間営業の町飛脚の中で，東海道を月に3回往復するものを三度飛脚という。

イ．誤文。大名が江戸と国元に置いた飛脚を大名飛脚という。

エ．誤文。三都の商人が営業する飛脚問屋が成立したのが寛文年間（1661～73年）のため，「寛永年間」（1624～44年）に「酒田の商人が営業する飛脚問屋が成立」は誤りと判断した。

問5．やや難問。イ・ウが正文。

ア．誤文。利根川はもともと江戸湾に注ぐ川であったが，江戸時代の東遷

工事の結果，銚子に注ぐ川となった。
エ．誤文。浅瀬でも航行できる船は高瀬船である。なお，弁財船は大型船である。
オ．誤文。箱根用水の開削は，農業生産力の向上を図って行われたものである。
問6．ウ・オが正文。
ア．誤文。北前船は，江戸中期から明治前期に西廻り航路で東北や北海道と大坂とを結んだ船である。
イ．誤文。河村瑞賢による東廻り航路は出羽国酒田を起点とする。
エ．誤文。南海路を運航する樽廻船は，元は酒荷専用の廻船であった。
問7．カが正解。日本の鉄道はイギリス人のモレルの指導のもと敷設された。ｃに入る選択肢として，フェノロサは美術の分野，コンドルは建築家，ルソーは思想家，ロッシュとパークスは外交官として著名であるため，消去法で解答したい。

Ⅲ 解答

問1．ウ　問2．エ　問3．ア
問4．⑴―エ　⑵―イ・ウ・キ　⑶―ウ
問5．⑴―イ　⑵―エ　問6．エ　問7．オ　問8．ア　問9．ウ
問10．イ　問11．エ　問12．イ

◀解　説▶

≪近代の鉄道≫
問1．ウが正解。リード文の「海外発の新技術の実物」とは，「蒸気船や蒸気機関車の発明」と対応することから，ペリーが蒸気船で浦賀に来航したことが該当する。
問2．やや難問。エが正文。
ア．誤文。咸臨丸はオランダから購入したものであり，長崎造船所で建造されたものではない。
イ．誤文。長崎造船所は三菱に払い下げられた。川崎正蔵に払い下げられたのは兵庫造船所。
ウ．誤文。「居留地の各地に外国人による大規模な造船所の建設が相次ぎ」は誤り。
オ．誤文。鹿児島紡績所は経営不振が続き，19世紀末に閉鎖された。

問 3．アが誤文。渋沢栄一による大阪紡績会社は華族や政商らの出資による民間企業であり，政府の出資は受けていない。

問 4．やや難問。(2)イ・ウ・キが正解。教材類に掲載されている 1885 年の輸出品円グラフなどを想起したい。生糸のほかには，緑茶・水産物・石炭・銅が主要輸出品であった。

(3)ウが正文。

ア．誤文。「アジア市場に輸出」が誤り。生糸はアメリカ向けに輸出が伸びていった。

イ・エ．誤文。製糸業は長野県や山梨県などの農村地帯に建てられた小工場を中心に発展し，在来技術を改良した器械製糸の導入により生産力が向上した。

オ．誤文。「原料が開港場から多くもたらされ」が誤り。原料の繭は国産である。

問 5．(1)はイ，(2)はエが正解。幕末以来の貿易によって，良質で安価な綿織物が輸入されたことにより，日本の綿織物業は打撃を受けた。しかし，綿糸の輸入などによって綿織物業が復活すると，その原料糸を供給する紡績業が勃興し，原料となる綿花が輸入された。

問 8．やや難問。アが正文。

イ．誤文。日本鉄道会社は主に華族の出資によって設立された。

ウ・エ・オ．誤文。日本鉄道会社の成功を受けて，資金を持つ商人や地主らによる鉄道建設が各地で行われた。

問 11．難問。エが正文。1885 年に郵便を管轄する逓信省が発足し，電信や電話も管理運営するようになる。

ア．誤文。日本は万国郵便連合条約に加盟する 1877 年以前から国際郵便を取り扱っていた。

イ・オ．誤文。1869 年に東京・横浜間，5 年後には長崎・北海道間に電信線が設置された。そして，欧州の会社による長崎・上海間の海底電信を利用して，欧米と接続できるようになった。

ウ．誤文。飛脚制度に代わる官営の郵便制度によって，全国一律の料金となった。

問 12．イが正文。

ア・ウ・オ．誤文。営業キロ数で官営鉄道を上回っていた民営鉄道に対して，政府は1906年の鉄道国有法によって，主要幹線の民営鉄道を17社買収した。

エ．誤文。鉄道国有化によって得た資金を利用して重工業へ投資した資本家も多かった。

Ⅳ 解答

問1．a―ク b―コ c―キ d―カ e―ケ
問2．ウ・エ 問3．ア 問4．ア・エ・オ 問5．イ
問6．エ 問7．ウ 問8．ア・エ 問9．イ 問10．ウ
問11．ア・エ 問12．オ 問13．ウ

◀解 説▶

≪戦後の日本社会と農業≫

問2．ウ・エが正文。美濃部達吉の天皇機関説（国家法人説）は大正デモクラシーの理論的枠組みを作った学説である。

ア・イ・オ．誤文。右翼から攻撃を受けていた天皇機関説は，貴族院で菊池武夫によって批判されたのをきっかけに政治問題化し，岡田啓介内閣が国体明徴声明によって，この学説を否定した。

問3．アが誤文。GHQから憲法改正の指示を受けたのは幣原喜重郎内閣である。日本国憲法の制定過程については頻出事項であるため確認しておきたい。

問4．ア・エ・オが正文。選択肢のうち日本国憲法の条文は，基本的人権の尊重（第11条），生存権の保障（第25条），象徴天皇（第1条）である。イは日米新安全保障条約，ウは大日本帝国憲法である。

問5．難問。「日本国憲法と同年」という表現については，公布された1946年，施行された1947年の両年と捉えて判断した。

イが正文。刑法は1947年に改正・公布され，不敬罪・姦通罪などが廃止された。

ア．誤文。警察法は1947年に公布され，国家地方警察とともに自治体警察が置かれた。

ウ．誤文。民法の改正・公布は1947年に行われ，婚姻・家族関係における男性優位の諸規定や戸主権が廃止された。

エ．誤文。「教育委員の公選制」は1947年に公布された地方自治法ではなく，教育委員会法（1948年公布）によって定められた。

オ．誤文。刑事訴訟法の全面改定・公布は1948年である。

問6．エが正文。

ア・イ・ウ．誤文。1991年に開戦した湾岸戦争において資金援助のみを行った日本は，人道支援などの国際貢献の要請が強まるなかPKO協力法を制定した。

オ．誤文。自衛隊はベトナムには派遣されていない。

問7．ウが誤文。農山漁村経済更生運動は1932年に政府により実施された，恐慌からの復興運動である。小作料の引き下げを求める運動である小作争議と混同しないようにしたい。

問8．やや難問。ア・エが正文。

イ．誤文。1955年の農業生産は「前年比3倍を超える」ではなく，前年比約2割増であった。

ウ．誤文。在村地主の貸付地に対して，都府県平均1町歩，北海道では4町歩を超える部分が国によって強制買い上げされた。

オ．誤文。農地委員会の構成員は地主3・自作農2・小作農5の割合である。

問9．イが誤文。図1(3)経営耕地別農家比率より，農地改革の結果，零細経営が増加し，大規模経営が減少していることがわかる。

問11．ア・エが正解。東名高速道路は1969年に全通，東海道新幹線は1964年に開通し，いずれも高度経済成長期の出来事である。なお，青函トンネル（1988年），関西国際空港（1994年），瀬戸大橋（1988年）は，時期が異なる。

問12．やや難問。オが正解。自給率が100％を前後しているfは米と判断できるが，gを牛肉と確定するのはやや詳細な知識であり，教科書掲載の表などを丁寧に確認する必要がある。

問13．ウが正解。ⅰは「貿易摩擦」から1980年代，ⅱは「買い出しや闇市」から戦後すぐ，ⅲは「農業基本法」から1960年代，ⅳは「減反政策」から1970年代の出来事。

❖講　評

Ⅰ　古代・中世の対外関係をテーマとする。基本事項や教科書レベルの知識で判断できる出題が多く，ケアレスミスなく解答したい。問7の『善隣国宝記』はやや難問であるが，室町時代の外交史料としても出題されることがあるため確認しておきたい。

Ⅱ　近世・近代の交通をテーマとする。問3の関所の場所を地図上で選ぶ問題，問4・問5・問6といった教科書の精読によって解答が確定できる問題など，日頃の学習の精度が問われる出題がある。問2の五街道を選択する問題などはミスなく解答したい。

Ⅲ　近代の鉄道と関連産業をテーマとする。選択肢の吟味に時間を必要とする出題が多く，全体として難度が高い。しかし，問4のグラフから貿易品目を選択する問題など，2022年度も類題が出題されているので，該当分野については丁寧に学習したい。

Ⅳ　戦後の日本社会と農業をテーマとする。問1の大日本帝国憲法や日本国憲法前文の空欄補充，問4の日本国憲法の条文選択など，憲法の基本事項は理解しておきたい。なお，問5など教科書に記述されていない場合もあり難問である。問12の食料自給率のグラフは，教科書では表になっていることが多い。また，1970年代以降の知識を問う出題も散見され，現代史についてもしっかりとフォローしたい。

世界史

I

解答　問1．ア　問2．ウ　問3．ア　問4．カ

◀解　説▶

≪重商主義について≫

問3．ア．誤文。アメリカ大陸から銀がヨーロッパに流入したことで，銀の価値が下落し，物価の高騰が起こった（価格革命）。これにより，固定地代収入で生活していた領主層は，実質的な収入減となり，生活は困窮した。

問4．重商主義は，初期の貴金属の所有量を増やす重金主義から，輸出を増大し輸入を抑えて差額で富を増大する貿易差額主義へと移行した。「年々われわれが消費する外国商品の価値額」とは輸入のことであるので，後者の考えに立てば，その価値以上のものを売ることによって差額の儲けが生じるのであるから，(は)は正しく，(い)・(ろ)は誤りとなる。

II

解答　問1．ア　問2．イ　問3．ウ　問4．エ　問5．ウ　問6．ウ　問7．オ　問8．イ　問9．カ　問10．オ　問11．エ　問12．エ　問13．エ

◀解　説▶

≪フランス革命≫

問3．1789年の封建的特権の廃止は，貴族の免税特権を否定し，農奴制・領主裁判権・十分の一税などを無償廃止し，農民の人格的自由を保障するものであった。しかしこの時，封建地代（貢租）の廃止については，20数年分の年貢の一括支払いが条件とされたためほとんどの農民は土地を取得できなかった。よって(い)のみ有償，(ろ)・(は)は無償となる。

問4．ア．誤文。革命により旧制度（アンシャン=レジーム）は崩壊した。
イ．誤文。革命によって絶対王政が倒され，共和政体が誕生した。
ウ．誤文。革命の結果，国民による国家統治（共和政）となった。
オ．誤文。革命の主体ともなったブルジョワジーなどは，生まれながらの

特権階級であった貴族を敵視していた。貴族意識を持ったわけではない。

問5．難問。『人権宣言』の第1条は人間の自由・平等を，第2条は政治的結合の目的と権利の種類を，第3条は国民主権をうたっている。よって(い)は第2条，(ろ)は第1条，(は)は第3条となる。

問6．ウの『諸国民の富（国富論）』は，イギリスの古典派経済学者アダム=スミスの著作である。残りはすべてフランスの啓蒙思想家の著作であり，アの『法の精神』はモンテスキュー，イの『哲学書簡（イギリス便り）』はヴォルテール，エ・オの『社会契約論』と『人間不平等起源論』はルソーの著作。

問7．フランス革命中に成立した議会は，国民議会（憲法制定国民議会）→立法議会→国民公会と変遷した。よって正解はオとなる。

問8．やや難。ルイ16世の処刑という詳細な年月が問われている。1793年1月のイが正解。アの1792年8月は王権が停止された時（8月10日事件），ウの1794年7月はテルミドール9日のクーデタが起こった年月，エの1799年11月はナポレオンによるブリュメール18日のクーデタが起きた年月である。

問9．総裁政府を打倒しナポレオンが統領政府を樹立したことを想起すれば，(は)が一番古いことが分かる。次に，ナポレオン法典の制定が統領政府時代のことであり，ライン同盟の結成はナポレオン帝政時代のことであると分かれば，(い)→(ろ)となることが分かる。よってカが正解となる。

問10．オ．誤文。連邦主義は連邦政府（中央政府）の権限を強化する考えである。地方の各州の権限強化等の立場は反連邦主義と呼ばれる。

問13．空欄cに入るのは，ヴェルサイユ宮殿である。ヴェルサイユは首都パリの郊外20kmほどの位置にあるので地図中よりパリの位置に近い選択肢を選ぶこととなる。よってエが正解。

Ⅲ　解答

問1．ア・ウ・エ・オ　問2．ウ・オ
問3．ア　問4．エ　問5．イ・ウ・エ・オ
問6．ウ・エ・カ　問7．イ　問8．エ　問9．ア
問10．イまたはウ　問11．イ・カ　問12．ア・ウ・オ
問13．ウ・オ・カ　問14．イ　問15．カ　問16．オ　問17．オ

◀解　説▶

≪カイロ宣言・大西洋憲章・ヤルタ協定に関する雑問≫

問1．〔A〕は日本の戦後の領土処理や無条件降伏について述べられているので，カイロ宣言であると分かる。カイロ宣言を採択したカイロ会談はアメリカ・イギリス・中国で行われたので，「三大同盟国」に含まれないのは，アのイタリア，ウのフランス，エのソ連，オのオランダである。

問2．ウ．誤文。立憲君主制への移行を模索したのは光緒新政の時期。中華民国の建国は，アジア初の共和国の誕生であった。

オ．誤文。学校教育制を設けて科挙を廃止したのも，光緒新政の時期である。

問3．(い)誤文。毛沢東を主席とする中華ソヴィエト共和国臨時政府は，江西省の瑞金に樹立された。

(ろ)誤文。国民政府の攻撃を避けて瑞金を出発して始まった長征は，陝西省の延安に到着，ここを根拠地と定めた。

問4．(は)誤文。第二次世界大戦末期，日本は植民地であった朝鮮の人々に徴兵制度を敷いた。

問5．難問。イ．誤文。蔣介石の国民政府は南京に樹立された。当時の北京は軍閥政権下にあり，これに対し蔣介石が北伐を開始する。

ウ．誤文。西安事件で蔣介石を捕らえたのは，張学良である。

エ．誤文。日中戦争が起こると国民政府は重慶に移って抗戦を継続した。

オ．誤文。蔣介石国民政府による通貨統一（法幣）は，イギリス・アメリカの支援で行われた。

問6．ウ．誤文。スターリンは，コルホーズやソフホーズによる農業の集団化を進めた。

エ．誤文。スターリンは一国社会主義論を唱え，世界革命論を唱えるトロツキーと対立した。

カ．誤文。スターリンの死後，彼を批判したのはフルシチョフである。

問7．(い)誤文。⑥はフランクリン=ローズヴェルト大統領であり，彼が推し進めた善隣外交政策とは，ラテンアメリカ諸国への内政干渉を控え，友好関係を築く外交政策をいう。

(は)誤文。パナマ運河の完成は1914年であり，この時の大統領はウィルソンである。

問9．ア．誤文。ビルマでイギリスに対する農民運動を指導したのはサヤ=サンである。スカルノはインドネシアでオランダに対する独立運動を展開した指導者。

問11．イ．誤文。ナチスが起こしたミュンヘン一揆は失敗に終わり，ヒトラーは逮捕・投獄された。これを機にナチスは合法的活動に転じた。

カ．誤文。ヒンデンブルク大統領が死去すると，ヒトラーは首相と大統領の権限を併せ持つ独裁的地位を確立し，総統と称した。

問12．ア．誤文。ナチス政権は，住民投票によってザール地方を編入した。

ウ．誤文。ドイツが国際連盟を脱退したのは日本の脱退（1933年3月）の後の1933年10月のことである。なおイタリアの脱退は1937年。

オ．誤文。ミュンヘン会談でチェコスロヴァキアのズデーテン地方のドイツへの割譲が認められた。

問13．難問。ウのスイス，オのフィンランド，カのスウェーデンが誤り。スイスは永世中立国，フィンランドは2023年に加盟，スウェーデンは現在加盟申請中である。

問16．(ろ)誤文。スターリン死後，ソ連ではフルシチョフがスターリン批判を行い，平和共存路線にシフトした。中国の毛沢東はこのソ連の動きを痛烈に批判し，中ソ対立（中ソ論争）に発展した。

問17．〔A〕はカイロ宣言，〔B〕はソ連の対日参戦やドイツの戦後処理についての記述からヤルタ協定，〔C〕はアメリカ大統領とイギリス首相の会談であることから大西洋憲章であるとわかる。カイロ宣言は1943年，ヤルタ協定は1945年，大西洋憲章は1941年であるから，〔C〕→〔A〕→〔B〕となりオが正解。

❖講　評

Ⅰ　重商主義に関するリード文を読み，4つの問いに答える。問2は近年の共通テストでみられるような問題であり，このような問いは今後増えると予想される。

Ⅱ　テーマはフランス革命。問1と問10がアメリカ独立に関する問いであるが，あとはすべてフランス革命に関する問題である。問5と問8の難度は高いが，他の問いは標準的である。取りこぼさないようにしたい大問である。

Ⅲ　3 つの史料がリード文となっている上，過不足なくすべて選ぶ選択肢が 7 問，3 文正誤問題が 4 問と非常にハイレベルな大問である。また問 13 は NATO 非加盟国をすべて選ぶという，非常に詳細な内容である。20 世紀に関する設問がほとんどで，この大問の出来が合否を左右すると思われる。

2023 年度から短文論述がなくなり，すべてマークセンス方式となったが，中央大学の特徴である 3 文正誤問題や過不足なく正誤を選ぶ問題が多く，リード文も 3 題とも史料が用いられるなど難度は高い。初見の史料を正しく読み解く力も，結局は教科書精読が基本であり，正確な知識の蓄積があって初めて身につく。同様の問題に多く当たり，形式に慣れておきたい。

政治・経済

I　解答

問1．①死票　②ドント　③非拘束名簿　④ 2013　⑤連座制　⑥政党助成　⑦民法　⑧ 2016　⑨世論　⑩第四の権力

問2．普通選挙　問3．連立政権　問4．小選挙区比例代表並立（制）

問5．40％　問6．デジタル・デバイド　問7．A　問8．C

問9．記者（クラブ）　問10．メディアリテラシー

問11．パブリックコメント

◀解　説▶

≪選　挙≫

問1．④ 2013年にインターネット上での選挙運動が解禁された。

⑦民法改正により2022年4月から民法上の成年年齢が18歳に引き下げられた。

⑧ 2016年7月10日の参議院議員通常選挙が，初の18歳が投票した国政選挙となった。

問2．一定の年齢に達したすべての者に選挙権，被選挙権の資格を与える選挙制度は，普通選挙である。

問3．複数の政党が政策を協定して組織する政権は連立政権である。

問5．惜敗率は当選した候補者の得票数に対する落選した候補者の得票数の割合であり，本問では20000÷50000×100＝40％である。

問7．Aが正解。2009年の衆院選における選挙区ごとの投票価値の格差が最大2.30倍であったことに対して，2011年に最高裁は違憲状態と判断した。

問8．Cが正解。2021年10月31日の衆議院議員総選挙では，20歳代の投票率は36.50％であり，最も年代別投票率が低かった。

問10．情報メディアを使いこなし，情報を正しく読み取り，選択し利用する能力を，メディアリテラシーという。

問11．2005年6月の行政手続法改正によって法制化された「意見公募手続」を，パブリックコメントという。

Ⅱ　解答

問1．①変動相場　②内国為替取引　③114　④80
⑤増加させる　⑥交易条件　⑦改善させる
⑧為替介入（公的介入，平衡操作なども可）　⑨日本銀行　⑩外貨準備
問2．C　問3．C　問4．A　問5．B　問6．B

◀解　説▶

≪外国為替≫

問1．③1ドル＝120円から5％円高が進んで1ドル＝x円になったため$120\times0.95=x$であり，$x=114$すなわち1ドル＝114円になったとわかる。
④1ドル＝y円から25％円安が進んで1ドル＝100円になったため$y\times1.25=100$であり，$y=80$すなわち1ドル＝80円であったとわかる。

問2．Cが正解。A．世界の輸出入総額よりも外国為替取引額の方が大きい。
B．ファンダメンタルズとは経済成長率や物価上昇率など，一国の経済状態の基礎的な条件のことであり，為替相場はしばしばファンダメンタルズの変動以上に大きく変動する。
D．外国為替の投機的取引とは，主に短期的な為替相場の変動から利益を得ようとする取引を指す。

問3．Cが正解。A．第2次安倍政権下ではアベノミクス3本の矢の一つとして金融緩和が行われた。
B．2022年4月には日米の金利差拡大を受けた円安が進んだ。
D．2020年2月末から3月初旬にかけて，欧米における新型コロナウィルス感染拡大の影響を受けて急速な円高が進んだ。

問4．Aが正解。B．外国の金利が上昇すると，日本から外国に資金が流出する。
C．日本の金利が上昇すると，外国から日本に資金が流入する。
D．日本の金利が下落すると，日本から外国に資金が流出する。

問5．Bが正解。A．同質的なある財のアメリカでの価格が2米ドル，日本での価格が70円ならば，円建ての購買力平価は1米ドル＝35円となる。
C．アメリカの物価下落は円建ての購買力平価を上昇させる。
D．日本の物価上昇は円建ての購買力平価を上昇させる。

問6．Bが正解。A．貿易での決済が米ドルで行われる場合，円安・米ドル高となると，日本からの輸出者の円建ての受け取り額は増加する。

C．アメリカで米ドル投資を行った場合，将来的な円安・米ドル高は，円建ての将来的な収益を増加させる。

D．アメリカで米ドル投資を行った場合，将来的な円高・米ドル安は，米ドル建ての将来的な収益を変化させない。

III　解答

問1．C　問2．D　問3．D　問4．C　問5．B
問6．D　問7．A　問8．A　問9．A　問10．B
問11．B　問12．C　問13．D　問14．C　問15．A

◀解　説▶

≪ニューディール政策≫

問1．Cが正解。1929年10月24日のニューヨーク・ウォール街の株式取引所における株価暴落は世界恐慌に発展した。

問2・問3．1933年にローズヴェルト大統領は市場経済への積極的な介入を行うニューディール政策を実施した。

問4．Cが正解。ニューディール政策の一環として，1933年にアメリカは金本位制から離脱した。

問5．Bが正解。産業ごとに組織化を行って一種のカルテル形成を認めた法は全国産業復興法（NIRA）である。

問6．Dが正解。政府による過剰農産物の買い上げや作付制限により農産物価格の引き上げを目指した法は農業調整法（AAA）である。

問7．Aが正解。テネシー川流域の総合開発を担う公社として組織されたのは，TVAである。DのFERA（連邦緊急救済局）は，ニューディール政策における失業救済を目的とする組織である。

問9．Aが正解。社会的弱者に対する失業保険・公的扶助を制度化した社会保障法は1935年にニューディール政策の一環として制定された。

問11．Bが正解。基準年の名目GDPが550兆円，実質GDPを$550x$兆円とすると，GDPデフレーター＝名目GDP÷実質GDPより基準年のGDPデフレーターは$550 \div 550x = 1/x$である。ある年の名目GDPは基準年の550兆円から＋10％変化したことから$550 \times 1.1 = 605$兆円，実質GDPは一定より$550x$兆円であるため，ある年のGDPデフレーターは$605 \div 550x = 1.1/x$である。よって，ある年のGDPデフレーターは基準年のそれの1.1倍すなわち＋10％変化したことになる。

問12.　Cが正解。各国は輸出の増加による景気回復をねらって自国通貨の切り下げを行なった。

問13.　Dが正解。サブプライムローンは信用力の低い個人向けの住宅ローンである。多くは証券化され，金融商品として売買されていたが，不動産価格の下落によって不良債権化した。

問14.　Cが正解。需要を増加させる政策は需要曲線を右にシフト，供給を減少させる政策は供給曲線を左にシフトさせることで，いずれも均衡点が上方にシフトし価格上昇がもたらされる。

❖講　評

Ⅰ　選挙について出題された。多くは教科書レベルの出題であったが，問1の空欄補充⑦の2022年の成年年齢引き下げや，問8の2021年総選挙の20代投票率を問う問題など，時事的な出題も特徴的であった。問5の惜敗率の問題は，日頃から計算についてトレーニングしていた受験生であれば対応可能なものであった。

Ⅱ　外国為替について出題された。問1の空欄補充③や④での為替レートの問題は基本的な計算問題であった。問4から問6の為替変動の要因や影響について問う問題は，やや難しい。

Ⅲ　ニューディール政策について出題された。標準的な難易度の問題が多いものの，問11のGDPデフレーターの変化を問う問題は，算出方法を理解しているかが問われている。問14の需要供給曲線を変化させる政策は，実際にグラフを動かして考える必要のある問題であった。

2023年度も，おおむね例年と変わりない難易度だったといえるだろう。

数学

I 解答

(1) 6　(2) 144　(3) $-\sqrt{5}$　(4) 10

(5) $a=3$, $r=-2$　(6) $f(x)=20x+10$

◀解　説▶

≪小問6問≫

(1)　$2023=17\cdot 119=17\cdot 17\cdot 7=7\cdot 17^2$

よって，正の約数の個数は

$2\times 3=6$ 個

(2)　奇数が書かれたカードは3枚あるから，この3枚から2枚選んで両端に並べる方法が ${}_3\mathrm{P}_2$ 通りあり，その各々に対し残り4枚のカードの並べ方が $4!$ ずつある。よって，求める並べ方は

${}_3\mathrm{P}_2\times 4!=6\times 24=144$ 通り

(3)　$y=\cos x-\sqrt{2}\left(\sin x\cos\dfrac{\pi}{4}-\cos x\sin\dfrac{\pi}{4}\right)=\cos x-(\sin x-\cos x)$

$=-\sin x+2\cos x$

$=\sqrt{5}\sin(x+\alpha)$

ただし　$\sin\alpha=\dfrac{2}{\sqrt{5}}$，$\cos\alpha=-\dfrac{1}{\sqrt{5}}$

$0\leqq x<2\pi$ であるから，$\alpha\leqq x<2\pi+\alpha$ より　$-1\leqq\sin(x+\alpha)\leqq 1$

ゆえに　$-\sqrt{5}\leqq\sqrt{5}\sin(x+\alpha)\leqq\sqrt{5}$

よって，y の最小値は　$-\sqrt{5}$

(4)　真数の条件から　$x>0$ かつ $x-9>0$

ゆえに　$x>9$　……①

このとき，与えられた方程式は

$\log_{10}x(x-9)=\log_{10}10$ より　$x^2-9x=10$

これを解くと

$(x-10)(x+1)=0$

ゆえに　$x=10$，-1

①から，$x=-1$ は不適である。

よって　　$x=10$

(5)　与えられた条件 $S_3=9$，$S_6=-63$ から

$$a+ar+ar^2=9 \quad \cdots\cdots ①$$

$$a+ar+ar^2+ar^3+ar^4+ar^5=-63 \quad \cdots\cdots ②$$

このとき，②の左辺は

$$\begin{aligned} a+ar+ar^2+ar^3+ar^4+ar^5 &= a+ar+ar^2+r^3(a+ar+ar^2) \\ &= (1+r^3)(a+ar+ar^2) \end{aligned}$$

これと①を用いて　　$9(1+r^3)=-63$

ゆえに　　$r^3=-8$

r は実数であるから，$r=-2$ を得る。これを①に代入して

$a-2a+4a=9$ より　　$a=3$

よって　　$a=3$，$r=-2$

(6)　$$x\int_0^1 f(t)\,dt+10=f(x) \quad \cdots\cdots ①$$

$\int_0^1 f(t)\,dt$ は変数 x によらない定数であるから，a を定数として

$$a=\int_0^1 f(t)\,dt \quad \cdots\cdots ②$$

とおくと　　$f(x)=ax+10$

と表される。このとき，②より

$$a=\int_0^1 (at+10)\,dt=\left[\frac{at^2}{2}+10t\right]_0^1=\frac{a}{2}+10$$

ゆえに　　$a=20$

よって　　$f(x)=20x+10$

II　解答　(1)　$r_2=120$，$r_3=1300$

(2)　α，β は $x^2-10x-10=0$ の 2 つの解であるから

$\alpha^2-10\alpha-10=0$ より　　$\alpha^2=10\alpha+10$

$\beta^2-10\beta-10=0$ より　　$\beta^2=10\beta+10$

が成り立つ。

$$\alpha^{n+2}+\beta^{n+2}=\alpha^2\cdot\alpha^n+\beta^2\cdot\beta^n=10(\alpha^{n+1}+\beta^{n+1})+10(\alpha^n+\beta^n)$$

よって　　$r_{n+2}=10r_{n+1}+10r_n$　……(答)

(3) $r_{100}=\alpha^{100}+\beta^{100}$ より　$\alpha^{100}=r_{100}-\beta^{100}$

ここで，$x^2-10x-10=0$ を解くと　$x=5\pm\sqrt{35}$

$\alpha>\beta$ であるから　$\beta=5-\sqrt{35}$

このとき，$5<\sqrt{35}<6$ より　$-1<5-\sqrt{35}<0$

よって　$0<(5-\sqrt{35})^{100}<1$

すなわち　$0<\beta^{100}<1$

一方，(1)と(2)から

$$r_2=120,\ r_3=1300,\ r_{n+2}=10(r_{n+1}+r_n)$$

したがって，帰納的に，$n\geqq3$ において r_n の下2桁は0である。このとき

$$\alpha^{100}=r_{100}-\beta^{100}=r_{100}-1+(1-\beta^{100})$$

$0<\beta^{100}<1$ より，$0<1-\beta^{100}<1$ であるから，$1-\beta^{100}$ の整数部分は0である。

よって，α^{100} の一の位は9，十の位は9である。……(答)

参考　$n\geqq3$ において r_n の下2桁が0であることは，c_n を整数として

$$r_n=10^2c_n\quad(n\geqq3)\quad\cdots\cdots(*)$$

と表されることを，次のように数学的帰納法を用いて証明できる。

[1]　$n=3,\ 4$ のとき

$$r_3=1300=13\times10^2,\ r_4=10r_3+10r_2=(130+12)\times10^2$$

であるから(＊)は成り立つ。

[2]　$n=k,\ k+1\ (k\geqq3)$ のとき，(＊)が成り立つとすると

$$r_k=10^2c_k,\ r_{k+1}=10^2c_{k+1}$$

である。このとき，(2)の漸化式から

$$r_{k+2}=10(r_{k+1}+r_k)=10(10^2c_{k+1}+10^2c_k)=10^3(c_{k+1}+c_k)$$

ゆえに，$n=k+2$ のときも(＊)は成り立つ。

よって，[1]，[2]から，$n\geqq3$ であるすべての自然数 n に対して(＊)が成り立つことが示された。すなわち，r_n の下2桁は0である。

◀解　説▶

≪2次方程式の解と係数の関係，漸化式，整数部分の下2桁の値≫

(1) $x^2-10x-10=0$ ……① とおく。

$r_n=\alpha^n+\beta^n$ であるから

$$r_1=\alpha+\beta,\ r_2=\alpha^2+\beta^2,\ r_3=\alpha^3+\beta^3$$

いま，α，β は①の2つの解であるから，解と係数の関係から

$\alpha+\beta=10,\ \alpha\beta=-10$　……②

また，①に $\alpha,\ \beta$ を代入すれば

$\alpha^2-10\alpha-10=0$ より　　$\alpha^2=10\alpha+10$　……③

$\beta^2-10\beta-10=0$ より　　$\beta^2=10\beta+10$　……④

が成り立つ。このとき，③+④ より

$$\alpha^2+\beta^2=10(\alpha+\beta)+20=120$$

③の両辺に α をかけたものと，④の両辺に β をかけたものを辺々加えると

$$\alpha^3+\beta^3=10(\alpha^2+\beta^2)+10(\alpha+\beta)=1200+100=1300$$

よって　　$r_2=120,\ r_3=1300$

別解　$r_2=\alpha^2+\beta^2,\ r_3=\alpha^3+\beta^3$ は，②を用いて次のように求められる。

$$r_2=\alpha^2+\beta^2=(\alpha+\beta)^2-2\alpha\beta=10^2-2\cdot(-10)=120$$

$$r_3=\alpha^3+\beta^3=(\alpha+\beta)^3-3\alpha\beta(\alpha+\beta)=10^3-3\cdot(-10)\cdot10=1300$$

(2)　演習経験の有無で差の出る問題だろう。

(3)　小さい方の解 β の大きさが0と1の間にあることに着目できるかどうかが最大のポイントである。これも有名問題でハイレベルな入試演習書にはよく取り上げられている問題ではあるが，演習経験がないと難しく感じるかもしれない。完答が易しい問題とは言えないが，(1)と(2)ができる学力は養っておきたい。

Ⅲ　解答

(1)　球面の方程式は $x^2+y^2+z^2=2^2$ だから

平面 $z=a$ との交わりは

$$x^2+y^2+a^2=4 \iff x^2+y^2=4-a^2$$

となり，中心 K$(0,\ 0,\ a)$，半径 $\sqrt{4-a^2}$ の円である。

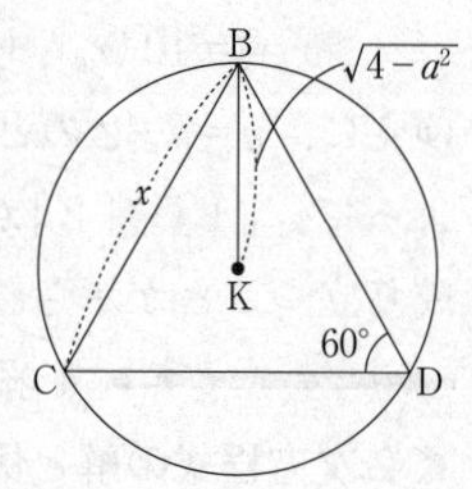

正三角形の一辺の長さを x とおくと，正弦定理より

$$\frac{x}{\sin 60^\circ}=2\times\sqrt{4-a^2} \iff x=\sqrt{3(4-a^2)}$$

よって△BCD の面積 S は

$$S=\frac{1}{2}x^2\sin 60^\circ=\frac{3(4-a^2)\sqrt{3}}{4}$$

となるから，$a=-1$ のとき　$\dfrac{9}{4}\sqrt{3}$　……(答)

(2)　$\mathrm{AK}=2-a$ であるから，三角錐 ABCD の体積 V は

$$V=\frac{1}{3}S\cdot\mathrm{AK}=\frac{\sqrt{3}}{4}(4-a^2)(2-a)$$

$$=\frac{\sqrt{3}}{4}(a^3-2a^2-4a+8)\quad\text{……(答)}$$

(3)　$f(a)=a^3-2a^2-4a+8$ とおくと

$$f'(a)=3a^2-4a-4=(3a+2)(a-2)$$

であるから，$-2<a<2$ における $f(a)$ の増減は右の表のようになる。

a	-2	$\cdots$	$-\frac{2}{3}$	$\cdots$	2
$f'(a)$	$+$	$+$	0	$-$	0
$f(a)$		↗	極大	↘	

したがって，$f(a)$ は $a=-\dfrac{2}{3}$ で極大かつ最大となる。

このとき，体積 V は

$$V=\frac{\sqrt{3}}{4}f\left(-\frac{2}{3}\right)=\frac{\sqrt{3}}{4}\left(4-\frac{4}{9}\right)\left(2+\frac{2}{3}\right)=\frac{64\sqrt{3}}{27}$$

よって，体積 V は $a=-\dfrac{2}{3}$ のとき，最大値 $\dfrac{64\sqrt{3}}{27}$ をとる。　……(答)

◀解　説▶

≪球面と平面の交わりの円の半径，円に内接する正三角形の面積，三角錐の体積，微分法，体積の最大・最小≫

まず，球面と平面の交わりの円の半径を a で表すことができれば，(1)，(2)ともに難しくはないだろう。

(3)で最大値を求める際に，(2)の計算過程を用いて〔解答〕のように，$a=-\dfrac{2}{3}$ を $V=\dfrac{\sqrt{3}}{4}(4-a^2)(2-a)$ に代入すると計算が楽になる。計算間違いなどのケアレスミスにはくれぐれも注意したい。

❖講　評

例年通り大問3題からなり，Ⅰが小問集合，ⅡとⅢが記述問題となっている。

Ⅰ　6つの小問からなり，すべて基本的な問題。どの問題も教科書傍用問題集や入試演習書で類似問題の演習経験があるだろう。

Ⅱ　２次方程式の２つの解で漸化式を作る問題は，難関国公立大を中心にしばしば出題されている問題であるが，演習経験がないと(2)，(3)は難しく感じたのではないだろうか。

Ⅲ　球面の断面の円の半径の考察の得手不得手がすべて。ただ，誘導が親切なので難しくはないだろう。

経験と学力の差がしっかり見て取れる内容である。ケアレスミスをしないように日頃から丁寧な計算を心掛けておくこと。

〔問八〕　傍線⒂の一行前で、「題詠をもてあそぶ（＝題詠に興じる）」ことは「いにしへの道にあらず（＝昔の歌の道ではない）」とされている。その後に逆接の接続助詞「ども」があり、題詠には、利点もあることが認められている。⒂の「これよりよきはなし」や⒃の「これが捨てがたき所」がそれである。次に、⒄の直前で「…所なれど」と逆接でつなぎ、題詠だけをすることもよくないと述べている。よって、⒂〜⒄の「これ」は「題詠」を指す。⒆については「これをあらたむる」とあることに着目すると、「これ」の指す内容は〈題詠ばかりすること〉であり、他の選択肢とは異なる内容を指している。正解はDである。

❖講　評

大問三題で、一と二が現代文、三が古文の構成。試験時間は六十分。

一はツヴェタン・トドロフ『野蛮への恐怖、文明への怨念』からの出題。人類が取るべき共存の形式とは何か、他者性排斥と善悪二元論に打ち克つための、万人に求められる思考実践を問い質した評論である。設問は、〔問二〕と〔問六〕が標準からやや難レベルであるが、総じて標準レベルである。

二はハナムラチカヒロ『まなざしの革命』からの出題。「常識」「感染」「平和」「情報」「広告」「貨幣」「管理」「交流」「解放」という九つのキーワードをもとに、世界を変革するのではなく、私たち自身の「まなざし」を変革することで、混沌とした状況の中から未来を切りひらく方途を論じた評論。設問は総じて標準的で、本文中から根拠となる部分を見出しながら、選択肢を吟味していけばよい。

三は富士谷御杖『歌袋』。江戸後期の歌論書である。問題文は、当時流行していた「題詠」について、問題点をあげ、批判している。〔問一〕は、文学史の知識があれば常識的な問題である。その他は標準的な設問が多いが、〔問五〕は知識に加えて文脈判断が必要で、やや難。また、〔問七〕と〔問八〕は、指示語が指しているものを正確に把握する必要があり、やや難である。

るものは、⒀の「いふべく」なので、正解はDである。なお⑺・⑼・⑽は、推量。⒅は、意志である。

〔問五〕 ⑸「あだなる」は〝①はかない。もろい。②誠実でない。浮気だ。③疎略だ。④無駄だ。無用だ〟の意のナリ活用の形容動詞の連体形である。CとDで迷うが、「あだなる花」「たねなき心ざし」と対句になっていることに注意して考えると、正解はCである。

⑻「ねもころなる」は〝手厚い。丁重だ。丁寧だ。入念だ〟の意のナリ活用の形容動詞の連体形であるので、正解はAである。

⑿「しるければ」は〝①はっきりわかる。明白である。②（「…もしるし」の形で）まさにそのとおりだ。予想どおりだ〟の意のク活用の形容詞の已然形に接続助詞の「ば」が接続したものであるので、正解はBである。

⒁「そぞろに」は〝①何ということがない。何とはなしである。②無関係だ。筋違いだ。③むやみだ。わけもない〟の意のナリ活用の形容動詞の連用形であるので、正解はDである。

〔問六〕 傍線部の「心ざしここにあらん人」の行動は、以下の部分で「時につけたるありさまを、え念じすぐさでそぞろに歌の詠まれんことを求むべし（＝時節に関連した様子を、我慢して時を送ることができずにむやみやたらと歌が詠まれることを求めるだろう）」と述べられているので、正解はAである。

〔問七〕 傍線部の「ことわり」とは〝道理〟の意、「しから」は〝そのとおりである〟の意の副詞の「しか」にラ変動詞「あり」が接続した「しかあり」が変化した形の未然形である。打消の助動詞「ず」の連体形「ざる」が接続しているので、「しからざる」は、〝そのとおりではない〟の意になる。「しか」が指しているのは、「姿詞はえらまでもありぬべしと思はん人あるべし（＝姿や言葉は選ばなくてもそこにあるだろうと思う人がいるだろう）」であることを押さえよう。また、傍線部の二行後に「おきてを設けられけるより、この道せばくなりて」とあり、また傍線部の二〜三行後に「今は世の常の詞歌によからぬを」とある。「世の常の詞」とは俗語だと考えられる。Cの前半が「おきて…せばくなりて」に、後半が「今は世の常の詞歌によからぬを」に対応するので、正解はCである。

▲解　説▼

〔問一〕　紀貫之が書いた『古今和歌集』の仮名序に「世の中にある人、ことわざ、繁きものなれば、心に思ふことを、見るもの聞くものにつけて、言ひ出せるなり（＝世の人は、仕事が、多いものなので、心に思うことを、見るもの聞くものに託して、言葉に表しているのである）」と、傍線部に類似した部分がある。また、十二行目の「あめつちを動かし、鬼神をなだめ」とある部分は、仮名序の「力をも入れずして天地を動かし、目に見えぬ鬼神をもあはれと思はせ（＝力を入れないで天地を感動させ、目に見えない鬼神をもしみじみとした思いにさせ）」を受けていると思われるので、正解はAである。

〔問二〕「題詠」を行うようになって以来、「詞をもととし、たねを心のほかに求めて詠める歌少なからず（＝言葉を元にして、種を心の外に求めて詠んだ歌は少なくはない）」と傍線部の次の行に述べているので、「題詠」とは、自分の心に応じて歌を詠むのではなく「あらかじめ設定された歌の題に即して和歌を詠む」ことであることが分かるので、正解はEである。

〔問三〕「なべては」は〝すべて〟の意の副詞。「さならぬ」について、「さ」は〝そのように〟の意の副詞、「ぬ」は〝～ない〟の意の打消の助動詞であるから、〝そのようでない〟の意になり、次に、「さ」が指している内容を考えると「心ざしのことにあらはれたる（＝心を寄せることが特に表れた）」であるから、「さならぬ」は、〝心を寄せることが特に表れたわけではない〟という意味になるので、正解はBである。

〔問四〕　助動詞「べし」の文法的意味には、推量・意志・可能・当然・命令・適当の六種類がある。主語が自分（一人称）の場合、意志であることが多く、主語が相手（二人称）の場合、当然を表すことが多い。主語が第三者（三人称）や、人以外の場合、推量を表すことが多くなる。可能の意味を表すときは、下に打消の語を伴うことが多い。命令や適当は、「べし」の前後を訳してから、その文脈に合う文法的意味を考えるようにする。(4)は、下に打消の語を伴っているので、（不）可能となり、〝判別できることではない〟の意となる。同じように、下に打消の語を伴っていのだ。元々心に思うこともなく、人に従い、題（＝歌題。歌会などで出される歌のテーマ）に向かい、実体のない花を言葉に求め、種なき感動を姿に表したのは、そうはいっても心が浅くて、涙が落ちるほどの歌は存在しないものだよ。これは座って作ったことと自然にそうなったこととの違いである。昔から言うことには、その心が深くなくてそれについて深い心を詠むことは困難である。もし本意がここにある人（＝深い感動を歌で表現したいと思う人）は、世の中の身にしみることでも、おかしいことでも、気がかりなことでも、（その）時に関連した様子を、我慢して時を送ることができずにむやみやたらと歌が詠まれることを求めるだろう。歌は他愛もないものであるが、天地を動かし、鬼神をなだめ、世の中の故事を探し求め、国々の様子を知り、君主を仰ぎ見、人を撫で、親子の関係を親しくし、夫婦や友人の間を和やかにし、思いを晴らし、心を慰める手段となっているのも、こまやかな心持ちを表すからである。あの（本当は）憂えずに苦労して状態を悪くする種類の歌で、これらを助けることがあろうか（いや、ありはしない）。こう考えると題詠は行うべきではない手法である。

姿や言葉は選ばなくてもそこにあるだろうと思う人がいるだろう。元々歌の道はそういうことであるけれど、道理においてはそうでないことがある。大昔は人の心が素直で、思うありさまのことを歌に詠んでいた。その中に素晴らしいものやよくないものが自然にはっきりしているので、次第に種類を分け、きまりを作られたことから、この道は狭くなって、思うことを口から出るままに言うこともできない。まして今は世間並みの言葉で歌に（使うには）よろしくないものを、それでも昔に習ってむやみに詠むならば、鳥を追い狗を走らせるわらべ歌とも変わらないだろう。これなども歌ではないわけではないけれど、真面目な場に持ち出せることもないだろう。そうであれば題詠に興じるというのは昔の歌の道ではないといっても、今において歌の趣を知り言葉も言い慣れるには、これ（＝題詠）より良い方法はない。そうであるからこれ（＝題詠）が捨てにくいところではあるが、これ（＝題詠）だけを特別に行うのも同じように歌道ではないと第一に知って心に留めておくべきである。そうでなければ上達するにつれてこれ（＝題詠ばかりすること）を改めることが面倒になり、最後には良くない歌人となって世間を決まり悪く思うようになるのだよ。

三

出典　富士谷御杖『歌袋』

解答

〔問一〕　A

〔問二〕　E

〔問三〕　B

〔問四〕　D

〔問五〕　(5)―C　(8)―A　(12)―B　(14)―D

〔問六〕　A

〔問七〕　C

〔問八〕　D

◆全　訳◆

昔の歌の第一とする点は、ただ感動を述べるということに尽きる。いわゆる思うことを見る物や聞く物に関連させて言い出しているのである。歌の様子はいろいろあるといっても、どれも気持ちを述べる一つのやり方であって、いろいろな草木、鳥や獣の様子、月雪海山の景色だけを言い尽くしているのも、これを面白いとも深く身にしみるとも思う心から詠んだのであるから、やはり（歌の）第一とする点と異なることはない。後世の人は、次第にこれを忘れて、さかんに題詠に興じ楽しむようになって以来、心を寄せることが特に表れたことだけをすぐれたものとして、（歌の）ほとんどはそうでない（＝感動に基づいて詠まれるものではない）ように思っている人たちが、言葉を元にして、種を心の外に求めて詠んだ歌は少なくはない。そもそも歌の心と自分の心とが異なっているのは、昔の歌の道ではない。しかしながら、どちらで作られたものも同じ歌で、心の違いであっても少しも人が判別できることではないが、歌は巧みに人の心を写したものであって、楽しみが過分なほどで、憂いが心に溢れて詠んだような歌は、自然に心も深く、身にしみるようにも聞こえる

〔問二〕　第一段落の三行目に「情報は伝えられた時点ですでに意図が入っている」とあり、第四段落の四行目には「この社会では正しいものは何もなく、『正しそうに見せる』ことに成功した情報だけが受け入れられる」と述べられているので、正解はCである。Aは「隠された真実を物語っている」、Bは「真偽をよく検証した上で」、Dは「全ての要素を適切に組み合わせたものが事実とされる」、Eは「事実は取捨選択されながら情報に変換される」の部分がそれぞれ不適切である。

〔問三〕　傍線部の後に「自分で情報を集めて自分で編集せねばならない」とあることから、なぜこのような行動をとらねばならないかを考えると、正解であるCにあるように、この情報が「伝える内容の根拠となる出所や責任の所在が判然とせず」「どれがどの程度重要なのかが判別しがたい」ためだと考えられる。

〔問四〕　空欄の四行前にあるような「ただひたすら自らが好きなことにフォーカスする態度。社会の矛盾に悩むこともなく、深く考えることもなく、自らの欲することに忠実に突き進む態度」を取るような人ばかりになるということは、空欄の前にあるような「自分の見たいものにだけフォーカスしている人ばかりにな」り、その結果、当然、見ない（見えない）ものが増えてくるわけなので、正解はEの「死角」になる。

〔問五〕　Aは「義務づけられている」とあるが、そのような記述は見られないので、不適切。Bは、こうした態度を取っても、第十一段落の三行目に「インターネットの中に真実があるとは限らないし、むしろ嘘に満ちている可能性の方が大きい」とあるので、不適切。Cは「虚偽の事実を流すことを目的として」とあるが、第七段落を見ても、これは言いすぎである。Dは「多くの専門家が確認しているため精度は高い」とあるが、そのような記述は見られないので、不適切。Eは、最終段落の内容と合致している。よって、正解はEである。

る。オは「自分が享受したい利益や快楽に他者があずかることを拒絶して、他者を抹殺しなければならない」とあるが、第二段落を読むと、「抹殺」するような場合もあれば、九行目にあるように「尊厳を認める」場合もあるので、本文の内容と合致していない。

二

出典 ハナムラチカヒロ『まなざしの革命――世界の見方は変えられる』〈第四章　情報――ファクトかフェイクか〉（河出書房新社）

解答

〔問一〕　B

〔問二〕　C

〔問三〕　C

〔問四〕　E

〔問五〕　E

◆要　　旨◆

現在、流れてくる情報には「事実」と「主張」が一緒に溶け込んでいるので、どこまでが実際に起こった「事実」で、どこからが伝える者の「主張」なのかを注意深く分けて見なければならない。報道機関やウェブメディア、SNSなどの様々な情報をフラットに眺めて、どの情報が信頼に足るものでどの情報が怪しいのか、そして何が正しくて何が間違っているのか、ということを自ら確かめようとする努力が、これまで以上に必要になる。それには根気と忍耐力、そして能力を高めねばならないが、今の情報時代における真実の求め方の一つの方向性にも思える。

▲解　　説▼

〔問一〕　傍線部の前に「メディアはその性質上、何らかの見方のもとで情報を発信するものだからだ」とあり、傍線部の後には「情報は伝えられた時点ですでに意図が入っている」とあるので、正解はBである。

り、真実を見ないことになるわけである。また、傍線部の二行後に「われわれが人間の『人間性』と呼ぶものと人間の『非人間性』と呼ぶものは同じ起源を持っている」とあるので、正解はCである。

〔問三〕傍線部の直前に「だから」とあるので、その前に着目すると、「第一の段階で、他者がわれわれとは異なった生活様式を有していることを発見する。第二の段階で、他者がわれわれと同様な人間であることを受け入れる」「他者が自分たちとは異なったアイデンティティを持つことを自分に身近な人々に理解させるのは、文明化の行為である。というのも、こうすることによって人間の枠組みを広げることになる」とあるので、正解はDである。

〔問四〕傍線部の「複数存在する」「形態」のうち、最初のひとつが第四・五段落に、もうひとつが第六段落に書かれていることを押さえる。要約文の二行目までに述べられている段階は「価値階梯のもっとも下位」の段階であるが、空欄(ア)に続く「の住人」という語句に注目すると、第四段落の四行目に「人間集団は、それぞれ孤立した縄張りに住んでおり」が手がかりとなり、正解はBの「孤立した縄張り」になる。空欄(イ)は、要約文の「次に」から始まる文は、「もうひとつ」の形態を表すので、第六段落に着目すると、「自分から……批判的判断ができるようになることである」とある。空欄(イ)の直前に、「自分や自分が属する集団をあたかも外側から観察するようにして」ともあり、それに続く言葉として適切なのはDである。

〔問五〕傍線部の二行後には「野蛮人は、自己の現在とは異なった過去のうちに自らの姿を認めるのを拒む」とあるが、逆に考えると、文明化された人間は、傍線部の前にあるように「集団の他の構成員の身振りや態度について理解することを、したがって、自分が人間であると同時に彼らも人間だと見なすことを可能にする」わけであるので、正解はEである。

〔問六〕アは第一段落の「野蛮は古代であれ近代であれ、人間の歴史のある特定の時期に対応するものではないし、地球の表面を覆う諸民族のいかなる特定の部分に対応するものでもない」という内容と合致していない。イは第二・第六・第九段落の内容と合致している。ウは第三段落の内容と合致している。エは第九・第十段落の内容と合致してい

国語

一

出典　ツヴェタン・トドロフ『野蛮への恐怖、文明への怨念――「文明の衝突」論を超えて「文化の出会い」を考える』〈第一章　野蛮と文明〉（大谷尚文・小野潮訳、新評論）

解答

〔問一〕 (1)―B　(3)―D　(6)―C　(7)―A　(9)―D

〔問二〕 C

〔問三〕 D

〔問四〕 (ア)―B　(イ)―D

〔問五〕 E

〔問六〕 ア―B　イ―A　ウ―A　エ―A　オ―B

◆要　旨◆

野蛮は人間存在の特徴に由来するものであるから、われわれが人間の「人間性」と呼ぶものと人間の「非人間性」と呼ぶものとは同じ起源を持っている。野蛮の対蹠項である文明化への進展が取る形態は複数存在するが、ひとつは、集団の拡張であり、もうひとつの方法は、自分や自分が属する集団に対して批判的判断ができるようにすることである。そして最後には特定の人々を優遇せず参加者を平等に扱う社会およびコミュニケーションの実現に向けて努力することである。

▲解　説▼

〔問二〕 冒頭にあるように「野蛮は人間存在の特徴に由来するものであ」るからこそ、第二段落の一行目にあるように「野蛮は非人間的だと言うことはできない」というわけなのだが、それを認めなかったなら、「嘘のうちにとどま」

////////////////////// · memo · //////////////////////

2022年度

問題と解答

■一般方式・英語外部試験利用方式・共通テスト併用方式：経済学部2月14日実施分

経済学科，経済情報システム学科，公共・環境経済学科

▶試験科目・配点

〔一般方式〕

教　科	科　　　　目	配　点
外国語	コミュニケーション英語Ⅰ・Ⅱ・Ⅲ，英語表現Ⅰ・Ⅱ	150点
選　択	日本史B，世界史B，政治・経済，「数学Ⅰ・Ⅱ・A・B」から1科目選択	100点
国　語	国語総合（漢文を除く）	100点

▶備　考

- 「数学B」は「数列，ベクトル」から出題する。
- 「地理歴史・公民」と「数学」の両方を受験した場合は，高得点の1教科を合否判定に使用する。

〔英語外部試験利用方式〕

一般方式の「国語」および「地理歴史・公民」または「数学」の得点（200点満点）と各検定試験のスコアを換算した得点（150点満点）を合計して合否を判定する。

〔共通テスト併用方式〕

大学入学共通テストの得点（2教科2科目，200点満点）と一般方式の「数学」の得点（150点満点に換算）を合計して合否を判定する。

英語

（90分）

Ⅰ　次の各英文の下線部について，もっとも意味が近いものを①～④の中から一つずつ選び，その番号をマーク解答用紙にマークしなさい。（10点）

(1)　The meeting was held to eliminate potential problems.

①　complicate　②　introduce　③　remove　④　understand

(2)　This weekly magazine is distributed free of charge to the general public.

①　circulated　②　interpreted　③　read　④　retrieved

(3)　The scarcity of good restaurants around here is disappointing.

①　atmosphere　②　furniture　③　shortage　④　tastelessness

(4)　She achieved notable success in the field of digital solutions.

①　predictable　②　remarkable　③　standard　④　typical

(5)　Many people think that you have to be assertive in order to be successful in business.

①　arrogant　②　envious　③　forceful　④　polite

Ⅱ 次の各日本文と英文がほぼ同じ意味になるように，空所に入るもっとも適切なものを①～④の中から一つずつ選び，その番号をマーク解答用紙にマークしなさい。

（10点）

(6) 長い交渉の末，われわれは彼の要求に届した。

After a long negotiation, we (　　　　) in to his request.

① came　② found　③ gave　④ went

(7) 両親を説得してタブレットを買ってもらった。

I (　　　　) my parents into buying me a tablet.

① convinced　② demanded　③ talked　④ told

(8) どのくらい練習しても，マリーほどフルートを上手に吹けません。

No (　　　　) how hard I practice, I can't play the flute as well as Marie.

① degree　② matter　③ longer　④ regard

(9) 平和を乱す行為は許容しません。

Any attempt to (　　　　) the peace will not be tolerated.

① disturb　② cherish　③ cut　④ mix

(10) 政府は炭素の排出量を5年で半減させると約束した。

The government (　　　　) itself to reducing carbon emissions by fifty percent in five years.

① arranged　② promised　③ appointed　④ committed

Ⅲ　次の各組の英文がほぼ同じ意味になるように，空所に入るもっとも適切なものを①～④の中から一つずつ選び，その番号をマーク解答用紙にマークしなさい。(10点)

(11) There are several countries that still haven't ratified the new climate convention.

Several countries have (　　　　) to ratify the new climate convention.

① got　② nowhere　③ only　④ yet

(12) Because of the strong wind, they couldn't begin the game.

The strong wind (　　　　) the game from starting.

① kept　② refrained　③ saved　④ suffered

(13) Anyone who loves nature can be a member of our society.

All nature lovers are (　　　　) for membership in our society.

① capable　② eligible　③ potential　④ respectful

(14) Everybody has to take the final exam.

Taking the final exam is (　　　　).

① distressing　② liberating　③ mandatory　④ permitted

(15) You should always watch your belongings at the airport.

Be sure to keep (　　　　) on your belongings at all times at the airport.

① an alert　② an eye　③ a head　④ a warning

Ⅳ 次の各日本文とほぼ同じ意味になるように，かっこ内の語を並べ替えてもっとも自然な英文を完成させるとき，かっこの中で3番目と5番目にくるものを選び，その番号をマーク解答用紙にマークしなさい。(20点)

⒃ このコンピューターは修理できると思いますか。

Do (① fix ② it's ③ possible ④ think ⑤ to ⑥ you) this computer?

⒄ 父は私に幼い頃からサッカーをやらせた。

My (① me ② had ③ from ④ father ⑤ soccer ⑥ playing) an early age.

⒅ 私の記憶力は今よりも以前の方がずっと良かったです。

My memory used (① be ② better ③ it ④ much ⑤ than ⑥ to) is now.

⒆ はるか上空で，大きな鳥が楽々と飛んでいるようでした。

Far above us, a large (① along ② be ③ bird ④ flying ⑤ seemed ⑥ to) effortlessly.

⒇ 働きすぎると，人生の楽しい面を逃すかもしれません。

If you work too hard, you (① enjoyable ② might ③ miss ④ on ⑤ out ⑥ the) aspects of life.

V 次の英文の意味が通るように，空所(21)～(25)に入るもっとも適切なものを①～④の中から一つずつ選び，その番号をマーク解答用紙にマークしなさい。(10点)

The only president in American history to serve more than two four-year terms was Franklin Delano Roosevelt (FDR). He actually served three full terms as well as the first three months of a fourth term until his death on April 12, 1945.

The (21) limits on how long a person can be president come from the 22nd Amendment, added to the U.S. Constitution in 1951, which limits presidents to two (22) presidential elections. The amendment makes one (23): If a president takes office in the middle of someone else's term — if the president dies, for example, and a vice president takes over and serves less than two years, that person can still run twice for their own election. But if the (24) president serves for more than two years of their predecessor's term, they can only be elected to one more presidential term of their own.

FDR wasn't breaking those rules, because the rules did not (25) for the first 162 years of the nation's history, from 1789 to 1951. Even so, in all that time, he was the only president who served more than two terms.

(21) ① age ② current ③ lower ④ original

(22) ① defeated ② rigged ③ successful ④ unfair

(23) ① argument ② exception ③ fortune ④ mistake

(24) ① former ② founding ③ lost ④ replacement

(25) ① call ② exist ③ permit ④ substitute

VI 次の各組の会話文において，空所に入るもっとも適切なものを①～④の中から一つずつ選び，その番号をマーク解答用紙にマークしなさい。(20点)

(26)

A: Mom, could you help me with my math homework?

B: I'm busy now, Margie. Ask your father.

A: I did, and he tried to help, but he said he didn't understand it, and told me to ask you.

B: Why does he always do that?

A: Well, after all, mom, you are a math teacher, and you understand that stuff. Please!

B: Well, all right. But I can't spend too much time on it. I have a huge pile of tests that have to be graded by tomorrow, and (   ).

A: Thanks a lot, mom. You're the greatest.

B: You always say things like that when you need help. Just remember that the next time we have an argument.

① I'm nearly finished with that work
② that doesn't concern me in the least
③ I have to work on lesson plans as well
④ I'll just put that off until later in the week

(27)

A: What are you watching?

B: A movie. It just came on. Why don't you watch it with me?

A: What's the name of the movie?

B: It's called *Reminders of the Past.*

A: I've never heard of it.

B: Really? I heard from several people that it's really good.

A: Is it a drama?

B: No. It's a horror movie, and it's supposed to be really scary.

A: In that case, (　　　　　). After watching horror movies, I almost always have nightmares.

B: Really? They never affect me at all.

A: Well, anyway, enjoy your movie. I'm going to lie down in the bedroom and listen to music. Let me know when it's over and I'll come back.

① I think I'll pass on it

② I'll join you, if you don't mind

③ I have to see what all the fuss is about

④ I'll just watch the parts that aren't frightening

(28)

A: Why are you putting your coat on?

B: I'm going to take a walk. I'm not feeling very good, and I think some fresh air will help me feel better.

A: But it's a little late for a walk, isn't it?

B: It's only a few minutes after ten o'clock. That's not very late.

A: Still, I think it's dangerous walking around at this time of night.

B: This is a safe area.

A: Relatively speaking, yes. But there's crime everywhere these days, and (　　　　　).

B: I'll be fine. Anyway, I'll be back in about 20 or 25 minutes.

A: All right. I really wish you'd stay home. But, if you insist on going out, take your phone with you. If you're not back in half an hour, I'll call you. All right?

B: Fine.

① you tend to worry needlessly

② you can never be too careful

③ that's why I wouldn't dream of trying to stop you

④ that's why I'm urging you to wander around a bit

(29)

A: How are you enjoying your new school, Zoey?

B: It's good. I really like it. I am so glad I chose it and I am thankful that I got in.

A: What was it about the school that was so attractive to you?

B: Well, there were several things, but the best thing was the study abroad program in the last year.

A: A lot of schools have study abroad programs these days. What's so good about your school's program?

B: Well, first of all, it's for a whole year, and secondly, I can choose between going to Britain, Australia, Canada, Ireland or New Zealand.

A: Wow! A whole year! That sounds great. (　　　　　)

B: Actually, I'd really like to go to New Zealand. I've heard it's beautiful there and the people are supposed to be really nice.

A: I've heard that, too. Do you think you'll get to see any of those little people over there?

B: Little people? What do you mean?

A: You know. Those little people that were in *The Lord of the Rings*. Dwarves and hobbits.

B: Dave, those dwarves and hobbits aren't real, though there are plenty of sheep in New Zealand.

① I heard it can be dangerous to travel overseas, though.

② When are you going to go on the study abroad program?

③ Do you have any idea which country you'd like to go to?

④ You have already been to New Zealand on holiday, right?

(30)

A: Hello, Jenny. Long time no see! Where have you been?

B: I've been away in Italy for a fortnight. I just got back a couple of days ago.

A: Oh, really? Whereabouts did you go in Italy and was it just a vacation?

B: I was in Venice and Rome. It was just a vacation, but I've always been interested in Italian history and culture, so it was like a study tour for me.

A: Tell me about it. What did you do while you were there?

B: Well, first of all, I flew into Rome and stayed there for a week. Apart from the traffic, everything about Rome was just fantastic. I visited all of the ancient sites, like the Colosseum, the Roman temples and the medieval churches. Believe me, I did a lot of walking!

A: Well, I suppose it was good exercise. How about the people? Were they friendly?

B: For the most part, yes, they were extremely friendly and helpful. Many people could speak excellent English, too, which was convenient, but I didn't get much chance to practice my Italian. Except for reading the restaurant menus!

A: Ah, yes. How was the food? (　　　　　)

B: Well, actually not. I did eat some pizza and pasta, but I tried a lot of other dishes too. Italian food is really diverse, but if you want to eat pasta, even then there's about a hundred different kinds you can try.

A: That's interesting to hear. To be honest, I didn't know that. How about Venice then?

B: Well, it is really like nowhere else I have ever been to. I can't wait to go back there.

① Why didn't you read the restaurant menus?

② I'll bet that making pasta and pizza was great.

③ I suspect that you ate pasta and pizza every day, didn't you?

④ I've heard that pasta and pizza are not sold in Italy these days.

Ⅶ 次の英文を読み，⑶1〜⑶8の設問に答えなさい。文章は，それぞれ数段落をまとめた6つのブロックに分けられており，各ブロックの先頭には番号が付してあります。なお，＊印のついた語句には英文のあとに注があります。(30点)

[Ⅰ] No one is born with an innate understanding of time, and babies must learn to synchronize* and coordinate their behavior with the rest of the world. Until then, they demand attention at all hours of the day and night, completely upending* their parents' schedules. And for all of us, travel can be disorienting* and disruptive*, especially if we visit a place where time is organized quite differently from what we're used to (like in Spain, with its afternoon siesta).

But we're all able to eventually adjust — babies included — by adapting to a system of standard temporal units: minutes, hours and days of the week.

Despite the effectiveness of this system, there's still a big difference in how we perceive the passage of time — how fast or slow time seems to go by. A few minutes may seem to last "forever" when we're waiting for a light to turn green, or we may be shocked to realize that the year is almost over.

Variation in the perceived passage of time has been the focus of my research for more than 30 years. I became fascinated by the subject while in graduate school at the University of Illinois. In class one day, my professor showed us an interview with a pro football quarterback who explained how, during games, he often perceived all of the other players to be moving in slow motion.

Why does this distortion* occur? What causes it?

[Ⅱ] I've collected hundreds of stories from people in all walks of life who have described instances when time seems to pass slowly. The circumstances are quite varied, but they can be classified into six general categories.

First, there's intense suffering or intense pleasure. (Time doesn't always fly when you're having fun.)

Then, there's violence and danger. Soldiers, for example, often describe time slowing down during combat.

Waiting and boredom may be the most familiar. Solitary confinement* in prison is an extreme version of this, but working the counter at a job and having no customers will also do the trick.

People report that being in an altered state of consciousness — such as some drug-induced experiences — will also make time seem to slow down.

Next, high levels of concentration and meditation can influence the subjective passage of time. Various athletes, for example, perceive time to pass slowly when they're "in the zone." Yet people who are adept* at meditation can produce comparable (A) effects.

Finally, there's shock and novelty. For example, the perceived passage of time can slow down when we're doing something new, such as learning a challenging skill or going on vacation to an exotic land.

Paradoxically, then, time is perceived to pass slowly in situations where there is almost nothing happening or a great deal is happening. In other words, the complexity of the situation is either much higher or much lower than normal.

[Ⅲ] What might explain this paradox?

From the standpoint of a clock or calendar, each standard temporal unit is exactly the same: Every minute contains 60 seconds; every day contains 24 hours. However, standard temporal units vary in what I've dubbed "the density of human experience" — the volume of objective and subjective information they carry.

For example, the density of experience is high when, objectively, there is a great deal happening (as in the case of combat). Yet the density of experience can be equally high when there is almost nothing happening (as in the case of solitary confinement) because that seemingly "empty" period of time is actually filled with our subjective involvement in self and situation: We're concentrating on our own actions or surroundings, thinking about how stressful our circumstances are or even obsessed with how slowly time seems to be passing.

Thus, the answer to this paradox lies in how unusual our circumstances are. We pay increased attention to strange circumstances, which amplifies the density of experience per standard temporal unit — and time, in turn, seems to pass slowly.

[Ⅳ] It follows, then, that time seems to pass quickly when the density of experience per standard temporal unit is abnormally low. This "compression of time" is something that occurs when we look back at our immediate or distant past. Two general conditions can compress our perception of time.

First, there are routine tasks. When we're learning them, they require our full attention. But with familiarity or training, we can now engage in these activities without devoting much attention to what we're doing (such as driving home using a standard route).

Say you have a busy day at work. You might be doing complex things, but they're routine because you've been doing them for so long. Given that we behave more or less unthinkingly, each standard temporal unit contains very little memorable experience. The "density" of unique experience is low. And at the end of the day, time seems to have passed quickly. We're pleasantly surprised to discover that it is already time to go home.

[V] The erosion of episodic memory is the second general condition that makes time seem to have passed by quickly. This is something that affects all of us, all of the time. Our memories of the routine events that fill our days fade with time. What did you do on the 17th of last month? Unless it was a special occasion, you've probably forgotten the experiences from an entire day.

This forgetting intensifies the further back we look. In another study, I asked people to describe their perception of the passage of time yesterday, last month and last year. They felt that the previous year had passed more quickly than last month, and that the previous month had passed more quickly than yesterday. Objectively, of course, this doesn't make sense: A year is 12 times longer than a month, and a month is 30 times longer than a day. But because our memory of the past erodes, the density of experience per standard temporal unit decreases, leaving us with the perception that time has passed quickly.

[VI] However, the situations I've described above are anomalies*. We typically do not perceive time passing quickly or slowly. Under normal conditions, 10 minutes as measured by a clock also feels like 10 minutes. I can agree to meet with someone in 10 minutes and arrive roughly on time without the aid of a watch. This is possible only because we have learned to translate experience into standard temporal units, and <u>vice versa</u>(B).

We're able to do this because there's consistency in our day-to-day experiences — a consistency that's produced by society's repetitive and predictable patterns. Most of the time, we're not in solitary confinement or visiting new countries. The density of experience per standard temporal unit is both moderate and familiar. We learn how much experience is typically contained in 10 minutes.

Only something that alters the routine — an especially busy day at work or a pause to reflect on the previous year — will reduce the normal density of experience per standard unit, leaving us with the impression that time has flown by.

Likewise, an automobile accident — a shocking incident that seizes our attention — instantly fills each standard temporal unit with the experience of self and situation, making it seem as though the accident is occurring in slow motion.

【注】synchronize：同期する　upending：ひっくり返す
disorienting：頭を混乱させる　disruptive：混乱をもたらす
distortion：ゆがみ　confinement：閉じ込められること
adept：熟達した　anomalies：例外

(31) ブロックⅡの下線部(A) comparableの，この文脈での意味としてもっとも適切なものを①～④の中から一つ選び，その番号をマーク解答用紙にマークしなさい。

① excellent
② interesting
③ strange
④ similar

(32) ブロックⅥの下線部(B) vice versaの，この文脈での意味としてもっとも適切なものを①～④の中から一つ選び，その番号をマーク解答用紙にマークしなさい。

① the other way around
② have done it accurately
③ can calculate quickly
④ completely consciously

出典追記：Why time seems to fly – or trickle – by, The Conversation on January 19, 2017 by Michael Flaherty

(33)～(38)：それぞれ指定したブロックの内容に照らしてもっとも適切なものを①～④の中から一つずつ選び，その番号をマーク解答用紙にマークしなさい。

(33)　ブロックⅠ

① At birth, babies possess a good understanding of the concept of time.

② Travel is always a confusing experience.

③ The perception of the passage of time can vary.

④ In an interview, a pro football quarterback noted that he often couldn't tell whether or not other players were moving during games.

(34)　ブロックⅡ

① Intense suffering leads to the impression that time is rushing by at increasing speeds.

② Working at a counter when there are no customers can lead to the feeling that time is going by slowly.

③ Without exception, athletes perceive time as passing very slowly.

④ The feeling that time is passing slowly is limited to situations that are much more complex than normal.

(35)　ブロックⅢ

① The author of this essay believes that standard temporal units do not always carry the same volume of objective and subjective information.

② The density of experience is high when one is in solitary confinement because objectively a lot is happening.

③ Thinking a lot about how slowly time seems to be passing results in a decrease in the density of experience.

④ When we are in unusual circumstances, the density of experience increases because we tend to ignore everything that is happening.

(36)　ブロックⅣ

① When we look back at our distant past, time seems to be infinite.

② Routine tasks are activities that we learn effortlessly.

③ It is possible for a complex task to become routine.

④ A busy day at work seems to drag on endlessly when the density of unique experience is low.

(37) ブロックⅤ

① As time goes by, we remember less and less about routine events.

② Relatively speaking, memories of special occasions do not last very long.

③ In a study, people noted that time passed most quickly in the previous month.

④ Because memories fade, it seems as if time stands still.

(38) ブロックⅥ

① In general, we tend to either underestimate or overestimate the passage of time.

② Consistency in our day-to-day experiences makes it difficult for us to judge how much time has passed.

③ Pausing to reflect on the previous year changes the objectively measured amount of time in that year.

④ When one is in an automobile accident, time does not seem to move at its usual pace.

Ⅷ 次の英文を読み(39)〜(44)の設問に答えなさい。文章は，それぞれ数段落をまとめた 5 つのブロックに分けられており，各ブロックの先頭には番号が付してあります。なお，＊ 印のついた語句には英文のあとに注があります。(30 点)

[I] Several years ago, I was offered a last-minute assignment to photograph the Yukon Quest, a thousand-mile sled dog race through the subarctic wilderness of Alaska and Canada. The race takes place in the dead of winter along a route that was used by sled dog teams during the gold rush to deliver mail and supplies. The Yukon Quest is considered one of the toughest sporting events on the planet: Temperatures frequently reach minus 50°F*, winds can blow over 40 miles an hour*, and the days are so short that most of the race happens in the dark.

I did not know any of this before the assignment. I'd never heard of the Yukon Quest or its more famous counterpart in the United States, the Iditarod. When I thought of the Arctic — if I thought about it at all — I pictured exotic endangered animals and a distant, cold place out of reach to me as a photographer. It was a realm of rugged men with salt-and-pepper beards who owned bright orange camping gear and were raised by even more rugged fathers who taught their sons life lessons while hunting and fishing. My father was a theater producer from New York City. I learned life lessons backstage*, not in the backcountry*.

[II] Even so, it's surprising that the Arctic intimidated* me. I spent most of my 20s documenting conflict and social issues in the Middle East, Africa, and Latin America, focusing especially on Mexico and the drug war. I was committed to telling stories no matter the risk. Then, in 2011, I became part of a story — a tragedy — in which the victims were my colleagues and I was a survivor. In the aftermath I had a hard time finding the inspiration I needed to love photography as I once did. I kept working — I needed the money — but often I was just going through the motions.

And so I took the assignment to photograph the 2014 Yukon Quest with no idea what to expect. A few days later I was on a plane to Canada. We landed in Whitehorse around midnight, the tarmac* covered in snow. When I touched my airplane window, I could already feel the freezing cold air. I'd made it north; my luggage had not. In it was everything I thought I was going to need, including borrowed snow pants that were too big for me, long underwear I hadn't worn since a high school ski trip, and a brand-new, expensive puffy parka* (I'd left the tag on so I could return it once I got home). I was supposed to fly from Whitehorse to Dawson City to photograph the race first thing in the morning, and all I had was a gray hoodie* and a backpack full of camera equipment.

[Ⅲ] Inside the airport I explained my plight to the two women behind the Air Canada desk. One of them disappeared into the back office. She returned with a navy blue Air Canada wool cardigan. The other woman asked her husband to bring boots and a jacket. She gave me her own gray down jacket, the furry boots off her feet, and a pair of red fleece gloves.

It was still dark as I boarded the plane for Dawson City later that morning. When the sun finally began to rise, sweeping mountain ranges came into view. They went on and on — jagged* peaks of hot pink and beige*, mounds of gray and black, rolling hills of endless white. I had never dreamed of a landscape this magical and took pictures through the window until a dense fog settled in.

As I got off the plane, the snow crunching beneath my feet sparkled as if a million little children had sprinkled it with all the glitter in the world. I spent the ride to the hotel in silent awe as we drove by lavender-tinted mountain ranges and frozen rivers coated with a mosaic of blue and white ice. The entire boreal* forest was layered in what looked to me like shimmering snow. I later learned that it's called hoarfrost — the most beautiful thing I had ever seen. It felt like another planet, a fairy tale. Some days I wish I could go back in time just to experience my first few hours in Dawson City again.

[Ⅳ] Meanwhile the cold was as brutal as the land was beautiful. When I stepped outside, the air was so dry I could barely breathe. But at that moment borrowed clothes and the kindness of strangers were all I needed for warmth. A feeling came over me that I hadn't experienced in a long time: As long as I had my camera, everything would be OK. I wanted to take pictures again.

I have been covering the Arctic, among other places, ever since. The following year I returned to the north to follow the Yukon Quest yet again, this time on assignment for *National Geographic*. I remember it was more than halfway through the race when I flew to a checkpoint in Eagle, Alaska. A pickup truck was waiting to take me and my fellow passengers, mostly from Alaska media or race volunteers, to our temporary sleeping quarters — the floor of the local school library.

Before we drove away, I noticed a pair of race veterinarians*, identifiable by the medical patch on their giant red parkas, loading what looked like heavy potato sacks onto a small plane. Then I saw furry heads with pointy ears sticking out of the sacks. Immediately I asked the driver if he could wait, and I rushed to photograph the scene. The vets* told me that these dogs had been dropped from their team. The bags would keep them safe and calm while flying home.

Sled dogs, considered by some to be the world's greatest endurance athletes, are bred to thrive in the cold, snowy wilderness. Most mushers* have trained their dogs since they were puppies. Even so, during such a long race, dropping dogs is a common occurrence. Sometimes a dog is tired or it's injured or it seems to have simply lost interest in running. (One year a dog got sick from eating the booties that protected its feet.)

[V] When a dog team hits its stride, it is a beautiful sight to behold — paws tapping the snow like a soft chorus, legs swinging in quiet rhythm, hot breath leaving trails of billowing* smoke that cluster like clouds in the cold air. It makes it easy to forget that every dog is different. Seeing the dropped dogs separated individually — into sacks, no less — was a stark reminder of this.

<u>I spent the next few days focusing far more on the dogs that were leaving the race than those that might win it.</u> The local media and race officials probably thought I was nuts*. I thought my fascination with dogs in sacks flying in airplanes was pretty self-explanatory. Looking back, perhaps I also felt connected to the dropped dogs. I could relate to the idea of having a goal you'd worked toward your whole life, only to have something happen that changes your course.

Bad weather hit Eagle, and for days there were no commercial flights. I was close to missing the finish in Fairbanks on my first big *National Geographic* assignment. Fortunately I was able to join a late-night charter flight — in a tiny plane loaded with dropped dogs.

We took off, and I remember smiling as I looked out the window at the night sky opening up over a pitch-black Alaska wilderness. Buckled up in that plane, wearing the fancy parka I never ended up returning, surrounded by 16 dogs in sacks, I too felt safe and calm.

【注】minus 50℉：華氏マイナス50度（摂氏マイナス45度ほどに相当）
40 miles an hour：時速40マイル（毎秒18メートルほどに相当）
backstage：舞台裏　backcountry：奥地　intimidated：こわがらせた
tarmac：滑走路　parka：厚手のフード付きジャケット
hoodie：フード付きスウェットシャツ　jagged：ギザギザの
beige：ベージュ色　boreal：北の　veterinarians, vets：獣医
mushers：犬ぞりの御者　billowing：吹き上げる
nuts：おかしくなっている

(39)～(43)：それぞれ指定したブロックの内容に照らしてもっとも適切なものを①～④の中から一つ選び，その番号をマーク解答用紙にマークしなさい。

(39)　ブロックⅠ

① The author got a job on very short notice.

② One of the purposes of the sled dog race was to deliver necessities in the subarctic wilderness.

③ The author's familiarity with the place brought her the assignment to photograph the Yukon Quest.

④ The author's experience in the theater prepared her for the assignment in Alaska.

(40)　ブロックⅡ

① The Arctic gave the author a fright despite her roots in the area.

② In her 20s, the author didn't take any risks.

③ When the author flew to Canada, she found her luggage was damaged.

出典追記：Katie Orlinsky, At a grueling subarctic race, a photographer finds calm, National Geographic.

④ When the author arrived in Whitehorse, she had camera equipment.

(41) ブロックⅢ

① The sun had not yet risen when the author boarded the plane for Dawson City.

② After landing in Dawson City, the author was unimpressed by the scenery.

③ The forest was layered with what the author had always called hoarfrost.

④ The author only remained in Dawson City for a few hours.

(42) ブロックⅣ

① The extreme cold completely took away the author's desire to take photographs.

② The author had to sleep in a local school library.

③ Potatoes were provided in order to survive the harsh environment.

④ Dogs with pointy ears were making holes in the potato sacks.

(43) ブロックⅤ

① The author is impressed with the sight of a team of dogs that hits its stride.

② Like the dogs, the author had a career that had never changed direction.

③ The weather was so bad the author missed the end of the race.

④ The author never made use of a fancy parka.

(44) ブロックⅤの中の下線部を和訳し，記述解答用紙に記入しなさい。

Ⅸ 次の日本文とほぼ同じ意味になるように，空所に語句を補って英文を完成させなさい。なお，[　　　]の中には1語のみ，(　　　　　)の中には3語～5語を入れること。答えは，記述解答用紙の該当する欄に記入しなさい。(10点)

(45) それぞれのクラスの生徒の数を減らすにはもっと多くの教師を雇う必要があり，そのことは今度は，給与にもっと多くのお金を費やすことを意味する。

[　　　] the number of students in each class (　　　　　　　　　　　　　　　　　),

which in [　　　] means spending more money on salaries.

日本史

（60分）

I　次の史料〔A〕（原文から漢字や仮名づかい，句読点を加える等適宜修正している），文章〔B〕，および〔C〕について，下記の設問に答えなさい。（20点）

〔A〕

所領配分の事

嫡男大炊助入道分　　相模国［　1　］郷地頭郷司職

次男宅万別当分　　豊後国大野庄内志賀村半分地頭職 別に注文在り。

大和太郎兵衛尉分　　同庄内上村半分地頭職 別に注文在り。

八郎分　　同庄内志賀村半分地頭職 別に注文在り。

九郎入道分　　同庄内下村地頭職 但し，故豊前々司の墓堂に寄附の院主職なり。

女子犬御前分　　同庄内中村地頭職

女子美濃局分　　同庄内上村半分地頭職 別に注文在り。

帯刀左衛門尉後家分 数子これ在り。　　同庄中村内保多田名

右，件の所領等は，故豊前々司能直朝臣，代々の将軍家の御下文を賜はり，相違無く知行し来る所なり。而るに尼深妙，亡夫能直の譲りを得て，将軍家の御下文を賜はり領掌せしむる所なり。これに依て，能直の遺言に任せ，数子等を孚まんが為に，此の如く配分する所なり。然らば均分の状に任せて，依違無く領掌せしむべきなり。但し，関東御公事仰せ下さるる時は，嫡男大炊助入道の支配を守り，所領の多少に随って，其の沙汰を致すべきなり。仍て後日の証文として惣配分の状，件の如し。

延応弐年四月六日（1240）　　尼深妙（花押）

問1　この史料は，相模国［　1　］郷を本貫の地として支配し，そこから名字をとった「能直」の妻である尼深妙が作成した文書である。空欄［　1　］にあてはまる語を1つ選び，その記号をマークしなさい。

ア　大内

イ　大友

ウ　島津

エ　少弐

オ　毛利

問2　この文書が作成された時の鎌倉幕府の将軍と執権との組み合わせとして正しいものを1つ選び，その記号をマークしなさい。

ア　源実朝・北条泰時

イ　源実朝・北条時頼

ウ　藤原頼経・北条泰時

エ　藤原頼経・北条時頼

オ　宗尊親王・北条泰時

カ　宗尊親王・北条時頼

問3　この史料からは**直接読みとれない内容**を1つ選び，その記号をマークしなさい。

ア　能直朝臣は，代々の将軍に仕えた御家人である。

イ　能直朝臣の死後は，彼の所領を妻の尼深妙が幕府の承認を得たうえで相続した。

ウ　尼深妙からの相続は夫である能直朝臣の意思に基づくものである。

エ　幕府からの賦課に対しては，相続をした者たちが共同で負うように定められている。

オ　女性も所領を譲られてはいるが，それは彼女らの存命中に限定されている。

〔B〕

称徳天皇①が没すると，天智天皇の孫の光仁天皇が即位し，妻の井上内親王が皇后に，その子の他戸親王が皇太子になった。井上皇后は聖武天皇の皇女なので，他戸親王は天武（聖武）系の皇子でもあった。ところが，井上皇后は夫である光仁天皇を呪詛したとしてその地位を追われ，他戸親王も皇太子を廃された。かわって皇太子となったのが光仁天皇の長子で，渡来系氏族②出身の高野新笠を母とする山部親王である。781年山部親王は桓武天皇として即位し，ここに奈良時代までの天武系にかわる天智系の皇統が確立した③。

天皇の母方の出自が重視されていた当時において，渡来系氏族出身者を母とする桓武天皇の権力基盤は脆弱だった。権力強化のために桓武天皇がおこなった二大事業が新しい都の建設と東北地方の蝦夷征討④であった。

（木村茂光ら編，相澤央ら著『大学でまなぶ日本の歴史』吉川弘文館，2016，p.36，一部改）

問4 下線部①について，孝謙太上天皇が称徳天皇としてふたたび即位した年に起こった事件を1つ選び，その記号をマークしなさい。

ア 宇佐八幡神託事件

イ 恵美押勝（藤原仲麻呂）の乱

ウ 藤原広嗣の乱

エ 長屋王の変

オ 橘奈良麻呂の変

問5 下線部②について，桓武天皇が長岡京，ついで平安京に遷都した理由の1つとして，それらの都近辺の地が渡来人との関係が深かったことが指摘されている。その地にある渡来人との関係の深い寺院を1つ選び，その記号をマークしなさい。

ア 観心寺

イ 園城寺

ウ 室生寺

エ 中宮寺

オ 広隆寺

問6 下線部③について，壬申の乱に勝利した大海人皇子が天武天皇として即位し，天武系の皇統の優位が確立した。彼は八色の姓を定めて豪族たちを新しい身分秩序に編成した。八色の姓に**含まれないもの**をすべて選び，その記号をマークしなさい。

ア 君

イ 直

ウ 臣

エ 連

オ 真人

問7　下線部④に関連する次の城柵a～eについて，置かれた（築造された）順に正しく配列したものを，下のア～オから1つ選び，その記号をマークしなさい。

a　磐舟柵

b　牡鹿柵

c　多賀城

d　秋田城

e　胆沢城

ア　a→b→c→d→e

イ　a→c→b→e→d

ウ　a→c→d→b→e

エ　b→a→e→c→d

オ　b→a→d→c→e

〔C〕 以下の各問いに答えなさい。

問8　旧石器時代から弥生時代に至る時期の日本列島の記述として正しいものを1つ選び，その記号をマークしなさい。

ア　人類が最初に使い始めた石器は，加工が簡単な細石器とよばれる小型の石器であり，加工技術の進歩にともなって石器はしだいに大型化した。

イ　日本列島の気候が温暖になるに従って動物が大型化したため，縄文時代の日本列島には，ナウマンゾウやヘラジカなどの大型の哺乳類が生息していた。

ウ　縄文時代の日本列島には，成人になる儀礼として抜歯の風習があったことが，出土した人骨からわかっている。

エ　南西諸島には水稲耕作が伝わらず，漁労を中心とする続縄文文化とよばれる食料採取文化が続き，やがてそれは，擦文土器をともなう擦文文化へと変化していった。

オ　水稲耕作の伝来にともなって，大陸から祭器として多くの青銅器が伝来した。畿内では銅剣や銅矛，銅戈などが多く出土し，銅鐸は九州北部や四国西部で主にみられる。

問9　室町・戦国時代に関する文として正しいものを1つ選び，その記号をマークしなさい。

ア　室町幕府の直轄地は御料所とよばれ，足利氏伝来の所領や北条氏などから没収した所領からなった。それらは，奉公衆とよばれる直轄軍が管理した。

イ　室町幕府は，南朝勢力の強かった九州地方に，鎮西探題として今川貞世（了俊）を送り込み，平定を進めた。

ウ　赤松満祐は，将軍足利義教と鎌倉公方足利持氏との対立に乗じて足利持氏を支持し，足利持氏とともに足利義教を謀殺した。

エ　京都の商工業者には日蓮宗の信者が多く，彼らが結んだ法華一揆は，天文法華の乱をおこして，延暦寺の勢力を京都から追放した。

オ　戦国大名の多くは，大名自らが寄親となって支配領域内の国人層と主従関係を結ぶ寄親・寄子制を導入した。

問10　ポルトガル船は，16世紀半ばから17世紀前半にかけて，日本を含むアジア各地にさかんに来航した。その寄港地として**誤っているもの**をすべて選び，その記号をマークしなさい。

ア　鹿児島

イ　長崎

ウ　マカオ

エ　マニラ

オ　マラッカ

Ⅱ　次の文章を読み，下記の設問に答えなさい。(20点)

江戸時代は，明治以降の経済発展を準備した時代と考えることができる。そもそも，秀吉による兵農分離政策①は，経済的には，生産地としての農村と消費地としての都市を分離することを意味したから，生産と消費の分離を特徴とする，いわゆる市場経済の素地が作られていたのである。

たとえば，大坂は，天下の台所として大いに発展した。商品取引の場としての市場が発達し②，各地から集められた商品は，南海路を通じて，江戸に運ばれた③。また，元禄期には商業活動を肯定する考え方④も市井から生まれている。

生産と消費が分離した市場経済のしくみの下では，貨幣は商品取引を円滑化する役割をもつ⑤が，江戸時代を通じて，幕府は，その安定供給に苦労した⑥といえる。

戦への参加から解放された農村では，生産の特化による農業生産性の向上が起こり，米以外の生産⑦も大いに可能となった。また，農村内での職業分化も可能となり，とくに畿内を中心として，在郷商人が，綿や金肥などの株仲間による流通支配に反対して，自由な流通を求め，広範な村々を巻き込んで，訴訟という合法的手段をもって対抗した⑧。こうした動きの延長線上に天保の改革時の株仲間の解散⑨が位置づけられる。

江戸時代は「鎖国」の時代といわれるが，学問や思想，科学が一定程度の発展をみた⑩だけでなく，教育の普及による人材育成が，明治以降の経済発展に与えた影響にも注目すべきであろう。

問1　下線部①に関連して，豊臣政権の政策に関する記述として**誤っているもの**を1つ選び，その記号をマークしなさい。

ア　土地の面積を表す単位として町・段・畝・歩に統一し，新しく定義した。

イ　朝鮮において，壬辰・丁酉倭乱と呼ばれる朝鮮侵略は，豊臣政権を衰退させる原因となった。

ウ　人掃令によって，武家奉公人が町人や百姓になることや，百姓が町人になることなどを禁じた。

エ　全国の大名に，各地の検地帳の提出を命じる指出検地をおこなった。

オ　農民を農業に専念させるために，刀狩令によって武器を没収した。

問2　下線部②に関連して，次の地名と卸売市場との組み合わせとして**誤っているもの**を1つ選び，その記号をマークしなさい。

ア　大坂―魚市場―雑喉場

イ　大坂―米市場―堂島

ウ　大坂―青物市場―天満

エ　江戸―魚市場―日本橋

オ　江戸―青物市場―築地

問3　下線部③に関連して，次の商品a～cと下の江戸への商品の入荷状況を示した表1中のX～Zとの組み合わせとして正しいものを1つ選び，その記号をマークしなさい。

a　油

b　醬油

c　酒

表1　大坂（上方）から江戸への商品入荷状況

	単位	1726年			1856年		
		江戸への入津高（A）	大坂からの入津高（B）	B/A×100	江戸への入荷高（C）	上方からの入荷高（D）	D/C×100
繰綿	1000本	82	98	119.6※	30	10	33.7
木綿	1000筒	36	12	33.7	80	15	18.1
X	1000樽	90	69	76.2	100	60	60.0
Y	1000樽	796	178	22.3	1,156	1,000	86.5
Z	1000樽	133	102	76.4	1,565	90	5.8
米	1000俵	862	0	0.0	3,010	−	0
炭	1000俵	810	1	0.1	2,475	−	0
魚油	1000樽	51	−	0	30	−	0
塩	1000俵	1,671	0	0.0	1,600	1,600	100.0
薪	1000束	18,210	−	0	18,371	−	0
味噌	1000樽	2,898	−	0	274,320	−	0

出所）豊田武・児玉幸多編『流通史Ⅰ』より作成。
※100を超えているのは，調査対象の違いによる。

ア　a－X　b－Y　c－Z

イ　a－X　b－Z　c－Y

ウ　a－Y　b－X　c－Z

エ　a－Y　b－Z　c－X

オ　a－Z　b－X　c－Y

カ　a－Z　b－Y　c－X

問4　下線部④に関連して，次の史料（原文から漢字や仮名づかい，句読点を加える等適宜修正している）の著者名とその著者が執筆した他の著書名との組み合わせとして正しいものを１つ選び，その記号をマークしなさい。

三井九郎右衛門といふ男，手金の光，むかし小判の駿河町と云ふ所に，面九間に四十間に，棟高く長屋作りにして，新棚を出し，万現銀売りに，かけねなしと相定め，四十余人，利発手代を追ひまはし，一人一色の役目。（中略）さによつて家栄へ，毎日金子百五十両づつ，ならしに商売しけるとなり。

（『日本永代蔵』）

ア　井原西鶴－好色一代男

イ　近松門左衛門－曽根崎心中

ウ　本多利明－経世秘策

エ　佐藤信淵－経済要録

オ　式亭三馬－浮世風呂

問 5　下線部⑤に関連して，次の貨幣ａ～ｃと下の近世日本の貨幣構成比の推移（推計値）を示した図１中のＸ～Ｚの組み合わせとして正しいものを１つ選び，その記号をマークしなさい。

ａ　藩札

ｂ　計数銀貨

ｃ　秤量銀貨

図１　近世日本の貨幣構成比の推移（推計値）

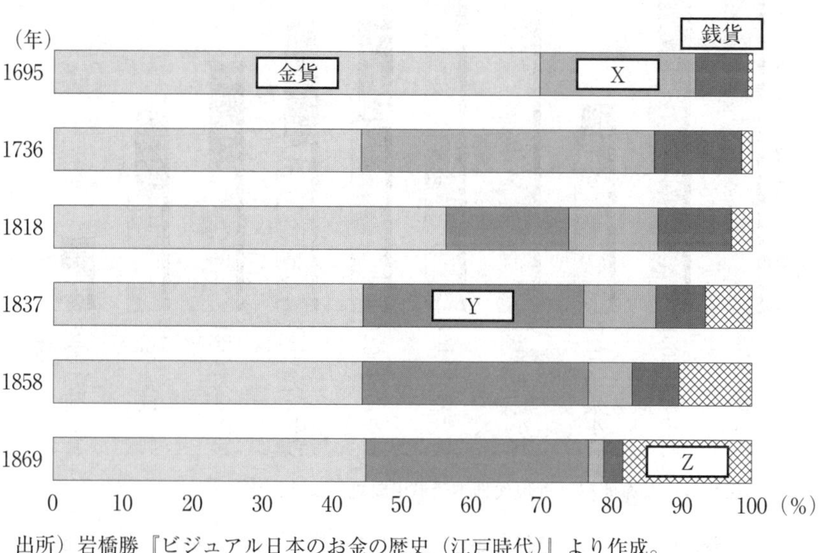

出所）岩橋勝『ビジュアル日本のお金の歴史（江戸時代）』より作成。

ア　ａ―Ｘ　ｂ―Ｙ　ｃ―Ｚ

イ　ａ―Ｘ　ｂ―Ｚ　ｃ―Ｙ

ウ　ａ―Ｙ　ｂ―Ｘ　ｃ―Ｚ

エ　ａ―Ｙ　ｂ―Ｚ　ｃ―Ｘ

オ　ａ―Ｚ　ｂ―Ｘ　ｃ―Ｙ

カ　ａ―Ｚ　ｂ―Ｙ　ｃ―Ｘ

問 6 下線部⑥に関連して，次の図 2 は，江戸時代における金貨改鋳による小判 1 両の重さと金の含有量の推移を示した図である。この図 2 に関する記述として正しいものをすべて選び，その記号をマークしなさい。

図 2 江戸時代における金貨成分比の推移

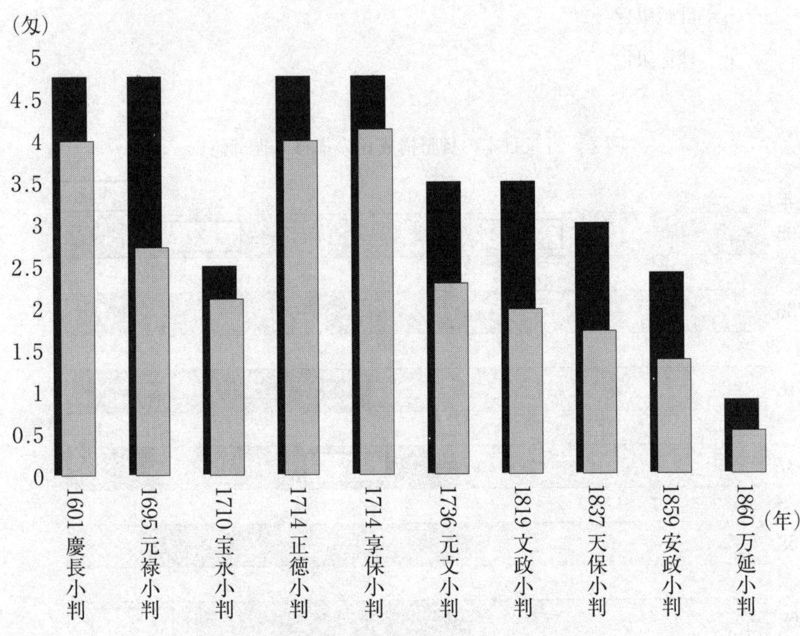

出所）三和良一・原朗編『近現代日本経済史要覧』より作成。

ア 慶長小判は，江戸時代を通じて，金の含有率がもっとも高く，もっとも良質といえる。

イ 元禄小判は，当時の勘定吟味役（のちの勘定奉行）である神尾春央の上申を徳川綱吉が採用したことによって実現した。

ウ 正徳小判は，新井白石が慶長小判と金の含有率を同率にして，物価の騰貴を抑えようと鋳造されたものである。

エ 元文小判は，金の含有率を引き下げる悪鋳であったため，激しいインフレーションが起こり，次の改鋳まで時間がかかったため経済の混乱が続いた。

オ 万延小判は，開港後の大量の金の流出を抑えるため，金の含有量を極端に少なくして改鋳したものである。

問７　下線部⑦に関連して，照明用として用いられた水油の生産・流通過程を示したものとして，もっとも適切なものを１つ選び，その記号をマークしなさい。

ア

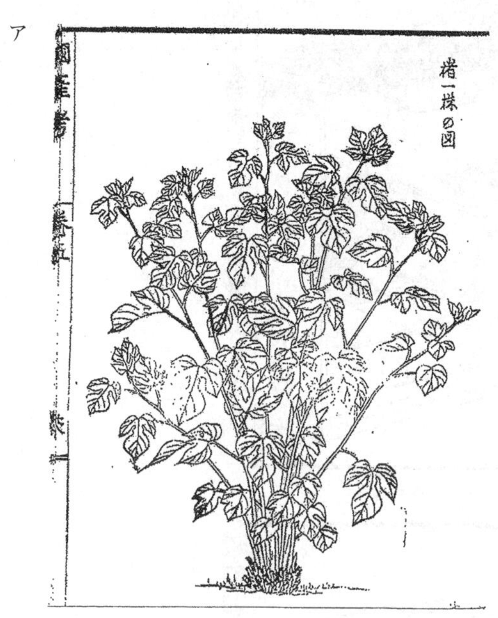

イ

ウ

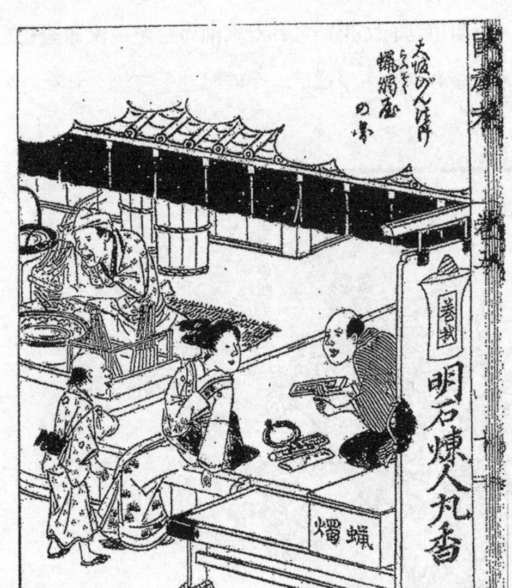

エ

オ

出所）大蔵永常『広益国産考』より。

問8　下線部⑧のことを，とくに何というか。もっとも適切なものを1つ選び，その記号をマークしなさい。

ア　惣百姓一揆

イ　国訴

ウ　強訴

エ　代表越訴型一揆

オ　村方騒動

問9　下線部⑨に関連して，次の史料（原文から漢字や仮名づかい，句読点を加える等適宜修正している）内の空欄［ 1 ］と［ 2 ］にあてはまる語句の組み合わせとして正しいものを1つ選び，その記号をマークしなさい。

仲間株札ハ勿論，この外ともすべて問屋仲間ならびに組合などと唱へ候儀相成らざる旨，十組問屋どもえ申し渡し書

［ 1 ］積問屋　十組問屋ども

その方ども儀，是迄年年金壱万弐百両，[2]上納至し来り候ところ，問屋ども不正の趣ニ相聞へ候ニつき，以来上納ニ及ばず候。(以下略)

	[1]	[2]
ア	北前船	冥加
イ	北前船	高掛物
ウ	北前船	段銭
エ	樽廻船	冥加
オ	樽廻船	高掛物
カ	樽廻船	段銭
キ	菱垣廻船	冥加
ク	菱垣廻船	高掛物
ケ	菱垣廻船	段銭

問10　下線部⑩に関連して，天文学の分野で『暦象新書』を著し，ニュートンの万有引力説やコペルニクスの地動説を紹介した人物は誰か。正しいものを1つ選び，その記号をマークしなさい。

ア　伊能忠敬

イ　高橋至時

ウ　志筑忠雄

エ　大槻玄沢

オ　稲村三伯

Ⅲ　次の文章〔A〕と史料〔B〕，文章〔C〕と史料〔D〕（原文から漢字や仮名づかい，句読点を加える等適宜修正している）を読み，下記の設問に答えなさい。(30点)

〔A〕

近代諸法典の編纂は，条約改正のための必要もあって，明治初期から着手された。明治政府が［ a ］から招いた［ b ］らの助言をもとに，ヨーロッパ流の法体系を取り入れ，まず1880年①，これまでの新律綱領・改定律例にかわって刑法・治罪法を制定・公布した。ついで，1890年②には民法の一部が公布され，1893年から実施することになった。しかし，その内容が自由主義的であったため，日本古来の伝統たる家族制度を破壊するものとして，法曹界・政界の保守的な人々の間から強い反対がおこり，「民法出デ、忠孝亡ブ」③と批判するものまで現れ，いわゆる民法典論争④が白熱化した。このために民法実施は延期され，1896年に修正民法（明治民法）が公布された。これにより西洋流の一夫一婦制度が確立され妻の地位は安定したものとなった。しかし，一方では伝統的な家の制度を存続させた内容であり，夫権・親権の強い儒教的道徳観を反映して［ c ］と長男の権限が大きく，男性に比べて女性の地位は低かった。

第二次世界大戦後，明治民法は大幅に改正された。家中心の［ c ］制度を廃止し，男女同権の新しい家族制度を定め，婚姻・家族関係における男性優位の諸規定は廃止された。ただし，個人別ではなく，夫婦とその子を単位とする戸籍制度⑤は存続した。

〔B〕

第一四条　妻カ左ニ掲ケタル行為ヲ為スニハ夫ノ許可ヲ受クルコトヲ要ス…

第七百四十九条　家族ハ［ c ］ノ意ニ反シテ其居所ヲ定ムルコトヲ得ス

第七百五十条　家族カ婚姻又ハ養子縁組ヲ為スニハ［ c ］ノ同意ヲ得ルコトヲ要ス

第九百七十条　被相続人ノ家族タル直系卑属ハ左ノ規定ニ従ヒ［ d ］ト為ル

一　親等ノ異ナリタル者ノ間ニ在リテハ其近キ者ヲ先ニス

二　親等ノ同シキ者ノ間ニ在リテハ男ヲ先ニス

第九百八十六条　［ d ］ハ相続開始ノ時ヨリ前［ c ］ノ有セシ権利義務ヲ承継ス，但前［ c ］ノ一身ニ専属セルモノハ此限ニ在ラス

問1　空欄［ a ］にあてはまる国名として正しいものを語群〔Ⅰ〕から1つ選び，

その記号をマークしなさい。また，空欄 [b] にあてはまる人物名として正しいものを語群〔Ⅱ〕から1つ選び，その記号をマークしなさい。

語群〔Ⅰ〕

ア　イギリス　　イ　フランス　　ウ　ドイツ　　エ　アメリカ
オ　スペイン　　カ　オランダ

語群〔Ⅱ〕

ア　グナイスト　　イ　ロエスレル　　ウ　モッセ
エ　ボアソナード　　オ　シュタイン

問2　下線部①よりも以前の出来事として，正しいものをすべて選び，その記号をマークしなさい。

ア　井上馨外相の条約改正交渉失敗に端を発し，地租の軽減，言論・集会の自由，外交失策の回復の3つの要求を掲げる建白書を携えた陳情運動がおこった。

イ　旧土佐・肥前藩出身の板垣退助や江藤新平が中心となり，政府官僚の有司専制政治を批判して，国会設立を求め建白書が提出された。

ウ　開拓使官有物払下げ事件に関連しているとされて，大隈重信が罷免された結果，薩長藩閥の政権が確立した。

エ　埼玉県秩父地方で，松方財政下で窮迫する農民が困民党を結成し，負債の返済延期などを求めて直接行動をおこした。

オ　西郷隆盛や板垣退助らの主張が政府内の論争で敗北し，挫折したことで，征韓論をとなえた参議が一斉に辞職し，政府内が分裂した。

問3　下線部②に関連して，この年に憲法と合わせて六法が整備され，法治国家としての体裁が整えられたが，このうち民法とともに施行延期になったものを1つ選び，その記号をマークしなさい。

ア　刑法

イ　商法

ウ　民事訴訟法

エ　刑事訴訟法

オ　皇室典範

問4　法律雑誌において下線部③の題の論文を書き，いったん公布された民法を批判し，施行の延期を主張した者の人物名を1つ選び，その記号をマークしなさい。

ア　中江兆民

イ　矢内原忠雄

ウ　井上毅

エ　植木枝盛

オ　穂積八束

問5　下線部④に関連して，中央大学の前身である私立の法律学校は，当時主流の空欄［ a ］法学派に対抗する形で民法典論争に大きくかかわっている。中央大学の前身である学校の名称と，民法典論争においてどのような論陣を張ったのかについての組み合わせとして正しいものを1つ選び，その記号をマークしなさい。

ア　東京法律学校　　民法典の実施延期論を主張した

イ　明治法律学校　　民法典の実施断行論を主張した

ウ　英吉利法律学校　民法典の実施延期論を主張した

エ　東京法律学校　　民法典の実施断行論を主張した

オ　英吉利法律学校　民法典の実施断行論を主張した

カ　明治法律学校　　民法典の実施延期論を主張した

問6　史料〔B〕は，1898年施行の明治新民法の条文である。文章〔A〕ならびに史料〔B〕における空欄［ c ］と空欄［ d ］にあてはまる語句の組み合わせとして正しいものを1つ選び，その記号をマークしなさい。なお，空欄［ c ］には家族統率者，空欄［ d ］には［ c ］の地位と財産の継承を意味する語句が入る。

ア　c家長　　d世帯主

イ　c戸主　　d配偶者

ウ　c戸籍筆頭者　　d世帯主

エ　c戸主　　d家督相続人

オ　c家長　　d家督相続人

カ　c戸籍筆頭者　　d配偶者

問7　下線部⑤に関連して，明治新政府がとりくんだ身分・戸籍などに関する改革の説明として正しいものをすべて選び，その記号をマークしなさい。

ア　版籍奉還によって藩主と藩士の主従関係が解消され，藩主と公家は華族，藩士と旧幕臣は士族となった。

イ　えた・非人などとされた人々の身分・職業を平民と同様に取り扱ういわゆる解放令が布告されたが，平民と同様兵役や教育の義務が課されるようになったことで，これらのえた・非人などとされた人々の生活はかえって苦しくなった。

ウ　百姓・町人は平民となって苗字の使用が許され，職業選択の自由も認められた。しかし，解放令によって平民になったえた・非人とされた人々は職業選択の自由の適用外とされた。

エ　華族・士族・平民という新たな族籍にもとづく全国民の統一的な戸籍編成が実施された。これは最初の近代的戸籍であり，壬申戸籍と呼ばれる。

オ　身分制改革により，平民は華族・士族との結婚が認められるようになり，同じ義務を持つ国民として男女も同様に取り扱われるようになった。

〔C〕

日清戦争後の軍備拡張を背景に本格化する日本資本主義の展開は，日本社会に都市貧民問題，労働問題，公害問題など様々な問題を生み出した。産業化の進行とともに，日本の人口は急速に増加し，東京や大阪のような大都市では，下層民が集中して住む貧民窟が出現し，貧困や衛生状態などが深刻化した。こうした問題に対して，人道主義の立場から，救世軍などのキリスト教⑥団体による社会救済事業が活発に行われた。キリスト教婦人矯風会は，廃娼運動⑦などにとりくみ，女性の生活改善の運動を進めた。

伝染病⑧などによる死亡者は，かなりの数にのぼった。明治前期において，しばしば日本国内で大流行した伝染病はコレラであった。明治後期には医療・衛生設備の改善，衛生思想の普及などにより，コレラの死者は激減した。他方，工場の労働環境も決して良好なものではなく，産業化の進行とともに，工場での肺結核の蔓延による死者は増加した⑨。

日清・日露戦争間では鉱山業も発展し，炭鉱における悲惨な労働⑩や，公害事件⑪も発生した。これらの都市下層および労働者の劣悪な状態は新聞や出版物を通じて世に知られることとなった。

〔D〕

伏テ惟ルニ，政府当局ヲシテ能ク其責ヲ竭サシメ，以テ陛下ノ赤子ヲシテ日月ノ恩ニ光被セシムルノ途他ナシ。 e 河ノ水源ヲ清ムル其一ナリ。河身ヲ修築シテ其天然ノ旧ニ復スル其二ナリ。激甚ノ毒土ヲ除去スル其三ナリ。沿岸無量ノ天産ヲ復活スル其四ナリ。多数町村ノ頽廃セルモノヲ恢復スル其五ナリ。加毒ノ鉱業ヲ止メ毒水毒屑ノ流出ヲ根絶スル其六ナリ。如此ニシテ数十万生霊ノ死命ヲ救ヒ，居住相続ノ基ヘヲ回復シ，其人口ノ減耗ヲ防遏シ，且ツ我日本帝国憲法及ビ法律ヲ正当ニ実行シテ各其権利ヲ保持セシメ，更ニ将来国家ノ基礎タル無量ノ勢力及ビ富財ノ損失ヲ断絶スルヲ得ベケンナリ。若シ然ラズシテ長ク毒水ノ横流ニ任セバ，臣ハ恐ル其禍ノ及ブ所将サニ測ル可ラザルモノアランコトヲ。

問8 下線部⑥に関連して，幕末から明治時代にかけてのキリスト教をめぐる出来事に関する説明として正しいものをすべて選び，その記号をマークしなさい。

ア 第一高等中学校の嘱託講師でキリスト教徒の新渡戸稲造は，教育勅語奉読式で拝礼をしなかったことが不敬として解職された。

イ 外国人教師として招かれた熊本洋学校のクラークや札幌農学校のジェーンズの影響で，青年知識人の間でキリスト教が広がった。

ウ 明治新政府は旧幕府同様キリスト教を禁止する政策を続けていたが，長崎の浦上や五島列島の隠れキリシタンが弾圧された事件について列国から抗議をうけ，キリスト教禁止の高札が撤廃された。

エ 朝鮮半島南部でキリスト教に反対する東学の信徒らを中心に，減税と排日を要求する農民の反乱がおこり，清軍が朝鮮政府の援軍として出兵したことに対抗して日本軍が出兵した。

オ 宣教師として来日したヘボンやフルベッキなどによって，語学や医療などの欧米の文化が伝えられた。

問9 下線部⑦に関連して，吉原遊郭の近くの下町に住む少女の悲哀を描いた小説を雑誌『文学界』に発表した人物名を1つ選び，その記号をマークしなさい。

ア 与謝野晶子

イ 島崎藤村

ウ 北村透谷

エ　樋口一葉

オ　平塚らいてう

問10　欧米の近代的科学技術の導入により，明治の終わりごろには医学や薬学の分野で業績があげられるようになった。下線部⑧に関連して，病原体と研究者との組み合わせとして正しいものを1つ選び，その記号をマークしなさい。

ア　破傷風菌　野口英世

イ　ペスト菌　北里柴三郎

ウ　黄熱病　　志賀潔

エ　コレラ菌　野口英世

オ　梅毒　　　北里柴三郎

カ　結核菌　　志賀潔

問11　下線部⑨に関連して，紡績業の女工の中で，長時間労働や深夜業による過労と栄養不足，集団生活が大きな原因となって肺結核が流行したことを描き出した，農商務省が刊行した書名を1つ選び，その記号をマークしなさい。

ア　『女工哀史』

イ　『あゝ野麦峠』

ウ　『太陽のない街』

エ　『職工事情』

オ　『日本之下層社会』

問12　下線部⑩に関連して，九州の高島炭鉱で，3,000人の坑夫が過酷な重労働を強いられていることを報じた政教社の機関誌である雑誌名を1つ選び，その記号をマークしなさい。

ア　『国民之友』

イ　『中央公論』

ウ　『日本人』

エ　『明六雑誌』

オ　『改造』

問13　下線部⑪に関して，史料〔D〕は明治時代に発生した公害事件に関するものである。史料〔D〕で取り上げられている公害事件に関する説明として**誤っているもの**を1つ選び，その記号をマークしなさい。

ア　鉱山の鉱毒が周辺の河川に流入し，4県にまたがる流域の土地に被害を与え，人体にも影響がおよんだ。

イ　当時，この鉱山の経営を行っていたのは岩崎弥太郎であった。

ウ　1901年に，地元選出の衆議院議員が議員を辞職し，天皇に直訴を試みた。

エ　この公害事件に関心を示した木下尚江らの知識人が広く社会にこの問題を伝えた。

オ　被害地の住民は，大挙して数回にわたって上京し陳情を試みた。1900年には警官隊と衝突して数十名が逮捕される事件となったが，要求は聞き入れられなかった。

問14　史料〔D〕を書いた人物は誰か。該当する人物名を1つ選び，その記号をマークしなさい。

ア　高野房太郎

イ　板垣退助

ウ　河野広中

エ　尾崎行雄

オ　田中正造

問15 史料〔D〕の空欄 [e] が示す河川の名前を語群〔I〕から1つ選び，その記号をマークしなさい。また，史料〔D〕の事件がおこった場所を地図〔II〕から1つ選び，その記号をマークしなさい。

語群〔I〕

ア 阿賀野川　イ 鬼怒川　ウ 水俣川　エ 渡良瀬川

オ 神通川

地図〔II〕

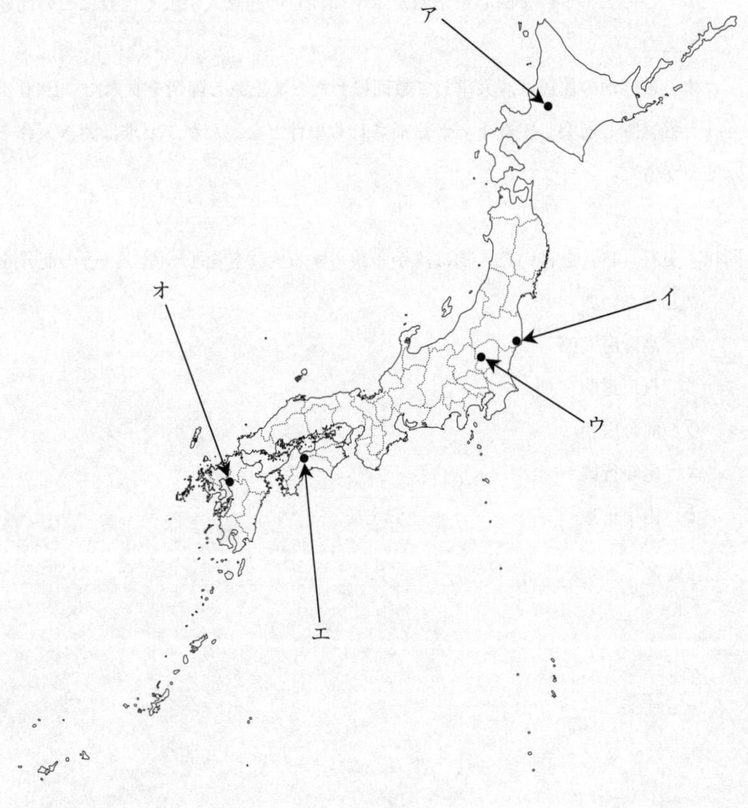

Ⅳ　次の年表を読み，下記の設問に答えなさい。なお，解答にあたっては，マーク解答用紙を用いなさい。(30点)

太平洋戦争期	1941年12月	日本海軍がハワイ真珠湾を奇襲攻撃
	1942年6月	（　a　）海戦
	1943年	学徒出陣　大東亜会議開催
	1945年8月	（　b　）宣言受諾
（　A　）	1946年2月	①金融緊急措置令
	1946年12月	②傾斜生産方式の採用を閣議決定
	1948年	③経済安定九原則
	1949年	④ドッジ＝ラインの実施
	1950年	⑤朝鮮戦争勃発
	1951年9月	⑥サンフランシスコ平和条約
	1952年	⑦国際通貨基金・⑧世界銀行（国際復興開発銀行）に加盟
（　B　）	1954年	第五福龍丸事件
	1955年8月	第1回（　c　）世界大会
	1960年	⑨三池争議
	1964年	⑩経済協力開発機構（ＯＥＣＤ）に加盟
	1967年	⑪公害対策基本法公布施行
	1971年8月	⑫アメリカが金とドルとの交換を停止
	1973年	変動為替相場制へ移行，⑬第1次石油危機
（　C　）	1974年	戦後初のマイナス成長を記録
	1979年	⑭第2次石油危機
	1985年	（　d　）合意

問1　（　a　）海戦に関する説明として正しいものをすべて選び，その記号をマークしなさい。

ア　この海戦で，日本海軍の機動部隊は主力空母4隻を失った。

イ　この海戦での敗北の結果，同年に日本は絶対国防圏内にあったサイパン島をアメリカ軍に攻略された。

ウ　この海戦の約2カ月前，東条英機内閣は戦争翼賛体制の確立を目指し，5年ぶりに総選挙を実施した。

エ　この海戦は，主にフィリピンのレイテ島沖で行われ，神風特別攻撃隊による体当たり攻撃が行われた。

オ　この海戦を機に戦局は大きく転換し，この年の後半からアメリカ軍の攻勢が本格化した。

問2　（　b　）宣言に関する説明として正しいものをすべて選び，その記号をマークしなさい。

ア　この宣言の名称は，クリミア半島の地名に由来する。

イ　この宣言では，日本軍に対して無条件降伏を勧告していた。

ウ　この宣言は，アメリカ，イギリス，ソ連の3交戦国の名で発表された。

エ　この宣言に対して，日本政府は当初黙殺する態度を示したため，アメリカ軍は広島，長崎に相次いで原子爆弾を投下した。

オ　日本の陸軍と海軍が話し合って，最終的に日本軍がこの宣言の受諾を決定した。

問3　下線部①および②に関する説明として**誤っているもの**をすべて選び，その記号をマークしなさい。

ア　金融緊急措置令は，インフレーションを抑制するための措置であった。

イ　金融緊急措置令により，預金は封鎖された。

ウ　金融緊急措置令は，貨幣流通量を増加させるための措置であった。

エ　傾斜生産方式は，資材と資金を石炭・鉄鋼などの重要産業部門に集中的に投入することを目的としていた。

オ　金融緊急措置令および傾斜生産方式は，いずれも第1次吉田茂内閣が最初に閣議決定した。

問4　下線部③および④に関する説明として正しいものをすべて選び，その記号をマークしなさい。

ア　経済安定九原則は，日本経済のアメリカへの依存度を高めることを目的としていた。

イ　経済安定九原則は，ＧＨＱが日本政府に対して指令したものである。

ウ　経済安定九原則の背景には，東アジアにおける共産主義の台頭があった。

エ　ドッジ＝ラインとは，経済安定九原則を実施するための一連の指示である。

オ　ドッジ＝ラインでは，大幅な財政赤字を許容する積極財政政策がとられた。

問5　下線部⑤に関する説明として**誤っているもの**をすべて選び，その記号をマークしなさい。

ア　朝鮮戦争が始まると，日本にはＧＨＱの指令で自衛隊が新設された。

イ　朝鮮戦争は，北朝鮮が朝鮮半島の武力統一を目指して北緯38度線を越えて韓国側に侵入したことから始まった。

ウ　アメリカ軍は国連軍として介入し，仁川上陸作戦の結果，中朝国境まで北朝鮮軍を押し戻した。

エ　北朝鮮側には，途中から中国人民義勇軍が加勢した。

オ　1953年7月に板門店で協定が調印されたことで，朝鮮戦争は終戦を迎えた。

問6　以下の史料（原文から漢字や仮名づかい，句読点を加える等適宜修正している）は，下線部⑥の第三条である。空欄［1］～［3］にあてはまる語句の組み合わせとして正しいものを1つ選び，その記号をマークしなさい。

日本国は，北緯二十九度以南の［1］諸島（琉球諸島……を含む。），孀婦岩の南の［2］諸島（小笠原群島……を含む。）並びに沖の鳥島及び南鳥島を合衆国を唯一の施政権者とする［3］制度の下におくこととする国際連合に対する合衆国のいかなる提案にも同意する。

	1	2	3
ア	南方	南西	委託統治
イ	南西	南方	委託統治
ウ	南方	南西	委任統治
エ	南西	南方	委任統治
オ	南方	南西	信託統治
カ	南西	南方	信託統治

問7　下線部⑦および⑧の英語略称名として正しい組み合わせを1つ選び，その記号をマークしなさい。

	⑦国際通貨基金	⑧世界銀行（国際復興開発銀行）
ア	ＩＢＲＤ	ＷＨＯ
イ	ＩＢＲＤ	ＷＴＯ
ウ	ＩＭＦ	ＷＴＯ
エ	ＩＭＦ	ＩＢＲＤ
オ	ＵＮ	ＩＢＲＤ
カ	ＵＮ	ＷＨＯ

問8　第1回（　ｃ　）世界大会が開催された都市の正しい位置を地図の中から1つ選び，その記号をマークしなさい。

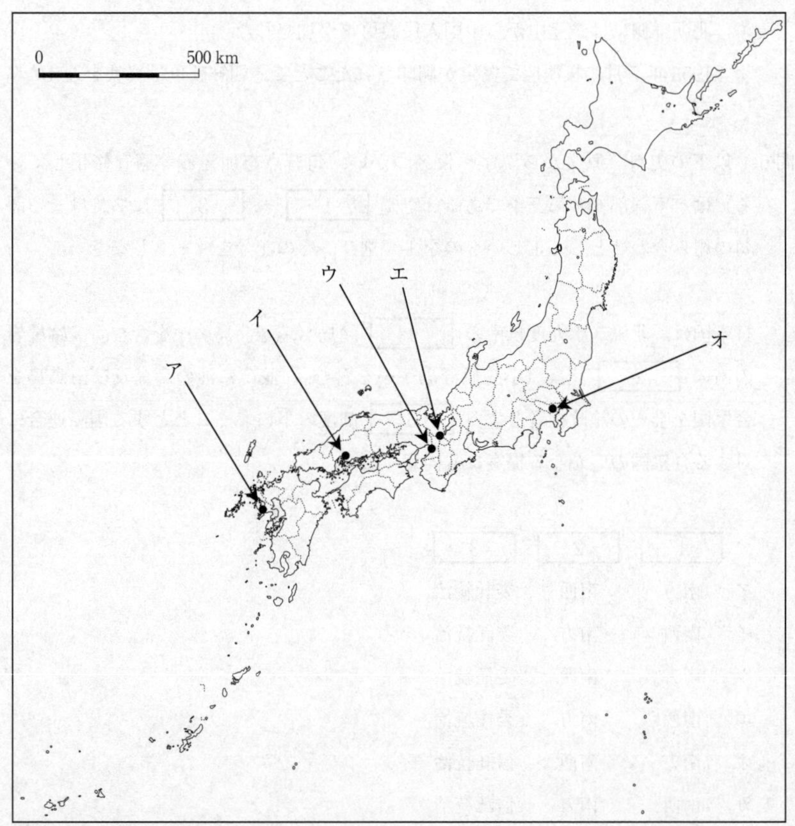

問9　下線部⑨に関する説明として**誤っているもの**をすべて選び，その記号をマークしなさい。

ア　この争議は，三井鉱山三池炭鉱における大量解雇に対する争議である。

イ　この争議の背景には，主力のエネルギーが石炭から石油に代わっていったことがあった。

ウ　この争議が発生した時点で，日本経済は神武景気の真っ只中にあった。

エ　この争議をきっかけに，日本では原子力の活用も徐々に始まり，1960年代末には全エネルギー供給のうち原子力の占める比率が10%を超えた。

オ　この争議は，国民所得倍増計画が決定された年と同じ年に起こった。

問10　下線部⑩よりも以前に，日本で起きたことをすべて選び，その記号をマークしなさい。

ア　日本がＧＡＴＴ11条国に移行した。

イ　八幡製鉄と富士製鉄が合併して，新日本製鉄が誕生した。

ウ　貿易為替自由化大綱を決定した。

エ　米の供給過剰が問題となり，減反政策が始まった。

オ　テレビ放送が開始された。

問11　下線部⑪に関する説明として正しいものをすべて選び，その記号をマークしなさい。

ア　大気汚染・水質汚濁など7種の公害が規制され，事業者・国・地方自治体の責任が明確になった。

イ　新潟水俣病，四日市ぜんそく，イタイイタイ病，水俣病のいずれも，この法律ができる以前から被害が発生していた。

ウ　1970年の同法改正を経て，翌1971年には環境省が発足した。

エ　新潟水俣病，四日市ぜんそく，イタイイタイ病，水俣病の被害をめぐる四大公害訴訟が始まったが，いずれも被害者側の敗訴に終わった。

オ　同法公布の同じ年には，美濃部達吉が東京都知事に当選し，東京に革新自治体が誕生した。

問12　下線部⑫に関する説明として**誤っているもの**をすべて選び，その記号をマークしなさい。

ア　この背景には，アメリカの国際収支が大幅に悪化していたことがあげられる。

イ　1949年4月から1971年8月まで，円ドル為替レートは1ドル308円に固定されていた。

ウ　これを機に，アメリカは日本や西ドイツに対して，大幅な為替レートの切り下げを要求した。

エ　これを機に，戦後の世界経済の秩序を形作ってきたブレトンウッズ体制が崩れた。

オ　1971年末，ワシントンのスミソニアン博物館で10カ国蔵相会議が開かれ，固定相場制の復活が議論されたが，1973年には日本や西欧諸国は変動相場制に移行した。

問13　下線部⑬および⑭に関する説明として**誤っているもの**をすべて選び，その記号をマークしなさい。

ア　第1次石油危機は，アラブ産油国による原油の輸出制限がきっかけで発生した。

イ　第1次石油危機の発生により，日本は激しいデフレーションにみまわれ，トイレットペーパーなどの生活用品が品薄になり，市民生活が混乱した。

ウ　第1次石油危機以降，日本では省エネ型製品の開発や省エネ型ライフスタイルが追求され，70年代を通じて欧米先進諸国と比べると相対的に高い経済成長率が維持された。

エ　第2次石油危機は，1979年のイラン革命による原油価格の上昇をきっかけに発生した。

オ　第1次石油危機から第2次石油危機の時期にかけて，日本の経常収支は一貫して黒字を維持した。

問14　（　d　）合意が成立した年次として正しいものを図1から1つ選び，その記号をマークしなさい。

図1：円ドルレートの推移（1973年3月～1995年12月）

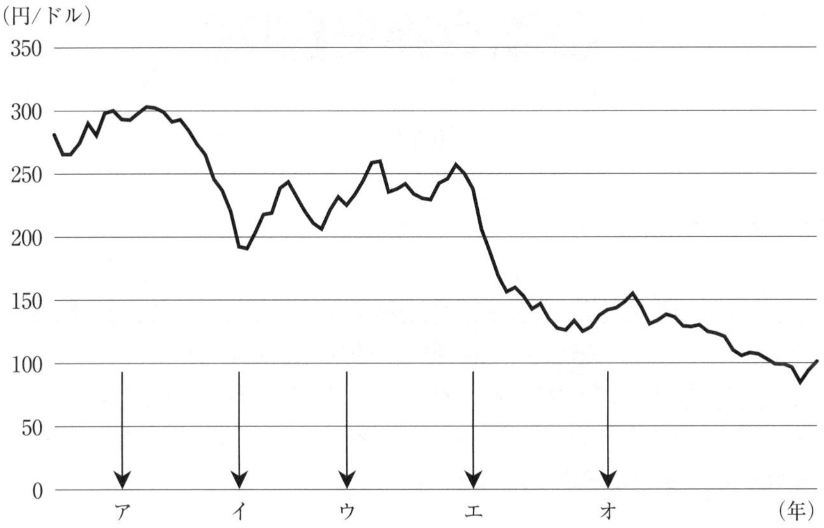

出所：日本銀行時系列統計データサイトより作成

問15　年表の（　A　）（　B　）（　C　）にあてはまる語句の組み合わせとして正しいものを1つ選び，その記号をマークしなさい。

	（　A　）	（　B　）	（　C　）
ア	戦後復興期	高度経済成長期	円高不況期
イ	戦後復興期	長期デフレ期	安定成長期
ウ	高度経済成長期	長期デフレ期	円高不況期
エ	高度経済成長期	安定成長期	長期デフレ期
オ	戦後復興期	高度経済成長期	安定成長期
カ	戦後復興期	安定成長期	長期デフレ期

世界史

（60分）

I　以下の資料を読み，設問に答えなさい。（50点）

われわれの希望と目標は，和平の過程が開始されるときには，それが完全に開かれたものとなり，それから後，いかなる種類の秘密の合意も含まず許可しないものになることである。（ア）征服と強大化の日々は過去のものである。同様に，特定の政府の利益のために，そしておそらく思いがけない時に世界の平和を乱すために締結される秘密の盟約の日々もまた，過去のものである。

（中略）

われわれがこの戦争（イ）に入ったのは，権利の侵害が発生したためである。それは，われわれを深く傷つけた。そして侵害が是正され，その再発に対して世界の安全が最終的に確保されない限り，わが国民の生活が不可能になったのである。従って，この戦争でわれわれが求めるものは，われわれ自身にとって特別なものではない。それは，この世界を住みやすく安全なものにすることである。そして特に，わが国のように，自分の生活を営み，自分の制度を決定し，世界の諸国民から力と利己的な攻撃ではなく，正義と公正な扱いを保証されることを望むすべての平和を愛する国民にとって，世界を安全なものにすることである。この件に関しては，世界中のすべての人々が事実上の伴侶である。そしてわれわれ自身に関する限り，他者に対して正義を行われなければ，われわれに対して正義が行われることもない，ということが非常に明確に見えている。従って，世界平和のための計画は，われわれの計画である。そしてその計画，われわれが見るところ唯一の可能な計画は，以下の通りである。

(1)　開かれた形で到達した開かれた平和の盟約。その締結後は，いかなる種類の秘密の国際的合意もあってはならず，外交は常に率直に国民の目の届くところで進められるものとする。

(2) 平時も戦時も同様だが，領海外の海洋上の航行の絶対的な自由。ただし，国際的盟約の執行のための国際行動を理由として，海洋が全面的または部分的に閉鎖される場合は例外とする。

(3) 和平に同意し，その維持に参加するすべての諸国間における，すべての経済障壁の可能な限りの除去と貿易条件の平等性の確立。

(4) 国家の軍備を，国内の安全を保障するに足る最低限の段階まで縮小することで，適切な保証を相互に交換。(下線①)

(5) 植民地に関するすべての請求の，自由で柔軟，かつ絶対的に公平な調整。その際には，主権に関するそうしたすべての問題の決着に当たっては，当事者である住民の利害が，法的権利の決定を待つ政府の正当な請求と同等の重みを持たされなければならない，という原則に基づくものとする。

(6) すべてのロシア領土からの撤退と，ロシアに影響を及ぼすあらゆる問題の解決。(下線②)それは，ロシアに対して自らの政治的発展と国家政策を独自に決めるための，制約と障害のない機会を得させるために，世界各国の最良かつ最も自由な協力を確保し，またロシアが自ら選んだ制度の下で，自由な諸国の社会に真摯に迎えられることを保証するだろう。また歓迎にとどまらず，ロシアが必要とし希望するあらゆる援助の提供も保証するだろう。今後何カ月かの間に，ロシアに対して姉妹諸国が支える待遇は，それら諸国の善意と，彼ら自身の利益と切り離してロシアが必要としているものへの理解と，彼らの知的で，しかも利己主義を排した同情心の試金石となるだろう。

(7) ベルギー(下線③)が他の自由諸国と同様に享受している主権を制限しようとする試みがあってはならない。ベルギーから撤退し，同国を復興させなければならない。このことについては，全世界が同意してくれるはずである。各国が相互の関係を管理するために自ら設定し決定した法律に対する信頼を回復する上で，これほど貢献する措置はないだろう。この治癒的行為がなければ，国際法全体の構造と正当性は永久に損なわれる。

(8)　フランスの全領土が解放され，侵略された部分は回復されるべきである。また，1871年にアルザス・ロレーヌ地方に関してプロシアがフランスに対して行った不法行為は，50年近くも世界の平和を乱してきたのである。全員の利益のためにもう一度平和が確保されるために，この不正行為は正されるべきである。

(9)　イタリア国境④の再調整は，明確に認識できる民族の境界線に沿って行われるべきである。

(10)　われわれは，オーストリア・ハンガリー国民の諸国間における地位が保護され確保されることを望む。彼らには，自治的発展の最も自由な機会が与えられるべきである。

(11)　ルーマニア，セルビア，モンテネグロからの撤退が行われるべきである。占領された領土が回復され，セルビアは海への自由かつ安全な交通路を与えられ，いくつかのバルカン諸国間の相互の関係が，忠誠心と民族性という歴史的に確立された方針に沿って，友好的な協議により決定され，またいくつかのバルカン諸国の政治的，経済的な独立と領土保全に関する国際的な保証が結ばれるべきである⑤。

(12)　現在のオスマン帝国⑥のトルコ人居住区域は確実な主権を保証されるべきだが，今トルコ人の支配下にある他の諸民族は，確実な生命の安全と自立的発展のための絶対的に邪魔されることのない機会を保証されるべきである。そしてダーダネルス海峡は，国際的保証の下で，すべての諸国の船舶と通商に自由な通路として恒久的に開かれるべきである。

(13)　独立したポーランド国家が樹立されるべきである。そこには議論の余地なくポーランド人である人々の居住する領土が含まれ，彼らは海への自由で安全な交通路を保証され，政治的，経済的な独立と領土保全が国際的盟約によって保証されるべきである。

(14)　大国にも小国にも等しく，政治的独立と領土保全の相互保証を与えることを目的とする具体的な盟約の下に⑦，諸国の全般的な連携が結成されなければならない。

以上に述べたような，間違いの根本的是正と正義の主張に関しては，われわれ自身も，帝国主義者に対抗して団結するすべての政府と国民の親密な仲間であると自認している。われわれの利害をめぐって対立したり，目的をめぐって意見が割れたりすることがあってはならない。われわれは最後まで団結する。

われわれは，こうした協定と盟約のために戦い，それが達成されるまで戦いを続ける意志がある。ひとえにその理由は，正義が勝利する権利を望み，公正かつ安定した平和を欲することにある。そのような平和は，戦争の主要な挑発要因を除去することによってのみ達成できるが，この計画は，そうした要因を除去するものではない。われわれは，ドイツの偉大さを何も嫉妬してはいないし，この計画にはドイツの偉大さを損なう要素は全くない。われわれは，ドイツの実績や，あるいは羨望に値する輝かしい経歴をドイツに与えた傑出した学問や平和的事業を，何もねたんではいるわけではない。われわれは，ドイツを傷つけたり，ドイツの正当な影響や力を，いかなる形でも阻止したりすることを望んではいない。ドイツが正義と法と公正な取引の盟約によって，われわれと世界平和を愛する諸国家と連携する意志があるなら，われわれは兵器によってにせよ敵対的協定によってにせよ，ドイツと戦うことは望まない。われわれが望むのは，ドイツが支配者の地位ではなく，今われわれが住む新しい世界の諸国民の間の平等な場所を受け入れることである。

そしてまた，われわれは，⑧ドイツの諸制度のいかなる変更ないしは修正をも提案するつもりはない。だが，われわれが率直に言っておかなければならないことがある。われわれがドイツとの間に何らかの知的な関係を持つための前提として必要なことがある，ということである。それはドイツの代弁者がわれわれに向かって発言する時，それは誰のために発言しているのか，ドイツ議会の過半数のためなのか，あるいは⑨軍事政党と帝国的支配を信条とする人々のためなのかを理解する必要がある，ということである。

American Center Japan ウェブサイトより

問1　下線部①に関連して，1921年からアメリカ大統領の提唱で，アメリカ・イギリス・フランス・日本などが参加する会議が開かれ，主力艦の保有トン数と保有比率が定められたが，この会議を提唱したアメリカ大統領の名称として正しいものを次から1つ選び，**マーク解答用紙**にマークしなさい。

ア．クーリッジ

イ．フーヴァー

ウ．セオドア=ローズヴェルト

エ．ハーディング

オ．マッキンリー

カ．タフト

問２　同じく下線部①に関連して，ここで締結された条約の名称を**記述解答用紙**に記入しなさい。

問３　同じく下線部①に関連して，ここで取り決められた米英日の主力艦の保有トン数比率として正しいものを次から１つ選び，**マーク解答用紙**にマークしなさい。

ア．米５・英４・日３

イ．米５・英４・日２

ウ．米５・英４・日１

エ．米５・英５・日３

オ．米５・英５・日２

カ．米５・英５・日１

問４　下線部②に関連して，対ソ干渉戦争に参加していない国として正しいものを次から１つ選び，**マーク解答用紙**にマークしなさい。

ア．日本

イ．イギリス

ウ．フランス

エ．アメリカ

オ．オランダ

カ．中国

問５　同じく下線部②に関連して，当時のロシア（ソ連）に関する出来事として誤っているものを次から２つ選び，**マーク解答用紙**にマークしなさい。

ア．ソヴィエト政府はチェカによって反革命運動を取り締まった。

イ．食料が不足したため，穀物を強制的に徴発した。

ウ．戦時共産主義を断行した。

エ．対ソ干渉戦争に対して白軍を組織して戦った。

オ．ボリシェヴィキは共産党と改称し，首都をペトログラードとした。

カ．各地で農民反乱がおこり，帝政派などの抵抗もあわせて，内戦状態となった。

問6　下線部③に関連して，ベルギーに関する記述として正しいものをR，誤っているものをWとしたとき，正しい組み合わせを次から1つ選び，**マーク解答用紙**にマークしなさい。

(い)　オランダ支配からの独立革命がおこり，1831年，立憲王政のベルギー王国が成立した。

(ろ)　ベルギーは東南アジアに植民地を有していた。

(は)　フランスのシューマン外相が西ドイツとフランス両国の石炭・鉄鋼を共同機関のもとに管理する案を発表し，ベルギーも参加して1952年，EECが発足した。

ア．(い)＝W　(ろ)＝W　(は)＝R

イ．(い)＝W　(ろ)＝R　(は)＝W

ウ．(い)＝R　(ろ)＝W　(は)＝W

エ．(い)＝R　(ろ)＝R　(は)＝W

オ．(い)＝W　(ろ)＝R　(は)＝R

カ．(い)＝R　(ろ)＝W　(は)＝R

問7　下線部④に関連して，1859～60年にイタリアに組み込まれた場所として正しいものを次から1つ選び，**マーク解答用紙**にマークしなさい。

ア　南チロル

イ．フィレンツェ

ウ．ヴェネツィア

エ．ローマ

オ．トリエステ

カ．サルデーニャ

問8　下線部⑤に関連して，波線部(イ)の「この戦争」の後，独立した国として誤っているものを次から1つ選び，**マーク解答用紙**にマークしなさい。

ア．チェコスロヴァキア

イ．ルーマニア

ウ．ラトヴィア

エ．ポーランド

オ．リトアニア

カ．エストニア

問9　下線部⑥に関連して，波線部(イ)の「この戦争」に勝利した連合国と，オスマン帝国との間に結ばれた条約として正しいものを次から1つ選び，**マーク解答用紙**にマークしなさい。

ア．サン=ジェルマン条約

イ．トリアノン条約

ウ．セーヴル条約

エ．ブレスト=リトフスク条約

オ．ロカルノ条約

カ．ヌイイ条約

問10　下線部⑦に関連して，波線部(イ)の「この戦争」の後から1930年代までに独立した国として誤っているものを次から過不足なく選び，**マーク解答用紙**にマークしなさい。

ア．オマーン

イ．エジプト王国

ウ．トランスヨルダン

エ．アフガニスタン王国

オ．イエメン

カ．サウジアラビア王国

問11　同じく下線部⑦に関連して，波線部(イ)の「この戦争」の後にフランスの委任統治領となった地域として正しいものを次から1つ選び，**マーク解答用紙**にマークしなさい。

ア．イラク

イ．パレスティナ

ウ．クウェート

エ．シリア

オ．スーダン

カ．イラン

問12 下線部⑧に関連して，波線部(イ)の「この戦争」の終結直後にドイツにおいて制定され，男女平等の選挙権を保障した憲法の名称を**記述解答用紙**に記入しなさい。

問13 同じく下線部⑧に関連して，問12の憲法に基づく共和国は政情が不安定だったが，その記述として誤っているものを次から1つ選び，**マーク解答用紙**にマークしなさい。

ア．憲法は民主的であると評価された反面，大統領に極めて強力な権限を与えていた。

イ．賠償支払延期を口実にフランスにルールを占領された。

ウ．ドイツではフランスに対するストライキなどの消極的抵抗を展開したことにより，インフレがおこった。

エ．不動産などからの収入を担保としたレンテンマルク発行などの措置を取り，インフレを収束させた。

オ．連合国はドイツの賠償支払い額を当面軽減し，イギリス資本によるドイツ経済回復を決めた。

カ．1926年には国際連盟への加盟を実現した。

問14 下線部⑨に関連して，ドイツにおいて1933年に立法権を政府に与えるものとして制定された法律の名称を**記述解答用紙**に記入しなさい。

問15 本資料に関連して，波線部(イ)の「この戦争」が勃発した時期前後の中国の記述として誤っているものを次から1つ選び，**マーク解答用紙**にマークしなさい。

ア．辛亥革命勃発直後，孫文は臨時大総統となり，北京で中華民国の建国を宣言した。

イ．中華民国臨時政府と袁世凱との交渉の結果，宣統帝溥儀や皇室の身分，生活保障に関する優待条件を引き換えに溥儀の退位が決定した。

ウ．袁世凱は臨時約法と共和政体の採用，清の版図の維持と五族共和などを約束した。

エ．袁世凱は北京で中華民国の臨時大総統に就任した。

オ．列強との諸条約の継承を宣言し，列強は中華民国を承認した。

カ．中華民国成立後の国会選挙では国民党が第一党となった。

問16　本資料に関連して，以下の人物のうち，パリ講和会議に参加していない人物を次から過不足なく選び，**マーク解答用紙**にマークしなさい。

ア．レーニン

イ．ロイド=ジョージ

ウ．ウィルソン

エ．シュトレーゼマン

オ．クレマンソー

カ．オルランド

問17　本資料に関連して，波線部(イ)の「この戦争」がおこった時，日本が攻撃したドイツの租借地として正しいものを次から1つ選び，**マーク解答用紙**にマークしなさい。

ア．広州湾

イ．膠州湾

ウ．旅順

エ．威海衛

オ．大連

カ．九龍半島

問18　本資料に関連して，波線部(イ)の「この戦争」の後に行われた講和会議前後における中国の状況の説明として誤っているものを次から1つ選び，**マーク解答用紙**にマークしなさい。

ア．中国は戦勝国としてパリ講和会議に参加した。

イ．中国は不平等条約の改正・山東利権や21か条問題の解決を求めたが，ドイツの利権は日本に譲渡することになった。

ウ．北京でヴェルサイユ条約に抗議する運動がおこった。

エ．パリの中国代表団はヴェルサイユ条約に調印した。

オ．中国は国際連盟の原加盟国となり，国際的地位の向上に努めた。

カ．紡績などの軽工業が発展し，民族資本の企業や都市労働者が増加した。

問19　本資料に関連して，波線部(イ)の「この戦争」の頃に，中国でおこった新文化運動として誤っているものを次から2つ選び，**マーク解答用紙**にマークしなさい。

ア．新文化運動とは中国の知識人たちによる運動である。

イ．魯迅は白話運動や文学革命を提唱した。

ウ．胡適は『狂人日記』や『阿Q正伝』により中国人の内面を改革していこうとした。

エ．李大釗はマルクス主義を中国に紹介した。

オ．1921年に陳独秀などのよびかけで中国共産党が成立した。

カ．陳独秀を中心に雑誌『新青年』が刊行された。

問20　本資料に関連して，波線部(ア)に示されているように，本資料は波線部(イ)の「この戦争」中にソ連において出された「布告」に対抗して作成されたものである。その「布告」を発出した時の，ボリシェヴィキの指導者として正しいものを次から1つ選び，**マーク解答用紙**にマークしなさい。

ア．レーニン

イ．スターリン

ウ．カール=リープクネヒト

エ．ケレンスキー

オ．ローザ=ルクセンブルク

カ．ブハーリン

問21　問20に関連して，この「布告」の名称を答えた上で，その具体的内容を40字以内で**記述解答用紙**に記入しなさい。

Ⅱ 以下の文章を読み，設問に答えなさい。(40 点)

北極圏とは，北緯 90 度 0 分の北極点を中心とした円で囲まれる領域を指す。グリーンランド，カナダ，アラスカ，ロシア，①フィンランド，スウェーデン，ノルウェーを通る北緯 66 度 33 分よりも北の世界である。

寒冷な北極地方には，前 5000 年ごろにイヌイットと呼ばれる人々が定住した。はるか後の 10 世紀後半，②ヴァイキングのエイリークはアイスランドで殺人を犯して追放処分を受け，地図にない新天地を目指して航海に出た。北大西洋を航海した後，エイリークは未知の土地に到達し，そこをグリーンランドと名づけた。グリーンランドのヴァイキング文明は，10 世紀後半から 12 世紀後半まで繁栄し，北極地域の探検も行われたようである。だが，12 世紀の終わりごろから始まった寒冷化が，グリーンランドと北ヨーロッパの行き来を困難にした。グリーンランド内部でも，北部に住んでいたイヌイットが寒冷化に伴って南下し，ヴァイキングに襲いかかった。結局，14 世紀までにグリーンランドのヴァイキング文明は消滅したという。

15 世紀の終わりごろになると，ヨーロッパ各国は北極海を抜けてアジアに向かう「北西航路」の開拓を目指していく。その主な目的は，ヨーロッパとアジア（さらに北アメリカ）との貿易を低コストで行うことである。当時，③地球全体の地理は十分に解明されていなかった。そのため「北西航路」は，北極地方の広大な海が太平洋に通じているのではないかという噂や推測の域を出なかったといえるだろう。それでも「北西航路」が注目されたのは，南方の探検は競争が激しかったからである。④実際，ポルトガルやスペインの探検隊は，アフリカ大陸や南アメリカ大陸の南端を通って東洋に向かっていた。

「北西航路」と並んで，ヨーロッパからロシア海域を通ってアジアへ至る「北東航路」の開拓を目指す者もいた。18 世紀になると，⑤ピョートル大帝はシベリアの極地域の探検を命じた。彼の命によるカムチャツカ探検中に，⑥デンマーク出身のベーリングはベーリング海峡を確認したという。19 世紀後半には北欧の探検家たちがロシアに向けて進み，「北東航路」の開拓を進めた。北欧を出発して「北東航路」を通過した船は，明治時代の横浜にも入港している。

19 世紀後半以降，北極点初到達を目指す競争が欧米で激しくなり，20 世紀に入るとさらに過熱した。一般に，北極点に最初に到達した欧米人はアメリカの（　A　）とされている。彼は，1908 年の夏に探検に出発した。この時，彼は⑦当時のアメリカ大統領にちなんで，船団の1隻をローズヴェルト号と名づけている。そして彼は，翌1909年4月6日に北極点に到達したと発表した。他方，同じアメリカのフレデリック=クックも同時期に北極探検に出発し，（　A　）よりも早い1908年4月23日に北極点に到達したと宣言している。その後，両者は自分こそが最初の北極点到達者であると主張して譲らなかった。現在では，（　A　）は探検の途中で自分の到達地点の十分な測定を行わなくなり，クックは測定こそ続けたが必ずしも正確ではなかった，と一般的には考えられている。

現在の北極は，⑧地球温暖化のために夏の海氷面積が減少している。その結果，カナダ沿岸の「北西航路」やロシア沿岸の「北東航路」を大型船舶が通過できるようになった。ヨーロッパ=アジア間の航海に北極海航路をとれば，⑨スエズ運河を経由する場合よりも時間と距離が大幅に短縮され，コストも少なくて済む。またスエズ運河経由の航路は，狭い⑩マラッカ海峡を通過しなければならない。ただし，以上のことは海氷が少なくなる夏の場合であり，年間を通した北極海航路の利用はずっと先のことになるであろう。

欧米では，南極には大陸が存在すると古くから信じられていた。18世紀後半の太平洋探検で有名なジェイムズ=クックは，南極大陸の発見を目指す航海にも派遣されている。その目的は達成できなかったが，彼の一行は欧米人として初めて南極圏（南緯66度33分よりも南の地域）に進んだ（なお最近の研究では，欧米人よりもはるか以前にポリネシア人が南極大陸に到達していたと主張されている）。

19世紀前半には欧米の探検家・船長・軍人が南極大陸を実際に目でみたが，彼らは最初それが島なのか大陸なのか確信をもてなかった。確定的な証拠はないものの，南極が大陸であるとの公式報告は1840年になされている。

1890年代，とりわけ1900年代になると，多くの国が南極の探検・領有権を目指すようになる。それは捕鯨や⑪帝国拡大のためであった。この時に南極点の初到達を競ったのが，イギリスの（　B　）とノルウェーの（　C　）である。彼らは，初の南極点到達と同じくらいその偉業を世界中に最初に発表することが重要であると考えていた。当時，⑫無線電信はすでに発明されていたが，その信頼性は高かったわけではない。そこで両者は，南極点到達後に⑬ニュージーランドまたはオーストラリアから有線（電報）によって世界へ発信しようと計画した。

2人は1911年に南極点に向かって出発したが，最初に南極点に到達したのは（　C　）である。遅れて（　B　）も南極点到達を果たしたが，そこにあったノルウェー国旗をみて，競争に敗れたことがわかった。それでも彼は気持ちを切り替えて帰路についた。しかし，疲労と飢えと病気に加えて強烈なブリザードに襲われ，ついに生還はかなわなかった。

問1 下線部①に関連して，スカンディナヴィア諸国の歴史として誤っているものを1つ選び，**マーク解答用紙**にマークしなさい。

ア．バルト海北方に紀元前から住んでいたとされるウラル語系のフィン人は，13世紀にスウェーデンによって征服，合併された。

イ．スウェーデンのノーベルはダイナマイトを発明し，彼の遺産を基金としてその後ノーベル賞が創設された。

ウ．ノルウェーはウィーン会議後にスウェーデン領となったが，独自の憲法をもち，1905年の国民投票により平和的に独立した。

エ．帝政ロシアの支配下にあったフィンランドは，1917年のロシア革命に際して独立に成功した。

オ．三十年戦争の際，スウェーデンのグスタフ=アドルフはカトリック支援を名目として介入した。

問2 下線部②に関連して，ヴァイキングに関する説明として誤っているものを1つ選び，**マーク解答用紙**にマークしなさい。

ア．スカンディナヴィア半島やユトランド半島に住む北方ゲルマン系のノルマン人は，ヴァイキングと呼ばれた。

イ．ノルマンディー公国の一派は南イタリアに進出し，シチリア島をビザンツ帝国から奪還して12世紀前半にシチリア王国（両シチリア王国）を建てた。

ウ．ロロが率いる一派は，10世紀初めに西フランク王国と封建関係を結び，ノルマンディー公国を建てた。

エ．アルフレッド大王は，9世紀末にデーン人によるイングランド東岸への侵入を撃退した。

オ．アルフレッド大王による撃退の後，デーン人のクヌート（カヌート）がアングロ=サクソン勢力を征服した。

問3 下線部③に関連して，大地（地球）は球体であるという説を唱え，コロンブスに影響を与えた人物の名前を1つ選び，**マーク解答用紙**にマークしなさい。

ア．ストラボン

イ．トスカネリ

ウ．プトレマイオス

エ．ガリレイ（ガリレオ=ガリレイ）

オ．コペルニクス

問4　下線部④に関連して，以下を歴史の古い順に並べた時に1番目と3番目にくるものを選び，**マーク解答用紙**にマークしなさい。

ア．ヴァスコ=ダ=ガマの航海により，ヨーロッパとアジアを直結するインド航路が開かれた。

イ．マゼラン（マガリャンイス）が南アメリカ大陸南端を通過した。

ウ．バルトロメウ=ディアスがアフリカ南端の喜望峰に到達した。

エ．スペインがコロンブスの船隊を大西洋に送り出した。

オ．ポルトガルとスペインの勢力範囲がトルデシリャス条約で定められた。

問5　下線部⑤に関連して，ピョートル大帝が行ったこととして誤っているものを2つ選び，**マーク解答用紙**にマークしなさい。

ア．みずからオランダやイギリスなどを視察し，西欧化政策をとった。

イ．ネルチンスク条約を結んで清との間の国境を定めた。

ウ．正式な称号としてツァーリを用い，ロシア帝国の基盤を固めた。

エ．ペテルブルク（ピーテルブルッフ）を建設し，モスクワからそこに遷都した。

オ．プロイセンとオーストリアとともに第1回ポーランド分割を行った。

問6　下線部⑥に関連して，北方戦争においてデンマーク以外にロシアのピョートル大帝の側について戦った国の名前を1つ選び，**マーク解答用紙**にマークしなさい。

ア．ポーランド

イ．プロイセン

ウ．イギリス

エ．オーストリア

オ．スウェーデン

問7　下線部⑦に関連して，この大統領が行ったこととして正しいものを1つ選び，**マーク解答用紙**にマークしなさい。

ア．アメリカ=スペイン戦争（米西戦争）をおこしてプエルトリコを獲得した。

イ．全国産業復興法（NIRA）によって企業間の競争の制限などを認めた。

ウ．チャーチルと大西洋上で会談して，大西洋憲章を発表した。

エ．カリブ海と中米地域において覇権を確立するためにカリブ海政策を推し進めた。

オ．ドイツによる賠償と対米戦債の支払いの1年間停止を実施した。

問8　下線部⑧に関連して，20世紀以降の科学技術の発展による諸問題やその取り組みとして誤っているものを1つ選び，**マーク解答用紙**にマークしなさい。

ア．高度経済成長を遂げていた日本では，1960年代から公害問題が顕在化した。

イ．1997年の第3回気候変動枠組条約締約国会議（COP 3）は京都議定書を採択し，温室効果ガスの排出を削減するための数値目標を定めた。

ウ．太陽からの有害紫外線を吸収するオゾン層がフロンによって破壊され，生態系に大きな影響を与えている。

エ．2015年のストックホルム協定では，すべての国が温室効果ガスの削減目標を自主的に提出することを求めている。

オ．冷戦後の1992年には，ブラジルのリオデジャネイロで国連環境開発会議（地球サミット）が開催された。

問9　下線部⑨に関連して，スエズ運河の歴史に関する説明として誤っているものを2つ選び，**マーク解答用紙**にマークしなさい。

ア．1952年のエジプト革命後，ナギブはスエズ運河の国有化を宣言・推進した。

イ．スエズ運河の開通によって地中海とインド洋が結ばれ，喜望峰をまわるインド航路よりも大幅な時間短縮が可能になった。

ウ．イギリス首相のグラッドストンは，エジプトからスエズ運河株を買い取った。

エ．エジプトによるスエズ運河の国有化宣言後，イギリス・フランス・イスラエルとの間でスエズ戦争（第2次中東戦争）がおこった。

オ．スエズ運河はフランス人のレセップスの指導により着工され，多くのエジプト人労働者の犠牲のうえに完成した。

問10　下線部⑩に関連して，この地域の歴史として誤っているものを1つ選び，**マーク解答用紙**にマークしなさい。

ア．マラッカ王国は，16世紀初頭にポルトガルに占領された。

イ．7世紀半ば以降，シュリーヴィジャヤ王国がマラッカ海峡を挟むマレー半島とスマトラ島を支配し，唐にも朝貢使節を派遣した。

ウ．マラッカによるイスラーム勢力との関係強化により，15世紀後半にマラッカ王国が有力化し，その後，スマトラでイスラーム政権のアチェ王国が成立した。

エ．19世紀前半にイギリスはオランダと協定を結び，マラッカ海峡を境界とする支配権の分割を取り決めた。

オ．マラッカ王国は，明が13世紀に鄭和をインド洋地域に遠征させた際，重要な補給拠点となった。

問11　下線部⑪に関連して，帝国主義の時代の出来事として誤っているものを2つ選び，**マーク解答用紙**にマークしなさい。

ア．イギリスの3C政策に対して，ドイツはベルリン・ブダペスト・バクダードを結ぶ3B政策によって対抗した。

イ．1904年の英仏協商により，エジプトにおけるイギリスの支配的地位とアルジェリアにおけるフランスの支配的地位を相互に認め，ドイツに対抗した。

ウ．大陸への支配拡大を目指す日本は韓国に対する実質的支配を推し進め，列強諸国の黙認のもと，1910年に韓国を併合した。

エ．ベトナムでは，1904年にファン=ボイ（=）チャウを中心としてフランスからの独立と立憲君主制を目指す運動が組織された。

オ．下関条約で清から遼東半島を獲得した日本に対して，ロシアはフランスとドイツとともに圧力を加え，同半島を清に返還させる三国干渉を行った。

問12　下線部⑫に関連して，無線電信を発明した人物の名前を1つ選び，**マーク解答用紙**にマークしなさい。

ア．エディソン

イ．マルコーニ

ウ．ベル

エ．モース（モールス）

オ．ファラデー

問13　下線部⑬に関連して，オセアニア地域の歴史として誤っているものを2つ選び，**マーク解答用紙**にマークしなさい。

ア．イギリスやヨーロッパからの移民が増加すると，オーストラリアの先住民のマオリは土地を追われ，殺害や疫病によって人口が激減した。

イ．20世紀に入ると，オーストラリアとニュージーランドは自治権を得て，イギリスの自治領となった。

ウ．19世紀前半以降のイギリスによるニュージーランドの植民地化に対して，先住民のアボリジニーが激しく抵抗した。

エ．17世紀半ばにオランダ東インド会社から派遣されたタスマンは，バタヴィアから南太平洋を探検した。

オ．19世紀後半からオーストラリアではアジア系移民の移住を制限し，有色人種を差別する白豪主義がとられた。

問14　空欄（　A　）から（　C　）に入る人物名の組み合わせとして正しいものを1つ選び，**マーク解答用紙**にマークしなさい。

ア．A：アムンゼン，B：スコット，C：ピアリ

イ．A：ピアリ，B：アムンゼン，C：スコット

ウ．A：スコット，B：ピアリ，C：アムンゼン

エ．A：ピアリ，B：スコット，C：アムンゼン

オ．A：アムンゼン，B：ピアリ，C：スコット

Ⅲ 以下の史料を読み，設問に答えなさい。(10点)

太祖は，すでに天下をえて李筠（いん）・李重（ともに後周の臣）を誅した。そこで普（趙普，建国の功臣）を召して，「①天下は，唐末以来，数十年間に，帝王がおよそ10姓をかぞえるほど易（か）わったが，兵乱はやまず，蒼生（そう）（人民）が塗炭の苦しみに陥っているのは何故であろうか。(ア)吾は，天下の兵乱をおさめ，国家長久の計を立てたいと望んでいるが，その方法はどうか」とたずねた。普は，「陛下の言が，そこまで及ぶのは，天地人神の福であります。唐末以来，戦いがやまず，国が不安定な理由は，他でもありません。②節度使の力が甚だ大きく，君主が弱く，臣が強いからです。したがって，今，これを治める方法に，別段，奇巧はありません。ただ，節鎮の権力を奪い，その銭穀を制御し，その精兵を収めれば，天下は，おのずから安定しましょう」と答えた。帝はこれに対し，「卿よ，それ以上言うな。吾は，すでにこれをさとっている」といった。

『世界史史料・名言集』山川出版社

問1 下線部①に関連して，唐の滅亡から宋の建国までの華北における5つの王朝の興亡を正しい順序に並べたものを以下から1つ選び，**マーク解答用紙**にマークしなさい。

ア．後梁→後唐→後晋→後漢→後周

イ．後梁→後唐→後漢→後晋→後周

ウ．後梁→後漢→後唐→後晋→後周

エ．後梁→後漢→後晋→後唐→後周

オ．後梁→後晋→後漢→後唐→後周

問2 下線部②に関連して，唐の玄宗の晩年に3つの節度使を兼任し，部下の史思明とともに反乱をおこした人物の名前を1つ選び，**マーク解答用紙**にマークしなさい。

ア．李自成

イ．朱全忠

ウ．張角

エ．王莽

オ．安禄山

問3　波線部(ア)に関連して，以下の語群から最も適切なものを3つ選び，宋の文治主義について50字以内で**記述解答用紙**に説明しなさい。

語群

郷挙里選，殿試，九品官人法，三省六部，科挙，兵戸制，府兵制，屯田制，均田制，中央集権，地方分権

政治・経済

（60分）

Ⅰ　次の文章を読んで，設問に答えなさい。(40点)

連合国と枢軸国との間で戦われた第二次世界大戦が1945年に終結すると，アメリカを中心とする資本主義国からなる西側陣営とソ連を中心とする社会主義国からなる東側陣営との間に対立が生じ，冷戦体制と呼ばれる国際社会の図式が形成された。

西側陣営の中心であるアメリカは，1947年3月，共産主義封じ込めをねらった［①］＝ドクトリン，同年6月には，ヨーロッパ復興のための［②］＝プランを発表した。さらに，1949年には，アメリカ，カナダ，ヨーロッパの西側陣営の集団安全保障体制である<u>北大西洋条約機構</u>(a)が結成された。

東側陣営の中心であるソ連は，1947年10月，各国共産党との連絡提携強化を目的とするコミンフォルムを組織した。また，1949年には，西側陣営の［②］＝プランに対抗し，ソ連と東ヨーロッパの社会主義国の国際分業を促進するために，ＣＯＭＥＣＯＮ（経済相互援助会議）が結成された。さらに，1955年には，北大西洋条約機構に対抗して，東側陣営の集団安全保障体制である［③］が設立された。

1950年代後半になると，東西両陣営の間での<u>平和共存</u>(b)への模索，東西両陣営内それぞれにおける多極化の動きが生じた。平和共存への動きについては，1955年に<u>ジュネーブ四巨頭会談</u>(c)が開催され，東西両陣営の対話の道が開かれた。しかし，一方で，［④］年には，東ドイツとソ連によって西ベルリンを取り囲む「ベルリンの壁」が築かれたり，［⑤］年には，キューバにソ連のミサイル基地が設けられたりしたことをきっかけに生じた米ソの対立である「キューバ危機」などが発生した。米ソ両国は，<u>これらの事件に際して，戦争の回避のため譲歩した</u>(d)ことをきっかけにして冷戦が緩和され，1960年代後半から1970年代前半にかけて，緊張緩和が進んだ。

東側陣営における多極化については，社会主義の路線をめぐってソ連と中国が対立し，［⑥］年には両国の国境で武力衝突が生じた。また，<u>ポーランド，ハンガリー，チェコスロバキアでは，自由化・民主化運動がおこった</u>(e)。一方，西側陣営では，西ヨーロッパ諸国や日本が経済復興を背景に独自性を高めていった。

このような冷戦体制下において，東西両陣営にも属さない第三世界の国々が，国際社会において存在感を示すようになった。1955年，インドネシアの［⑦］において開催された第1回アジア・アフリカ会議において，諸国民の平等，内政不干渉などからなる平和十原則が確認された。これは，中国の周恩来と［⑧］のネルーとの会談で示された平和五原則を拡充したものである。さらに，1961年には，ユーゴスラビアで第1回非同盟諸国首脳会議が開催され，東西両陣営いずれの軍事同盟にも属さない非同盟の立場が鮮明にされた。

1979年になるとソ連がアフガニスタンに侵攻し，一方アメリカの［⑨］大統領が，戦略防衛構想を実現するために軍拡を推進するなどにより，新冷戦と呼ばれる時代を迎えることになった。ソ連では，アフガニスタン侵攻により軍事負担が増大し，さらには経済が悪化したため，1985年に成立したゴルバチョフ政権は，国内において(f)さまざまな取組を行うだけではなく，西側陣営との協調を目指して新思考外交を展開した。これを受けて，米ソ間の首脳会談が定例化し，1989年の［⑩］会談において，両国は冷戦の終結を宣言した。この後，1991年には，ソ連を構成していたいくつかの共和国によって(g)独立国家共同体が設立され，ソ連は崩壊した。

問1　文中の空欄［①］～［⑩］にあてはまる適切な語句または数字を解答欄に記入しなさい。ただし，同じ番号の空欄には同じ語句または数字が入る。

問2　下線部aに関連して，独自の核兵器開発を進めるなどの理由から，北大西洋条約機構の軍事機構から離脱し，2009年に同機構に復帰した国はどこか，解答欄に記入しなさい。

問3　下線部bに関連して，スターリン批判を行い，平和共存外交を推進し，ソ連の首相を務めたのは誰か，解答欄に記入しなさい。

問4　下線部cに関連して，ジュネーブ四巨頭会談に参加した国名を解答欄に記入しなさい。

問5　下線部dに関連して，2つの事件に対応したアメリカの大統領は誰か，解答欄に記入しなさい。

問6 下線部eに関連して，1980年代になると，自主管理労働組合「連帯」による民主化運動がおこった国はどこか，解答欄に記入しなさい。

問7 下線部fに関連して，「情報公開」を意味する改革はロシア語で何と呼ばれるか，カタカナで解答欄に記入しなさい。

問8 下線部gに関連して，バルト三国は，独立国家共同体に参加しなかった。バルト三国を構成する3つの国名を解答欄に記入しなさい。

Ⅱ 次の文章を読んで，設問に答えなさい。(30点)

政府の収入と支出の活動が財政であり，一会計年度における収入を歳入，支出を歳出とよぶ。財政はその主体によって国家財政と地方財政に分かれるが，ここでは日本の国家財政に目を向ける。政府は歳入と歳出を管理するために，それらを総合的に管理する［ ① ］会計，特定の事業を行うために特定の歳入をあてるべく［ ① ］会計から切り離して設置された特別会計を設けている。2020年度においては，東日本大震災復興特別会計を含む13の特別会計が存在する。

政府は毎年，［ ① ］会計予算，特別会計予算，政府関係機関予算を作成して国会に提出し，これらを一体として国会の承認を得て実行に移す。国会の審議・議決をへて新年度から実施される予算を本予算（当初予算），年度途中で，本予算に追加や変更を行わざるをえない場合に，国会の議決をへて修正された予算を［ ② ］予算という。予算規模は近年およそ100兆円であったが，新型コロナウイルスの感染拡大に対応するために大規模な［ ② ］予算が組まれたことで，2020年度は大きく拡大した。なお歳入と歳出の実績を示す決算は，［ ③ ］の検査を受けた後，次年度に国会に提出される。

歳入の中心は国税である$_{a}$。民主主義の下では，政府は事前に議会で議決された法律に基づいて課税しなければならない。これは［ ④ ］主義とよばれる。国税では，所得税や法人税などは納税者と［ ⑤ ］が同一と想定される直接税であり，消費税などは両者が異なる間接税である。

所得税は個人の所得に対して課される税金である。所得税の税率は，基本的には7段階に区分されている。2013年度税制改正で，2015年分以降の所得に対しては，課税所得金額が4000万円超の層が1800万円超の区分から分離され，その新設区分に対しては　⑥　%の税率が課されることとなった。ただし所得税には，基礎，配偶者，扶養，障がい者，各種保険料や医療費，寄附金（ふるさと納税を含む）などの控除があるため(b)，課税所得は所得そのものよりは少なくなっている。

消費税は商品・サービスの購入，消費に課される税金である。消費税は　⑦　年に3％で導入され，1997年に5％，2014年に8％，そして2019年には軽減税率の対象となる品目を除いて，10％に引き上げられている。

法人税は株式会社などの法人の所得に対して課される税金である。企業がグローバルに活動する現代においては，高い法人税率は，立地先としてのその国の魅力を低下させる傾向がある。また企業そのものは海外移転させないにしても，その国の企業が非課税や税率の低い国や地域である，いわゆる　⑧　に利益を集めようとするかもしれない。(c)このような理由で日本のみならず，近年，多くの先進国では法人税率の水準が低下してきた。

国税で歳出を賄うことができないとき，不足分は国債の発行によって賄われることになる。国債とは国の発行する債券で，国債の発行は，法律で定められた発行根拠に基づいて行われており，大別すると普通国債と財政投融資特別会計国債（財投債）に区分される。普通国債には建設国債，　⑨　国債，年金特例国債，復興債及び借換債がある。

わが国では財政法において原則として国債発行が認められていない。財政法第4条で「国の歳出は，公債または借入金以外の歳入をもってその財源としなければならない」と定められているからである。また，(d)日本銀行が国債を引き受けることを原則として禁止している。しかし，石油危機後の1975年，不況のために大幅な税収不足が生じたために，これ以降，公共事業費等以外の歳出に充てる財源を調達することを目的とした，特別立法によって財政法に基づかない　⑨　国債を発行せざるをえなくなった。なお建設国債は財政法第4条第1項ただし書に基づいている。

歳入の合計に占める税収の割合は，2010年前後においては40％程度に低下していたが，2010年代後半には55％を超える水準になっていた。しかし，新型コロナウイルスの感染拡大の影響で，(e)歳入面での国債への依存（国債依存度）が再び上昇し，予算通りに進んだ場合，2021年度末の国債発行残高見込みは ⑩ 兆円の大台が目前である。

問1　文中の空欄 ① ～ ⑩ にあてはまる適切な語句または数字を解答欄に記入しなさい。ただし，同じ番号の空欄には同じ語句または数字が入る。

問2　下線部aに関連して，国税についての記述として，正しくないものを1つ選び，解答欄に記入しなさい。

A．生活必需品への消費税率を上昇させると，逆進性が強まる。

B．所得税は，所得の再配分効果を持つ。

C．国税で累進課税制度が採用されているものは所得税だけである。

D．酒税は間接税である。

問3　下線部bに関連して，各種保険料には社会保険料が含まれる。社会保険は被用者保険と被用者以外の人たちのための保険に区別されるが，労災保険以外の被用者保険の保険料は三者によって負担される。この三者とは誰か，解答欄にすべて記入しなさい。

問4　下線部cに関連して，2020年10月に経済協力開発機構（ＯＥＣＤ）は低税率競争に歯止めをかける最低税率の設定の素案を公表すると同時に，巨大デジタル企業からの税収を各国に広く再配分するべくデジタル課税に関する新ルールの素案も公表した。情報技術産業における4つの支配的な企業は，日本では「ＧＡＦＡ」とよばれることが多い。この4つの企業の名称を解答欄にすべて，カタカナで記入しなさい。

問5　下線部dに関連して，この原則を何とよぶか，解答欄に記入しなさい。

問6　下線部eに関連して，1975年度以降の国債および国債依存度についての記述として，正しくないものをすべて選び，解答欄に記入しなさい。

A．国債依存度の最低水準は1990年代前後である。

B．現在はその年の国債発行額に占める建設国債の割合は半数以下である。

C．国債依存度は1998年度に初めて50%を超えた。

D．1980年代はおおむね国債依存度は低下していた。

Ⅲ　次の文章を読んで，設問に答えなさい。なお，解答に当たっては，マーク解答用紙を用いなさい。(30点)

自由貿易か保護貿易かをめぐる議論は古くから行われてきた。16世紀から18世紀の［ i ］を中心に展開され，後にこの時代を代表する経済思想の総称とされたのが保護貿易的な政策を主張する［ ① ］主義である。［ ① ］主義の初期には，金や銀の［ ② ］制限を行うことを主張する重金主義がみられた。その後，『外国貿易による［ i ］の財宝』(1664) の著者［ ③ ］らによって，［ ④ ］を求める貿易差額主義が主張された。その頃［ ii ］では財務総監コルベールによって保護貿易的な政策が推進されたが，コルベール主義への反省として18世紀の［ ii ］において経済を統制せずに自由放任にゆだねることを説いたのが『［ ⑤ ］』(1758) の著者ケネーを中心とする経済思想家であった。

18世紀後半に始まった産業革命(a)のなか，［ ① ］主義やコルベール主義を批判して自由貿易の利益(b)を説いたのが経済学の父アダム・スミス(c)である。19世紀に入ると，穀物の輸入制限をはかる穀物法をめぐって活発な議論(d)が展開され，そのなかには比較生産費説を説いた『経済学及び課税の原理』(1817) の著者リカードや食料増加が人口増加に追い付かず貧困が生じることを説いた『［ ⑥ ］』(1798) の著者として知られるマルサスらがいた。結果的に穀物法は1846年に廃止され，［ i ］における保護貿易主義は後退することとなった。同じ頃［ ii ］で採用されていた保護貿易的な政策は，バスティアを中心とする自由貿易論者による批判を経て，［ i ］と［ ii ］の間で1860年に締結された通商条約をもって転換点を迎えることとなった。

他方で，独立宣言(e)後の［ iii ］において国際競争力を得るまで未発達の産業を保護することを主張したのが初代財務長官ハミルトンである。ハミルトンの主張は，19世紀の半ば工業化に立ち遅れていた［ iv ］の経済学者にして『経済学の国民的体系』(1841) の著者リストに受け継がれ，幼稚産業保護論とよばれるようになった。リストはアダム・スミスの系譜に連なる自由貿易論者(f)を批判し，後進工業国における保護貿易の必要性を主張した。幼稚産業保護論は，古典派の自由貿易論者であった『［⑦］』(1848) の著者ジョン・スチュアート・ミルやワルラスの一般均衡分析との対比で部分均衡分析とよばれる需要と供給の理論を体系化した新古典派の［⑧］らにも限定的に認められた。

問1　文中の空欄［①］にあてはまる適切なものを，次の4つの選択肢AからDのなかから1つ選び，解答欄にマークしなさい。

A．重産

B．重農

C．重工

D．重商

問2　文中の空欄［②］にあてはまる適切なものを，次の4つの選択肢AからDのなかから1つ選び，解答欄にマークしなさい。

A．採掘

B．輸出

C．保有

D．貯蓄

問3　文中の空欄［③］にあてはまる適切なものを，次の4つの選択肢AからDのなかから1つ選び，解答欄にマークしなさい。

A．トマス・マン

B．トマス・モア

C．トマス・アクィナス

D．トマス・ホッブズ

問4　文中の空欄［④］にあてはまる適切なものを，次の4つの選択肢AからDのなかから1つ選び，解答欄にマークしなさい。

A．輸入額を上回る輸出額の達成

B．輸出額を上回る輸入額の達成

C．輸出額と輸入額の最大化

D．輸出額と輸入額の最小化

問5　文中の空欄 ⑤ にあてはまる適切なものを，次の4つの選択肢AからDのなかから1つ選び，解答欄にマークしなさい。

A．経済学の理論

B．経済表

C．国民経済学原理

D．純粋経済学要論

問6　文中の空欄 ⑥ にあてはまる適切なものを，次の4つの選択肢AからDのなかから1つ選び，解答欄にマークしなさい。

A．資本論

B．産業論

C．人口論

D．農業論

問7　文中の空欄 ⑦ にあてはまる適切なものを，次の4つの選択肢AからDのなかから1つ選び，解答欄にマークしなさい。

A．経済発展の理論

B．純粋経済学要論

C．経済学原理

D．選択の自由

問8　文中の空欄 ⑧ にあてはまる適切なものを，次の4つの選択肢AからDのなかから1つ選び，解答欄にマークしなさい。

A．ハイエク

B．フリードマン

C．マーシャル

D．サミュエルソン

問9　文中の空欄 i ～ iv にあてはまる適切なものの組み合わせを，

次の4つの選択肢AからDのなかから1つ選び，解答欄にマークしなさい。

A. [i] イギリス　[ii] フランス　[iii] アメリカ　[iv] ドイツ

B. [i] フランス　[ii] イギリス　[iii] ドイツ　[iv] アメリカ

C. [i] イギリス　[ii] アメリカ　[iii] フランス　[iv] ドイツ

D. [i] ドイツ　[ii] イギリス　[iii] アメリカ　[iv] フランス

問10　下線部aに関連して，産業革命の開始時期はある発明家が蒸気機関の改良を実現した時期と重なるがその発明家として適切なものを，次の4つの選択肢AからDのなかから1つ選び，解答欄にマークしなさい。

A. スティーブンソン

B. ジョン・ケイ

C. フルトン

D. ワット

問11　下線部bに関連して，右下がりの需要曲線と右上がりの供給曲線の交点における価格と取引量がともに正であるようなある国の完全競争市場において，輸入が行われることで生じる利益の説明として適切なものを，次の4つの選択肢AからDのなかから1つ選び，解答欄にマークしなさい。

A. 国内価格より低い国際価格の下で輸入が行われることで，生産者余剰の減少を上回る消費者余剰の増加が国内で生じる。

B. 国内価格より高い国際価格の下で輸入が行われることで，生産者余剰の減少を上回る消費者余剰の増加が国内で生じる。

C. 国内価格より低い国際価格の下で輸入が行われることで，消費者余剰の減少を上回る生産者余剰の増加が国内で生じる。

D. 国内価格より高い国際価格の下で輸入が行われることで，消費者余剰の減少を上回る生産者余剰の増加が国内で生じる。

問12 下線部ｃに関連して，アダム・スミスが説いた概念として適切なものを，次の４つの選択肢ＡからＤのなかから１つ選び，解答欄にマークしなさい。

Ａ．社会主義

Ｂ．大きな政府

Ｃ．限界効用

Ｄ．分業の利益

問13 下線部ｄに関連して，当該議論におけるリカードとマルサスの主張として適切なものを，次の４つの選択肢ＡからＤのなかから１つ選び，解答欄にマークしなさい。

Ａ．リカードは穀物の輸入制限に賛成し，マルサスは穀物の輸入制限に反対した。

Ｂ．リカードは穀物の輸入制限に反対し，マルサスは穀物の輸入制限に賛成した。

Ｃ．リカードもマルサスも穀物の輸入制限に賛成した。

Ｄ．リカードもマルサスも穀物の輸入制限に反対した。

問14 下線部ｅに関連して，この独立宣言とアダム・スミスによる『国富論』の出版は同年の出来事であるが，その西暦として適切なものを，次の４つの選択肢ＡからＤのなかから１つ選び，解答欄にマークしなさい。

Ａ．1758年

Ｂ．1762年

Ｃ．1776年

Ｄ．1789年

問15 下線部ｆに関連して，リストが批判し，「供給はそれ自らの需要をつくりだす」と要約される法則を説いたことで知られる古典派の経済学者として適切なものを，次の４つの選択肢ＡからＤのなかから１つ選び，解答欄にマークしなさい。

Ａ．ピグー

Ｂ．ジェボンズ

Ｃ．メンガー

Ｄ．セイ

数学

（60分）

（注）満点が100点となる配点表示になっていますが，共通テスト併用方式の満点は150点となります。

I　次の設問に答えよ。答は結果のみ解答欄に記入せよ。(36点)

(1)　3進法で表された$2022_{(3)}$を8進法で表せ。

(2)　赤玉4個と白玉8個が入っている袋から玉を1個取り出し，これをもとに戻さないで続けてもう1個玉を取り出す。2個目に取り出した玉が白玉であるとき，1個目に取り出した玉も白玉である確率を求めよ。なお，答は既約分数にせよ。

(3)　$0 \leqq x \leqq \pi$のとき，次の不等式を解け。

$$\sin^2 x - \cos^2 x + \sin x > 0$$

(4)　15^{32}は何桁の整数か。ただし，$\log_{10} 2 = 0.3010$，$\log_{10} 3 = 0.4771$とする。

(5)　曲線$y = x^3 + ax^2 + b$上の点$(1, -1)$における接線の傾きが-3である。このとき，定数a，bの値を求めよ。

(6)　放物線$y = x^2 - 4x + 3$と直線$y = 2x - 2$で囲まれた図形の面積を求めよ。

II　△ABC において，ベクトルの内積が

$$\overrightarrow{\mathrm{CA}}\cdot\overrightarrow{\mathrm{AB}} = -2,\ \overrightarrow{\mathrm{AB}}\cdot\overrightarrow{\mathrm{BC}} = -4,\ \overrightarrow{\mathrm{BC}}\cdot\overrightarrow{\mathrm{CA}} = -5$$

であるとき，以下の設問に答えよ。(32 点)

(1)　3 辺 AB，BC，CA の長さを求めよ。

(2)　△ABC の面積を求めよ。

III　正の整数 x について，以下の設問に答えよ。なお，ここで x の下一桁とは x を 10 で割った余りであり，x の下二桁とは x を 100 で割った余りであるとする。(32 点)

(1)　$10 \leqq x \leqq 40$ の範囲で，x の下一桁と x^2 の下一桁が一致するような x の個数を求めよ。

(2)　$10 \leqq x \leqq 99$ の範囲で，x^2 の下一桁と x^4 の下一桁が一致する x をすべて足した数を Y とする。整数 Y の下一桁を求めよ。

(3)　$10 \leqq x \leqq 99$ の範囲で，x^2 の下二桁が x と等しいものをすべて求めよ。

B　娘の結婚がうまく進んだことに母親と乳母が安堵(あんど)している。

C　自分の企てがうまくいったことを一条摂政が喜んでいる。

D　娘からの返歌が素晴らしいことに一条摂政が感心している。

E　結果的に父親をだましてしまったことに娘が苦笑いしている。

A　一条摂政　　B　東三条殿　　C　姫君　　D　乳母　　E　母

〔問四〕　傍線(7)「さては空事なりけり」とあるが、空事の内容としてもっとも適当なものを左の中から選び、符号で答えなさい。

A　娘のもとへまだその男が通っていないという母の言葉。
B　母が娘の恋路を応援しているという乳母たちの話。
C　娘がその男に思いを寄せているという母の推測。
D　今見せられた「人知れず」で始まる歌の内容。
E　娘のもとへその男が通って来ているという噂。

〔問五〕　傍線(8)「いつかは越えむ逢坂の関」の解釈としてもっとも適当なものを左の中から選び、符号で答えなさい。

A　逢坂の関をいつかは越えたいものですね。
B　逢坂の関はいつでも越えることができます。
C　逢坂の関をいつ越えることがありましょうか。
D　逢坂の関を五日には越えることができるでしょう。
E　逢坂の関をいつになったら越えられるのでしょうか。

〔問六〕　傍線(9)「ほほゑまれけむかし」の説明としてもっとも適当なものを左の中から選び、符号で答えなさい。

A　これで娘のもとへその男が通ってこないと父親が安心している。

(3)「上ならぬ女のがり」

A 身分の高くない女のもと
B そう親しくない女のもと
C 年上ではない女のもと
D 京の外に住む女のもと

(5)「乳母、母などを語らひて」

A 乳母と母とが相談し合って
B 乳母が母などに嘘(うそ)をついて
C 姫君が乳母と母に話をして
D 乳母や母などを味方にして

〔問二〕 傍線(4)「さ心得て」の内容としてもっとも適当なものを左の中から選び、符号で答えなさい。

A 豊蔭が一条摂政と親しいことを知っている。
B 豊蔭の正体が一条摂政であることを知っている。
C 一条摂政と東三条殿が兄弟であることを知っている。
D 一条摂政が豊蔭を使者としていることを知っている。
E 一条摂政が複数の女から恨まれていることを知っている。

〔問三〕 傍線(6)の歌を詠んだのは誰か。左の中から選び、符号で答えなさい。

とて遣はしたりければ、父に見すれば、(7)「さては空事なりけり」と思ひて、返し、父のしける。

あづま路に行きかふ人にあらぬ身は(8)いつかは越えむ逢坂の関

と詠みけるを見て、(9)ほほゑまれけむかしと、御集にあり。をかしく。

（『宇治拾遺物語』による）

注　一条摂政……藤原伊尹（これただ）。　東三条殿……藤原兼家。　大蔵の丞……大蔵省の三等官。　せため……責め立てて。

逢坂の関……滋賀県大津市と京都府との境界付近にある関所。　御集……一条摂政御集。

〔問一〕　傍線(1)(2)(3)(5)の解釈としてもっとも適当なものを左の各群の中から選び、それぞれ符号で答えなさい。

(1)　「めでたく」

A　楽天的で
B　こまやかで
C　すばらしく
D　ばか正直で

(2)　「軽々に覚えさせたまひければ」

A　色々なことを安易に考えられているので
B　軽々しいことだとお考えになったので
C　記憶力がよく物忘れもなさらないので
D　軽はずみなことをお教えになったので

〔問五〕 本文の中で意志はどのようなものと説明されているか。もっとも適当なものを左の中から選び、符号で答えなさい。

A 万能ではないが無力でもないもので、自発的ではなくても行為において何らかの役割を果たせるもの。
B 無意識や習慣や人体の複雑な機構など様々な要因の影響を受けながらも、最終的に行為を決定するもの。
C 自発的なものではまったくないが、人間をロボットとは異なる存在とするもっとも重要な要因となるもの。
D 精神や観念の因果関係の中で生じるもので、物質的な因果関係の中で生じる行為には関わらないもの。
E 行為の自由な原因ではなく、様々な要因が複雑に組み合わさった結果として意識の中に立ち現れてくるもの。

三 次の文章を読んで、後の問に答えなさい。（30点）

今は昔、一条摂政とは東三条殿の兄におはします。御かたちより始め、心用ひなど(1)めでたく、才（ざえ）、有様、まことしくおはしまし、また色めかしく、女をも多く御覧じ興ぜさせたまひけるが、少し(2)軽々（きやうきやう）に覚えさせたまひければ、御名を隠させたまひて、大蔵（おほくら）の丞（じようとよかげ）豊蔭と名のりて、(3)上ならぬ女のがりは御文も遣はしける。懸想（けさう）せさせたまひ、逢（あ）はせたまひもしけるに、皆人(4)さ心得て知り参らせたり。

やむごとなくよき人の姫君のもとへおはしましそめにけり。(5)乳母（めのと）、母などを語らひて、父には知らせさせたまはぬ程に、聞きつけて、いみじく腹立ちて、母をせため、爪弾（つまはじ）きをして、いたくのたまひければ、「さる事なし」とあらがひて、「まだしき由の文書きて給（た）べ」と、母君のわび申したりければ、

(6)人知れず身はいそげども年を経てなど越えがたき逢坂の関

A 人間が自分の中に感じ取る意志が自由で自発的であること。
B 人間の意志が何らかの原因によって決定されていること。
C 人間は自分の行動を意識するがその行動の原因を知らないこと。
D 人間の持つ自由意志が自分の行動のもっとも大きな原因であること。
E 人間は意志を持たない単なる機械とは異なる存在であること。

〔問四〕 傍線(4)「行為は多元的に決定されている」とあるが、その説明としてもっとも適当なものを左の中から選び、符号で答えなさい。

A 行為は外からの影響と刺激や人体の複雑な機構、培われた習慣、無意識の反応など、多数の要因のもとに決定されていること。
B 行為は人体の複雑な機構、培われた習慣、意識あるいは無意識など、そのたびごとにもっとも適切なものに従って決定されていること。
C 行為はロボットのように外からの操作によってではなく、意識や無意識という人間内部の様々な働きによって自発的に決定されていること。
D 行為は意志を操縦者として一元的に決められるのではなく、脳内の無意識の複雑で多様な運動プログラムに操縦されて決定されていること。
E 行為は外からの影響や刺激に基づきながらも、それらに操縦されるのではなく、いくつもの意志がぶつかり合って決定されていること。

〔問一〕　傍線(1)「私たちが自発性を信じてしまうことには理由がある」とあるが、なぜそう信じてしまうのか。もっとも適当なものを左の中から選び、符号で答えなさい。

A　自発性は一般に自由意志と呼ばれており、人間は基本的に自由意志に基づいて行動するものだから。
B　自発性は実際には存在しないが、存在しないものでも信じてしまうことが人間の心情というものだから。
C　自発性は自分が純粋な出発点となって何かをなすことで、人間はそのように自分の意志で行為を決めているから。
D　意識は結果だけを受け取るようにできていて、その原因を十分に理解することは困難だから。
E　日々の消費行動において、人間は購入する商品を自分自身の感情に基づいて選択しているから。

〔問二〕　傍線(2)「「意志の自由」あるいは「自由意志」の問題点」とあるが、自発性の問題点と同じとされるこの問題点とはどのようなものか。もっとも適当なものを左の中から選び、符号で答えなさい。

A　他からの影響も命令も受けない意志の自由こそが重要だとされているという問題点。
B　他からの影響も命令も受けない意志の自由が今の社会では実現しないという問題点。
C　自由の話をするとすぐに意志の自由のことを考えてしまうという問題点。
D　自由意志は他から影響も命令も受けていない自由な出発点と考えられているという問題点。
E　自由意志は人間の心の中に存在しえないのに存在すると感じてしまうという問題点。

〔問三〕　傍線(3)「スピノザがいったい何を否定しているのかに注意しなければなりません」とあるが、スピノザは何を否定しているのか。もっとも適当なものを左の中から選び、符号で答えなさい。

また現代の脳神経科学では、脳内で行為を行うための運動プログラムが作られた後で、その行為を行おうという意志が意識の中に立ち現れてくることが分かっています。意志はむしろ運動プログラムが作られたことの結果なのです。精神分析学の創始者であるフロイトが論じた無意識の役割をここに加えてもよいでしょう。フロイトは私たちの日常のちょっとしたしぐさや動作にも無意識が表れていると考えました。

一つの行為は実に多くの要因のもとにあります。それらが協同した結果として行為が実現するわけです。つまり、(4)行為は多元的に決定されているのであって、意志が一元的に決定しているわけではないのです。

意識は無力ではありません。しかし意識は万能でもありません。意識では身体の複雑な機構を統制できないし、習慣もほとんどの場合は意識できない。無意識を意識化することの難しさを説いたのがフロイトですし、脳内の運動プログラムに至っては意識することは不可能です。

ですが、意識は行為において何らかの役割は果たせるのです。スピノザは意志が自由な原因であるという思い込みを批判しました。しかし、それはあなたの意識の否定ではありません。あなたはロボットではありません。意識は万能ではないし、意志は自発的ではない、ただそれだけのことです。

(國分功一郎『はじめてのスピノザ　自由へのエチカ』による)

注　スピノザ……オランダの哲学者（一六三二〜一六七七）。著書に『エチカ』等。　ハンナ・アレント……アメリカの哲学者（一九〇六〜一九七五）。著書に『過去と未来の間』『人間の条件』等。　フロイト……オーストリアの精神科医（一八五六〜一九三九）。著書に『精神分析入門』等。

うにして無限に進む。

精神の中には確かに意志のようなものが存在しています。しかしそれも何らかの原因によって決定を受けているのです。したがって意志は自由な原因ではありません。それは、何ものからも影響も命令も受けない自発的な原因などではないのです。

「意志の自由」や「自由意志」を否定すると、恐らく少なからぬ人が、「では私たちは外部から何かによって操作されているロボットのような存在なのだろうか」と考えることと思います。もちろんそうではないわけですが、この疑問に答えるためには、少しだけ、行為なるものについて考える必要があります。

意志の自由を否定したら人間がロボットのように思えてしまうとしたら、それは人間の行為をただ意志だけが決定していると思っているからです。意志こそが人間の行為の唯一の操縦者であるのだから、その操縦者がいなくなったら、人間には操縦者がいなくなると考えてしまっているのです。

「意志の自由」や「自由意志」を否定することへの強い抵抗の根拠はここにあります。意志が一元的に行為を決定していると信じられているからこそ、その抵抗は強いものになるのです。

たとえば歩く動作のことを考えてみましょう。この動作は人体の全体に関わっています。人体には二〇〇以上の骨、一〇〇以上の関節、約四〇〇の骨格筋があり、それが複雑な連係プレーを行うことではじめて歩くという動作が可能になるわけですが、人の意識はそのように複雑な人体の機構をすべて統制することはできません。ですので、身体の各部分は意識からの指令を待たずに、各部で自動的に連絡を取り合って複雑な連携をこなしています。

また歩き方といってもさまざまです。私たちはこれまでに学んだ何らかの形式に沿って歩いています。それは意識して選択されたものではありません。意識せずに従っている習慣です。しかしそれは私たちの行為を強く規定しています。

うにできているからです。そのような意志をひき起こした原因のことが分からないので、まるで意志がゼロから生まれ出たかのように、それが「無からの創造」であるかのように感じてしまうのです。

スピノザはそのように考えることの「誤り」を、次のようなやや強い口調で指摘しています。

　例えば人間が自らを自由であると思っているのは、すなわち彼らが自分は自由意志をもってあることをなしあるいはなさざることができると思っているのは、誤っている。そしてそうした誤った意見は、彼らがただ彼らの行動は意識するが彼らをそれへ決定する諸原因はこれを知らないということにのみ存するのである。だから彼らの自由の観念なるものは彼らが自らの行動の原因を知らないということにあるのである。

スピノザは「意志の自由」も「自由意志」も認めませんが、(3)スピノザがいったい何を否定しているのかに注意しなければなりません。

　私たちは確かに自分たちの中に意志なるものの存在を感じます。スピノザはその事実を否定はしません。スピノザが言っているのは、確かに私たちはそのような意志を自分たちの中に感じ取るけれども、それは自由ではない、自発的ではないということです。つまり意志もまた、何らかの原因によって決定されている。

　そのことを説明した箇所を見てみましょう。

　精神の中には絶対的な意志、すなわち自由な意志は存しない。むしろ精神はこのことまたはかのことを意志するように原因によって決定され、この原因も同様に他の原因によって決定され、さらにこの後者もまた他の原因によって決定され、このよ

二　次の文章を読んで、後の問に答えなさい。（20点）

自発的であるとは、何ものからも影響も命令も受けずに、自分が純粋な出発点となって何ごとかをなすことを言います。スピノザ哲学においては、そのような自発性は否定されます。なぜならば、いかなる行為にも原因があるからです。自分が自発的に何かをしたと思えるのは、単にその原因を意識できていないからです。

私たちの意識は結果だけを受け取るようにできています。今日の昼ご飯にラーメンを選んだことにも、本屋でふと気になって手に取ったこの本を今読んでいることにも、すべてに原因があります。しかしその原因を十分に理解することは人間の知性には実に困難です。だから、自分でラーメンを選んだし、自発的にこの本を読み始めたのだと考えるわけです。

ですから、(1)私たちが自発性を信じてしまうことには理由があるわけですが、しかし、実際にはそのようなものは存在しえません。

この自発性は一般に「自由意志」と呼ばれています。

これは哲学者のハンナ・アレントも指摘していることなのですが、私たちは自由の話をすると、すぐに「意志の自由」のことを考えてしまいます。そして、人間には自由な「意志」があって、その意志に基づいて行動することが自由だと思ってしまうのです。

(2)「意志の自由」あるいは「自由意志」の問題点は、先ほどの自発性の問題点と同じです。自由意志は純粋な出発点であり、何ものからも影響も命令も受けていないものと考えられています。しかし、そのようなものは人間の心の中には存在しえません。人間は常に外部からの影響と刺激の中にあるからです。

ただし、私たちはそのような「意志」が存在していることを主観的には感じます。なぜならば、意識は結果だけを受け取るよ

ア　私的所有制は経済成長を促し、効率競争の中でイノベーションが起こり生産力も増大するが、その過程において隷属化し苦渋を味わう人々は、進歩の先に実現するユートピアのための犠牲である。

イ　人間は自己を卓越化して他者との差異化をはかりたいという根源的な欲望を持っているので、資本が作り出す人工的な希少性は、そうした欲望に適応するために進化した社会的装置である。

ウ　無償のコモンズである水から有償で希少な化石燃料に移行したことによって強力な動力が得られただけではなく、資本は都市部に流入した人々を安価な工場労働者とすることができた。

エ　災害やパンデミックに直面して騒然としている社会の中で着々と商機を狙って大きな利益を上げるショック・ドクトリンという手法は、成長戦略の柱として注目を集めている。

オ　人工的希少性によって創出される価値は人間の本源的欲求を満たす使用価値を駆逐して市場経済を形成し、かつてはコモンズであったものも商品になって人々から富を吸い上げる手段になる。

D　国富が増えることで市場が拡大するので、国民は公富に頼った質素な生活から抜け出して贅沢と自由を満喫できる。
E　それなりに収入があっても、他国では無償の場合もある教育や医療の自己負担が高額なので安心して暮らせない。

〔問六〕　傍線(7)「「価値」を増やしていくことが、資本主義的生産にとっての最優先事項になる」とあるが、それを示す事例としてもっとも適当なものを左の中から選び、符号で答えなさい。

A　ファッションは一見すると使用価値を逸脱した価値を追求するもののように見えるが、実はクジャクの羽のような性的装飾でもあるので、性淘汰の競争で勝ち抜くための使用価値を追求している。
B　匠の技のような工芸品の価値は、むしろ芸術のそれにつながるものなので、たとえば器として使用する機能、すなわち使用価値を高めてもその価値が増大することはない。
C　ブランド品は社会的ステータスを示す記号として所有者に相対的希少性を付与するという、商品そのものの有用性とは別の価値が認められるので、企業はブランド化戦略に腐心する。
D　商品の価値はそれを生産するために投下された労働量によって規定されるので、企業は大量の安価な労働者を投入して長時間労働を強いることで簡単に商品の有用性を高めることができる。
E　人の価値観は多種多様で、消費者は感性的な美的判断と理性的な有用性のバランスを考えながら商品を選ぶので、生産者はその多様な価値観を見極めることが重要である。

〔問七〕　次の文ア～オのうち、本文の趣旨と合致しているものに対してはA、合致していないものに対してはBの符号で答えなさい。

E 根源的な生産手段

〔問三〕 空欄⑶に入れるのにもっとも適当なものを左の中から選び、符号で答えなさい。

A しかも、無償のエネルギー源だったのだ
B しかし、非効率なエネルギー源だったのだ
C しかも、希少なエネルギー源だったのだ
D しかし、排他的なエネルギー源だったのだ
E しかも、伝統的なエネルギー源だったのだ

〔問四〕 空欄⑸に入れるのにもっとも適当なものを左の中から選び、符号で答えなさい。

A 国策的　B 開放的　C 閉鎖的　D 人工的　E 自然的

〔問五〕 傍線⑹「「私富」の増大は、貨幣で測れる「国富」を増やすが、真の意味での国民にとっての富である「公富」＝コモンズの減少をもたらす」とあるが、「国富」が多いのに「公富」が少ない社会の例としてもっとも適当なものを左の中から選び、符号で答えなさい。

A 平均すると国民一人あたりの収入は多いのだが、希少性をともなう商品が少ないので消費の快楽を享受できない。
B 高い税収で国庫は潤っているが、規制が厳しいため国民は快楽をもたらすものにアクセスできずに不満を溜める。
C 貧富の差の拡大は止まらないが、富裕層から低所得者層へ富がしたたり落ちて、結果として社会全体が潤っている。

(4)　カツボウ
A　カッスイ対策が必要だ　　B　キョウカツ罪に問われる
C　ソウカツ的に判断する　　D　エンカツに進める

(8)　ジュウソク
A　バッソクを適用する　　B　エンソクに出かける
C　販売をソクシンする　　D　恋人をソクバクする

(9)　サクゲン
A　労働力のサクシュ　　B　レポートのテンサク
C　サクリャクの渦　　D　サクゴが生じる

(10)　チョウシュウ
A　意見をチョウセイする　　B　予算がボウチョウする
C　平和のショウチョウ　　D　チョウカイ処分で降格される

〔問二〕　空欄(1)に入れるのにもっとも適当なものを左の中から選び、符号で答えなさい。

A　心情的な帰属根拠
B　伝統的な投資対象
C　排他的な生活基盤
D　自然的な市場社会

れば、その分だけ需要が供給を上回り、それが資本にとっては大きな利潤を上げる機会を提供することになる。気候変動がビジネスチャンスになるのもそのためだ。気候変動は、水、耕作地、住居などの希少性を生み出す。希少性が増え

これが惨事のショックに便乗して利を得る「気候変動ショック・ドクトリン」である。金儲けだけを考えるなら、人々の生活を犠牲にしても、希少性を維持するのは「合理的」でさえある。

同じく惨事便乗型資本主義の類型である「コロナショック・ドクトリン」に際して、アメリカの超富裕層が二〇二〇年春に資産を六二兆円も増大させた出来事を思い起こせばいいだろう。

「使用価値」を犠牲にした希少性の増大が私富を増やす。これが、資本主義の不合理さを示す「価値と使用価値の対立」なのである。

（斎藤幸平『人新世の「資本論」』による）

注 本源的蓄積……資本主義は資本が蓄積することで始まるが、その蓄積の本源（起源）が囲い込みだったことを示すマルクスの用語。

マルクス……ドイツの社会思想家・経済学者（一八一八～一八八三）。

〔問一〕 傍線⑵⑷⑻⑼⑽に相当する漢字を含むものを、左の各群のA～Dの中から選び、それぞれ符号で答えなさい。

⑵ テキギ

A ギジュツを磨く　B ギシキを執り行う

C シンギを尽くす　D ベンギをはかる

価格をつり上げ、より大きな利益を上げようとする。水質の劣化を気にせず、人件費や管理維持費を(9)サクゲンするかもしれない。結果的に、水というコモンズが解体されることで、普遍的アクセスや持続可能性、安全性は毀損されることになる。

ここでも、水の商品化によって「価値」は増大する。ところが、人々の生活の質は低下し、水の「使用価値」も毀損される。これは、もともとはコモンズとして無償で、潤沢だった水が、商品化されることで希少な有償財に転化した結果なのだ。だから、「コモンズの悲劇」ではなく、「商品の悲劇」という方が正しい。

コモンズとは、万人にとっての「使用価値」である。万人にとって有用で必要だからこそ、共同体はコモンズの独占的所有を禁止し、協同的な富として管理してきた。商品化もされず、したがって価格をつけることもできなかった。コモンズは人々にとっては無償で、潤沢だったのだ。もちろん、この状況は資本にとっては不都合である。

ところが、なんらかの方法で人工的に希少性を作り出すことができれば、市場は何にでも価格をつけることができるようになる。そう、「囲い込み」でコモンズを解体して、土地の希少性を作り出したように。そうすれば、その所有者は地代を(10)チョウシュウできるようになるのだ。

土地でも水でも、本源的蓄積の前と後を比べてみればわかるように、「使用価値」(有用性)は変わらない。コモンズから私的所有になって変わるのは、希少性なのだ。希少性の増大が、商品としての「価値」を増やすのである。

その結果、人々は生活に必要な財を利用する機会を失い、困窮していく。貨幣で計測される「価値」は増えるが、人々はむしろ貧しくなる。いや、「価値」を増やすために、生活の質が意図的に犠牲にされるのである。

というのも、破壊や浪費と言った行為さえも、それが希少性を生む限り、資本主義にとってはチャンスになるからだ。破壊や浪費が、潤沢なものをますます希少にすることで、そこには資本の価値増殖の機会が生まれるのである。

す性質である。これは資本主義の成立よりもずっと前から存在している。それに対して、「財産」は貨幣で測られる。それは、商品の「価値」の合計である。「価値」は市場経済においてしか存在しない。

マルクスによれば、資本主義においては、商品の「価値」の論理が支配的になっていく。(7)「価値」を増やしていくことが、資本主義的生産にとっての最優先事項になるのである。

その結果、「使用価値」は「価値」を実現するための手段に貶（おとし）められていく。「使用価値」の生産とそれによる人間の欲求の(8)ジュウソクは、資本主義以前の社会においては、経済活動の目的そのものであったにもかかわらず、その地位を奪われたのだ。そして、「価値」増殖のために犠牲にされ、破壊されていく。マルクスはこれを「価値と使用価値の対立」として把握し、資本主義の不合理さを批判したのである。

もう一度、水を例にとって考えてみよう。少なくとも日本では、水は潤沢である。生きていくためにあらゆる人が必要とする「使用価値」が水にはある。だから本来誰のものでもなく、無償であるべきだ。ところが、水はすっかりペットボトルに入った商品として流通するようになった。商品である水は、貨幣で支払いしないと利用できない希少財に転化しているのである。

水道事業でも同じことがおきている。水道が民営化されると、企業が利益を上げることが目的となるため、システム維持に最低限必要な分を超えて水道料金が値上げされる。

水に価格をつけることは、水という限りある資源を大切に使うための方法だという考え方もある。無料だったら、みんなが無駄遣いしてしまう。それが、生態学者ギャレット・ハーディンが提唱したことで有名な「コモンズの悲劇」の発想である。だが、水に価格をつければ、水そのものを「資本」として取り扱い、投資の対象としての価値を増やそうとする思考に横滑りしていく。そうなれば、次々と問題が生じてくる。

たとえば、水道料金の支払いに窮する貧困家庭への給水が停止される。運営する企業は、水の供給量を意図的に減らすことで、ここでいう「公富」とは、万人にとっての富のことである。ローダデールはそれを「人間が自分にとって有用あるいは快楽をもたらすものとして欲するあらゆるものからなる」と定義している。一方、「私財」は私個人だけにとっての富のことである。それは、「人間が自分にとって有用あるいは快楽をもたらすものとして欲するあらゆるものからなるが、一定の希少性をともなって存在するもの」として定義される。要するに、「公富」と「私財」の違いは、「希少性」の有無である。

「公富」は万人にとっての共有財なので、希少性とは無縁である。だが、「私財」の増大は希少性の増大なしには不可能である。ということは、多くの人々が必要としている「公富」を解体し、意図的に希少にすることで、「私財」は増えていく。つまり、希少性の増大が「私財」を増やす。

たとえば、水は潤沢に存在していることが、人々にとっては望ましいし、必要でもある。そして、そのような状態では、水は無償である。それこそが「公富」の望ましいあり方である。

一方、なんらかの方法で水の希少性を生み出すことができれば、水を商品化して、価格をつけられるようになる。人々が自由に利用できる無償の「公富」は消える。だが、水をペットボトルに詰めて売ることで、金儲け(もう)ができるようになり、「私財」は増える。それによって、貨幣で計測される「国富」も増える。

そう、ローダデールの議論は、直接には、「私富」の合計が「国富」であるというアダム・スミスの考えに対する批判とみなすことができるのだ。つまり、ローダデールに言わせれば、(6)「私富」の増大は、貨幣で測れる「国富」を増やすが、真の意味での国民にとっての富である「公富」＝コモンズの減少をもたらす。そして、国民は、生活に必要なものを利用する権利を失い、困窮していく。「国富」は増えても、国民の生活はむしろ貧しくなる。つまり、スミスとは異なり、本当の豊かさは「公富」の増大にかかっているというのである。

マルクスの用語を使えば、「富」とは「使用価値」のことである。「使用価値」とは、空気や水などがもつ、人々の欲求を満た移せば、今度は資本が優位に立つことができ、問題は解決する。

資本は、希少なエネルギー源を都市において完全に独占し、それを基盤に生産を組織化した。これによって、資本と労働者の力関係は、一気に逆転した。石炭は本源的な［(5)］技術だったのである。

その結果、水力という持続可能なエネルギーはわきに追いやられた。石炭が主力になって生産力は上昇したが、街の大気は汚染され、労働者たちは死ぬまで働かされるようになった。そして、これ以降、化石燃料の排出する二酸化炭素は増加の一途をたどっていったのである。

ここで重要なポイントは、囲い込みによる本源的蓄積が始まる前には、土地や水といったコモンズは潤沢であったという点である。共同体の構成員であれば、誰でも無償で、必要に応じて利用できるものであったからだ。

ところが、囲い込み後の私的所有制は、この持続可能で、潤沢な人間と自然の関係性を破壊していった。それまで無償で利用できていた土地が、地代を支払わないと利用できないものとなってしまったのである。本源的蓄積は潤沢なコモンズを解体し、希少性を人工的に生み出したのである。

かつての入会地は私有地になった。私有制のもとでは、貨幣を使って、いったん土地を手に入れてしまえば、誰からも邪魔されることなく、好き勝手にその土地を使用することができる。すべては所有者の自由というわけだ。その自由のせいで、その他大勢の人々の生活が悪化しようと、土地がやせ細ろうと、水質が汚染されようと、誰も所有者の好き勝手を止められない。そして、その分だけ、残りの人々の生活の質は低下していったのである。

一九世紀に活躍した政治家・経済学者のローダデール伯爵は、その著作『公共の富の性質と起源』において、現代では「ローダデールのパラドックス」と呼ばれているこの問題を論じている。その内容を一言で要約すれば、「私財の増大は、公富の減少によって生じる」という逆説である。

果て、農耕も牧畜も衰退し、新鮮な野菜や肉も手に入らなくなる。

一方、生活手段を失った人々は、多くは都市へ流れ、賃労働者として働くよう強いられた。低い賃金のため、子どもを学校へ行かせることもままならず、家族全員が必死に働いた。それでも、高価な肉や野菜は手に入らない。食材の品質は低下し、入手できる品の種類も減っていく。生活の質は明らかに落ちたのである。

だが資本の観点からは、様子が異なる。資本主義とは、人々があらゆるものを自由に市場で売買できる社会である。土地を追われた人々は生きるための手段を失い、自分の労働力を売ることで貨幣を獲得し、市場で生活手段を購買しなければならなくなった。そうなれば、商品経済は一気に発展を遂げることになる。こうして資本主義が離陸するための条件が整ったのである。

土地だけではない。資本主義の離陸には、河川というコモンズから人々を引きはがすことも重要であった。河川は飲み水や魚を提供するだけのものではない。その水は、潤沢で持続可能で、［(3)］。

イギリスの産業革命は、石炭という化石燃料と切り離すことができず、そんなことが現在の気候危機にもつながっていることを背景に考えてみると、水力の無償性は、非常に興味深い。

つまり、なぜ無償の水が排除されたのか、という問いが浮かんでくる。どうやら、ここには希少性の問題がからんでいそうだ。潤沢なものを排除し、特定の場所にしか存在せず、それゆえ独占可能で、希少な資源をエネルギー源にすることが、資本主義の勃興に欠かせなかったのである。

石炭や石油は河川の水と異なり輸送可能で、なにより、排他的独占が可能なエネルギー源であった。この「自然的」属性が、資本にとっては有利な「社会的」意義をもつようになったのである。

水車小屋から蒸気機関へ移行すれば、工場を河川沿いから都市部に移すことができる。河川沿いの地域では労働力が希少であるがゆえに、資本に対して労働者が優位に立っていた。けれども、仕事を(4)カツボウする労働者たちが大量にいる都市部に工場を

国語

（六〇分）

一　次の文章を読んで、後の問に答えなさい。（50点）

前資本主義社会においては、共同体は共有地をみんなで管理しながら、労働し、生活していた。そして、戦争や市場社会の発展によって、共同体が解体されてしまった後にも、入会地や開放耕地といった共同利用の土地は残り続けた。土地は［(1)］であり、それは個人が自由に売買できる私的な所有物ではなく、社会全体で管理するものだった。だから、入会地のような共有地は、イギリスでは「コモンズ（commons）」と呼ばれてきた。そして、人々は、共有地で、果実、薪、魚、野鳥、きのこなど生活に必要なものを(2)テキギ採取していたのである。森林のどんぐりで、家畜を育てたりもしていたという。

だが、そのような共有地の存在は、資本主義とは相容（あい）れない。みんなが生活に必要なものを自前で調達していたら、市場の商品はさっぱり売れないからである。だから、囲い込み（エンクロージャー）によって、このコモンズは徹底的に解体され、排他的な私的所有に転換されなければならなかった。

結果は悲惨なものだった。人々は生活していた土地から締め出され、生活手段を奪われた。そこに追い打ちをかけるように、それまでの採取活動は、不法侵入・窃盗という犯罪行為にもなったのである。それまでの共同管理が失われた結果、土地は荒れ

解答編

英語

I

解答　(1)―③　(2)―①　(3)―③　(4)―②　(5)―③

◀解　説▶

(1)「その会議は，発生の可能性がある問題を除去するために開かれた」

eliminate は「除去する」の意味。したがって，ここでは③ remove がほぼ同じ意味である。① complicate「(形) 複雑な，(動) 複雑にする」

(2)「この週刊誌は，一般市民に無料で配布されている」

distribute は，ここでは「配布する」の意味。したがって，① circulated が正解。circulate には，自動詞の「循環する」のほかに，他動詞で用いて「配布する」の意味がある。free of ～ は「～がない，～を免除された」の意味，charge は「料金」であるから，free of charge で「無料で」となる。general public「一般市民」 ② interpret「解釈する」 ④ retrieve「取り戻す，回収する」

(3)「この辺りによいレストランが不足しているのは残念なことだ」

scarcity は「不足」の意味。「ほとんど～ない」の意味で not の代用語としてよく用いられる scarcely から推測できるだろう。③ shortage が正解。① atmosphere「雰囲気」

(4)「彼女は，デジタルソリューションの分野でめざましい成功をおさめた」

notable は「著しい，めざましい」の意味。したがって，② remarkable が同義である。solution は「(問題) 解決」の意味。デジタルソリューションとは「IT テクノロジーによる問題解決」のことを言う。

(5)「ビジネスで成功するためには，はっきりと自己主張できなければならないと考える人は多い」

assertive は「主張する」の意味の動詞 assert の形容詞形で，「断定的な，自信に満ちた，自己主張のはっきりした」の意味。したがって，force「力」の形容詞形で「力強い，自信に満ちた」の意味の，③ forceful とほぼ同じ意味である。① arrogant「傲慢な」② envious「うらやましそうな，～を妬んで」

II 解答 (6)―③ (7)―③ (8)―② (9)―① (10)―④

◀解 説▶

(6)空所は「屈した」に当たるところである。give in to～で「～に屈服する，降参する」の意味のイディオムとなる。したがって，③ gave が正解。

(7)空所は「説得して」に当たるところである。すぐに思いつく persuade がないので，注意して選択肢を探す。空所の後に，不定詞ではなく *A* into *doing* の構文が続いていることに注目する。talk *A* into *doing* で「*A*（人）に～するよう説得する，*A* を説得して～させる」の意味で用いられる。したがって，③ talked が正解。① convince が紛らわしいが，convince *A* to *do*「*A*（人）に～を確信させる」の構文をとる。

(8)「どのくらい～しても」と程度を表す譲歩の構文となっている。空所は，その接続詞相当語句にあたり，no（　）how で however の書き換えとなっている。したがって，② matter が正解。

(9)「乱す」に当たる動詞が求められている。したがって，① disturb が正解。② cherish「大切にする，いつくしむ」

(10)④ committed が正解。空所は，（　）itself to reducing～で「～を減らすと約束した」に当たるところである。to の後が reducing と動名詞になっていることに注目する。ここから，*A* to *do* の構文をとる② promised は正解とならない。③ appointed は名詞形の appointment に「(人との面会の）約束」の意味があるが，appoint は「指名する，任命する」の意味である。commit は「任せる，ゆだねる」の意味で使われることが多いが，commit *oneself* to *doing*〔*do*〕を伴って「約束する」の意味で用いられる。emission「(光・熱・ガスなどの）排出，放出」

III 解答 ⑾―④ ⑿―① ⒀―② ⒁―③ ⒂―②

◀解 説▶

⑾「新しい気候協定をまだ批准していない国がいくつかある」

have ( ) to ratify が，still haven't ratified「まだ批准していない」の書き換えとなっている。③ only に飛びつきたくなるが，have only to *do* は「～しさえすればよい」の意味なので正解とはならない。「依然として～しなければならない」と考えて，④ yet を正解とする。have yet to *do* は，「まだ～していない」の意味でよく用いられるフレーズである。①を選んで have got to *do* とすると，have to *do* と同じ意味になるので不正解。convention は，「集会，慣習」など多くの意味で用いられるが，ここでは「(国家間の) 協定」の意味。

⑿「強風のために，試合を開始できなかった」

because of を用いて理由を表す構文を，because of の目的語の the strong wind を主語とする単文で書き換えることが求められている。いわゆる「無生物主語」の構文である。後に *A* from *doing* を伴っていることから，「*A* (物・事) が～するのを妨げる」の意味でよく用いられる prevent が思い浮かぶが，選択肢にはないのでその同義語を探ることになる。① keep が同じ構文を取り，その意味で用いられる。② refrain は，refrain from *doing* で「～するのを控える」の意味なので，混同しないこと。

⒀「自然を愛する人は誰でも当会の会員になることができる」

② eligible が正解。a member of our society「当会の会員」が membership「会員であること，会員としての地位・資格」を用いて書き換えられている。eligible は，be eligible for ～ で「～に選ばれるのにふさわしい，～の資格がある」の意味で用いられる。eligible を知らなくても，消去法で正解を得られるようにしたい。③ potential「可能性のある」は，非限定用法（補語となる用法）では用いない形容詞である。

⒁「全員が最終試験を受験しなければならない」

空所を含む文は，Taking the final exam を主語とする文となっており，空所はその補語である。したがって，「義務の，強制の」の意味の形容詞③ mandatory が正解となる。① distressing「痛ましい，悩ましい」 ②

liberatingは「解放する」の意味の動詞liberateの形容詞。

⒂「空港では，常に所持品に気をつけていなければならない」

watchがkeep（ ）onに書き換えられている。②an eyeを選ぶと，watch「見張りする，見守る」と同義のイディオムとなる。①のalertは「（名）警報，（形）油断のない」の意味で用いられることが多く，on alert「警戒して」，keep an alert eye on～「油断のない目で～を見張る」などのイディオムで用いられるので紛らわしいが，keepの目的語としては不適当である。

Ⅳ 解答

（3番目・5番目の順に）⒃―②・⑤ ⒄―①・⑤ ⒅―④・⑤ ⒆―⑥・④ ⒇―⑤・⑥

◀解 説▶

⒃（Do）you think it's possible to fix（this computer?）

日本文から，thinkを主節の動詞とする疑問文で，目的語はthat節である（接続詞thatは省略されている）ことを読み取る。that節はit's possible to fix～の仮主語構文となる。

⒄（My）father had me playing soccer from（an early age.）

「やらせた」の表現がポイント。語群を見ると，使役動詞のhadがある。この意味でのhaveは，通常*A do*〔*done*〕を伴うが，語群から補語には現在分詞が用いられることがわかる。

⒅（My memory used）to be much better than it（is now.）

「以前の方が～だった」を表すのに，助動詞used toを用いることが，書き出しのMy memory usedから推測できる。than *A* is〔*does*〕は，過去を現在と比べる文で用いて「今よりも」の意味を表す定番表現。

⒆（Far above us, a large）bird seemed to be flying along（effortlessly.）

「ようでした」の表現を語群から探るとseemedがある。seemには，主語にit seems that SVとS seems to *do*の2種類の構文がある。それを与えられているa largeと語群から判断する。toと動詞原形のbeがあるので，後者の構文と確認できる。したがって，主語はa large bird，不定詞はto be flyingの進行形不定詞となる。

⒇（If you work too hard, you）might miss out on the enjoyable（aspects of life.）

主節の主語（you）までが与えられているので，まずその後に続く述語動詞を探す。might miss であることは明らかである。次に，文末に与えられている aspects of life（aspect「側面」）の前にくる語を探すと，これもすぐに the enjoyable が得られる。「～(の機会）を逃す」の意味のイディオムである miss out on はなじみが薄いかもしれないが，後に the enjoyable aspects of life が続くことがわかれば語順に迷うことはないだろう。

V　解答　(21)―②　(22)―③　(23)―②　(24)―④　(25)―②

◆全　訳◆

≪アメリカ合衆国大統領の任期とフランクリン=ローズベルト≫

アメリカ史上，4年の任期を2期超えて務めた大統領は，フランクリン=デラノ=ローズベルト（FDR）のみである。たしかに彼は，1945年4月12日の死にいたるまで，4期目最初の3カ月はもちろん，3期すべてをまっとうした。

大統領でいられる期間に関する現行の上限は，1951年に合衆国憲法に追加された修正第22条に由来する。この条項は，大統領選挙で勝利を収める上限を2回に制限している。この修正条項は，一つの例外を設けている。すなわち，ある大統領が誰か他の大統領の任期中にその職に就任した場合は――すなわち，例えばある大統領が死去し副大統領がその後を引き継いで2年未満の間その職に就いた場合は――その人物はさらにあと2回大統領選挙に立候補することができる。しかし，引き継いだ大統領が前任者の任期のうち2年を超えて職に就いた場合は，もう一度しか大統領として選出されない。

FDRは，これらのルールを破っていたのではない。なぜなら，これらのルールは，合衆国の歴史の最初の162年間，1789年から1951年までは存在していなかったのだから。しかし，たとえそうであったにしても，その間においても，彼は2期を超えてその職にあった唯一の大統領である。

◀解　説▶

2期を超えてアメリカ合衆国大統領を務めたフランクリン=ローズベルトを話題にしながら，合衆国大統領の任期について解説している。

(21)② current が正解。第1段から，本文のテーマが，アメリカ合衆国大統領の term「任期」であることを読み取る。空所の後の limits on how long a person can be president とは，その「上限」のことである。そこから語群を探すと，② current「現在の，現行の」と④ original が正解の候補となる。空所の文は，The (　　) limits on how … president を主部とし，述部は現在時制で come from the 22nd Amendment, … となっている。come from ～ は「～に由来する」の意味であるから，「現行の上限」となるのが適当である。

(22)③ successful が正解。空所のある which limits presidents to two (　　) presidential elections の節は，先行詞である the 22nd Amendment「(合衆国憲法の) 修正第22条」の説明となる関係代名詞節である。したがって，大統領の任期の上限に言及している。常識から，あるいは第1段から，大統領の任期の上限は2期と推測できる。以上から，空所は③を正解として「2回の勝利した大統領選挙」となるのが適当である。

(23)② exception を正解として，The amendment makes one exception で「その修正条項は一つの例外を設けている」とする。空所のある文はコロン（：）で閉じられている。したがって，コロン以下が空所を含む文の説明となる。コロン以下は，ダッシュ（―）の後に if the president dies, for example, and … とあるように，前任の大統領が任期途中に死亡した場合についての言及である。したがって，空所は「例外」となるのが適当である。

(24)空所を含む文は，前文に続いて，大統領の任期の上限に設けられている「例外」の説明となっている。その「例外」とは，前任者の任期途中での交代である。① former を選び former president「前任の大統領」とすると，for more than two years of their predecessor's term の their predecessor「その前任者」が the former president を指すことになるので，同語反復となる。したがって，逆の「後任者」を意味する④ replacement が正解。replacement は「交代」の意味の名詞として親しんでいるだろうが，このように形容詞的に用いられることもある。

(25)本文は，大統領の任期に関する合衆国憲法修正第22条について述べている。この修正条項が追加されたのは1951年であるから（第2段第1文），ローズベルト大統領が死亡した1945年（第1段第2文）には存在していないことになる。したがって，② exist が正解。

Ⅵ　解答　(26)—③　(27)—①　(28)—②　(29)—③　(30)—③

◆全　訳◆

(26)A：お母さん，数学の宿題を手伝ってくれない？
B：今，忙しいの，マージー。お父さんに頼みなさい。
A：頼んだわ。手伝ってくれようとはしたんだけど，わからないって言って，お母さんに頼むように言ったの。
B：どうしてお父さんはいつもそうなの？
A：何と言っても，お母さんは数学の先生なんだから，数学はわかるでしょ。お願い！
B：そう，いいわ。でも，あまり時間をとれないの。明日までに成績をつけないといけないテストがどっさりあるの。それに授業のプランも考えなきゃならないし。
A：本当にありがとう，お母さん。お母さんは最高よ。
B：助けてほしいときはいつもそう言うわね。今度言い合いになったときにはその言葉を思い出してね。

(27)A：何を見ているの？
B：映画だよ。始まったばかりだよ。一緒に見ないかい？
A：何ていう名前の映画？
B：*Reminders of the Past* っていうんだ。
A：聞いたことがないわね。
B：本当？　何人もから，とても良かったと聞いたよ。
A：ドラマ？
B：ちがう。ホラー映画だよ。とっても怖いらしいよ。
A：それなら，やめておくわ。ホラー映画を見た後は必ずといっていいほど悪夢を見るの。
B：そうなの？　僕は平気だね。
A：そう，ともかくあなたは楽しんで。私はベッドで寝転んで音楽を聞くわ。終わったら教えて。また来るから。

(28)A：なんでコートを着ているの？

B：これから散歩に行くの。気分が晴れないの。新鮮な空気を吸ったらよくなるんじゃないかと思って。

A：でも，散歩にはちょっと遅すぎない？

B：まだ10時をちょっと過ぎただけ。そんなに遅くないわ。

A：でも，夜のこんな時間に出歩くのは危ないと思うわ。

B：ここは安全な地域よ。

A：比較で言えばそうね。でも，この頃はどこでも犯罪が起きてるから，用心に越したことはないわ。

B：私はだいじょうぶよ。ともかく，20分か25分したら戻ってくるから。

A：いいわ。本当は家にいてほしいんだけど。でも，どうしても出かけるっていうんなら，携帯電話を持って行ってね。30分して帰ってこなかったら，電話するからね。いい？

B：いいわ。

(29) A：新しい学校は楽しいかい，ゾーイー？

B：いいよ。とても気に入ってる。ここを選んでよかったし，入れたことに感謝してるよ。

A：その学校のどこにそんなに魅力があるんだい？

B：うん，いくつもあるよ。でも一番いいのは最終学年にある留学プログラムだね。

A：近ごろでは，留学プログラムを実施している学校はたくさんあるよ。君の学校のプログラムのどこがそんなにいいんだい？

B：ええっとね，まず第一に，まる1年間あること，第二に，行き先がイギリス，オーストラリア，カナダ，アイルランド，ニュージーランドの中から選べること。

A：えーっ！　まる1年！　それはすごいね。どの国がいいか考えはあるのかい？

B：実はね，ニュージーランドに行きたいと思ってる。きれいなところだというし，人もとても親切らしい。

A：僕もそう聞いているよ。あちらで，あの小人たちに会えると思うかい？

B：小人？　何のこと？

A：ほら。『ロード・オブ・ザ・リング』に出てくる小人たちだ。ドワーフとホビットだよ。

B：デイブ，ドワーフやホビットなんて実在しないよ。ニュージーランドには羊はたくさんいるけどね。

(30) A：こんにちは，ジェニー。久ぶりね！　どこに行ってたの？

B：2週間の間，イタリアに行ってたの。2，3日前に帰ってきたところ。

A：えーっ，本当？　イタリアのどの辺りに行ったの？　バカンス？

B：ベニスとローマに行ったの。バカンスよ。でも，イタリアの歴史と文化にはずっと興味があったの。だから私にとっては研修旅行みたいなものだったわ。

A：そのことを話してよ。あちらにいる間，何をしていたの？

B：ええっとね。まず最初に，飛行機でローマに入って，そこに1週間いたの。交通を別にすれば，ローマの何もかもがただもうすばらしかったわ。コロッセウムだとか古代ローマの神殿とか中世の教会とかの大昔の遺跡は全部行った。本当よ，たくさん歩いたわ！

A：そう，きっといい運動になったわね。人はどうだった？　親切だった？

B：たいていはね。とっても親切で助かったわ。英語がうまく話せる人も多かったから，好都合だった。でも，こちらのイタリア語を練習する機会はあまりなかったわね。レストランのメニューを読む以外はね！

B：あー，そうか。食べ物はどうだった？　毎日，ピザやパスタを食べたんでしょうね？

A：うーん，実はそうでもないの。確かに，ピザやパスタを食べたことは食べたけど，他の料理もたくさん食べてみたわ。イタリア料理は本当に多種多様で，パスタを食べたいとしても，100種類も違った種類を試せるの。

A：それは楽しそうね。正直言って，それは知らなかった。それで，ベニスはどうだった？

B：うん，今まで行ったどこともまったく違っていた。もう一度行くのが待ち遠しいわ。

◀解　説▶

やりとりを1つか2つ読んで話題がつかめたら，選択肢に目を通し，次に空所の文とその前の文を読むのがよい。それで正解の推測がつくこともある。さらに文脈の理解が必要な場合は最初から読んでいく。その過程で会話と不一致な選択肢が見つかることも多い。

⑯子ども（Margie）が母親に数学の宿題を教えてくれるように頼んでいる。空所を含む発言の第2文（But I can't spend …）から，母親の忙しい様子が推測できる。空所の文では and の前までの節でその1つ目の理由が述べられ，and に続く空所で2つ目の理由が述べられている。末尾に as well「その上」とある，③ I have to work on lesson plans as well が適当である。

⑰Bは始まったばかりの映画を見ており，Aを誘っている。① I think I'll pass on it「私はパスする（やめておく）」と，② I'll join you, if you don't mind「あなたがかまわなければ，ご一緒させてもらう」が逆の内容である。どちらかが正解だと推測して，Aが映画を見るのか，見ないのかを探って，空所に当たるのがよい。空所直後に，After watching horror movies, I almost always have nightmares. とあり，Aはホラー映画は苦手だとわかる。したがって，①が適当である。①の pass は，日本語で「やめておく」の意味で「パスする」という言い方をするのと同様の使い方である。自動詞として，I'll pass. のように使う。本文のように「～を」と付け加えたいときは前置詞の on を用いる。

⑱最初の3つのやり取りから，Bは夜遅く散歩に出かけようとしていること，Aが心配していることが読み取れる。空所はAの発言にあり，there's crime everywhere these days, and から続いている。この文脈に合致するのは，② you can never be too careful「用心に越したことはない」である。never *do*〔be〕too ～ は「いくら～してもしすぎることはない」の意味の構文。③ that's why I wouldn't dream of trying to stop you は，「そういう訳で，あなたを引き止めようなんて夢にも思わない」の意味。④ urge *A* to *do*「*A*（人）に～するよう急きたてる」 wander around「うろつく」

⑲進学したB（Zoey）にA（Dave）が学校の様子を聞いている。Bは新しい学校を気に入っており，その理由の一つが留学プログラムであること

が，最初の2つのやり取りからわかる。空所の前のBの発言に，選べる留学先としてイギリスからニュージーランドまで5カ国挙げられている。空所に対する応答として，BはActually, I'd really like to go to New Zealand. と答えている。この応答にふさわしいのは，③ Do you have any idea which country you'd like to go to? である。ideaの後のwhich節はideaの同格となる名詞節である。ここでは「どの国に行きたいか何か考え（はないのか）」の意味となる。

(30)バカンスでイタリア旅行に行っていたB（Jenny）が旅行の話をしている。空所の発言は，AがHow was the food? と尋ねた後にさらに続けているところである。この空所に対してBは，Well, actually not. I did eat some pizza and pasta, but … と応答している。したがって，空所は，「ピザやパスタを食べる」ことに言及していると考えられる。以上から，③ I suspect that you ate pasta and pizza every day, didn't you? を選ぶと，Bの発言のactually notは，actually I did not eat pasta and pizza every dayが省略された文となり，適当である。また次の文のdid eatが「食べたことは食べた」と「食べた」ことを強調していることとも合致する。

Ⅶ　解答

(31)―④　(32)―①　(33)―③　(34)―②　(35)―①　(36)―③　(37)―①　(38)―④

◆全　訳◆

≪なぜ時は飛ぶように思えるのか――時間の知覚について≫

［Ⅰ］　だれも生得的に時間を理解する能力を持って生まれるわけではない。だから，赤ちゃんは，自分以外の世界と同期し行動を調和させることを学ばなければならない。それまでは，毎日昼も夜も一日中注目されることを要求して，親のスケジュール表をめちゃくちゃにしてしまうのだ。そして，旅をすると，我々誰もが，方向感覚を失ったような感覚を味わい混乱することがある。とりわけ，時間が我々が慣れ親しんでいるものと極めて異なって構成されているところ（午後のシエスタという習慣のあるスペインのような）では，そうである。

しかし，我々はみな，標準的な時間の単位，すなわち分，時間，曜日という単位のシステムに順応することによって，最終的には適応することができるのである――赤ちゃんを含めて。

このシステムが有効であるにもかかわらず，時間の経過がどのように知覚されるか――どれほど速くあるいは遅く過ぎるように思えるのか――については，なお大きな差がある。信号が青に変わるのを待っている時には，数分が「永遠に」続くように思えるだろう。あるいは，1年が終わりそうになっていることに気づいてショックを受けたりもするだろう。

知覚による時間経過の違いは，30年以上もの間，私の研究の中心である。私がこのテーマにひかれたのは，イリノイ大学の大学院にいた時だった。ある日の授業で，教授があるプロフットボールのクォーターバックの選手とのインタビューを見せてくれた。彼の説明によると，試合中，他のプレーヤーの動きがみなスローモーションのように感じることがよくあった，ということである。

なぜこのようなゆがみが起こるのだろうか？　何がその原因なのだろうか？

［Ⅱ］　私は，あらゆる職業，階層の人たちから何百というエピソードを集めてきた。彼らは，時間がゆっくり過ぎるように思われる時のことを語ってくれた。状況は多種多様であったが，6つの大ざっぱな範疇に分類される。

第一に，強度の苦痛または強度の歓喜が存在する。（楽しんでいる時でも，時間は常に矢のように過ぎるわけではない。）

次に，暴力や危険が存在する。例えば，兵士は，戦闘の間，時間はスピードを緩めると，しばしば語る。

待機と退屈は最もよく知られているものだろう。独房における監禁はこの極端な例であるが，客の来ない売り場で働くこともまた同様の効き目があるだろう。

変性意識状態――例えば，薬物体験のような――にあると，時間はスピードを緩めるように感じられる，と報告する人もいる。

次に，高レベルの集中や瞑想も時間の主観的な経過に影響を与えることがある。例えば，様々な運動競技者は，「ゾーンに入っている」時，時間がゆっくりと経過するように感じる。けれども一方で，瞑想に熟達した人も，同等な結果をもたらすことがある。

最後に，ショックや新奇の体験がある。例えば，挑戦しがいのある技術を習得する時やエキゾチックな国にバカンスに出かける時など，何か新しいことをしている時は，知覚による時間経過はゆっくりになる。

また，逆説的になるが，ほとんど何も起こらなかったり，たくさんのことが起こったりするような状況でも，時間はゆっくりと経過するように感じられる。言い換えれば，状況の複雑さの度合が通常よりも極めて高いか極めて低いときである。

［Ⅲ］ この逆説はどう説明できるだろうか？

時計やカレンダーの立場からは，標準時間単位は全く同じである。すなわち，どの1分も60秒である。どの1日も24時間である。しかしながら，標準時間単位は，私が「人的経験の密度」と名づけたもの――標準時間単位の中に含まれる客観的，主観的情報量――において異なるのである。

例えば，客観的に見て多くのことが起きている（戦闘の場合のように）時には経験の密度は高い。しかし，ほとんど何も起こらない（独房監禁の場合のように）時にも同様に経験の密度は高いのである。なぜならば，見かけ上は「空っぽ」のように見える時間帯にも実際は，主観的には自分と状況にどっぷりと関わっているからだ。すなわち，我々は，状況がいかにストレスに満ちたものであるか考えたり，あるいは時間の経過の遅さ加減で頭をいっぱいにしたりしながら，自分の行為や状況に集中している。

このような具合に，この逆説の答えは，状況の異常さいかんにある。慣れない状況に対しては余計に意識を向けるが，これは，標準時間単位での経験の密度を増幅する――見方を変えると時間はゆっくりと経過するように思えるのだ。

［Ⅳ］ したがって，標準時間単位での経験の密度が異常に低い時は，時間は速く経過することになる。この「時間の圧縮」は，ちょっと前の，あるいは遠い過去を振り返る時に起こることである。二つの一般的な条件が人の時間の知覚を圧縮する。

一つ目として，定型の業務がある。それは，習得する際には，細心の注意を必要とする。しかし，慣れや訓練とともに，そのような活動を行う際，自分の行為（決まった道順を通って車で帰る，など）にあまり注意を注がなくてもできるようになる。

今日は仕事で忙しい一日になる，としてみよう。いろいろ複雑なことをすることになるだろう。しかし，長い間やってきたことなので，それらは定型業務となっている。多少なりとも無意識のうちに行っているとするなら，どの標準時間単位も記憶すべき体験をほとんど含まないことになる。めったにないほどの体験の「密度」は低い。そして，一日の終わりには，時間は速く過ぎたと思える。もう帰る時間だと知ってうれしい驚きを覚えるのだ。

［Ⅴ］　エピソード記憶の風化は，時間の経過を速く感じさせる第二の一般条件である。これは誰もが常に影響を受けるものである。日々を埋め尽くす決まりきった出来事の記憶は，時間とともに薄れていく。先月の 17 日に何をしたか？　特別な場合でないかぎり，ある日のまる 1 日の体験などおそらく忘れてしまっているだろう。

このような忘却は遠くにさかのぼるほど激しくなる。別のある研究において，私は，被験者に，昨日，先月，昨年の時間経過について説明するよう要請した。彼らの感じ方によれば，昨年は先月よりも速く過ぎ，先月は昨日よりも速く過ぎた。もちろん，客観的には，これは意味をなさない。1 年は 1 カ月の 12 倍の長さであり，1 カ月は 1 日の 30 倍の長さである。しかし，過去の記憶は風化するので，標準時間単位での経験の密度は低くなり，時間が速く経過したという感覚が残されるのである。

［Ⅵ］　しかしながら，上述した状況は，例外である。通常は，時間の経過を速く感じたり遅く感じたりすることはない。普通の状況では，時計によって測られる 10 分は時計同様の 10 分として感じられる。ある人と 10 分後に会うことに同意すれば，時計に助けてもらわなくてもだいたい時間通りに到着することができる。これは，経験を標準時間単位に翻訳することを習得したからである。逆もまたしかりである。

人間にこのことができるのは，日々の経験に一貫性――社会における反復的で予測可能なパターンによって生み出される一貫性――があるからである。我々は，ほとんどの時間において，独房に監禁されているわけでもなく，新しい国を訪れているわけでもない。標準時間単位での経験の密度は，中庸であり馴染んでいるものである。通常，10 分間の中にどれだけの経験が含まれているのか習得する。

唯一型にはまった日常に変化を迫る何かだけが――特別に仕事が忙しかった日とか，立ち止まって過ぎた 1 年に思いをめぐらす一時だけが――通常の標準時間単位での経験の密度を減じるだろう。時間が飛ぶように過ぎてしまった，という印象が残るのだ。

同様に，交通事故――気を取られずにはおかないショッキングな出来事である――は，たちまちのうちに，各人の標準時間単位を自分の体験と状況で埋め，その事故がスローモーションで起こっているかのように思わせるだろう。

◀解　説▶

(31)下線部の comparable は動詞 compare「比較する」の形容詞形で，第一義としては「比較できる，比較に値する」の意味であるが，そこから「類似の」の意味でも用いられる。したがって，④ similar が同義となる。文脈から考えても，下線部のあるブロックⅡは，「時間がゆっくり過ぎるように思われる」（同ブロック第1段第1文）例を列挙している。下線部のある同ブロック第6段では，第1文（Next, high levels …）で「高レベルの集中や瞑想も時間の主観的な経過に影響を与えることがある」例が挙げられる。その二例目が下線部を含む文である。したがって，can produce comparable effects の comparable を similar と言い換えることができる。

(32)下線部の vice versa は「逆もまた同様」の意味である。したがって，① the other way around が同義である。ここで「逆」とは，前にある translate experience into standard temporal units「体験を標準時間単位に翻訳する（置き換える）」の逆であるから「標準時間単位からどれだけの体験が可能かを推測する」の意味となり，文脈に合致する。また，各選択肢を構文と文脈から考えてみると，下線部の前にカンマがあるので，because 節はカンマまでと考えられる。すると下線部は節相当句と考えられる。これに該当するのは①と④ completely consciously である。④の意味は「しかも意識的に，である」となり，前の because 節の内容を「意識的に」行ったことを強調する内容となる。「経験を標準時間単位に翻訳することを『意識的に』習得した」とは考えられないので，①が正解となる。

(33)～(38)の内容真偽問題は，解答を始める前に，各ブロックのパラグラフリーディングを行う，第1段と最終段を読む，などでブロックの大意を把握しておくこと。次に4つの選択肢に目を通す。文脈が理解できていれば本文全体を読まなくても正誤の判断ができる。また，常識的に不一致と判断できる選択肢や，断定的な表現（always や be limited to ～，without exceptionなど）を含む場合は不一致な場合が多いので，それら以外の選択肢をまず検討すると効率的だろう。選択肢と本文を照合する際にはスキャニングが有効になる。

(33)③ The perception of the passage of time can vary.「時間の経過の感じ方は変化することもありうる」が，ブロックⅠ第3段第1文（Despite the effectiveness…）の there's still a big difference in how we perceive the passage of time に一致。本文では動詞で用いられている perceive が選択肢では名詞形の perception に，名詞の difference は動詞 vary「変化する」を用いて書き換えられている。①はブロックⅠ第1段第1文（No one is born…）に不一致。②は同ブロック第1段第3文（And for all…）に travel can be disorienting とあり，can で示しているようにあくまでも可能性として述べているので，always というのは言い過ぎである。よって不一致。④は同ブロック第4段第3文（In class one day…）に不一致。

(34)② Working at a counter when there are no customers can lead to the feeling that time is going by slowly.「客が一人もいないときカウンターで仕事をしていると，時間が過ぎるのがゆっくりだと感じることがある」が，ブロックⅡの第4段第2文（Solitary confinement in…）の working the counter at a job and having no customers will also do the trick に一致。①は同ブロック第2段（First, there's intense…）に不一致。③は Without exception が同ブロック第6段第2文（Various athletes, for…）に不一致。すべてのアスリートというわけではないし，時間の経過がゆっくり感じられるのは，アスリートが "in the zone"，つまり集中して入り込んでいる時である。④は同ブロック最終段（Paradoxically, then, time…）に不一致。「逆説的ではあるが，時間の経過がゆっくりと感じるのは，ほぼ何も起きていない時か，多くのことが起きている時だ」ということが述べられているので，選択肢の「状況が複雑な時に限る」という部分が不一致。

(35)① The author of this essay believes that standard temporal units do not always carry the same volume of objective and subjective information.「この文章の著者は，標準時間単位が必ずしも同量の客観的・主観的情報量を含んでいるとは限らないと考えている」が正解。ブロ

ックⅢは，同ブロック第1段の What might explain this paradox? でなされた問題提起を受けた第2段がテーマである。その第2文（However, standard temporal …）の vary in … the volume が，選択肢では do not always carry the same volume と言い換えられている。②は同ブロック第3段第2文（Yet the density …）に不一致。選択肢では solitary confinement「独房監禁」について，objectively a lot is happening とあり，不正解とわかる。④は同ブロック第4段第2文（We pay increased …）に不一致。③が紛らわしいが，how slowly time seems to be passing に注目してスキャンすると，同ブロック第3段末尾に同じフレーズがある。このフレーズのある第2文（Yet the density …）コロン以下（We're concentrating …）は，選択肢にある a decrease in the density of experience ではなく，同段第1文（For example, the …）にあるように，「経験の密度が高い」例である

(36)③ It is possible for a complex task to become routine.「複雑な作業が定型業務になる可能性がある」が正解。どの選択肢も，一見して不正解と推測できるものはない。中では③が一般論としてもっとも常識的な見解と言えるので，③から検討するのがよいだろう。routine に注目してスキャンする。ブロックⅣ第2段第3文（But with familiarity …）に，決まったルートで運転して帰宅することを例に挙げて，初めは注意力が必要であっても，慣れていくにつれ，さほど注意を向けなくてもできるようになるとあり，正解とわかる（familiarity「慣れること」 devote *A* to *B*「*A*（時間・労力・金銭など）を *B*（事）に捧げる，向ける」)。①は，distant past に注目してスキャンすると，同ブロック第1段第2文（This "compression of time" …）に，when we look back at our immediate or distant past と選択肢とほぼ同じ節がある。これは，主節にある "compression of time"「時間の圧縮」が起こる時についての言及である。したがって，選択肢にある time seems to be infinite「時間は無限であるかのように思える」とは逆を述べている。②は，routine に注目してスキャンすると，同ブロック第2段第2文（When we're learning …）に require our full attention とあり，「労力なしに習得できる活動」とある②は不正解となる。④は，A busy day に注目する。すると，同ブロック第3段第1文（Say you have …）に選択肢と同じフレーズが用いられて

いる。この「仕事で忙しい1日」について，同段第5文に，And at the end of the day, time seems to have passed quickly.とあり，不正解となる。選択肢にある drag on は「だらだら続く」の意味で pass quickly とは反対の意味である。

(37)① As time goes by, we remember less and less about routine events.「時間が過ぎるにつれ，決まりきった出来事についてはあまり記憶しなくなる」が正解である。ブロックⅤ第1段第3文（Our memories of…）に一致。ここの fade with time「時間とともに薄れる」が選択肢では we remember less and less と言い換えられている。②は同ブロック第1段最終文（Unless it was…）に不一致。③は previous month に注目する。同ブロック第2段第2文（In another study, …）以降に，yesterday, last month and last year の時間経過の知覚に関する記述がある（ここでの last は previous と同義）。同段第3文（They felt that…）によれば，時間がもっとも速く経過するのは the previous year であるので不正解。④は同ブロック第2段最終文（But because our…）に不一致。

(38)パラグラフリーディングとここまでの設問の解答によって，④ When one is in an automobile accident, time does not seem to move at its usual pace.「車の事故にあった時，時間が普通のペースで動いているようには思えない」が正解であると推測できるだろう。automobile accident に注目してみると，ブロックⅥ最終段（Likewise, an automobile…）の最後に making it seem as though the accident is occurring in slow motion とある。「事故がスローモーションで起こっているかのように思える」とは，④にあるように，「時間が普通のペースで動いているとは思えない」ということなので，一致する。①が一見紛らわしいが，passage of time に注目すると，同ブロック第1段第1・2文（However, the situations… quickly or slowly.）に「通常は時間の経過を速く感じたり遅く感じたりすることはない」とあるので，「一般的に過小評価したり過大評価したりする傾向にある」という選択肢とは内容が逆である。この句は本文の perceive time passing quickly or slowly が言い換えられたものである。underestimate「過小評価する」 overestimate「過大評価する」②は同ブロック第2段第1文（We're able to…）に「日々の生活の中に一貫性があるからこれ（どれくらい時間がたったか判断すること）ができる」とあるので，不一致。③は同ブロック第3段（Only something that …）の leaving 以下に「あっという間に過ぎてしまったという印象を残す」とあるのは主観的な時間の感覚を言っているのであり，③の「客観的に測定された時間を変える」とは，一致しない。

Ⅷ 解答

(39)—① (40)—④ (41)—① (42)—② (43)—①
(44)全訳下線部参照。

◆全　訳◆

≪アラスカ・カナダ犬ぞりレースを取材したカメラマンを魅了したもの≫

［Ⅰ］ 数年前，私は，ユーコン・クエストの写真を撮るようにという任務を土壇場になって持ちかけられた。ユーコン・クエストは，アラスカとカナダの亜北極荒野を駆け抜ける1,000マイルの犬ぞりレースである。レースは，ゴールドラッシュ時代に郵便物や生活物資を運ぶために犬ぞりチームによって使われたルートに沿って，真冬に行われる。ユーコン・クエストは，地球上でもっとも過酷なスポーツイベントとみなされている。気温は，しばしば華氏マイナス50度に達し，風は時速40マイルを超えることもある。そして，昼は短いので，レースの大部分は暗闇の中で行われることになる。

任務につく前は，このようなことを何も知らなかった。ユーコン・クエストについても，合衆国でもっとも有名な同種のイベントであるアイディタロッド犬ぞりレースについても聞いたことがなかった。北極について考える時は——そういう時があるとすればだが——絶滅危機にあるエキゾチックな動物や，写真家としての私の行動圏外にある遠くて寒い地を思い描いたものだった。そこは，ごま塩ひげをはやしたごつごつとしていかつい男たち，明るいオレンジ色のキャンプ装備を所有している男たち，そして狩りや漁をしながら息子に人生のレッスンをほどこしてくれたもっといかつい親父に育てられた男たちの王国だった。私の父親はニューヨーク市出身の劇場支配人だった。私は舞台裏で人生のレッスンを学んだのであり，奥地で学んだのではなかった。

［Ⅱ］ とは言うものの，北極が私を脅えさせたことは驚きだった。私は20代のほとんどを中東，アフリカ，ラテンアメリカで紛争や社会問題の記録を作成して過ごした。特にメキシコと麻薬戦争を中心に据えていた。

危険を顧みず，記事を伝えることに全力投球していた。そして，2011年，私が記事——悲劇——の一部になったのだ。その悲劇では，犠牲者は私の同僚たちで，私は生存者だった。その余波の中で，私がかつて愛したように写真を愛するために必要な刺激を見出すのが困難だった。私は働き続けた——お金が必要だったのだ——が，働いている振りをしているだけのことがしばしばだった。

それで，私は2014年のユーコン・クエストの写真を撮るという任務を引き受けた。何を期待すればいいのかわからないままに。2，3日後には，カナダ行きの飛行機に乗っていた。真夜中近くにホワイトホースに着陸した。滑走路は雪で覆われていた。飛行機の窓に手を触れると，すでに凍えそうに寒い外気を感じることができた。北にやってきたのだ。しかし，私の荷物はそうはいかなかった。その中には，必要になるだろうと考えたあらゆる物が入っていた。私には大き過ぎた借り物のスノーパンツや，高校時代のスキー旅行以来着ていなかったズボン下，まっさらの高価なふっくらしたパーカ（家に帰ったら返すこともできるように値札を付けたままにしておいた）も入っていた。私は，朝一番にレースの写真を撮るために，ホワイトホースからドーソンシティまで飛ぶ予定だった。なのに，私が持っているのはグレーのフード付きスウェットシャツとカメラ装備一式が入ったバックパックだけだった。

[Ⅲ]　空港の中で，私はカナダ航空のデスクの向こう側にいる二人の女性に窮状を説明した。そのうちの一人が，奥のオフィスに消えた。彼女は，カナダ航空のネイビー・ブルーのウールのカーディガンを持って戻ってきた。もう一人は，夫にブーツと上着を持ってくるように頼んだ。彼女は自分のグレーのダウンジャケットと足から脱いだ毛皮のブーツと赤いフリースの手袋を私にくれた。

その朝遅くにドーソンシティ行きの飛行機に乗った時にはまだ暗かった。とうとう太陽が昇り始めた時，大きな弧を描いた山々が見えてきた。それらは次から次へと現れた——鮮やかなピンクとベージュ色のギザギザの峰，灰色と黒の小高い丘，うねるような限りなく白い丘であった。こんな魔法みたいな光景は夢にも見たことがなかったので，私は濃い霧が居座るまで窓越しに写真を撮った。

飛行機を降りた時，足元でざくざく音を立てる雪は，まるで100万人の小さな子どもたちが世界中の金粉を集めてふりまいたかのようにきらきら光っていた。ホテルまでの車中，薄紫に彩られた山脈と，青白い氷のモザイク模様の凍った川のそばを走っている間，私は畏怖の念に打たれて口がきけなかった。私にはきらめく雪のように見えるものの中に北方樹林全体が何層にも重なっていた。後になって，それが白霜と呼ばれていることを知った——それまで見たこともないような美しさだった。ここ])とは違う別の惑星，おとぎ話のように感じられた。ドーソンシティでの最初の数時間を経験するためだけにでも，そのうちにもう一度行けたらと思う日もある。

［Ⅳ］ その一方で，寒さは，当地が美しいのと同じだけ残忍だった。一歩外へ出ると，大気は乾ききっていて，ほとんど息もできなかった。しかし，そのときは，借りた衣服と赤の他人の親切だけで，私は十分暖かかった。長い間味わったことがなかった感覚が胸によみがえってきた。カメラがあるかぎり，何があろうとだいじょうぶだ。私は再び写真を撮りたくなった。

それ以来，私は他のどこにもまして，北極を旅してきた。その翌年，またまたユーコン・クエストを追いかけるために北に戻った。今回は『ナショナル・ジオグラフィック』の仕事だった。私がアラスカ，イーグルのチェックポイントに飛んだのは，レースの半分を過ぎた頃だった。ピックアップトラックが私と私の同乗者たちを一時的な宿泊所——と言っても，そこの小学校の図書室だったが——まで乗せてくれようと待っていた。ほとんどはアラスカのメディアやレース・ボランティアの人たちだった。

出発する前に，二人のレース専属獣医に気がついた。二人が大きな赤いパーカに付けている医療者用ワッペンでそれとわかったのだ。二人は，重いジャガイモ用麻袋のようなものを小さな飛行機に積み込んでいた。すると，尖った耳のふわふわした毛の頭が袋から突き出ているのが見えた。すぐに私はドライバーにちょっと待てるかと尋ね，急いで駆けつけてそのシーンを写真に撮った。獣医は，それらの犬はチームから脱落したのだと教えてくれた。その袋は，故郷までの飛行中，彼らを守り落ち着かせてくれるだろう，と。

そり用の犬は，世界最高の持久力系アスリートだとみなす人もいるぐらいで，寒く雪の荒野の中でもよく育つように品種改良されている。たいていの御者は，自分の犬を子犬のときから訓練している。それでも，このような長いレースの間には，脱落する犬が出てくるのは普通のことである。疲れていることもあれば，ケガをしたり，単に走ることに興味をなくしただけのように見えることもある。（ある年など，自分の足を守っているブーツを食べて病気になった犬がいた。）

［V］　犬のチームが本領を発揮したとき，それは目を見張るような美しい光景である――足先がやさしいコーラスのように雪をたたき，足全体は静かなリズムを刻んで揺れる。熱い息はうねる煙の跡を残し，それは寒気の中で雲のような固まりとなる。どの犬もそれぞれ異なっていることを忘れさせる光景だ。一匹一匹分けられた――まさしく袋の中に入れられて――脱落した犬を見ると，このことをまざまざと思い出す。

それからの数日は，勝ちそうな犬よりもレースを去ろうとする犬の方にはるかにたくさん焦点を当てて過ごした。地元メディアとレースの公式役員はおそらく私がおかしくなったと思ったことだろう。袋に入れられて飛行機の中にいる犬に引きつけられるのは当たり前だ，と私は思っていた。ふり返ってみれば，たぶん，自分が脱落した犬に通じるところがあるように感じてもいたのだろう。全人生を賭けて目指してきたゴールがあったにもかかわらず，結局コースを変更させるような何かが起きてしまった，という思いを共有しているように感じたのだろう。

悪天候がイーグルを襲い，何日も商業便が止まった。『ナショナル・ジオグラフィック』での初めての大仕事なのに，フェアバンクスでのゴールを撮り逃す寸前であった。幸いにも，深夜のチャーター機――脱落した犬を積んだ小さな飛行機――に乗せてもらえた。

離陸し，私は，コールタールのように真っ黒なアラスカの荒野の上に広がる夜空を窓から見ながら微笑んだことを覚えている。機上でシートベルトを締め，結局返品することにはならなかった高級なパーカを着て，袋に入れられた16匹の犬に囲まれながら，私もまた守られ落ちついていた。

◀解　説▶

(39)～(43)の内容真偽問題は，解答を始める前に，各ブロックのパラグラフリーディングを行う，第1段と最終段を読む，などでブロックの大意を把握しておくこと。次に4つの選択肢に目を通す。文脈が理解できていればブロック全文を読まなくても正誤の判断ができる，あるいは，常識に照らして推測できる場合も多い。これらを目安に，選択肢と本文照合の優先順位を決めることも限られた時間内での攻略法の一つである。本文を参照する際にはスキャニングが有効になる。

(39)① The author got a job on very short notice.「筆者は急きょ仕事が決まった」が正解。ブロックⅠ第1段第1文（Several years ago, …）のlast-minuteが「土壇場の，ぎりぎりの」の意味で，①ではon very short noticeと言い換えられている。また，assignmentは「割り当て，課題」の意味で使われることが多いが，ここでは「任務」の意味で，①ではjobに言い換えられている。

(40)④ When the author arrived in Whitehorse, she had camera equipment.「筆者がホワイトホースに到着したとき，カメラ機材を持っていた」が正解。camera equipment「カメラ装備品」に注目してブロックⅡをスキャンする。すると第2段最終文（I was supposed …）にall I had was a gray hoodie and a backpack full of camera equipmentの一節があり，正解となる。①が紛らわしいが，ブロックⅡ第1段第1文（Even so, it's …）にthe Arctic intimidated meという表現はあるものの，これだけでは判断できない。選択肢にあるdespite her roots in the area「この地域に彼女の生い立ちを持つにもかかわらず」とある部分が本文の内容と不一致になる。筆者が育ったのはブロックⅠ第2段の最終2文（My father was … in the backcountry.）から，ニューヨーク辺りだと推測できる。②はIn her 20s「20代で」に注目すると，ブロックⅡ第1段第2文（I spent most …）に記述がある。中東やラテンアメリカなどの紛争（conflict）地域で過ごしていたことがわかるので不正解である。③はluggageに注目する。同ブロック第2段第5文（I'd made it …）に「私は北にやってきたのだ。しかし，私の荷物はそうはいかなかった」とある。my luggage had not (made it) のように省略を補う。make itは「到着する」の意味のイディオムである。したがってwas damagedとあるのは間違いである。

(41)パラグラフリーディングから，① The sun had not yet risen when the author boarded the plane for Dawson City.「筆者がドーソンシティ行きの飛行機に搭乗するときには，まだ太陽は昇っていなかった」が正解とわかる。ブロックⅢ第2段第1文（It was still …）のIt was still darkが①ではThe sun had not yet risenと書き換えられている。もし正解の見当がついていなかったら，Dawson City に注目してスキャンすればよい。

(42)② The author had to sleep in a local school library.「筆者は地元の学校の図書館で寝なければならなかった」が正解。school library に注目すると，ブロックⅣ第2段最終文（A pickup truck …）に，our temporary sleeping quarters—the floor of the local school library の一節がある。ダッシュ以下はその前の補足説明である。the floor of the local school library が「仮の宿泊所」であるから，②にあるように「そこの学校の図書館で眠らなければならなかった」と言える。①はパラグラフリーディングから，The extreme cold（ここでの cold は名詞）を手がかりにブロックⅣ第1段第1文の Meanwhile the cold was as brutal as the land was beautiful.「その一方で，寒さは，当地が美しいのと同じだけ残忍だった」に導かれてほしい。ここだけでは判断できないので読み進めていくと，同段最終文に I wanted to take pictures again. とあるので，不正解となる。

(43)① The author is impressed with the sight of a team of dogs that hits its stride.「筆者は犬たちが本領を発揮する姿に感動している」が正解。ここにある hit *one's* stride は「本領を発揮する，本調子が出る」の意味のイディオム。同じ表現が，ブロックⅤ第1段第1文（When a dog …）にある。その主節に it（=a dog team）is a beautiful sight … とあるので，①にあるように「筆者は犬のチームに感動した」と言える。

(44) spend *A doing*「*A*（時間）を～して過ごす」）の構文を読み取ることが第一である。than those that might win it の those は前の the dogs の言い換えの代名詞。続く that は those を先行詞とする関係代名詞。助動詞 might が使われているのは，この時点ではまだレースが終了していないので，推測を表している。focus on ～「～に焦点を当てる」の連結を見逃さないこと。far more の far は比較級を強める副詞。leave the race は「レースを途中で投げ出す」の意味。

Ⅸ　解答例

(45) Reducing (the number of students in each class) requires hiring more teachers (, which in) turn (means spending more money on salaries.)

◀解　説▶

3カ所ともほぼ一通りの解答に限定できる問題である。語彙的にも標準的な難易度と言える。和文の1つ目の読点までの前段が，英文においてもカンマまでの節となり，「そのことは」が関係代名詞 which の非制限的用法で表現されている。

和文前段は，主語が明示されない日本語特有の構文である。日本語に照らして補うなら，「私たち」または「彼ら」となるところだが，与えられている英文から，慎重に判断しなければならない。ここでは，the number of students in each class から，無生物（準動詞）主語となることを読み取る。

1つ目の空所は，和文では，「減らすには」と副詞的用法の不定詞で表したい表現になっているが，1語と指定されているので，動名詞を用いなければならない。「減らす」には reduce を用いる。英作文用の語彙としてはやや難しいが，環境問題は読解問題の頻出トピックであり，そこで廃棄物や二酸化炭素の「削減」がテーマとなることも多い。そこで必ず出合う語である。

前段の主語となる1つ目の空所を「減らすこと」と「事」を主語とすると，そこから2つ目の空所に含まれる述語動詞が決定される。「（物・事が事を）要求する，（必然的に）伴う」と考えて require か involve を用いる。目的語は，どちらも動名詞をとる。「雇う」には hire か employ を用いる。

3つ目の空所は，「今度は」に当たるところである。前置詞の in が与えられているので in turn でその意味のイディオムとなる turn が解答となる。

❖講　評

2022年度は大問9題の出題で，読解問題が長文2題と短めのもの1題が出題された。その他は，文法・語彙問題4題，会話文問題1題，英作文問題1題の出題。記述式は，英文和訳が1問，空所補充形式の和文英訳が1問である。

中心はⅦ，Ⅷの長文読解問題であり，特筆すべきは英文の量である（Ⅶが1,200語，Ⅷが1,300語程度）。それに新しく出題された短めの読解問題Ⅴ（200語程度）と会話文の問題が加わって，全体で相当な量となる。Ⅶ，Ⅷの長文読解問題は，語彙・構文が標準より高度，設問は標準的な難易度であった。設問は，選択式はブロック指定の四択式内容真偽が中心で，本文の大意把握ができていれば正答できる。他に，Ⅶは同意表現と内容説明の問題が，Ⅷは下線部和訳が加わる。同意表現・内容説明は，語彙力と共に文脈の理解が問われる内容。下線部和訳は語彙が平易，構文は標準と言える難易度で，日本語の表現に悩むことなく素直に訳出できるだろう。本文の内容は，Ⅶが心理学分野で時間の知覚を扱った論説文。Ⅷは北極圏の犬ぞりレースを取材したカメラマンによる回想文で，凝った表現も多く，とまどいを覚えた受験生も多かったと思われる。Ⅴは語彙・構文ともに標準，設問では(24)がやや高度であった。

Ⅸの和文英訳は，１語と３～５語の語数指定のある短文の空所補充形式（３カ所）で，平易な問題である。標準的な語彙・構文力があれば対処できるだろう。

文法・語彙問題も標準的な難易度と言える。やや高度と言えるのはⅡの(10)，Ⅲの(11)，(13)，(14)であろう。

Ⅵの会話文の問題（５問）は英文の量が多い。会話文特有の表現よりは，文脈の理解が問われる内容である。

全体的に見て英文の量が多いので，標準より難と言える。長文読解問題では，設問を中心に本文を読み解く技術，速読力，時間配分が重要となる。

日本史

I 解答

問1．イ　問2．ウ　問3．オ　問4．イ　問5．オ
問6．ア・イ　問7．ウ　問8．ウ　問9．ア
問10．エ

◀解　説▶

≪原始～中世の政治と対外関係≫

問1．イが正解。史料〔A〕は「志賀文書」で，分割相続の史料である。嫡男大炊助入道分以外の相続地がいずれも豊後国であることを踏まえて，豊後国を支配していた戦国大名の大友氏を想起して判断したい。

問2．やや難問。ウが正解。選択肢のうち将軍と執権の組み合わせは，ウの藤原頼経・北条泰時と，カの宗尊親王・北条時頼となる。史料〔A〕「延応弐年」は1240年であり，1247年の宝治合戦の後の1252年に宗尊親王が将軍に就任していることから，正解はウと判断できる。

問3．オが誤文。女性への所領分割には触れているが，一期分は言及していない。

ア．正文。所領について「代々の将軍家の御下文を賜はり，相違無く知行し来る所なり」とあり，代々所領を保障されていることがわかる。

イ．正文。尼深妙が「将軍家の御下文を賜はり領掌せしむる所なり」とある。

ウ．正文。「能直の遺言に任せ」て子どもたちへ相続させるとある。

エ．正文。「関東御公事仰せ下さるる時は，嫡男大炊助入道の支配を守り，所領の多少に随って，其の沙汰を致すべきなり」とある。

問4．イが正解。称徳天皇として孝謙太上天皇が重祚したのは764年で，恵美押勝の乱によって淳仁天皇が廃位された年である。なお，アの宇佐八幡神託事件（769年）は称徳天皇の晩年，ウの藤原広嗣の乱（740年）とエの長屋王の変（729年）は聖武天皇の治世，オの橘奈良麻呂の変（757年）は藤原仲麻呂政権下の出来事である。

問5．オが正解。秦氏と関係の深い寺院は広隆寺である。アの観心寺は大阪府，イの園城寺は滋賀県，ウの室生寺とエの中宮寺は奈良県に所在して

おり，「平安京」遷都の根拠とならない。

問 6．やや難問。ア・イが正解。八色の姓は，真人・朝臣・宿禰・忌寸・道師・臣・連・稲置である。真人が皇族に与えられるなど頻出事項もあるが，解答には教科書の注記レベルの知識が必要である。

問 7．やや難問。ウが正解。設置年として，ａ．磐舟柵（648 年)→ｃ．多賀城（724 年)→ｄ．秋田城（733 年)→ｂ．牡鹿柵（737 年)→ｅ．胆沢城（802 年）の順である。

問 8．ウが正文。

ア．誤文。細石器は旧石器時代の末期に登場した組合せ式の石器で，それまでの石器に比べ複雑な構造であった。

イ．誤文。縄文時代になると，大型動物が絶滅し，シカやイノシシなどの中小動物が狩猟の対象となった。

エ．誤文。擦文土器は北海道で使用された土器である。

オ．誤文。平形銅剣は瀬戸内，銅矛・銅戈は九州，銅鐸は畿内で見られる。

問 9．アが正文。

イ．誤文。室町幕府は九州に九州探題を設置した。鎌倉時代の鎮西探題と混同しやすいので注意しよう。

ウ．誤文。足利持氏は永享の乱で足利義教に滅ぼされた。

エ．誤文。天文法華の乱では，延暦寺により日蓮宗勢力が京都から追放させられた。

オ．誤文。寄親・寄子制は，上位家臣が寄親となって，下位家臣などを寄子として組織する制度である。

問 10．エが正解。マニラはスペインの拠点である。ポルトガルは植民地のマラッカや東方貿易の拠点であるマカオを通り，九州の諸港に来航した。

Ⅱ　解答

問 1．エ　問 2．オ　問 3．イ　問 4．ア　問 5．カ
問 6．ウ・オ　問 7．エ　問 8．イ　問 9．キ
問 10．ウ

◀解　説▶

≪江戸時代の経済と金融≫

問 3．イが正解。表の 1856 年のＹとＺは，いずれも江戸への入荷高が多い。Ｙは上方からの入荷高は 86.5％，Ｚは 1726 年にはＡに対するＢの割

合が76.4％であったが，1856年には5.8％となっている。つまり，19世紀後半にはＹは上方から，Ｚは上方以外から江戸に入荷している。選択肢の油，醬油，酒のうち，酒醸造は伏見や灘など上方で発達し，醬油醸造は野田や銚子など関東をはじめとして全国で生産されるので，Ｙには酒，Ｚには醬油が該当する。

問５．カが正解。1695年に比べて1736年は，金貨が減少してＸが増加し，1818年にＹが出現して，1837年からＹがＸを抜くことになる。江戸時代は三貨体制で，銀貨は秤量貨幣であったが，18世紀後半の田沼時代から計数銀貨である南鐐二朱銀が大量に鋳造されるので，Ｘには秤量銀貨，Ｙには計数銀貨が該当して解答が確定する。

問６．ウ・オが正文。ウ．正徳小判は元禄小判によるインフレーションを打開するために改鋳された。

オ．万延小判は開港による金流出を防ぐために，国際水準に合わせて金の含有量を従来の三分の一にして改鋳した小判である。

ア．誤文。金の含有率が最も高いのは「慶長小判」ではなく享保小判である。

イ．誤文。元禄小判発行を献策したのは荻原重秀である。

エ．誤文。元文小判は米価の引き上げを目的として通貨量を増やすために金の含有率を減らして改鋳した。一時的にインフレが発生したが，やがて相場が安定したため80年以上流通した。

問７．エが正解。照明用水油の原料である菜種を『広益国産考』から選択するが，図中の文字を読み取る必要がある。エの「菜種」はやや文字が崩れているが，アに和紙の原料である「楮」，イに「蚕」，ウに「蠟燭」，オに「豆」と読み取れることから消去法で解答できる。

問９．キが正解。空欄２は，株仲間が上納する営業税であることから冥加と判断できる。空欄１には「十組問屋」とあるため，南海路を航行している樽廻船か菱垣廻船が該当するが，解答の菱垣廻船を確定するためには，教科書にも記載されている史料を丁寧に読む必要がある。

Ⅲ 解答

問１．ａ―イ　ｂ―エ　問２．イ・オ　問３．イ
問４．オ　問５．ウ　問６．エ　問７．ア・イ・エ
問８．ウ・エ・オ　問９．エ　問10．イ　問11．エ　問12．ウ

問13．イ　問14．オ　問15．〔Ⅰ〕─エ　〔Ⅱ〕─ウ

◀解　説▶

≪近代の法と社会経済≫

問1．aはイ，bはエが正解。「刑法」「民法」から空欄bがボアソナードであると判断でき，そこからaをフランスと判断できる。

問2．イ・オが正解。民撰議院設立の建白書は1874年，明治六年の政変は1873年で，1880年より以前の出来事である。アの三大事件建白運動は1887年，ウの明治十四年の政変は1881年，エの秩父事件は1884年の出来事である。明治六年の政変で下野した人物による民撰議院設立の建白書提出，明治十四年の政変後の松方財政によって秩父事件など激化事件が発生し，その後の民権派復権のために三大事件建白運動が起こったことなど，時系列を押さえておくと解答が導きやすい。

問5．ウが正解。中央大学の前身は英吉利法律学校である。前身となる学校名は頻出であるため確認しておこう。英吉利法律学校は「［a］（＝フランス）法学派に対抗」とあることから，ボアソナード起草のフランス流民法施行に反対の立場であり，「実施延期論を主張した」と判断できる。

問6．エが正解。史料〔B〕は修正民法であり，強大な戸主権を特徴としているため，空欄cには戸主が該当する。また，dは「相続」に関する条文で言及されているため，家督相続人と判断できる。

問7．ア・イ・エが正文。

ウ．誤文。えた・非人とされた人々も職業選択の自由が適用されたため，それまでの営業独占権などが認められなくなり，生活が圧迫された。

オ．誤文。男性に比べて女性の地位が低かった。史料〔A〕で触れられている。

問8．ウ・エ・オが正文。

ア．誤文。不敬事件により第一高等中学校を解職されたのは内村鑑三である。

イ．誤文。熊本洋学校はジェーンズ，札幌農学校はクラークの影響でキリスト教が広がり，熊本バンド，札幌バンドが形成された。

問9．エが正解。小説『たけくらべ』は樋口一葉の著作である。

問10．イが正解。ペスト菌・破傷風菌・結核菌は北里柴三郎，黄熱病・梅毒は野口英世，コレラ菌は緒方洪庵に関連がある。

問11. エが正解。農商務省の刊行した報告書は『職工事情』である。横山源之助の調査記録である『日本之下層社会』と混同しやすいので注意しよう。なお,『女工哀史』は細井和喜蔵,『あゝ野麦峠』は山本茂実,『太陽のない街』は徳永直の著作である。

問13. イ. 誤文。栃木県にある足尾銅山は古河市兵衛が経営していた。史料〔D〕は足尾鉱毒事件に関する田中正造の直訴状である。これが渡良瀬川流域の足尾銅山鉱毒事件であることは,明治時代の公害事件で「加毒ノ鉱業ヲ止メ毒水毒屑ノ流出ヲ根絶」とあることから判断したい。

Ⅳ 解答

問1. ア・ウ・オ 問2. イ・エ 問3. ウ・オ 問4. イ・ウ・エ 問5. ア・オ 問6. カ 問7. エ 問8. イ 問9. ウ・エ 問10. ア・ウ・オ 問11. ア・イ 問12. イ・ウ 問13. イ・オ 問14. エ 問15. オ

◀解 説▶

≪戦後の日本社会と国際関係≫

問1. ア・ウ・オが正しい。aにはミッドウェーが入る。

イ・エ. 誤り。ミッドウェー海戦は1942年で,アメリカ軍によるサイパン島攻略は1944年である。太平洋戦争の開戦を決定した東条英機内閣のもとで,当初優位に進めていた戦局がミッドウェー海戦を機に転換し,サイパン陥落の責任をとり東条内閣が総辞職する一連の流れは重要である。

問2. イ・エが正しい。bにはポツダムが入る。

ア・ウ. 誤文。ドイツのポツダムで行われた会談には,アメリカ・イギリス・ソ連の首脳が集まり,アメリカ・イギリス・中国の名で宣言が発表された。

オ. 誤文。本土決戦を主張する陸軍に対して,昭和天皇が受諾を決定した。

問3. ウ・オが誤文。金融緊急措置令は,戦後インフレを打開するために貨幣流通量を減らそうとした政策で,幣原喜重郎内閣で決定された。

問4. やや難問。イ・ウ・エが正文。

ア. 誤文。経済安定九原則は日本経済のアメリカからの自立を高めることを目的とする。

オ. 誤文。ドッジ=ラインでは財政支出が大幅に削減され,赤字が許容されなかった。

問 5．ア・オが誤文。朝鮮戦争が始まると，GHQ の指示により警察予備隊が新設された。警察予備隊，保安隊，自衛隊と混同しやすいので注意しよう。また，板門店では休戦協定が調印された。

問 6．カが正解。「［ 1 ］諸島（琉球諸島……を含む。）」とあることから，1 には南西が，3 には信託統治が入ることがわかり，カが正解と判断できる。

問 8．イが正解。第 1 回原水爆禁止世界大会が開かれたのは広島である。

問 9．ウ・エが誤り。1960 年は岩戸景気の最中である。また，エネルギー供給のうち原子力の割合が 10％を超えるのは 1990 年代後半からである。

問 10．ア・ウ・オが正解。1964 年より以前の出来事を選ぶ。GATT11 条国への移行（1963 年），貿易為替自由化大綱の決定（1960 年），テレビ放送開始（1953 年）である。1964 年は東京オリンピックが開催され，池田隼人内閣最後の年であることを踏まえて判断したい。なお，新日本製鉄誕生と減反政策開始は 1970 年の出来事である。

問 11．ア・イが正文。

ウ．誤文。1971 年に発足したのは環境庁である。2001 年発足の環境省と混同しないよう注意しよう。

エ．誤文。四大公害訴訟はすべて原告の勝訴であり，頻出事項である。

オ．誤文。1967 年に東京都知事となったのは「美濃部達吉」ではなく美濃部亮吉である。

問 12．イ・ウが誤文。円ドル為替レートは，金とドルの交換停止までは 1 ドル 360 円であった。そしてこれを機に，アメリカは日本に為替レートの切り上げを要求した。

問 13．イ・オが誤文。第 1 次石油危機により日本は激しいインフレーションとなり，戦後初のマイナス成長となった。

問 14．エが正解。（ d ）にはプラザが入る。プラザ合意により日本は円高不況となり，1 ドルが 200 円を割る為替レートが続くことを踏まえて判断しよう。

❖講　評

Ⅰ　原始から中世までの政治と対外関係をテーマとする。問1と問3の史料の穴埋めと読み取り問題は，丁寧に史料を読んで解答したい。問4や問7など年号知識が必要な問題は，歴史の流れを踏まえて目安をつけよう。問10のポルトガル船の寄港地の問題は，教科書本文を踏まえて解答したい。

Ⅱ　グラフや視覚資料を用いて，江戸時代の経済と金融をテーマとする。問3・問5・問6といった表やグラフからの出題は，表やグラフから法則性を読み取り，既習事実を踏まえて解答しよう。問7の『広益国産考』の図に関する出題は消去法でも解答でき，難度は高くない。

Ⅲ「修正民法」や「田中正造直訴状」などから近代の法と社会経済をテーマとする。空所補充，正解を過不足なく選択する出題，組み合わせ，地図上で場所を選択するものなど，様々な形式の問題である。問2・問7・問8など時間をかける必要がある出題も多く，時間配分を工夫したい。

Ⅳ　年表から，戦後の日本社会と国際社会をテーマとする。問1～問5など正解を過不足なく選択する出題は，教科書本文の引用も多い。また，現代史の範囲からの出題も多く，問10の同時代の出来事の前後関係を問うものや問14のグラフの読み取りなど，教科書を丁寧に学習する必要がある。

なお史料の問題は，史料中に必ずヒントがあるので，丁寧に読んで対応したい。

世界史

I 解答 問1．エ 問2．ワシントン海軍軍縮条約
〔ワシントン海軍軍備制限条約〕
問3．エ 問4．オ 問5．エ・オ 問6．ウ 問7．イ 問8．イ
問9．ウ 問10．ア・ウ 問11．エ 問12．ヴァイマル憲法
問13．オ 問14．全権委任法 問15．ア 問16．ア・エ 問17．イ
問18．エ 問19．イ・ウ 問20．ア
問21．名称：平和に関する布告
内容：無併合・無償金・民族自決に基づく即時講和を全交戦国の政府と国民に呼びかけた。(40字以内)

◀解 説▶

≪戦間期の世界≫

問1～問3．1921年，アメリカ大統領ハーディングの提唱で始まったワシントン会議で，列強の主力艦の保有比率を定めた条約は，ワシントン海軍軍縮条約である。米英日仏伊の比率は，5：5：3：1.67：1.67と定められた。

問4．やや難。対ソ干渉戦争（日本ではシベリア出兵と呼ぶ）に参加していないのは，オのオランダである。カの中国と迷う可能性があるが，ソヴィエト政権と国境を接する中国（当時は中華民国）は対ソ干渉戦争に参加している。

問5．エ．誤文。ロシア（ソ連）は，対ソ干渉戦争に対して赤軍を組織して戦った。白軍とは，ソヴィエト政権に反対する反革命軍の名称である。
オ．誤文。共産党に改称したボリシェヴィキは，首都をモスクワとした。

問6．(い)正文。(ろ)誤文。ベルギーはアフリカのコンゴを植民地としていたが，東南アジアには植民地をもっていない。
(は)誤文。フランスのシューマン外相の提案をもとに，西ドイツ・フランス・イタリアとベルギーを含むベネルクス3国の計6国で1952年に組織された石炭・鉄鋼の共同機関は，ECSC（ヨーロッパ石炭鉄鋼共同体）である。

問8．イ．誤り。ルーマニアは，第一次世界大戦以前のサン=ステファノ条約（1878年）で独立し，同年のベルリン条約で国際的に独立を承認された。

問10．難問。波線部(イ)の戦争とは第一次世界大戦。この戦争の終了（1918年）から1930年代までに独立した国家として誤っているのは，アのオマーンとウのトランスヨルダンである。オマーンは1971年にイギリスから独立。トランスヨルダンは，第一次世界大戦後，イギリスの委任統治領となり，1946年にイギリスより完全独立を果たした。イエメンは第一次世界大戦でオスマン帝国が敗北したことによって独立を達成した。

問13．オ．誤文。1924年のドーズ案により，アメリカ資本によるドイツの経済復興が進められた。

問15．ア．誤文。孫文は臨時大総統に就任し，南京で中華民国の建国を宣言した。

問16．やや難。パリ講和会議に参加していない人物は，アのレーニンとエのシュトレーゼマンである。なお，カのオルランドはパリ講和会議におけるイタリアの代表。

問18．エ．誤文。五・四運動を受けて，パリの中国代表団はヴェルサイユ条約の調印を拒否した。

問19．イ．誤文。白話運動を提唱し，文学革命の口火を切ったのは胡適である。

ウ．誤文。『狂人日記』や『阿Q正伝』を著し，中国の儒教道徳や中国民衆の実態を批判したのは，魯迅である。

問20・問21．資料はアメリカ大統領ウィルソンが発した「14カ条の平和原則」である。これはロシア十月革命でソヴィエト政権を樹立したレーニンが発した「平和に関する布告」に対抗して出された。「平和に関する布告」後のソヴィエト政権による秘密外交の暴露，ドイツとソヴィエト政権の単独講和交渉開始という展開は，戦争を継続する連合国（協商国）側に衝撃を与えた。他の連合国はこれを黙殺しようとしたが，ウィルソン大統領は，新たに戦争目的の明確化と戦後処理の方向性の決定のために「14カ条の平和原則」を発表したのである。

「平和に関する布告」の具体的内容のポイントは以下の4点である。40字という限られた字数であるので，①，②，③の内容を具体的に説明する必要はなく，語句をそのまま使えばよい。
①無併合：他国の土地を奪わず，他民族を暴力的に併合したりしない。
②無償金：他国から賠償金をとらない。
③民族自決：全民族が，自らの政治的地位を決定する権利を持つ。
④即時停戦・講和：直ちに第一次世界大戦をやめ，平和交渉を行う。

Ⅱ　解答

問1．オ　問2．イ　問3．イ
問4．１番目：ウ　３番目：オ　問5．ウ・オ
問6．ア　問7．エ　問8．エ　問9．ア・ウ　問10．オ
問11．ア・イ　問12．イ　問13．ア・ウ　問14．エ

◀解　説▶

≪北極圏と南極圏への進出の歴史≫

問1．オ．誤文。三十年戦争において，スウェーデン国王グスタフ=アドルフは，プロテスタント支援を名目に介入した。

問2．やや難。イ．誤文。両シチリア王国を建国したのは，ノルマンディー公国の一派で，彼らはシチリア島をイスラーム勢力から奪還して建国を果たした。ビザンツ帝国は827年にイスラームの侵攻を受けてシチリア島を失っている。

問4．やや難。ア．ヴァスコ=ダ=ガマによってインド航路が開かれたのは1498年。イ．マゼラン（マガリャンイス）が南アメリカ大陸南端を通過し太平洋に入ったのは出航翌年の1520年。ウ．バルトロメウ=ディアスの喜望峰到達は1488年。エ．コロンブスが西に向けて出航したのは1492年。オ．ポルトガル・スペイン間でトルデシリャス条約が結ばれたのは1494年。以上よりウ→エ→オ→ア→イの順となり，１番目はウ，３番目はオとなる。

問5．ウ．誤文。ツァーリを正式な称号として用い，ロシア帝国の基盤を固めたのはモスクワ大公のイヴァン４世である。
オ．誤文。第１回ポーランド分割に参加したロシア皇帝はエカチェリーナ２世である。

問7．下線部直前に「1908年」とあること，また直後に「ローズヴェルト号」とあることから，「当時のアメリカ大統領」がセオドア=ローズヴェルトであることがわかる。よって正解はエとなる。

ア．不適。アメリカ=スペイン戦争（米西戦争）をおこしてプエルトリコを獲得したのはマッキンリー大統領。

イ・ウ．不適。全国産業復興法（NIRA）によって企業間競争の制限などを認め，第二次世界大戦初期，チャーチルと大西洋上で会談して大西洋憲章を発表したのはフランクリン=ローズヴェルト大統領。

オ．不適。ドイツによる賠償と対米戦債の支払いの1年間停止を実施したのはフーヴァー大統領。

問8．難問。エ．誤文。2015年のパリ協定で，すべての国が温室効果ガスの削減目標を自主的に提出することが決められた。

問9．ア．誤文。スエズ運河の国有化を宣言・推進したのはナセル大統領。

ウ．誤文。エジプトからスエズ運河株を買収したイギリスの首相はディズレーリである。

問10．オ．誤文。明の鄭和が南海遠征を行ったのは15世紀の前半である。13世紀の中国では，北宋，南宋，元の各王朝が変遷した。

問11．ア．誤文。ドイツの3B政策は，ベルリン・イスタンブル・バグダードの3都市を結び，中東・インド洋方面に進出しようとする帝国主義政策の呼称。なお，イスタンブルの頭文字はBではないが，これはイスタンブルの旧称ビザンティウムにちなむ。

イ．誤文。英仏協商では，イギリスはエジプトにおける，フランスはモロッコにおける優越を相互に確認した。

問13．ア・ウ．誤文。オーストラリアの先住民をアボリジニー，ニュージーランドの先住民をマオリと呼ぶ。

Ⅲ 解答

問1．ア　問2．オ

問3．節度使の実権を奪い，科挙を整備して最終試験の殿試を加え，優秀な文人官僚を登用し中央集権政治を行った。(50字以内)

◀解　説▶

≪唐～宋代の中国≫

問3．宋の文治主義について，11個の語群の中から適切なものを3つ選び，50字以内で説明するという問題である。

太祖が目指した政治は，史料中から読み取れる。臣下の趙普の言葉の

「節度使の力が甚だ大きく，君主が弱く，臣が強いからです。…ただ，節鎮の権力を奪い，…天下は，おのずから安定しましょう」という部分と，それに対し帝が「すでにこれをさとっている」と答えている部分から，節度使の実権を奪い，文官（官僚）統治による君主独裁・中央集権を打ち立てることを太祖が目指したことがわかる。

そのためには優秀な官僚を採用する必要があったため，隋に始まった科挙がより整備され，最終試験として皇帝自らが行う殿試が追加された。この殿試により，皇帝と殿試合格者の間に師弟関係が生まれ，それが君主独裁の強化につながったのである。

以上から，使用語句は「殿試」「科挙」「中央集権」となる。唐末から五代にかけて力を振るった節度使の実権を奪うため，科挙を整備して最終試験の殿試を加え，優秀な文官を登用し，君主独裁の中央集権政治を行うという流れをまとめたい。

❖講　評

Ⅰ　ウィルソンの「14カ条の平和原則」の和訳文をリード文とし，主に戦間期の歴史について問われている。問4や問16は教科書に詳細な記述がなくやや難であった。問10も過不足なく選ぶという形式で難度が高い上に，中東の歴史についての問題であるためさらに難度が上がった。他の問題は論述問題も含め教科書レベルの問題なので，取りこぼさないようにすることが重要である。

Ⅱ　極地探検に関するリード文から，時代も地域も様々な問題が出題されている。北欧や東南アジア，オセアニアといった学習が薄くなりがちな地域と，問8のようなごく最近の現代史が問われているため，点差が開いた大問と思われる。中央大学を目指す受験生は欧米史や中国史といった主要地域だけでなく，あらゆる地域の歴史をしっかり学習しておくのが肝要である。誤文（正文）選択問題は誤りの部分がはっきりとわかるように作られているため，正誤の判断はしやすいので落ち着いて対処したい。問2・問4はやや難，問8は環境問題からの出題で，世界史受験者には難問であった。

Ⅲ　宋の太祖と家臣の問答の史料を基にした大問。問題数はわずか3問で問1・問2は平易である。問3の論述問題は，11個の語群から適切な3つを選び出して文治主義を説明するものだが，標準レベルの内容であった。

短文論述は，2021年度の2問計170字から2問計90字に激減した。通常，論述字数が少なくなれば時間的余裕が生まれるが，正文（誤文）選択問題が多く，過不足なく選べという問題も2問出題されており，60分という試験時間で対応するには依然としてある程度のスピードが必要な問題となっている。

政治・経済

I

解答　問 1．①トルーマン　②マーシャル
③ワルシャワ条約機構　④ 1961　⑤ 1962　⑥ 1969
⑦バンドン　⑧インド　⑨レーガン　⑩マルタ
問 2．フランス　問 3．フルシチョフ
問 4．アメリカ・イギリス・フランス・ソ連　問 5．ケネディ
問 6．ポーランド　問 7．グラスノスチ
問 8．ラトヴィア・リトアニア・エストニア

◀解　説▶

≪冷戦体制≫

問 1．①トルーマン=ドクトリンは，共産主義の封じ込めをねらったアメリカ大統領トルーマンによる政策である。

②マーシャル=プランは，アメリカ国務長官マーシャルが発表したヨーロッパの経済復興計画である。

⑥ 1960 年代からアメリカとソ連の二極構造が崩れ，西側・東側それぞれの陣営において諸国が独自性を高めていった状況を「多極化」という。東側陣営における多極化の一例が中国とソ連の対立であり，1969 年の中ソ国境紛争に発展した。

問 2．フランスは 1966 年から 2009 年まで NATO を離脱していた。

問 3．1953 年に共産党第一書記に就任したフルシチョフは 1956 年にスターリン批判を行い，アメリカとの平和共存外交を推進し，1958 年には首相を兼任した。

問 4．アメリカ・イギリス・フランス・ソ連が正解。安全保障理事会の常任理事国のうち，中国以外のメンバーである。

問 5．ベルリンの壁建設とキューバ危機に対応したアメリカの大統領はケネディであり，1961 年に大統領に就任し 1963 年に暗殺された。

問 6．ポーランドが正解。「連帯」は 1980 年代にポーランドのストライキを主導し，民主化運動の中心となった。

問 7．グラスノスチは，国家情報を公開することで，秘密主義や閉鎖的体

質の改善を目指したソ連の政策である。
問8．北欧への帰属意識の強いラトヴィア，リトアニア，エストニアのバルト三国は独立国家共同体へは参加しなかった。

Ⅱ　解答

問1．①一般　②補正　③会計検査院　④租税法律
⑤担税者　⑥45　⑦1989
⑧タックスヘイブン〔租税回避地〕　⑨特例（赤字も可）　⑩1000
問2．C　問3．国・事業主・被保険者
問4．グーグル（アルファベットも可），アマゾン，フェイスブック（メタ・プラットフォームズも可），アップル
問5．市中消化の原則　問6．C

◀解　説▶

≪日本の国家財政≫
問1．④租税法律主義は課税における基本原則である。
⑦消費税は1989年に導入され，2019年に10％にまで引き上げられた。
⑩2021年度末の国債発行残高見込みは約1004兆円と推計されている。
問2．Cが不適。相続税や贈与税でも累進課税制度が採用されている。
問3．企業や個人事業主に雇われた人が加入する健康保険を被用者保険といい，労災保険以外の被用者保険は国，事業主，被保険者（被用者）によって負担される。
問4．GAFAとは，グーグル（2015年に持ち株会社アルファベットの子会社となった），アマゾン，フェイスブック（2021年にメタ・プラットフォームズに社名変更した），アップルの頭文字をとった造語である。
問5．市中消化の原則は財政法第5条で規定されている。
問6．C．誤文。国債依存度が初めて50％を越えたのはリーマンショック後の2009年度である。

Ⅲ　解答

問1．D　問2．B　問3．A　問4．A　問5．B
問6．C　問7．C　問8．C　問9．A　問10．D
問11．A　問12．D　問13．B　問14．C　問15．D

◀解　説▶

≪自由貿易と保護貿易≫

問 1．Dが正解。重商主義は 16 世紀から 18 世紀にかけてイギリスを中心に展開された経済思想である。

問 2．Bが正解。重金主義の考え方では，金や銀の輸出制限を行い，国外への流出を防ぐことが重要とされた。

問 4．Aが正解。貿易差額主義は輸出を進め輸入を控えることで，輸入額を上回る輸出額の達成を目標とした。

問 5．Bが正解。ケネーが 1758 年に著したのは『経済表』である。

問 6．Cが正解。マルサスが 1798 年に著したのは『人口論』である。

問 7．Cが正解。ジョン=スチュアート=ミルが 1848 年に著したのは『経済学原理』である。

問 8．Cが正解。マーシャルは新古典派を代表する経済学者である。

問 9．Aが正解。ⅰ．16 世紀から 18 世紀にかけて重商主義的経済思想が中心的に展開されたのはイギリスである。

ⅱ．コルベールはフランスの財務総監である。

ⅲ．独立宣言によって建国され，ハミルトンを初代財務長官とするのはアメリカである。

ⅳ．『経済学の国民的体系』を著したリストはドイツの経済学者である。

問 10．Dが正解。ジェームズ=ワットがトーマス=ニューコメンの発明した蒸気機関を改良したのは 1769 年である。

問 11．Aが正解。完全競争市場において国内価格より低い国際価格の下で輸入が行われると，国内の生産者は打撃を受けるものの消費者は安価な輸入品を消費することができ，後者の利益は前者の損益を上回る。これは経済学において，生産者余剰の減少を上回る消費者余剰の増加が生じると表現される。

問 12．Dが正解。アダム=スミスは『国富論』においてピン工場のたとえを用いて分業の利益を説いた。

問 13．Bが正解。イギリス政府の穀物法による穀物輸入制限に対して，リカードは反対，マルサスは賛成の立場をとった。

問 15．Dが正解。「供給はそれ自らの需要をつくりだす」は 18～19 世紀フランスの経済学者ジャン=バティスト=セイが説いたセイの法則である。

❖講 評

Ⅰ 政治分野からは冷戦体制について出題された。ベルリンの壁建設やキューバ危機の年号などを記述させるやや詳細な政治史的知識も問われたものの，基本的には教科書レベルの基礎的な知識を正確に身につけているかが問われている。

Ⅱ 日本の国家財政について出題された。問1の空所補充では租税法律主義や所得税の累進課税の税率変更なども問われ，教科書だけではなく資料集も用いた正確な知識が要求されている。問4ではGAFAの社名を全て答えさせる，時事的な問題も出題された。

Ⅲ 自由貿易と保護貿易について出題された。経済分野からの出題には例年難しい内容が散見されるが，2022年度も例外ではない。問11では入門レベルのミクロ経済学の知識を基に，輸入に伴う生産者余剰と消費者余剰の増減が問われた。用語を覚えるだけではなく，実際に具体例に当てはめながら考える力が問われている。

2022年度も，おおむね例年と変わりない難度だったと言えるだろう。

数学

I

解答　(1)$76_{(8)}$　(2)$\dfrac{7}{11}$　(3)$\dfrac{\pi}{6}<x<\dfrac{5}{6}\pi$

(4)38 桁　(5)$a=-3$, $b=1$　(6)$\dfrac{32}{3}$

◀解　説▶

≪小問 6 問≫

(1)　$2022_{(3)}$ を 10 進法で表すと

$$2\times3^3+0\times3^2+2\times3+2=62$$

このとき，$62=8\times7+6$ であるから，62 を 8 進法で表すと

$$7\times8+6=76_{(8)}$$

(2)　1 個目が白玉である事象を A，2 個目が白玉である事象を B とし，事象 A が起こる確率を $P(A)$ と表すこととする。

事象 B が起こる確率は

$$P(B)=\frac{4}{12}\times\frac{8}{11}+\frac{8}{12}\times\frac{7}{11}=\frac{88}{12\times11}=\frac{2}{3}$$

このとき　　$P(A\cap B)=\dfrac{8}{12}\times\dfrac{7}{11}=\dfrac{14}{33}$

よって，求める確率は

$$P_B(A)=\frac{P(A\cap B)}{P(B)}=\frac{14}{33}\times\frac{3}{2}=\frac{7}{11}$$

(3)　$t=\sin x$ とおくと，$\cos^2x=1-\sin^2x=1-t^2$ より

$$(\text{左辺})=t^2-(1-t^2)+t=2t^2+t-1=(2t-1)(t+1)$$

であるから

$$(2t-1)(t+1)>0$$

ゆえに　　$t>\dfrac{1}{2}$

すなわち　　$\sin x>\dfrac{1}{2}$

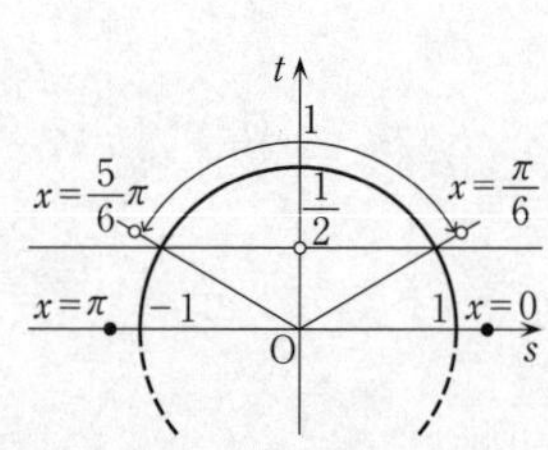

よって，与えられた条件 $0\leqq x\leqq\pi$ に注意して

$$\frac{\pi}{6}<x<\frac{5}{6}\pi$$

(4)　15^{32} が n 桁の整数であるとすると

$$10^{n-1} \leqq 15^{32} < 10^{n} \quad \cdots\cdots①$$

①の各辺の常用対数をとると

$$n-1 \leqq \log_{10} 15^{32} < n$$

このとき

$$\log_{10} 15^{32} = 32 \log_{10} \frac{10\times 3}{2} = 32(1+\log_{10}3-\log_{10}2)$$
$$= 32\times 1.1761 = 37.6352$$

したがって　　$n-1 \leqq 37.6352 < n$

ゆえに　　$n=38$

よって，15^{32} は38桁の整数である。

(5)　$f(x)=x^3+ax^2+b$ とすると　　$f'(x)=3x^2+2ax$

このとき，曲線 $y=f(x)$ 上の点 $(1,\ -1)$ における接線の傾きが -3 であるから

$$f(1)=-1,\ f'(1)=-3$$

ゆえに　　$1+a+b=-1,\ 3+2a=-3$

よって　　$a=-3,\ b=1$

(6)　放物線 $y=x^2-4x+3$ と直線 $y=2x-2$ の共有点の x 座標を求めると

$$x^2-4x+3=2x-2 \qquad x^2-6x+5=0$$
$$(x-1)(x-5)=0$$

ゆえに　　$x=1,\ 5$

$1 \leqq x \leqq 5$ において

$$(2x-2)-(x^2-4x+3)=-(x-1)(x-5) \geqq 0$$

よって，求める面積を S とおくと

$$S=-\int_1^5 (x-1)(x-5)\,dx=\frac{1}{6}(5-1)^3=\frac{32}{3}$$

II　解答

(1)　$\mathrm{BC}=|\overrightarrow{\mathrm{BC}}|=a,\ \mathrm{CA}=|\overrightarrow{\mathrm{CA}}|=b,\ \mathrm{AB}=|\overrightarrow{\mathrm{AB}}|=c$ とおく。このとき

$$|\overrightarrow{\mathrm{BC}}|^2=|\overrightarrow{\mathrm{CA}}+\overrightarrow{\mathrm{AB}}|^2=|\overrightarrow{\mathrm{CA}}|^2+2\overrightarrow{\mathrm{CA}}\cdot\overrightarrow{\mathrm{AB}}+|\overrightarrow{\mathrm{AB}}|^2$$

$$|\overrightarrow{\mathrm{CA}}|^2=|\overrightarrow{\mathrm{AB}}+\overrightarrow{\mathrm{BC}}|^2=|\overrightarrow{\mathrm{AB}}|^2+2\overrightarrow{\mathrm{AB}}\cdot\overrightarrow{\mathrm{BC}}+|\overrightarrow{\mathrm{BC}}|^2$$

$$|\overrightarrow{\mathrm{AB}}|^2=|\overrightarrow{\mathrm{BC}}+\overrightarrow{\mathrm{CA}}|^2=|\overrightarrow{\mathrm{BC}}|^2+2\overrightarrow{\mathrm{BC}}\cdot\overrightarrow{\mathrm{CA}}+|\overrightarrow{\mathrm{CA}}|^2$$

であるから

$a^2+4=b^2+c^2$　……①

$b^2+8=c^2+a^2$　……②

$c^2+10=a^2+b^2$　……③

①+②+③ より

$a^2+b^2+c^2=22$　……④

したがって，①，④を用いて a の値を求めると，$a^2+(a^2+4)=22$ より

$a^2=9$　$(a>0)$

ゆえに　$a=3$

②と④，③と④から同様にして，$b^2=7$，$c^2=6$ より

$b=\sqrt{7}$，$c=\sqrt{6}$

よって，$\mathrm{AB}=\sqrt{6}$，$\mathrm{BC}=3$，$\mathrm{CA}=\sqrt{7}$　……(答)

(2)　△ABC の面積を S とおくと

$$S=\frac{1}{2}\sqrt{|\overrightarrow{\mathrm{AB}}|^2|\overrightarrow{\mathrm{AC}}|^2-(\overrightarrow{\mathrm{AB}}\cdot\overrightarrow{\mathrm{AC}})^2}=\frac{1}{2}\sqrt{6\cdot7-4}$$

$$=\frac{\sqrt{38}}{2}$$　……(答)

別解　(1)　$\overrightarrow{\mathrm{AB}}$，$\overrightarrow{\mathrm{AC}}$ を用いて，与えられた条件を書き直すと

$$\begin{cases}\overrightarrow{\mathrm{AC}}\cdot\overrightarrow{\mathrm{AB}}=2 & \cdots\cdots\text{ⅰ}\\ \overrightarrow{\mathrm{AB}}\cdot(\overrightarrow{\mathrm{AC}}-\overrightarrow{\mathrm{AB}})=-4 & \cdots\cdots\text{ⅱ}\\ (\overrightarrow{\mathrm{AC}}-\overrightarrow{\mathrm{AB}})\cdot\overrightarrow{\mathrm{AC}}=5 & \cdots\cdots\text{ⅲ}\end{cases}$$

となる。ⅱより　$\overrightarrow{\mathrm{AB}}\cdot\overrightarrow{\mathrm{AC}}-|\overrightarrow{\mathrm{AB}}|^2=-4$

ⅰを用いて　$|\overrightarrow{\mathrm{AB}}|^2=6$

よって　$|\overrightarrow{\mathrm{AB}}|=\sqrt{6}$

ⅲより　$|\overrightarrow{\mathrm{AC}}|^2-\overrightarrow{\mathrm{AB}}\cdot\overrightarrow{\mathrm{AC}}=5$

ⅰを用いて　$|\overrightarrow{\mathrm{AC}}|^2=7$

よって　$|\overrightarrow{\mathrm{AC}}|=\sqrt{7}$

$$|\overrightarrow{\mathrm{BC}}|^2=|\overrightarrow{\mathrm{AC}}-\overrightarrow{\mathrm{AB}}|^2=|\overrightarrow{\mathrm{AC}}|^2-2\overrightarrow{\mathrm{AC}}\cdot\overrightarrow{\mathrm{AB}}+|\overrightarrow{\mathrm{AB}}|^2$$

$$=7-2\times2+6=9$$

よって　$|\overrightarrow{\mathrm{BC}}|=3$

以上より　　$AB=\sqrt{6}$，$BC=3$，$CA=\sqrt{7}$

(2)　三角比の面積公式を利用して次のように求めることもできる。

$\angle CAB=\theta$（$0<\theta<\pi$）とおくと

$$\cos\theta=\frac{\overrightarrow{AB}\cdot\overrightarrow{AC}}{|\overrightarrow{AB}||\overrightarrow{AC}|}=\frac{-\overrightarrow{CA}\cdot\overrightarrow{AB}}{\sqrt{6}\cdot\sqrt{7}}=\frac{2}{\sqrt{42}}$$

したがって　　$\sin\theta=\sqrt{1-\cos^2\theta}=\sqrt{1-\frac{4}{42}}=\sqrt{\frac{38}{42}}$

よって

$$S=\frac{1}{2}AB\cdot AC\sin\theta=\frac{1}{2}\sqrt{6}\cdot\sqrt{7}\cdot\sqrt{\frac{38}{42}}$$

$$=\frac{\sqrt{38}}{2}$$

◀解　説▶

≪ベクトルの大きさと内積，三角形の3辺の長さ，三角形の面積≫

(1)〔解答〕では $\overrightarrow{CB}=\overrightarrow{CA}+\overrightarrow{AB}$，$\overrightarrow{AC}=\overrightarrow{AB}+\overrightarrow{BC}$，$\overrightarrow{BA}=\overrightarrow{BC}+\overrightarrow{CA}$ として，それぞれ両辺のベクトルの大きさの2乗をとって $|\overrightarrow{AB}|^2$，$|\overrightarrow{BC}|^2$，$|\overrightarrow{CA}|^2$ を求めている。〔別解〕のように，Aを始点としたベクトルの式に書き直して整理してもよい。

(2)　ベクトルを用いた面積公式が使えれば，〔解答〕のように求めればよいが，〔別解〕のように内積を利用して $\cos\theta$ を求めてから三角比で学んだ面積公式を利用する方法もある。

Ⅲ　解答

(1)　正の整数 x の下一桁の数字を r_1 とおくと

$$r_1=0,\ 1,\ 2,\ 3,\ 4,\ 5,\ 6,\ 7,\ 8,\ 9$$

ここで，m を整数として，$x=10m+r_1$ とおくと

$$x^2=10(10m^2+2mr_1)+{r_1}^2$$

ゆえに，x^2 の下一桁の数字を r_2 とおくと，r_2 は ${r_1}^2$ の下一桁の数字に等しく，r_1 の各々の値に対して順に

$$r_2=0,\ 1,\ 4,\ 9,\ 6,\ 5,\ 6,\ 9,\ 4,\ 1$$

したがって，x と x^2 の下一桁の数字が一致するのは

$$r_1=0,\ 1,\ 5,\ 6$$

のときであり，$10\leqq x\leqq 40$ の範囲で下一桁が0である x の個数は4個，下

一桁が 1，5，6 である x の個数はそれぞれ 3 個ずつある。

よって，求める x の個数は

$4+3\times3=13$ 個 ……(答)

(2) x^2 の下一桁の数字 r_2 は

$r_2=0,\ 1,\ 4,\ 5,\ 6,\ 9$

ここで，n を整数として，$x^2=10n+r_2$ とおくと

$x^4=(x^2)^2=10(10n^2+2nr_2)+r_2{}^2$

ゆえに，x^4 の下一桁の数字を r_3 とおくと，r_3 は $r_2{}^2$ の下一桁の数字に等しく，r_2 の各々の値に対して順に

$r_3=0,\ 1,\ 6,\ 5,\ 6,\ 1$

である。したがって，x^4 と x^2 の下一桁の数字が一致するのは

$r_2=0,\ 1,\ 5,\ 6$

このとき，(1)の過程から，$r_1=0,\ 1,\ 4,\ 5,\ 6,\ 9$ である。

$10\leqq x\leqq99$ の範囲で下一桁が 0，1，4，5，6，9 である x の個数はそれぞれ 9 個ずつある。いま，$k=1,\ 2,\ 3,\ \cdots,\ 9$ として

$(10k+0)+(10k+1)+(10k+4)+(10k+5)+(10k+6)+(10k+9)$
$=10(6k+2)+5$

の下一桁は k の値にかかわらず 5 である。

よって，$5\times9=45$ より，整数 Y の下一桁の値は 5 である。 ……(答)

(3) $10\leqq x\leqq99$ であるとき，x と x^2 の下二桁の数字が一致するならば，x^2-x は 100 の倍数である。いま，$x=10m+r_1$ ($m=1,\ 2,\ 3,\ \cdots,\ 9$) として，x と x^2 の下二桁の数字が一致するためには，x と x^2 の下一桁の数字が一致することが必要で，(1)の結果から，$r_1=0,\ 1,\ 5,\ 6$ でなければならない。

(i) $r_1=0$ のとき

$x^2-x=100m^2-10m$

$10m$ は 100 の倍数でないから，x^2-x は 100 の倍数ではない。

ゆえに，x と x^2 の下二桁の数字は一致しない。

(ii) $r_1=1$ のとき

$x^2-x=100m^2+20m+1-(10m+1)=100m^2+10m$

$10m$ は 100 の倍数でないから，x^2-x は 100 の倍数ではない。

ゆえに，x と x^2 の下二桁の数字は一致しない。

(iii) $r_1=5$ のとき

$$x^2-x=100m^2+100m+25-(10m+5)=100(m^2+m)+20-10m$$

これが 100 の倍数となるのは，$1\leqq m\leqq 9$ より，$-70\leqq 20-10m\leqq 10$ であるから

$$20-10m=10(2-m)=0$$

となるときである。ゆえに　$m=2$

したがって　$x=25$

(iv) $r_1=6$ のとき

$$x^2-x=100m^2+120m+36-(10m+6)=100(m^2+m)+10m+30$$

これが 100 の倍数となるのは，$1\leqq m\leqq 9$ より，$40\leqq 10m+30\leqq 120$ であるから

$$10m+30=100$$

となるときである。ゆえに　$m=7$

したがって　$x=76$

以上より　$x=25,\ 76$　……(答)

◀解　説▶

≪下一桁（10 で割った余り）の考察，平方数の余り，下二桁（100 で割った余り）が一致する整数の考察≫

(1) 具体的に下一桁（10 で割った余り）を書き出して，2 乗した数字の下一桁と比べてみればよい。あまり抽象的に考えない方がよいだろう。

(2) (1)の解答過程から平方数 x^2 の下一桁（10 で割った余り）が限定されることに着目する。これも〔解答〕のように一般的な表現だけでなく書き並べてみるのも一手。

(3) 〔解答〕のように場合分けをして丁寧な解答を書こうとすると，少し時間が足りないかもしれない。直感的には，$r_1=0,\ 1$ の場合だと下二桁が一致せず，$r_1=5$ の場合は x^2 の下二桁は必ず 25 なので $x=25$ であることはわかるだろう。後は，$r_1=6$ について具体的に書き並べてみるという方法もある。

❖講　評

例年通り大問３題の出題で，Ⅰが小問集合，ⅡとⅢが記述問題となっている。

Ⅰ　６つの小問からなり，すべて基本的な問題。どの問題も教科書傍用問題集や入試演習書で類似問題の演習経験があるだろう。ケアレスミスが許されない問題が並んでいる。(1)の n 進法，(2)の条件付き確率などは苦手意識がないようにしておきたい。

Ⅱ　ベクトルの内積からの出題。類似問題の演習経験があるかないかで差が出る問題といえる。(1)は，ベクトルに苦手意識があると意外と難しく考え，解答に手間取ったのではないだろうか。

Ⅲ　整数問題から平方数の余りに関する内容。(1)，(2)は下一桁を書き出してみれば難しくはないが，(3)は論理的な解答を記述するには時間が不足するかもしれない。

どの問題も難問というような問題はなく，学力の差がしっかり見て取れる内容である。

解決策を晩期マルクスの思想の中に見出した評論である。〔問一〕の漢字の書き取りは、いずれも標準的。〔問二〕は空欄のある段落の記述から正解を見出せばよい。〔問三〕は、空欄のある段落に続く段落の記述から正解を見出せばよい。〔問四〕は、空欄の前の記述から正解を吟味すればよい。〔問五〕は、傍線部に続く部分から、選択肢を吟味していけばよい。〔問六〕は、傍線部のある段落に続く段落に正解の根拠が述べられている。標準～やや難である。〔問七〕は、本文に即し、根拠を見出しながら、選択肢を吟味する必要がある。標準～やや難である。以上のようにやや難しい設問もあるが、総じて標準レベルである。

二は國分功一郎『はじめてのスピノザ』からの出題。スピノザの思想に触れることで、当たり前だと思っている物事や考え方が決してそうではなく、別のあり方や考え方もありうることだと考える契機となることが述べられた評論である。〔問二〕は、傍線部の直前の「ですから」に着目し、その前の段落に目を向けると正解を見出すことができる。〔問二〕は傍線部に続く部分に、〔問三〕は傍線部のある段落に続く段落に、それぞれ正解の根拠が述べられている。〔問四〕は、傍線部の直前の「つまり」に着目し、その前の部分に目を向けると正解を見出すことができる。〔問五〕は、選択肢に対応するそれぞれの段落を見出し、選択肢を吟味することが必要である。標準～やや難である。総じて標準レベルである。

三の『宇治拾遺物語』は、鎌倉時代前期成立の説話物語集である。〔問一〕は、基本的な古文単語の知識や文法事項の知識で解くことができる。〔問二〕は、副詞がどこを指しているかを理解し、基本的な古文単語の知識があれば、難しくはない。〔問三〕は、手紙の内容をしっかり把握しておけば解くことができる問題。〔問四〕は、基本的な古文単語の知識やここまでのストーリーが把握できていれば正解を見出すことは難しくない。〔問五〕は、基本的な文法事項の知識があり、「逢坂の関を越える」という古典常識の知識があれば、正解を導き出すのは可能である。〔問六〕は、基本的な古文単語の知識や文法事項の知識をふまえて、選択肢を吟味して正解を見出すことが必要である。総じて標準レベルである。

(3)の「上」は〝上位、うわべ〟の意の名詞、「ならぬ」の「ぬ」は打消の助動詞「ず」の連体形、「がり」は〝～のもと〟の意の接尾語であるから、正解はAである。

(5)の「語らひ」は〝説得して仲間に入れる〟の意のハ行四段動詞「語らふ」の連用形である。正解はDである。

〔問二〕「さ」は〝そのように〟という意の副詞で、「御名を隠させたまひて、大蔵の丞豊蔭と名のりて（＝お名前をお隠しになり、大蔵の丞豊蔭と名乗って）」を指す。「心得て」は〝理解する、心得がある〟という意のア行下二段動詞「心得」の連用形であるから、正解はBである。

〔問三〕この歌は、母君が「まだしき由の文書きて給べ（＝まだ娘とは逢っていないという内容の手紙を書いてください）」と「わび申したりければ（＝困って申しあげたので）」を受けて詠まれた歌であるから、正解はAである。

〔問四〕「空言」は〝うそ、つくりごと〟の意の名詞であり、父は一条摂政の詠んだ歌を読み、何を嘘だと思ったのかを考えると、正解はEである。

〔問五〕「いつかは」は〝いつ～か、いや～ない〟という反語の意であり、「む」は意志の助動詞「む」の連体形であるから、正解はCである。なお、「逢坂の関を越える」には、男女が結ばれるという意味がある。

〔問六〕「ほほゑま」は〝微笑する〟の意のマ行四段活用「ほほゑむ」の未然形、「れ」は尊敬の助動詞「る」の連用形、「けむ」は過去推量の助動詞「けむ」の終止形、「かし」は強く念を押したり、同意を求めたりする意の終助詞である。尊敬の助動詞があることから、主語は一条摂政であり、何に対して一条摂政が微笑んだのかを考えると、正解はCである。

❖講　評

大問三題で、一と二が現代文、三が古文の構成。試験時間は六〇分。

一は斎藤幸平『人新世の「資本論」』からの出題。人類の経済活動が地球を破壊する環境危機の時代において、その

〔問六〕　C

◆全　訳◆

今は昔、一条摂政という人は東三条殿の兄でいらっしゃる。ご容貌をはじめとして、心遣いなどもすばらしく、学識、振舞いも、優れていらっしゃり、また色好みで、何人もの女とお逢いになりお戯れになっていらっしゃったが、少し軽々しいことだとお考えになったので、お名前をお隠しになり、大蔵の丞豊蔭と名乗って、身分の高くない女のもとへは手紙をお出しになった。思いをおかけになり、お逢いにもなられたが、人は皆そのことを心得て存じ上げていた。

（その一条摂政が）高貴な身分の人の姫君のところへお通いになり始めた。（姫君の）乳母や、母などを味方にして、父にはお知らせなさらぬうちに、（父がそのことを）聞きつけて、たいそうお怒りになり、母を責めたて、爪をはじいて、ひどく非難しておっしゃったので、（母は）「そんなことはありません」と言い争って、「まだそうはなっていない（＝娘とは逢っていない）という内容の手紙を書いてください」と、母が困って申しあげたので、

　人に知られず、早く逢いたいとわが身は急ぐのに、何年もたつのにどうして逢坂の関は越えがたいのであろうか

と詠んで遣わしたので、（母が）父に見せると、「それでは（噂は）嘘だったのだ」と思って、返歌を、父が詠んだ。

　東国に行き来する身の上ではないから、逢坂の関をいつ越えることがありましょうか（おそらく越えることはありますまい）

と詠んだのを（一条摂政が）見て、きっと微笑まれたであろうと、「一条摂政御集」に書いてある。笑いを誘う話だ。

◆解　説◆

〔問二〕　(1)は〝立派、すばらしい〟の意のク活用の形容詞「めでたし」の連用形「めでたく」であるから、正解はCである。

(2)の「軽々に」は〝軽率だ、かるがるしい〟の意のナリ活用の形容動詞「軽々なり」の連用形、「覚え」は〝自然に思われる、思い浮かぶ〟の意のヤ行下二段活用の動詞「覚ゆ」の未然形であるので、正解はBである。

正解はAである。

〔問四〕　傍線⑷の直前に「つまり」とあるので、その前の部分に着目すると、正解はAであることがわかる。Bは「そのたびごとにもっとも適切なものに従って」という部分が最後から三つ目の段落の内容と、Cは「自発的に決定されている」という部分が最終段落の内容と、Dは「脳内の無意識の複雑で多様な運動プログラムに操縦されて」という部分が最後から五つ目の段落の内容と、Eは「いくつもの意志がぶつかり合って」という部分が最後から三つ目の段落の内容と、それぞれ一致していない。

〔問五〕　最後から五つ目の段落に「その行為を行おうという意志が意識の中に立ち現れてくることが分かっています」、最終段落に「意志が自由な原因であるという思い込みを批判しました」とあるので、正解はEである。Aは「何らかの役割を果たせるもの」という部分が最終段落の内容と、Bは「最終的に行為を決定するもの」という部分が最後から三つ目の段落の内容と、Cは「もっとも重要な要因となるもの」という部分が最後から九つ目の段落の内容と、Dは「物質的な因果関係の中で生じる行為には関わらないもの」という部分が最後から七つ目の段落の内容と、それぞれ一致していない。

三

出典　『宇治拾遺物語』

解答

〔問一〕　⑴－C　⑵－B　⑶－A　⑸－D

〔問二〕　B

〔問三〕　A

〔問四〕　E

〔問五〕　C

オ、第三十一段落の内容と合致している。

二

出典　國分功一郎『はじめてのスピノザ　自由へのエチカ』＜第三章　自由へのエチカ＞（講談社現代新書）

解答

〔問一〕　D
〔問二〕　E
〔問三〕　A
〔問四〕　A
〔問五〕　E

◆要　旨◆

スピノザ哲学において、「自由意志」と呼ばれている自発性は否定されるが、それはいかなる行為にも原因があるからである。私たちは確かに自分たちの中に意志なるものの存在を感じるが、それは自由ではなく、自発的でもない。スピノザは意志が自由な原因であるという思い込みを批判したが、それは人の意識を否定しているわけではなく、意識は万能ではなく、意志は自発的ではないということである。

▲解　説▼

〔問一〕　傍線(1)の直前に「ですから」とあるので、そう信じる理由は、その前に書かれているはずである。よって、その前の段落に着目すると、「私たちの意識は結果だけを受け取るようにできています」「その原因を十分に理解することは人間の知性には実に困難です」とあるので、正解はDである。

〔問二〕　傍線(2)の次の行に「しかし、そのようなものは人間の心の中には存在しえません」とあるので、正解はEである。

〔問三〕　傍線(3)のある段落に続く段落の二行目に「それは自由ではない、自発的ではないということです」とあるので、

◀解　説▶

〔問二〕 空欄(1)のある第二段落の後半に「そして、人々は、共有地で、果実、薪、魚、野鳥、きのこなど生活に必要なものをテキギ採取していたのである。森林のどんぐりで、家畜を育てたりもしていたという」とあるので、正解はEである。

〔問三〕 空欄(3)のある段落の次の段落に「水力の無償性は、非常に興味深い」とあるので、正解はAである。

〔問四〕 空欄(5)の前の行に「資本は、希少なエネルギー源を都市において完全に独占し、それを基盤に生産を組織化した」とあるので、正解はCである。

〔問五〕 傍線(6)に続く「国民は、生活に必要なものを利用する権利を失い、困窮していく。『国富』は増えても、国民の生活はむしろ貧しくなる」の部分を手がかりに選択肢を吟味する。Aは「消費の快楽を享受できない」、Bは「規制が厳しいため」、Cは「社会全体が潤っている」、Dは「贅沢と自由を満喫できる」の部分が不適当であるので、正解はEである。

〔問六〕 傍線(7)のある段落の次の段落の三行目に「(『使用価値』は)『価値』増殖のために犠牲にされ、破壊されていく」とあるので、正解はCである。

〔問七〕 ア、第三十五段落（最後から六つ目の段落）に「人々は生活に必要な財を利用する機会を失い、困窮していく」とあるが、「進歩の先に実現するユートピアのための犠牲」とまでは述べられていないので、本文とは合致していない。

イ、「資本」は確かに「人工的な希少性」を作り出そうとしているが、「自己を卓越化して他者との差異化をはかりたいという根源的な欲望」については述べられていないので、本文とは合致していない。

ウ、第十段落に「輸送可能で、なにより、排他的独占が可能なエネルギー源であった」と合致する。

エ、最後から三つ目の段落の内容と合致しない。

国語

一

出典　斎藤幸平『人新世の「資本論」』＜第六章　欠乏の資本主義、潤沢なコミュニズム＞（集英社新書）

解答

〔問一〕(2)―D　(4)―A　(8)―B　(9)―B　(10)―C

〔問二〕E

〔問三〕A

〔問四〕C

〔問五〕E

〔問六〕C

〔問七〕ア―B　イ―B　ウ―A　エ―B　オ―A

◆要　旨◆

前資本主義社会において存在した「コモンズ」と呼ばれた共有地は、資本主義社会においては囲い込みによって徹底的に解体され、排他的な私的所有に転換された。その結果、人々は自分の労働力を売ることで貨幣を獲得し、市場で生活手段を購買しなければならなくなった。また、潤沢で持続可能であった水は、河川から切り離され希少価値を持つものに変えられた。その結果、水は商品化され、その「価値」は増大したが、人々の生活の質は低下し、水の「使用価値」は毀損された。このように「使用価値」を犠牲にした希少性の増大が私富を増やす。これが、資本主義の不合理さを示す「価値と使用価値の対立」なのである。

■一般方式・英語外部試験利用方式・共通テスト併用方式：経済学部2月15日実施分

経済学科，国際経済学科

▶試験科目・配点

〔一般方式〕

教　科	科　目	配　点
外国語	コミュニケーション英語Ⅰ・Ⅱ・Ⅲ，英語表現Ⅰ・Ⅱ	150点
選　択	日本史Ｂ，世界史Ｂ，政治・経済，「数学Ⅰ・Ⅱ・Ａ・Ｂ」から1科目選択	100点
国　語	国語総合（漢文を除く）	100点

▶備　考

- 「数学Ｂ」は「数列，ベクトル」から出題する。
- 「地理歴史・公民」と「数学」の両方を受験した場合は，高得点の1教科を合否判定に使用する。

〔英語外部試験利用方式〕

一般方式の「国語」および「地理歴史・公民」または「数学」の得点（200点満点）と各検定試験のスコアを換算した得点（150点満点）を合計して合否を判定する。

〔共通テスト併用方式〕

大学入学共通テストの得点（2教科2科目，200点満点）と一般方式の「数学」の得点（150点満点に換算）を合計して合否を判定する。

英語

（90分）

I　次の各英文の下線部について，もっとも意味が近いものを①～④の中から一つずつ選び，その番号をマーク解答用紙にマークしなさい。(10点)

(1) The spread of the new virus has not been <u>contained</u> in this country.

① included　② studied　③ increased　④ suppressed

(2) The Prime Minister's remarks sounded <u>deliberately</u> off the point.

① arguably　② considerately
③ intentionally　④ accidentally

(3) Jack claims that he was <u>deceived</u> by the salesman who sold him the car.

① encouraged　② tricked　③ pleased　④ assisted

(4) The CEO made a <u>resolute</u> decision to close underperforming operations.

① determined　② tentative　③ generous　④ secret

(5) I love to read <u>contemporary</u> novels.

① current　② outdated　③ popular　④ well-known

Ⅱ 次の各日本文と英文がほぼ同じ意味になるように，空所に入るもっとも適切なものを①～④の中から一つずつ選び，その番号をマーク解答用紙にマークしなさい。

(10 点)

(6) そのモニュメントは彼の生涯に敬意を表して建てられた。

The monument was erected to (　　　) his life.

① pay　② honor　③ treat　④ prosper

(7) 一般的に，防犯カメラは，犯罪を予防するために利用されています。

In general, security cameras are (　　　) in order to prevent crimes from happening.

① praised　② utilized　③ discarded　④ neglected

(8) ベル先生の講義はすごく刺激的だと思いました。

I (　　　) Professor Bell's lecture to be highly stimulating.

① found　② looked　③ predicted　④ searched

(9) 当社の製品についてお問い合わせくださりありがとうございます。

Thank you for your (　　　) about our products.

① application　② inquiry　③ inspection　④ obligation

(10) パンデミックの影響で，何百万もの人が貧困に直面している。

Millions are facing (　　　) as a result of the pandemic.

① luxury　② modesty　③ poverty　④ commodity

Ⅲ　次の各組の英文がほぼ同じ意味になるように，空所に入るもっとも適切なものを①～④の中から一つずつ選び，その番号をマーク解答用紙にマークしなさい。(10 点)

(11) The demand for car rentals soars before the holiday season.

Car rentals become extremely popular in the (　　　　) up to the holiday season.

① first　② fore　③ front　④ lead

(12) Domestic travel restrictions are to end by the summer.

The restrictions on domestic travel will be (　　　　) by the summer.

① launched　② lifted　③ rejected　④ released

(13) All products will be offered at discount prices as a token of our gratitude.

We will offer every product at a discount price to show our (　　　　).

① affection　② appreciation

③ cooperation　④ politeness

(14) I attended the committee meeting on behalf of the school.

I (　　　　) the school at the committee meeting.

① managed　② graduated　③ represented　④ criticized

(15) I was going to say the same thing myself.

You (　　　　) right out of my mouth.

① borrowed the notion　② imitated the statement

③ repeated the phrase　④ took the words

Ⅳ 次の各日本文とほぼ同じ意味になるように，かっこ内の語を並べ替えてもっとも自然な英文を完成させるとき，かっこの中で3番目と5番目にくるものを選び，その番号をマーク解答用紙にマークしなさい。(20点)

⒃ 何かを果たすために，ほかの人に頼らなければならない時もあります。

There are times (① have ② on ③ rely ④ to ⑤ when ⑥ you) others to get things done.

⒄ 一部の若者は道徳を束縛と考える傾向にある。

Some young people are (① as ② inclined ③ morality ④ of ⑤ think ⑥ to) a restraint.

⒅ データは改変できないような形で保存されています。

The data is stored (① a ② be ③ cannot ④ in ⑤ that ⑥ way) altered.

⒆ 現代医学でも，彼の病気を治すことはできないように思われる。

It seems that even modern (① curing ② him ③ incapable ④ is ⑤ medicine ⑥ of) of that disease.

⒇ 正直が割に合わない事例が多い。

There are a lot of (① cases ② does ③ honesty ④ in ⑤ not ⑥ which) pay.

V 次の英文の意味が通るように，⑵1〜⑵5の空所に入るもっとも適切なものを①〜④の中から一つずつ選び，その番号をマーク解答用紙にマークしなさい。(10 点)

The Blue Matador is a well-regarded Spanish restaurant in the city center. It specializes in serving authentic dishes from Barcelona and the Catalan region of Spain. It first opened late last year and has quickly (21) a reputation as one of the trendiest places to eat in town. I visited it one evening last week to find out if it lived up to all of the hype.

The first thing you will notice is the (22) décor with the use of plenty of deep dark blue satin drapes, as well as old black and white framed photographs on the walls. All of the serving staff wear traditional Catalan clothing and, not only is traditional Spanish music played softly throughout the restaurant, there are also live (23) of *sardana* music by an ensemble from time to time throughout the evening.

The food is absolutely authentic, with abundant use of seafood, olive oil, bread and vegetables. There are also (24) and varied kinds of ham and cheeses available. The restaurant's signature dishes, however, are *suquet de peix*, a delicious fish stew, which I wholeheartedly recommend, as well as a dessert, Catalan cream. Along with the food, there are also fine wines from the region. Although the quality of the food is very high, the prices are extremely reasonable. The staff are very (25) and you will not have to wait long for your order to arrive. Be sure to book though, as the restaurant is popular and you may well not get in otherwise.

⑵1	① earned	② given	③ presented	④ risen
⑵2	① blinding	② stylish	③ invisible	④ transparent
⑵3	① actions	② bait	③ people	④ performances
⑵4	① much	② plentiful	③ poor	④ few
⑵5	① attentive	② lazy	③ inactive	④ obscure

Ⅵ 次の各組の会話文において，空所に入るもっとも適切なものを①～④の中から一つずつ選び，その番号をマーク解答用紙にマークしなさい。(20点)

(26)

A: Hey, Laurence, are you nearly ready? It's time to go. Everybody is meeting at eight and we don't want to be late again.

B: Just a moment, I'll be down in a minute.... Right, here I am. How do I look?

A: Pretty smart. Where did you get that necktie, though?

B: From Krazy Kravats. Why? Don't you like it?

A: Well, don't you think that it looks a bit weird along with the rest of what you're wearing?

B: No, I don't. It's a statement of who I am. Anyway, what about you? You're wearing nothing but green! A green shirt, green tie, green suit, green socks. You've even got green shoes on!

A: Of course. It's Saint Patrick's Day. You're supposed to wear green.

B: I think you're supposed to wear some green, not just green. (　　　　)

A: Well, I like it. It's a statement of who I am! Anyway, brother, let's go.

① Anyway, I remember that you don't like green.

② Don't you have a green hat that you can wear?

③ It's a good combination of colors.

④ It's completely over the top.

(27)

A: If there really was a time machine that worked, would you like to travel into the future?

B: That depends.

A: On what?

B: Well, in general, I would love to see what happens in future years, but I wouldn't want to see myself in the future. If I saw myself suffering from an illness or really looking old, that would be terribly depressing.

A: I see. How about traveling into the past?

B: I think it would be great to travel into the past, as long as I had complete control over the time and place of my destination.

A: Why? Don't you think (　　　　　)?

B: Well, it could be, but I wouldn't want to take the chance of wandering into a war zone or some other dangerous situation.

A: I see your point.

① a random trip would be more interesting

② it would be great if you could plan things out carefully

③ it would be more interesting to know where you're going ahead of time

④ that going to a time and place of your choice would be risky

(28)

A: There's our waiter. I think I'm going to order dessert. I hear the apple pie here is great.

B: I can't believe it!

A: What?

B: I can't believe you're going to eat dessert after the meal you just ate!

A: I didn't eat so much.

B: Really? You just had a bowl of soup, a big salad, five pieces of fried chicken, and a huge baked potato. Oh, and I forgot the corn.

A: Well, I guess it does sound like a lot. But, I'm still hungry.

B: Do you usually eat this much?

A: Yeah. This (　　　　　). I guess I just have a good appetite.

B: I'll say!

① is how I keep food costs low

② is why I became a vegetarian

③ isn't at all unusual for me

④ isn't something I would ever do in public

(29)

A: Hello, Mr. Haskell. Did you want to see me?

B: Yes, Ed. It's about the slides you sent me — the slides that you made for the presentation you'll be making next week at Dorsey's.

A: Is there a problem with the slides?

B: Well, I don't know if I'd call it a problem. But I do think there's too much information on most of the slides. I think when you make a presentation, it's best to write a few general ideas on each slide, and to explain details verbally. Do you understand what I mean?

A: Yes. I'll edit the slides right away.

B: Fine. I think that when you do so, you'll realize that (   ).

A: Thank you for the advice. Actually, when I was making the slides, I thought that I might be writing too much, but I wasn't sure. This will only be my second presentation since I came here.

B: Well, if you need some help, let me know. Or, you could ask Judy to help you. She's excellent at preparing and editing slides.

① about half of what you put on most of the slides can be removed

② most of the slides you prepared don't have to be altered at all

③ slides containing a lot of detail tend to improve presentations

④ there is no need to refer to concepts on slides that you make for presentations

(30)

A: Hello, Sally. You weren't in class again this morning and you look tired. What's going on?

B: I'm afraid I overslept again. Actually, I missed two classes. It's been happening a lot recently because of my part-time job.

A: You know, you need to be careful because there's a danger you could fail those classes or get poor grades at the very least.

B: I know, but I had to work late again last night and I didn't get home until after midnight. Then I had to do my homework. I finally got to bed at about three.

A: I don't think you should work such long hours when you have classes every day. Why do you do that to yourself?

B: I don't want to do it, but I have to. The restaurant where I work is really busy these days, so everyone has to work overtime.

A: Really? Doesn't your boss know that you are a university student?

B: He does, but he doesn't care. He only thinks about the business. Nothing else matters to him.

A: That's terrible. He should also think about the wellbeing of his staff. I think that you should quit the restaurant and find a better part-time job.

B: Actually, I already told him that I want to leave, but he said I can't until business is quieter.

A: (　　　　). You can leave any time you want and he can't stop you.

B: If I did that, I think he'd get really mad and wouldn't pay me or something like that.

A: That would be illegal and you don't have to put up with that kind of behavior. I would never accept that.

B: Perhaps you're right. I'll tell him for sure tonight. Can you come with me?

① He has no right to say that

② He's probably right when he says that

③ I'm afraid that the law is on his side

④ Try to see it from his perspective

Ⅶ 次の英文を読み(31)～(38)の設問に答えなさい。文章は，それぞれ1段落から数段落をまとめた6つのブロックに分けられており，各ブロックの先頭には番号が付してあります。なお，＊ 印のついた語句には注があります。(30点)

［Ⅰ］ Allentown is the third-largest city in Pennsylvania, after Philadelphia and Pittsburgh. But to the extent that the city is known outside the state, it can thank an unfortunate bit of Rust Belt symbolism.

The symbol is Billy Joel's 1982 song "Allentown," which was a hit in the early music-video era and is more distinctly remembered than many others from that time. It used the name "Allentown" as a placeholder for that early wave of heavy-industrial shutdown and all the displacement that came from it:

Well we're living here in Allentown...

And they're closing all the factories down

This was unfortunate in the obvious ways — no one likes to be a nickname for failure — and with some additional twists. One is that the steel mills being closed in that era weren't even in Allentown. They were fifteen miles away, in Bethlehem; but for the purposes of the song, the word "Allentown" sounded and scanned better, and also worked better in rhyme* schemes, so Allentown it was. "That was the hell of it," said Julio Guridy, who was born in the Dominican Republic but came to Allentown as a child in the 1970s. By the time we met him, he had become president of the city council, and as he walked us around town, he explained, "We have that song because nothing rhymes with 'Bethlehem.'"

［Ⅱ］ For the Allentown of the current era, a generation-plus after Billy Joel's lament, shut-down factories aren't really the main problem, either economically or culturally. The labyrinthine* former U.S. Steel workshops and furnaces in Bethlehem that were the real subject of Billy Joel's lament have been closed for so long that they're well into a second life. Now they are a popular concert venue known as SteelStacks, with the idled blast furnaces and rolling mills serving as an artsy-spooky, industrial <u>Stonehenge</u>(A) backdrop for rock, folk, and country music acts, with "historic" tours into the steel mill's ruins, plus an art gallery and a Sands casino nearby. Allentown has suffered its share of industrial layoffs, notably with what had once been the world manufacturing center for Mack Trucks. Now the truck factory is a center of advanced-tech and light-manufacturing start-ups — including a great brewery and a "meadery*" — working on what had been the Mack shop floors.

[Ⅲ] The overall economy of the Lehigh Valley has expanded, diversified, and continued to grow. The presence of universities is one factor, the best known of them being Lehigh, in Bethlehem. Another is the importance of a range of specialty industries. Much of the Sam Adams beer that is sold and drunk anywhere in the country comes from a contract brewery in Breinigsville, just west of Allentown. The Rodale publishing and organic-products empire is based in Emmaus, just to the south. The most important economic advantage for the area has been that real estate stalwart*: location. Allentown is far enough away from New York and Philadelphia to have much lower living costs than those cities do, and an identity as something other than just a bedroom commuter community. But it's near enough that some people actually do commute. And the big north-south and east-west interstates that cross paths outside town have made greater Allentown an attractive logistical* site. Amazon, having calculated that one-third of the U.S. population was within a day's truck travel of Allentown, located its biggest East Coast warehouse nearby. Other grocery, furniture, and shipping companies are there as well.

[Ⅳ] Through the 1990s and early 2000s, the city's population both grew and changed, largely through a significant move of Latino families from New York and New Jersey. The new arrivals were mainly of Puerto Rican or Dominican background — "Nuyoricans," as Julio Guridy described them — and their flow accelerated after the 9/11 attacks*. "It seemed safer here," Guridy said. "We had more land, more space, lower costs, and it was still easy to get to New York or Philly*." By 2000, one-quarter of Allentown's population was Latino. A dozen years later it was more than 40 percent.

[Ⅴ] The problem for Allentown was not so much the economy in general; it was the downtown specifically. Pennsylvania is more carved up into balkanized* separate jurisdictions* than any other state. With less than one-third as many people as California, it has five times as many local governing units: cities, townships, boroughs, water districts, school districts, counties — you name it. This theoretically keeps public officials closer to members of the public. It also makes it harder to set policies beyond a minutely local scale.

In the case of Allentown, the patchwork(B) of jurisdictions meant that by moving development just outside the city borders — barely two miles from downtown, across a freeway in unincorporated county land — builders could escape city regulations, and merchants could have much lower taxes. So, starting in the 1970s, Allentown went through the destructive sprawl cycle familiar in so many American towns. New big-box malls and shopping centers sprang up in the suburbs; the customers followed them there; the downtown retailers struggled; the city's revenues shrank; and services from police forces to street maintenance followed; and, as a consequence, everything about downtown life got worse. The result was a bombed-out-looking, high-crime shell of what had been until the 1980s an architecturally attractive and commercially successful downtown area.

[Ⅵ] Every city has a symbol of either decline or recovery. In Allentown, nearly everyone we spoke with mentioned the closing, in the 1990s, of the celebrated Hess Brothers department store as the marker for the city's descent. In its post-World War Ⅱ golden age, Hess was the anchor of the entire downtown. It had both high-end fashions and everyday family wear, a restaurant and a tea room, seasonal festivals, customers waiting when it opened its doors. We saw a picture in the *Allentown Morning Call** archives of crowds around Hess's on a New Year's Eve in that era, as if it were Times Square. "In 1970, Hess was the highest-grossing department store in the entire country!" exclaimed Ed Pawlowski, a balding man then in his late forties who had grown up in Chicago but had just won his third four-year term as Allentown's mayor. As we walked past the former Hess site, he noted, "It did $190 million in retail sales, right here in Allentown. It was the retail hub for the entire region, and people came from all over to shop there."

His mood grew more somber: "Then the malls got built, and slowly but surely they sucked everything out like a giant vacuum. We went from being a retail mecca to having dollar stores and tattoo parlors. We needed to do something to bring people back to the urban core."

出典追記：Our Towns : A 100,000-Mile Journey into the Heart of America by James Fallows and Deborah Fallows, Pantheon Books

【注】rhyme：脚韻（詩で行末の発音を揃えること）
labyrinthine：迷路のような　　meadery：ハチミツ酒生産所
stalwart：信頼できること　　logistical：物流の
the 9/11 attacks：アメリカで 2001 年 9 月 11 日に起きた同時多発テロ
Philly：Philadelphia の略称　　balkanized：分断された
jurisdiction：支配権
Allentown Morning Call：Allentown を拠点とする地方新聞

(31) ブロックⅡの下線部(A) Stonehenge の，この文脈での意味としてもっとも適切なものを①～④の中から一つ選び，その番号をマーク解答用紙にマークしなさい。

① a historical site which has been destroyed
② an object that has survived from the past
③ new stones made in a factory
④ something that looks futuristic

(32) ブロックⅤの下線部(B) the patchwork の，この文脈での意味としてもっとも適切なものを①～④の中から一つ選び，その番号をマーク解答用紙にマークしなさい。

① something that is easy to manage
② something that is large
③ something that is made of distinct parts
④ something that is uniform in nature

(33)～(38)：それぞれ指定したブロックの内容に照らしてもっとも適切なものを①～④の中から一つずつ選び，その番号をマーク解答用紙にマークしなさい。

(33) ブロックⅠ

① Allentown remains unknown outside of the state of Pennsylvania.
② Billy Joel's "Allentown" was a song about the shutting down of steel factories which had thrived throughout the 1980s.
③ Lyrics in the song "Allentown" really describe the closing of steel mills in Bethlehem.

④ Julio Guridy was president of a city council in the Dominican Republic, but he quit the job to come to Allentown in the 1970s.

(34) ブロックⅡ

① The workshops and furnaces which were the subject of Billy Joel's song are now used for holding music events.

② U.S. Steel workshops that were the subject of Billy Joel's song are still producing steel.

③ Allentown is currently a leading manufacturer of trucks.

④ The Mack Truck factory in Allentown had once been a great brewery.

(35) ブロックⅢ

① The Lehigh Valley has not been able to retain a range of specialty industries.

② The location of the Lehigh Valley provides it with its greatest economic advantage.

③ Allentown is so far from Philadelphia that one can't commute there.

④ Most people in the U.S. live within a day's truck travel of Allentown.

(36) ブロックⅣ

① In the 1990s and early 2000s, few people immigrated to Allentown from New York and New Jersey.

② After the year 2000, the Latino population of Allentown stopped growing.

③ The flow of "Nuyoricans" into Allentown sped up after the 9/11 attacks.

④ Julio Guridy thought Allentown was too crowded.

(37) ブロックⅤ

① Since the 1970s, retailers have had to move many miles to escape Allentown's city regulations.

② Because of destructive urban sprawl, everything about downtown life in Allentown got worse.

③ Since the 1970s, downtown Allentown looked as if it had been bombed.

④ Currently, retailers in big-box malls and shopping centers in Allentown are struggling.

(38) ブロックⅥ

① The celebrated Hess Brothers department store occupied all of downtown Allentown before it closed in the 1990s.

② According to Ed Pawlowski, in 1970 the sales at Hess Brothers department store were greater than in any other department store in the U.S.

③ Ed Pawlowski was born in the 1940s in Chicago and moved to Allentown in 1970.

④ Ed Pawlowski thinks that the building of malls has helped to increase the number of shoppers in downtown Allentown.

Ⅷ 次の英文（2021年の新聞記事）を読み(39)〜(44)の設問に答えなさい。文章は，それぞれ1段落から数段落をまとめた6つのブロックに分けられており，各ブロックの先頭には番号が付してあります。なお，＊印のついた語句には注があります。（30点）

[I] For many years it seemed that overpopulation was the looming crisis of our age. Back in 1968, the Stanford biologists Paul and Anne Ehrlich infamously predicted that millions would soon starve to death in their bestselling, doom-saying book *The Population Bomb*; since then, neo-Malthusian* rumblings* of imminent disaster have been a continual refrain in certain sections of the environmental movement — fears that were recently given voice in David Attenborough's documentary *Life on Our Planet*.

At the time the Ehrlichs were publishing their dark prophecies, the world was at its peak of population growth, which at that point was increasing at a rate of 2.1% a year. Since then, the global population has ballooned from 3.5 billion to 7.67 billion. But growth has slowed — and considerably. As women's empowerment advances, and access to contraception* improves, birthrates around the world are stuttering* and stalling*, and in many countries now there are fewer than 2.1

children per woman — the minimum level required to maintain a stable population.

[Ⅱ] Falling fertility rates have been a problem in the world's wealthiest nations — notably in Japan and Germany — for some time. In South Korea last year, birthrates fell to 0.84 per woman, a record low despite extensive government efforts to promote childbearing. From next year, cash bonuses of two million won* will be paid to every couple expecting a child, on top of existing child benefit payments.

The fertility rate is also falling dramatically in England and Wales — from 1.9 children per woman in 2012 to just 1.65 in 2019. Provisional figures from the Office for National Statistics for 2020 suggest it could now be 1.6, which would be the lowest rate since before the Second World War. The problem is even more severe in Scotland, where the rate has fallen from 1.67 in 2012 to 1.37 in 2019. Increasingly this is also the case in middle-income countries too, including Thailand and Brazil. In Iran, a birthrate of 1.7 children per woman has alarmed the government; it recently announced that state clinics would no longer hand out contraceptives* or offer vasectomies*.

[Ⅲ] Thanks to this worldwide pattern of falling fertility levels, the UN now believes that we will see an end to population growth within decades — before the slide begins in earnest.

An influential study published in *The Lancet* medical journal last year predicted that the global population would come to a peak much earlier than expected — reaching 9.73 billion in 2064 — before dropping to 8.79 billion by 2100. Falling birthrates, noted the authors, were likely to have significant "economic, social, environmental, and geopolitical* consequences" around the world.

Their model predicted that 23 countries would see their populations more than halve before the end of this century, including Spain, Italy and Ukraine. China, where a controversial one-child per couple policy — brought in to slow spiraling population growth — only ended in 2016, is now also expected to experience massive population declines in the coming years, by an estimated 48% by 2100.

[Ⅳ] <u>It's growing ever clearer that we are looking at a future very different from the one we had been expecting</u> — and a crisis of a different kind, as ageing populations place shrinking economies under ever greater strain. But what does population decline look like on the ground? The experience of Japan, a country that has been showing this trend for more than a decade, might offer some insight. Already there are too few people to fill all its houses — one in every eight homes now lies empty. In Japan, they call such vacant houses *akiya*.

[V] Most often to be found in rural areas, these "ghost houses" quickly fall into disrepair, leaving them as eerie presences in the landscape, thus speeding the decline of the neighborhood. Many *akiya* have been left empty after the death of their occupants; inherited by their city-living relatives, many go unclaimed and untended. With so many structures under unknown ownership, local authorities are also unable to tear them down.

Some Japanese towns have taken extreme measures to attract new residents — offering to subsidize renovation expenses, or even giving houses away to young families. With the country's population expected to fall from 127 million to 100 million or even lower by 2049, these *akiya* are set to grow ever more common — and are predicted to account for a third of all Japanese housing stock by 2033. As the rural population declines, old fields and neglected gardens are reclaimed by wildlife. Sightings of Asian black bears have been growing increasingly common in recent years, as the animals scavenge unharvested nuts and fruits as they ripen on the bough.

In the EU, an area the size of Italy is expected to be abandoned by 2030. Spain is among the European countries expected to lose more than half its population by 2100; already, three quarters of Spanish municipalities are in decline.

Picturesque Galicia and Castilla y León are among the regions worst affected, as entire settlements have gradually emptied of their residents. More than 3,000 ghost villages now haunt the hills, standing in various states of dereliction*. Mark Adkinson, a British expat* who runs the estate agency Galician Country Homes, told the newspaper *The Observer* that he has identified "more than 1,000" abandoned villages in the region, adding that a staff member of his was continually on the road, leaving letters at abandoned properties in the hope of tracking down their owners and returning them to the market.

"I've been here for 43 years," he said. "Things have changed considerably. The youngsters have left the villages, and the parents are getting old and getting flats closer to the hospital. You don't want to get stuck up in the hills when you can no longer drive."

[Ⅵ] As in Japan, nature is already stepping into the breach. According to José Benayas, a professor of ecology at Madrid's University of Alcalá, Spain's forests have tripled in area since 1900, expanding from 8% to cover 25% of the territory as ground goes untilled*. Falling populations would continue to trigger land abandonment, he said, "because there will be fewer humans to be fed." France, Italy and Romania are among countries showing the largest gains in forest cover in recent years, much of this in the form of natural regrowth of old fields. "Models indicate that afforestation* of this kind will continue at least until 2030," Benayas said.

Rural abandonment on a large scale is one factor that has contributed to the recent resurgence of large carnivores in Europe: lynx, wolverines, brown bears and wolves have all seen increases in their populations over the last decade. In Spain, the Iberian wolf has rebounded from 400 individuals to more than 2,000, many of which are to be found haunting the ghost villages of Galicia, as they hunt wild boar and roe deer — whose numbers have also skyrocketed. A brown bear was spotted in Galicia last year for the first time in 150 years.

A vision of the future, perhaps, in a post-peak world: smaller populations crowding ever more tightly into urban centers. And outside, beyond the city limits, the wild animals prowling.

【注】 Malthusian：Malthus（18〜19世紀イギリスの経済学者）学派の
rumblings：うわさ　contraception：避妊　stuttering：つまる
stalling：止まる　won：韓国の通貨単位（およそ0.1円）
contraceptives：避妊薬　vasectomies：精管切除術
geopolitical：地政学的な　dereliction：放棄　expat：国外在住者
untilled：耕していない　afforestation：森林化

(39)～(43)：それぞれ指定したブロックの内容に照らしてもっとも適切なものを①～④の中から一つずつ選び，その番号をマーク解答用紙にマークしなさい。

(39) ブロックⅠ

① Since 1968, the world's population growth has been increasing at a rate of 2.1%.

② The Ehrlichs' predictions were not supported by high levels of population growth when they published their bestselling book.

③ Some environmentalists are still worried about the increase in the world's population.

④ As a result of a birthrate of 2.1 children per woman, the global population has increased from 3.5 billion to 7.67 billion.

(40) ブロックⅡ

① In South Korea, government efforts to promote childbearing did not lead to a rise in the birthrate last year.

② The low birthrate in some countries is due to governments offering money to couples to not have children.

③ Unlike Japan and Germany, Brazil does not have a problem with a low birthrate.

④ The Iranian government has never been worried about a low birthrate.

(41) ブロックⅢ

① The *Lancet* article notes that there are 23 countries around the world where the population has decreased by 48% since 2016.

② An influential study published in *The Lancet* did not predict that the global population will begin to decline right away.

③ According to a study published in *The Lancet*, falling birthrates will have minor economic effects around the world.

④ China's population is expected to increase by nearly 50% by the year 2100.

(42) ブロックⅤ

① According to the article, there may now be between 100 million and 127 million empty houses in Japan.

② The main reason so many houses have become vacant in the Japanese countryside is that their occupants moved to the city.

③ In Japan, black bears are now living inside "ghost houses."

④ Mark Adkinson wants to put property that has been abandoned back on the market.

(43) ブロックⅥ

① People have left the countryside in Spain because of the danger of being attacked by wild animals.

② In the past decade, the populations of lynx, wolverines, brown bears and wolves have all increased in Europe.

③ Spain's forests have increased in size because people have been planting trees instead of cultivating the land enthusiastically.

④ Because of the increasing amount of land which is no longer farmed in several European countries, it will no longer be possible to feed everyone there.

(44) ブロックⅣの中の下線部を日本語に訳し，記述解答用紙に記入しなさい。

Ⅸ 次の日本文とほぼ同じ意味になるように，空所に語句を補って英文を完成させなさい。なお，［　　］の中には1語のみ，（　　）の中には3語～5語を入れること。答えは，記述解答用紙の該当する欄に記入しなさい。(10点)

(45) この厳しい経済情勢の中，政府が果たすことを期待される役割は大きく変わりつつある。

In this harsh economic ［　　］, the ［　　］ the government (　　　　) is changing drastically.

日本史

（60分）

I　次の史料〔A〕（原文から漢字や仮名づかい，句読点を加える等適宜修正している），文章〔B〕，および〔C〕について，下記の設問に答えなさい。(20点)

〔A〕

凡そ戸は，五十戸を以て里と為よ。里毎に［ 1 ］一人置け。戸口を検校し，農桑を課殖し，非違を禁察し，賦役を催駈することを掌る。もし，山谷阻り険しくして，地遠く人稀ならむ処には，便に随ひて量りて置け。

凡そ［ 2 ］造らむことは，年毎に六月の卅日の以前に，京国の官司，所部の手実責へ。具に家口・年紀を注せよ。…

凡そ［ 3 ］は，六年に一たび造れ。十一月の上旬より起りて，［ 4 ］によりて勘へ造れ。里別に巻と為せ。惣べて三通写せ。…二通は太政官に申し送れ。一通は国に留めよ。

凡そ［ 3 ］は恒に五比留めよ。其れ遠き年のは，次に依りて除け。近江の大津の宮の［ 5 ］の年の籍は除くことせず。

問1　空欄［ 1 ］にあてはまる漢字1字を1つ選び，その記号をマークしなさい。

ア　司
イ　守
ウ　頭
エ　督
オ　長

問2　空欄［ 2 ］～［ 4 ］にあてはまる語句の組み合わせとして正しいものを1つ選び，その記号をマークしなさい。

ア　2　戸籍　　3　計帳　　4　令

イ　2　戸籍　　3　計帳　　4　格

ウ　2　戸籍　　3　計帳　　4　式

エ　2　計帳　　3　戸籍　　4　令

オ　2　計帳　　3　戸籍　　4　格

カ　2　計帳　　3　戸籍　　4　式

問3　空欄 [5] にあてはまる干支を1つ選び，その記号をマークしなさい。

ア　甲午

イ　乙巳

ウ　庚寅

エ　庚午

オ　壬申

問4　この史料から読みとれる内容に関する記述として**誤っているもの**を1つ選び，その記号をマークしなさい。

ア　里の [1] は50戸に1人置かれるのが原則であるが，僻地に関してはその限りではない。

イ　里内の法に反することを取り締まったり，調・庸などの税を取り立てることは里の [1] が行うべきことである。

ウ　[2] には，人々の年齢は記録されない。

エ　[3] については，三通作って，そのうちの二通をみやこに送らなければならない。

オ　[3] については，期限が来たら廃棄されるものと，保存されるものがあった。

〔B〕

戦国時代から信長・秀吉①・家康の時代を描くとき，「天下」という語が使われることがとても多い。「天下」という語は，「天（あめ）が下（した）」とも読まれ，一般的には漠然と広く日本を指し，また時に幕府や将軍によって作り上げられている政治秩序・体制の意で用いられることもある。一方，この時代の「天下」が，当時，地理的・空間的にどの地域を指す語として使われていたのかを史料に即して考えてみると，秀吉期までは日②

本全土を指すことは極めて少なく，京都あるいは京都を核とする畿内（上方）を指すことがほとんどである。こう書くと，多くの人は違和感を感じるだろう。(中略)

天正10年（1582）本能寺の変のあと秀吉が明智光秀を破った山崎の戦い直後に出した書状に，光秀の重臣斎藤利三を生け捕りにし京都において車に乗せ引き回したうえで，首を刎(は)ね，それをさらしたことが書かれている。その原文は「蔵助(くらのすけ)（斎藤利三）ハ生捕ニ仕，なわをかけ来候条(きたりそうろうじょう)，天下において，車ニ乗せわたして，首を切り，かけ申候」である。この出来事が京都でのことであるのは他の史料からも確認でき，ここでの「天下」は京都ということになる。

（藤井讓治『シリーズ日本近世史①　戦国乱世から太平の世へ』岩波新書，2015，p. i ～ ii，一部改）

問5　下線部①に関する記述として**誤っているもの**をすべて選び，その記号をマークしなさい。

ア　秀吉は，検地を進めるにあたって，基準となる枡を京枡に統一し，6尺3寸を1間，1間四方を1歩，30歩を1畝，10畝を1段（反）と定めた。

イ　秀吉が1587年に出した伴天連追放令で宣教師の国外退去と南蛮人との貿易禁止が定められたが，宣教師の潜入は絶えず，実効があがらなかった。

ウ　秀吉は，朝鮮への出兵の準備を進める一方，琉球・台湾・ルソンのスペイン政庁・ゴアのポルトガル政庁に国書を送って入貢を求めた。

エ　秀吉は，朝鮮に出兵した後，日本国内で一揆を未然に防ぐために刀狩令を出して，農民の武器を没収した。

オ　文禄の役において，朝鮮は明からの援軍を得られなかったため，碧蹄館の戦いで日本軍に大敗し，一時は明との国境近くまで攻め込まれた。

問6　下線部②について，秀吉の時代には日本全土を指して「日本（　　）余州」などの表現が用いられていたことが知られている。(　　）内に入る数字を1つ選び，その記号をマークしなさい。

ア　四十

イ　六十

ウ　八十

エ　百

オ 二百

問7 この文の趣旨を踏まえると，信長が用いた「天下布武」と記された有名な印章に込めた意図は，全国を統一するという意思表明ではなく，京都を核とした畿内を武力で制圧する意思表示だとも考えられる。信長がこの印章を用いる前の出来事をすべて選び，その記号をマークしなさい。

ア 桶狭間の戦いで今川義元を破った。

イ 長篠の戦いで武田勝頼を破った。

ウ 伊勢長島の一向一揆を平定した。

エ 比叡山延暦寺を焼き打ちした。

オ 足利義昭を奉じて京都に入り，義昭を室町幕府の将軍に据えた。

〔C〕 以下の各問いに答えなさい。

問8 奈良時代の終わりから平安時代の日本で起こった次の出来事について，起こった順に正しく配列したものを，下のア～オから1つ選び，その記号をマークしなさい。

a 蔵人頭が置かれた。

b 早良親王が皇太子の地位を廃され，淡路に配流される途中で亡くなった。

c 六国史の内容を部門別に分類し編年順に並べた史書である『類聚国史』が編纂された。

d 円仁が唐で天台宗の教学と密教を学んだのち，帰国した。

e 菅原道真が失脚し，大宰府に左遷された。

ア a→b→d→e→c

イ b→a→d→c→e

ウ b→d→a→e→c

エ d→a→b→c→e

オ d→b→a→c→e

問9 鎌倉時代の社会経済に関する記述として**誤っているもの**をすべて選び，その記号をマークしなさい。

ア 鎌倉時代の武士は，領内の館に住むことが多かった。館の周辺には佃・門田・正作などとよばれた直営地があり，領内の農民や下人，所従などをつかって耕作させていた。

イ　下人や所従とよばれた人々は，彼らの主人に隷属しており，しばしば譲与・売買の対象とされた。

ウ　鎌倉時代，百姓という語は，荘園や公領において農業に従事して年貢や公事を負担する人々を指し，商人や手工業者を指すことはなかった。

エ　鎌倉時代には，「大唐米」とよばれる悪条件に強い東南アジア産の長粒米が栽培されていた。

オ　惣，あるいは惣村とよばれる自治組織では，村掟の違反者に対して村八分などの制裁を行うことはあったが，死刑を行うことはなかった。

問10　室町時代の東国で起こった次の戦乱について，起こった順に正しく配列したものを，下のア～オから１つ選び，その記号をマークしなさい。

a　鎌倉公方足利持氏と前関東管領の上杉氏憲（禅秀）が対立し，幕府からの援軍を得た持氏が氏憲を討った。

b　鎌倉公方足利持氏が将軍足利義教と対立し，滅ぼされた。

c　下総の結城氏朝が乱を起こし，敗北して自害した。

d　鎌倉公方足利成氏が関東管領上杉憲忠と対立し，憲忠を誅殺した。

e　鎌倉公方足利氏満が京都の政変に呼応して挙兵を試みた。

ア　c→a→b→d→e

イ　c→d→a→b→e

ウ　（削除）

エ　e→a→b→c→d

オ　e→c→a→b→d

Ⅱ　次の史料〔A〕，地図〔B〕，史料〔C〕（なお，史料は原文から漢字や仮名づかい，句読点を加える等適宜修正している）を読み，下記の設問に答えなさい。(20 点)

〔A〕

田畑に際限(さいげん)あり。出産の米穀に又際限あり。[a] に又際限あり。其残(そののこり)の米穀も又際限あり。其際限ある米穀を以(もつ)て下(しも)万民の食用を達(たつ)するに，士，工，[b]，僧，遊民，日を逐い月を追いて，増殖(ぞうしよく)する故(ゆえ)国用不足となる。是(ここ)に於て是非無くも猾吏(かつり)を選挙して農民を責め虐(しいた)ぐるより外(ほか)の所業なし。終(つい)に [c] をとり，課役を懸(かけ)るに至る也。是に於て農民堪(た)え兼(かね)，手余地(てあまりち)と号(なづ)け，良田畑と知れど亡所(もうしよ)となして，租税の減納を謀(はか)る也。……斯成(かくな)り行(ゆ)く勢ひ故に，出生の子を [d] 事は扨置(さてお)き，餓死(がし)人も出来(しゆつたい)する筈(はず)也。此の如(かく)く道理明白成物(なるもの)を，神尾(かんお)氏が曰(いわ)く，胡麻の油と百姓は，絞(しぼ)れば絞る程出(ほどいづ)る物也と云(いえ)り。不忠，不貞云(ふていいう)べきなし。

問 1　空欄 [a] ～ [d] にあてはまる語句の組み合わせとして正しいものを 1 つ選び，その記号をマークしなさい。

ア　a 家屋敷　　b 領主・地頭　　c 人頭税　　d 間引く
イ　a 年貢・過租税　　b 農　　c 家屋敷　　d 分家いたす
ウ　a 家屋敷　　b 商　　c 田地　　d 分家いたす
エ　a 諸役　　b 農　　c 子　　d 散り散りになりし
オ　a 年貢・租税　　b 商　　c 過租税　　d 間引く

問 2　江戸時代の農業に関して，金肥に分類されるものをすべて選び，その記号をマークしなさい。

ア　油粕
イ　草木灰
ウ　〆粕
エ　干鰯
オ　刈敷

問 3　江戸時代に農業の発展に力を尽くした 2 人の人物の説明としてもっとも適切なものをそれぞれ 1 つずつ選び，その記号をマークしなさい。

A：宮崎安貞

B：青木昆陽

ア 広島藩士の子に生まれ，福岡藩に仕えたのち帰農し，諸国をめぐり農業を研究し，自らの体験・見聞をもとに，日本で最初の体系的農学書を著した。

イ 幕末の農政家で，勤勉に働いて没落した家を再興し，のちに幕府・諸藩に迎え入れられて農村復興に努めた。勤労・倹約を中心とする事業法は，彼の死後も報徳運動として活動が続けられた。

ウ 幕府書物方で，将軍の命で蘭学を学び，甘藷栽培を勧めた。

エ 諸国をめぐり，見聞に基づき，約60種の作物の栽培法を述べ，商品作物の栽培と加工による農家の利益と国益を論じる書籍をはじめ，多くの農書を著した。

オ 幕末の農民指導者で，道徳と経済の調和に基づく性学を説き，先祖株組合をつくり，相互扶助による農村復興を指導した。

〔B〕

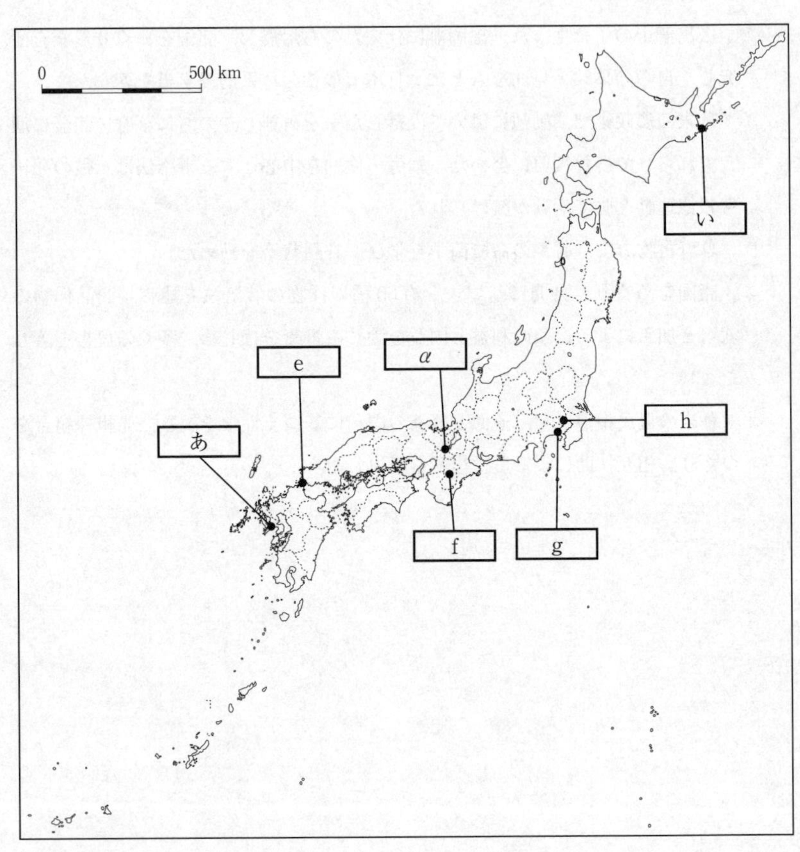

問4 地図〔B〕の あ に1804年に来航した人物， い に1792年に来航した人物の説明として適切なものをそれぞれ1つずつ選び，その記号をマークしなさい。

ア アメリカの外交官。初代アメリカ駐日総領事として着任した。赴任中の様子を『日本滞在記』として著した。

イ 女性皇帝エカチェリーナ2世の命により，通商要求を目的に大黒屋光太夫ら漂流民を伴って来航した。

ウ ロシア極東艦隊司令長官で，日本に複数回来航し，日本と条約を結んだ。

エ 駐日イギリス公使で，改税約書の締結や江戸城無血開城の斡旋に尽力した。

オ　アレクサンドル1世の遣日使節として，津太夫ら4人の漂流民を伴って来航して通商を要求したが，幕府は受け入れず，翌年退去した。

カ　アメリカ東インド艦隊司令長官。コロンバス号で来航し，通商を要求した。

キ　駐日フランス公使で，幕府支持の立場をとり，徳川慶喜に幕政改革を進言した。

問5　地図〔B〕の［ e ］～［ h ］のうち，生麦事件が起こった場所として適切なものを1つ選び，その記号をマークしなさい。

問6　幕末に地図〔B〕の［ α ］の地域で起こった出来事として適切なものをすべて選び，その記号をマークしなさい。

ア　坂下門外の変

イ　八月十八日の政変

ウ　池田屋事件

エ　蛤御門の変

オ　生田万の乱

〔C〕

第二条　今より後，日本国と魯西亜(ロシア)国との境，［ i ］島と［ j ］島との間ニあるへし。［ i ］全島ハ，日本に属し，［ j ］全島，夫(それ)より北の方クリル諸島ハ，魯西亜ニ属す。［ k ］島ニ至りては，日本国と魯西亜国の間ニおゐて，界を分たす。是迄仕来(しきたり)の通たるへし。

問7　空欄［ i ］～［ k ］にあてはまる語句の組み合わせとして正しいものを1つ選び，その記号をマークしなさい。

ア　i カラフト　j ウルップ　k エトロフ

イ　i ウルップ　j エトロフ　k カラフト

ウ　i カラフト　j エトロフ　k ウルップ

エ　i エトロフ　j カラフト　k ウルップ

オ　i ウルップ　j カラフト　k エトロフ

カ　i エトロフ　j ウルップ　k カラフト

問８　史料〔C〕で示された国境線として正しいものを地図ア～ウから１つ選び，その記号をマークしなさい。

ア

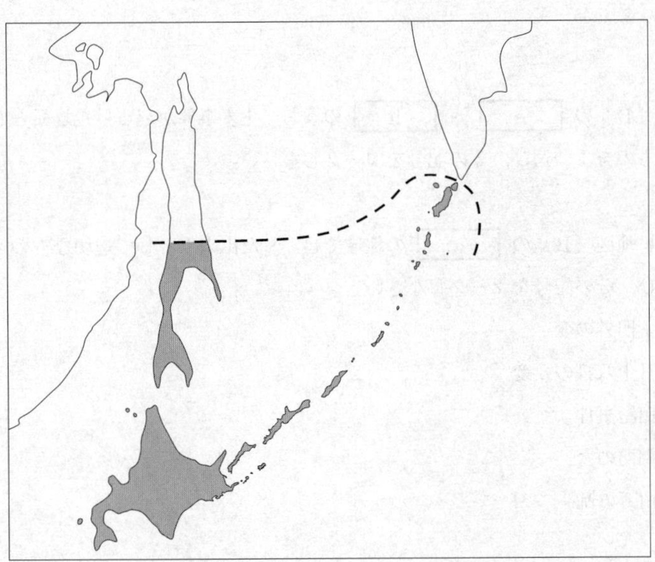

イ

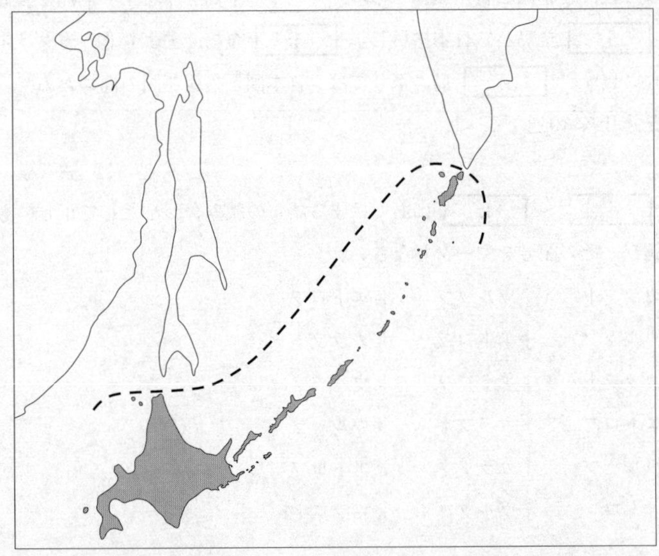

ウ

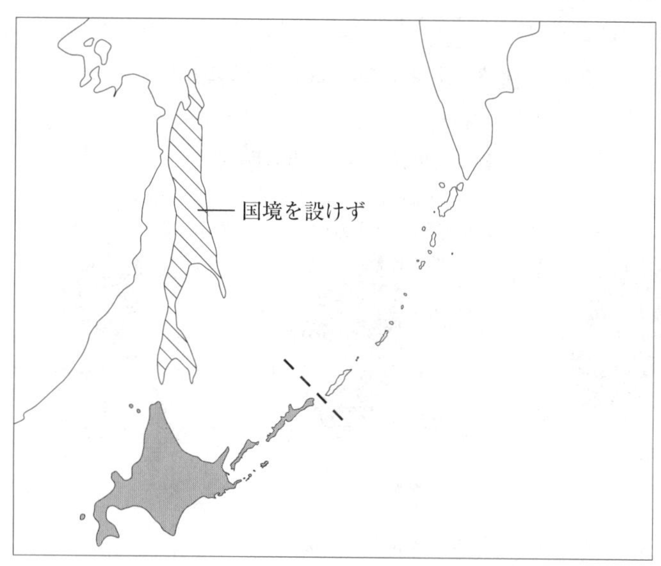

Ⅲ 次の文章を読み，下記の設問に答えなさい。(30点)

1858年の日米修好通商条約①によって日本経済はいわゆる開国を迎え，一国閉鎖経済に近い経済構造は終わり，世界的な国際貿易の広がりの中に参入することになった。江戸時代の間には鎖国のため産業革命とは無縁だった日本経済はその後，約半世紀の間に工業化に成功し，アジア初の工業国と見なされるようになっていく。

開港後，もっとも重要な輸出品となったものは [1] であった。その原料にかかわる [2] ともども，これらはヨーロッパでの大きな需要に応え開港場から大量に輸出されていった。しかしそれは日本国内での品薄を招き，国内市場が混乱したため，幕府は江戸の問屋を保護し流通を統制するために五品江戸廻送令②を出した。

一方で，幕末の日本へ多額に輸入されたのは兵器や船舶といった機械類と共に，綿糸や綿織物といった綿製品だった。こうした輸入製品に対抗するため，明治に入ってから [3] などが中心となって [4] を設立し，輸入代替および輸出を目指して，数多くの企業が興された。政府もまた官営事業を興す一方で，こうした民間経済の動きも政府によって称揚されており，そのような当時の政策を [5] 政策と呼ぶ。

以下の図 1 は当時の日本の輸出品に関する内訳を示している。ここからは，近代日本の輸出の成長にとっては，［ 4 ］の成功を皮切りとしたその分野の関係産業の勃興と発達だけでなく，製糸業③が重要な位置を占めていたことがうかがえる。

図 1　近代日本の輸出品目

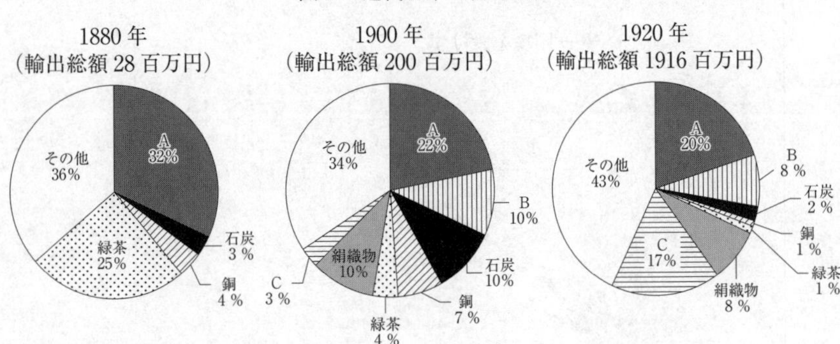

出所：総務省『日本長期統計総覧』 3 巻より作成。

こうした企業勃興と産業革命が 19 世紀末の日本で成功した背景には，④1880 年代に様々な金融・貨幣・会社に関する制度や法律が整えられたという，制度的な整備の前提があった。その中でも 1883 年の国立銀行条例の改正は重要だった。第一銀行の設立に関わっていた［ 3 ］は，日本各地の様々な企業の設立や経営に関するアドバイスに奔走した。また，当時の日本の輸出入の成長を支えた存在としては，⑤三菱や三井による海運業や商社活動の発達も重要であった。

第一次世界大戦が始まると，直接戦場にならなかった日本は輸出を大きく伸ばしていき，その中では中小商社や中小企業も成長していった。もっとも，大戦景気の中での急激な経営の拡大は一部の企業には放漫経営を招き，その後⑥何度かの恐慌を経て，不良債権化した負債を抱えた企業の中には倒産するものも現れた。

国際貿易を通じて発展していった近代日本経済ではあるが，重化学工業の技術的発達は戦間期にはなおも道半ばであり，軽工業も国際的な産業構造の変化によって苦戦を強いられ，⑦1920 年代の日本経済は長い不景気を迎えることになる。

問 1　下線部①についての記述として正しいものを 1 つ選び，その記号をマークしなさい。

ア　この条約の締結により，日本は下田・箱館の開港およびアメリカへの最恵国待遇の供与を約束した。

イ　この条約を結んだ直後に，日本はイギリス・オランダ・ロシア・フランス・ドイツとも類似の条約を結んだ。これを安政の五カ国条約という。

ウ　この条約の締結により，日本国内の開港場に外国人の居留地が設けられたが，一般外国人の自由な日本国内旅行は禁じられた。

エ　この条約の中では両国共に輸出品・輸入品に関税をかける際には相互で協議して協定関税を定めることが義務づけられた。

オ　この条約では，日本国内で罪を犯したアメリカ人は日本国内の法で裁かれるのではなく，アメリカの法によって裁かれることが定められた。また，アメリカ人に対し罪を犯した日本人もアメリカの法によって裁かれることが定められた。こうした条件は治外法権とよばれる，不平等なものであった。

問2　空欄［ 1 ］・［ 2 ］にあてはまる語句の組み合わせとして正しいものを1つ選び，その記号をマークしなさい。

ア　1　綿糸　　2　綿花

イ　1　生糸　　2　綿花

ウ　1　絹織物　2　蚕卵紙

エ　1　生糸　　2　蚕卵紙

オ　1　絹織物　2　生糸

問3　下線部②に関連して，当時の日本経済についての記述として正しいものを1つ選び，その記号をマークしなさい。

ア　幕府は，生糸・菜種油・蠟・呉服・米を生産地から開港場に直接発送することを禁じようとした。

イ　当時，日本における金銀比価と他国における金銀比価が大きく異なっていたため，輸出向け商品だけでなく大量の金と銀も流出した。

ウ　輸出のため大量の品物が海外に流出し，また廉価な機械製綿製品が大量に流入したため，国内物価が下落し，多くの農民が貧困に陥った。

エ　1860年代前半の開港場の中で，もっとも貿易総額が大きかったのは神戸であり，最大の取引相手国はアメリカだった。

オ　幕府は江戸の問屋を保護するためにこの五品江戸廻送令を出したが，日本国内の在郷商人と外国商社からの抵抗を受け，効果はあまり上がらなかった。

問4　空欄 3 にあてはまる人物名として正しいものを1つ選び，その記号をマークしなさい。

ア　渋沢栄一

イ　前島密

ウ　榎本武揚

エ　岩崎弥太郎

オ　臥雲辰致

問5　空欄 4 にあてはまる語句として正しいものを1つ選び，その記号をマークしなさい。

ア　日本郵船会社

イ　横浜正金銀行

ウ　大阪紡績会社

エ　三井物産会社

オ　日本鉄道会社

問6　空欄 5 にあてはまる語句として正しいものを1つ選び，その記号をマークしなさい。

ア　文明開化

イ　殖産興業

ウ　勤倹貯蓄

エ　士族授産

オ　啓蒙主義

問7　下線部③についての記述として**誤っているもの**を1つ選び，その記号をマークしなさい。

ア　当時の製糸業は海外から輸入した紡績機械を導入することで機械制生産を急増させていた。

イ　製糸業の場合，幕末当時の輸出先は主にヨーロッパだったが，後にアメリカが主な輸出先になった。

ウ　日本政府は明治の初期の時点で官営富岡製糸場を設け，フランスからお雇い外国人を招き当時の最先端の製糸業の指導にあたらせた。

エ　日清戦争後には器械製糸の生産量が座繰製糸の生産量を上回ったが，これらの工場はほとんどが小規模なもので，主に農村地帯に建てられていた。

オ　当時の製糸業で働いていた労働者は，女性が主であった。

問8　図1の項目A～Cの組み合わせとして正しいものを1つ選び，その記号をマークしなさい。

ア　A　生糸　B　蚕卵紙　C　綿糸
イ　A　米　B　綿糸　C　綿織物
ウ　A　生糸　B　綿織物　C　綿糸
エ　A　綿糸　B　生糸　C　綿織物
オ　A　生糸　B　綿糸　C　綿織物

問9　図1に関連して，当時の日本の輸出品としての緑茶についての記述として正しいものを1つ選び，その記号をマークしなさい。

ア　幕末開港から明治に入っても，輸出品としての緑茶は非常に重要なものだったが，大正期に入るころには他の輸出製品に押され，輸出されないようになっていった。

イ　幕末開港以来，緑茶の輸出は好調であり，輸出額も徐々に増えていったものの，他の輸出品の成長がよりめざましかったため，日本の輸出品項目の中での重要度は低下していった。

ウ　幕末から明治の初期にかけては国際的に大変需要の高かった緑茶だが，大正期に入る頃にはブームが過ぎて売れなくなってしまったため，生産されなくなった。

エ　幕末から明治前期まで，緑茶は日本の重要な輸出品であったが，輸出が増えることで粗製濫造が起こり，国内向けの品質を落とすべきではないという運動が盛んになったため，大正期までには生産額のほとんどは国内消費に回り，輸出が抑制された。

オ　幕末開港以来明治に入るまで日本の輸出の中でも主要品目であった緑茶だが，世界的な紅茶のブームの中で大正期までには輸出額は 25 分の 1 にまで落ち込み，輸出品としての重要性を失った。

問10　下線部④に関連して，その時期の経済政策についての記述として正しいものを 1 つ選び，その記号をマークしなさい。

ア　初の内国勧業博覧会が開催され，日本国内の産業の技術発展に寄与した。

イ　内務省主導の地方改良運動が進められ，地方自治体の財政再建と地域経済振興が目指された。

ウ　様々な近代的金融制度が整えられていく一方で，強力な緊縮財政政策が行われたため，デフレーションが起こり国内経済は不景気になった。

エ　政府が保有していた工場・鉱山の多くが政商に払い下げられ，政商たちはこれら鉱工業の収入をベースに財閥へと成長していったが，筑豊炭田のような官営八幡製鉄所の近郊の炭鉱は安定した原料供給のために払い下げられなかった。

オ　多くの官営事業が民間に払い下げられていき，鉄道部門では日本鉄道会社が誕生した。

問11　下線部④に関連して，この時期の金融制度・銀行制度についての記述として正しいものを 1 つ選び，その記号をマークしなさい。

ア　1883 年の国立銀行条例の改正に基づいて，日本勧業銀行・日本興業銀行・台湾銀行といった特殊銀行が次々と設立された。

イ　1883 年の国立銀行条例の改正により，それまで設立されていた国立銀行は，開業後 20 年間の内に普通銀行へ転換することとなった。

ウ　1882 年には中央銀行である日本銀行が設立され，兌換銀行券発行権を持つ銀行として定められたが，先に発布されていた国立銀行条例により民間銀行も兌換銀行券を発行していたため，正貨と兌換可能な日本銀行券が発行されるにはその後 1897 年まで待たなければならなかった。

エ　中央銀行である日本銀行の設立に伴い，1885 年には日銀による金兌換の銀行券が発行され，ここに日本の貨幣制度の金本位制が確立した。

オ　1873 年に設立された第一国立銀行は，日本銀行の設立まで日本国内唯一の発券銀行として機能し，実質的に中央銀行としての役割を果たした。

問12　下線部⑤について，三菱に関する記述として正しいものを1つ選び，その記号をマークしなさい。

ア　三菱は江戸時代から続く商家であり，呉服・海運などの商売を通じて発展し，幕末には幕府・明治政府どちらにも金銭を貸し付けるなど金融業も営んでいた。

イ　三菱が海運・商社以外にその経営に力を入れた産業は軽工業であり，大阪紡績会社をはじめとした多くの紡績会社を買収し，最終的には東洋紡績のような巨大紡績企業を傘下に収めた。

ウ　三菱は創立者が明治政府の要職者と同郷であったという人脈から，政府から兵庫造船所の払い下げを受け，軍艦や鉄道車両の製作をはじめとした重工業に力を入れた。

エ　三菱は日本近海航路の商権を外国商社から奪取するために手を尽くしたが，これは日本国内の他の海運業者との対立も引き起こし，さらには日本政府の介入を招いた。1885年には競合他社と合併し，日本郵船会社が設立された。

オ　三菱長崎造船所は元々幕府が設立した，日本でも最初期の近代的造船所であったが，三菱に払い下げられてから造船奨励法・航海奨励法が出る中でその設備は老朽化し，重要性を徐々に失っていった。

問13　下線部⑤について，三井に関する記述として正しいものを1つ選び，その記号をマークしなさい。

ア　三井財閥はコンツェルンとして様々な産業を手がけたが，その中でも鉱山業の役割は大きかった。北海道や九州などにあった三井所有の炭鉱から生産された石炭は，日本国内産業のためのエネルギー資源を供給すると共に輸出商品にもなった。

イ　三井は幕末に，その後の明治政府の首脳陣となる人々と行動を共にしていた岩崎家の始めた海運業がその基盤となっている。明治に入ってからは政府との関係性を活かし，造船業や鉄道業などの重工業にも進出していった。

ウ　三井・小野・鴻池は幕末には旧幕府の為替方として金融業を営んでいたが，三井以外はすべて明治政府が政権を取って以降，新政府に抵抗したという理由で経営破綻させられた。

エ　三井は江戸時代から続く商家であり，その代々の事業の中では別子銅山から産出する銅の加工とその取引が重要であった。明治に入ってからは三井物産のような商社業務に加えて，家業である鉱工業を中心にさらに発展していくことになる。

オ　三井は明治に入って海運に力を入れ，共同運輸会社を設立した。三菱との競争の中でさらに成長したこの会社を改組して，益田孝を社長として三井物産が創設された。

問14　下線部⑥についての記述として正しいものを1つ選び，その記号をマークしなさい。

ア　金融恐慌の後，多くの銀行が倒産し，生き残った銀行も大銀行に合併されていった。そこで残った五大銀行が，三井・三菱・住友・鴻池・第一である。

イ　1918年の戦後恐慌は，第一次世界大戦が終結してヨーロッパ列強の製品が市場に戻ってきたため，世界的な過剰生産が生じて各国の株価が大暴落したことで発生した。

ウ　鈴木商店は大戦景気の中で三井物産・三菱商事に迫る勢いの成長を見せたが，金融恐慌で倒産した。

エ　朝鮮銀行は多額の資金を第一次世界大戦中に中小商社に貸し付けていたため経営難に陥り，これを若槻内閣は緊急勅令で救済しようとしたが，枢密院の了承が得られず総辞職した。

オ　大戦景気の中では工業が発達し，工場労働者の数は大戦前の1.5倍になり重化学工業の発展に伴って男性労働者の数が女性労働者の数を上回ったが，それでも工業生産額は農業生産額に追いついていなかった。

問15　下線部⑦に関連して，1920年代に起こった出来事をa～fから正しく4つ選び，起こった順に配列したものを，下のア～カから1つ選び，その記号をマークしなさい。

a　金融恐慌　b　関東大震災　c　米騒動　d　世界恐慌
e　戦後恐慌　f　金解禁

ア　b→a→d→f
イ　c→b→a→d
ウ　c→e→f→d
エ　e→a→b→d

オ e→b→a→d

カ e→b→d→f

Ⅳ 次の文章と史料〔A〕〜〔D〕および〔E〕（原文から漢字や仮名づかい，句読点を加える等適宜修正している）を読み，下記の設問に答えなさい。(30点)

1951年のサンフランシスコ平和条約は，戦後の日本の国際的な位置を規定するものであった。これに先立つ1948年には，アメリカの対日占領政策の転換①が表明され，朝鮮戦争に伴って出されたGHQの指令では，日本の「再軍備」②も図られた。

こうした状況下で結ばれた平和条約に調印した国は限定されていた。すなわち，後にワルシャワ条約機構を結成する［ 1 ］は，講和会議には出席したが調印しなかった。また，日本の主要交戦国であった中国は，アメリカに支援された政府である［ 2 ］と，内戦に勝利して新たに成立を宣言した［ 3 ］の，いずれもが会議には招かれなかった。また，1910年以来の日本の植民地支配から解放された地域では，［ 1 ］の占領地域には［ 4 ］が，アメリカの占領地域には［ 5 ］が，既に講和会議当時までには成立していたが，両国とも講和条約の対象国とはならなかった。これらのことは，日本の近隣諸国との関係がアメリカの意向に従ったものである③ことの，1つの表れである。

他方，この条約によって，沖縄はこの後もアメリカの施政権下に置かれることになった④。またこれと同日に調印されたアメリカとの条約⑤も日本とアメリカの関係を大きく規定した。

戦後の冷戦構造は，日本の原子力をめぐる関係⑥も規定した。すなわち，日本は安全保障をアメリカに依存することを選択したが，アメリカは［ 1 ］に対抗して，原子爆弾や水素爆弾など軍備拡大競争を進めていった。また，アメリカは日本と日米原子力協定を結んで，日本は濃縮ウランを受け入れた。さらに，核兵器を搭載したアメリカ空母の日本寄港や，沖縄返還後の有事の核兵器持ち込み・通過についての秘密協定があったことなどが，指摘されている。

〔A〕

武装解除及非軍事化は軍事占領の主要任務にして，即時且断乎として実行せらるべし。

…日本国は陸海空軍，秘密警察組織又は何等の民間航空をも保有することなし。…

〔B〕

アメリカは日本に十分自立しうる程度に強力にして安定せると同時に，今後東亜に生ずるかも知れぬ新たな全体主義的戦争の脅威に対する妨害物の役目を果しうる自足的民主主義を確立する目的を有している。

〔C〕

軍国主義及好戦的国家主義の積極的推進者たりし者は，公職及公的又は重要なる私的責任ある如何なる地位よりも排除せらるべし。

〔D〕

日本国の商工業の大部分を支配し来りたる産業上及金融上の大「コンビネーション」の解体計画を支持すべきこと。

問1　空欄［　1　］～［　5　］には次の国名のいずれかが入る。このうち，［　3　］および［　5　］にあてはまる国名をそれぞれ1つずつ選び，その記号をマークしなさい。

ア　中華民国　　イ　中華人民共和国　　ウ　満州国
エ　大韓民国　　オ　朝鮮民主主義人民共和国　　カ　ロシア連邦
キ　ソビエト連邦　　ク　ベトナム　　ケ　インドネシア
コ　フィリピン

問2　下線部①に関連して，史料〔A〕～〔D〕は，1945年に公表されたアメリカの初期対日政策と，1948年のアメリカ高官による演説の一部のいずれかである。このうち，1948年の演説を，〔A〕～〔D〕からすべて選び，その記号をマークしなさい。

問3　史料〔A〕～〔D〕についての記述として正しいものをすべて選び，その記号をマークしなさい。

ア　〔A〕は，日本の非軍事化や，特別高等警察の廃止を目指している。

イ　〔A〕では日本の非軍事化を目指していたものの，〔B〕では日本に東アジアにおける共産主義に対する防壁の役割を果たさせようと，政策が転換している。

ウ　〔B〕は，日本を東アジアにおける全体主義への防壁にすべく，日本の経済的強化を図るために，アメリカが日本への援助を拡大することを表明している。

エ　〔C〕は，中国内で共産党が優勢になるという東アジア情勢の変化に合わせて，日本でも共産主義者を公職から追放するよう指示している。

オ　〔D〕の方針に従って，過度経済力集中排除法による企業分割は，大幅に緩和されることになった。

問4　下線部②に関連して，日本の戦後の軍備にかかわる次の出来事を起こった順に古い方から並べたとき，4番目にくるのはどれか。その記号をマークしなさい。

ア　MSA協定締結　　イ　イラク復興支援特別措置法成立

ウ　PKO協力法成立　　エ　警察予備隊新設

オ　自衛隊発足

問5　下線部③に関する記述として正しいものをすべて選び，その記号をマークしなさい。

ア　ソビエト連邦との間で平和条約を締結した年に，サンフランシスコ平和条約が発効した。

イ　大韓民国との間で平和条約を締結した年に，サンフランシスコ平和条約が発効した。

ウ　中華民国との間で平和条約を締結した年に，サンフランシスコ平和条約が発効した。

エ　中華人民共和国との間で平和条約を締結した年に，サンフランシスコ平和条約が発効した。

オ　朝鮮民主主義人民共和国との間で平和条約を締結した年に，サンフランシスコ平和条約が発効した。

問6　下線部③に関連して，1971年に，それまでの日本の対中外交方針を大きく変える出来事が生じた。それについての記述として正しいものをすべて選び，その記号をマークしなさい。

ア　当時，日本が国交を認めていなかった中華人民共和国を，アメリカ大統領が訪問することが，表明された。

イ　当時，日本が国交を認めていなかった中華民国を，アメリカ大統領が訪問することが，表明された。

ウ　当時，アメリカが国交を認めていなかった中華人民共和国を，アメリカ大統領が訪問することが，表明された。

エ　当時，日本が国交を認めていた中華人民共和国を，アメリカ大統領が訪問することが，表明された。

オ　当時，日本が国交を認めていた中華民国を，アメリカ大統領が訪問することが，表明された。

問 7　下線部④に関連して，沖縄や日本とアメリカの関係についての記述として正しいものをすべて選び，その記号をマークしなさい。

ア　ベトナム戦争では，日本の領域が外部から武力攻撃されたのではないため，沖縄のアメリカ軍基地が戦争に利用されることはなかった。

イ　ベトナム戦争では，沖縄はアメリカ軍の前線基地となった。

ウ　沖縄では，ベトナム戦争に伴う基地用地の接収やアメリカ兵による犯罪の増加があり，祖国復帰運動が本格化していった。

エ　沖縄や日本の基地からのアメリカの戦争参加により，それに伴うドル支払は日本の貿易赤字を拡大させた。

オ　アメリカ軍による沖縄からの北爆も背景として，ベトナム戦争は北ベトナムの崩壊によって終結した。

問 8　下線部⑤についての記述として正しいものをすべて選び，その記号をマークしなさい。

ア　日本の独立後も日本国内にアメリカ軍が駐留することとされた。

イ　アメリカ軍は，「極東における国際の平和と安全」のために駐留することとされた。

ウ　アメリカの日本に対する防衛義務が明文化された。

エ　日本とアメリカの共同作戦行動が義務づけられた。

オ　アメリカ軍は，外部からの武力攻撃に対する日本の安全に寄与することとされた。

問9　下線部⑥についての記述として正しいものをすべて選び，その記号をマークしなさい。

ア　核兵器拡散防止条約では，すべての締約国の核兵器保有が禁じられているが，実際はその後も核兵器保有国が存在している。

イ　日本人は，第二次世界大戦中の原子爆弾による被爆に加えて，アメリカの海上での水爆実験による被爆の被害も受けた。

ウ　被爆国である日本では，政府が原子爆弾を保有しない方針を打ち出した。

エ　日本は被爆国であるものの，政府は原子力の平和利用をとなえた。

オ　2011年の東京電力福島第一原子力発電所の事故は，原子力発電の安全性に対する信頼をゆるがせ，エネルギー政策そのものが問われている。

〔E〕

沖縄返還決定に関する［　a　］政府主席声明

祖国の民主平和憲法のもとへの即時無条件全面返還を要求しつづけた県民の立場に立って考えるとき，今回の日米共同声明⑦の内容には満足しているものではない。

一，その第一は，「［　b　］，［　c　］，72年返還」で所期の目的を達成したというが核基地撤去，B52の扱い，その他事前協議の運用をめぐって憂慮される問題を残していることである。第二は沖縄の米軍基地を要とした現在の［　d　］条約を長期的に継続する方針がとられたことである。…

一，第三は沖縄の全地域にわたって配備された強大な米軍基地は，施政権返還後もほとんど，そのまま維持されるようになるということである。従って，基地の密度や規模などからして，基地の「［　c　］」返還ということには疑問と不安が残る。

問10　史料〔E〕の空欄［　a　］～［　d　］にあてはまる語句をそれぞれ1つずつ選び，その記号をマークしなさい。

ア　日本国	イ　アメリカ	ウ　那覇
エ　琉球	オ　普天間	カ　嘉手納
キ　核ぬき	ク　本土なみ	ケ　日米安保
コ　部分的核実験禁止	サ　包括的核実験禁止	シ　日韓基本

問11　史料〔E〕の下線部⑦を発表した日本側の首相はだれか。正しい人物を1つ選

び，その記号をマークしなさい。

ア　岸信介　　イ　池田勇人　　ウ　佐藤栄作　　エ　田中角栄

オ　鳩山由紀夫

世界史

（60分）

I　以下の文章を読み，空欄A～Iに入る最も適切な語句を**記述解答用紙**に記入し，設問に答えなさい。(50点)

第一次世界大戦は，列強の帝国主義政策による勢力拡大競争によって対立が激化した末に，ドイツ・オーストリアなどの同盟国陣営①とイギリス・フランス・ロシアを中心とする協商国（連合国）陣営②に分かれ，その対立を軸として世界中の多くの国と地域を巻き込んで起こった戦争である。

東部戦線では，ドイツ軍が1914年8月に［　A　］の戦いでロシア軍を撃破し，主導権を握ったが，思うような進軍ができなかった。一方，西部戦線では，ドイツ軍は中立国ベルギーへの侵入をもって戦争を開始し，1914年9月，［　B　］の戦いでフランス・イギリス軍と激突した。この戦いでドイツ軍は敗れ，当初目論んでいた短期決戦は挫折した。こうして東西両戦線において戦争は膠着状態に陥り，塹壕戦が始まるとともに，かつてない消耗戦に入った。

想定に反して戦争が長引く中，両陣営ともに内部の結束を固め，中立国を味方につけるために秘密外交を展開した。また，新兵器を陸続と投入して戦局の打開を図ろうとした。1915年4月，ベルギー西部での戦いでドイツ軍は大規模な（a）攻撃を行った。1916年7月にイギリス・フランス軍がフランス北西部で大攻勢に出た［　C　］の戦いでは，塹壕を突破するためイギリス軍が初めて（b）を投入した。

戦争の影響は一般人にまで広範に及んだ。開戦当初はナショナリズムが燃え上がり，参戦国の多くで，③かつて反戦平和を唱えていた社会主義政党も含めた諸勢力が結集して，政府を支持する挙国一致体制が成立するとともに，植民地を含めた総力戦体制が構築された。

1917年は戦争の転機となった年である。この年の2月の（c）を用いた攻撃の開始を機に，それまで中立を保っていたアメリカ合衆国が，民主主義の擁護を掲げて4月にドイツに対して宣戦布告した。

1918 年秋に同盟国の諸国が次々に連合国に降伏した。ドイツの敗戦が濃厚になった 11 月，ドイツ北部にある［　D　］の軍港にいた水兵が休戦交渉に反対する海軍司令部の無謀な作戦に反発して反乱を起こすと，革命運動が瞬く間に全国に広まった。休戦交渉の仲介役のアメリカ合衆国の要請もあって，ドイツ皇帝は亡命し，共和制が宣言された。社会民主党を中心とする臨時政府は，連合国と休戦協定を結び，戦争が終結した。

1919 年 1 月，第一次世界大戦終結について話し合う講和会議がパリで開かれた。講和の枠組みは，1918 年 1 月にアメリカ合衆国大統領［　E　］が発表した④「十四か条の平和原則」とされた。講和会議後，敗戦国ごとに講和条約が結ばれ，ドイツは 1919 年 6 月に講和条約に調印した。⑤ヴェルサイユ条約は，多額の賠償金の支払いに加え，ドイツにとって多くの厳しい内容を含むものであった。

第一次世界大戦末期，ドイツに新たに成立した臨時政府は連合国と休戦協定を結ぶ一方，ドイツ共産党の指導者を殺害するなどして革命運動の鎮圧にあたった。他方で，1919 年 2 月に開かれた国民議会では社会民主党の［　F　］が大統領に選出された。だが，新生ドイツ共和国は国内政治における左右対立の激化や近隣諸国との緊張した外交関係を経験し，さらに空前のインフレーションにも見舞われた。1923 年に首相となった［　G　］は，新紙幣の発行によってインフレを抑制し，さらに財政の専門家の提案を受けて賠償期間の延長と⑥アメリカ資本の導入に成功するなど，協調外交を展開した。こうした努力によって，ドイツ国内は次第に安定を取り戻していった。

だが，1929 年秋に⑦世界恐慌が発生し，それがドイツにも波及してくると，経済面ばかりでなく政治的にも深刻な危機が訪れることになる。議会が機能不全に陥ると，［　H　］大統領は大統領緊急令を頻繁に出して対応した。失業者が激増する中で，国民社会主義ドイツ労働者党（ナチス）が 1932 年の総選挙で第一党に躍進し，翌年にはナチスのヒトラーを首班とする政権が成立した。

1933 年に政権を掌握したナチスのヒトラーは翌年総統となり，領土的野心をもって戦争の準備を進めていった。1939 年 9 月にドイツはポーランドに侵攻し，⑧第二次世界大戦が勃発した。翌年 5 月にはオランダとベルギーの侵略を開始するなど，ドイツ軍はヨーロッパ大陸に展開していった。追い詰められたフランス軍およびイギリス軍はドーヴァー海峡のフランス側に位置するダンケルクからイギリスへ向けた撤退作戦を敢行した。これ以降，ドイツは一時ヨーロッパ大陸の大部分を支配下においた。

1941年6月にドイツがソ連に攻撃を仕掛け，同年12月に日本軍がハワイの真珠湾やマレー半島，フィリピンなどに侵攻すると，ソ連とアメリカ合衆国という巨大な国土と資源を有する大国が戦争に加わった。アメリカ合衆国はすでに武器貸与法を通じて，イギリスなどの連合国への支援を進めていた。1943年に［　I　］の戦いでドイツ軍が敗北し，ソ連軍が優勢になると，ドイツ軍の敗走が始まった。1943年には，アメリカ合衆国のアイゼンハワーがイタリア本土上陸を指揮し，翌年には連合国軍最高司令官となりノルマンディー上陸作戦を成功させた。1945年5月にドイツは無条件降伏を受け入れたが，それまでにおびただしい数の一般市民が犠牲となった。

問1　下線部①に関連して，第一次世界大戦で同盟国陣営の一員として協商国陣営と戦った国を1つ選び，**マーク解答用紙**にマークしなさい。

ア．ポルトガル

イ．ギリシア

ウ．ルーマニア

エ．イタリア

オ．ブルガリア

問2　下線部②に関連して，1916年にイギリス・フランス・ロシアの3か国が，戦後のオスマン帝国領の配分を確定したものを1つ選び，**マーク解答用紙**にマークしなさい。

ア．フサイン・マクマホン協定

イ．サイクス・ピコ協定

ウ．ロンドン秘密条約

エ．バルフォア宣言

オ．サン=ステファノ条約

問3　下線部③に関連して，1889年にパリで結成され，第一次世界大戦前に反戦平和を唱えていた国際的な労働者組織を1つ選び，**マーク解答用紙**にマークしなさい。

ア．国際自由労働組合連盟

イ．世界労働組合連盟

ウ．第1インターナショナル

エ．第2インターナショナル

オ．第3インターナショナル

問4　下線部④に関連して，「十四か条の平和原則」の内容として誤っているものを1つ選び，**マーク解答用紙**にマークしなさい。

ア．敗戦国に対する賠償要求

イ．秘密外交の禁止

ウ．海洋の自由

エ．軍備の縮小

オ．国際平和機構（国際連盟）の設立

問5　下線部⑤に関連して，ヴェルサイユ条約の内容に関する記述として正しいものを1つ選び，**マーク解答用紙**にマークしなさい。

ア．ドイツは戦力の不保持を義務付けられた。

イ．ドイツはカメルーン以外の海外植民地を失うことになった。

ウ．ラインラントには，ライン川の東西両岸に沿ってそれぞれ2キロメートルの非武装地帯が設定されることになった。

エ．アルザス・ロレーヌは，フランスに返還されることになった。

問6　下線部⑥に関連して，1920年代のアメリカ合衆国について誤りを含む記述を1つ選び，**マーク解答用紙**にマークしなさい。

ア．1924年に成立した移民法は，アメリカ合衆国への移民を制限した。

イ．1920年に女性参政権が認められた。

ウ．ラジオや冷蔵庫などの家電製品が広く普及した。

エ．民主党は，3度の大統領選挙全てに勝利した。

問7　下線部⑦に関連して，誤っている記述を以下から1つ選び，**マーク解答用紙**にマークしなさい。

ア．イギリスでは，マクドナルドが挙国一致内閣を組織し，またカナダのオタワでイギリス連邦会議を開催し，スターリング=ブロックが結成された。

イ．フランスでは，ファシズム勢力の台頭への危機感を背景に，仏ソ相互援助条約が結ばれ，翌年社会党のブルムが率いる人民戦線内閣が成立した。

ウ．ソ連では，重工業の推進と農業の集団化を目指した第一次五か年計画の中止に追い込まれた。

エ．1933年春，不況のどん底でアメリカ合衆国大統領に就任したフランクリン=ローズヴェルトは，ニューディール政策と呼ばれる一連の失業者救済・景気回復策を実施した。

問8　下線部⑧に関連して，第二次世界大戦中の出来事として誤っているものを1つ選び，**マーク解答用紙**にマークしなさい。

ア．1940年にはパリが占領されて，フランス南部にヴィシー政権が設置され，ペタン元帥が首班となった。

イ．イタリアでは，ムッソリーニ失脚後，1943年にバドリオ政権が成立した。

ウ．米・英・ソ連の首脳は，1943年11月のカイロ会議でドイツに対する共同作戦を協議した。

エ．ポーランドをドイツと分割したソ連は，さらにフィンランドに侵入し，国際連盟を除名された。

問9　（a），（b），（c）に当てはまるものを1つずつ選び，**マーク解答用紙**にマークしなさい。

ア．潜水艦

イ．毒ガス

ウ．核兵器

エ．戦車

オ．戦略爆撃

問10　波線部について，以下の問いに，**記述解答用紙**に答えなさい。

(i)　ナチスの政権獲得から第二次世界大戦開戦直前までの期間に，ドイツが行った領土変更の経過を，以下の語句をすべて用いて，200字以内で説明しなさい。なお，用いた語句には下線を引きなさい。

ミュンヘン会談	ズデーテン地方	オーストリア	チェンバレン
チェコスロヴァキア			

(ii) 第二次世界大戦の始まりとなったポーランドへの侵攻前に，ドイツはどのような領土的要求をポーランドに対して行っていたか，30字以内で説明しなさい。

II 以下の文章を読み，空欄A～Hに入る最も適切な語句を**記述解答用紙**に記入し，設問に答えなさい。なお，同じ記号には同じ語句が入るものとする。(50点)

アメリカは，大きく北アメリカ大陸，南アメリカ大陸，およびカリブ海地域の島しょ部からなり，南北大陸にまたがるメキシコ南部からパナマ地峡にいたる地域は中央アメリカとも呼ばれる。北アメリカのメキシコ高原や中央アメリカ，および南アメリカのアンデス地方では，前2000年紀からトウモロコシやジャガイモを栽培する農耕文化が発展し，①高度な都市文明が成立した。

15世紀以降，ヨーロッパでは大航海時代が幕を明けた。ジェノヴァ出身のコロンブスの探検以降，②スペインによるアメリカ大陸進出が本格化した。スペインの「征服者」たちにより支配されたアメリカ大陸の植民地では，土地の管理と先住民の保護・キリスト教化をスペイン国王が植民者に委託する（ A ）制が導入され，先住民はプランテーションや銀鉱山で過酷な労働を課せられた。先住民の救済を訴えたスペイン人の聖職者ラス=カサスらの運動もあり，スペイン本国は先住民の奴隷化を禁じたが，先住民に代わる労働力として，アフリカの黒人奴隷が大量に輸入された。1545年には，現在のボリビアにあった（ B ）銀山が発見され，またメキシコ各地でも銀山が開発され，スペインに大きな富をもたらすとともに大量の銀がヨーロッパに流入した。ヨーロッパの物価は100年間で数倍に上昇し，③価格革命が引き起こされた。

16世紀末から17世紀に入ると，海外交易が王室により独占されていたスペイン・ポルトガルと異なり，株式会社の形態をとった東インド会社を設立して効率的に交易活動を行うイギリス・オランダ・フランスが進出していった。④17世紀半ば以降のヨーロッパ各国では，国家が経済に介入して国富の増大を目指す重商主義政策がとられ，フランスとイギリスはアメリカ大陸において植民地争奪戦を繰り返し，オランダも南北アメリカに進出した。18世紀半ばには，シュレジエン奪還をめぐってオーストリア陣営とプロイセン陣営が戦った（　C　）戦争が転化する形で，イギリス・フランス両国が北アメリカでフレンチ=インディアン戦争を起こした。この戦争に勝利したイギリスは，⑤1763年にパリ条約を結び，植民地帝国の基礎を築いた。

19世紀初頭，ラテンアメリカの大部分はスペイン領植民地とポルトガル領ブラジルで構成され，カリブ海の島々ではイギリスやフランスによる奴隷制の砂糖プランテーションが拡大していた。カリブ海のフランス領植民地サン=ドマングでは，アメリカ独立革命やフランス革命の影響を受けて黒人奴隷が蜂起し，1804年に世界で最初の黒人国家としてハイチ共和国が独立した。その後，ナポレオン戦争でスペイン本国が混乱するなか，⑥1810～20年代にかけて多くの国が独立した。南米北部では⑦シモン=ボリバルの指導のもと1819年に大コロンビア共和国が樹立された。南部では（　D　）の指導のもと，1816年にアルゼンチン，1818年にチリの独立が達成された。

メキシコは，聖職者イダルゴの蜂起を機に起こった運動により1821年に独立を果たした。その後，⑧アメリカ=メキシコ戦争に敗れ国土の半分を失ったメキシコでは，先住民出身で自由党のフアレスが大統領になって土地改革を断行するなどしたが，保守派と内戦になった。これに乗じたフランスの皇帝（　E　）はメキシコ出兵を行い，⑨1864年にオーストリア皇帝の弟マクシミリアンをメキシコ皇帝に据えたが，メキシコ人の激しい抵抗やアメリカ合衆国の強い抗議もあり失敗に終わった。その後，メキシコでは軍人ディアスが大統領になって独裁体制を敷き，鉱山開発などによる近代化，工業化をすすめ，外資を導入して経済発展を図った。

しかし，長期にわたったディアスの独裁政権に対抗して，1910年に自由主義者（　F　）の指導でメキシコ革命が起き，翌年ディアス政権は打倒され（　F　）は大統領に就任した。メキシコ革命は，大農園で過酷な労働を強いられた農民たちを巻き込んで展開した。政変が続くなか，アメリカ合衆国は内乱に軍事介入したが失敗し，メキシコでは⑩1917年に民主的な憲法が制定された。このことは，他のラテンアメリカ諸国に大きな影響を及ぼした。

1929年10月に世界恐慌が起きると，資本主義諸国の購買力が激減し，アメリカ資本により綿花やコーヒーなどのモノカルチャー経済が強制されていたラテンアメリカでは農産物などの価格が暴落し，経済危機に陥った。第二次世界大戦後には，農民や労働者らを中心に，社会改革を求める声が高まり，ブラジルやアルゼンチン⑪では強い民族主義に根差した政権が勃興した。

アメリカ資本の支配下にあったキューバ⑫では，親米のバティスタ独裁政権に対する農民や労働者の不満が高まった。1959年カストロらに指導された革命軍によって独裁政権は倒され，アメリカ資本は国有化された。これをキューバ革命と呼ぶ。当時は社会主義路線を主張してはいなかった革命政府であるが，1961年にアメリカ合衆国がキューバと断交すると，キューバはソ連に接近し，社会主義宣言を発表する。翌年，冷戦体制⑬下の東側陣営に入ったキューバで，ソ連の支援によりミサイル基地が建設されたことに対して，アメリカ合衆国の（　G　）大統領はミサイル撤去を求めて海上封鎖した。このことで米ソ間には一気に緊張が高まり，キューバ危機が発生したが，合衆国のキューバ内政不干渉と交換にソ連がミサイル基地を撤去し，事態は収束した。キューバ危機を受け，⑭1963年8月5日にモスクワで部分的核実験禁止条約が調印された。

チリでは，1970年に（　H　）が史上初の選挙による社会主義政権を樹立した。この政権は，土地改革や外資支配下にあった鉱山の国有化など行ったが，アメリカ合衆国の後押しを受けた軍部のクーデタにより倒された。1970年代は他のラテンアメリカ諸国でも軍事政権による支配が続いた。しかし，1980年代に入ると，ラテンアメリカ諸国における累積債務問題の深刻化や，工業化による中産階級の成長を背景に，各地で民主化や経済改革を求める動きが強まった結果，⑮軍政を離れ民主的な政治体制をとる国が増えていった。

問1　下線部①に関連して，以下の記述のうち誤っているものを1つ選び，**マーク解答用紙**にマークしなさい。

ア．メキシコ湾岸部には，前1200年頃からオルメカ文明が成立し，巨石人頭像やヒスイ細工など特徴的な造形物がつくられた。

イ．メキシコ高原では，前1世紀頃から6世紀頃までテオティワカン文明が繁栄し，「太陽のピラミッド」などの巨大建造物がつくられた。

ウ．ユカタン半島では，前1000年頃から16世紀頃にかけてマヤ文明が展開し，二十進法や精密な暦法が用いられた。

エ．アンデス高地では，前1000年頃にチャビン文化が発展し，14世紀にはクスコを首都にアステカ王国が成立した。

オ．現在のコロンビア南部からチリにいたる広大な土地では，15世紀半ばにインカ帝国が成立し，灌漑施設を利用した農業が行われていた。

問2 下線部②に関連して，スペインの進出により滅びた国とその年，征服したスペイン人の名前の組み合わせとして適切なものを1つ選び，**マーク解答用紙**にマークしなさい。

ア．アステカ王国，1521年，ピサロ

イ．インカ帝国，1521年，ピサロ

ウ．インカ帝国，1521年，コルテス

エ．アステカ王国，1533年，コルテス

オ．インカ帝国，1533年，ピサロ

問3 下線部③に関連して，大航海時代以降，ヨーロッパにもたらされた変化として，誤っているものを1つ選び，**マーク解答用紙**にマークしなさい。

ア．価格革命は，固定額の地代収入で生活していた封建領主層の没落を招いた。

イ．西ヨーロッパ地域では，領主層が農場領主制を広めて農民の賦役労働を強化した。

ウ．ヨーロッパにおける東西の分業体制と格差が明瞭になった。

エ．ヨーロッパにおける遠隔地貿易の中心が地中海から大西洋沿岸の国々に移る商業革命が起きた。

オ．ヨーロッパの商業が世界的に広がり広大な海外市場が形成されるなかで，資本主義経済の発達がいっそう促された。

問4 下線部④に関連して，ヨーロッパを中心に17世紀に流行したバロック美術を代表する芸術家として誤っているものを1つ選び，**マーク解答用紙**にマークしなさい。

ア．レンブラント

イ．ワトー

ウ．ファン=ダイク

エ．ベラスケス

オ．エル=グレコ

問5　下線部⑤に関連して，イギリスが獲得した地域として誤っているものを1つ選び，**マーク解答用紙**にマークしなさい。

ア．カナダ

イ．ミシシッピ川以西のルイジアナ

ウ．フロリダ

エ．セネガル

オ．西インド諸島の一部

問6　下線部⑥に関連して，以下の記述のうち誤っているものを1つ選び，**マーク解答用紙**にマークしなさい。

ア．ウィーン体制の中心人物であるオーストリアの外相メッテルニヒは，ラテンアメリカの独立運動に反対したが，それに干渉することは出来なかった。

イ．アメリカ合衆国は1823年モンロー教書を発し，ヨーロッパ諸国のラテンアメリカ諸国への武力干渉を促した。

ウ．イギリスはカニング外相の指導のもと，自由貿易の展開により経済的利益をねらう意図から，これらの独立運動を容認した。

エ．これらの独立運動は，植民地生まれの白人であるクリオーリョたちが中心に担った。

オ．ポルトガル植民地のブラジルは，ナポレオンの侵攻から逃れたポルトガルの王子を皇帝にして，1822年ブラジル帝国として独立した。

問7　下線部⑦に関連して，シモン=ボリバルの指導のもと，1825年に独立し，彼の名前が国名として残る国はどこか。地図中の記号を1つ選び，**マーク解答用紙**にマークしなさい。

問8　下線部⑧に関連して，アメリカ合衆国は，1836年にメキシコから独立を宣言した「ある地域」の要請に応じる形で，1845年に当該地域を自国に併合した。このことが下線部⑧の戦争が発生するきっかけとなったが，アメリカ合衆国がメキシコから併合したこの「ある地域」を1つ選び，**マーク解答用紙**にマークしなさい。

ア．カリフォルニア

イ．オレゴン

ウ．テキサス

エ．フロリダ

オ．ルイジアナ

問9　下線部⑨に関連して，この年にデンマーク戦争を戦ったプロイセンのビスマルクに関する記述として誤っているものを1つ選び，**マーク解答用紙**にマークしなさい。

ア．鉄血政策を宣言し，議会の反対を押し切って富国強兵政策を推進した。

イ．1866 年にはシュレスヴィヒ・ホルシュタイン両公国の帰属をめぐってオーストリアと戦い，これを破った。

ウ．スペイン王位継承問題をきっかけに，プロイセン=フランス戦争を起こした。

エ．ドイツ関税同盟を発足し，保護主義に異を唱えて経済力の強化を図った。

オ．1867 年ドイツ連邦にかえて，プロイセンを盟主とする北ドイツ連邦を成立させた。

問10　下線部⑩に関連して，1917 年ロシアで起きたロシア革命についての記述として，誤っているものを 2 つ選び，**マーク解答用紙**にマークしなさい。

ア．皇帝ニコライ 2 世が退位して帝政が崩壊し，自由主義派の立憲民主党を主軸に臨時政府が結成され，ソヴィエトと並立した。

イ．血の日曜日事件をきっかけに，農民蜂起や労働者のストライキが全国で勃発して革命が推進された。

ウ．ボリシェヴィキの指導者レーニンが四月テーゼを示し，戦争を継続しようとする臨時政府に対して即時停戦を訴えた。

エ．臨時政府は，ソヴィエト主流派のメンシェヴィキと社会革命党を入閣させ，社会革命党のトロツキーを首相につけた。

オ．ボリシェヴィキが武装蜂起して臨時政府は倒され，社会革命党左派とともにソヴィエト政権が樹立された。

問11　下線部⑪に関連して，外資系企業の国有化や民族資本の育成を進めて，経済的自立を目指し 1946 年にアルゼンチンの大統領となった人物を 1 人選び，**マーク解答用紙**にマークしなさい。

ア．サパタ

イ．ヴァルガス

ウ．カルデナス

エ．カランサ

オ．ペロン

問12　下線部⑫に関連して，キューバ独立支援を理由に 1898 年アメリカ=スペイン戦争を起こしたアメリカ合衆国の大統領を1人選び，**マーク解答用紙**にマークしなさい。

ア．セオドア=ローズヴェルト

イ．ジェファソン

ウ．ハーディング

エ．ジョンソン

オ．マッキンリー

問13　下線部⑬に関連して，ヨーロッパにおける冷戦の形成と構造化についての記述として誤っているものを1つ選び，**マーク解答用紙**にマークしなさい。

ア．1947年アメリカ合衆国は，ソ連及び社会主義勢力の拡大を封じ込めるトルーマン=ドクトリンを提唱した。

イ．ヨーロッパ経済の復興のためにアメリカ合衆国が1947年に発表したマーシャル=プランに対して，ソ連・東欧諸国は同年，コメコンを結成して対抗した。

ウ．1948年イギリス，フランス，ベネルクス3国は西ヨーロッパ連合条約を締結し，社会主義勢力の拡大を阻止しようとした。

エ．アメリカ合衆国はラテンアメリカ諸国と米州機構を設立し，ラテンアメリカへの社会主義拡大を防ごうとした。

オ．ソ連は1955年に東欧諸国とワルシャワ条約機構を結成し，北大西洋条約機構に対抗した。

問14　下線部⑭に関連して，1963年8月5日当時この条約に調印した国を過不足なく選び，**マーク解答用紙**にマークしなさい。

ア．フランス

イ．アメリカ合衆国

ウ．ドイツ

エ．ソ連

オ．イギリス

カ．中国

問15　下線部⑮に関連して，1982年にイギリスとフォークランド諸島の領有をめぐる戦争で敗れ，翌1983年に軍事政権が倒れた国を1つ選び，**マーク解答用紙**にマークしなさい。

ア．ブラジル

イ．チリ

ウ．アルゼンチン

エ．グアテマラ

オ．エルサルバドル

カ．エクアドル

政治・経済

（60分）

I　次の文章を読んで，設問に答えなさい。(40点)

近年ポピュリズムを背景として選出された大国の指導者や，独裁的指導者により混沌としているのが21世紀の国際社会である。このような状況を作り出した要因は多くあり，今現在でもそれらの要因が新たな問題を作り出している。南北問題，南南問題も残存している。また，分離と統合を繰り返す国家や地域の問題もある。このような国家や地域間の対立は国家の内政問題とも密接に連関しており，さらにその背後には根源的な人権・差別問題と20世紀末に顕在化してきた地球環境問題がある。これらはグローバル化の進展により顕在化した現代国際社会における大きな問題である。では，人権・差別問題と地球環境問題の2つの問題について考えてみよう。

まず，人権・差別問題について考えてみよう。

人権という概念は「人間が生まれながらにさまざまな権利，つまり［　①　］をもつ」という人権論の確立によりつくられた。人権論とは，特定の身分の人間だけが特権をもつというそれまでの考えを打破し，個人の自由と平等を明らかにするものであった。人権論は社会契約説を唱えたホッブズやロックにより広く伝えられることとなり，18世紀には知識人のみならず社会に広く流布することになる。

人権論がもっとも円滑に受容されたのは新大陸アメリカにおいてであった。アメリカにおいて人権論はやがてバージニア権利章典，アメリカ独立宣言に結実することになる。さらにフランス革命におけるフランス人権宣言は，政治・社会が人権という考えに基づいて再構築されなくてはならないことを宣言するものであった。これらの市民革命の結果，人権としてまず確立したのは，思想・信条の自由，<u>信教の自由</u>[a]，身体の自由，経済活動の自由などの自由権である。これらは身分制などの伝統的社会秩序，政治権力から個人が自由になる権利を与えるものであった。しかしながら，自由権だけでは解決されない問題もあった。経済活動の自由が確立されたことにより，資本主義経済が発展し，産業革命により工業化が進展することになるが，その反面，貧困問題，労働環境問題が顕在化してきた。このような状況に反発する労働者の組織化が始まり運動が起こることとなった。このように職業選択の自由があっても生活の保障がなければ無意味という声は，自由権の根底にある人間の平等を政府が重視すべきであるという主張になっていった。このような主張がなされる中で，1917年にはロシア革命が起こり，［②］体制の国家が誕生したことに資本主義諸国は触発され，資本主義諸国では生存権を中心とする社会権を基本的人権の重要な要素として加えたのである。このように社会権を含めて人権を体系化したのがドイツのワイマール憲法であり，これにより福祉国家の考え方が広まったのである。

今日，人権は一国内の問題にとどまるだけでなく，国際的関心事となっており，人権は国境を越えて守られ保護されるべきものとなっているのである。人権を国際的に保障しようとする取り組みの契機となったのは，アメリカ大統領フランクリン・ローズベルトが提唱した4つの自由である。その後，1948年12月10日に第3回国連総会において採択された世界人権宣言は基本的人権の保障における差別の禁止を定めており，さらに1966年に採択された［③］ではA規約とB規約および選択議定書において広範な権利を定めている。また1989年には子ども（児童）の権利に関する条約，市民的および政治的権利に関する国際規約の第二選択議定書[b]が採択されている。

日本国憲法では基本的人権に関しては，第11条，第12条，第13条，第14条，第97条などで示されており，特に第13条では「すべて国民は，個人として尊重される」と述べて「生命，自由及び［④］に対する国民の権利」に言及している。この第13条は，個々の権利の根源に個人の尊重と［④］権があることを示している。そもそも基本的人権は，人間は生まれながらに自由で平等であるという考えである。よって，第14条で法の下の平等が示され，家族関係における［⑤］が第24条で示されている。しかし，このような憲法の規定にもかかわらず現実の日本にはさまざまな差別問題が残っている。被差別部落問題，在日韓国朝鮮人問題，アイヌ民族差別[c]，職場における男女差別，障がい者差別である。

では，次に地球環境問題について考えてみよう。

グローバル化はヒト・モノ・カネ・情報・汚染・疫病などが国境を越えて拡散することであり，グローバル化の進展は経済，環境，貧困，人権などの地球規模の課題が登場し，さまざまなリスクが連動する時代をもたらした。これらの課題は一国で対処できるものではなく，多国間，国際機関の協力が必要である。人類は自然の姿を変化させて自らの生存を支えてきたが，結果として地球の生態系を破壊してきた。産業の発展，開発が地球全体にかかわる破壊と汚染，つまり地球環境問題をもたらしたのである。

家庭や工場，交通手段により人為的に排出される二酸化炭素はもっとも量が多く，大気圏を温室化する効果をもつ温室効果ガスであり，地球温暖化の主要な原因である。地球温暖化は海面や海水温度の上昇などをもたらす。窒素酸化物や硫黄酸化物の排出は［⑥］の主因であり，森林の減少を引き起こしている。また我々にとって生活必需品でもあるエアコンや冷蔵庫の冷媒として使用されていたフロンは［⑦］層の破壊を進め，地表にとどく紫外線量は増加し人類に脅威を及ぼしている。

地球環境破壊を回避する国際的試みは1970年代から行われている。1972年の国連人間環境会議では人間環境宣言が採択され，地球環境保護が人類共通の目的であることを確認した。これを受けて，同年国連総会では［⑧］の設置を決議した。またラムサール条約やワシントン条約(d)の採択など，国連などを中心に国際協力が行われてきたのである。冷戦終結後にはこのような国際協力は急速に進み，1992年にリオデジャネイロで開催された［⑨］では，気候変動枠組み条約（地球温暖化防止条約）などが調印された。

これらのような国際協調が進む一方で，環境保護のあり方を巡り利害対立が先進国と発展途上国の間で生じている。この対立の対処方法として，環境維持を妨げることなく発展途上国の開発を進める「持続可能な開発(e)」という考え方が生まれた。国連環境開発特別総会では具体的な目標が提起されたが，持続可能な開発に関する世界首脳会議（ヨハネスブルク会議）では各国の利害対立は表面化し，先進国間でも環境保護政策が国内経済に及ぼす影響の危惧から対立が生じた。1997年の温暖化防止京都会議（第3回締約国会議，ＣＯＰ３）で採択された京都議定書(f)からは2001年に［⑩］が離脱している。気候変動枠組み条約の締約国会議（ＣＯＰ）はその後も行われてきたが，2018年のＣＯＰ18では京都議定書の8年間延長が決定され，ＣＯＰ21で採択されたパリ協定ではすべての締約国が温室効果ガス削減に取り組むことが定められた。しかし，これは不公平な経済負担を強いているとして2017年に［⑩］は離脱を表明したのである（2020年に正式離脱，2021年に正式復帰）。

人権・差別問題と地球環境問題について考えてきたが，これら2つの問題について2人の若い女性が世界的リーダーとして取り組んでいる。1人は人権・差別問題，特に子どものための権利や女性差別について取り組んでいるマララ・ユスフザイさんである。彼女は2014年にノーベル平和賞を受賞している。また，地球環境問題については，グレタ・トゥンベリさんが，ツイッターなどのＳＮＳを駆使し，大国の指導者に対して互角に論陣を張っているのである。

問1　文中の空欄 ① ～ ⑩ にあてはまる適切な語句を解答欄に記入しなさい。ただし，同じ番号の空欄には同じ語句が入る。

問2　下線部ａに関連して，以下の文章の ＿＿ にあてはまる適切な語句を解答欄に記入しなさい。

信教の自由とはどの宗教を信じてもよいという意味であるが，これは「いかなる宗教団体も，国から特権を受け，又は政治上の権力を行使してはならない」「国及びその機関は，宗教教育その他いかなる宗教的活動もしてはならない」（憲法第20条）という ＿＿ の原則と一体の関係にある。

問3　下線部ｂに示されている第二選択議定書は，何の廃止を目指すことに関するものであるか。適切な語句を解答欄に記入しなさい。

問4　下線部ｃに関連して，長年にわたるアイヌ民族による差別撤廃の働きかけの結果として2019年に制定された法律の名称を解答欄に記入しなさい。

問5　下線部ｄに関連して，生物多様性に関する国際条約として1992年に生物多様性条約が採択され，2010年に遺伝（子）資源の利用と公正な利益配分を定めた議定書が採択された。この議定書の名称を解答欄に記入しなさい。

問6　下線部ｅに関連して，2000年に国連により2015年までに達成すべき「ミレニアム開発目標」が採択され，2015年にはこれを引き継ぐ「持続可能な開発目標」が採択された。この「持続可能な開発目標」の略称をアルファベット4文字で解答欄に記入しなさい。

問7 下線部ｆに関連して，京都議定書は先進国に2008年から2012年の間に二酸化炭素の排出量削減を義務づけた。これは1990年を基準にして，ＥＵは８％，アメリカは７％であるが，日本は何％であるか。適切な数値を解答欄に記入しなさい。

Ⅱ 次の文章を読んで，設問に答えなさい。(30点)

国内総生産（ＧＤＰ）とは「一国で生産された ① の合計」であるが，経済の実態を把握するためには，[a]その内訳をみることは重要である。その内訳の分け方によってＧＤＰの異なる側面が計測される。どのような財・サービスが生産されたかに注目した「生産面」，生産された価値が誰の所得となったのかに注目した「分配面」，生産された価値がどのような目的に使われたかに注目した「 ② 面」の３つの見方が特に重要である。この３つの側面は，ＧＤＰを異なる内訳に分けて計測しただけであり，結局は等しくなる。これを ③ の原則という。

また「一国で生産された ① 」の計測には，内訳だけではなく総額そのものの計測の方法にも，いくつかの代替的な尺度が存在している。ＧＤＰは，生産活動による設備等の劣化を示す固定資本減耗分をふくんでいるため国内総生産とよばれるが，生産額から固定資本減耗分を差し引いたものは， ④ となる。また，ＧＤＰに，海外での日本人の生産活動への貢献である「海外からの所得の純受け取り」をくわえると，国内に居住する経済主体の所得となり ⑤ となる。 ⑤ は，かつては国民総生産（ＧＮＰ）とよばれ，各国の生産活動のもっとも重要な指標であった。

さらに，ＧＤＰの計測において， ① は，市場で取り引きされる価格で評価されており「市場価格表示」とよばれる。しかし，市場での価格は，消費税などの間接税や補助金の影響で，経済的な価値とは食い違う可能性がある。そこで，こうした間接税や補助金の影響を除くために，市場価値のＧＤＰから（間接税－補助金）を差し引いたものを「 ⑥ 表示」として計測している。また，経済成長率をみるときには，ある年の物価に基づくＧＤＰではなく，[b]基準年の物価で測定されたＧＤＰが一般に用いられる。

一国経済の状況を正しく把握するには，生産面・分配面・ ② 面のいずれをみるのか，固定資本減耗分・海外での所得・間接税や補助金をふくめるのか，を意識して適切な尺度を選ぶ必要がある。

ＧＤＰは生産活動の水準を示すもっとも重要な指標であるが，つねに豊かさや国民生活の質を反映するとはかぎらない。たとえば人々が過労死するほど働けば，より多くの生産ができるが，それが望ましい生活とはいえない。また，大気汚染によって空気清浄装置の製造が増えればＧＤＰは増加してしまう。このようにＧＤＰは，豊かさや幸福をはかる指標としては限界がある。

そのため，真の豊かさの指標を構築する取り組みが古くから試みられてきた。1970年代には，余暇時間や家事労働の価値などをプラス，公害や自然環境の悪化などをマイナスとしてＧＤＰに加味した［⑦］などが提唱され，近年では国民の主観的な幸福度を直接調査した指標も関心を集めている(c)。さらに，経済活動にくわえ保健や教育の状況も加味した［⑧］は，国際比較可能な状態でほぼ毎年公表されており，関心が高まっている。

ＧＤＰは，一国のある一定期間の生産などのフローをあつかった指標である(d)。これに対して，国内に居住する経済主体が保有する，ある一時点での資産の残高を国富(e)とよぶ。国富のように，ある時点における蓄積量をあらわす指標を，フローに対して［⑨］とよぶ。国富は実物資産および，一国の政府・企業・個人が外国に保有している資産から，外国が国内に保有している資産を差し引いたものである［⑩］で構成される。国富は基本的にはフローの経済活動によって変化する。投資の増大によって実物資産が増加し，純輸出の増大によって［⑩］は増加する。蓄積されている経済的な価値は，経済取引以外の要因によっても変化する。株式市場などの資産市場での価値の変化にともなうキャピタルゲインやロス，阪神・淡路大震災や東日本大震災のような自然災害による被害などによっても国富は変動する。

問１　文中の空欄［①］～［⑩］にあてはまる適切な語句を解答欄に記入しなさい。ただし，同じ番号の空欄には同じ語句が入る。

問２　下線部ａに関連して，ある年において，日本におけるＧＤＰは500兆円，民間消費が300兆円，政府消費が100兆円であった。また，経常海外余剰は対ＧＤＰ比２％の赤字であった。このとき，投資はいくらになるか，解答欄に記入しなさい。

※問２については，全員正解とする措置が取られたことが大学から公表されている。

問3　下線部ｂに関連して，正しい記述を選び，その記号を解答欄に記入しなさい。

A．ある年の物価に基づくＧＤＰを実質ＧＤＰ，基準年の物価で測定されたＧＤＰを名目ＧＤＰとよぶ。また，実質ＧＤＰを名目ＧＤＰで除した数値をＧＤＰデフレーターとよぶ。

B．ある年の物価に基づくＧＤＰを実質ＧＤＰ，基準年の物価で測定されたＧＤＰを名目ＧＤＰとよぶ。また，実質ＧＤＰを名目ＧＤＰで除した数値を企業物価指数とよぶ。

C．ある年の物価に基づくＧＤＰを名目ＧＤＰ，基準年の物価で測定されたＧＤＰを実質ＧＤＰとよぶ。また，名目ＧＤＰを実質ＧＤＰで除した数値をＧＤＰデフレーターとよぶ。

D．ある年の物価に基づくＧＤＰを名目ＧＤＰ，基準年の物価で測定されたＧＤＰを実質ＧＤＰとよぶ。また，名目ＧＤＰを実質ＧＤＰで除した数値を企業物価指数とよぶ。

問4　下線部ｃに関連して，国際連合は世界幸福度調査（World Happiness Report）を毎年実施し，その結果を公表している。直近の調査である World Happiness Report 2021 における，幸福度第一位の国として正しいものを選び，その記号を解答欄に記入しなさい。ただし，順位は最も包括的な基準である average life evaluations の，2020年のスコアに基づくものとする。

A．英国

B．アラブ首長国連邦

C．フィンランド

D．イタリア

問5　下線部ｄに関連して，フローのデータとして正しくないものを選び，その記号を解答欄に記入しなさい。

A．国際収支

B．公債残高

C．家計の年収

D．企業の年間売上高

問6　下線部eに関連して，国富に含まれないものを選び，その記号を解答欄に記入しなさい。

A．企業が保有する知的財産権

B．企業が保有する在庫

C．家計が保有する住宅

D．家計が保有する金融資産

Ⅲ　次の文章を読んで，設問に答えなさい。なお，解答に当たっては，マーク解答用紙を用いなさい。(30点)

売り手も買い手も多数存在し，互いに競争関係にある完全競争市場では，個々の経済主体は市場で決まった価格を目安にして行動する。つまり，完全競争市場では価格をシグナルとして企業や家計が経済活動を行うことで，政府の干渉がなく社会的に最適な資源配分が実現する。しかしながら，市場機構がうまく機能しない場合がある。その原因の一つとして，生産や売り上げにおいて数社が大半を占めている市場（このような市場を寡占市場とよぶ）や，一社がほとんど全てを占めている市場（このような市場を独占市場とよぶ）がある。例えば，寡占市場で，有力企業がプライス・リーダーとなって一定の利益を確保できる価格を設定し，他の企業がこれにならうような場合がある。このような価格を［①］という。

寡占市場においては，製品の品質・デザイン，広告・宣伝など価格以外の面で競争し市場占有率を争う傾向が強い。しかしながら，そのような企業たちの行動は市場における価格の決定を歪める傾向がある。その結果もたらされた価格は消費者の不利益になる恐れがあることから，各国は独占禁止法(a)を設け，できるだけ競争を促進して価格が伸縮的に変化する政策をとっている。日本ではこれを実施する機関として，内閣府の外局(b)として設けられた公正取引委員会とよばれる機関が存在する。公正取引委員会は，独占禁止法をもとに様々な規制や取り締まりなどを行っている(c)。その一つとして，企業結合を行う際に，一定の取引分野における競争を実質的に制限することとなるか否かについての審査も行っている(d)。その審査基準の一つとして，企業結合後のハーフィンダール・ハーシュマン指数（ＨＨＩとよぶ）がどのくらい増えるか，という点も判断材料とする。ＨＨＩは次のように計算することができる。ＨＨＩは業界内各企業の市場占有率（%）を2乗したものの合計である。数値の最大値は市場占有率100%の2乗の10000で，この数値に近付くほどその市場が独占されている状態であると判断される。

例えば，10社が10%ずつシェアを分け合っている市場のＨＨＩは［②］である。また，3社のシェアが70%，20%，10%の場合の市場のＨＨＩは［③］である。別の例として，5社が市場に存在し，企業Ａが［④］%，企業Ｂが［⑤］%，企業Ｃが［⑥］%，企業Ｄが30%，企業Ｅが22%の場合ＨＨＩが2710である。シェアの大きさは0＜企業Ａのシェア＜企業Ｂのシェア＜企業Ｃのシェアとする。これらの数値例からもわかるように，各企業のシェアの格差が［⑦］，または市場に参加する企業数が［⑧］ほど，ＨＨＩは大きくなる。

企業結合を認可するか認可しないかを審査するに当たって，<u>結合後</u>(e)にＨＨＩがどうなるかは一つの指標となりえる。しかしながら，昨今の<u>企業は一国だけで経営を行わなくなってきている</u>(f)。そこで市場を国内市場に限るのかまたは<u>外国市場</u>(g)も含めるのかによってこのＨＨＩは異なる。例えば，国内市場において3社存在し，企業Ａのシェアが50%，企業Ｂのシェアが30%，企業Ｃのシェアが20%の場合においてＨＨＩは［⑨］である。そのとき，企業Ａと企業Ｃが結合するとＨＨＩは［⑩］増加する。しかしながら，外国市場において，企業Ａのシェアが5%，企業Ｂのシェアが3%，企業Ｃのシェアが2%の場合は企業Ａと企業Ｃが結合してもＨＨＩはそれほど増加しない。公正取引委員会もこの点を考慮して，市場を国内と定めるのか世界全体で定めるのかを慎重に判断するようになってきている。つまり，昨今において，完全競争市場による配分の効率性を実現するためにどのような<u>政策を実施するかの判断は時代とともに変化している</u>(h)。

問1　文中の空欄［①］にあてはまる適切なものを，次の4つの選択肢Ａ～Ｄのなかから1つ選び，マーク解答用紙にマークしなさい。

Ａ．適正価格

Ｂ．管理価格

Ｃ．希望価格

Ｄ．調整価格

問2　文中の空欄［②］にあてはまる適切なものを，次の4つの選択肢Ａ～Ｄのなかから1つ選び，マーク解答用紙にマークしなさい。

A．10

B．100

C．1000

D．10000

問3　文中の空欄 ③ にあてはまる適切なものを，次の4つの選択肢A～Dのなかから1つ選び，マーク解答用紙にマークしなさい。

A．5100

B．5200

C．5300

D．5400

問4　文中の空欄 ④ ～ ⑥ にあてはまる組み合わせで適切なものを，次の4つの選択肢A～Dのなかから1つ選び，マーク解答用紙にマークしなさい。

A．（1，13，34）

B．（2，12，34）

C．（1，14，33）

D．（5，9，34）

問5　文中の空欄 ⑦ ， ⑧ にあてはまる組み合わせで適切なものを，次の4つの選択肢A～Dのなかから1つ選び，マーク解答用紙にマークしなさい。

A．（大きい，少ない）

B．（小さい，多い）

C．（大きい，多い）

D．（小さい，少ない）

問6　文中の空欄 ⑨ にあてはまる適切なものを，次の4つの選択肢A～Dのなかから1つ選び，マーク解答用紙にマークしなさい。

A．1800

B．2800

C．3800

D．4800

問7　文中の空欄 ⑩ にあてはまる適切なものを，次の4つの選択肢A～Dのなかから1つ選び，マーク解答用紙にマークしなさい。

A．1000

B．2000

C．5000

D．7000

問8　下線部aに関連して，日本における正式名称として適切なものを，次の4つの選択肢A～Dのなかから1つ選び，マーク解答用紙にマークしなさい。

A．私的独占の禁止及び公正取引の確保に関する法律

B．私的独占の禁止または公正取引の確保に関する法律

C．私的独占の禁止かつ公正取引の確保に関する法律

D．私的寡占の禁止及び公正取引の確保に関する法律

問9　下線部bに関連して，内閣府の外局として適切なものを，次の4つの選択肢A～Dのなかから1つ選び，マーク解答用紙にマークしなさい。

A．警察庁

B．消防庁

C．消費者庁

D．特許庁

問10　下線部cに関連して，独占市場または寡占市場の特徴として適切ではないものを，次の4つの選択肢A～Dのなかから1つ選び，マーク解答用紙にマークしなさい。

A．消費者の便益の向上

B．他社との共謀の向上

C．市場支配力の向上

D．企業の利益の向上

問11　下線部ｄに関連して，他の会社の株式を，投資目的でなく，事業活動支配のために所有している会社の呼称として最も適切なものを，次の４つの選択肢Ａ～Ｄのなかから１つ選び，マーク解答用紙にマークしなさい。

Ａ．所有会社

Ｂ．株式会社

Ｃ．持株会社

Ｄ．有限会社

問12　下線部ｅに関連して，企業結合の説明として<u>適切ではないもの</u>を，次の４つの選択肢Ａ～Ｄのなかから１つ選び，マーク解答用紙にマークしなさい。

Ａ．ある企業と他の企業で財・サービスの価格を相談して決める。

Ｂ．ある企業の事業と他の企業の事業を１つの単位にする。

Ｃ．ある企業が他の企業を支配下に置く。

Ｄ．ある企業と他の企業が共同して支配企業と取引をする。

問13　下線部ｆに関連して，国連が，２国以上において資産を統括する企業として定義されている企業の名称として適切なものを，次の４つの選択肢Ａ～Ｄのなかから１つ選び，マーク解答用紙にマークしなさい。

Ａ．共同企業

Ｂ．協力企業

Ｃ．集団企業

Ｄ．多国籍企業

問14　下線部ｇに関連して，20世紀後半になると，ヒト・モノ・カネが国境を越えて世界を自由に移動するようになり各国の連携が必要となってきた。各国で協議する<u>必要のない問題</u>を，次の４つの選択肢Ａ～Ｄのなかから１つ選び，マーク解答用紙にマークしなさい。

Ａ．環境問題

Ｂ．貿易問題

Ｃ．著作権問題

Ｄ．高齢化問題

問15　下線部hに関連して，独占禁止法において，1953年の法改正から認められていたが，1999年の法改正で禁止されたものを，次の4つの選択肢A～Dのなかから1つ選び，マーク解答用紙にマークしなさい。

A．不況カルテル

B．転売

C．不当廉売

D．優越的地位の乱用

数学

（60 分）

（注）満点が 100 点となる配点表示になっていますが，共通テスト併用方式の満点は 150 点となります。

I　次の設問に答えよ。答は結果のみ解答欄に記入せよ。なお，答が分数になる場合は，分母を有理化せよ。(36 点)

(1)　次の方程式を解け。

$$|x-1|+2|x-3|=5$$

(2)　3 点 $\mathrm{A}(-1,2)$，$\mathrm{B}(5,-1)$，$\mathrm{C}(2a+1,3)$ が同一直線上にあるとき，a の値を求めよ。

(3)　$\sin\theta+\cos\theta=\dfrac{\sqrt{2}}{2}$ のとき，次の式の値を求めよ。ただし，$0<\theta<\pi$ とする。

$$\sin\theta-\cos\theta$$

(4)　次の関数の最大値を求めよ。

$$y=\log_3(x-2)+\log_3(8-x)$$

(5)　3 点 $\mathrm{O}(0,0,0)$，$\mathrm{A}(1,-3,-4)$，$\mathrm{B}(-5,-3,1)$ を頂点とする $\triangle\mathrm{OAB}$ の面積を求めよ。

(6)　3 次方程式

$$x^3-6x^2+9x=a$$

が異なる 3 つの実数解をもつように，定数 a の値の範囲を定めよ。

II　数字の1，2，3，4，5がそれぞれ書かれたカードが1枚ずつ，合計5枚入った袋がある。その袋から1枚のカードを取り出し，数字を調べてからもとに戻す。この試行を繰り返し n 回行い，その n 回の試行で取り出したカードの数字の合計が偶数である確率を p_n とする。このとき，以下の設問に答えよ。(32点)

(1)　p_1 および p_2 を求めよ。答は既約分数にし，結果のみ解答欄に記入せよ。

(2)　p_{n+1} を p_n の式で表せ。

(3)　p_n を n の式で表せ。

III　2直線 $x-ty=0$ と $tx+y=2$ の交点をPとする。ただし，t は実数とする。このとき，以下の設問に答えよ。(32点)

(1)　点Pの座標を t を用いて表せ。答は結果のみ解答欄に記入せよ。

(2)　t がすべての実数値をとって変化するとき，点Pの軌跡を求めよ。

(3)　(2)で求めた軌跡と放物線 $y=\sqrt{2}x^2+1$ で囲まれた図形の面積を求めよ。

D　夢にまで自分を求める老女の心を風流に思ったから。
E　老母の命がもう長くないことを知ってしまったから。

〔問四〕　傍線(7)「われを恋ふらしおもかげに見ゆ」の解釈としてもっとも適当なものを左の中から選び、符号で答えなさい。
A　私の姿が面影となって見えているということは、彼女は私を恋しく思っているらしい。
B　その姿が生き霊となって現れるということは、彼女は私を恋しく思っているのだろう。
C　その姿が幻となって浮かんできてしまうのは、私が彼女に恋をしたせいなのだろうか。
D　その姿が面影となって見えるということは、彼女は私のことを恋い慕っているようだ。
E　その姿を幻でも良いから見たいと思ってしまう私は、彼女に恋をしたのかもしれない。

〔問五〕　空欄(8)に入る助詞としてもっとも適当なものを左の中から選び、符号で答えなさい。
A　ぞ　　B　で　　C　ど　　D　に　　E　ば

〔問六〕　筆者はこの話をどのようにとらえているか。もっとも適当なものを左の中から選び、符号で答えなさい。
A　恋しく思う女もそうは思わない女も差別することなく扱う在五中将に感心している。
B　子を思う気持ちと異性を思う気持ちの両方を大切にする母のあり方に感動している。
C　母の女の面から目をそらさず母の恋路を取り持った息子の孝行を高く評価している。
D　自分が恋しく思う女と自分を恋しく思う女の両方に手を出す在五中将にあきれている。
E　どんな女でも自分に好意を持つように仕向けることのできる在五中将を羨んでいる。

(4)　「けしきいとよし」
A　非常に美しい
B　大変機嫌がいい
C　とても元気になる
D　非常に豊かである

〔問二〕　傍線(5)「この在五中将」とあるが、「この」が意味する内容としてもっとも適当なものを左の中から選び、符号で答えなさい。

A　母の夢の中にいつも出てくる
B　三郎が以前から親しくしている
C　母が以前から思いを寄せている
D　無類の年上好きとして有名である
E　風流心のある男として知られている

〔問三〕　傍線(6)「あはれがりて」とあるが、在五中将がそう感じたのはなぜか。もっとも適当なものを左の中から選び、符号で答えなさい。

A　二人の息子に冷たくされている老女に同情したから。
B　母の夢の話に振り回されている子が哀れだったから。
C　母の願いを叶(かな)えようとする子の心に感じ入ったから。

〔問一〕　傍線(1)(2)(3)(4)の解釈としてもっとも適当なものを左の各群の中から選び、それぞれ符号で答えなさい。

(1)　「世心つける女」
A　世間のことに詳しい女
B　非常に風流心のある女
C　異性を思う心が強い女
D　暮らしぶりが豊かな女

(2)　「心なさけあらむ男」
A　愛情の深い男
B　身分の高い男
C　とても誠実な男
D　下心のある男

(3)　「あはするに」
A　手を合わせると
B　話を合わせると
C　夢を解釈すると
D　結婚させると

三　次の文章を読んで、後の問に答えなさい。(30点)

むかし、(1)世心つける女、いかで(2)心なさけあらむ男にあひ得てしがなと思へど、いひいでむもたよりなさに、まことならぬ夢がたりをす。子三人(みたり)を呼びて語りけり。ふたりの子は、なさけなくいらへてやみぬ。三郎(さぶらう)なりける子なむ、「よき御男ぞいで来む」と(3)あはするに、この女、(4)けしきいとよし。こと人はいとなさけなし。いかで(5)この在五中将にあはせてしがなと思ふ心あり。狩し歩き(あり)けるにいきあひて、道にて馬の口をとりて、「かうかうなむ思ふ」といひければ、(6)あはれがりて、来て寝にけり。さてのち、男見えざりければ、女、男の家にいきてかいまみけるを、男ほのかに見て、

百年(ももとせ)に一年(ひととせ)たらぬつくも髪(7)われを恋ふらしおもかげに見ゆ

とて、いで立つけしきを見て、茨(うばら)、からたちにかかりて、家にきてうちふせり。男、かの女のせしやうに、忍びて立てりて見れば、女嘆きて寝(ぬ)とて、

さむしろに衣かたしき今宵(こよひ)もや恋しき人にあは［(8)］のみ寝む

とよみけるを、男、あはれと思ひて、その夜は寝にけり。世の中の例として、思ふをば思ひ、思はぬをば思はぬものを、この人は思ふをも、思はぬをも、けぢめ見せぬ心なむありける。

(『伊勢物語』による)

注　三郎……三男。　在五中将……在原業平。

もっとも適当なものを左の中から選び、符号で答えなさい。

A　福祉国家においては終身雇用によって生存権が保障されているが、女性には認められていないということ。
B　福祉国家においては家族給という制度があり家族が生活できるが、女性一人では生活できないということ。
C　福祉国家では核家族が模範とされるが、このとき女性には主婦という役割しか期待されていないということ。
D　福祉国家にはワーキング・プアという問題があり、労働者の賃金では結婚をすることはできないということ。
E　福祉国家では男性が労働者として搾取されるが、女性は主婦となり結果的には搾取を免れるということ。

〔問四〕次のア〜オのうち、本文の趣旨と合致しているものに対してはA、合致していないものに対してはBの符号で答えなさい。

ア　国民の生存権を重視する社会主義が退潮したことで主義の対立に根ざす冷戦に終止符が打たれ、新自由主義による世界のグローバル化が進んだ。
イ　新自由主義は核家族モデルを破壊することで女性の社会進出を推進する一方、資本と市場のロジックが優先されるため社会的セーフティ・ネットは弱体化した。
ウ　第二期新自由主義において、世界に通用するコンテンツの振興を経済的な推進力としたがゆえに、そうでないものは衰退し、諸国の産業構造に変化が起こった。
エ　女性の身体とセクシュアリティが市場で労働力のように取引きされうるから、ポストフェミニズムが考える「女」は新自由主義下で特権的記号となった。
オ　福祉国家を犠牲にすることで女性の社会進出は達成され、性差別も男女雇用機会均等法によって是正され、女性が社会的な不利益を被ることはなくなった。

することを女性の成功とみなす。

E　女性全体の社会進出をより効率的に実現させるために、ポストフェミニズムは新自由主義の歴代政権に働きかけて左翼的発想の労働運動を駆逐する。

〔問二〕　傍線(2)「ポストフェミニズムを充分に踏まえながら、フェミニズムの未来を想像することには重要な意味がある」とあるが、その理由としてもっとも適当なものを左の中から選び、符号で答えなさい。

A　男性中心の社会を変革しようという大義をポストフェミニズムに奪われたフェミニズムは、新自由主義に順応することで新たな市場を開拓すべきだから。

B　女性が個人主義的に社会進出することを価値とするポストフェミニズムは、市民としての女性の権利を主張するための重要なチャンネルとなるから。

C　新自由主義は現代の風潮に非常に適応した経済システムではあるものの永続するものではなく、それが終わったとき新しいフェミニズムが必要となるから。

D　第二波フェミニズムを否定したポストフェミニズムは、自身の身体しか売るものがない労働者とみなされ搾取されてきた女性を解放したため、参考にされるべきだから。

E　ポストフェミニズムは、オルタナティヴの想像に関する左翼の独自性を奪った新自由主義と親和的であり、それと異なるフェミニズムを構想すべきだから。

〔問三〕　傍線(3)「福祉国家には、このような制度的性差別が内包されている」とあるが、「制度的性差別」とはどういうことか、しい労働党となり、労働運動は政治の回路から外され、無意味なものとされていく。

こうして、福祉国家の構造的な性差別が撤廃されて、女性の個人主義的な社会進出を称揚するポストフェミニズムが現れたばかりでなく、そのポストフェミニズムは、社会的連帯による左翼的な政治運動という、労働運動モデルの第二波フェミニズムを時代遅れのものとして批判することになる。ポストフェミニズムにおける「女」が新自由主義における特権的な記号となるのはここにおいてである。ここで、特権的な記号としての「女」が、身体とセクシュアリティから特徴づけられることの意味を、「自身の労働と身体しか売るものを持たない」と定義された「労働者」との類推から理解することが重要となるだろう。

（三浦玲一「ポストフェミニズムと第三波フェミニズムの可能性」〔三浦玲一・早坂静編『ジェンダーと「自由」』所収〕彩流社による）

〔問一〕　傍線(1)「このようなポストフェミニズムの誕生は、同時代のリベラリズムの変容・改革とかなりはっきりとつながっている」とあるが、その説明としてもっとも適当なものを左の中から選び、符号で答えなさい。

A　競争原理を重視する新自由主義へと世界が変わっていく中、ポストフェミニズムは女性同士が連帯して積極的に男性中心的な社会を変革しようとする。

B　個人の自由や多様性を尊重するリベラルな風潮が世界的に流行する中、ポストフェミニズムは性差別を問題視し、女性の社会進出を支援しようとする。

C　ポストフェミニズムはそれまでのフェミニズム運動を批判的に継承し、経済的なリベラリズムを女性の立場から再解釈しつつ女性を家族から解放する。

D　新自由主義においてポストフェミニズムは、女性たちが社会的に連帯せず個別に市場原理に適応して自己実現を達成を持つ稼ぎ手として認識されて、その人が持つ配偶者と子供を育てる、つまり家族を養うための賃金という概念から賃金額が決定されることを言う（職は持っているがその職の賃金では結婚をすることなどできないという、ワーキング・プアの問題は、家族給の理念が失われたからこそ現れる）。

完全雇用が家族給による終身雇用によって補完されるとき、核家族の規範化が起こる。ニコラス・ローズも言うように、完全雇用による生存権の保障という福祉国家の統治技術は、男の働き手と女の主婦による核家族を最適モデルとして設定することで成立するものであった。(3)福祉国家には、このような制度的性差別が内包されている。

中曽根政権下で雇均法が実施されることには、このような意味がある。それは、女性の社会参加を促進する、福祉国家による核家族の規範化の破壊だった。そして、そこで破壊されたのは、核家族ばかりでなく、国家による生存権の保障のためのセーフティ・ネットでもあった。それは、女性の権利の拡大と社会的な承認という意味もあったであろう。しかし、そこで機能していたのは、フェミニスト的な理念や目標ばかりではなく、グローバル化に向けて日本の繁栄のためには、女性の労働力をできるかぎり有効利用しなければならないという資本と市場のロジックでもあった。「女」は、ここで、新自由主義社会における、新しい労働力の象徴的な記号となる。

重要なことは、新自由主義による福祉国家の破壊によって女性の社会進出の道が開かれた（という一面はたしかに存在する）ということばかりではなく、新自由主義による福祉国家の破壊は、まさしく、政治的連帯による社会運動という旧来の左翼運動の図式の破壊でもあったということである。完全雇用による生存権の保障という構図は、失業問題を政府の社会政策の軸とすると同時に、この軸を中心として、労働組合と財界・政府の交渉（そしてそこにおける賃金を含めた労働条件の整備と安定）こそが、市民の権利主張の主要な回路であったことを意味している。組織化された労働者による労働運動とはそのような意味を持っていたのであり、そして、社会運動からそのような機能と意味とが失われたとき、社会党は社会民主党になり、英国労働党は新に、社会運動を重視する連帯の精神としての第二波フェミニズムを批判し、市場における達成を重視して個人主義を称揚するものであり、政治的改革ではなく自己実現と「私探し」こそをゴールとする「文化」として広く受け入れられたのである。

重要なことは、既存の「システム」や「エスタブリッシュメント」を批判し、既存の社会に対するオルタナティヴを想像しようという文化的な運動、つまり、六〇年代以降の新左翼的な（そして第二波フェミニズムもその影響下にあった）学生運動やヒッピームーヴメントが、結果として、新自由主義に簒奪（さんだつ）されたという点にある。既存の「社会」を批判し、それとは異なった「文化」を想像しようという点では、新左翼も新自由主義も同じものを持っている。ベルリンの壁崩壊によって社会主義がわれわれの文化的想像力から失われたときに、左翼的な革命は右翼的なそれと見分けのつかないものになった。（新左翼に代表されるような）左翼的な想像力全体の変容――それはつまり、現状に対するオルタナティヴをどのように想像するのかという想像力全体の変容でもある――のなかに、第二波フェミニズムからポストフェミニズムへの移行はある。逆に言えば、この状況を如実に象徴しているからこそ、(2)ポストフェミニズムを充分に踏まえながら、フェミニズムの未来を想像することには重要な意味がある。

ポスト冷戦期において、組合運動に代表されるような組織化された市民運動による左翼政治がもはや有効でないとみなす文化が蔓延したことは重要だが、しかし、第二派フェミニズムからポストフェミニズムへの移行をきちんと把握するためには、それだけでは充分ではない。フェミニズムは、より深く、複雑なかたちで、福祉国家から新自由主義への移行に関わっている。

福祉国家とは、形式上、その国民全員に対する普遍的な生存権の保障をその理念とし、失業率ゼロ・パーセントという完全雇用をその目標として設定した。完全雇用が生存権の保障の装置となりうるのは、またそれが、家族給による終身雇用という条件を付随するからである。規範的な雇用のあり方を終身雇用とすることは、安定した雇用と定年による引退後の収入のあり方、つまり「終身」の安定を保護する。家族給とは、労働者の賃金が、その人一人が生活していくための賃金ではなく、その人が家族な政府による福祉国家の達成という目標を棄てて、福祉国家とそれを支えた官僚制を批判し、小さな政府と競争原理の導入をその哲学とすることである。

これらを第一期新自由主義と呼ぶのであれば、第二期新自由主義とでも言うべきものが、英国ブレア政権、合衆国クリントン政権、少し遅れて日本では、小泉政権において行われる。第二期の特徴は、英国では労働党、合衆国では民主党、——日本では、タカ派の中曽根の第一期に対して、「自民党をぶっ壊す」小泉の第二期——によって担われ、むしろ革新と考えられていた政党が、新自由主義的改革を推し進めた点にある。

第二期新自由主義の特徴は、福祉国家による社会政策を見直して、国家が完全雇用を保障しないと宣言すること、同時に、国家の経済的な繁栄のためにアクティヴな市民性が不可欠だと宣言し、流動的でフレキシブルで起業家精神に富んだ市場文化の創成を目標とすること、そして、(クール・ジャパンという語に象徴されるような)グローバル化を前提としたなかでのコンテンツ産業、クリエイティヴ産業の振興を重視することにある。これは、われわれの現在までも続く新しい「文化」の創成だが、八〇年代の第一期新自由主義と九〇年代以降の第二期新自由主義のあいだにあったものは、一九八九年のベルリンの壁陥落であり、それに続くソ連の崩壊と冷戦の終焉（しゅうえん）である。

冷戦の終焉はそのまま、世界は外部なきリベラリズムの世界であるという認識を前提としたグローバル化に至った。九〇年代はグローバル化の時代であったわけだが、それは、アメリカの覇権の表面化であると同時に、(福祉国家体制を支えた)社会主義の崩壊、社会主義という考え方の有効性が一般的に信じられなくなるという時代精神の誕生でもあった。冷戦の終焉からグローバル化という流れは、社会主義の終焉という一般の認識に帰結し、そして、新自由主義はグローバル化時代における必然として承認されたのである。

ポストフェミニズムは、このような時代状況における「文化」としてある。それは、女性の社会進出の達成を象徴すると同時互いに対立する規範を内包するという特徴を有している。

ウ 資本主義市場は人間が協力して創り出した制度だが、それが人々の競争をあおるような規則を持つ制度であったため、人間は協力的に振る舞うことが難しくなっている。

エ 人間は非道徳的・利己的に振る舞うときでも、罪悪感を感じるのが普通で、その行為を何らかの非利己的な理由に訴えて正当化しようとするものである。

オ 個々の人間が利己的に行動したとしても、神の摂理が作用して、それらが調和的に組み合わさることで、制度全体としては協力が実現するようになっている。

二 次の文章を読んで、後の問に答えなさい。(20点)

ポストフェミニズムの特徴は、日本で言えば一九八六年の男女雇用機会均等法以降の文化だという点にある。それは、先鋭的にまた政治的に、社会制度の改革を求めた、集団的な社会・政治運動としての第二波フェミニズム、もしくは、ウーマン・リブの運動を批判・軽蔑しながら、社会的な連帯による政治活動という枠組みを捨て、個人が個別に市場化された文化に参入することで「女としての私」の目標は達成できると主張する。(1)このようなポストフェミニズムの誕生は、同時代のリベラリズムの変容・改革とかなりはっきりとつながっている。それは、新自由主義の誕生であり、新自由主義の文化の蔓延(まんえん)である。

いわゆる先進国において新自由主義は、英国サッチャー政権と合衆国レーガン政権によって開始され、それに呼応するかたちで、日本では中曽根政権で導入された。これらの政権の新自由主義の特徴は、第二次世界大戦以降世界的な潮流であった、大き

〔問六〕 傍線⑽「この事実に驚き、そしてそれを祝っておくべきだろう」とあるが、その理由としてもっとも適当なものを左の中から選び、符号で答えなさい。

A 進化の観点から見れば、われわれが道徳的であることは必然だとはいえないので、われわれがたまたま道徳性という良いものを手に入れている事実は驚嘆すべきことだし、祝福すべきだから。

B ヒトがより多くの子孫を残すことで道徳的になったことは進化的に必然的で、道徳性という良いものを残してくれた生物進化のプロセスのすばらしさは驚嘆すべきことで、祝福すべきだから。

C われわれは他者に対する同情と公平性という自然な傾向性を持つと同時に利己的になることもあるが、このような両面性を与えてくれた進化の妙は驚嘆すべきことで、祝福すべきだから。

D 本来ヒトは利己的なのにもかかわらず、全知全能の神による宗教的原理や政府の法による罰のおかげで、文化的・制度的に道徳性を持っていることは驚嘆すべきことだし、祝福すべきだから。

E ヒトが進化プロセスの中で道徳的になったことは神のおかげによる不思議な偶然の出来事であり、われわれにとって良いものである道徳性そのものが驚嘆すべきことだし、祝福すべきだから。

〔問七〕 次のア～オのうち、本文の趣旨と合致しているものに対してはA、合致していないものに対してはBの符号で答えなさい。

ア ヒトも生物である以上、より多くの子孫を残したものが生き残る進化プロセスを経てきたため、他者よりも自分を優先するような心理メカニズムを備えるようになった。

イ 現代世界における道徳性は、自然な道徳性を核として、社会規範という文化的道徳性として成立してきたものであり、界では、その道徳性の当否が状況に依存することを認めている。

B　嘘をついてはいけない理由が状況に応じて異なることを回避するため、現代世界ではどんなときも嘘をついてはいけないという文化的な道徳性が打ち立てられる。

C　嘘をついてはいけないという自然な道徳性に基づきつつも、現代世界においては、対立が生じうるさまざまな状況を分類して内的整合性を確保した道徳的原理が構築されつつある。

D　われわれの社会では、他人に気づかれなければ嘘をつくこともあるが、それが生み出しうる道徳的対立は、人が気づいたときに嘘が罰されるという社会規範で解決されている。

E　現代社会は、同じ嘘についても、それをつくことが非難されたり、赤裸々な真実を避けるために必要とされたりする規範的状況を内包しており、そのたびに解決策を講じている。

〔問五〕　傍線(8)「われわれが同情と平等感を見るところで、彼らは利己的関心に基づいたうまい説明を提案してくれる」とあるが、その説明としてもっとも適当なものを左の中から選び、符号で答えなさい。

A　人々が同情と平等感に基づく行為を選択するのは、相手の利己的関心に応えるための戦略だと説明しようとする。

B　人々の同情や平等感に基づく行為は、究極的にはコミュニティの幸福に寄与するためのものだと説明しようとする。

C　道徳的動機から行為しているように見えても、自分の欲求を満たすためにそうしているのだと説明しようとする。

D　他者に対して同情と平等感を持つことは自己偽善であり、人々の自己満足のためのものだと説明しようとする。

E　同情や平等感という動機に基づく行為には、利己的関心を満たすための動機が含まれていると説明しようとする。

〔問二〕　傍線(2)「競争という馬車が協力という馬を引いていると見間違ってしまう」とあるが、その説明としてもっとも適当なものを左の中から選び、符号で答えなさい。

A　競争的な規則の影響を受けることなく、人間の本性は協力的であると勘違いしてしまう。

B　協力的な規則の影響を受けることなく、人間の本性は競争的であると勘違いしてしまう。

C　競争的な規則が人間の協力的な側面に先んじ、それを生み出していると勘違いしてしまう。

D　人間の協力的な側面が競争的な規則に先んじ、それを生み出していると勘違いしてしまう。

E　競争的な規則に導かれて、人間が競って協力的になろうとしていると勘違いしてしまう。

〔問三〕　傍線(6)「自然な二人称の道徳性」とあるが、その説明としてもっとも適当なものを左の中から選び、符号で答えなさい。

A　自他の関係性の中で私とあなたという共同性の感覚を形成し、互いに平等性、公平性、義務を感じるという道徳性。

B　生まれながらにして、私とあなたという共同性の一部であると感じ、共同性に義務を感じる人間に独自の道徳性。

C　自然な生活の中で、好意に対しては好意的に、そうでないときには非好意的にお返しすることで成立する道徳性。

D　家族や友達などの親しい人に対して協力的に、そうでない人に対しては敵対的に振る舞うことで成立する道徳性。

E　社会規範や法といった文化的・制度的仕組みで規定された人間関係によって行為を規制することから生じる道徳性。

〔問四〕　傍線(7)「それは道徳的力の衝突を表しており、何かしらそのジレンマを調和させる方法を見つけねばならない」とあるが、その例としてもっとも適当なものを左の中から選び、符号で答えなさい。

A　誰に対しても嘘をついてはいけないということは自然な道徳性であるが、共同体間の対立が生じてきたため、現代世チェ……ドイツの哲学者（一八四四〜一九〇〇）。

〔問一〕 傍線(1)(3)(4)(5)(9)に相当する漢字を含むものを、左の各群のA〜Dの中から選び、それぞれ符号で答えなさい。

(1) ソウテイ
A テイソクスウに達する　B 花束をゾウテイする
C テイチョウなもてなし　D 敵がシャテイに入る

(3) ミカタ
A 花のミゴロ　B 観衆をミリョウする
C 古典をミドクする　D ミチスウを求める

(4) フンガイ
A 大統領をダンガイする　B カンガイにふける
C 偉人のショウガイ　D ガイヨウを述べる

(5) シサ
A 悪事をキョウサする　B 文書をセイサする
C 上司をホサする　D 業務をサハイする

(9) カンヨウ
A ヨウギを晴らす　B 文学のヨウシキ
C 正論をヨウゴする　D チュウヨウの徳を求める

であるという、ネーゲルの分析にしたがっているのを思い出してほしい。実際、非人道的扱いを正当化する方法は、動機に基づくものではなく、概念的なものである。相手をまったく人間とみなさないというだけだ。全体的に見て、個人が自分と同列であるとみなさざるを得ない存在として相手を認識した上でやり取りしているのでなければ、ヒトの道徳性について考えることすらできないように思われる。

道徳性は難しい。それは間違いない。ヒトは他者に対する同情と公平性という自然な傾向性を備えているが、利己的なときもある。誰かがわれわれの利己性を非難し、社会規範で罰し、評判を下げるために隠れてうわさ話をするかもしれないが、時に利己的であることは確かだ。道徳性の違反によって罪悪感を感じ、自分が誰であるかの感覚が徐々に失われていくだろうが、やはりそれでも時に利己的であることに変わりはない。全知全能の神による宗教的原理は、道徳的違反へ永遠の天罰を約束し、政府の法は身体的にもっと直接的で具体的な罰を与えるが、それでもわれわれは時折利己的なのである。いや、われわれが道徳的であるのは奇跡であり、こうある必要はなかったのである。全体的に見れば、ほとんどの場合に道徳的な意思決定を行うわれわれがより多くの子孫を残したというだけである。語るも不思議なことだが（そしてニーチェのような人がいたにもかかわらず）、こうして道徳性がヒトという種、文化、そしてわれわれ自身にとって多少なりとも良いものであるように見え、また少なくとも、これまではそうであった。(10)この事実に驚き、そしてそれを祝っておくべきだろう。

（マイケル・トマセロ著、中尾央訳『道徳の自然誌』勁草書房による）

注　究極要因……行動の進化的な原因。　至近要因……心理メカニズムなど、行動のより直接的な原因。　グルーミング……毛づくろい。　プラトンのギュゲスの指輪……自在に姿を隠すことができるようになるという伝説上の指輪。　ネッカーキューブ……ネッカーが考案した錯視の立方体。　ネーゲル……アメリカの哲学者（一九三七〜）。　ニー世界中で毎日のようにヒトの非道徳性が報じられているという理由で、ここでの描図があまりにも楽観的すぎると感じる人もいるだろう。毎日人は嘘(うそ)をつき、騙(だま)し、自分の分け前を得るために利己的に盗み、戦争だっていくつも行われている。しかし、そうした人達は、どのような理由であれ個人の利己的な動機が勝ってしまったことの具体例でしかない。こうした人達もやってしまったときには罪悪感を感じただろうし、やってしまったことをうまく整合的に捉えて正当化しようとしただろう。さらに、別の機会には道徳的なことも数多くやってきたはずであり、家族と友達に対してはほぼ一〇〇%道徳的だっただろう。戦争に関しては、実際今日も大規模な対立が生じている。それは「わたしたち」と「かれら」、たとえば国同士が対立しているとみなす人々の間で行われている。さらに、さまざまな理由（植民地主義など外的な影響が関係していることも多い）で同じ政治的組織のもとに共存しなければならなくなった、異なる民族集団の間でも数多くの対立がみられる。これも集団内・集団外対立の具体例であり、この対立にかかわっている人達も、日々同集団メンバーには道徳的な行動を行っているはずだ。そして現在も戦争は続いているが、他のさまざまな暴力と同じように、戦争のような対立は歴史的に減少しているのも確かである。

楽観的過ぎることへの最後の批判は、ヒト道徳性の基礎として人々の間に等価・平等感をソウテイしていることである。記録された歴史の観点から考えることに慣れている人たちは、すべての人間が何らかの意味で平等であり、平等な権利を持つという考えを欧米の社会理論研究者が広め始めたのは、啓蒙(けいもう)主義時代になってからだと指摘するだろう。もちろん、過去数万年の中で市民社会が登場した後の社会契約について政治的に考えるなら、これは正しいだろう。しかし、その直前期に存在し（十倍以上長く続い）た狩猟採集社会は、あらゆる点で厳格に平等主義的であった。だからといって当時の人に利己的動機がなかったわけではなく、文化集団のメンバーすべてに平等な敬意を払い、お互い満足できるような方法で日々物事をうまく調整していたのである。われわれの仮説は、他人を平等な存在と認識するのは（啓蒙主義時代の政治的考察がそう考えていたような）選好でも動機でもなく、文化が作り出した社会規範や個人の意思決定に影響を与えるかもしれない単なる（もしかすると望まれない）認識このように、われわれの説明は(6)自然な二人称の道徳性に基づいている。しかし、現代世界ではこの自然な道徳性が社会規範という文化的道徳性に埋め込まれており、この規範は状況と時期に応じて違った作られ方をするため、時折対立が生じる。新しい状況に直面すると、規範間の対立を解決するため自身の道徳原理を作り上げ、自身の道徳的アイデンティティを維持できるような意思決定を行わねばならない。問題は、ある種のネッカーキューブのような、真なる道徳的ジレンマが存在することだ。ある角度から見ると道徳的だが、違う角度から見ると違う形で道徳的、あるいはまた別の角度から見ると非道徳的ということがある。このジレンマに一般的な解決などない。(7)それは道徳的力の衝突を表しており、何かしらそのジレンマを調和させる方法を見つけねばならない。それぞれが「適切な領域」ではうまくいくが、自然も文化も予見できないような新奇な状況ではお互いに対立してしまうという、生物学的適応と文化的創造のややこしい歴史を考えれば、ヒト道徳性の説明にとって他の説明などありえるだろうか。

まず間違いなく、ここで述べていることは、ヒトの協力と道徳性に関する非現実的なまでに楽観的な構図であると多くの人は考えるだろう。(8)われわれが同情と平等感を見るところで、彼らは利己的関心に基づいたうまい説明を提案してくれるだろう。通りにいる路上生活者にお金を与えるとき、私が本当にやっているのは他人の目の前で自分の評判を上げることだというのである。しかしなぜ本当でなければならないのか。どうして両方ではだめなのだろうか。二つの目標が同時に達成できるなら、それにこしたことはない。本当に配慮を感じて貧しい人を助け、同時に自分の評判を上げる。誰も損をしない。私が戦略的動機を持っているのは確かだが、(9)カンヨウで平等な動機も持っているし、可能な時はいつでもその両方を同時に満たそうとしている。両者が対立するときには、どちらを選ぶか色々考えるだろうが、日々人々が他人のために自分を犠牲にしているように、原理的にはカンヨウもしくは平等な動機が一定の条件で選ばれうるのである。

心に向かって行動し、おそらくは集団指向的動機から第三者に対して社会的規範を強制し、利己的関心による計算とは無関係の（共感からフンガイ(4)、忠誠、罪悪感に至るまでの）真なる道徳的情動を備えている。こうした経験的証拠、そして他の分野における多くの研究者がシサ(5)するのは、ヒトが他人に価値を見いだし、その幸福に投資するための生物学的適応を進化させてきたということである。この事実を説明するには、ヒトが他人との相互依存を認識し、それが他人の社会的意思決定に影響をもたらしている点を見ればよいと論じてきた。ヒトは意思決定時に以下の点を考慮し、その意味で協力的な合理性を身につけたのである。（一）可能な場合にはパートナーと同集団メンバーを援助するのが正しい作法であり、（二）他人が自分と等しい存在で等しくふさわしい相手であり（そして同じ認識が相手からもなされていると期待され）、（三）社会的コミットメントによって作り出された「わたしたち」が自身と価値ある相手のために正当な意思決定を作り出し、それが道徳的コミュニティで道徳的アイデンティティを備えた人たちに正当な義務を作り出すのである。

個人の観点から考えれば、これはすべてまさにその通りだろう。道徳的コミュニティにおいて、自他両方の道徳判断はおおむね、正当かつ相応なものである。だからこそ、仮にプラトンのギュゲスの指輪が与えられ、自分の行動が他人に見えなくなったとしても、現代の大人はそのほとんどがほとんどの場合に道徳的に行動するのではないだろうか。二人称の道徳性とつながりのない社会規範の場合、見えなくなってしまった大人は間違いなくその規範を破ってしまうだろう。利己的動機が十分に強い場合もまた、非道徳的に行動するだろう。しかしよほど強い利己的欲求がないかぎり、もちろん自分を道徳的コミュニティの一部とみなしているがゆえに、他人を助け、公平に接し、そうしなかった場合には罪悪感を感じることの方が多いだろう。そしてわれわれは、すべての文化のすべての道徳的コミュニティについて、これが当てはまるのではないかと考えている。生活する社会的・制度的状況が異なることを考えれば、単に文化によって異なるのは、特定の文脈における善い・悪い作法の理解の仕方であり、道徳的コミュニティの一部になるのが誰かという点だけだろう。

のと考えなければならないのだろうか？　答えはイエス・ノーの両方である。もちろん、自然選択の論理のソウテイによれば、生物体は繁殖適応度を増加させる（あるいは少なくとも減らさない）作法で行動していることになる。それを利己的関心と呼ぶこともできるだろう。しかし利己的関心と通常呼ばれているものは、他人より自分を優先する行動を能動的に選択することである。地球上の大多数の生命形態が、そんな選択はしていない。単に目先の目標に向かって行動しているだけであり、うまくいった動物からすれば、この目標がこれからの生存と繁殖と矛盾しないというだけである。もちろん、他人より自分を優先しようという心理メカニズムを備えているわけではない。ここではそんな問題は生じることもない。利己的関心から行動していると言ってしまえば、究極要因と至近要因を混同していることになる。

しかし、霊長類や他の哺乳類を含む複雑な社会で生活する一部の動物にとっては、利己的関心の問題が確かに生じてくる。大型類人猿は自分より他の個体を優先することがある。こうした行動は、何らかの見返りの観点から進化的に説明できるだろうが、行動している生物はその見返りについて何も気づいていない。たとえば、相手が友達だからこそ、友達をグルーミングして援助したり、争いの際に相手の(3)ミカタをしたりしているだけである。しかし、たとえば他の個体がそれをはしがっているときに資源を独り占めするなど、大型類人猿は他の個体より自分を優先させることがある。これまでと同様、至近的心理メカニズムに焦点をあわせて考えれば、このような行動だけが利己的関心からの行動だと言えるかもしれない。一般に、大型類人猿は（それが他人の利益追求を邪魔すると分かっていても）他の個体より自分を優先させるという経験的証拠が多数あり、大型類人猿は多くの場合（ひょっとするとほとんどの場合）、利己的関心から行動していると言えるかもしれない。

ヒトが利己的関心から行動できる能力を備えており、しばしばそうしているのは目に見えて明らかである。しかし、幼い子どもでさえ、多くのケースで戦略的計算なしに心から相手の幸福を配慮することがある。子どもは相手の目標達成を手助けし、公平に資源を共有し、共同コミットメントを形成してその破棄にあたっては相手の許可を得て、「わたしたち」もしくは集団の関

国語

（六〇分）

一　次の文章を読んで、後の問に答えなさい。（50点）

社会科学にありがちだが、ヒトは明確な個人的利益の追求のみによって突き動かされる、ホモ・エコノミクスという合理的に自己利益を最大化する者として描かれることが多い。この心理学的モデルの基盤には明らかに、資本主義市場で行動する個人の動機と行動が(1)ソウテイされている。しかし、ヒトの進化と歴史を幅広く見渡せば、その歴史の九五％でヒトは平等主義的で共有的な狩猟採集社会で生活しており、資本主義市場も協力的な文化的制度であるのは明らかである。この市場は協力的慣習・規範によって作り上げられている。その協力的慣習・規範の中で、（この場合は少し逆説的だが）個人は他のすべてを除外し、個人的利益を追求するという文脈でうまくやっていくために作り出された、一連の規則に同意しているのである。資本主義市場で利己的関心をうまく追求するための規則は、テニス選手が相手にうまく勝つための規則のようなもので、何よりもまず試合を構成する協力的規則の一部なのである。人間行動の文化的・制度的文脈を無視してしまえば、(2)競争という馬車が協力という馬を引いていると見間違ってしまう。

しかし、人間行動の進化的説明を試みるのであれば、個人の利己的関心を、協力的な社会的やり取りよりももっと基本的なも

解答編

英語

I **解答** (1)—④　(2)—③　(3)—②　(4)—①　(5)—①

◀解　説▶

(1)「新しいウイルスの広がりは，この国ではまだ抑え込まれていない」

ここでの contain は「(感情，疫病など) を抑制する，阻止する」の意味である。したがって，④ suppressed が正解。contain は「含む」の意味で使われることも多いので，① included と混同しないこと。ここでは「含まれていない」では意味をなさない。

(2)「首相の発言は故意に論点をずらしているように聞こえた」

deliberately は「故意に」の意味の副詞である。したがって，③ intentionally が正解。① arguably「おそらく」 ② considerately「かなり」 ④ accidentally「偶然に」

(3)「ジャックは，車を販売したセールスマンにだまされた，と主張した」

deceive は「だます」の意味であるから，② tricked が正解。①は encourage「励ます」の過去・過去分詞形。

(4)「CEO は業績の悪い事業を閉鎖するという断固たる決断を下した」

resolute は，決心などについて「固い，決然とした」の意味。したがって，① determined がほぼ同義である。② tentative「試験的な」 ③ generous「寛大な，気前のいい」

(5)「私は現代の小説を読むのが好きだ」

contemporary は「現代の，同時代の」の意味。したがって，① current が正解。current は名詞として「潮流」の意味で用いられることも多いが，current English「現代英語」などのように，形容詞として「現在一般に流通している」の意味でもよく用いられる。

Ⅱ 解答 (6)―② (7)―② (8)―① (9)―② (10)―③

◀解　説▶

(6)空所は「敬意を表して」に当たるところで，toの後に置かれていることから「～するために」と不定詞が用いられていると推測できる。② honorが「敬意を表す」の意味で，適当である。④ prosper「繁栄する」

(7)空所は「利用されています」に当たるところ。② utilizedが正解。③は discard「捨てる，放棄する」の過去・過去分詞形。

(8)① foundが正解。空所は「～だと思いました」に当たるところで，後に「*A* to be ～」を伴うSVOCの文型をとる動詞である。③ predictもこの構文を取ることがあるが,「予測する」の意味なので不適。

(9)空所は「お問い合わせくださり」に当たるところである。「問い合わせ」に当たる名詞は② inquiryである。inquiryは「尋ねる」の意味の動詞 inquireの名詞形である。① applicationは「適用・応用する，志願・申請する」の意味のapplyの名詞形。③ inspection「調査」 ④ obligation「義務」

(10)空所は「貧困」に当たるところである。poorの名詞形である③ povertyが正解。① luxury「贅沢」 ② modesty「慎み深さ」 ④ commodity「日用品」

Ⅲ 解答 (11)―④ (12)―② (13)―② (14)―③ (15)―④

◀解　説▶

(11)「レンタカーの需要は，ホリデーシーズンの前に急増する」

④ leadが正解。in the (　　) up to ～で前置詞beforeの同義となるイディオムであると推測して，選択肢を検討する。leadには，名詞で用いて日本語と同じ「リード」の意味があり，in the leadで「リードして」のように用いる。そこに「～まで」の意味のup to ～がつながり，「～を前にして，先駆けて」の意味で用いられる。

(12)「国内旅行の制限は夏までに終わる予定である」

② liftedが正解。be (　　) で動詞endの同義となる。liftには「撤廃する，取り除く」の意味がある。④ release「解放する，発売する」とは

反意である。① launch「(ロケットなど) を発射する,(企画など) を始める」 ③ reject「拒絶する」 be to *do*「～する予定である」

⒀「全商品は,感謝のしるしとして割引価格で提供します」

② appreciation が正解。to show our (　　) が as a token of our gratitude「感謝のしるしとして」の言い換えとなっている。したがって,空所は「感謝」の意味の名詞となる。① affection「愛情」

⒁「私は,学校を代表してその委員会に出席した」

③ represented が正解。on behalf of ～ は「～の (利益の) ために」の意味もあるが,ここでは「～を代表して」の意味である。空所は文の述語動詞であり,後に the school が続いているところから,③を選んで「その委員会で学校を代表した」とするのが適当である。

⒂「私も同じことを言おうとしていたところでした」

文全体の書き換えとなっている。主語が I から you に変えられていることに注意。right は強意を表す副詞で,後の out of my mouth を強める。④ took the words を選ぶと,take the words (right) out of *one's* mouth「人の言おうとすることを先回りして言う」の意味のイディオムとなり,適当である。

Ⅳ 解答

(3番目・5番目の順に) ⒃―①・③ ⒄―⑤・③ ⒅―⑥・③ ⒆―③・① ⒇―⑥・②

◀解 説▶

⒃ (There are times) when you have to rely on (others to get things done.)

「～する時」を表すのに times が与えられており,直後に空所があるため,空所の先頭は関係副詞の when と見当をつけて語群を探す。次に「～しなければならない」は have to を探す。最後に「頼る」は depend on をはじめいくつかの表現があるので,そのつもりで探すと rely on がある。rely〔depend〕on *A* for *B*「*A*(人) に *B*(事・物) を頼る」の構文で使うことが多いが,この問題のように rely〔depend〕on *A* to *do*「*A*(人) が～してくれるのをあてにする」の形もある。get *A* *done*「*A*(物) を～してもらう」

⒄ (Some young people are) inclined to think of morality as (a restraint.)

「を束縛と考える」の「考える」は，まず regard *A* as *B* が思い浮かぶが，語群から regard の代わりに think of を用いることがわかる。*A* as *B* を伴うとき think は必ず前置詞 of を伴うことに注意。「～する傾向にある」も tend to *do* や be likely to *do* が語群にないので代用表現を探す。be inclined to *do* となる。

(18) (The data is stored) in a way that cannot be (altered.)

「～の形で」の表現がポイント。語群を見ながら考えると，in this way などで使う way があり，前置詞の in もあるので，この形で組み立てることを考える。語群に cannot be があるので，文全体は複文となる。そこで関係詞 that でつなげるとよい。store「(動) 蓄積する，保存する」 alter「変更を加える」

(19) (It seems that even modern) medicine is incapable of curing him (of that disease.)

「～できない」は，cannot *do* / be unable〔not able〕to *do* / be incapable〔not capable〕of *doing* の 3 表現を意識しながら語群を見る。すると，incapable が見つかる。「治す」に cure を用いることはすぐにわかるが，構文に注意が必要である。cure は，病気などの「物」も目的語にとるが，*A* of *B* を伴って「*A*（人）の *B*（病気などの物）を治療する」の意味で用いられることも多い。deprive *A* of *B*「*A*（人）の *B*（物）を奪う」などと同じ構文である。medicine には「薬」と「医学」の両方の意味がある。

(20) (There are a lot of) cases in which honesty does not (pay.)

「～する〔である〕事例」の「事例」には cases を用いることはすぐにわかるだろう。「～する〔である〕」のところに用いる連結詞は，普通，関係副詞の where であるが，語群からその代用である in which となることがわかる。pay には，「物・事」を主語として「利益になる，割に合う」の意味があることも押さえておきたい。

V 解答 ㉑―① ㉒―② ㉓―④ ㉔―② ㉕―①

◆全 訳◆

≪スペインの人気料理店ブルー・マタドール≫

ブルー・マタドールは，市の中心にある評判の良いスペインレストランである。バルセロナとカタロニアの両スペイン地方の本格料理の提供を名物としている。昨年後半，初めてオープンし，たちまち，街で最先端の食事どころの一つとの評判を得た。私は，先週のある夜，そこがこの大げさなふれ込みに見合うだけのところか確かめてみようと訪れてみた。

まず目につくのは，壁にかけられた額入りの白黒写真と深く濃い青色のサテンのカーテンをたっぷり使ったスタイリッシュな装飾である。給仕係は皆，カタロニアの民族衣装を着ている。そして，スペインの民族音楽がレストラン全体に静かに流されているだけでなく，夜間には時折合奏団によるサルダーナの生演奏もある。

料理はまったく正統的なもので，シーフード，オリーブ油，パン，野菜がたっぷり使われている。また，種類が多く変化に富んだハム，チーズが食べられる。しかし，このレストランの名物料理は，*suquet de peix*（おいしい魚のスープ）で，私は，デザートのカタロニアクリームとともに心の底から薦める。料理とともに，その地方産の上質のワインもある。料理の質はとても高いが，値段は極めてお手ごろである。スタッフはたいへん気配りがきいており，注文したものが来るのに長く待たされることはないだろう。けれども，このレストランは人気があり，たぶんそうしないと入れないので，予約するのを忘れないように。

◀解 説▶

㉑空所を含む文は，and でつながれた重文で，前の opened とともに It（＝the Blue Matador）を主語としている。空所は，後に続いて目的語となる「街で最先端の食事どころの一つとの評判」から考えて，「獲得した」の意味になるのが適当である。したがって，① earned が正解となる。

㉒第2段は，レストラン the Blue Matador の店の様子について書かれている。空所を含む文は，主部が The first thing you will notice「まず目につくもの」，述語動詞が is となっている。したがって，選択肢の中で③ invisible「目に見えない」か④ transparent「透明な」を選ぶと矛盾が生

じる。また，① blinding「目をくらませるような，まばゆい」では，後のwith 以下にある室内装飾の説明である deep dark blue satin drapes と矛盾する。したがって，② stylish が正解となる。

㉓空所を含む文 All of the serving staff wear … は，and の次の not only 以下文末までが，レストランで流される音楽についての記述である。空所は of *sardana* music とさらに by an ensemble「合奏団による」の修飾を受けている。したがって，④ performances「演奏」が正解となる。空所の前の形容詞 live「生の，実演の」とも合致する。not only の節は否定を表す not が節頭に出たために倒置形となっている。また通常この副詞句に呼応して用いられる but also の but（通常は there are also live … の前に置かれる）は省略されている。

㉔最終段は，レストランの料理についての記述である。空所は and でつながれた varied「多様な」とともに kinds を修飾している。したがって，varied と矛盾しない意味を持つと考えられる。それにふさわしい選択肢は① much と② plentiful となるが，修飾先が kinds と複数形なので，② plentiful「豊富な」が正解となる。

㉕空所を含む文はレストランのスタッフについての記述である。第1段にあるように，well-regarded「評判の良い」スペインレストランであり，「街で最先端の食事どころの一つとの評判を得ている」。また，空所に続く部分でも，注文した後に長く待たされることはないとあるので，スタッフについても好意的な評価を下していると考えられる。したがって，② lazy，③ inactive，④ obscure「あいまいな，目立たない」は，どれも不適当である。① attentive「気配りのきく，丁重な」が正解となる。attentive は動詞 attend の形容詞形で，attend には「出席する」のほかに「（人に）仕える，世話をする」の意味がある。そこから cabin attendant「客室乗務員」などの用語が生まれる。

Ⅵ　**解答**　㉖―④　㉗―①　㉘―③　㉙―①　㉚―①

◆全　訳◆

㉖A：やあ，ローレンス，準備はもうできたかい？　行く時間だよ。みんな8時に集まることになってる。だから，また遅れたくないんだ。

B：ちょっと待って。すぐ下りていくから…。はい，来たよ。ほら，どう？

A：すごくかっこいいよ。でも，そのネクタイはどこで買ったの？

B：クレイジー・クラバッツだよ。どうして？　気に入らない？

A：うーん，今，着ているものと合わせるとちょっと変だと思わないかい？

B：いや，思わないけど。これは，僕が誰であるかの宣言さ。それはそうと，君はどうなの？　君の着ているのはグリーンばっかりじゃないか！　グリーンのシャツにグリーンのタイ，グリーンのスーツにグリーンの靴下。グリーンの靴まで履いているじゃないか！

A：もちろんさ。セント・パトリック・デイだよ。グリーンを身につけることになっているんだよ。

B：グリーンを少しは着ることになってるけど，グリーンだけというわけじゃないよ。完全にやり過ぎだよ。

A：いや，気に入ってるんだ。僕が誰であるかの宣言さ！　ともかく，行こう。

(27)A：もし本物のタイムマシンがあったら，未来に行ってみたいかい？

B：場合によりけりだね。

A：どんな場合？

B：えっと，一般的には，未来にどんなことが起きるのか知りたいね。でも，自分自身の未来は見たくない。病気にかかっていたり，年をとってよぼよぼしていたりするのを見たら，がっくりくるだろうね。

A：そうだね。過去に旅するのはどう？

B：行き先の時と場所を完全に自分でコントロールできるんだったら，過去に旅行できるのはすばらしいだろうね。

A：どうして？　行き当たりばったりの旅の方がおもしろいと思わないかい？

B：うーん，そうかもしれないけど，運任せにして交戦地帯みたいな危ない場面に迷いこむのはごめんだね。

A：言いたいことはわかるよ。

(28)A：あっ，あそこにウェイターがいる。デザートを注文しようかな。このアップルパイはいけるらしいの。

B：信じられないな！

A：何？

B：あれだけの食事を食べたばかりなのに，デザートを食べようというのが信じられないんだよ！

A：そんなに食べなかったわ。

B：うそ。スープをボウル一杯に大量のサラダ，フライドチキンを5つ，ばかでかいベークドポテト。そうだ，コーンを忘れてた。

A：そうね，たしかに多そうに聞こえるわね。でも，まだお腹が空いてるの。

B：いつもこんなにたくさん食べるのかい？

A：そう。わたしにとってはまったく普通よ。要するに食欲旺盛みたいね。

B：たしかに！

(29)A：こんにちは，ハスケルさん。私にご用ですか？

B：そうなんだ，エド。君が送ってくれたスライドのことなんだ――来週，ドーシーのところですることになっているプレゼンテーションのために作ってくれたスライドだよ。

A：スライドに何か問題がありましたか？

B：いや，問題と言っていいかわからないんだが。ほとんどのスライドが情報量が多すぎるように思う。プレゼンテーションをするときには，一枚一枚のスライドには一般的な考え方を2，3個書いて，細かいことは言葉で説明するのがベストだと思う。言ってること，わかるかい？

A：はい。すぐにスライドを編集します。

B：いいだろう。やってみたら，ほとんどのスライドが書いたことの半分くらいは削れることに気づくと思うよ。

A：アドバイスをありがとうございます。実は，スライドを作りながら，書きすぎているかもしれないとは思っていたんですが，確信がなくて。こちらに来てからまだ2回目のプレゼンテーションなんです。

B：そうだね，もし何か手伝ってほしいことがあったら，そう言ってくれ。それとも，ジュディに手伝うように頼んでもいいよ。彼女は，スライド作りと編集は大の得意なんだ。

(30) A：こんにちは，サリー。今朝，また授業にいなかったわね。それに疲れているみたい。どうかしたの？

B：また寝過ごしたのよ。実際に，2つ，授業に出られなかった。最近，多いの。アルバイトのせい。

A：あのね，注意した方がいいわよ。その授業を落とすかもしれないし，少なくとも成績が悪くなるわ。

B：わかってるんだけど，昨日の夜もまた遅くまで働かないといけなくて，12時を過ぎるまで帰れなかったの。それから宿題をしないといけなかった。やっと寝られたのは3時ごろ。

A：毎日，授業があるのに，そんなに長時間働くのはよくないと思うわ。自分一人のためにどうしてそんなことをするの？

B：私もしたくないけど，仕方がないの。働いているレストランは，この頃，本当に忙しくて，みんな超過で働かないといけないの。

A：本当？　上司はあなたが大学生だと知っているの？

B：知ってるわ，だけど気にしてないの。ビジネスのことしか考えていない。彼にはそれだけが大事なのよ。

A：ひどいわね。スタッフの幸せも考えてもらわないとねえ。そのレストランはやめて，もっといいアルバイトを探した方がいいと思うわ。

B：たしかにね。もう，やめたいとは言ってあるんだけど，客足が落ちつくまではだめだと言うの。

A：彼にそんなことを言う権利はないわ。好きなときにやめていいし，彼にはそれを止められないわ。

B：もし私がそんなことをしたら，ものすごく怒って，給料を払わないとか，そんなことをしそう。

A：それは違法だし，そんな仕打ちを我慢する必要はないわ。私なら受け入れられないわ。

B：たぶん，あなたの言うとおりね。今夜，必ず言うわ。いっしょに来てくれる？

◀解　説▶

やりとりを1つか2つ読んで話題がつかめたら，選択肢に目を通し，次に空所の文とその前の文を読むのがよい。それで正解の推測がつくこともある。さらに文脈の理解が必要な場合は最初から読んでいく。その過程で会話と不一致な選択肢が見つかることも多い。

(26)何かの集まりに出かけようとしている二人の会話。服装が話題になっている。空所の会話の前のやりとりから，Aの服装がすべてグリーンであること，それが「聖パトリックの日」のためであることがわかる。空所の前でBは，服装すべてがグリーンでなくてもいい，と言っている。～, not just green は（you're）not（supposed to wear）just green のように補って考える。この文脈に沿うのは，④ It's completely over the top. である。be over the top は「やり過ぎである，極端である」の意味のイディオム。

(27)タイムマシンがあれば乗りたいかどうかという話題で，B は That depends.「場合によりけりだ」と言っている。このフレーズは，会話問題の頻出表現なので押さえておきたい。空所の前の発言で，Bは，タイムマシンに乗る条件として，「行き先の時と場所を完全に自分でコントロールできる」ことと言っている。それに対して，A は Why? と疑問を呈し，その後に続くのが空所である。この文脈に合致するためには，① a random trip would be more interesting を選ぶと，「行き当たりばったりの旅の方がおもしろいと思わないかい？」となり，適当である。後の，Well, it could be とも整合する。これは it could be（more interesting）のように補って考える。

(28)レストランでデザートを注文しようと言うAに対してBは驚いている。空所は，B の Do you usually eat this much? との問いかけに対して，Yeah. と応答した後に続く発言である。したがって，③ isn't at all unusual for me を選ぶと，「私にとってはまったく普通だ」となり，適当である。Aの最初の発言にある There's ～ は「ほら，あそこに～がいる〔ある〕」と，相手の注意を喚起する表現。

(29)最初のやりとりから，部下のA（Ed）と上司のB（Haskell）の会話であること，BはAが作ったプレゼンテーション用のスライドのことで話しにきたことがわかる。空所を含む発言は，Aの「はい。すぐにスライドを編集します」を受けての応答である。したがって，② most of the slides you prepared don't have to be altered at all は正解でないと推測できる。また，① about half of what you put on most of the slides can be removed と ③ slides containing a lot of detail tend to improve presentations は逆の内容となるので，どちらかが正解と推測できる。以上から，Bがどのような編集を要求したのかを2つ目のBの発言（Well, I don't know if…）から探る。すると第2文に，But I do think there's too much information on most of the slides. とあり，ハスケル氏は情報が多すぎることを問題としていることがわかる。したがって，①が正解となる。

(30)度々授業を欠席しているB（Sally）をAが心配している。選択肢全てに「彼」が登場するので，「彼」とBの関係を探りながら，Bの状況を読み取る。すると，Bの2つ目の発言（I know, but…）にI had to work late again last night, 3つ目の発言（I don't want to…）に The restaurant where I work is really busy these days, … とあり，レストランでのアルバイトが深夜に及んでいることがわかる。以上の文脈から，空所の前のBの発言（I already told him that I want to leave, but he said I can't until business is quieter）の意味がはっきりする。he said I can't の後には leave を補う。したがって，Bのアルバイトをやめたくてもやめさせてもらえないという状況に対する応答が空所である。① He has no right to say that と③ I'm afraid that the law is on his side「法律は彼の味方である」が相反する内容であるから，どちらかが正解であると推測できる。空所の後に，You can leave any time you want and he can't stop you. と続けているところから，①が正解となる。

VII 解答

(31)―② (32)―③ (33)―③ (34)―① (35)―② (36)―③
(37)―② (38)―②

◆全　訳◆

≪ペンシルベニア第3の都市アレンタウンの変貌――ラストベルトからの脱出≫

［Ⅰ］ アレンタウンはペンシルベニアで3番目に大きな都市で，フィラデルフィアとピッツバーグの次である。しかし，州外で市が知られている範囲において言えば，それは市が不幸にもラストベルト（＝さびついた工業地帯）が象徴するものの一角を占めているおかげである。

その象徴が，ビリー=ジョエルの1982年の歌『アレンタウン』である。すなわち，ミュージックビデオ時代初期のヒットで，その時代の他の数多くの曲よりも際だって記憶されている。その曲が「アレンタウン」の名前を使ったのは，アレンタウンが重工業の操業停止とそれから派生するあらゆる変動の第一波の象徴としてである。

そう，我々はみんなここアレンタウンに住んでいる
なのにやつらは工場を全部閉めている

これは，いくつかの明らかな点で――誰も失敗を表すニックネームになどなりたくない――そして思わぬ展開もいくつか加わって，不運なことであった。一つは，あの時代に閉鎖されつつあった製鋼所は，実はアレンタウンにはなかった，ということである。工場は，15 マイル先のベスレヘムにあった。しかし，あの歌にはいくつか目的があってその目的のためには，「アレンタウン」の方が響きがよくて歌にのりやすかった。また，脚韻の組み合わせが見つけやすかった。それでアレンタウンだ。「あんなの，ただの気まぐれさ」と，ドミニカ共和国生まれで，子どもだった 1970 年代にアレンタウンにやってきたジュリオ=グリディは言う。私たちが彼に会った頃には，彼は市議会の議長になっていた。そして，市内を歩いて案内しながら説明した。「『ベスレヘム』では韻が踏めないからあの歌になったんだ」

［Ⅱ］　ビリー=ジョエルの哀歌より一世代以上後の現代のアレンタウンにとって，閉鎖された工場は，実のところ，経済的にも文化的にもメインの問題ではない。ベスレヘムにあった，ビリー=ジョエルの哀歌の本当の題材となった迷路のような US スティールの工場や溶鉱炉はあまりに長く閉鎖されたままなので，もう十分に第二の人生に入っている。今では，スティール・スタックスとして知られる人気のコンサート会場になっており，動かなくなった溶鉱炉や圧延機は，芸術的で不気味な，あたかも工業の時代が残したストーンヘンジとでもいったものと化し，ロック，フォーク，カントリーミュージックの出し物に格好の背景として役立っている。製鋼所の廃屋の内部を巡る「歴史」ツアーがついて，おまけに近くに画廊やサンズのカジノまである。アレンタウンも工場労働者の一時解雇をそれ相応に経験した。とりわけ，かつてマック・トラックスの世界の製造センターだったものについてはそうであった。今では，トラック工場は，先端技術と軽工業の企業が――中には大きなビール会社や「ハチミツ酒生産所」まである――かつてマック・ショップのフロアであったところで活動している。

［Ⅲ］　リーハイ・バレーの経済全体としては，拡大化，多様化そして成長し続けている。諸大学の存在も一つの要因である。最も有名なのはベスレヘムのリーハイ大学である。もう一つは，様々な特殊工業の重要性である。合衆国のどこでも売られ飲まれているサミュエル・アダムズのビールも，そのほとんどはアレンタウンのすぐ西にあるブレイニグスビルの契約ビール工場製である。出版と有機食品のロデイル帝国は，すぐ南側のエメイウスを本拠地としている。この地域がもつ最も重要な経済的優位性は不動産の信頼性である。すなわち，その所在地である。アレンタウンは，ニューヨークやフィラデルフィアから十分離れているので，それらの都市と比べて生活費がかなり安く，単なるベッドタウンに終わらないアイデンティティーをもっている。しかし，十分近いので，実際に通勤している人もいる。そして，街のすぐ外で合流する南北と東西間の大きな州間高速道路は，アレンタウンとその周辺都市を物流の魅力的な拠点としている。アマゾンは，かつて合衆国の人口の3分の1はアレンタウンからトラックで1日以内のところにいる，と計算したが，その最大のイーストコースト倉庫を近くに設けた。その上，他に食料品会社，家具会社，輸送業者もそこにある。

［Ⅳ］　1990年代と2000年代初頭をとおして，市の人口は増えもしたし変化もした。大きくは，ラテン系の家族がニューヨークとニュージャージーから大挙して移ってきたからである。この新しくやって来た人たちは，おもにプエルトリコ系かドミニカ系の背景を持つ人たちである――ジュリオ=グリディの言葉によれば，「ニューヨリカン」である。しかも，彼らの流入は，9.11同時多発テロの後，加速した。グリディは言う。「こちらの方が安全に思えたのでしょう。土地もあり，スペースもあり，経費も安い。にもかかわらず，ニューヨークやフィラデルフィアに簡単に行くことができるのです」 2000年には，アレンタウンの人口の4分の1はラテン系となった。十数年後には40パーセントを超えた。

［Ⅴ］　アレンタウンにとっての問題は，経済全般にわたっていたというわけではない。厳密に言えば，ダウンタウンであった。ペンシルベニアは，どの州よりも分断が進み，ばらばらの行政区域の集合体となった。カリフォルニアの3分の1以下の人口にもかかわらず，5倍の地方自治単位を持っている。すなわち市，郡区，町村，水域，学区，郡――何でもありだ。これは，理論上は，役人と市民一人一人の距離を近づけることになる。同

様に，小さな地方規模を超えた政策を策定することが困難ともなる。

アレンタウンの場合は，行政区域のパッチワークが意味するのはこういうことである。建築業者は，開発を市の境界のすぐ外側――法人格のない郡の土地内のフリーウェイを越えた，ダウンタウンからわずかに2マイルのところ――に移動することによって，市の規制を逃れることができるし，小売り業者は税金がずっと少なくてすむ。そういうわけで，1970年代から，アレンタウンも，あまりに多くのアメリカの市町でおなじみとなった破壊的なスプロール化（＝住宅地域の無計画な広がり）を経験した。新しい大型商店街やショッピングセンターが次々と郊外に出現した。客もそれについて行った。ダウンタウンの小売業者はもがき苦しんだ。市の歳入は縮んだ。そして，警察隊から道路の保守管理に至る業務がそれに続いた。そして，結果的に，ダウンタウンでの生活に関わるすべてが悪化した。その結果，1980年代までは，建築的に魅力があり，商業的に成功していたダウンタウンであったものが，まるで戦災にでもあったかのような，犯罪の多い抜け殻になってしまった。

［Ⅵ］ どの市にも衰退や復活を示す象徴がある。アレンタウンでは，話をするとほとんど全員が1990年代に起きた有名なヘス・ブラザーズ・デパートの閉鎖を市の転落を示す印として口にした。第二次世界大戦後の黄金時代においては，ヘスはダウンタウン全体の力のよりどころであった。最高級のファッションも日用の普段着も扱い，レストランも喫茶店もあり，季節の催し物があり，客は店が開くのを並んで待っていた。*Allentown Morning Call* 誌のアーカイブの中にその時代の大晦日にヘスデパートを囲んでいる群集の写真を見ることができる。まるでタイムズスクエアのようだ。エド=パウロウスキの説明によれば，「1970年代には，ヘスは全国一の収益をあげていた！」ということである。パウロウスキは，当時40代後半のはげかかった男で，シカゴで育ったがアレンタウン市長としての三期目の選挙に勝ったばかりだった。元ヘスデパートがあった場所を歩いて通り過ぎながら指摘した。「1億9,000万ドルの売上高をあげたんだ，ここアレンタウンでね。この地域全体の小売業の中心だったし，全市から買い物にここにやってきたよ」

彼の気分は憂いを帯びてきた。「それから商店街が建設され，ゆっくりと，でも確実に，巨大な電気掃除機みたいに何でもかんでも吸い取ってしまった。小売りのメッカであったものが，１ドルショップやタトゥー・パーラーが入るまでになった。人を街の中心部に取り戻すために何かをすべきだったのだが」

◀解　説▶

⑶ Stonehenge「ストーンヘンジ」は，よく知られたイギリス先史時代の遺跡。巨石を環状に並べたもので，現在も残っている。この歴史的・地理的常識に合致するのは，② an object that has survived from the past のみである。① a historical site which has been destroyed が一見紛らわしいが，which has been destroyed とあるのがストーンヘンジの事実と反する。下線部は「Stonehenge を思わせる遺跡」の意味で用いられており，当該段第２文（The labyrinthine former …）にある U. S. Steel（＝米国最大の製鉄会社）の工場として使われていた建物を指している。

⑶ patchwork「パッチワーク」とは，よく知られているように，いろいろな形や色の布などをはぎ合わせたもののことで，かばんやベッドカバーなどに用いられる。また，「寄せ集め」の意味で軽蔑的に用いられることもある。この基礎知識をもとに選択肢を見ると，③ something that is made of distinct parts が正解となる。後に続く of jurisdictions の jurisdiction とは「支配権，法域」などと訳されるが，ここでは，様々な行政組織の「管轄区域」のことである。③では，jurisdictions が distinct parts「別個の部分」で言い換えられている。

⑶～⑶の内容真偽問題は，解答を始める前に，各ブロックのパラグラフリーディングを行う，第１段と最終段を読む，などでブロックの大意を把握しておくこと。次に４つの選択肢に目を通す。文脈が理解できていれば本文全体を読まなくても正誤の判断ができる。あるいは，常識に照らして推測できる場合も多いので，どの選択肢から検討するかの目安になるだろう。本文を参照する際にはスキャニングが有効になる。

⑶③ Lyrics in the song "Allentown" really describe the closing of steel mills in Bethlehem.「『アレンタウン』の歌詞は，実際は，ベスレヘムの製鋼所の閉鎖を述べている」が正解。ベスレヘムに関する記述は，ブロックⅠ第３段第３文（They were fifteen …）にあり，一致する。解答には４つの選択肢を順番に検討する必要がある。①は Pennsylvania，②は Billy Joel's "Allentown"，③は Bethlehem，④は Julio Guridy に注目して

スキャニングを行う。すると，①は，ブロックⅠ第1段第1文に「アレンタウンはペンシルベニア第3の都市」との説明があり，次の第2文（But to the …）に，the city is known outside the state とあり不一致。②は，同ブロック第2段第1文（The symbol is …）に Billy Joel's 1982 song "Allentown" とある。また同段最後に引用されている歌詞の2行目に *And they're closing all the factories down* とあり，選択肢の steel factories which had thrived throughout the 1980s と矛盾する。thrive「繁栄する」 ④はブロックⅠ第3段の最後から2文目の who 以下より，1970 年代にドミニカからアレンタウンに来たことは正しいが，子供の頃のことなので不一致。

(34)① The workshops and furnaces which were the subject of Billy Joel's song are now used for holding music events.「ビリー=ジョエルの歌の題材になった工場や溶鉱炉は現在，音楽イベントの開催のために使われている」について，workshops and furnaces に注目してスキャニングを行う。すると，ブロックⅡ第2文（The labyrinthine former …）に，それらが「second life に入った」との記述がある。すなわち，workshops and furnaces が元々の用途を離れ全く別の用いられ方をされた，との意味である。そこで，second life の具体的な内容を探すと，続く第3文（Now they are …）に「ロック，フォーク，カントリーミュージックの出し物に格好の背景として役立ち」とある。したがって，①が正解となる。本文の serve as ～「～として役立つ」が be used for ～ に書き換えられている。

(35)② The location of the Lehigh Valley provides it with its greatest economic advantage.「リーハイ・バレーはその立地から経済的に最大の利点を有している」が正解。選択肢の economic advantage に注目する。すると，ブロックⅢ第6文（The most important …）に見つかる。The most important economic advantage の具体例として，この文のコロン（:）以下に location の語が示されている。また，本文の most important が②では greatest に言い換えられている。①は「the Lehigh Valley は広範囲に渡る specialty industries（特殊産業）の維持に成功しなかった」とあり，同ブロック第1～3文（The overall economy … specialty industries.）より不正解となる。

(36)③ The flow of “Nuyoricans” into Allentown sped up after the 9/11 attacks.「アレンタウンへの『ニューヨリカン』の流入は，9.11 同時多発テロ以降加速した」が正解。“Nuyoricans” の語に注目する。これは，ブロックⅣ第2文（The new arrivals …）にあり，2つ目のダッシュ（—）以下に，their flow accelerated after the 9/11 attacks とある。本文の accelerate「加速する」が③では speed up に言い換えられている。解答の際には，4つの選択肢について，①から順に見ていく必要があるだろう。パラグラフリーディングができていれば，①と②は同ブロック第1文（Through the 1990s …）から除外できる。④はグリディの人口流入についての発言を検討すればよい。「土地もスペースもある」ということなので too crowded とは思っていないことがわかる。

(37)② Because of destructive urban sprawl, everything about downtown life in Allentown got worse.「破壊的な都市のスプロール化により，アレンタウンのダウンタウンの生活のすべてが悪化した」が正解。sprawl に注目すると，ブロックⅤ第2段第2文（So, starting in …）に使われている。次の第3文（New big-box malls …）末尾に，everything about downtown life got worse の一節がある。よって，②が正解となる。sprawl は，第一義としては「手足を伸ばして寝そべる，大の字になる」の意味であるが，そこから「（郊外地域などが）不規則に（無計画に）住宅地化する」の意味でも用いられ，「スプロール化する」と日本語でも用いられる。①は，同ブロック同段第1文（In the case …）から不正解となる。選択肢にある escape Allentown’s city regulations のフレーズが同文にもあるが，本文では「規制を逃れるために」移動する距離は「わずかに2マイル」である。

(38)② According to Ed Pawlowski, in 1970 the sales at Hess Brothers department store were greater than in any other department store in the U.S.「エド=パウロウスキによると，1970年のヘス・ブラザーズ・デパートの売り上げが，全米のどのデパートよりも多かった」が正解。Ed Pawlowski に注目すると，ブロックⅥ第1段第6文（“In 1970, Hess was …）に Ed Pawlowski の発言が引用されており，In 1970, Hess was the highest-grossing department store in the entire country!” とある。highest-grossing は「最高収益をあげる」の意味で，②では，greater than in any other department store … と比較級を用いた最上級表現で言い換えられている。①は，occupied all of downtown Allentown「アレンタウンのダウンタウンすべてを占拠した」という言及はない。

Ⅷ　解答

(39)—③　(40)—①　(41)—②　(42)—④　(43)—②
(44)全訳下線部参照。

◆全　訳◆

≪世界の人口は減少する――人口減少がもたらす現実と未来≫

［Ⅰ］　何年も，人口過剰は現代の差し迫った危機のように思えたものだ。1968年にさかのぼれば，スタンフォード大学の生物学者ポールとアンのエーリック夫妻は，ベストセラーとなった破滅予言の書『人口爆弾』の中で，不名誉にも，間もなく何百万人もが餓死するだろうと予言した。それ以来，切迫した災害の新マルサス学派的うわさが，環境保護運動のいくつかの派の中で絶えず繰り返されてきた――最近では，デイビッド=アッテンボローのドキュメンタリー『地球に暮らす生命』の中で表明された恐怖である。

エーリック夫妻がその暗い予言を出版した当時は，世界は人口増加のピークにあり，当時は年間2.1％の割合で増加していた。それ以来，世界の人口は35億から76.7億までふくれあがった。しかし，成長は速度を落とした――しかも顕著に。女性の権利拡大とともに，そして避妊しやすくなるにしたがって，出生率は世界各地でぎくしゃくした動きを見せたり止まってしまったりしている。そして，今や多くの国において女性一人あたりの出生率は2.1人――安定した人口を維持するために必要な最低レベル――を下まわっている。

［Ⅱ］　出生率の低下は，世界の最富裕国――特に日本とドイツに顕著である――ではしばらく前から問題となっている。昨年，韓国では女性一人の出生率が0.84まで落ちた。政府によって広範囲に及ぶ出産奨励の取り組みが行われたのにもかかわらず，記録的な低さである。翌年からは，すでに存在する児童手当の給付に加えて，20万ウォンの現金特別給付が，すべての出産を控えているカップルに支給される。

出生率は，イングランドとウェールズでも大きく低下している――2012年には女性一人あたり1.9人であったのが2019年には1.65人になった。国家統計局による2020年に向けての暫定的な数は，今や1.6になるだろうと示唆している。これは第二次世界大戦前以来最も低い割合である。2012年から2019年にかけて，1.67から1.37に落ちたスコットランドでは，問題はもっと深刻である。タイやブラジルなどの中所得国においても，次第にこのような状況になりつつある。イランにおいては，1.7人という女性一人の出生率が政府に警鐘を鳴らした。公立病院では，今後避妊薬を配ることをしないし，精管切除術も提供しない，と最近発表した。

[Ⅲ]　このように出生レベルの低下が世界的に見られるようになった結果，今や国連も数十年以内に人口増加はストップするだろうと確信している——その後に本格的な降下が始まる。

昨年，医学誌の『ランセット』に発表された有力な研究の予測によれば，世界人口は予想よりもはるかに早くピークを迎え——2064年に97.3億に達し——その後2100年までに87.9億まで落ちるだろう。出生率の降下は，著者の指摘によれば，重大な「経済的，社会的，環境的，地政学的影響」をもたらすだろう。

彼らのモデルが予測するところでは，スペイン，イタリア，ウクライナを含む23カ国において，今世紀末までに人口が半分以上減るだろう。論争の的となった一人っ子政策——人口急増を鈍化させるために導入されたもの——が2016年に終わったばかりの中国も今では，将来，予想では2100年までに48%という大幅な人口減少を経験すると思われる。

[Ⅳ]　私たちは予想されてきたのとはずいぶん異なる未来を見ることになるだろうということが，ますます明らかになりつつある——そして，高齢化が縮小した経済をますます大きな緊張下におくに伴い，別種の危機を見ることになるだろう。しかし，人口減少は生活レベルではどのように見えるのだろうか？　この傾向を10年以上も示している国である日本が，いくらかの洞察を提供してくれるだろう。すでに，人が少なすぎてすべての家屋を満たせないのだ——今では，8軒に1軒が無人のままになっている。日本では，このような無人の家を「空家」と呼んでいる。

[Ⅴ]　ほとんどの場合農村部で見られることだが，このような「幽霊屋敷」は，すぐに荒れ果ててしまい，その地域を風景の中の無気味な存在として取り残す。かくして，地域の衰退を加速させるのだ。多くの空家は元の居住者の死後空っぽのままである。都市に住む親戚によって相続される

が，多くは引き取られず，手入れされずじまいとなる。所有者不明の建物があまりにも多いので，地方自治体も取り壊すことができないでいる。

日本の市町の中には，新しい住人を引き寄せるために極端な手段を講じたところもある――リフォーム費用に補助金の給付を提供したり，若い家族に家屋を譲渡したりすることさえある。予想では2049年までには国家の人口が1.27億から1億かそれ以下にまで減少するので，空家はますます広がることになるだろう――そして，2033年までには，日本の全住宅戸数の3分の1を占めるだろうと予測される。農村部の人口が減少するにつれて，古い畑地や放置された果樹園は再び野生動物の天下となる。近年，ツキノワグマを見かけることが次第に当たり前になってきている。というのも，その動物は，木の実や果物が枝で熟したまま収穫されないとそれを漁りにくるからだ。

EUでは，2030年までにはイタリアと同じ面積の地域が放棄されると予想される。スペインは，2100年までに人口の半分以上が失われると予想されるヨーロッパ諸国の一つである。すでに，スペインの市町村の4分の3が減少下にある。

絵のように美しいガリシア州やカスティーリャ・イ・レオン州は最悪の影響を受ける地方の一つである。全村落が住人が消えて次第に空になってきているのだ。3,000以上の村が廃墟となって丘々にとりつき，状態は様々だがいずれも放棄されて立っている。不動産仲介業のガリシアン・カントリー・ホームを経営する国外在住英国人であるマーク=アドキンソンは，オブザーバー紙に，「この地方に『1,000以上』の放棄村落を確認しました」と語り，さらに，絶えず職員を外回りに出して，放棄物件には，所有者をつきとめてその家屋をもう一度市場に戻すことを願って手紙を残す，と付け加えた。

「私は43年もここにいます」と彼は言う。「状況はずいぶん変わりました。若者たちは村を去りましたし，親たちは年をとり病院に近いところにアパートを手に入れています。もはや車の運転ができなくなったときに山の中で立ち往生したくはないでしょう」

［Ⅵ］　日本の場合と同じように，自然がすでに空いたところ（放棄された場所）に入り込んできている。マドリッドのアルカラ大学生態学教授のホセ=ベナヤスによれば，スペインの森林は，土地が耕されなくなるにつれ

て，1900年以来面積が国土の8％から25％へと3倍になった。人口減少は土地放棄の引き金を引き続けるだろう，と彼は言う。「なぜなら，食わせなければならない人間が少なくなるのですから」 フランス，イタリア，ルーマニアは，近年，森林面積が最大の増加を示した国に入っている。その大部分は，古い畑地が自然に再生するという形をとっている。「モデルの示すところでは，この種の森林化は少なくとも2030年までは続くでしょう」とベナヤスは言う。

大規模な農村放棄は，近年のヨーロッパにおける大型肉食動物の再興を促した一要因である。オオヤマネコ，クズリ，ヒグマ，オオカミはこの10年間で個体数が増加しているのである。スペインでは，イベリアオオカミが400頭から2,000頭以上へと跳ね上った。その多くが，ガリシアの廃村に出没するのが見られる。野生の雄豚やノロジカ――その数もまた跳ね上がっている――を襲っているのである。昨年，ガリシアでヒグマが目撃された。150年間で初めてのことである。

ピークを過ぎた世界の未来の見通しは，おそらく，以下のものだ。より少なくなった人口が今まで以上にぎっしりとひしめきあって都心に押し寄せる。そしてその外，市境の向こうでは野生動物が徘徊する。

◀解　説▶

(39)～(43)の内容真偽問題は，解答を始める前に，各ブロックのパラグラフリーディングを行う，第1段と最終段を読む，などでブロックの大意を把握しておくこと。次に4つの選択肢に目を通す。文脈が理解できていれば本文全体を読まなくても正誤の判断ができる，あるいは，常識に照らして推測できる場合も多い。本文を参照する際にはスキャニングが有効になる。

(39)③ Some environmentalists are still worried about the increase in the world's population.「環境保護論者の中には，それでも世界人口の増加を心配する人がいる」が正解。environmentalists に注目してスキャニングを行う。ブロックⅠ第1段第2文（Back in 1968, …）に environmental がある。本文の certain sections of the environmental movement が③では Some environmentalists に書き換えられ主語となっている。また本文にある「差し迫った災害のうわさが繰り返されている」は，③にあるように「いまだに人口増加に不安を持っている」ことを示している。他の選択肢については，①は1968と2.1％の数字に，②は Ehrlichs' predictions

に，④は 2.1 children per woman と 3.5 billion to 7.67 billion の語句に注目する。①の 1968 年は同ブロック第 1 段第 2 文（Back in 1968, …）と第 2 段第 1 文（At the time …）に記述があり，1968 年は人口増加のピークであったとある。②の Ehrlichs' predictions についても，第 1 段第 2 文セミコロン（；）以下（since then, …）に記述がある。そこに，「それ以来，切迫した災害の新マルサス学派的うわさが環境運動のいくつかの派の中で絶えず繰り返されてきた」と現在完了時制で書かれている。したがって，were not supported とあるのは間違い。

(40)① In South Korea, government efforts to promote childbearing did not lead to a rise in the birthrate last year.「韓国では政府の出産促進策が，昨年度は出生率の上昇につながらなかった」が正解。South Korea に注目すると，ブロックⅡ第 1 段第 2 文（In South Korea …）にある。ここに，「女性一人の出生率が 0.84 人」と示され，それが「記録的な低さ」であるとの記述がある。そして同文後半に，despite extensive government efforts to promote childbearing とあり，選択肢にあるように，「出生率の増加に至らなかった」ことになる。

(41)② An influential study published in *The Lancet* did not predict that the global population will begin to decline right away.「ランセット誌に掲載された影響力のある研究予測によると，世界人口はすぐには減少に転じないということだった」が正解。*Lancet* や global population に注目してスキャンすると，ブロックⅢ第 2 段第 1 文（An influential study …）に，the global population would come to a peak much earlier than expected … と「予想よりずっと早く」の記述があり，紛らわしいが，具体的には in 2064 とある。したがって，②にあるように「今すぐに（right away）起こるとは予想しなかった」と言える。①は，*Lancet* article, 23 countries，48％，2016 に注目する。23 countries は，同ブロック第 3 段第 1 文（Their model predicted …）にあるが，2016 は同段第 2 文（China, where …）にある中国で一人っ子政策の終了した年である。③は，同ブロック第 2 段第 2 文（Falling birthrates, …）に，出生率の低下は多大な経済的，社会的，環境的，地政学的な影響を及ぼすだろうとあるので，不一致。④については，China に注目して同ブロック第 3 段第 2 文（China, where …）を参照する。increase とあるのは decrease の間違いである。

(42)④ Mark Adkinson wants to put property that has been abandoned back on the market.「マーク=アドキンソンは放置された不動産を再び市場に出したいと思っている」が正解。Mark Adkinson に注目する。ブロックⅤ第4段第3文（Mark Adkinson, …）に記述があり，その末尾に，Mark Adkinson の希望として，in the hope of … returning them（= abandoned properties）to the market とある。①は 100 million and 127 million，②は Japanese と occupants に注目する。100 million and 127 million はブロックⅤ第2段第2文（With the country's …）にあるが，人口減少に関する数字である。Japanese と occupants が同ブロック第1段第2文（Many *akiya* have been left …）にあり，*akiya* の増加は the death of their occupants の結果である。③は，そのような記述は本文にない。

(43)② In the past decade, the populations of lynx, wolverines, brown bears and wolves have all increased in Europe.「過去10年間で，ヨーロッパではオオヤマネコ，クズリ，ヒグマ，オオカミの個体数が増加している」が正解。lynx, wolverines, brown bears and wolves に注目して，ブロックⅥ第2段第1文（Rural abandonment on …）のコロン以下を参照する。そこに，これらの large carnivores「大型肉食動物」について，have all seen increases in their populations over the last decade の記述がある。ここでの動詞 see は「経験する」の意味である。したがって，②が正解となる。①は Spain に注目する。同段第2文（In Spain, …）に記述があるが，ここで述べられているのはオオカミの個体数であって，人間の住民についての言及ではない。

(44) It is ～ that … の仮主語構文であるが，It から続く述語動詞が be 動詞ではなく is growing と一般動詞の現在進行形になっていることに注意する。grow は become とほぼ同義である。直後の ever は，肯定文で用いて比較級を強める。「ますます，さらに」の意味。次に that 節の different from ～ expecting の形容詞句の働きに注意。この形容詞句は直前の very を伴って，その前の a future を修飾している。また the one はこの a future の言い換えの代名詞である。（that / which） we had been expecting の関係代名詞節の修飾を受けているので定冠詞 the を伴っている。〔解答〕では「確定的未来」として訳したが,「未来を見ている」と現在進行形のように訳してもよいだろう。

IX 解答例

(45) (In this harsh economic) situation (, the) role〔part〕(the government) is expected to play (is changing drastically.)

◀解　説▶

「(経済) 情勢」の意味でよく使われる語は, circumstances / conditions / situation である。どれを用いてもよいだろう。circumstance と condition は, この意味では複数形で用いるので注意。circumstances は「起こった出来事に付帯する事情」の意味合いが強くなる。circumstances と混同しやすい surroundings は人や物を取り囲む事物や場所を指して使う語であるので, ここでは用いない。

「果たすことを期待される役割」は, play a / the part / role of ～の定番表現を基本に, of 以下のところがこの問題では,「政府が果たすことを期待される」の形容詞節となり, 関係代名詞節で表現される（この問題では語数指定のため that / which は省略)。

「期待される」は, 文字どおり「期待する」の意味の expect がぴったりである。expect *A* to *do* で「*A*（人）が～すると期待する」となり, これを受動態で用いて, *A* is expected to *do* となる。受動態でも頻繁に用いられる。

❖講　評

2022 年度は大問 9 題の出題で, 読解問題が長文 2 題と短めのもの 1 題が出題された。その他は, 文法・語彙問題 4 題, 会話文問題 1 題, 英作文問題 1 題の出題。記述式は, 英文和訳が 1 問, 空所補充形式の和文英訳が 1 問である。

中心はⅦ, Ⅷの長文読解問題であり, 特筆すべきは英文の量である（Ⅶが 1,100 語, Ⅷが 1,150 語程度)。それに新しく出された短めの読解問題Ⅴ（250 語程度）と会話文の問題が加わって, 全体で相当な量となる。Ⅶ, Ⅷの長文読解問題は, 語彙・構文が標準より高度, 設問は標準的な難易度であった。設問は, 選択式はブロック指定の四択式内容真偽が中心で，本文の大意把握ができていれば正答できる。他に，Ⅶは内容説明の問題が，Ⅷは下線部和訳が加わる。内容説明の問題は，語彙力と共に文脈の理解が問われる内容。下線部和訳は，語彙が平易，構文は標準と言える難易度で，日本語の表現に悩むことなく素直に訳出できるだろう。本文の内容は，Ⅶがアメリカの「ラストベルト」と言われた都市の過去と現在を取材したノンフィクション。特殊な意味の語（scan「韻律的に朗読する」など）や凝った文章も多く，とまどいを覚えた受験生も多かったと思われる。Ⅷは人口減少を近未来の深刻な問題とする人文系の論説文。Ⅴは語彙と設問は平易，構文は標準的な出題であった。

Ⅸの和文英訳は，１語と３～５語の語数指定のある短文の空所補充形式（３カ所）で，平易な問題である。標準的な語彙・構文力があれば対処できるだろう。

文法・語彙問題も標準的な難易度と言える。やや高度と言えるのは，Ⅲの⑾，⑿，⒂であろう。

Ⅵの会話文の問題（５問）は英文の量が多い。会話文特有の表現よりは，文脈の理解が問われる内容である。

全体的に見て，英文の量が多いので，その分標準より難と言える。長文読解問題では，設問を中心に本文を読み解く技術，速読力，時間配分が重要となる。

日本史

I **解答** 問 1．オ 問 2．カ 問 3．エ 問 4．ウ
問 5．イ・エ・オ 問 6．イ 問 7．ア 問 8．イ
問 9．ウ・オ 問 10．エ

◀解 説▶

≪古代・中世の小問集合≫

問 1．オが正解。史料〔A〕は「令義解」である。里を管轄するのは里長であるので，空欄 1 には「長」が該当する。

問 2．カが正解。空欄 2 は「年毎」に作成するため計帳が，空欄 3 は「六年に一たび」作成するため戸籍が該当する。「4 によりて勘へ造れ」とあり，4 の規定により作成するとされているので，律令の施行細則にあたる式と判断できる。

問 3．エが正解。「近江の大津の宮」「除くことせず」より，永久保存が決められた天智天皇の庚午年籍と判断したい。

問 4．ウが誤文。「具に家口・年紀を注せよ」とある。

問 5．イ．誤文。豊臣秀吉の伴天連追放令では南蛮人との貿易を禁止していない。

エ．誤文。豊臣秀吉の文禄の役は 1592 年の出来事で，1588 年の刀狩令の後である。

オ．誤文。文禄の役では明国が朝鮮に援軍を送ったため，日本側の戦局が不利となっていった。

問 7．アが正解。織田信長が「天下布武」の印章を使用するのは 1567 年の美濃攻略以降のことであり，それ以前の出来事として 1560 年の桶狭間の戦いが該当する。なお，長篠の戦い（1575 年），伊勢長島一向一揆の平定（1574 年），延暦寺の焼き打ち（1571 年），足利義昭を奉じての上洛（1568 年）はいずれも美濃攻略以降の出来事である。

問 8．イが正解。b．早良親王の死去（785 年）→a．蔵人頭の設置（810 年）→d．円仁の帰国（847 年）→c．『類聚国史』の編纂（892 年）→e．菅原道真の左遷（901 年）の順である。b の藤原種継暗殺事件が桓武天皇，

aの蔵人頭の設置が嵯峨天皇の治世下であり，cの『類聚国史』が菅原道真の編纂であることからイとオに絞れ，円仁が最澄の弟子であることを踏まえるとイと判断できる。

問9．ウ．誤文。百姓は農民，商人，手工業者を含む中世庶民を指す言葉である。

オ．誤文。惣村は室町時代に登場した自治組織で，死刑などを含む地下検断を行った。なお，村八分は近世村落の慣行である。

問10．エが正解。e．康暦の政変（1379年）→a．上杉禅秀の乱（1416年）→b．永享の乱（1439年）→c．結城合戦（1440年）→d．享徳の乱（1454年）の順である。康暦の政変はなじみが薄い事項であろうが，その他の事項は室町時代の室町殿と鎌倉公方の対立で基本事項であるため確定できる。

Ⅱ 解答

問1．オ　問2．ア・ウ・エ　問3．A－ア　B－ウ
問4．あ－オ　い－イ　問5．g　問6．イ・ウ・エ
問7．カ　問8．ウ

◀解　説▶

≪江戸時代の農業と対外関係≫

問1．オが正解。史料〔A〕は『西域物語』で，農民の困窮がテーマとなっている。空欄cには，農民が「良田畑と知れど亡所となして，租税の減納を謀る」とあり「過租税」が，空欄dには「出生の子」に対して行う「間引く」が該当する。この2つが判断できれば確定できる。

問3．Aはア，Bはウが正解。宮崎安貞は日本初の体系的農学書である『農業全書』を著し，青木昆陽は甘藷栽培を勧めた。なお，イは報徳運動の二宮尊徳，エは『広益国産考』の著者の大蔵永常，オは性学の大原幽学の説明である。

問4．空欄あはオ，空欄いはイが正解。［あ］の長崎に1804年に来航した人物はアレクサンドル1世の使節であるレザノフ，［い］の根室に1792年に来航した人物は大黒屋光太夫らを伴ったラクスマンである。なお，アはハリス，ウはプチャーチン，エはパークス，カはビッドル，キはロッシュの説明である。

問6．イ・ウ・エが正解。［α］の京都で起こった出来事は，八月十八

日の政変，池田屋事件，蛤御門の変である。なお，坂下門外の変は江戸で，生田万の乱は越後で起こった。

問7．カが正解。史料〔C〕は日露和親条約である。「日本国と魯西亜国との境」について，「[k]島ニ至りては，日本国と魯西亜国の間ニおゐて，界を分たす」とあり，日露において[k]島に国境線を設けないことが規定されている。ここから[k]島にはカラフトが入り，史料〔C〕が日露和親条約と判断できれば，[i]島にエトロフ，[j]島にウルップが入ると確定でき，問8の地図問題も判断できる。

Ⅲ 解答

問1．ウ　問2．エ　問3．オ　問4．ア　問5．ウ
問6．イ　問7．ア　問8．オ　問9．イ　問10．ウ
問11．イ　問12．エ　問13．ア　問14．ウ　問15．オ

◀解　説▶

≪幕末・明治時代の条約と経済≫

問1．ウが正文。

ア．誤文。アメリカへの最恵国待遇の供与を約束したのは，日米和親条約の締結によってである。

イ．誤文。安政の五カ国条約は，アメリカ・イギリス・オランダ・ロシア・フランスとの修好通商条約を指す。

エ．誤文。協定関税制は外国から日本への輸出時に適用される。

オ．誤文。治外法権の条項には，日本人がアメリカ人に対して罪を犯したときに，日本の法によって裁かれると規定している。

問2．エが正解。「もっとも重要な輸出品」である空欄1は生糸が，その原料の空欄2には蚕卵紙が該当する。空欄1に生糸が入ることが判断できれば，消去法でも解答できる。

問3．オが正文。

ア．誤文。五品江戸廻送令の五品は，生糸・菜種油（水油）・蠟・呉服・雑穀である。

イ．誤文。日本と外国の金銀比価の相違によって外国から日本に銀が流入し，日本から外国へ金が流出した。

ウ．誤文。生糸など，輸出のため国内製品が海外に流出することによって国内物価が高騰した。

エ．誤文。開港による貿易総額が大きかったのは横浜で，最大の取引相手国はイギリスであった。

問7．アが誤文。製糸業は在来技術を改良した器械製糸が中心であった。

問8．オが正解。問2を踏まえると，Aには生糸が該当する。また，紡績業の復活により綿糸が輸出品の割合として増えるので，Bには綿糸が該当する。近代日本の輸出品目の円グラフは頻出であり確認しておきたい。

問9．イが正文。

ア．誤文。緑茶の輸出額の割合について，明治期にあたる1900年は4％，大正期にあたる1920年は1％である。

ウ．誤文。1920年にも緑茶は輸出されているので，生産されなくなったとすることはできない。

エ．誤文。1880年と1900年のグラフを比較すると，綿糸や絹織物の輸出額の割合が上昇し，緑茶に頼る必要がなくなったためであり，緑茶が国内向けに回ったため輸出割合が減少したと評価することはできない。

オ．誤文。緑茶の輸出額はそれぞれ1880年に700万円，1900年に800万円，1920年に1916万円であり，輸出額自体は増加している。

問10．ウが正文。

ア．誤文。初の内国勧業博覧会が開催されたのは1877年である。

イ．誤文。地方改良運動は1908年に，第2次桂太郎内閣により進められた。

エ．誤文。筑豊炭田には三井や三菱など財閥系が炭鉱開発に参入した。

オ．誤文。日本鉄道会社は，官営事業の払下げによらず，1881年に華族の出資によって設立されたものである。

問11．イが正文。

ア・ウ・エ・オ．誤文。1872年に国立銀行条例が制定されると，翌年に兌換券発行の義務を負う国立銀行が4行設立された。1876年に改止されて兌換の義務が停止されると国立銀行が増加し，1883年にふたたび改正され国立銀行は開業後20年間の内に普通銀行へ転換することになった。そして1885年に日本銀行が銀兌換券を発行する。明治期の金融については頻出事項である。

問12．エが正文。

ア．誤文。江戸時代から続く商家で，呉服などの商売を通じて発展したのは「三菱」ではなく三井家である。

イ．誤文。三菱は海運・商社以外に重工業の経営に力を入れた。

ウ．誤文。兵庫造船所の払下げを受け，重工業の経営に力を入れたのは川崎家である。

オ．誤文。三菱長崎造船所では戦艦武蔵が築造されるなど，世界的水準を維持していた。

問 13．アが正文。

イ．誤文。岩崎家が始めた海運業が基盤となっているのは三菱である。

ウ．誤文。小野と鴻池も明治時代になっても経営を続けている。第一国立銀行が三井・小野組によって設立されたことを想起して判断したい。

エ．誤文。別子銅山は住友家が経営した。

オ．誤文。三井が設立した共同運輸会社と三菱汽船会社が合併して日本郵船会社となる。

問 14．ウが正文。

ア．誤文。五大銀行は，三井・三菱・住友・安田・第一である。

イ．誤文。戦後恐慌は「1918 年」ではなく 1920 年である。

エ．誤文。若槻内閣が救済しようとした銀行は「朝鮮銀行」ではなく台湾銀行である。

オ．誤文。大戦景気によって工業生産額は農業生産額を超えた。

問 15．オが正解。c．米騒動（1918 年）→e．戦後恐慌（1920 年）→b．関東大震災（1923 年）→a．金融恐慌（1927 年）→d．世界恐慌（1929 年）→f．金解禁（1930 年）の順である。その中で 1920 年代の出来事を選ぶ。

Ⅳ　解答

問 1．3―イ　5―エ　問 2．B　問 3．ア・イ　問 4．ウ　問 5．ウ　問 6．ア・ウ　問 7．イ・ウ　問 8．ア・イ・オ　問 9．イ・ウ・エ・オ

問 10．a―エ　b―キ　c―ク　d―ケ　問 11．ウ

◀解　説▶

≪戦後の日米関係≫

問 1．空欄 3 はイ，空欄 5 はエが正解。史料〔A〕・〔C〕・〔D〕は 1945 年のアメリカの初期対日政策，史料〔B〕は 1948 年のロイヤル演説であ

る。史料〔B〕に「全体主義的戦争の脅威に対する妨害物の役目」とあり，占領政策転換に関する史料と判断しよう。空欄1はソビエト連邦，空欄2は中華民国，空欄3は中華人民共和国，空欄4は朝鮮民主主義人民共和国，空欄5は大韓民国が入る。

問3．ア・イが正文。史料〔A〕には「日本国は陸海空軍，秘密警察組織」を「保有することなし」とあり，史料〔B〕には日本を「全体主義的戦争」の「妨害物」とするために「十分自立しうる」ようにすべきであるとしている。

ウ．誤文。アメリカは「日本への援助を拡大」しようとしていたというよりも，むしろ日本の経済的自立を促そうとしていた。

エ．誤文。公職から追放されるのは「軍国主義及好戦的国家主義」者である。

オ．誤文。「コンビネーション」を解体するために過度経済力集中排除法が実施された。

問4．ウが正解。エ．警察予備隊新設（1950年）→ア．MSA協定締結（1954年3月）→オ．自衛隊発足（1954年7月）→ウ．PKO協力法成立（1992年）→イ．イラク復興支援特別措置法成立（2003年）の順である。

問5．ウが正文。サンフランシスコ平和条約の発効は1952年である。独立国になることで，日華平和条約の締結やIMFなどの国際機構の加盟が可能になったことを想起しよう。なお，日韓基本条約調印は1965年，日中平和友好条約調印は1978年，ソビエト連邦と朝鮮民主主義人民共和国とは平和条約を締結していない。

問6．ア・ウが正文。1971年は日本と国交正常化する前の中華人民共和国へアメリカ大統領ニクソンが訪問を表明した年である。

問7．イ・ウが正文。

ア・エ．誤文。沖縄はベトナム戦争の前線基地となり，戦争に伴うドル支払いは日本経済を促進させた。

オ．誤文。北爆を背景としてベトナム戦争が本格化した。

問8．ア・イ・オが正文。サンフランシスコ平和条約と同日に日米安全保障条約が結ばれた。

ウ．誤文。アメリカの日本への防衛義務明文化は日米相互協力及び安全保障条約による。

エ．誤文。日米の共同作戦行動は日米防衛協力のための指針による。

問 9．イ・ウ・エ・オが正文。

ア．誤文。核兵器拡散防止条約は，核兵器所有国から非所有国への供与を禁止したものである。

問 10．空欄 a はエ，空欄 b はキ，空欄 c はク，空欄 d はケが正解。史料〔E〕は「沖縄返還決定に関する琉球政府主席声明」である。空欄 b と c には「核ぬき」「本土なみ」のいずれかが入るが，沖縄の基地は施政権返還後もそのまま維持されるため「基地の『　c　』返還ということには疑問と不安が残る」とあり，c は「本土なみ」と判断できる。

❖講　評

Ⅰ　古代～中世の民政や政争などさまざまな観点から出題された。問 1～問 4 の「令義解」からの出題は史料にヒントがある。また，問 7・問 8・問 10 の時系列を問う出題のうち，歴史の流れを踏まえることで，詳細な年号知識がなくても対応できるものがある。

Ⅱ　『西域物語』「日露和親条約」などの史料と地図からの出題で，江戸時代の農業と対外関係をテーマとする。問 1 の史料の空所補充の問題は，史料を丁寧に読んで解答が確定する箇所から対応しよう。問 7・問 8 は史料が「日露和親条約」であることを理解している必要があり，史料全体の内容から史料の性格を捉える必要がある。なお，出題の多くは基本事項である。

Ⅲ　幕末・明治時代の条約と経済をテーマとする。選択肢の吟味に時間を必要とする出題があるが，幕末明治の貿易は頻出事項であるため落ち着いて対応したい。また，問 2 と問 8，問 12 と問 13 など設問どうしがヒントとなっている場合もある。

Ⅳ　戦後の日米関係をテーマとする。〔A〕～〔D〕の史料は，アメリカの占領政策を踏まえればその性格が判断できる。問 4 や問 5 などは戦後史の中でも頻出の問題であるが，1970 年代以降の知識を問う出題も多く，戦後史についてもしっかりとフォローする必要がある。なお，問 10 の史料〔E〕の空所補充は，史料を丁寧に読んで適切に判断したい。

世界史

I

解答　A．タンネンベルク　B．マルヌ　C．ソンム　D．キール　E．ウィルソン　F．エーベルト　G．シュトレーゼマン　H．ヒンデンブルク　I．スターリングラード

問1．オ　問2．イ　問3．エ　問4．ア　問5．エ　問6．エ

問7．ウ　問8．ウ　問9．(a)―イ　(b)―エ　(c)―ア

問10．(i)ドイツは，1935年に住民投票でザール地方を編入した。1938年にはオーストリアも併合し，ドイツ人が多く居住するズデーテン地方の割譲をチェコスロヴァキアに要求した。この問題を解決すべくイギリス首相チェンバレンは宥和政策をとり，イギリス・フランス・イタリア・ドイツでミュンヘン会談を行い，同地方の併合が承認された。ドイツは翌年チェコスロヴァキアを解体，ベーメン・メーレンを保護領，スロヴァキアを保護国とした。(200字以内)

(ii)ダンツィヒの返還とポーランド回廊を横断する交通路を要求した。(30字以内)

◀解　説▶

≪第一次世界大戦と第二次世界大戦≫

A・H．ヒンデンブルクは軍人としてタンネンベルクの戦いでロシア軍を撃破した国民的英雄であった。エーベルトの死後大統領に就任したが，大統領緊急令を濫発して議会の機能不全と大統領の独裁化が進み，議会政治に対する大衆の支持は失われた。

I．スターリングラードの戦いは，1942年から始まり，当初はドイツ軍が優勢であったが，ソ連が反攻に転じてドイツ軍を包囲し，翌年ドイツ軍は降伏，独ソ戦の大きな転換点となった。なお，この戦いが始まった1942年は，連合軍の北アフリカ上陸や日米のミッドウェー海戦などもあり，第二次世界大戦の大きな転換の年である。

問3．1889年にパリで組織され，第一次世界大戦前に反戦を唱えていた国際的な労働者組織は，エの第2インターナショナルである。ウの第1インターナショナルは1864年にロンドンで，オの第3インターナショナル

（通称コミンテルン）は1919年にモスクワで結成された。

問5．ア．誤文。ドイツは戦力の不保持ではなく，軍備制限を義務付けられた。

イ．誤文。ドイツは全ての海外植民地を失った。

ウ．誤文。ラインラント右岸の50kmが非武装地帯とされ，左岸は15年間連合軍が保障占領することとなった。

問6．エ．誤文。1920年代，3度の大統領選挙全てに勝利したのは民主党ではなく共和党である。

問7．ウ．誤文。第一次五か年計画を推進していたソ連は，世界恐慌の影響を受けなかった。

問8．ウ．誤文。1943年11月，米・英・ソの首脳がドイツに対する共同作戦（すなわち第二戦線の形成）を話し合った会談はテヘラン会談。カイロ会議はその直前に行われ，米・英・中の首脳が日本の戦後処理について話し合った。

問9．(a)やや難。1915年，ドイツ軍がベルギー西部の戦い（イープルの戦い）で初めて大規模な毒ガス攻撃を行った。

(c)1917年2月ドイツが無制限潜水艦作戦を宣言すると，中立を保っていたアメリカはドイツと断交し，4月に宣戦布告を行い連合国側で参戦した。

問10．(i)ナチスの政権獲得（1933年）から第二次世界大戦開戦直前（1939年）の期間における，ドイツが行った領土変更の経過について，200字以内で説明する。指定語句は5つ。記述すべき事項は多いが字数は限られているので，取捨選択の判断と要約力が求められる。

ドイツは，ナチス政権のもとで全権委任法を成立させ，一党独裁が開始された。1933年には軍備平等権が認められないことを理由として国際連盟を脱退，1935年の住民投票で圧倒的賛成を得てザール地方を編入すると，再軍備宣言を行った。ここからドイツの領土変更・拡大の動きが本格化していく。

仏ソ相互援助条約が締結されたことを理由に，1936年にロカルノ条約を破棄，ラインラントに進駐した。ラインラントはライン川右岸が非武装地帯，左岸が連合軍の保障占領下にあったが，そもそもドイツの領土であるので，「領土変更」という問題の要求にはそぐわないので注意したい。

1938年にはドイツ民族の統合を旗印にオーストリアを併合し，続けてドイツ人が多く居住するチェコスロヴァキアのズデーテン地方の割譲を要求した。これに対し，イギリス首相ネヴィル=チェンバレンやフランスは宥和政策，すなわち戦争を回避すべくドイツに譲歩して話し合いで解決を図る姿勢をとり，ミュンヘン会談が実施された。当事国チェコスロヴァキア代表の参加がないなか，英・仏・独・伊の4カ国がこの問題について話し合い，同地方のドイツによる併合が承認された。ドイツの東方侵略を容認する形となったこの会談の後，ドイツはさらに動きを強め，チェコスロヴァキアを解体し，西部に当たるベーメン（ボヘミア）・メーレン（モラヴィア）を保護領とし，東部のスロヴァキアを保護国とした。

ポイントは，次の6つである。

①住民投票により，ザール地方を編入した。

②次いでオーストリアを併合。

③チェコスロヴァキアにドイツ人居住者の多いズデーテン地方の割譲を要求。

④フランスや，イギリス首相チェンバレンは，宥和政策でこれに対応。

⑤ミュンヘン会談が，英・仏・独・伊で行われ，ズデーテン地方の割譲が認められた。

⑥ドイツはさらに，チェコスロヴァキアを解体し，西部のベーメン・メーレンを保護領，スロヴァキアを保護国とした。

(ii)ドイツがポーランド侵攻直前，ポーランドに行った領土的要求は，ダンツィヒとポーランド回廊に関する2つである。

①ダンツィヒ市は，ヴェルサイユ条約によって国際連盟管理下の自由市となったが，市に続く鉄道はポーランドが管理しており，かつ，港の使用権もポーランドが有していたため，ドイツはダンツィヒの返還をポーランドに求めた。

②同じくヴェルサイユ条約によって，ドイツから“ポーランド回廊”がポーランドに割譲された。これによりドイツと東プロイセンは分断されることになり，ドイツは，回廊を横断し，東プロイセンに行くための陸上交通路をポーランドに要求した。

Ⅱ **解答** A．エンコミエンダ　B．ポトシ　C．七年
D．サン=マルティン　E．ナポレオン３世
F．マデロ　G．ケネディ　H．アジェンデ
問１．エ　問２．オ　問３．イ　問４．イ　問５．イ　問６．イ
問７．(エ)　問８．ウ　問９．エ　問10．イ・エ　問11．オ　問12．オ
問13．イ　問14．イ・エ・オ　問15．ウ

◀解　説▶

≪アメリカ大陸史≫

F．ディアス独裁政権に対するメキシコ革命を主導し，1911 年に大統領となったのはマデロである。民主化を推し進めたが，農地改革は不徹底で，1913 年にウェルタ将軍のクーデタが起き，暗殺された。

H．チリで 1970 年に初めて選挙による社会主義政権を打ち立てたのはアジェンデである。主要産業の国有化などを推進したが，1973 年，アメリカの支援を受けた軍部のピノチェトのクーデタで倒された。

問１．エ．誤文。アンデス高地でクスコを首都に繁栄したのはインカ帝国である。アステカ王国は 14 世紀にメキシコ高原でテノチティトランを都に成立した。

問２．オ．正しい。アステカ王国はコンキスタドールのコルテスが 1521 年に，インカ帝国はピサロが 1533 年に滅ぼした。

問３．イ．誤文。農場領主制が広まり，賦役労働が強化された地域は東ヨーロッパである。

問４．イ．誤り。ワトーは 18 世紀に活躍したフランス・ロココ美術の代表的な画家である。

問５．イ．誤り。1763 年のパリ条約で，イギリスはフランスからカナダ・ミシシッピ川以東のルイジアナ・セネガル・西インド諸島の一部を，スペインからフロリダを獲得した。また，スペインはミシシッピ川以西のルイジアナを獲得した。

問６．イ．誤文。1823 年にアメリカ大統領モンローが発したモンロー教書は，ヨーロッパ大陸諸国とアメリカ大陸の相互不干渉を唱えた。

問７．(エ)が正解。1825 年に独立し，シモン=ボリバルの名前にちなんだ国名であるのはボリビアである。ボリビアの位置は(エ)。なお，(ア)はコロンビア，(イ)はエクアドル，(ウ)はペルー，(オ)はアルゼンチン，(カ)はチリである。

問9．エ．誤文。ドイツ関税同盟が発足したのは1834年。イギリスの圧倒的経済力に対抗するための保護貿易主義を唱えた経済学者リストらの尽力で組織され，ドイツ地域の経済的統一が果たされた。ビスマルクは1862年にプロイセン首相となった。

問10．イ．誤文。血の日曜日事件は，日露戦争中の1905年に起こった事件。これを機に第1次ロシア革命が始まった。

エ．誤文。臨時政府は社会革命党のケレンスキーを首相とした。

問13．イ．誤文。ソ連・東欧諸国がコメコンを結成したのは1947年ではなく1949年。

問14．部分的核実験禁止条約に調印したのは，アメリカ・イギリス・ソ連である。フランスと中国は，3国による核の寡占であると批判し，参加を拒否した。

❖講　評

Ⅰ　二度の世界大戦についてのリード文から，戦間期の世界を幅広く問うている。問9の(a)は「第一次世界大戦」「ベルギー西部」から毒ガスと判断することが求められたため，やや難であった。問10の論述のうち(i)は指定語句があるので論述の筋道を立てやすいが，指定語句にないザールに言及できるか否かで得点差が生じる可能性がある。

Ⅱ　アメリカ大陸の歴史をリード文に，古代から現代までの関連する欧米史が問われている。地図問題は日頃からラテンアメリカの地図を意識していないと失点につながりやすい。問14は「過不足なく選び」とあるが，基礎的な問題なので丁寧に対応したい。

構成は2021年度と同様大問2題であった。また，2020・2021年度に続き地図を用いた問題も見られた。論述は計230字で，2020年度180字，2021年度270字と変動が大きい。語句選択は平易～標準レベルがほとんどで，正文（誤文）選択問題も判断しやすい内容であった。

政治・経済

I 解答

問1．①自然権　②社会主義　③国際人権規約
④幸福追求　⑤両性の平等（男女の平等も可）
⑥酸性雨　⑦オゾン　⑧国連環境計画〔UNEP〕
⑨地球サミット〔国連環境開発会議〕　⑩アメリカ
問2．政教分離　問3．死刑　問4．アイヌ民族支援法〔アイヌ新法〕
問5．名古屋議定書　問6．SDGs　問7．6％

◀解　説▶

≪人権・差別問題と地球環境問題≫

問1．④日本国憲法第13条で規定されている幸福追求権は，プライバシーの権利や環境権といった新しい人権の根拠とされている。

⑥化石燃料の燃焼で排出される窒素酸化物や硫黄酸化物が降雨に溶け込むと酸性雨になり，森林破壊や野生生物の減少といった問題を引き起こす。

問2．政治と宗教との厳格な切り離しが規定されている。

問3．市民的および政治的権利に関する国際規約の第二選択議定書は，死刑の廃止を目指す規約である。日本は第二選択議定書を批准しておらず，死刑制度が存続している。

問4．2019年に制定されたアイヌ民族支援法（アイヌ新法）は，法律において初めてアイヌ民族を先住民族と明記した。

問6．「持続可能な開発目標」は英語でSustainable Development Goalsであり，その頭文字をとってSDGsと呼ばれる。

問7．京都議定書は2008年から2012年の間に，1990年比でEU8％，アメリカ7％，日本6％の二酸化炭素排出量の削減を義務付け，先進国全体で5.2％の削減を目標とした。

II 解答

問1．①（粗）付加価値　②支出　③三面等価
④国内純生産〔NDP〕　⑤国民総所得〔GNI〕
⑥要素費用　⑦国民純福祉〔NNW〕　⑧人間開発指数〔HDI〕
⑨ストック　⑩対外純資産

問2．※　問3．C　問4．C　問5．B　問6．D

※問2については，全員正解とする措置が取られたことが大学から公表されている。

◀解　説▶

≪GDP≫

問1．②・③GDPの生産，支出，分配の3つの側面が等しくなることを三面等価の原則という。

⑨ストックの代表が国富，フローの代表がGDPである。

⑩日本の対外純資産残高は，1991年より30年連続で世界一となっている。

問3．Cが正文。ある年の物価に基づくGDPが名目GDPであり，基準年の物価で測定されたGDPが実質GDPである。GDPデフレーター＝名目GDP÷実質GDPである。

問4．Cが正解。2021年の世界幸福度調査によれば，幸福度第1位はフィンランドであり，英国は18位，アラブ首長国連邦は27位，イタリアは25位である。

問5．Bが誤り。公債残高はストックのデータである。

問6．Dが誤り。家計が保有する金融資産は国富に含まれない。

Ⅲ　解答

問1．B　問2．C　問3．D　問4．A　問5．A
問6．C　問7．B　問8．A　問9．C　問10．A
問11．C　問12．D　問13．D　問14．D　問15．A

◀解　説▶

≪完全競争市場≫

問2．Cが正解。HHIは業界内各企業の市場占有率の2乗の合計であるとリード文中で述べられているため，10社が10％ずつシェアを分け合っている市場のHHIは，$10^2 \times 10 = 1000$となる。

問3．Dが正解。3社のシェアが70％，20％，10％の場合の市場のHHIは，$70^2 + 20^2 + 10^2 = 4900 + 400 + 100 = 5400$となる。

問4．Aが正解。企業Aが④％，企業Bが⑤％，企業Cが⑥％，企業Dが30％，企業Eが22％のシェアの場合のHHIが2710であることから，④^2＋⑤^2＋⑥^2＋$30^2 + 22^2 = 2710$，すなわち④^2＋⑤^2＋⑥^2＝1326という方程式が導かれるため，選択肢の中からこの方程式を満たす組み合わせを選べばよい。Aを選ぶと$1^2 + 13^2 + 34^2 = 1 + 169 + 1156 = 1326$となり，方程式を満たす。

問5．Aが正解。これまでの計算例から，各企業のシェアの格差が大きい，または市場に参加する企業が少ないほど，HHIが大きくなる。

問6．Cが正解。各社のシェアはそれぞれ，企業Aが50％，企業Bが30％，企業Cが20％であることから，HHIは$50^2+30^2+20^2=2500+900+400=3800$となる。

問7．Bが正解。企業Aと企業Cが結合して設立される企業のシェアは70％であるため，その場合のHHIは$70^2+30^2=4900+900=5800$となり，結合前と比べてHHIは$5800-3800=2000$増加する。

問9．Cが正解。警察庁は内閣府の外局である国家公安委員会の特別機関，消防庁は総務省の外局，特許庁は経済産業省の外局である。

問10．Aが誤り。消費者の便益の向上は完全競争市場の特徴である。

問11．Cが正解。持株会社はホールディングカンパニーともいい，日本では1997年の独占禁止法改正によって解禁された。

問12．Dが不適。企業結合は企業どうしを一つに統合して意思決定を統一することであり，ある企業と他の企業が共同して支配企業と取引をする場合には，支配企業と支配下企業との間の意思決定が統一されていないことから，企業結合の説明として適切ではない。

問13．Dが正解。設問文は国連の定義に基づく多国籍企業の説明である。

問14．Dが該当する。環境・貿易・著作権の問題は国境を超えた問題であるため各国の連携と協議が必要だが，高齢化問題はそれぞれの国で個別に対応すべき問題である。

問15．Aが正解。不況カルテルは1999年の改正で禁止された。

B．古物営業法やチケット不正転売禁止法など転売を状況に応じて規制する法律は存在するものの，転売は独占禁止法では禁止されていない。

C．不当廉売は1947年の独占禁止法制定時から禁止されている。

D．優越的地位の乱用は1953年の法改正で独占禁止法において禁止された。

❖講　評

Ⅰ　政治分野では人権・環境問題について出題された。教科書レベルの基礎的な知識を正確に身につけているかを問う出題が多い。アイヌ新法やSDGsなど，時事的な問題も出題された。

Ⅱ　GDPについて出題された。問1の空所補充ではNDPやGNI，NNW，HDIなど，経済指標の定義に関する知識問題が出題されている。問6では国富に含まれない資産として家計が保有する金融資産を選ばせる詳細な知識問題も出題された。

Ⅲ　完全競争市場について出題された。経済分野からの出題には例年難しい内容が散見されるが，2022年度も例外ではない。HHIという見慣れない指数がリード文で説明され，その説明に基づいて解答する計算問題が複数出題された。用語を覚えるだけでは不十分であり，考える力が問われている。

2022年度も，おおむね例年と変わりない難度だったと言えるだろう。

数学

I

解答　(1) $x=\dfrac{2}{3}$,　4　(2) $a=-2$　(3) $\dfrac{\sqrt{6}}{2}$　(4) 2

(5) $\dfrac{\sqrt{910}}{2}$　(6) $0<a<4$

◀解　説▶

≪小問 6 問≫

(1)　$|x-1|=\begin{cases} x-1 & (x\geqq 1) \\ 1-x & (x<1) \end{cases}$,　$|x-3|=\begin{cases} x-3 & (x\geqq 3) \\ 3-x & (x<3) \end{cases}$　より

$$|x-1|+2|x-3|=\begin{cases} 3x-7 & (x\geqq 3) \\ -x+5 & (1\leqq x<3) \\ -3x+7 & (x<1) \end{cases}$$

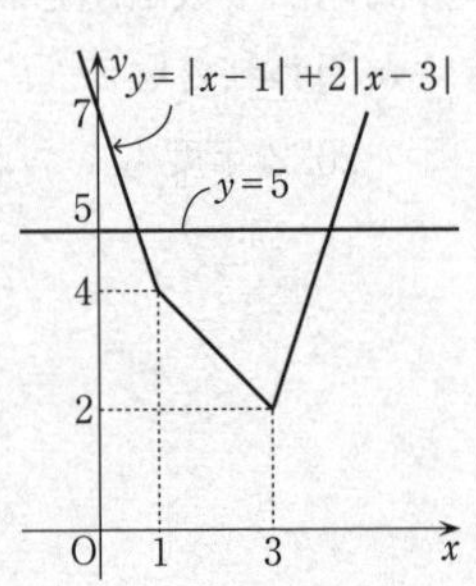

であるから，$y=|x-1|+2|x-3|$ のグラフと直線 $y=5$ は右図のようになる。このとき

$3x-7=5$ より　　$x=4$

$-3x+7=5$ より　　$x=\dfrac{2}{3}$

よって，$|x-1|+2|x-3|=5$ の解は

$$x=\frac{2}{3},\quad 4$$

(2)　直線 AB の方程式は

$$y-2=\frac{2+1}{-1-5}(x+1)$$

より　　$x+2y-3=0$

この直線上に点 C $(2a+1,\ 3)$ があるから

$$2a+1+2\cdot 3-3=0$$

ゆえに　　$a=-2$

(3)　$\sin\theta+\cos\theta=\dfrac{\sqrt{2}}{2}$，$\sin^2\theta+\cos^2\theta=1$ であるから

$(\sin\theta+\cos\theta)^2=\sin^2\theta+\cos^2\theta+2\sin\theta\cos\theta$ より

$$2\sin\theta\cos\theta=\left(\frac{\sqrt{2}}{2}\right)^2-1=-\frac{1}{2}$$

このとき

$$(\sin\theta-\cos\theta)^2=\sin^2\theta+\cos^2\theta-2\sin\theta\cos\theta=1+\frac{1}{2}=\frac{3}{2}$$

ここで，$0<\theta<\pi$ から $\sin\theta>0$ であるから

$\sin\theta\cos\theta<0$ より　　$\cos\theta<0$

よって，$\sin\theta-\cos\theta>0$ であることに注意して

$$\sin\theta-\cos\theta=\sqrt{\frac{3}{2}}=\frac{\sqrt{6}}{2}$$

(4)　真数の条件から　　$x-2>0$　かつ　$8-x>0$

ゆえに　　$2<x<8$　……①

このとき

$$y=\log_3(x-2)(8-x)=\log_3(-x^2+10x-16)$$
$$=\log_3\{-(x-5)^2+9\}$$

底は1より大きいから，真数が最大となるとき y の値も最大となる。

$\log_3 9=2$ であるから，①の範囲において，y の最大値は2（$x=5$）である。

(5)　$\overrightarrow{\mathrm{OA}}=(1,\ -3,\ -4)$，$\overrightarrow{\mathrm{OB}}=(-5,\ -3,\ 1)$ とおくと

$$|\overrightarrow{\mathrm{OA}}|=\sqrt{1^2+(-3)^2+(-4)^2}=\sqrt{26}$$
$$|\overrightarrow{\mathrm{OB}}|=\sqrt{(-5)^2+(-3)^2+1^2}=\sqrt{35}$$
$$\overrightarrow{\mathrm{OA}}\cdot\overrightarrow{\mathrm{OB}}=1\cdot(-5)-3\cdot(-3)-4\cdot1=0$$

ゆえに　　$\overrightarrow{\mathrm{OA}}\perp\overrightarrow{\mathrm{OB}}$

よって　　$\triangle\mathrm{OAB}=\dfrac{1}{2}\sqrt{26}\cdot\sqrt{35}=\dfrac{\sqrt{910}}{2}$

(6)　$f(x)=x^3-6x^2+9x$ とおくと

$$f'(x)=3x^2-12x+9=3(x-1)(x-3)$$

であるから，増減表は下のようになる。

x	…	1	…	3	…
$f'(x)$	+	0	−	0	+
$f(x)$	↗	極大	↘	極小	↗

$f(1)=4$，$f(3)=0$ であるから，3 次関数 $y=f(x)$ のグラフは右図のようになる。

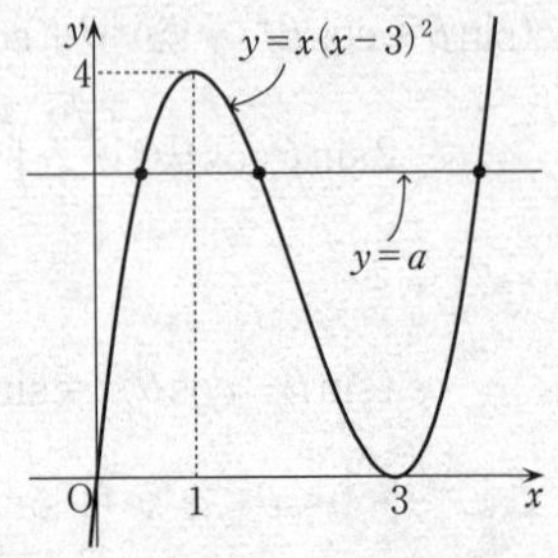

このとき，$x^3-6x^2+9x=a$ が異なる3つの実数解をもつ条件は，曲線 $y=f(x)$ と直線 $y=a$ が異なる3点で交わる条件に等しい。

よって，グラフから　　$0<a<4$

II　解答

(1)　$p_1=\dfrac{2}{5}$，$p_2=\dfrac{13}{25}$

(2)　n 回の試行で取り出したカードの数字の合計が偶数となる確率が p_n であるとき，n 回の試行で取り出したカードの数字の合計が奇数となる確率は $(1-p_n)$ と表される。

いま，$(n+1)$ 回の試行で取り出したカードの数字の合計が偶数となる確率は，n 回の試行で取り出したカードの数字の合計が偶数で，$(n+1)$ 回目の試行で偶数が書かれたカードを取り出す場合，または，n 回の試行で取り出したカードの数字の合計が奇数で，$(n+1)$ 回目の試行で奇数が書かれたカードを取り出す場合である。

よって，確率 p_{n+1} を p_n で表すと

$$p_{n+1}=\frac{2}{5}p_n+\frac{3}{5}(1-p_n)=-\frac{1}{5}p_n+\frac{3}{5}\quad\cdots\cdots(\text{答})$$

(3)　(2)の結果から

$$p_{n+1}-\frac{1}{2}=-\frac{1}{5}\left(p_n-\frac{1}{2}\right)$$

$p_1=\dfrac{2}{5}$ より，数列 $\left\{p_n-\dfrac{1}{2}\right\}$ は，初項 $\dfrac{2}{5}-\dfrac{1}{2}=-\dfrac{1}{10}$，公比 $-\dfrac{1}{5}$ の等比数列である。

ゆえに　　$p_n-\dfrac{1}{2}=-\dfrac{1}{10}\left(-\dfrac{1}{5}\right)^{n-1}$

よって　　$p_n=\dfrac{1}{2}+\dfrac{1}{2}\left(-\dfrac{1}{5}\right)^n$　……(答)

◀解　説▶

≪独立試行の確率，漸化式，数列の一般項≫

(1)　1回目に偶数が書かれたカードを取り出す確率は $\frac{2}{5}$，奇数が書かれたカードを取り出す確率は $\frac{3}{5}$ である。p_1 は，1回の試行で偶数となる確率に等しく，$p_1=\frac{2}{5}$ である。

また，取り出したカードを元に戻すとき，2回の試行で取り出したカードの和が偶数となる確率 p_2 は，2回とも偶数のカードを取り出すか，2回とも奇数のカードを取り出す場合であり

$$p_2=\left(\frac{2}{5}\right)^2+\left(\frac{3}{5}\right)^2=\frac{13}{25}$$

となる。

(2)・(3)　$(n+1)$ 回目の試行でカードの数字の和が偶数となるのは，(i) n 回目までのカードの数字の和が偶数，かつ，$(n+1)$ 回目の数字が偶数となる確率が $p_n\times\frac{2}{5}$，(ii) n 回目までのカードの数字の和が奇数，かつ，$(n+1)$ 回目の数字が奇数となる確率が $(1-p_n)\times\frac{3}{5}$ のときである。また，(i)と(ii)は同時には起こらないから，〔解答〕のように p_{n+1} を p_n で表せる。

2項間漸化式をつくって一般項を求める基本的な問題である。しっかり解ける学力を養っておきたい。

Ⅲ 解答

(1) $\left(\frac{2t}{t^2+1},\ \frac{2}{t^2+1}\right)$

(2)　点 $\mathrm{P}(X,\ Y)$ とおくと，(1)の結果から　$X=\frac{2t}{t^2+1}$，$Y=\frac{2}{t^2+1}$

このとき

$$X^2+Y^2=\left(\frac{2t}{t^2+1}\right)^2+\left(\frac{2}{t^2+1}\right)^2=\frac{4(t^2+1)}{(t^2+1)^2}=\frac{4}{t^2+1}=2Y$$

したがって　$X^2+Y^2-2Y=0$　$X^2+(Y-1)^2=1$

ただし，$\frac{2}{t^2+1}>0$ より，$Y>0$ である。

よって，P$(X,\ Y)$ の軌跡は，中心 $(0,\ 1)$，半径1の円から原点を除いた部分である。……(答)

(3)　$x^2+(y-1)^2=1$　……①

$y=\sqrt{2}x^2+1$　……②

とおく。

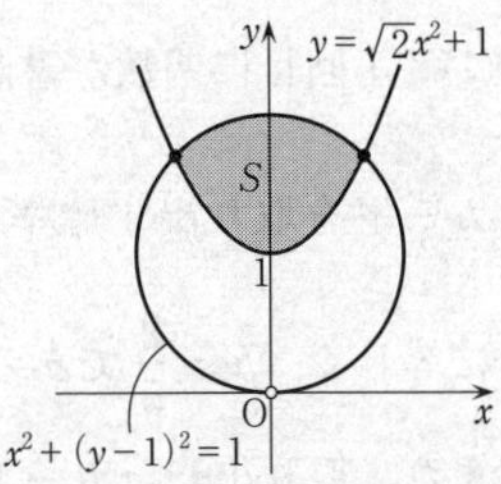

円①と放物線②で囲まれた面積を S とすると，S は右図の網かけ部分である。また，網かけ部分の図形は y 軸対称である。

②より $y-1=\sqrt{2}x^2$ として①に代入し，円①と放物線②の交点の x 座標を求めると

$$2x^4+x^2-1=0 \qquad (2x^2-1)(x^2+1)=0$$

$x^2\geqq0$ であるから　$x^2=\dfrac{1}{2}$

ゆえに　$x=\pm\dfrac{1}{\sqrt{2}}$

したがって，交点の y 座標はともに　$y=\sqrt{2}\left(\pm\dfrac{1}{\sqrt{2}}\right)^2+1=1+\dfrac{1}{\sqrt{2}}$

ここで，A$(0,\ 1)$，B$\left(\dfrac{1}{\sqrt{2}},\ 1+\dfrac{1}{\sqrt{2}}\right)$，C$\left(-\dfrac{1}{\sqrt{2}},\ 1+\dfrac{1}{\sqrt{2}}\right)$ とおくと，2直線AB，ACの方程式はそれぞれ

$$y=x+1,\ y=-x+1$$

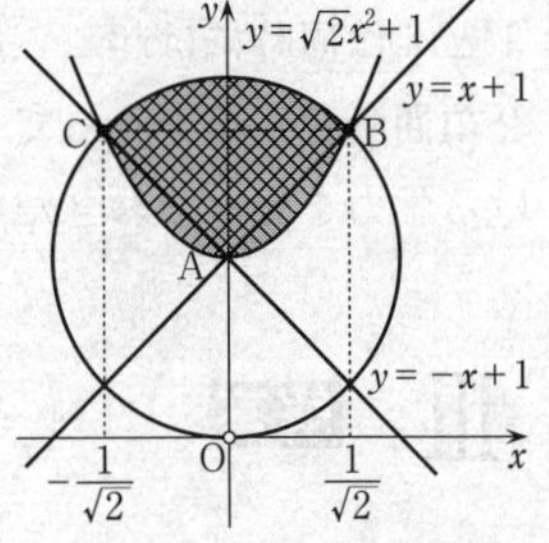

この2直線は直交するから　$\angle\mathrm{BAC}=\dfrac{\pi}{2}$

したがって，扇形ABCの面積は円①の面積の $\dfrac{1}{4}$ である。また，直線ABと放物線②で囲まれた面積と，直線ACと放物線②で囲まれた面積は図形の対称性から等しく

$$\int_0^{\frac{1}{\sqrt{2}}}\{x+1-(\sqrt{2}x^2+1)\}dx=\int_{-\frac{1}{\sqrt{2}}}^{0}\{-x+1-(\sqrt{2}x^2+1)\}dx$$

よって，求める面積 S は

$$S=\frac{1}{4}\pi+2\int_0^{\frac{1}{\sqrt{2}}}\{x+1-(\sqrt{2}x^2+1)\}dx$$

$$=\frac{\pi}{4}+2\cdot(-\sqrt{2})\int_0^{\frac{1}{\sqrt{2}}}x\left(x-\frac{1}{\sqrt{2}}\right)dx$$

$$=\frac{\pi}{4}+\frac{2\sqrt{2}}{6}\left(\frac{1}{\sqrt{2}}\right)^3$$

$$=\frac{\pi}{4}+\frac{1}{6}\quad\cdots\cdots(答)$$

別解 (2) 次のように2直線の直交条件と円の性質を利用する方法もある。
（直線ⓘ，ⓘⓘについては〔解説〕(1)を参照。）

(I) $t=0$ のとき，2直線ⓘとⓘⓘの交点の座標は (0, 2) である。

(II) $t\neq0$ のとき，直線ⓘは t の値にかかわらず原点を通る傾き $\frac{1}{t}$ の直線であり，直線ⓘⓘは t の値にかかわらず定点 (0, 2) を通る傾き $-t$ の直線である。このとき，2直線の傾きの積が常に -1 となるから2直線は直交する。

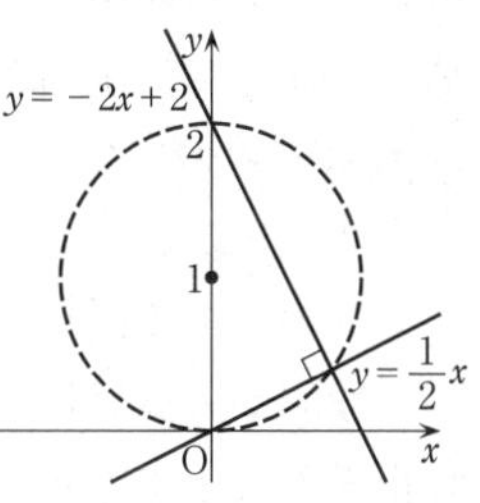

したがって，2直線ⓘ，ⓘⓘの交点は原点と点 (0, 2) を直径の両端とする円を描く。すなわち，中心 (0, 1)，半径1の円である。ただし，ⓘは直線 $x=0$ とはならないから，円周上の点のうち，原点と点 (0, 2) を除く。以上(I)，(II)により，求める点Pの軌跡は，中心 (0, 1)，半径1の円から原点を除いた部分である。

◀解　説▶

≪2直線の交点とその軌跡，円と放物線で囲まれた図形の面積≫

(1)　$x-ty=0$　……ⓘ

　　$tx+y=2$　……ⓘⓘ

とおく。

ⓘ+ⓘⓘ×t より　$(t^2+1)x=2t$　∴　$x=\frac{2t}{t^2+1}$

ⓘⓘ−ⓘ×t より　$(t^2+1)y=2$　∴　$y=\frac{2}{t^2+1}$

よって　点 $\mathrm{P}\left(\frac{2t}{t^2+1},\ \frac{2}{t^2+1}\right)$

(2) (1)の結果を利用すればよい。ただし，$y>0$ より除外点があることに注意すること。また，(1)を利用しない場合は，〔別解〕のように，t の値にかかわらず２直線が直交することを利用した解法もある。この両タイプの解法を入試演習書等で経験した受験生も多いと思う。入試の定番といってよい問題の１つであり，確実に解ける学力をつけておきたい。

(3)　円と放物線に囲まれた図形という設問に合致するのは，〔解答〕の図の網かけ部分となる。面積については，〔解答〕のように∠BAC が直角であることに気づけば難しくない。放物線と直線で囲まれた部分については $\int_{\alpha}^{\beta}(x-\alpha)(x-\beta)\,dx=-\frac{1}{6}(\beta-\alpha)^3$ が利用できる。

❖講　評

例年通り大問３題からなり，Ⅰが小問集合，ⅡとⅢが記述問題（ただし，両大問とも(1)は結果のみ解答欄に記入）となっている。どの問題も教科書傍用問題集や入試演習書で類似問題の演習経験があるだろう。

Ⅰは６つの小問からなり，すべて基本的な問題。このうち，(3)の三角関数で $\cos\theta<0$ に気付いたかどうかで点数に差が出るのではないだろうか。

Ⅱの確率で漸化式をつくる問題は，国公立大学を中心に頻出しており，一般的な入試対策をしていれば必ず経験している問題ではあるだろうが，得手不得手の差が出ると思われる。

Ⅲの(2)の軌跡については，除外点に要注意。

難問はないが，学力の差がしっかり見て取れる内容である。ケアレスミスをしないように日頃から丁寧な計算を心掛けておくこと。

り読み、何をたとえているのかを考えれば正解を見出すことができる。標準～やや難である。〔問三〕は、傍線部の直前の「このように」に着目し、その前の段落に目を向けると正解を見出すことができる。〔問四〕は、傍線部の「ジレンマ」の内容を理解した上で、傍線部の前の部分に着目し、選択肢を吟味しなければならない。標準～やや難である。〔問五〕は、傍線部に続く部分を手がかりに選択肢を吟味すればよい。標準～やや難である。〔問六〕は、最終段落の内容から、正解を見出せばよい。標準的な問題である。〔問七〕は、本文に即し、各段落から根拠を見出しながら、選択肢を吟味する必要がある。標準～やや難。総じて標準～やや難レベルである。

二は三浦玲一「ポストフェミニズムと第三波フェミニズムの可能性」からの出題。個を尊重しながらすべての女性にとっての私らしさをもう一度取り戻すことを目指す運動であり思想でもある第三波フェミニズムについて述べた評論。〔問一〕は、本文中から根拠となる部分を見出しながら、選択肢を吟味していけばよい。〔問二〕は、傍線部の「フェミニズムの未来」の内容を理解した上で、選択肢を吟味しなければならない。標準～やや難である。〔問三〕は、傍線部中の「このような」に着目し、その前の文に目を向けると正解を見出すことができる。〔問四〕は、本文中から根拠となる部分を見出しながら、選択肢を吟味していけばよい。総じて標準レベルである。

三の『伊勢物語』は、在原業平を思わせる男を主人公とする平安時代に成立した歌物語である。本文は、白髪の老女であっても、自分への情の深い女を見捨てない心を持った業平の姿が描かれている。〔問一〕は、基本的な古文単語の知識や文法事項の知識で解くことができる。〔問二〕は、「この」という語の内容をふまえ、「在原業平」という人物についての古典常識の知識があれば、正解を導き出すのは容易である。〔問三〕は、ここまでのストーリーを踏まえ、在五中将の心情を考えればよい。〔問四〕は、基本的な古文単語の知識や文法事項の知識をふまえて、幻になって現れることの意味について、古典常識の知識があれば、正解を導き出すのは可能である。〔問五〕は、基本的な古典文法を踏まえ、前後の話の内容から判断すると、正解を見出すのは難しくはない。〔問六〕は、本文全体の話の内容から、正解を見出すことができる。総じて標準レベルである。

は「前にも話に出たあの有名な在五中将」という意味になる。在五中将とは、在原業平のことであるから、彼が何で有名かを考えると、正解はEである。

〔問三〕 在五中将が「あはれがりて（＝感じ入って）」となったのは、「三郎なりける子」が「馬の口をとりて」「かうかうなむ思ふ（＝（ある女が）こんなふうに（あなたを）お慕いしています）」と言ったためであるから、正解はCである。

〔問四〕 「おもかげ」とは、ここでは〝顔つき、幻影〟の意で、「見ゆ」は〝見える、見られる、現れる、会う、結婚する〟等の意のヤ行下二段動詞であるが、「おもかげに見ゆ」は、〝幻になって眼前に現れる〟意で、相手が自分を恋い慕っていると、その姿が見えると信じられていたのである。なお、「らし」は確実性のある推量の意を表す助動詞「らし」の終止形。正解はDである。

〔問五〕 空欄の直前の「あは」は〝男女が契る〟という意のハ行四段動詞「あふ」の未然形であるので、接続を考えると、打消の接続助詞のB「で」か、順接の仮定条件のE「ば」となる。前後の意味から考えると、正解はBである。

〔問六〕 筆者の考えは最後の二行に「世の中の例として、思ふをば思ひ、思はぬをば思はぬものを、この人は思ふをも、思はぬをも、けぢめ見せぬ心なむありける（＝世の中の例として、恋しく思う人を思い、恋しく思わない人は思わないものだが、この人は恋しく思う人も、そうは思わない人も、区別しない心を持っていたのである）」と述べられているので、正解はAである。

❖講　評

大問三題で、一と二が現代文、三が古文の構成。試験時間は六〇分。

一は、ヒトの道徳性の進化のプロセスについて、協同相手への配慮と敬意が集団全体に広がり、「客観的」道徳性が生み出されるまでを体系的に論じた評論。〔問一〕の漢字の書き取りは標準的。〔問二〕は、傍線部の前の部分をしっかなえようとする子の心に）感じ入って、（女の家に）やってきて一緒に寝たのであった。さてその後、男が現れなくなったので、女は、男の家に行って（男の姿を）物陰からのぞき見たが、（それを）男がほのかに見て、

百年に一年たりない九十九髪（白髪）の老婆が、私のことを恋しているらしい。その姿が面影となって見える

といいながら、（男が）出発する様子を見て、（女はうれしくなって）いばらや、からたち（のとげ）にひっかかりながら、家に戻って横になっていた。男は、あの女がしたように、こっそりと立っていて見ていると、女は嘆いて寝ようとして、

むしろに（自分一人の）衣の袖を敷きながら、今宵も恋しい人と一緒になれないでむなしく（一人で）寝るのでしょうか

と（女が）詠んだのを（聞いて）、男は、哀れに思って、その夜は（一緒に）寝たのであった。世の中の例として、（自分が）恋しく思う人を思い、恋しく思わない人は思わないものだが、この人（＝業平）は恋しく思う人も、そうは思わない人も、区別しない心を持っていたのである。

◀解　説▶

〔問一〕(1)「世心」は〝異性を慕い求める心〟の意の名詞であるので、正解はCである。

(2)「心なさけあり」は〝情愛が深い、思いやりが深い〟の意の連語。「む」は〝～のような〟の意の婉曲の助動詞「む」の連体形であるので、正解はAである。

(3)「あはする」は〝夫婦にする、夢合わせをする、比べる〟等の意味を持つサ行下二段動詞「あはす」の連体形である。本文の一行目に「まことならぬ夢がたりをす（＝作り物の夢物語をする）」とあるので、正解はCである。

(4)「けしき」は〝自然の様子、人や心のありさま、機嫌〟の意の名詞。「いと」は〝たいそう、まったく〟という意の副詞。「よし」は〝本質的によいさま、最高度に優れているさま〟を表すク活用の形容詞の終止形であるので、正解はBである。

〔問二〕「この」とは、〝（前に話題にした人などを指す）あの、その、例の〟という意味であるので、「この在五中将」と

エ、最終段落の内容と合致している。

オ、「女性が社会的な不利益を被ることはなくなった」とあるが、これは、第十一段落の四行目に「グローバル化に向けて日本の繁栄のためには、女性の労働力をできるかぎり有効利用しなければならないという資本と市場のロジックでもあった」とあることと合致していない。

三

出典 『伊勢物語』〈第六十三段 つくも髪〉

解答

〔問一〕 (1)―C (2)―A (3)―C (4)―B

〔問二〕 E

〔問三〕 C

〔問四〕 D

〔問五〕 B

〔問六〕 A

◆全　訳◆

昔、異性を思う心が強い女が、なんとかして愛情の深い男と一緒になりたいと思うけれど、（それを）言いだすきっかけもないので、作り物の夢物語をする。子ども三人を呼んで（その夢の内容を）語ったのだった。（上の）二人の子は、そっけなく返事をするだけだった。三男だった子が、「よい男のかたが現れるでしょう」と夢を解釈すると、この女は、大変機嫌がいい。ほかの男はまったく情愛がない。（三郎には）なんとかしてあの（風流心のある男として知られている）在五中将と一緒にさせてあげたいものだと思う心がある。（そこで、）（業平が）狩りをしているところに行き会うと、途中で馬の口を取って、「（ある女が）こんなふうに（あなたを）お慕いしています」といったので、（業平は母の願いをか

◆要　旨◆

ポストフェミニズムの誕生は、新自由主義の誕生や新自由主義の文化の蔓延といった同時代のリベラリズムの変容・改革とつながっている。こうした新自由主義による福祉国家の破壊によって女性の社会進出という道が開かれた一方、ポストフェミニズムは、グローバル化時代において政治的改革ではなく自己実現と「私探し」こそをゴールとする「文化」として広く受け入れられるようになるとともに、女性の労働力をできるかぎり有効利用しなければならないという資本と市場のロジックによって、「女」は新自由主義社会における新しい労働力の象徴的な記号となった。

▲解　説▼

〔問一〕　第六段落の「女性の社会進出の達成を象徴すると同時に、社会運動を重視する連帯の精神としての第二波フェミニズムを批判し、市場における達成を重視して個人主義を称揚するものであり、政治的改革ではなく自己実現と『私探し』こそをゴールとする『文化』として広く受け入れられた」という内容と合致しているので、正解はDである。

〔問二〕　傍線⑵直前に「この状況を如実に象徴しているから」とあるため、「この状況」の指示内容をおさえる。新左翼と新自由主義に言及しているEが正解である。Aは「新自由主義に順応することで新たな市場を開拓すべき」、Bは「市民としての女性の権利」、Cは「現代の風潮に非常に適応した」、Dは「自分の身体しか売るものがない労働者とみなされ搾取されてきた女性を解放した」の部分が、それぞれ不適切である。

〔問三〕　傍線⑶中に「このような」とあるので、前文に注目すると「制度的性差別」の具体例として「男の働き手と女の主婦による核家族を最適モデルとして設定することで成立する」と述べているので、正解はCである。

〔問四〕　ア、第五段落の内容と合致している。

イ、第十一段落の内容と合致している。

ウ、「世界に通用するコンテンツの振興を経済的な推進力とした」とあるが、これは第四段落の二行目の「流動的でフレキシブルで起業家精神に富んだ市場文化の創成を目標とする」の部分と合致していない。

を与えてくれた進化の妙は驚嘆すべきこと」、Dは「全知全能の神による宗教的原理や政府の法による罰のおかげ」、Eは「神のおかげによる不思議な偶然の出来事であり」の部分が、それぞれ不適当である。

〔問七〕ア、「より多くの子孫を残したものが生き残る進化プロセス」と「他者よりも自分を優先するような心理メカニズム」の関係は述べられていないので、本文の内容と合致していない。

イ、第六段落の内容と合致している。

ウ、「人間は協力的に振る舞うことが難しくなっている」とあるが、第一段落の四行目に「資本主義市場も協力的な文化的制度であるのは明らかである。この市場は協力的慣習・規範によって作り上げられている」と述べられているので、本文の内容と合致していない。

エ、前半は第五段落、後半は第八段落の内容と合致している。

オ、「神の摂理が作用して、それらが調和的に組み合わさることで、制度全体としては協力が実現する」とあるが、最終段落の四行目に「全知全能の神による宗教的原理は、道徳的違反へ永遠の天罰を約束し、政府の法は身体的にもっと直接的で具体的な罰を与えるが、それでもわれわれは時折利己的なのである」と述べられているので、本文の内容と合致していない。

二

出典　三浦玲一「ポストフェミニズムと第三波フェミニズムの可能性―『プリキュア』、『タイタニック』、AKB48」（三浦玲一・早坂静編著『ジェンダーと「自由」―理論、リベラリズム、クィア』）（彩流社）

解答

〔問一〕D

〔問二〕E

〔問三〕C

〔問四〕ア―A　イ―A　ウ―B　エ―A　オ―B

▲解　説▼

〈問二〉　傍線(2)の前の部分も含めてこの部分を読みかえると〈人間行動の文化的・制度的文脈を無視しなければ、協力という馬が競走という馬車を引いていると見る〉ことになる。人間行動の根本には協力という側面があり、人はその中で競争しているという図式になるので、Cが適当である。

〈問三〉　傍線(6)の直前に「このように」とあるので、前の段落を読むと、「自分を道徳的コミュニティの一部とみなしているがゆえに、他人を助け、公平に接し、そうしなかった場合には罪悪感を感じることの方が多いだろう。そしてわれわれは、すべての文化のすべての道徳的コミュニティについて、これが当てはまるのではないかと考えている」とあるので、正解はAである。

〈問四〉　ここでいう「その（＝道徳的）ジレンマ」について、「一般的な解決などな」く、また、傍線(7)の四〜二行前には「新しい状況に直面すると、規範間の対立を解決するため自身の道徳原理を作り上げ、自身の道徳的アイデンティティを維持できるような意思決定を行わねばならない」と述べられているので、正解はEである。Aは「共同体間の対立が生じてきたため」、Bは「どんなときも嘘をついてはいけない」、Cは「道徳的原理が構築されつつある」、Dは「社会規範で解決されている」の部分が、それぞれ不適当である。

〈問五〉　この「説明」は、傍線(8)に続いて「通りにいる路上生活者にお金を与えるとき、私が本当にやっているのは他人の目の前で自分の評判を上げることだというのである」と述べられているので、正解はCである。Aは「相手の利己的関心」、Bは「コミュニティの幸福に寄与するため」、Dは「自己偽善であり」、Eは「利己的関心を満たすための動機が含まれている」の部分が、それぞれ不適当である。

〈問六〉　最終段落に「われわれが道徳的であるのは奇跡であり」「こうして道徳性がヒトという種、文化、そしてわれわれ自身にとって多少なりとも良いものであるように見え、また少なくとも、これまではそうであった」と述べられているので、正解はAである。Bは「ヒトがより多くの子孫を残すことで道徳的になった」、Cは「このような両面性

国語

一

出典　マイケル・トマセロ『道徳の自然誌』〈結論〉（中尾央訳、勁草書房）

解答

〔問一〉(1)―A　(3)―C　(4)―B　(5)―A　(9)―A
〔問二〉C
〔問三〉A
〔問四〉E
〔問五〉C
〔問六〉A
〔問七〉ア―B　イ―A　ウ―B　エ―A　オ―B

◆要　旨◆

社会科学にありがちなように、ヒトは明確な個人的利益の追求のみによって突き動かされると考えられがちだが、協力的慣習・規範の中で行動しているのである。もちろん、ヒトは利己的関心の問題を有しているが、集団志向的動機から第三者に対して社会的規範を強制し、利己的関心による計算とは無関係の真なる道徳的情動を備えている。また、現代世界ではこうした自然な道徳性が社会規範という文化的道徳性に埋め込まれている。ヒトは他者に対する同情と公平性という自然な傾向性を備えているが、利己的なときもある。われわれが道徳的であるのは奇跡であり、この事実に驚き、それを祝っておくべきであろう。

教学社 刊行一覧

2025年版 大学赤本シリーズ

国公立大学（都道府県順）

374大学556点
全都道府県を網羅

全国の書店で取り扱っています。店頭にない場合は，お取り寄せができます。

1 北海道大学（文系－前期日程）
2 北海道大学（理系－前期日程） 医
3 北海道大学（後期日程）
4 旭川医科大学（医学部〈医学科〉） 医
5 小樽商科大学
6 帯広畜産大学
7 北海道教育大学
8 室蘭工業大学／北見工業大学
9 釧路公立大学
10 公立千歳科学技術大学
11 公立はこだて未来大学 総推
12 札幌医科大学（医学部） 医
13 弘前大学 医
14 岩手大学
15 岩手県立大学・盛岡短期大学部・宮古短期大学部
16 東北大学（文系－前期日程）
17 東北大学（理系－前期日程） 医
18 東北大学（後期日程）
19 宮城教育大学
20 宮城大学
21 秋田大学 医
22 秋田県立大学
23 国際教養大学 総推
24 山形大学 医
25 福島大学
26 会津大学
27 福島県立医科大学（医・保健科学部） 医
28 茨城大学（文系）
29 茨城大学（理系）
30 筑波大学（推薦入試） 医 総推
31 筑波大学（文系－前期日程）
32 筑波大学（理系－前期日程） 医
33 筑波大学（後期日程）
34 宇都宮大学
35 群馬大学 医
36 群馬県立女子大学
37 高崎経済大学
38 前橋工科大学
39 埼玉大学（文系）
40 埼玉大学（理系）
41 千葉大学（文系－前期日程）
42 千葉大学（理系－前期日程） 医
43 千葉大学（後期日程） 医
44 東京大学（文科） DL
45 東京大学（理科） DL 医
46 お茶の水女子大学
47 電気通信大学
48 東京外国語大学 DL
49 東京海洋大学
50 東京科学大学（旧 東京工業大学）
51 東京科学大学（旧 東京医科歯科大学） 医
52 東京学芸大学
53 東京藝術大学
54 東京農工大学
55 一橋大学（前期日程）
56 一橋大学（後期日程）
57 東京都立大学（文系）
58 東京都立大学（理系）
59 横浜国立大学（文系）
60 横浜国立大学（理系）
61 横浜市立大学（国際教養・国際商・理・データサイエンス・医〈看護〉学部）
62 横浜市立大学（医学部〈医学科〉） 医
63 新潟大学（人文・教育〈文系〉・法・経済科・医〈看護〉・創生学部）
64 新潟大学（教育〈理系〉・理・医〈看護を除く〉・歯・工・農学部） 医
65 新潟県立大学
66 富山大学（文系）
67 富山大学（理系） 医
68 富山県立大学
69 金沢大学（文系）
70 金沢大学（理系） 医
71 福井大学（教育・医〈看護〉・工・国際地域学部）
72 福井大学（医学部〈医学科〉） 医
73 福井県立大学
74 山梨大学（教育・医〈看護〉・工・生命環境学部）
75 山梨大学（医学部〈医学科〉） 医
76 都留文科大学
77 信州大学（文系－前期日程）
78 信州大学（理系－前期日程） 医
79 信州大学（後期日程）
80 公立諏訪東京理科大学 総推
81 岐阜大学（前期日程） 医
82 岐阜大学（後期日程）
83 岐阜薬科大学
84 静岡大学（前期日程）
85 静岡大学（後期日程）
86 浜松医科大学（医学部〈医学科〉） 医
87 静岡県立大学
88 静岡文化芸術大学
89 名古屋大学（文系）
90 名古屋大学（理系） 医
91 愛知教育大学
92 名古屋工業大学
93 愛知県立大学
94 名古屋市立大学（経済・人文社会・芸術工・看護・総合生命理・データサイエンス学部）
95 名古屋市立大学（医学部〈医学科〉） 医
96 名古屋市立大学（薬学部）
97 三重大学（人文・教育・医〈看護〉学部）
98 三重大学（医〈医〉・工・生物資源学部） 医
99 滋賀大学
100 滋賀医科大学（医学部〈医学科〉） 医
101 滋賀県立大学
102 京都大学（文系）
103 京都大学（理系） 医
104 京都教育大学
105 京都工芸繊維大学
106 京都府立大学
107 京都府立医科大学（医学部〈医学科〉） 医
108 大阪大学（文系） DL
109 大阪大学（理系） 医
110 大阪教育大学
111 大阪公立大学（現代システム科学域〈文系〉・文・法・経済・商・看護・生活科〈居住環境・人間福祉〉学部－前期日程）
112 大阪公立大学（現代システム科学域〈理系〉・理・工・農・獣医・医・生活科〈食栄養〉学部－前期日程） 医
113 大阪公立大学（中期日程）
114 大阪公立大学（後期日程）
115 神戸大学（文系－前期日程）
116 神戸大学（理系－前期日程） 医
117 神戸大学（後期日程）
118 神戸市外国語大学 DL
119 兵庫県立大学（国際商経・社会情報科・看護学部）
120 兵庫県立大学（工・理・環境人間学部）
121 奈良教育大学／奈良県立大学
122 奈良女子大学
123 奈良県立医科大学（医学部〈医学科〉） 医
124 和歌山大学
125 和歌山県立医科大学（医・薬学部） 医
126 鳥取大学 医
127 公立鳥取環境大学
128 島根大学 医
129 岡山大学（文系）
130 岡山大学（理系） 医
131 岡山県立大学
132 広島大学（文系－前期日程）
133 広島大学（理系－前期日程） 医
134 広島大学（後期日程）
135 尾道市立大学 総推
136 県立広島大学
137 広島市立大学
138 福山市立大学 総推
139 山口大学（人文・教育〈文系〉・経済・医〈看護〉・国際総合科学部）
140 山口大学（教育〈理系〉・理・医〈看護を除く〉・工・農・共同獣医学部） 医
141 山陽小野田市立山口東京理科大学 総推
142 下関市立大学／山口県立大学
143 周南公立大学 新 総推
144 徳島大学 医
145 香川大学 医
146 愛媛大学 医
147 高知大学 医
148 高知工科大学
149 九州大学（文系－前期日程）
150 九州大学（理系－前期日程） 医
151 九州大学（後期日程）
152 九州工業大学
153 福岡教育大学
154 北九州市立大学
155 九州歯科大学
156 福岡県立大学／福岡女子大学
157 佐賀大学 医
158 長崎大学（多文化社会・教育〈文系〉・経済・医〈保健〉・環境科〈文系〉学部）
159 長崎大学（教育〈理系〉・医〈医〉・歯・薬・情報データ科・工・環境科〈理系〉・水産学部） 医
160 長崎県立大学 総推
161 熊本大学（文・教育・法・医〈看護〉学部・情報融合学環〈文系型〉）
162 熊本大学（理・医〈看護を除く〉・薬・工学部・情報融合学環〈理系型〉） 医
163 熊本県立大学
164 大分大学（教育・経済・医〈看護〉・理工・福祉健康科学部）
165 大分大学（医学部〈医・先進医療科学科〉） 医
166 宮崎大学（教育・医〈看護〉・工・農・地域資源創成学部）
167 宮崎大学（医学部〈医学科〉） 医
168 鹿児島大学（文系）
169 鹿児島大学（理系） 医
170 琉球大学 医

2025年版　大学赤本シリーズ

国公立大学 その他

171 〔国公立大〕医学部医学科 総合型選抜・学校推薦型選抜※ 医 総推
172 看護・医療系大学〈国公立 東日本〉※
173 看護・医療系大学〈国公立 中日本〉※
174 看護・医療系大学〈国公立 西日本〉※
175 海上保安大学校／気象大学校
176 航空保安大学校
177 国立看護大学校
178 防衛大学校 総推
179 防衛医科大学校（医学科） 医
180 防衛医科大学校（看護学科）

※ No.171～174の収載大学は赤本ウェブサイト（http://akahon.net/）でご確認ください。

私立大学①

北海道の大学（50音順）
201 札幌大学
202 札幌学院大学
203 北星学園大学
204 北海学園大学
205 北海道医療大学
206 北海道科学大学
207 北海道武蔵女子大学・短期大学
208 酪農学園大学（獣医学群〈獣医学類〉）

東北の大学（50音順）
209 岩手医科大学（医・歯・薬学部） 医
210 仙台大学 総推
211 東北医科薬科大学（医・薬学部） 医
212 東北学院大学
213 東北工業大学
214 東北福祉大学
215 宮城学院女子大学 総推

関東の大学（50音順）
あ行（関東の大学）
216 青山学院大学（法・国際政治経済学部ー個別学部日程）
217 青山学院大学（経済学部ー個別学部日程）
218 青山学院大学（経営学部ー個別学部日程）
219 青山学院大学（文・教育人間科学部ー個別学部日程）
220 青山学院大学（総合文化政策・社会情報・地球社会共生・コミュニティ人間科学部ー個別学部日程）
221 青山学院大学（理工学部ー個別学部日程）
222 青山学院大学（全学部日程）
223 麻布大学（獣医、生命・環境科学部）
224 亜細亜大学
226 桜美林大学
227 大妻女子大学・短期大学部

か行（関東の大学）
228 学習院大学（法学部ーコア試験）
229 学習院大学（経済学部ーコア試験）
230 学習院大学（文学部ーコア試験）
231 学習院大学（国際社会科学部ーコア試験）
232 学習院大学（理学部ーコア試験）
233 学習院女子大学
234 神奈川大学（給費生試験）
235 神奈川大学（一般入試）
236 神奈川工科大学
237 鎌倉女子大学・短期大学部
238 川村学園女子大学
239 神田外語大学
240 関東学院大学
241 北里大学（理学部）
242 北里大学（医学部） 医
243 北里大学（薬学部）
244 北里大学（看護・医療衛生学部）
245 北里大学（未来工・獣医・海洋生命科学部）
246 共立女子大学・短期大学
247 杏林大学（医学部） 医
248 杏林大学（保健学部）
249 群馬医療福祉大学・短期大学部
250 群馬パース大学 総推
251 慶應義塾大学（法学部）
252 慶應義塾大学（経済学部）
253 慶應義塾大学（商学部）
254 慶應義塾大学（文学部） 総推
255 慶應義塾大学（総合政策学部）
256 慶應義塾大学（環境情報学部）
257 慶應義塾大学（理工学部）
258 慶應義塾大学（医学部） 医
259 慶應義塾大学（薬学部）
260 慶應義塾大学（看護医療学部）
261 工学院大学
262 國學院大學
263 国際医療福祉大学 医
264 国際基督教大学
265 国士舘大学
266 駒澤大学（一般選抜T方式・S方式）
267 駒澤大学（全学部統一日程選抜）

さ行（関東の大学）
268 埼玉医科大学（医学部） 医
269 相模女子大学・短期大学部
270 産業能率大学
271 自治医科大学（医学部） 医
272 自治医科大学（看護学部）／東京慈恵会医科大学（医学部〈看護学科〉）
273 実践女子大学 総推
274 芝浦工業大学（前期日程）
275 芝浦工業大学（全学統一日程・後期日程）
276 十文字学園女子大学
277 淑徳大学
278 順天堂大学（医学部） 医
279 順天堂大学（スポーツ健康科・医療看護・保健看護・国際教養・保健医療・医療科・健康データサイエンス・薬学部） 総推
280 上智大学（神・文・総合人間科学部）
281 上智大学（法・経済学部）
282 上智大学（外国語・総合グローバル学部）
283 上智大学（理工学部）
284 上智大学（TEAPスコア利用方式）
285 湘南工科大学
286 昭和大学（医学部） 医
287 昭和大学（歯・薬・保健医療学部）
288 昭和女子大学
289 昭和薬科大学
290 女子栄養大学・短期大学部 総推
291 白百合女子大学
292 成蹊大学（法学部ーA方式）
293 成蹊大学（経済・経営学部ーA方式）
294 成蹊大学（文学部ーA方式）
295 成蹊大学（理工学部ーA方式）
296 成蹊大学（E方式・G方式・P方式）
297 成城大学（経済・社会イノベーション学部ーA方式）
298 成城大学（文芸・法学部ーA方式）
299 成城大学（S方式〈全学部統一選抜〉）
300 聖心女子大学
301 清泉女子大学
303 聖マリアンナ医科大学 医
304 聖路加国際大学（看護学部）
305 専修大学（スカラシップ・全国入試）
306 専修大学（前期入試〈学部個別入試〉）
307 専修大学（前期入試〈全学部入試・スカラシップ入試〉）

た行（関東の大学）
308 大正大学
309 大東文化大学
310 高崎健康福祉大学
311 拓殖大学
312 玉川大学
313 多摩美術大学
314 千葉工業大学
315 中央大学（法学部ー学部別選抜）
316 中央大学（経済学部ー学部別選抜）
317 中央大学（商学部ー学部別選抜）
318 中央大学（文学部ー学部別選抜）
319 中央大学（総合政策学部ー学部別選抜）
320 中央大学（国際経営・国際情報学部ー学部別選抜）
321 中央大学（理工学部ー学部別選抜）
322 中央大学（5学部共通選抜）
323 中央学院大学
324 津田塾大学
325 帝京大学（薬・経済・法・文・外国語・教育・理工・医療技術・福岡医療技術学部）
326 帝京大学（医学部） 医
327 帝京科学大学 総推
328 帝京平成大学 総推
329 東海大学（医〈医〉学部を除くー一般選抜）
330 東海大学（文系・理系学部統一選抜）
331 東海大学（医学部〈医学科〉） 医
332 東京医科大学（医学部〈医学科〉） 医
333 東京家政大学・短期大学部 総推
334 東京経済大学
335 東京工科大学
336 東京工芸大学
337 東京国際大学
338 東京歯科大学
339 東京慈恵会医科大学（医学部〈医学科〉） 医
340 東京情報大学
341 東京女子大学
342 東京女子医科大学（医学部） 医
343 東京電機大学
344 東京都市大学
345 東京農業大学
346 東京薬科大学（薬学部） 総推
347 東京薬科大学（生命科学部） 総推
348 東京理科大学（理学部〈第一部〉ーB方式）
349 東京理科大学（創域理工学部ーB方式・S方式）
350 東京理科大学（工学部ーB方式）
351 東京理科大学（先進工学部ーB方式）
352 東京理科大学（薬学部ーB方式）
353 東京理科大学（経営学部ーB方式）
354 東京理科大学（C方式、グローバル方式、理学部〈第二部〉ーB方式）
355 東邦大学（医学部） 医
356 東邦大学（薬学部）

2025年版　大学赤本シリーズ

私立大学②

357 東邦大学(理・看護・健康科学部)
358 東洋大学(文・経済・経営・法・社会・国際・国際観光学部)
359 東洋大学(情報連携・福祉社会デザイン・健康スポーツ科・理工・総合情報・生命科・食環境科学部)
360 東洋大学(英語〈3日程×3カ年〉)
361 東洋大学(国語〈3日程×3カ年〉)
362 東洋大学(日本史・世界史〈2日程×3カ年〉)
363 東洋英和女学院大学
364 常磐大学・短期大学 総推
365 獨協大学
366 獨協医科大学(医学部) 医

な行(関東の大学)

367 二松学舎大学
368 日本大学(法学部)
369 日本大学(経済学部)
370 日本大学(商学部)
371 日本大学(文理学部〈文系〉)
372 日本大学(文理学部〈理系〉)
373 日本大学(芸術学部〈専門試験併用型〉)
374 日本大学(国際関係学部)
375 日本大学(危機管理・スポーツ科学部)
376 日本大学(理工学部)
377 日本大学(生産工・工学部)
378 日本大学(生物資源科学部)
379 日本大学(医学部) 医
380 日本大学(歯・松戸歯学部)
381 日本大学(薬学部)
382 日本大学(N全学統一方式－医・芸術〈専門試験併用型〉学部を除く)
383 日本医科大学 医
384 日本工業大学
385 日本歯科大学
386 日本社会事業大学 総推
387 日本獣医生命科学大学
388 日本女子大学
389 日本体育大学

は行(関東の大学)

390 白鷗大学(学業特待選抜・一般選抜)
391 フェリス女学院大学
392 文教大学
393 法政大学(法〈I日程〉・文〈II日程〉・経営〈II日程〉学部－A方式)
394 法政大学(法〈II日程〉・国際文化・キャリアデザイン学部－A方式)
395 法政大学(文〈I日程〉・経営〈I日程〉・人間環境・グローバル教養学部－A方式)
396 法政大学(経済〈I日程〉・社会〈I日程〉・現代福祉学部－A方式)
397 法政大学(経済〈II日程〉・社会〈II日程〉・スポーツ健康学部－A方式)
398 法政大学(情報科・デザイン工・理工・生命科学部－A方式)
399 法政大学(T日程〈統一日程〉・英語外部試験利用入試)
400 星薬科大学 総推

ま行(関東の大学)

401 武蔵大学
402 武蔵野大学
403 武蔵野美術大学
404 明海大学
405 明治大学(法学部－学部別入試)
406 明治大学(政治経済学部－学部別入試)
407 明治大学(商学部－学部別入試)
408 明治大学(経営学部－学部別入試)
409 明治大学(文学部－学部別入試)
410 明治大学(国際日本学部－学部別入試)
411 明治大学(情報コミュニケーション学部－学部別入試)
412 明治大学(理工学部－学部別入試)
413 明治大学(総合数理学部－学部別入試)
414 明治大学(農学部－学部別入試)
415 明治大学(全学部統一入試)
416 明治学院大学(A日程)
417 明治学院大学(全学部日程)
418 明治薬科大学 総推
419 明星大学
420 目白大学・短期大学部

ら・わ行(関東の大学)

421 立教大学(文系学部－一般入試〈大学独自の英語を課さない日程〉)
422 立教大学(国語〈3日程×3カ年〉)
423 立教大学(日本史・世界史〈2日程×3カ年〉)
424 立教大学(文学部－一般入試〈大学独自の英語を課す日程〉)
425 立教大学(理学部－一般入試)
426 立正大学
427 早稲田大学(法学部)
428 早稲田大学(政治経済学部)
429 早稲田大学(商学部)
430 早稲田大学(社会科学部)
431 早稲田大学(文学部)
432 早稲田大学(文化構想学部)
433 早稲田大学(教育学部〈文科系〉)
434 早稲田大学(教育学部〈理科系〉)
435 早稲田大学(人間科・スポーツ科学部)
436 早稲田大学(国際教養学部)
437 早稲田大学(基幹理工・創造理工・先進理工学部)
438 和洋女子大学 総推

中部の大学(50音順)

439 愛知大学
440 愛知医科大学(医学部) 医
441 愛知学院大学・短期大学部
442 愛知工業大学 総推
443 愛知淑徳大学
444 朝日大学 総推
445 金沢医科大学(医学部) 医
446 金沢工業大学
447 岐阜聖徳学園大学 総推
448 金城学院大学
449 至学館大学 総推
450 静岡理工科大学
451 椙山女学園大学
452 大同大学
453 中京大学
454 中部大学
455 名古屋外国語大学 総推
456 名古屋学院大学 総推
457 名古屋学芸大学 総推
458 名古屋女子大学 総推
459 南山大学(外国語〈英米〉・法・総合政策・国際教養学部)
460 南山大学(人文・外国語〈英米を除く〉・経済・経営・理工学部)
461 新潟国際情報大学
462 日本福祉大学
463 福井工業大学
464 藤田医科大学(医学部) 医
465 藤田医科大学(医療科・保健衛生学部)
466 名城大学(法・経営・経済・外国語・人間・都市情報学部)
467 名城大学(情報工・理工・農・薬学部)
468 山梨学院大学

近畿の大学(50音順)

469 追手門学院大学 総推
470 大阪医科薬科大学(医学部) 医
471 大阪医科薬科大学(薬学部) 総推
472 大阪学院大学 総推
473 大阪経済大学 総推
474 大阪経済法科大学 総推
475 大阪工業大学 総推
476 大阪国際大学・短期大学部 総推
477 大阪産業大学 総推
478 大阪歯科大学(歯学部)
479 大阪商業大学 総推
480 大阪成蹊大学・短期大学 総推
481 大谷大学 総推
482 大手前大学・短期大学 総推
483 関西大学(文系)
484 関西大学(理系)
485 関西大学(英語〈3日程×3カ年〉)
486 関西大学(国語〈3日程×3カ年〉)
487 関西大学(日本史・世界史・文系数学〈3日程×3カ年〉)
488 関西医科大学(医学部) 医
489 関西医療大学 総推
490 関西外国語大学・短期大学部 総推
491 関西学院大学(文・法・商・人間福祉・総合政策学部－学部個別日程)
492 関西学院大学(神・社会・経済・国際・教育学部－学部個別日程)
493 関西学院大学(全学部日程〈文系型〉)
494 関西学院大学(全学部日程〈理系型〉)
495 関西学院大学(共通テスト併用日程〈数学〉・英数日程)
496 関西学院大学(英語〈3日程×3カ年〉) 新
497 関西学院大学(国語〈3日程×3カ年〉) 新
498 関西学院大学(日本史・世界史・文系数学〈3日程×3カ年〉) 新
499 畿央大学 総推
500 京都外国語大学・短期大学 総推
502 京都産業大学(公募推薦入試) 総推
503 京都産業大学(一般選抜入試〈前期日程〉)
504 京都女子大学 総推
505 京都先端科学大学 総推
506 京都橘大学 総推
507 京都ノートルダム女子大学 総推
508 京都薬科大学 総推
509 近畿大学・短期大学部(医学部を除く－推薦入試) 総推
510 近畿大学・短期大学部(医学部を除く－一般入試前期)
511 近畿大学(英語〈医学部を除く3日程×3カ年〉)
512 近畿大学(理系数学〈医学部を除く3日程×3カ年〉)
513 近畿大学(国語〈医学部を除く3日程×3カ年〉)
514 近畿大学(医学部－推薦入試・一般入試前期) 医 総推
515 近畿大学・短期大学部(一般入試後期) 医
516 皇學館大学 総推
517 甲南大学 総推
518 甲南女子大学(学校推薦型選抜) 新 総推
519 神戸学院大学 総推
520 神戸国際大学 総推
521 神戸女学院大学 総推
522 神戸女子大学・短期大学 総推
523 神戸薬科大学 総推
524 四天王寺大学・短期大学部 総推
525 摂南大学(公募制推薦入試) 総推
526 摂南大学(一般選抜前期日程)
527 帝塚山学院大学 総推
528 同志社大学(法、グローバル・コミュニケーション学部－学部個別日程)

2025年版　大学赤本シリーズ

私立大学③

529 同志社大学(文・経済学部−学部個別日程)
530 同志社大学(神・商・心理・グローバル地域文化学部−学部個別日程)
531 同志社大学(社会学部−学部個別日程)
532 同志社大学(政策・文化情報〈文系型〉・スポーツ健康科〈文系型〉学部−学部個別日程)
533 同志社大学(理工・生命医科・文化情報〈理系型〉・スポーツ健康科〈理系型〉学部−学部個別日程)
534 同志社大学(全学部日程)
535 同志社女子大学 総推
536 奈良大学 総推
537 奈良学園大学 総推
538 阪南大学 総推
539 姫路獨協大学 総推
540 兵庫医科大学(医学部) 医
541 兵庫医科大学(薬・看護・リハビリテーション学部) 総推
542 佛教大学 総推
543 武庫川女子大学 総推
544 桃山学院大学 総推
545 大和大学・大和大学白鳳短期大学部 総推
546 立命館大学(文系−全学統一方式・学部個別配点方式)／立命館アジア太平洋大学(前期方式・英語重視方式)
547 立命館大学(理系−全学統一方式・学部個別配点方式・理系型3教科方式・薬学方式)
548 立命館大学(英語〈全学統一方式3日程×3カ年〉)
549 立命館大学(国語〈全学統一方式3日程×3カ年〉)
550 立命館大学(文系選択科目〈全学統一方式2日程×3カ年〉)
551 立命館大学(IR方式〈英語資格試験利用型〉・共通テスト併用方式)／立命館アジア太平洋大学(共通テスト併用方式)
552 立命館大学(後期分割方式・「経営学部で学ぶ感性+共通テスト」方式)／立命館アジア太平洋大学(後期方式)
553 龍谷大学(公募推薦入試) 総推
554 龍谷大学(一般選抜入試)

中国の大学(50音順)

555 岡山商科大学 総推
556 岡山理科大学 総推
557 川崎医科大学 医
558 吉備国際大学 総推
559 就実大学 総推
560 広島経済大学
561 広島国際大学 総推
562 広島修道大学
563 広島文教大学 総推
564 福山大学／福山平成大学
565 安田女子大学 総推

四国の大学(50音順)

567 松山大学

九州の大学(50音順)

568 九州医療科学大学
569 九州産業大学
570 熊本学園大学
571 久留米大学(文・人間健康・法・経済・商学部)
572 久留米大学(医学部〈医学科〉) 医
573 産業医科大学(医学部) 医
574 西南学院大学(商・経済・法・人間科学部−A日程)
575 西南学院大学(神・外国語・国際文化学部−A日程／全学部−F日程)
576 福岡大学(医学部医学科を除く−学校推薦型選抜・一般選抜系統別日程) 総推
577 福岡大学(医学部医学科を除く−一般選抜前期日程)
578 福岡大学(医学部〈医学科〉−学校推薦型選抜・一般選抜系統別日程) 医 総推
579 福岡工業大学
580 令和健康科学大学 総推

医 医学部医学科を含む
総推 総合型選抜または学校推薦型選抜を含む
DL リスニング音声配信　新 2024年 新刊・復刊

掲載している入試の種類や試験科目，収載年数などはそれぞれ異なります。詳細については，それぞれの本の目次や赤本ウェブサイトでご確認ください。

akahon.net　赤本　検索

難関校過去問シリーズ

出題形式別・分野別に収録した
「入試問題事典」
20大学 73点
定価**2,310〜2,640**円(本体2,100〜2,400円)

先輩合格者はこう使った!
「難関校過去問シリーズの使い方」

61年，全部載せ!
要約演習で，総合力を鍛える
東大の英語
要約問題 UNLIMITED

国公立大学

東大の英語25カ年[第12版] 改
東大の英語リスニング20カ年[第9版] DL 改
東大の英語 要約問題 UNLIMITED
東大の文系数学25カ年[第12版] 改
東大の理系数学25カ年[第12版] 改
東大の現代文25カ年[第12版] 改
東大の古典25カ年[第12版] 改
東大の日本史25カ年[第9版] 改
東大の世界史25カ年[第9版] 改
東大の地理25カ年[第9版] 改
東大の物理25カ年[第9版] 改
東大の化学25カ年[第9版] 改
東大の生物25カ年[第9版] 改
東工大の英語20カ年[第8版] 改
東工大の数学20カ年[第9版] 改
東工大の物理20カ年[第5版] 改
東工大の化学20カ年[第5版] 改
一橋大の英語20カ年[第9版] 改
一橋大の数学20カ年[第9版] 改
一橋大の国語20カ年[第6版] 改
一橋大の日本史20カ年[第6版] 改
一橋大の世界史20カ年[第6版] 改
筑波大の英語15カ年 新
筑波大の数学15カ年 新
京大の英語25カ年[第12版]
京大の文系数学25カ年[第12版]
京大の理系数学25カ年[第12版]
京大の現代文25カ年[第2版]
京大の古典25カ年[第2版]
京大の日本史20カ年[第3版]
京大の世界史20カ年[第3版]
京大の物理25カ年[第9版]
京大の化学25カ年[第9版]
北大の英語15カ年[第8版]
北大の理系数学15カ年[第8版]
北大の物理15カ年[第2版]
北大の化学15カ年[第2版]
東北大の英語15カ年[第8版]
東北大の理系数学15カ年[第8版]
東北大の物理15カ年[第2版]
東北大の化学15カ年[第2版]
名古屋大の英語15カ年[第8版]
名古屋大の理系数学15カ年[第8版]
名古屋大の物理15カ年[第2版]
名古屋大の化学15カ年[第2版]
阪大の英語20カ年[第9版]
阪大の文系数学20カ年[第3版]
阪大の理系数学20カ年[第9版]
阪大の国語15カ年[第3版]
阪大の物理20カ年[第8版]
阪大の化学20カ年[第6版]
九大の英語15カ年[第8版]
九大の理系数学15カ年[第7版]
九大の物理15カ年[第2版]
九大の化学15カ年[第2版]
神戸大の英語15カ年[第9版]
神戸大の数学15カ年[第5版]
神戸大の国語15カ年[第3版]

私立大学

早稲田の英語[第11版] 改
早稲田の国語[第9版] 改
早稲田の日本史[第9版] 改
早稲田の世界史[第2版] 改
慶應の英語[第11版] 改
慶應の小論文[第3版] 改
明治大の英語[第9版] 改
明治大の国語[第2版] 改
明治大の日本史[第2版] 改
中央大の英語[第9版] 改
法政大の英語[第9版] 改
同志社大の英語[第10版]
立命館大の英語[第10版]
関西大の英語[第10版]
関西学院大の英語[第10版]

DL リスニング音声配信
新 2024年 新刊
改 2024年 改訂

2025年版　大学赤本シリーズ　No. 316
中央大学（経済学部－学部別選抜）

編　集　教学社編集部
発行者　上原 寿明
発行所　教学社
〒606-0031
京都市左京区岩倉南桑原町56
電話　075-721-6500
振替　01020-1-15695
印　刷　太洋社

2024年7月10日　第1刷発行
ISBN978-4-325-26375-3
定価は裏表紙に表示しています